U0907173

2018 北京地税年鉴

BEIJING LOCAL TAXATION YEARBOOK

北京市地方税务局　编

中国税务出版社

图书在版编目(CIP)数据

北京地税年鉴. 2018/北京市地方税务局编.
-- 北京:中国税务出版社,2018. 12
ISBN 978 - 7 - 5678 - 0757 - 0

Ⅰ. ①北… Ⅱ. ①北… Ⅲ. ①地方税收 - 北京 - 2018 - 年鉴
Ⅳ. ①F812. 710. 42 - 54

中国版本图书馆 CIP 数据核字(2018)第 226489 号

书　　名: 北京地税年鉴(2018)
作　　者: 北京市地方税务局　编
责任编辑: 陈金艳　王　玥
责任校对: 姚浩晴
技术设计: 刘冬珂
出版发行: 中国税务出版社
北京市丰台区广安路 9 号国投财富广场 1 号楼 11 层
邮政编码:100055
http://www. taxation. cn
E-mail:swcb@ taxation. cn
发行中心电话:(010)83362083/86/89
传真:(010)83362046/47/48/49
经　　销: 各地新华书店
印　　刷: 北京联兴盛业印刷股份有限公司
规　　格: 889 毫米 ×1194 毫米　1/16
印　　张: 29　　彩插: 3. 75
字　　数: 668000 字
版　　次: 2018 年 12 月第 1 版　2018 年 12 月第 1 次印刷
书　　号: ISBN 978 - 7 - 5678 - 0757 - 0
定　　价: 280. 00 元

《北京地税年鉴（2018）》编辑委员会

主　任　杨志强

副主任　刘　健　吕兴渭　张靖明　王　炜　唐学军　沈永奇
杨文俊　郭筑明　周上序

委　员（按姓氏笔画排序）

丁锦宁　于欣杰　门　杰　马　强　毛　江　牛　杰
王　竺　王　珊　王　磊　王劲松　王京秋　王宝明
王秉明　王海鹏　邓荣华　冯　强　史小军　乔　游
刘文龙　刘振声　华　方　孙长海　庄祁玮　江聚祥
张　卉　张　翅　张　毅　张之乐　张亚平　李　宏
李　娜　李　强　李龙江　李志刚　李宗定　杨玉杰
邵　凌　邹　彭　陆　坤　宗立元　武立煌　范力军
郑　鹏　金志雄　姜学东　施　宏　胡建荣　赵俊杰
赵增科　饶梦阳　郭文武　郭海福　钱丽换　高文雄
常海龙　董雪涛　蒋　宁　廉　清　路金启　樊京虎
薛　礼

《北京地税年鉴（2018）》通讯员名单

（按姓氏笔画排序）

马　洁　马宏伟　尹佳奇　文德生　王　刚　王　烨
王　智　王元锋　王笑影　王致远　石剑虹　刘亚萍
刘更起　孙丽莉　孙雪英　朱西平　张　琳　张　鹏
张少华　张冬梅　张生堰　张智慧　李　强　李　超
李东莲　李运玲　李春澍　李浠如　李钰瑾　李新文
杨　超　杨　頔　杨素珍　陈　阳　陈晓婷　周非平
林尚佳　郑薇薇　姜　喆　查婷婷　胡　琴　赵　展
赵　博　赵凤江　郝俊强　徐　驰　涂　珍　郭永斌
顿晓琦　崔　犇　曹玉倩　彭　勃　程　鹂　程艳琳
葛　玮　韩　波　韩　璐　黎　阳　魏　欣

《北京地税年鉴（2018）》编辑部

主　任　常海龙

副主任　宋勇军

编　辑　李　楠　郑　妍

2017年6月22日，国家税务总局局长王军到北京市朝阳区国家税务局、地方税务局联合办税服务大厅调研纳税服务工作。图为王军局长（中）向一线税务干部和纳税人了解便利办税的具体情况。

2017年12月27日，北京市委常委、常务副市长张工（右二）到北京市地方税务局调研地税系统基层建设工作。

2017年4月26日，国家税务总局副局长孙瑞标（左三）到北京市地方税务局调研指导工作，专题听取《促进有序疏解构建“高精尖”产业结构　加强服务保障20项措施》有关工作开展情况汇报。

2017年9月14日，北京市委常委、政法委书记、首都综治委主任张延昆一行到北京市地方税务局调研综治工作。图为张延昆（左二）一行实地察看石景山区地方税务局八角税务所综治工作开展情况。

2017年4月10日，北京市地方税务局局长杨志强（前排左）到通州区地方税务局调研税收服务城市副中心建设相关工作，参观行政办公区建设工地。

2017年12月4日，北京市地方税务局副局长刘健（左一）到北京市地方税务局咨询服务平台就人员管理、数据指标及工作流程等情况进行调研。

2017年6月29日，北京市地方税务局副局长吕兴渭（右一）参加石景山区地方税务局“张苏明创新工作室”揭牌仪式。

2017年3月16日，派驻北京市地方税务局纪检监察组组长张靖明（右）带队走访特约监察员，主动征求意见建议。

2017年10月24日，北京市地方税务局副局长王炜就北京地税系统干部职工开展“立足本职　掀起十九大精神学习热潮”活动接受人民网采访。

2017年4月19日，北京市地方税务局副局长唐学军在“税收知识润童心，成就未来纳税人”主题宣传活动中发言。

2017年5月17日，北京市地方税务局总经济师沈永奇（右二）到大兴区居然之家调研个体工商户税源征管情况。

2017年1月3日，北京市地方税务局副巡视员杨文俊（左二）到密云区地方税务局检查考核党风廉政建设责任制落实情况。

2017年11月15日，北京市地方税务局副巡视员郭筑明（右二）到延庆区地方税务局督导检查2017年党风廉政建设责任制和“两学一做”学习教育常态化制度化落实情况。

2017年9月28日，北京市地方税务局副巡视员周上序（右二）到通州区地方税务局就国庆节、党的十九大期间安全和综治工作进行督导检查。

2017年1月23日，北京市政府召开2017年北京市综合经济部门电视电话会议，北京市地方税务局局长杨志强在北京市政府主会场参会并发言。图为北京市地方税务局分会场。

2017年1月24日，北京市地方税务局、北京市国家税务局共同召开领导班子新春座谈会。

2017年2月28日，北京市地方税务局召开2017年北京市地税系统工作会议。

2017年7月19日，北京市地方税务局召开地税系统2017年上半年收入形势分析会。

2017年9月27日，北京市地方税务局召开地税系统党建暨基层工作会议。

2017年10月12日，北京市地方税务局组织召开地税系统组织收入工作部署会。

2017年12月1日，北京市地方税务局召开地税系统2018年工作务虚会议。

2017年2月17日，国家税务总局财产和行为税司司长蔡自力（正排中）到北京市地方税务局调研2016年税收工作完成情况和财产行为税征管情况。

2017年4月27日，国家税务总局征管和科技发展司司长饶立新（右二）到海淀区地方税务局第四税务所调研金税三期系统在基层办税服务厅的运行情况，北京市地方税务局总经济师沈永奇（左二）陪同调研。

2017年9月27日，北京市保密局到北京市地方税务局检查保密管理工作。

全国人大财经委副主任郝如玉
一行调研税务法庭工作
北京市地税局 北京市国税局

2017年10月23日，全国人大财经委副主任委员郝如玉（正排中）一行到北京市地方税务局调研税务法庭工作。

2017年12月7日，北京市地方税务局组织召开公务员平时考核实施和数字人事推广工作部署动员视频会议。

2017年10月24日，北京市地方税务局局长杨志强（中右）与毕马威亚太区税务服务合伙人何坤明（中左）一行就深化合作等事项进行交流座谈。

2017年1月18日，北京市地方税务局与北京市无线电管理局正式签订无线电频率占用费委托代收协议。

2017年3月1日，北京市地方税务局召开地税系统税收执法大督察工作动员会。

2017年8月14日，北京市地方税务局召开“转变税收征管方式　提高税收征管效能”专题会议。北京市地方税务局局长杨志强（正排左二）主持会议。

2017年8月31日，北京市地方税务局召开转变税收征管方式试点工作动员会。

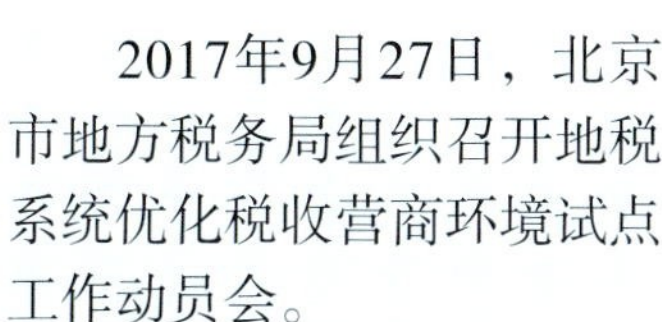

2017年9月27日，北京市地方税务局组织召开地税系统优化税收营商环境试点工作动员会。

2017年5月12日，北京市地方税务局、财政局、民防局联合召开北京市地税部门代收防空地下室易地建设费工作部署会。

2017年6月2日，北京市地方税务局与北京市财政局召开非税收入接收工作推进会，协同完成城市基础设施建设费、电影事业发展专项资金、彩票公益金和发行费等非税收入接收工作。

2017年9月19日，北京市地方税务局与北京市环保局就环境保护税有关工作事项联合召开专题会议。

2017年4月13日，北京市地方税务局与北京市国家税务局联合召集20家房地产中介就涉税问题进行集体约谈。

2017年2月22日，中国社会科学院专家组到北京市地方税务局调研社会保险费征收体制改革工作。

2017年3月9日，中国人民大学劳动人事学院专家组到北京市地方税务局调研社会保险费征收体制改革工作。

2017年3月10日，北京市地方税务局召开《社会保险费征收体制研究》课题研讨会，中国社科院财经战略研究院税收研究室主任、研究员张斌（背面排左二）汇报课题开展情况。

2017年10月19日，北京市地方税务局召开《京津冀协同发展中的税收协调问题研究》课题开题会。

2017年10月19日，北京市地方税务局召开《税收服务供给侧结构性改革问题研究》课题结题会。

2017年11月24日，北京市地方税务局召开《推动“绿色税制”建设的国际借鉴研究》课题结题会。

2017年12月1日，北京市地方税务局召开《税收服务北京城市副中心建设与发展问题研究》课题结题评审会。

2017年12月20日，北京市地方税务局召开《税收征管制度国际发展趋势和比较研究》课题结题评审会。

2017年 6月9日，北京市地方税务局局长杨志强（右二）与冬奥组委会财务部部长李拥军（左二）交流座谈，北京市地方税务局副局长唐学军（右一）参加座谈。

2017年6月15日，北京市地方税务局组织召开驻京各国（地区）商会座谈会，副局长王炜（正排中）参加会议并致辞。

2017年4月20日，北京市地方税务局举办提升纳税服务20项措施新闻发布会。

2017年5月23日，北京市地方税务局、北京市国家税务局、北京市投资促进局、北京外商投资企业协会联合举办税收政策解读会。

2017年7月10日，北京市地方税务局举办“深化税收改革　助力企业发展”主题活动展。

2017年11月13日，北京市地方税务局召开区级预算单位集中扣缴个人所得税工作动员和业务培训会。

2017年10月10日，北京市地方税务局“心聆听·新服务”品牌系列活动——处级干部听民意解民忧接线工作在北京市地方税务局咨询服务平台正式启动。

2017年3月31日，北京市地方税务局首台外设自助办税服务终端进驻中国银行，标志着自助办税服务走进企业，税企合作迈上新台阶。

2017年6月20日，北京市地方税务局与中国工商银行北京市分行在昌平区未来科学城联合举办“税银合作　指尖缴税”手机银行自助缴税启动仪式。

2017年4月27日，北京市石景山区地方税务局、国家税务局联合举行服务冬奥绿色办税通道启动仪式。

2017年9月27日，北京华为数字技术有限公司财务总监李霞（左）到北京市地方税务局就定制个性化服务表示感谢，并赠送“创优良营商环境　春风服务暖人心”的锦旗。

2017年2月28日，北京市政务服务中心地税服务窗口工作人员为北京北控雁栖湖国际会展有限公司门先生办理了2017年度新申请设置使用无线电台（站）单位缴纳无线电频率占用费手续，成功开具全市首张地税代收无线电频率占用费缴款书。

2017年5月2日，北京市政务服务中心地税窗口工作人员为国泰土地整理集团办理了建设项目防空地下室易地建设费缴费手续，顺利开具全市首张地税代收防空地下室易地建设费缴款书。

2017年9月14日，北京市西城区地方税务局第一税务所为北京市福利彩票发行中心开具全市首张地税代收彩票公益金、彩票销售机构业务费缴款书。

2017年10月9日，北京市房山区地方税务局第一税务所为北京市良乡影剧院办理了国家电影事业发展专项资金缴费手续，顺利开具全市首张国家电影事业发展专项资金缴款书。

2017年6月20日，北京市朝阳区地方税务局税务干部针对国务院六项减税政策召开纳税人培训会。图为税务干部对小型微利企业会计人员进行单独辅导。

2017年4月6日，北京市昌平区地方税务局税务干部指导纳税人使用北京地税官方微信。

2017年7月4日，北京市地方税务局局长杨志强（正排左）主持召开宣传工作专题会议，副局长王炜（正排右）参加。

2017年5月12日，北京市地方税务局局长杨志强在首都经济贸易大学为青年学生作《北京市经济发展与税收征管法实施情况》专题讲座。

2017年3月27日，北京市地方税务局召开2017年度地税系统宣传工作会议。

2017年5月24日，北京市地方税务局与北京电视台召开税收宣传座谈会。

2017年9月14日，全国税务系统12366“共筑税务梦　青春勇担当”主题宣讲交流活动在北京举办。

2017年5月9日，北京市地方税务局举行首都税收宣传员聘任仪式。

2017年9月26日，北京市地方税务局副局长唐学军（正排左二）参加《关于率先行动改革优化营商环境实施方案》新闻发布会。

2017年4月25日，北京市地方税务局与北京市国家税务局共同举办“联合惩戒助推诚信首都建设”新闻发布会。北京市地方税务局副巡视员郭筑明（右一）参加发布会。

2017年4月19日，北京市地方税务局与首都经济贸易大学财政税务学院、北京华诚永勤投资咨询发展有限公司联合举办“华诚永勤”税收知识竞赛。

2017年4月19日，由北京市地方税务局、东城区地方税务局、东城区教委联合主办的以“税收知识润童心，成就未来纳税人”为主题的“税法进校园”活动暨赠书仪式在东城区府学胡同小学举行。

2017年4月25日，北京市地方税务局与北京市国家税务局联合开展以“深化税收改革 助力企业发展”为主题的“税收宣传上高铁、动车”活动。

2017年8月11日、14日、16日，北京市地方税务局开展“大众创业、万众创新”税收优惠政策指引直播活动。

2017年9月22日，北京市地方税务局党组理论中心组（扩大）学习参观党的十八大以来中国科学院创新成果展。

2017年5月8日，北京市地方税务局局长杨志强（正排中）以普通党员身份参加研究室党支部换届选举会议。

2017年2月26日，北京市地方税务局传达学习习近平总书记视察北京重要讲话精神。

2017年6月27日，国家税务总局联合共青团中央在12366北京纳税服务中心举行全国税务系统青年文明号开放周示范活动。图为北京市地方税务局局长杨志强（前排中）、副巡视员周上序（前排右三）与有关人员合影。

2017年3月20日，北京市地方税务局召开会议，学习贯彻中共北京市委十一届十三次全会精神。

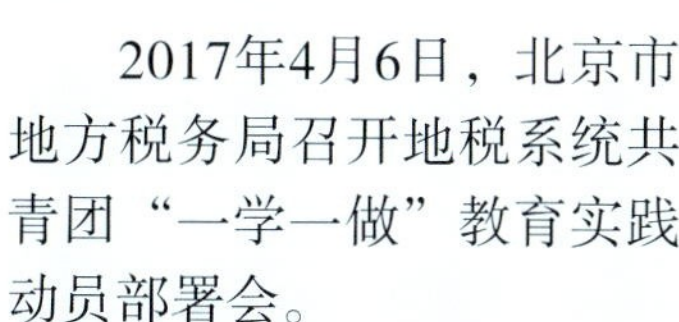

2017年4月6日，北京市地方税务局召开地税系统共青团“一学一做”教育实践动员部署会。

2017年6月26日，北京市地方税务局召开党组扩大会议，贯彻落实中共北京市第十二次代表大会精神。

2017年7月18日，北京市地方税务局召开党组扩大会议，传达贯彻中共北京市委十二届二次全会精神。

2017年7月24日，北京市地方税务局举办地税系统局处级领导干部党的十八届六中全会精神学习与更新知识培训班。

2017年7月20日，北京市地方税务局邀请中央党史研究室研究员李海文（正排左）作《周恩来对中国革命和建设的三大贡献》专题讲座。

2017年8月2日，北京市地方税务局召开2017年度第11次局党组理论学习中心组学习（扩大）会议。

2017年8月16日，北京市地方税务局党组副书记、局长杨志强（后排左）主持召开基层党建工作座谈会，部分处室、区（分）局有关负责人参加。

2017年10月18日，北京市地方税务局机关党员干部集中收看党的十九大开幕会。

2017年10月23日，北京市地方税务局党组理论学习中心组专题学习党的十九大精神。

2017年11月10日，北京市地方税务局邀请党的十九大代表、北京市审计局局长马兰霞（正排左）作学习宣传贯彻党的十九大精神专题报告。

2017年11月16日，北京市地方税务局邀请中国财政科学研究院党委书记、院长刘尚希（主席台）作《美好生活与现代税制》专题报告。

2017年11月23日，北京市地方税务局邀请中央党史研究室原副主任、全国政协委员李忠杰（正排左）作学习宣传贯彻党的十九大精神专题报告。

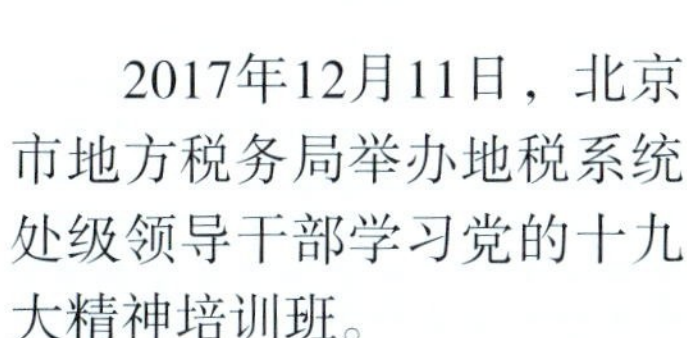
2017年12月11日，北京市地方税务局举办地税系统处级领导干部学习党的十九大精神培训班。

2017年9月28日，北京市地方税务局局长杨志强（左一）主持召开领军人才工作座谈会。

2017年3月20日，北京市地方税务局与首都经济贸易大学签署《战略合作框架协议》和《2017年合作事项备忘录》。

2017年11月3日，北京市“职工技协杯”职业技能竞赛税务信息师比武决赛在北京市地方税务局举行。

2017年3月30日，北京市地方税务局举行2017年北京地税优秀中青年干部培训班毕业典礼。

2017年4月14日，北京市地方税务局召开2017年个人所得税业务团队成立大会。

2017年11月27日，2017年北京市地方税务局新闻发言人培训班正式开班。

2017年4月14日，北京市地方税务局举办2017年北京地税系统税收专业英语口语培训班。

2017年6月23日，北京市地方税务局举办2017年北京地税系统税收英语沙龙。

2017年4月26日，北京市地方税务局邀请北京市环保局污染源处处长仲崇磊（主席台）作《北京市环境污染与治理》专题讲座。

2017年5月24日，北京市地方税务局邀请律师王家本（正排左）作《〈北京市行政执法机关移送涉嫌犯罪案件工作办法〉理解与适用》专题讲座。

2017年8月16日，北京市地方税务局邀请国家税务总局征科司工程一处副调研员、中国科技大学计算机专业博士王刚（正排左）作《税收数据管理》专题讲座。

2017年8月18日，北京市地方税务局召开党组中心组学习（扩大）会议，邀请中央党校文史部教授、中央党校创新工程首席专家陈宇飞（正排左）作《中国现代文化变迁与文化自信》专题辅导报告。

2017年8月25日，北京市地方税务局邀请北京化工大学化学工程学院教授邹德勋（左）作《环境保护税法及应税污染物解读》专题讲座。

2017年10月27日，北京市地方税务局邀请北京城市规划设计研究院副院长石晓东（左）为地税系统党员干部作《北京城市总体规划》专题辅导。

2017年12月22日，北京市地方税务系统团委邀请对外经济贸易大学全球化与中国现代化问题研究所所长王志民（中）教授作《“一带一路”地缘背景与总体布局》专题讲座。

2017年12月27日，北京市委常委、常务副市长张工（正排中）带领市党风廉政建设责任制检查考核第四督查组到北京市地方税务局进行2017年度党风廉政建设责任制检查考核。

2017年1月11日，北京市委副秘书长、市委办公厅常务副主任余卫国（正排中）带领检查组到北京市地方税务局进行2016年度北京市党风廉政建设责任制检查考核，北京市地方税务局局长杨志强（中排右五）代表北京市地方税务局党组汇报落实党风廉政建设责任制情况。

2017年7月14日，北京市纪委常委杨玉香（正排中）到派驻北京市地方税务局纪检监察组就做好执纪监督工作进行调研。

2017年4月13日，北京市纪委监察委到北京市地方税务局就信息数据共享工作交流座谈。

2017年2月28日，北京市地方税务局召开2017年北京市地方税务系统党风廉政建设工作会议。

2017年4月18日，北京市地方税务局举办2017年巡察工作培训。

2017年8月17日，北京市地方税务局召开地税系统纪检监察体制机制改革工作推进会。

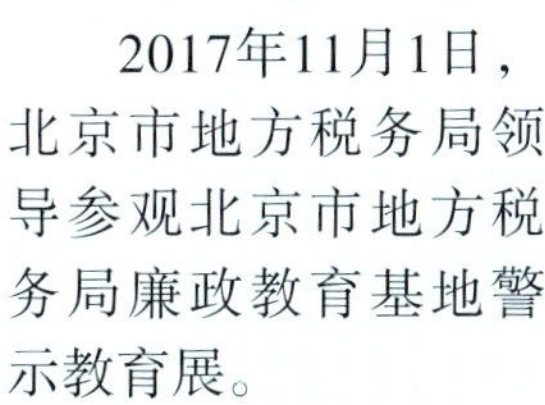
2017年11月1日，北京市地方税务局领导参观北京市地方税务局廉政教育基地警示教育展。

2017年12月25日，北京市地方税务局召开公务用车专项治理情况通报会。

2017年2月4日，北京市地方税务局党组召开第二轮巡察督察检查工作汇报会。

2017年7月10日，北京市地方税务局召开巡察工作领导小组专题会议。

2017年8月3日，北京市地方税务局召开北京市委第五巡视组专项巡视北京市地方税务局党组工作动员会。

2017年11月10日，北京市地方税务局召开北京市委第五巡视组专项巡视北京市地方税务局党组情况反馈会议。

2017年11月21日，北京市地方税务局召开巡视整改工作动员部署会。

2017年2月27日 ，北京市地方税务局领导班子成员参观北京市地方税务局外事工作20周年成果展。

2017年11月18日，北京市地方税务局总经济师、北京税收法制建设研究会会长沈永奇（正排左四）参加2017年京台税收法治建设论坛。

2017年3月17日，北京市地方税务局邀请北京同仁堂中医医院副院长宋福印作《从中医角度谈心神养生》专题讲座。

2017年9月6日，国家税务总局与司法部联合开展的全国税收普法教育示范基地建设活动暨第一批全国税收普法教育示范基地授牌仪式在北京税务博物馆举行。

2017年1月9日，中国嘉德国际拍卖有限公司向北京税务博物馆捐赠一批税收文物，北京市地方税务局举行税收文物捐赠仪式。北京市地方税务局局长杨志强（右五）、副局长吕兴渭（左五）出席捐赠仪式。

2017年5月15日，“一带一路”国际合作高峰论坛期间，来自哈萨克斯坦、俄罗斯、巴西、OECD的部分与会税务代表到北京税务博物馆参观，北京市地方税务局副局长王炜（右二）陪同参观。

2017年1月19日，北京市地方税务局召开2017年市局机关离退休干部新春团拜会，全体局领导班子和离退休干部欢聚一堂共迎新春。

2017年11月1日，北京市地方税务局举行重阳节活动。图为活动期间举办学习贯彻十九大精神《家风的故事》讲述会。

2017年1月22日，北京市地方税务局机关举办“金猴辞旧岁　瑞鸡送春来”2017年春节联欢会。

2017年1月26日，北京市地方税务局局长杨志强（右六），副巡视员郭筑明（左六）、周上序（右五）对局机关办公楼进行节前安全大检查，并为春节值守人员送去慰问品。

2017年4月20日，北京市地方税务局举办地税系统第六届“友谊杯”棋牌赛。

2017年6月10日，北京市地方税务局机关举办地税系统第五届“健康杯”乒乓球比赛。

2017年9月18日，在第十一届首都职工文化艺术节“舞动梦想”职工舞蹈比赛决赛中，北京市地方税务局参赛的民族民间舞《金色的汤瓶》荣获二等奖。

● 北京市地方税务局在首都第十一届职工文化艺术节中获奖的书画作品

书法（作者：文德生）

国画（作者：程蓉）

书法（作者：黄焱）

国画（作者：时凤雪）

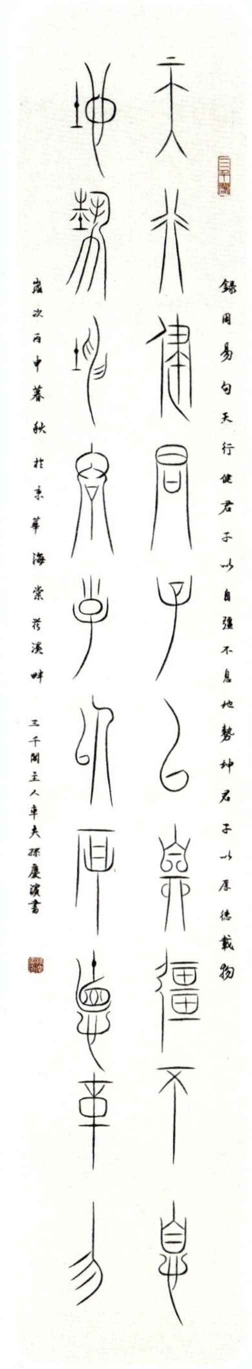

书法（作者：孙庆斌）

国画（作者：郑惠青）

篆刻（作者：王一博）

编 辑 说 明

《北京地税年鉴》是记述北京市地方税收工作的资料性工具书。1996 年创办，逐年编纂出版，反映上一年度的情况。分篇目、分目、条目三个层次，条目为基本单元和记述形式，反映各相关方面的资料信息。

《北京地税年鉴（2018）》记述北京市地方税务局[①] 2017 年的工作情况和税收资料，设综合、领导讲话、税收政策、征收管理、税收法治、纳税服务、税务稽查、信息化建设、队伍建设、行政管理、税务博物馆建设、后勤工作、基层工作、社会团体、文选、统计资料、机构人员和大事记 18 个篇目，篇目下设分目。与往年相比，税收政策篇中“营业税管理”分目取消；“工会经费税务代收管理”分目取消，内容并入“非税收入管理”分目。“征收管理”篇中“发票管理”分目取消，内容并入“税收征管”分目；增设“税收风险管理”分目。纳税服务篇中的“网站建设情况”分目更名为“网站微信建设”分目；“12366 服务热线情况”分目更名为“纳税服务热线”分目。信息化建设篇中增设“各级信息化部门工作成绩”分目。

本年鉴稿件由北京市地方税务局各处室、直属单位，各区地方税务局、各地方税务分局提供，税收数据来源于北京市地方税务局收入规划核算部门。编纂工作得到各方面的大力支持，在此表示衷心感谢！

《北京地税年鉴》编辑部

2018 年 6 月

---

① 按照党中央、国务院关于国税地税征管体制改革决策部署，2018 年 6 月 15 日起，全国省级及省级以下国家税务局、地方税务局机构分步合并和挂牌。至 2018 年 7 月 20 日，全国省、市、县、乡四级税务机构已全部完成合并和相应挂牌工作。“北京市国家税务局”与“北京市地方税务局”已合并为“国家税务总局北京市税务局”。因本书为年鉴类工具书，内容收录时段为 2017 年度，因此本书中的税务机构名称均使用合并前原机构名称。

目录

综合

2017 年北京市地方税收工作要点 3

2017 年北京市地方税务局税收工作完成情况 8

2017 年北京市地方税收完成情况 13

领导讲话

全面增强"四个意识" 持续深化改革创新 推动首都地税事业实现新发展
——在 2017 年北京市地方税务系统工作会议上的讲话 杨志强 19

压实主体责任 严明纪律规矩 推进北京地税系统全面从严治党向纵深发展
——在北京地税系统党风廉政建设工作会议上的讲话 杨志强 29

强化管党治党政治担当 扛起巡视整改主体责任
——北京地税系统巡视整改工作情况汇报 杨志强 36

在组织收入工作部署会的讲话 杨志强 38

在北京地税系统巡视整改动员部署会上的讲话 杨志强 41

在北京地税系统局处级领导干部十八届六中全会精神学习与更新知识培训班结业仪式上的讲话 杨志强 44

在北京市地税系统税收执法大督察工作部署动员会议上的讲话 杨志强 49

提高政治站位 强化监督责任 切实推动巡视整改各项工作落实到位
——在北京地税系统巡视整改动员部署会上的讲话 张靖明 52

努力发挥工会组织的优势和活力 服务职工、凝聚人心、推动工作
——在第四届工会会员代表大会第二次全会上的讲话 唐学军 54

税收政策

收入规划核算 59

综述 59

税收收入 59

税收特点 59

组收机制建设 61

收入预测 61

税收分析 61

会统核算 61

减免税核算 61

票证管理 61

印花税票上缴 61

电子缴税 61

重点税源监控 61

税收调查 61

税收分析培训 62

核算业务培训 62

联系基层 62

企业所得税管理 62

综述 62

税收政策调整 62

企业所得税管理 64

企业所得税收入及特点 64

小微企业政策效益分析 64

社会保险费征收筹备 65

个人所得税管理 66

综述 66

税收政策调整 66

个人所得税管理 66

个人所得税收入及特点 66

所得税优惠政策效益分析 66

开展重点调研 67

城镇土地使用税、房产税、契税、土地增值税、车船税、印花税、耕地占用税、资源税、城市维护建设税管理 67

综述 67
财产行为税税收收入 67
财产行为税税收特点 68
税收政策调整 68
城镇土地使用税管理 69
房产税管理 69
契税管理 69
土地增值税管理 69
车船税管理 70
印花税管理 70
耕地占用税管理 70
资源税管理 70
城市维护建设税管理 71
环境保护税管理 71
存量房交易税收征管 71
政策研究 72
非税收入管理 72
综述 72
非税收入政策调整 72
非税收入规模 73
教育费附加、地方教育附加管理 73
残疾人就业保障金管理 74
外商投资企业土地使用费管理 74
工会经费代收管理 75
新接收非税收入代收管理 75
清理和规范涉企收费 75
国际税收 76
综述 76
反避税工作 76
非居民税收管理 76
税收协定执行 76
外籍个人管理 76
境外税收服务与管理 77
国际税收征管协作 77
2022 年冬季奥运会税务服务 77
深化国地税征管体制改革 77
加强部门协作 77

征收管理

税收征管 81
综述 81
深化征管体制改革 81
国地税合作深入推进 81
“放管服”改革 81
征管基础工作 82
服务首都发展大局 82
信息管税 82
专项重点任务 82
大企业税收管理 83
综述 83
大企业税收服务与管理 83
大企业税收风险管理 84
大企业个性化纳税服务 84
信息化建设 84
大企业工作交流 84
大企业工作人才培养 85
税收风险管理 85
综述 85
风险管理机构建设 85
风险管理制度建设 85
风险识别 85
风险管理收入 85
风险管理系统应用 86
国地税风险管理协作 86
税务约谈 86
日常检查 86
业务档案管理 86
综述 86
完善管理制度 86
制度落实情况检查 87
立卷归档与鉴定销毁 87
入库及利用服务 87
库房管理 87
信息系统建设 87
档案人员业务培训 87
公告编辑发行 88
综述 88
《公告》编辑 88
《公告》赠阅发行 88

税收法治

税收法治工作 91
- 综述 91
- 依法行政 91
- 法律支持服务 91
- 法律权益救济工作 91
- 税收法治研究 91
- 法律人才队伍建设 92
- 综合税政管理 92
- 京津冀协同发展战略 92

案例举要 92
- 案例 1 郭某申请政府信息公开行政复议案 92
- 案例 2 彭某等不服税务机关不予退税申请行政复议案 95
- 案例 3 外籍个人境内提供劳务构成常设机构补缴个人所得税案 98

纳税服务

概况 103

“便民办税春风行动” 103
- 综述 103
- 提升办税服务效率 103
- 持续规范税收管理 103
- 强化税收协同服务 104
- 加大宣传报道力度 104

网站微信建设 104
- 概况 104
- 网站建设开拓创新服务方式 105
- “12 万申报”上线微信、支付宝 105
- 实现微信预约叫号功能 105
- 完善官方微信知识产权保护功能 105
- 自助办税终端与大企业深度合作 105

纳税服务热线 106
- 打造纳税服务品牌 106
- 咨询服务热线实现整合 106

其他纳税服务工作 106
- 多元化宣传辅导 106
- 提供多渠道纳税人咨询解答服务 107
- 咨询情况的统计与分析 107
- 非紧急救助服务 107
- “一窗式”服务“一站式”办结 107
- 加强权益维护 107
- 推出提升纳税服务 20 项措施 107
- 制定优化营商环境工作方案 108
- 推行手机银行缴税服务 108
- 服务城市副中心建设 108
- 纳税服务岗位培训班 108
- 纳税信用管理 108
- 持续开展“银税互动” 108

税务稽查

税务稽查工作 111
- 综述 111
- 稽查体制机制改革 111
- 重大税收违法案件查处 111
- “双随机、一公开”监管 111
- 高风险纳税人定向稽查 111
- 国地税联合稽查 112
- 打击发票违法犯罪活动 112
- 涉税违法案件检举 112
- 稽查制度建设 112
- 税收“黑名单”制度和联合惩戒 112
- 稽查业务培训 113
- 稽查调研 113

案例举要 113
- 案例 1 N 房地产开发公司未缴纳税款案 113
- 案例 2 A 房地产开发企业逃避缴纳税款案 115
- 案例 3 SH 事业单位服务局未缴纳税款案 117

信息化建设

概况 125

信息化管理系统建设和应用 125
- 金税三期特色软件改造 125
- 推进“互联网＋政务服务”的开展 125
- 升级改造系统 126
- 开展其他相关业务接口改造 126

信息系统运营维护及安全保障 126
- 概况 126

制定、修订相关工作制度 126
信息系统日常安全管理 126
等级保护、安全测评复测整改 127
日志集中管理系统和运维安全审计系统 127
“十九大”关键信息基础设施网络安全保障系列检查 127
信息化安全宣传培训 127
风险预警及病毒防范 127
网络安全与应用系统三同步 127
各级信息化部门工作成绩 127
金税三期运维工作 127
提升系统操作与纳税服务 127
国地税合作 128
打牢基础优化环境 128
提升信息化安全防范能力 128
软件正版化自查 128
落实组织绩效管理 128
锻造信息化技术强兵 128
数据管理 129
加强制度建设 129
全面推进数据质量管理 129
搭建数据资产主体框架 129
编制数据手册 129
数据后台查询 129
承接涉税信息查询 129
业务知识培训 129
数据情报队伍建设工作 130
涉税审核 130
落实改革任务 130
信息共享 130
税收情报 130
国地税信息合作 130

队伍建设

党团建设和思想政治工作 133
综述 133
“两学一做”学习教育常态化制度化 133
学习贯彻党的十九大精神 133
构建系统全面从严治党新格局 134
基层党组织建设 134
党风廉政建设 134
思想政治工作 135
团组织建设 135
党建宣传 135
扶贫工作 135
基层建设 136
综述 136
精神文明创建 136
宣传先进典型 136
市局局级领导干部“察实情、办实事”税情调研 137
机关处室联系基层科所 137
税务所规范化建设 137
思想政治工作主题征文活动 137
“六小室”建设 137
中国税务精神提炼活动 138
纪检监察 138
综述 138
学习宣传贯彻党的十九大精神 138
聚焦主责主业 138
深入推进纪检监察改革 138
强化监督检查 139
加大执纪问责力度 139
开展专项治理 139
提出监察建议 139
做好警示教育宣传 139
加强干部队伍建设 140
巡察工作 140
综述 140
专项巡察 140
制度建设 141
巡察创新 141
内部审计 142
综述 142
内部控制制度建设 142
财务审计 142
税收执法督察 142
税收执法责任制 142
经济责任审计 142
内部控制监督平台 142

配合外部审计监督 143
风险防控 143
人才培养 143
人事管理 144
综述 144
干部选拔和班子配备 144
干部管理与监督 144
考核奖励 145
工资收入分配管理 145
人事基础工作 145
机构编制和公务员管理 146
数字人事推广与平时考核实施 146
干部任免 146
离退休干部管理 152
综述 152
离退休干部基本情况 152
有效落实上级文件精神 152
加强“两项建设” 153
组织开展正能量活动 153
落实“两项待遇” 153
文化阵地建设 154
自身建设 154
干部教育培训 154
综述 154
完善教育培训制度 154
加强领导干部培训 154
业务骨干培训 155
基层一线干部培训 155
教育培训供给侧改革 155
工会活动 155
综述 155
“创先争优”活动 155
文明创建活动 155
典型宣传 155
开展丰富多彩文体活动 156
为会员提升素质营造环境 156
信息化练兵比武活动 156
两节送温暖活动 156
关心会员身心健康 156
做好会员保障服务工作 156
组织建设 157
妇女工作 157
培训管理 157
基础建设 157
直属分局工会工作 157

行政管理
绩效管理 161
综述 161
绩效管理制度建设 161
税务总局绩效管理 161
市政府绩效管理 161
市局机关绩效管理 162
市局对区（分）局绩效管理 162
个人绩效管理 163
绩效管理基础工作 163
政府信息公开工作 163
综述 163
重点领域公开情况 164
组织机构情况 164
制度建设 164
渠道场所建设 164
教育培训工作 164
会议管理 165
综述 165
改进会风 165
信访工作 165
综述 165
严格落实信访工作责任制 166
建立完善信访信息报送制度 166
信访工作绩效考评机制运用 166
公文管理 166
综述 166
提升公文运转效率 166
提高精细化管理水平 166
日常公文管理 166
督查工作 167
综述 167
督查落实工作 167

督查管理 167
强化督查考核 168
信息工作 168
综述 168
服务税制改革 168
服务经济运行 169
服务企业发展和民生改善 169
税收宣传 169
综述 169
宣传党的十九大精神 169
夯实大宣传格局 170
打造税收宣传品牌 170
普法宣传深入开展 170
拓展新媒体阵地 170
舆情管理 170
调研工作 171
综述 171
调研成果质量持续提升 171
系统调研氛围更加浓厚 171
服务决策成效不断增强 171
调研管理工作扎实有效 172
外事工作 172
综述 172
举办外事工作20周年成果展 172
外事接待工作 172
赴美国、加拿大调研 173
积极转化出访成果 173
保密工作 173
综述 173
保密学习教育 173
自查自评 173
保密培训 174
保密管理 174

税务博物馆建设

参观接待工作 177
综述 177
日常参观接待 177
圆满完成重大接待任务 177
严密组织安全保卫工作 177
社会宣传与推广 177
综述 177
文化宣传工作 177
有序开展基地申报工作 178
持续深化税史研究工作 178
税收文物史料征集与保管 178
综述 178
北京财税博物馆筹建 178
继续深入征集税收文物史料 178
推进库房文物保管工作 178
博物馆干部队伍建设 179
综述 179
加强政治学习 179
提升业务能力 179
强化廉政学习 179

后勤工作

财务管理 183
综述 183
预算管理 183
支出管理 183
服务保障 183
绩效评价 183
预决算公开 184
制度体系建设 184
财务内控建设 184
干部队伍建设 184
资产管理与政府采购 185
综述 185
固定资产管理 185
政府采购规范管理 185
政府采购内控建设 185
政府采购规模效应 185
基本建设管理 185
服装管理 186
后勤管理 186
综述 186
党建工作 186
干部队伍建设 186
制度建设 186

清理办公电话 187
办公用房清理 187
物业管理工作 187
后勤服务保障 187
车辆管理工作 187
安全保卫 188
综述 188
维护国家安全 188
落实综治责任 188
创新综治工作 188
开展综治培训 188
服务首都综治大局 188
防范安全风险 188
安全教育 189
安全管理 189
安全检查 189
排查整治隐患 189
综治评选表彰 189
综治宣传 189
综治调研 189
综治考核 189
服务保障“两会”及十九大 189
老干部活动中心工作 190
综述 190
加强支部建设 190
依法规范管理 190
提升保障能力 190
抓好督办事项 190
确保安全稳定 190

基层工作

东城区地方税务局 195
经济概况 195
概述 195
地方政府支持税收工作 195
税收收入情况 195
非税收入 197
税收收入特点 197
营业税改征增值税 197
税收法治 197
税收政策落实 197
税种管理 197
纳税服务 197
税收征管 197
大企业税收服务与管理 197
国际税收管理 198
税务稽查 198
电子税务管理 198
政务管理 198
绩效管理 198
财务管理 198
政府采购 198
人事管理 199
教育培训 199
执法督察与内部审计 199
党建工作 199
纪检监察 199
后勤管理 199
税收宣传 199
西城区地方税务局 200
经济概况 200
概述 200
地方政府支持税收工作 200
税收收入情况 200
非税收入 202
税收收入特点 202
营业税改征增值税 202
税收法治 202
税收政策落实 202
税种管理 202
纳税服务 202
税收征管 203
大企业税收服务与管理 203
国际税收管理 203
税务稽查 203
电子税务管理 203
政务管理 204
绩效管理 204
财务管理 204

政府采购 204
人事管理 204
教育培训 204
执法督察与内部审计 204
党建工作 205
纪检监察 205
后勤管理 205
税收宣传 205
朝阳区地方税务局 206
经济概况 206
概述 206
地方政府支持税收工作 206
税收收入情况 206
非税收入 208
税收收入特点 208
营业税改征增值税 208
税收法治 208
税收政策落实 208
税种管理 208
纳税服务 208
税收征管 209
大企业税收服务与管理 209
国际税收管理 209
税务稽查 209
电子税务管理 209
政务管理 209
绩效管理 209
财务管理 209
政府采购 210
人事管理 210
教育培训 210
执法督察与内部审计 210
党建工作 210
纪检监察 210
后勤管理 210
税收宣传 210
税收科研 211
海淀区地方税务局 211
经济概况 211
概述 211
地方政府支持税收工作 211
税收收入情况 211
非税收入 213
税收收入特点 213
房产营业税改征增值税 213
税收法治 213
税收政策落实 213
税种管理 213
纳税服务 214
税收征管 214
大企业税收服务与管理 214
国际税收管理 214
税务稽查 214
电子税务管理 215
政务管理 215
绩效管理 215
财务管理 215
政府采购 215
人事管理 215
教育培训 215
执法督察与内部审计 215
党建工作 216
纪检监察 216
后勤管理 216
税收宣传 216
丰台区地方税务局 217
经济概况 217
概述 217
地方政府支持税收工作 217
税收收入情况 217
非税收入 219
税收收入特点 219
营业税改征增值税情况调研 219
税收法治 219
税收政策落实 219
税种管理 219
纳税服务 219
税收征管 220

大企业税收服务与管理 220
国际税收管理 220
税务稽查 220
电子税务管理 220
政务管理 220
绩效管理 220
财务管理 220
政府采购 221
人事管理 221
教育培训 221
执法督察与内部审计 221
党建工作 221
纪检监察 221
后勤管理 221
税收宣传 221
税收科研 222
石景山区地方税务局 222
经济概况 222
概述 222
地方政府支持税收工作 222
税收收入情况 222
非税收入 224
税收收入特点 224
税收法治 224
税收政策落实 224
税种管理 224
纳税服务 224
税收征管 225
大企业税收服务与管理 225
国际税收管理 225
税务稽查 225
电子税务管理 225
政务管理 225
绩效管理 225
财务管理 225
政府采购 226
人事管理 226
教育培训 226
执法督察与内部审计 226
党建工作 226
纪检监察 226
后勤管理 226
税收宣传 226
税收科研 227
税务文化 227
门头沟区地方税务局 227
经济概况 227
概述 227
地方政府支持税收工作 227
税收收入情况 227
非税收入 229
税收收入特点 229
税收法治 229
税收政策落实 229
税种管理 229
纳税服务 229
税收征管 230
大企业税收服务与管理 230
国际税收管理 230
税务稽查 230
电子税务管理 230
政务管理 230
绩效管理 230
财务管理 230
政府采购 231
人事管理 231
教育培训 231
执法督察与内部审计 231
党建活动 231
纪检监察 231
后勤管理 231
通州区地方税务局 232
经济概况 232
概述 232
地方政府支持税收工作 232
税收收入情况 232
非税收入 234
税收收入特点 234

服务城市副中心建设 234
营业税改征增值税 234
税收法治 234
税收政策落实 235
税种管理 235
纳税服务 235
税收征管 235
大企业税收服务与管理 235
国际税收管理 235
税务稽查 236
电子税务管理 236
政务管理 236
绩效管理 236
财务管理 236
政府采购 236
人事管理 236
教育培训 237
执法督察与内部审计 237
党建工作 237
纪检监察 237
后勤管理 237
税收宣传 237
税收科研 237
税务文化 237
北京市顺义区地方税务局 238
经济概况 238
概述 238
地方政府支持税收工作 238
税收收入情况 238
非税收入 240
税收收入特点 240
营业税改征增值税 240
税收法治 240
税收政策落实 240
税种管理 240
纳税服务 240
税收征管 241
大企业税收服务与管理 241
国际税收管理 241
税务稽查 241
电子税务管理 241
政务管理 241
绩效管理 241
财务管理 242
政府采购 242
人事管理 242
教育培训 242
执法督察与内部审计 242
党建工作 242
纪检监察 242
后勤管理 242
税收宣传 242
税收科研 243
北京市怀柔区地方税务局 243
经济概况 243
概述 243
地方政府支持税收工作 243
税收收入情况 243
非税收入 245
税收收入特点 245
营业税改征增值税 245
税收法治 245
税收政策落实 245
税种管理 245
纳税服务 245
税收征管 246
大企业税收服务与管理 246
国际税收管理 246
税务稽查 246
电子税务管理 246
政务管理 246
绩效管理 246
财务管理 246
政府采购 246
人事管理 246
教育培训 246
执法督察与内部审计 247
党建工作 247

纪检监察 247
后勤管理 247
税收宣传 247
税收科研 247
税务文化 248
平谷区地方税务局 248
经济概况 248
概述 248
地方政府支持税收工作 248
税收收入情况 248
非税收入 250
税收收入特点 250
营业税改征增值税 250
税收法治 250
税收政策落实 250
税种管理 250
纳税服务 250
税收征管 251
大企业税收服务与管理 251
国际税收管理 251
税务稽查 251
电子税务管理 251
政务管理 251
绩效管理 251
财务管理 251
政府采购 252
人事管理 252
教育培训 252
执法督察与内部审计 252
党建工作 252
纪检监察 252
后勤管理 252
房山区地方税务局 253
经济概况 253
概述 253
地方政府支持税收工作 253
税收收入情况 253
非税收入 255
税收收入特点 255
税收法治 255
税收政策落实 255
税种管理 255
纳税服务 255
税收征管 256
大企业税收服务与管理 256
国际税收管理 256
税务稽查 256
电子税务管理 256
政务管理 256
绩效管理 256
财务管理 257
政府采购 257
人事管理 257
教育培训 257
执法督察与内部审计 257
党建工作 257
纪检监察 257
后勤管理 258
税收宣传 258
税收科研 258
税务文化 258
昌平区地方税务局 258
经济概况 258
概述 258
地方政府支持税收工作 258
税收收入情况 259
非税收入 260
税收收入特点 260
营业税改征增值税 260
税收法制 260
税收政策落实 260
税种管理 261
纳税服务 261
税收征管 261
大企业税收服务与管理 261
国际税收管理 261
税务稽查 261
电子税务管理 261

政务管理 261
绩效管理 261
财务管理 261
政府采购 261
人事管理 261
教育培训 262
执法督察与内部审计 262
党建工作 262
纪检监察 262
后勤管理 262
税收宣传 262
税收科研 262
税务文化 262
大兴区地方税务局 263
经济概况 263
概述 263
地方政府支持税收工作 263
税收收入情况 263
非税收入 265
税收收入特点与分析 265
营业税改征增值税 265
税收法治 265
税收政策落实 265
税种管理 265
纳税服务 265
税收征管 266
大企业税收服务与管理 266
国际税收管理 266
税务稽查 266
电子税务管理 266
政务管理 266
绩效管理 266
财务管理 266
政府采购 266
人事管理 267
教育培训 267
执法督察与内部审计 267
党建工作 267
纪检监察 267
后勤管理 267
税收宣传 267
税收科研 268
密云区地方税务局 268
经济概况 268
概述 268
地方政府支持税收工作 268
税收收入情况 268
非税收入 270
税收收入特点 270
税收法治 270
税收政策落实 270
税种管理 270
纳税服务 270
税收征管 271
大企业税收服务与管理 271
国际税收管理 271
税务稽查 271
电子税务管理 271
政务管理 271
绩效管理 271
财务管理 271
政府采购 271
人事管理 271
教育培训 272
执法督察与内部审计 272
党建工作 272
纪检监察 272
后勤管理 272
税收宣传 272
延庆区地方税务局 273
经济概况 273
概述 273
地方政府支持税收工作 273
税收收入情况 273
非税收入 275
税收收入特点 275
营业税改征增值税 275
税收法治 275

税收政策落实 275
税种管理 275
纳税服务 275
税收征管 276
大企业税收服务与管理 276
国际税收管理 276
税务稽查 276
电子税务管理 276
政务管理 276
绩效管理 276
财务管理 276
政府采购 277
人事管理 277
教育培训 277
执法督察与内部审计 277
党建工作 277
纪检监察 277
后勤管理 277
税收宣传 278
税收科研 278
税务文化 278
北京市地方税务局燕山分局（第六稽查局） 278
经济概况 278
概述 278
税收收入情况 278
非税收入 279
税收收入特点 279
税收法治 279
税收政策落实 279
税种管理 279
纳税服务 279
税收征管 279
大企业税收服务与管理 279
税务稽查 279
电子税务管理 280
政务管理 280
绩效管理 280
财务管理 280
政府采购 280
人事管理 280
教育培训 280
执法督察与内部审计 280
党建工作 281
纪检监察 281
后勤管理 281
税收宣传 281
税收科研 281
税务文化 281
北京市地方税务局开发区分局 281
经济概况 281
概述 282
税收收入情况 282
非税收入 282
税收收入特点 282
营业税改征增值税 282
税收法治 282
税收政策落实 283
纳税服务 283
税收征管 283
大企业税收服务与管理 283
国际税收管理 283
电子税务管理 284
政务管理 284
绩效管理 284
财务管理 284
人事管理 284
教育培训 284
执法督察与内部审计 285
党建工作 285
纪检监察 285
政务信息 285
北京市地方税务局第一稽查局 286
概述 286
税收收入情况 286
非税收入 286
税收收入特点 286
税收法治 286
纳税服务 286

税务稽查 287
电子税务管理 287
政务管理 287
绩效管理 287
财务管理 287
政府采购 288
人事管理 288
教育培训 288
执法督察与内部审计 288
党建工作 288
纪检监察 289
后勤管理 289
税务宣传 289
税务文化 289
北京市地方税务局第二稽查局 290
概述 290
税收收入情况 290
非税收入 290
税收收入特点 290
税收法治 290
税收政策落实 290
纳税服务 291
税务稽查 291
电子税务管理 291
政务管理 291
绩效管理 291
财务管理 291
政府采购 291
人事管理 291
教育培训 292
执法督察与内部审计 292
党建工作 292
纪检监察 292
后勤管理 292
税收宣传 292
税收文化 292
北京市地方税务局第三稽查局 293
概述 293
税收收入情况 293
非税收入 293
税收收入特点 293
税收法治 293
税收政策落实 293
纳税服务 294
税务稽查 294
电子税务管理 294
政务管理 294
绩效管理 294
财务管理 294
政府采购 295
人事管理 295
教育培训 295
执法督察与内部审计 295
党建工作 295
纪检监察 295
后勤管理 296
税收宣传 296
税收科研 296
税务文化 296
北京市地方税务局第四稽查局 296
概述 296
税收收入情况 296
非税收入 296
税收收入特点 296
营业税改增值税 297
税收法治 297
税收政策落实 297
纳税服务 297
税务稽查 297
电子税务管理 298
政务管理 298
绩效管理 298
财务管理 298
政府采购 298
人事管理 298
教育培训 298
执法督察与内部审计 298
党建工作 299

纪检监察 299
后勤管理 299
税收宣传 299
税收科研 299
税收文化 299
北京市地方税务局第一直属税务分局（第五稽查局） 300
概述 300
税收收入情况 300
非税收入 300
税收收入特点 300
税收法治 300
税收政策落实 300
纳税服务 301
税务稽查 301
电子税务管理 301
政务管理 302
绩效管理 302
财务管理 302
政府采购 302
人事管理 302
教育培训 302
执法督查与内部审计 302
党建工作 303
纪检监察 303
后勤管理 303
税收宣传 303
税收科研 303
税务文化 303
北京市地方税务局第二直属税务分局（西站分局） 304
概况 304
税收收入情况 304
税收法治 304
税收政策落实 304
大企业税收服务与管理 304
政务管理 305
绩效管理 305
财务管理 305
政府采购 305
人事管理 305
教育培训 305
执法督察与内部审计 306
党建工作 306
纪检监察 306
后勤管理 306
税收宣传 306
税收科研 306
税务文化 307
精神文明建设 307

社会团体

北京市国际税收研究会 311
概况 311
理论调研 311
《国际税收参考》编辑出版 311
开展系统内外税法培训 311
拓展外联平台 312
组织召开第四届常务理事和专题理事会议 312
配合相关部门做好各项工作组织落实 312
加强支部建设和党建联络制度 312
北京市地方税务学会 313
概况 313
调研工作成绩显著 313
培训工作扎实开展 313
网页专栏得到社会认可 314
加强自身建设和管理 314
全面加强党建工作 314
召开会员大会 315
通过年检年审工作 315
北京税收法制建设研究会 315
概况 315
工作宗旨 315
2017 年主要工作 315
第一届四次理事会 316
课题研究 316
学术交流 317
税务培训 317
“税典通”信息服务平台 318
会员管理 318

扎实做好基础工作 318

文选

个人所得税改革方案及征管条件研究 北京市地方税务局课题组 321
推动“绿色税制”建设的国际借鉴研究 杨志强 329
税收服务新形势下首都供给侧结构性改革的思考及建议 杨志强 333
现代税收征管中的纳税评估国际比较与借鉴研究 北京市地方税务局 中国国际税收研究会联合课题组 340
税收撤销权研究 北京市地方税务局课题组 345
集体经营性建设用地入市税费问题研究 北京市地方税务局课题组 352
关于纳税人需求的几点认识 唐学军 357
我国地方部门预算绩效管理问题探讨 杨文俊 361
关于减免税核算工作的实践与思考 王宝明 陈 涛 366

统计资料

北京市地方税务局各项税费收入情况 373
- 各项税费收入分税种完成情况（2017 年） 373
- 各项税费收入分税种分单位统计（2017 年） 374

北京市地方税务局税务登记情况 379
- 税务登记户分单位统计（2017 年） 379
- 税务登记户分行业统计（2017 年） 380
- 税务登记户分注册类型统计（2017 年） 381

机构人员

北京市地方税务局领导名单 385
各区（分）局，市局各处室、直属单位，社会团体、群众团体主要负责人名单 386
北京市地方税务局机构、人员统计情况 390
北京市地方税务系统立功受奖人员名单（2017 年度） 392
2017 年度北京市地税系统政务信息工作考评通报表扬名单 413

大事记

北京市地方税务局大事记（2017 年） 417
- 1 月 417
- 2 月 419
- 3 月 422
- 4 月 425
- 5 月 427
- 6 月 430
- 7 月 432
- 8 月 434
- 9 月 436
- 10 月 439
- 11 月 441
- 12 月 443

综　合

2017年北京市地方税收工作要点

2017年是供给侧结构性改革的深化之年，是北京市率先全面建成小康社会、建设国际一流的和谐宜居之都的关键一年，也是全面深化税制改革和国税、地税征管体制改革的攻坚之年，首都地税事业既面临难得的发展机遇，也面临诸多困难和挑战。全市地税工作的总体要求是：深入贯彻落实党的十八大和十八届三中、四中、五中、六中全会精神，全面增强“四个意识”，严格落实全面从严治党要求，坚持稳中求进工作总基调，以习近平总书记视察北京重要讲话精神为根本遵循，积极发挥税收职能作用，服务供给侧结构性改革和非首都功能疏解，加快推进税制改革、税收征管体制改革和税收现代化建设，推动首都地方税收工作再上新台阶。

一、落实全面从严治党要求，加强党建和干部队伍建设

（一）加强党的建设。深入学习贯彻十八届六中全会精神，全面增强“四个意识”特别是核心意识、看齐意识，严格落实《准则》（《中国共产党廉洁自律准则》）《条例》（《中国共产党纪律处分条例》）。推进“两学一做”学习教育常态化制度化，巩固巡视整改工作成果。将习近平总书记视察北京重要讲话精神纳入“两学一做”学习教育，作为党组理论中心组学习重要内容。严格落实全面从严治党“两个责任”，认真落实意识形态工作责任制，深入开展各区（分）局党组书记和市局机关党组织书记述职述党建工作，持续抓好第一党支部建设，实行党组会会前学习党规制度，进一步增强两级党组领导核心作用。推进领导干部落实党风廉政建设主体责任全程纪实工作。探索推进系统党组织关系垂直管理，推进基层党组织建设规范化，制定《党支部建设工作规范》，开展正反两方面典型教育和督导检查，推动全面从严治党向基层延伸。加强群团工作和基层精神文明建设，发挥好工会、团委、妇女工作委员会的作用，制定系统共青团改革方案，广泛开展学雷锋活动、志愿活动和丰富多彩的文体活动，做好先进职工疗休养工作，弘扬地税正能量。

（二）狠抓反腐倡廉。对基层腐败案件进行深刻反思，全面防控基层执法风险。做好北京市国家监察体制改革在地税系统的落实工作，深化纪检监察体制机制改革，推进市局党组向各区局派驻纪检组工作，探索完善联合纪检组的职责定位，深化监察工作区域协作机制。进一步发挥巡察的利剑作用，对6个区（分）局开展巡察，探索开展巡察“回头看”的有效方式。全面实践“四种形态”，强化监督执纪问责，严肃查处违规违纪行为。紧盯春节等重要时间节点，坚决查处“节日腐败”行为。强化任中及离任审计，加强领导干部经济责任履职监督，坚决杜绝公车私用、违规报销等不良现象。

（三）加强干部队伍建设。推进处级干部选拔任用交流调整工作，进一步优化领导班子结构。加大优秀年轻干部培养选拔力度，举办全系统首期中青年干部培训班。在石景山局、昌平局试点推进数字人事工作，并做好全面推开的各项准备工作。研究出台基层税务干部交流轮岗制度。开展“岗位大练兵，业务大比武”活动，组织税收征管法考试，鼓励干部报考“三师”、职称和领军人才考试。两级领导班子要更好地关心爱护干部，加强心理疏导和人文关怀，有效调动干部积极性。

二、坚持依法组织收入，确保完成全年收入任务

（四）坚持依法征税。按照市人代会审议通过的2017年全市预算收入增长6.5%的目标和税务总局下达的税收收入任务，全系统本年度各项税费收入任务为3733亿元，比上年增长14.5%。其中，中央级税收收入任务1345亿元，增长15.1%；一般公共预算收入任务2330亿元，增长14.3%。全系统要坚持依法征税，坚决把各项支持企业发展和增强企业活力的减免税政策落实到位，坚决不收过头税，严格落实组织收入工作目标责任制，加强征管手段创新，强化部门协作，在堵漏增收、稳中提质上狠下功夫，确保完成全年收入任务。

（五）加强税收分析。要不断拓宽分析领域，按月做好国税、地税联合税收分析，围绕首都经济社会发展的重点热点问题开展专题分析，为科学决策提供参考。

三、主动发挥税收职能作用，服务首都经济社会发展

（六）服务首都重大发展战略。全面落实疏解非首都功能税收支持政策，进一步加强对低端产业、低端业态的税收征管。积极参与和推动京津冀区域税收协作，主动为京津冀协同发展建言献策，提出促进产业转移和产业协同发展的税收政策建议。制发《北京市地方税务局关于积极发挥税收职能作用服务北京城市副中心建设的实施意见》，积极研究税收服务城市副中心建设相关措施。持续做好冬奥会涉税服务。

（七）发挥税收政策导向作用。全面落实税收优惠政策，研究残保金减免问题，有效降低企业成本，助力大众创业万众创新，支持“三大科学城”建设，促进科技创新产业、文化创意产业、民生事业发展和服务业品质提升。严格执行房地产税收政策，支持保障性住房建设，配合有关部门做好房地产调控工作，严厉打击房地产中介涉税违法行为，促进房地产市场平稳健康发展。落实税制改革要求，做好环境保护税开征准备工作。配合税务总局开展个人所得税改革调研，开展绿色税制国际借鉴研究，做好国外印花税法编译工作。继续做好政务信息和税务情报工作，为上级决策提供参考。

四、深化税收征管体制改革，加快完善地方税费体系

（八）认真落实《北京市深化国税、地税征管体制改革实施方案》。加强与有关部门的沟通协调，推进社保费征收准备工作，配合国家有关部门做好社保费征收体制改革调查研究。全面做好非税收入承接工作，年底前征收已确定的非税收入项目，积极争取接收其他新增的适合北京市地税局征收的项目。持续深化四项专项试点改革，特别是要在推进高风险纳税人定向稽查、服务“一带一路”国际合作高峰论坛、探索建立自然人国际税收管理机制等方面有所突破。认真

落实国税、地税合作工作规范，对合作事项进行再细化、再分解，全面完成各项任务。委托国税代征个体工商户个人所得税。探索国地税联合网上受理登记。共同研究简化三方协议签署流程。联合推进办税实名制。研究构建非正常纳税人联合管控制度。推进系统经费垂直管理，抓紧做好各项准备。调整征管和科技发展处职能，推进远郊山区税务所职能转变。按照税收征管体制改革和职能划转要求，持续优化机构设置。

五、加快推进税收管理现代化，提升税收征管效能

（九）全面加强征管基础工作。研究改革税收管理员制度，转变征管模式，实现由管户向管事转变。推进“五证合一”，加强基础信息管理，建立新增税源税收贡献分析和纳税户注销原因分析机制。建立自然人税收征管数据库，加强数据信息的获取、整合和应用。推动建立以风险管理为导向的税收征管体系，研究改变风险推送方式，实现由按税种推送向以纳税人为单位的综合推送转变。做好税收情报工作顶层设计，制定工作规范，提高税收情报收集、整理、加工水平。进一步规范异地经营管理。探索完善催报催缴工作制度。提高税务约谈频率，全面规范日常检查，提高有问题率。继续加大欠税管理力度，控制欠税变动率。落实《北京市税收征收保障办法》，加强与工商、银行、国土等部门的合作，开展联合惩戒执法。征管部门要深入学习税收征管法，充分理解立法精神，开展特色征管课题研究，提出新的征管思路和措施。

（十）提高税种税源管理水平。落实税源分类分级管理制度。完善二手房交易税收征管流程，依法追征税款。完善股权清分系统，实现对个人转让股权行为的精准提示和查询。推进区级财政统发工资个人所得税集中扣缴工作。继续开展企业所得税税源申报数据比对，加强企业注销清算管理。开展水资源税改革调研。开展房产税政策评估研究。加强土地增值税清算管理。加强印花税分行业管理，研究落实印花税属地管理。对单位内部车船恢复征收车船税。下半年，各税政处室要按税目分析、报告税源情况。

（十一）加强大企业和国际税收管理。健全大企业工作体制机制，探索转变征管方式，理顺市、区、所三级大企业管理工作衔接。加强部门协作，开展大企业税收经济分析和风险特征库建设，提高数据采集应用水平。推进税企遵从与战略合作，拓展合作范围与内容。进一步发挥直属二局专业化优势，提升管理质效。强化“走出去”纳税人税收服务。加强外籍人员、外国企业在华机构场所、常驻代表机构税收风险管理。加强情报交换工作，支持跨境税源重点案件办理。调查重大疑点企业，严厉打击国际逃避税。

（十二）全面深化稽查体制改革。年底前撤销区（分）局稽查局，充实6个直属稽查局，打造市级执法模式。组织遴选考试，组建高素质稽查队伍。加强案源统筹管理，提高选案质量。抓好大案要案查办工作，推动国税、地税联合税务稽查常态化。加大对涉税违法行为的打击力度，继续做好二手房交易涉税违法案件的税款追征工作，做好向公安机关移送案件工作，充分发挥税警联合办公室的作用，研究制定税警协作、行刑衔接工作制度，有效提升稽查震慑力。

（十三）着力推进信息化建设。及时向税务总局反馈金税三期运行存在的问题，推动金税三期与北京互联网地税局有效整合。推进内网、外网和政府信息公开专网的有效整合。保障信息系统安全稳定运行。打造集征纳双方网上互动、纳

税人申报纳税和机关行政管理功能于一体的微信应用平台。完善工会经费代收系统功能。提高《税收数据手册》编制质量，实现电子化应用。

六、全面优化纳税服务，提升纳税人获得感和满意度

（十四）推进纳税服务标准化管理。全面落实《全国税务机关纳税服务规范》，有效减少纳税人投诉。出台全系统办税服务厅建设指导意见。打造办税服务厅综合管理平台，加强对实体办税服务的实时监控。规范国税、地税共建办税服务厅、共驻政务中心、互设窗口等合作方式的工作内容、岗责分工和流转流程。全力推进网站升级改造，规范区（分）局网站设计。

（十五）提升纳税服务便利化水平。深入开展“便民办税春风行动”，针对纳税人办税的热点、堵点，大力推进 5 类 20 项 50 件便民举措。探索“互联网 + 税务”服务，实现所有涉税事项网上办理和全市通办，推动掌上移动办税。推广微信预约服务，探索增加微信、支付宝涉税自助查询和缴税功能。推广 24 小时自助办税网点，推进自助办税终端进驻国税局办税服务厅，探索自助办税终端与银行缴税的功能整合。加强咨询服务平台建设，打造 82012366 热线品牌。

（十六）加强宣传辅导和纳税人权益保护。加大主流媒体和新型媒体宣传力度，争创全国税收普法教育示范基地。加强纳税人学堂建设，开展普及性宣传和个性化辅导。开展第三方调查和纳税人需求调查，根据调查结果不断改进服务。畅通纳税人投诉渠道，提高投诉处理效率，有效预防和化解服务争议。强化纳税信用评价，进一步做好“银税互动”工作，服务全市社会信用体系建设。

七、深入推进依法行政，不断提升税收法治水平

（十七）全面落实依法治税。适时报请市政府修订《北京市社会保险费征缴若干规定》。总结总法律顾问制度试行经验，扩大试点范围。与市司法局加强沟通协调，推进公职律师工作。深入开展中外征管制度比较研究。推行行政处罚裁量权基准，规范行政处罚工作。进一步完善内控机制建设，强化督察审计，梳理风险点，编制《内控指导手册》，规范执法行为，继续开展领导干部经济责任审计和专项审计，有效防范执法风险和管理风险。按照税务总局要求，做好税收执法大督察相关工作。充分发挥复议委员会的作用，加强行政复议案件公开审理。做好行政应诉。规范政府信息公开工作。

八、切实加强行政管理，确保各项工作有序推进

（十八）提升行政管理水平。实行督查事项落实情况分级分类管理，确保“件件有着落，事事有回音”。上线无纸化办公系统，研发会议管理信息化系统，提高办文办会水平。加强档案管理。做好保密工作。推进精品调研战略，市局领导班子成员要带头开展调研。加强对学会、研究会的业务指导。严格执行财经纪律，提升预算和资产管理水平，提高财政资金使用效率。做好离退休干部工作。推进税务博物馆更名、迁址、扩容工作。完成《北京志·地方税务志》出版发行工作。加强机关后勤服务，营造良好工作环境。贯彻落实市委、市政府综治工作要求，健全落实综治领导责任制，加强安全管理和涉税舆情应对，全力做好重大会议、活动期间的安全维稳工作。

九、持续推进绩效管理，全面提升工作质效

（十九）持续推进绩效管理。落实税务总局、市政府绩效管理工作部署，进一步发挥绩效管理对税收中心工作的推动作用。持续优化指标体系，精简指标数量，提升考评的科学化、精细化水平。多维度衡量工作质效，体现考评结果公正公平。完善考评结果反馈机制，督促失分单位持续改进提高。做好创新项目相关工作。提高绩效培训针对性，完善系统交流平台，培育绩效文化。加大绩效考评结果运用力度，健全激励约束机制，提升税务干部工作积极性，力争在2017年度税务总局和市政府组织的绩效考评工作中再创佳绩。

2017年北京市地方税务局税收工作完成情况

2017年，全市地税系统在市委、市政府和国家税务总局的坚强领导下，认真学习宣传贯彻党的十九大精神，坚持以习近平总书记两次视察北京重要讲话精神为根本遵循，改革创新、攻坚克难，较好地完成了各项工作任务，在全国税务系统绩效考评中名列第2，获省部级以上领导肯定性批示47次，获省部级以上荣誉92项、通报表彰87次。

一、税收收入任务圆满完成

面对结构性减税、房地产调控等多重考验，全系统坚持依法征税，加强整体统筹，实施收入任务动态调整，在强化税收分析预测上狠下功夫，通过加强征管、风险控制和税务稽查，增收各项税费260亿元，带动增长8个百分点，为税收平稳增长提供了有力保障。全年累计完成各项税费收入3683.1亿元，比上年增长12.9%；完成税收收入3364.3亿元，增长14.5%；完成一般公共预算收入2278亿元，增长11.7%，提前13天完成全年收入任务。

二、服务大局成效进一步显现

有效发挥政策导向作用。全面落实各项税收优惠政策，助力大众创业万众创新，支持“三城一区”建设，促进科技创新和文化创意产业、小微企业、民生事业发展，共减免税费636.2亿元。落实北京城市总体规划要求，认真研提税收服务举措。深入开展税收服务供给侧结构性改革研究，推出促进有序疏解、构建“高精尖”产业结构的20项措施。加强对异地登记在京经营企业的涉税管理，有效抑制“空疏解”。主动对接冬奥组委，推动完善涉奥税收政策，建立健全与河北省的税收联动工作机制。制发服务北京城市副中心建设的实施意见，出台14项50条具体措施。严格执行房地产税收政策，支持保障性住房建设，配合有关部门做好房地产调控。落实“放管服”改革要求，制定优化营商环境提升纳税便利度实施方案，推出5类45项措施。通州局、大兴局、延庆局分别在服务北京城市副中心建设、新机场建设以及冬奥会、世园会筹办等方面出实招、谋实效，做出了重要贡献。

扎实做好服务保障工作。协助做好北京市出席党的十九大、市第十二次党代会等会议代表以及全国道德模范候选人的涉税审查工作，累计审核候选人873人次、企业1134户次。配合开展购房、购车、低保资格审查184万人次，测算积分落户资格46万人次。配合做好“一带一路”国际合作高峰论坛宣传服务工作。主动服务上级决策，围绕京津冀协同发展、疏解整治促提升、“三城一区”建设等领域开展国税、地税联合分析，向市委、市政府和税务总局报送信息584篇、信息专报和税务情报51篇、专题调研信息40篇，其中43篇获得省部级以上领导批示或被重点刊物采用。

三、税收改革持续深入推进

认真落实税制改革。联合市财政局、市环保局印发我市贯彻落实环境保护税法工作方案，扎实推进环保税开征准备工作。认真做好水资源税改革试点工作。深入开展房地产税、个人所得税和税收征管法专题研究，积极服务税收立法，《个人所得税改革方案及征管条件研究》获全国税务系统优秀税收科研成果一等奖。继续做好“营改增”后续工作。调整残疾人就业保障金减免范围和缴费标准，有效减轻企业负担。

深入推进国税、地税征管体制改革。完成办税事项全城通办、完善纳税服务平台、高风险纳税人定向稽查、深度参与国际税收合作等4项专项试点改革工作任务，被税务总局评为2017年专项改革试点示范单位，相关经验成果在全国推广。完成无线电频率占用费、防空地下室易地建设费、彩票公益金、彩票业务费、国家电影事业发展专项资金5项非税收入的接收工作，累计代收8.5亿元。全力配合国务院调研组开展社保费征收体制评估工作，积极推动由地税部门征收社保费。深化稽查体制改革，完成第一批试点单位改革工作。4大类90项国地税合作事项全部落实到位，在全国税务系统中率先委托国税代征市场内个体工商户的个人所得税。丰台局联合国税严厉打击发票违法行为，顺义局着力打造国地税联合办税服务厅，房山局建立国地税数据按季交换机制，国地税合作水平明显提高。

四、税收征管效能显著提高

积极转变征管方式。落实税务总局要求，制发转变征管方式系列文件，加强纳税人分类分级管理、税收管理员制度改革和事中事后管理，选取6个区局开展试点工作，推动固定管户向分类分级管户、无差别管理向风险管理、事前审核向事中事后监管、经验管理向大数据管理转变。推行办税人员实名制，20.8万户企业和90.1万自然人完成实名认证。推进涉税信息共享，合作部门增加22个，采集第三方涉税信息21.8亿条，向20个部门提供税收信息19亿条。加强内控机制建设，编制《税收执法风险防控手册》，梳理出11类风险事项，局领导带队开展专项监督检查。西城局多措并举狠抓信息管税，海淀局率先开展税费风险防控反向评估，石景山局研发房地产税收风险防控模型，门头沟局制定山区税务所征管办法，征管方式得到切实改进。

持续加大征管力度。积极配合商事制度改革，加强税务登记管理，征管户数超过180万户，个人所得税纳税人超过2700万人。加强无照经营户、未登记户、非正常户、零申报和小额申报企业管理，联合市工商局、市国税局完善吊销机制，清理长期停业未经营企业8万余户，有税申报率提高至73.7%。通过税务约谈、日常检查、提示提醒等方式，查补收入61.43亿元。加强欠税清缴工作，累计清缴陈欠8.18亿元。加大二手房交易税款追征力度，累计追征入库1.9亿元。加强大企业风险管理，带动增收10.6亿元。加强国际税收管理，带动增收5.1亿元。对1211户纳税人实施税务稽查，查补收入49亿元。完成全部金税三期特色软件改造工作，实现互联网地税局与金税三期系统的全面对接融合。编发《税收数据手册》12期。开发运行税务电子档案工作模块，初步建成税务档案纸质、数字化副本和电子档案三位一体的归档模式。东城局完成千户集团企业集中管理，朝阳局实现全系统自然人反避税零突破，平谷局狠抓欠税清缴工作，直属二局创新大企业税收管理方法，征管效能得到提高。第一稽查局联合国税制定银行业检查指引，第二稽查局积极引导企业开展自查，第三稽查局重点突破大案要案，第四稽查局创新案件执行机制，有力提升了税务稽查工作质效。

不断强化税种税源管理。完成全市房产税、城镇土地使用税税源摸底调查和精细化分析。上线企业所得税“税收风险提示服务”系统，4.6万户纳税人按照提示信息修改调整了申报数据。进一步完善股权清分系统，向发生股权变更的企业和法人推送告知信息25.4万条，入库个人所得税55亿元。区级预算单位统发工资个人所得税集中扣缴工作方案获市政府批准。对政府采购合同印花税、出版业代扣代缴个人所得税等12个风险事项开展风险应对，识别、推送风险纳税人5.9万户，确认存在问题的纳税人5.7万户。

五、纳税服务水平稳步提升

深入开展“便民办税春风行动”。出台提升纳税服务20项措施、“便民办税春风行动”25项措施，有力提升了办税便利化水平，纳税人满意度位居省级地税部门前列。北京地税网站获得2017年省级地税机关互联网站评估第1名。82种表证单书实现免填单，353项办税事项实现同城通办。上线“个人存量房网络预审系统”，审核通过的纳税人可在全市任选地点预约缴税。在官方网站推出“便民办税地图”栏目，在官方微信推出个人所得税申报、预约排队叫号新功能，实现手机客户端实时缴税。推进小微企业纳税人资格自动识别。优化升级个人所得税业务网上办税平台，实现股权转让所得网上报告、网上打印缴款书等新功能。开展处级领导干部听民意、解民忧接线活动。进一步完善纳税服务制度体系，推进纳税服务标准化建设。开展2016年度纳税信用评价，评出A级企业5.57万户。深入开展“银税互动”，与40余家银行建立合作关系，帮助企业获得贷款63.5亿元。强化纳税投诉管理，投诉数量同比下降29%。昌平局率先开发银行手机客户端自助缴税功能，怀柔局开发“移动导税”平台，增强了纳税人获得感。

强化税收宣传辅导。北京税务博物馆被评为首批全国税收普法教育示范基地，成为弘扬税收文化的新名片。在主流媒体组织刊发新闻稿件1000余篇，举办新闻发布活动60余次，制播《税收天地》31期，播出“地税小贴士”238期、“税收微动漫”29集，开展映客直播25次，制作公益广告40余部，编发《首都公民税收手册》近3万册，聘任首都税收宣传员412名。燕山分局配合市局举办环保税开征倒计时100天启动仪式，密云局着力推进少年税校建设，直属一局制作的税收公益宣传片在万达院线上映，产生积极的社会影响。

六、税收法治建设扎实推进

修订公布权责清单，下放小额退税审核权限，清理各类涉税证明，切实为市场主体减轻负担。联合市国税局印发税务行政处罚裁量基准，简化简易处罚流程，切实规范权力运行。强化行政复议应诉工作，办理行政复议案件42件、行政诉讼案件30件，对10起税务行政复议案件采取听证方式进行公开审理，切实维护纳税人合法权益。在全系统开展税收执法大督察，发现各类问题469个，追缴税款645万元。联合公安、国税等部门打击涉税违法犯罪活动，查处“3·21特大虚开发票专案”，移送13件涉税犯罪线索。在全系统推行法律顾问制度和公职律师制度。向纳税人免费赠送《北京地方税务公告》20.4万册。集中力量编写《北京市地方税务局税收案例集》和《税收征管制度国际比较研究》。

七、党的建设和干部队伍建设切实加强

深入学习宣传贯彻党的十九大精神。组织全系统党员干部收看党的十九大直播，原原本本、反复深入研读十九大报告、中央纪委工作报告和新修订的《党章》。认真学习习近平新时代中国特色社会主义思想，牢固树立政治意识、大局意识、核心意识、看齐意识，坚定“四个自信”。组织市局党组中心组集体学习 8 次、研讨交流 2 次，举办处级领导干部专题培训班。邀请党的十九大代表及经济、党建专家举办 5 场专题报告会。举办“践行党的十九大精神 立足本职做贡献”主题征文活动。编辑出版《学习宣传贯彻党的十九大精神专刊》。利用北京地税微博、党建微信公众号等媒体，及时展示全系统学习宣传党的十九大精神的好经验、好做法。

全面加强党的建设。坚持把政治建设摆在首位，坚决维护习近平总书记在党中央和全党的核心地位，坚决维护党中央权威和集中统一领导。坚决贯彻蔡奇书记提出的“三个一”“四个绝不允许”的要求，自觉在政治立场、政治方向、政治原则、政治道路上同以习近平同志为核心的党中央保持高度一致。深入推进“两学一做”学习教育常态化制度化。定期编印《领导干部理论学习手册》和《领导讲话和批示摘要》。严格落实“两个责任”，认真开展党风廉政建设主体责任全程纪实工作，逐级签订个性化党风廉政建设责任书，对区（分）局“两个责任”落实情况进行全面检查。加强第一党支部建设，强化对“一把手”的教育管理监督。制发《关于积极发挥垂直管理和属地管理优势不断增强基层党建工作合力的指导意见》，推动党建工作向基层延伸。成立市局、区局党建工作机构，在全国税务系统率先实现党建机构实体化运转。认真落实意识形态工作责任制，建立健全工作机制，牢牢把握意识形态领导权、主动权和话语权。严格落实“三会一课”制度，推进支部规范化建设。广泛开展“送温暖、送文化、送健康”活动，举办文体活动，加强妇女干部工作，有序组织先进职工疗休养工作。开发区分局以志愿服务为抓手加强青年干部队伍建设，取得良好效果。

持之以恒正风肃纪。积极配合市委巡视，对照巡视反馈意见和蔡奇书记在全市领导干部警示教育大会上指出的 12 类问题和 9 项工作要求，不折不扣抓好整改落实。认真落实中央八项规定实施细则、市委贯彻落实办法和市局 24 条措施，坚决防止“四风”问题反弹，进一步规范公车管理。认真开展经济责任审计。深入推进纪检体制改革试点工作，完善联合纪检组工作机制。发挥巡察利剑作用，对 3 个区局开展专项巡察。全面实践“四种形态”，强化监督执纪问责。开展“为官不为、为官乱为”问题专项治理，重点查处税收执法领域“小官贪腐”和“微权力”滥用问题。

持续强化干部队伍建设。坚持党管干部原则，优化处级领导班子结构，选拔任用处级干部 49 人，轮岗交流 24 人。组织市局机关 98 名处级领导干部到基层蹲点，及时反馈、解决基层实际问题。加大优秀年轻干部培养选拔力度，举办首届中青年干部培训班。上线数字人事系统。开展岗位大练兵和职业技能大赛，开办税收分析团队、基层党务工作者、法律顾问等培训班，举办税收英语沙龙。扎实做好离退休干部服务管理工作。

八、机关行政管理明显改善

抓紧抓实绩效管理工作，围绕税收中心任务

合理构建考评体系，减轻基层考评负担。加大督查督办工作力度，推动重大决策部署落实到位。加强政务公开平台建设，主动公开信息4747条，受理政府信息依申请公开案件121件。实施精品调研战略，有序推进课题研究，调研成果质量稳步提升，实现各类成果转化329项。制定、完善18项财务管理制度。开展全系统资产清查工作。提高综治工作水平，推进平安地税建设。后勤服务保障工作得到加强。

2017年北京市地方税收完成情况

2017年，首都经济平稳增长，供给侧结构性改革深入推进，北京市地税系统深入学习贯彻落实党的十九大精神，紧紧围绕首都城市战略定位，全面推进各项税收工作，确保税收平稳增长，服务全市经济和社会事业发展。

一、收入总体呈现高开低走态势

上半年税收实现较快增长，累计完成各项税费收入2155亿元，比上年同期增长21.5%。其中，完成一般公共预算收入1302.9亿元，增长22.3%。一、二季度一般公共预算收入增速分别为23.7%和21.1%。

下半年税收出现迅速回落。随着北京市房地产调控逐步显效，疏解非首都功能和结构性减税深入推进，下半年全局一般公共预算收入连续负增长，7月、8月、9月、10月收入增速分别为2.2%、-2.8%、-25%和-2.3%；截至各月底的累计增速分别为19.4%、17.6%、12.9%、10.4%。11月，北京地税局全力做好残疾人就业保障金的征收，加大各项征管措施力度，当月一般公共预算收入增长26.9%，累计增速回升至11.3%，全年一般公共预算收入累计增速达到11.7%。

二、中央与地方共享税增速持续放缓，地方各税费贡献稳中有升

2017年，个人所得税完成1608亿元，比上年增长12.6%，增速较上年下降6.9个百分点，较2017年上半年回落3.4个百分点；其中，工资薪金所得增长18.8%，但财产转让所得同比下降29.2%。企业所得税完成555.9亿元，增长15.9%，增速较上年下降12.3个百分点，较2017年上半年回落5.3个百分点。代征增值税41.5亿元，月均入库由上半年的4.3亿元降至下半年的2.6亿元。

财产行为税完成1131.2亿元，比上年增长14.8%，占整体收入的比重由上年的30.2%上升至30.7%；非税收入和政府性基金收入合计完成318.8亿元，占比为8.7%。其中，土地增值税完成289亿元，增长63%；房产税完成273.1亿元，增长37.8%；附征于增值税和消费税的“一税两费”完成401.6亿元，增长3.2%；契税完成197.5亿元，下降22.3%；残疾人就业保障金完成74.2亿元，下降26.3%。

三、“高精尖”相关行业税收实现较快增长，传统行业税收增势减缓

随着全市产业发展加快向高端迈进，双创活力持续增强，带动“高精尖”相关行业税收快速增长。全年，科技服务业税收完成369.6亿元，比上年增长23.9%；商务服务业完成436亿元，增长19.3%；信息服务业完成192亿元，增长12.2%；文化体育和娱乐业完成72.5亿元，

增长13.7%。各行业占整体税收的比重由上年同期的27.6%提高至29.1%。

房地产业是北京地税局税收的最主要来源，全年共完成税收1276.5亿元，对全局整体税收的贡献率达34.7%，比上年增长13.4%，剔除土地增值税大额入库和房产税政策性增收后，实际增长1.8%。其中，开发环节增长4%，交易环节下降2.7%，保有环节增长12.8%。金融业完成429.4亿元，增长4.4%。其中，货币金融服务增长7.1%，资本市场服务下降15.8%，保险业增长17.9%。制造业、交通运输业、住宿餐饮业增速较低，分别完成235.8亿元、52.5亿元和32.9亿元，分别增长7.4%、11.5%和14.5%。

四、重点区域税收快速增长

2017年，在打造城市副中心的拉动下，通州局税收实现较高增长，完成134.1亿元，比上年增长38.3%。加快"三城一区"建设，有力带动税收较快增长，其中，海淀局完成787.5亿元，增长15.7%；昌平局完成126.5亿元，增长11%；开发区局完成157.4亿元，增长11.6%；怀柔局完成47.6亿元，由于房地产业占比较高，整体税收增速仅为3.6%。

五、稳步推进各项改革措施

认真贯彻落实《北京市深化国税、地税征管体制改革实施方案》精神，深入推进办税事项同城通办、完善纳税服务平台、高风险纳税人定向稽查、深度参与国际税收合作等4项专项试点改革，加快12366六能平台建设、非税收入征收、加强京津冀税务部门"一统三互"平台建设等工作。实现国地税信息实时自动交换。上线企业所得税"税收风险提示服务"系统，1.7万户纳税人完善了申报数据。为确保2018年环保税的顺利开征，联合市财政局、市环保局印发贯彻落实环境保护税法工作方案。积极行动、主动作为，积极完成水资源税第二批改革试点工作。完成5项非税收入的接收工作，全年代征无线电频率占用费、防空地下室易地建设费、彩票公益金、彩票业务费、国家电影事业发展专项资金共8.5亿元。

六、强化组织收入统筹，努力提高税收征管效能

强化组织收入统筹，强化各项堵漏增收措施，2017年共增收260亿元，带动整体收入增长8个百分点。其中，加大稽查力度，强化高风险定向稽查，补缴入库37亿元；加强对无照经营户、零申报和小额申报企业的管理，强化风险识别、预警和约谈，补缴入库42.2亿元；加大欠税清缴力度，对欠税企业的法定代表人采取阻止出境等措施，共清理陈欠7.8亿元；加强税源精细化管理，通过房产税属地征收和从租计征增收50亿元，加大土地增值税清算力度，实现增收123亿元。

七、落实各项优惠政策，全力服务首都改革发展

全面落实市委、市政府加快城市副中心建设的要求，制发服务北京城市副中心建设的实施意见，出台14项50条具体措施。深入开展税收服务供给侧改革研究，推出促进有序疏解、构建"高精尖"产业结构的20项措施。支持2022年冬奥会筹办工作和河北雄安新区规划建设，研究相关税收政策，做好涉税服务保障工作。全面落实税收优惠政策，2017年，共减免各项税费636.2亿元，其中，高新技术企业减免84.2亿元，改善民生减免220.3亿元，促进公共事业发

展减免 68.4 亿元，扶持小微企业减免 14.5 亿元。

2018 年，北京地税将进一步把思想和行动统一到党的十九大精神上来，以习近平新时代中国特色社会主义思想为指引，牢固树立政治意识、大局意识、核心意识、看齐意识，立足首都城市战略定位，积极发挥税收服务疏解非首都功能、构建“高精尖”经济结构和京津冀协同发展的职能作用，为首都改革发展做出新的贡献。

（林 虎）

领导讲话

全面增强“四个意识” 持续深化改革创新 推动首都地税事业实现新发展

——在2017年北京市地方税务系统工作会议上的讲话

北京市地方税务局局长 杨志强

（2017年2月28日）

这次会议的主要任务是：以党的十八大、十八届三中、四中、五中、六中全会和习近平总书记系列重要讲话精神为指导，以习近平总书记视察北京重要讲话精神为根本遵循，深入贯彻落实中央经济工作会议、市委十一届十二次全会、全国税务工作会议决策部署，总结2016年工作，部署2017年任务，凝心聚力，攻坚克难，在新的起点上推动首都地税事业创新发展。下面，我讲两方面内容。

一、2016年工作回顾

2016年，全市地税系统在北京市委、市政府和国家税务总局的坚强领导下，认真落实全面从严治党“两个责任”，深入推进税制改革和税收征管体制改革，积极发挥税收职能作用服务首都改革发展，较好地完成了各项工作任务，在全国税务系统绩效考评中获得省级地税部门第1名，在市政府绩效考核中名列前茅，得到省部级以上领导同志肯定性批示42次，获得省部级以上荣誉60项、通报表彰63项。一年来，我们重点抓了以下几件大事。

一是圆满完成税收收入任务。坚持依法征税，全面堵漏挖潜，自年初开始实施加强征管、组织收入新20项措施，带动增收165亿元。累计完成各项税费收入3912.1亿元，同口径增长21.6%；完成税收收入3587.8亿元，增长20.6%，税收收入规模在全国省级地税部门中位居第4，同口径增速位居第3；完成一般公共预算收入2686.2亿元，增长20.9%，占全市一般公共预算收入的52.9%，提前23天完成全年收入任务。

二是深入开展“两学一做”学习教育。组织广大党员干部认真学习党章党规和习近平总书记系列重要讲话精神，增强“四个意识”，坚持把纪律和规矩挺在前面，得到市直机关工委第4督导组充分肯定。举办局处级干部理论学习培训班，组织党组中心组专题学习研讨。开展党组书记讲党课、主题党日、志愿服务、警示教育等活动。认真落实巡视整改要求，开展思想、作风、工作、纪律整顿，查摆问题198条，制定整改措施241条。市局领导班子成员深入24个区（分）局和市局机关36个党支部开展督导检查，促进

了学习教育的深入开展。

三是积极服务非首都功能疏解。立足首都城市战略定位，开展税收服务供给侧结构性改革、服务非首都功能疏解调查研究，联合市国税局出台疏解非首都功能产业税收支持政策，加强对低端市场、低端业态的税收征管。认真落实税务总局“一统三互”工作要求，积极参与和推动京津冀税收协作，《京津冀协同发展税收问题研究》获北京市优秀调研成果一等奖。

四是全力落实“营改增”试点改革任务。向市国税局推送33.89万户7大类1074万条涉税信息。做好二手房交易和个人出租房屋增值税代征工作，5—12月累计代征增值税44.6亿元。通过暂停税务检查、修改征期日历、加强纳税提示和告知等多种方式，提示相关纳税人及时向国税局申报缴纳增值税，确保不因政策调整而降低申报率，获得税务总局王军局长和市政府原常务副市长李士祥同志的充分肯定，并在全国税务系统推广。

五是深入推进国税、地税征管体制改革。认真落实《北京市深化国税、地税征管体制改革实施方案》，将实施方案细化分解为86项具体任务，全力抓好落实。积极应对全面“营改增”后地税征管范围调整带来的挑战，加快推进地方税费体系建设，做好社保费和非税收入征收准备工作。联合市国税局制定《落实国税、地税合作规范3.0版实施方案》，推出4大类90项合作事项。制定地税系统经费垂直管理工作方案，形成财政、地税联席会议沟通长效机制。同城通办、完善12366纳税服务平台、高风险纳税人定向稽查、深度参与国际税收合作四项专项试点改革取得阶段性成果。

六是成功上线金税三期系统。制定金税三期推广工作实施方案，成立领导小组和办公室。组建专业骨干团队，高效完成岗位职责和工作流程设定、差异分析、系统初始化、数据迁移、特色软件改造、基础环境构建、双轨运行等各项工作，保证了金税三期系统如期上线，平稳运行。

一年来，在两级党组的带领下，各部门、各单位敢于担当，扎实工作，广大税务干部恪尽职守，奋发有为，首都地税事业呈现良好发展态势。

（一）党的建设和干部队伍建设全面加强

严格落实全面从严治党“两个责任”。召开庆祝建党95周年大会，对系统先进基层党组织、优秀共产党员和优秀党务工作者进行表彰。召开市局机关第三次党代会和市局直属机关工会第四届会员代表大会，完成机关党委、纪委和工会换届工作。修改完善党组工作规则。落实意识形态工作责任制。加强第一党支部建设。编写领导干部理论学习手册。开通北京地税党建微信公众号。全面完成党费核查补缴工作。举办共产党员先进事迹巡回报告会和党风廉政警示教育案例展，完善税务所建设规范，编写税务人员文明手册。发挥系统团委作用，成立北京税务青年志愿者联合服务队。建成市局机关心理健康中心和职工书屋，有序开展先进职工疗休养工作。支持纪检监察部门深入推进纪检体制改革试点工作，建立区域监督协作机制，有效发挥联合纪检组的监督作用，在市局处室、部分区（分）局设立廉政监督员，成立巡察工作领导小组及办公室并开展巡察工作，提出3年内实现对各区（分）局巡察全覆盖。全面加强内控机制建设，有效防控基层执法风险。市局党组驻朝阳局工作组妥善解决相关问题，形成有效工作模式。建立经济责任审计“双审兼顾，先审后离”机制，对10名处级领导干部开展经济责任审计。加大监督执纪问责力度，探索实践“四种形态”，严肃查处违规违纪行为。

加强干部队伍建设。优化处级领导班子结构，加大优秀年轻干部培养选拔力度，选拔处级干部146人，推荐31名干部到系统外挂职、任职，与市国税局互派干部挂职锻炼。转变工作作风，组织市局处级领导干部到基层蹲点，加强市局与基层的联系，切实解决基层实际问题。调整优化部分区（分）局的职能和机构设置。有序开展公务员招录、军转干部安置及干部遴选工作。组织远郊局干部到城区局调训锻炼。开展岗位大练兵，举办税收英语口语大赛、税收英语沙龙和职业技能大赛。全系统抓党建、带队伍的合力有效发挥，为贯彻落实中央精神和税务总局、市委市政府决策部署提供了坚强的政治、思想、组织保证。

（二）服务大局成效显著

全面落实税收优惠政策，助力大众创业万众创新，支持国企重组改制，促进科技创新和文化创意产业、小微企业、民生事业发展，减免税费574.5亿元。会同市财政局、国税局研究完善冬奥会相关税收优惠政策。开展个人所得税改革、房地产税改革、印花税立法、环保税立法等专题研究。推进资源税改革，全面实现从价计征。调整北京市房产税政策，实行属地征收和从租计征，同比增收46.2亿元，增长30.4%。积极服务中央在京单位，收到相关表扬信62封。配合税务总局完成第10届国际税收征管论坛大会选址、税务博物馆参观接待及服务保障工作，得到与会代表的高度肯定。政务信息工作在市政府委办局考评中位列第一，为领导决策提供了有力参考。主动服务区域经济社会发展，得到各区党委、政府的高度认可，40名地税干部当选各区党代表、人大代表、政协委员，实现区级“两代表一委员”全覆盖。

（三）税收征管效能不断提高

加强税种税源管理。建立税种税源季度分析工作制度。实现市级党政机关个人所得税集中扣缴，共涉及市级预算单位550家、统发人员6万余人，扣缴税款同比增长162.9%。部署上线股权转让清分系统，及时向51640户企业提示纳税义务。加强企业所得税后续管理工作。修订《土地增值税清算管理规程》。推进部门信息共享。开展契税申报未入库清查催缴工作。落实残保金新政策，转变征管方式。

加强税收风险管理。市局党组高度重视二手房交易税收风险防控，多次召开会议研究部署相关工作，全面排查执法风险点，加强基层关键岗位监督制约，启用二手房交易税收征管系统，制定完善相关管理制度，全面规范工作流程，建立税款追缴追征机制，最大限度追征税款，截至2016年底，共追征税款9600万元。制定完善延期纳税、欠税、减免税、退税管理制度。加强零申报、减免税申报、小额入库税款管理，完成2010—2014年申报未入库数据清理工作。深入开展风险应对、税务约谈等工作，补缴税款和滞纳金68亿元，清缴欠税9.5亿元。工商电子档案实现实时在线查询。强化大企业税收管理，带动增收5.2亿元。联合市国税局建立市、区两级“走出去”企业清册，研究建立跨境交易信息采集和跨境税源风险监管制度，协同开展非居民源泉扣缴管理，首次联合开展自动情报交换，首次利用外国税务当局情报追缴税款。加强外籍人员个人所得税零申报管理。向市政府报送9期《北京地税税务情报》，3次获得市领导批示。

强化税务稽查工作。深化稽查体制改革，实现税务稽查选案、立案、检查、定案、执行市级全覆盖，税收执法刚性显著增强，有力地维护了税收秩序。推进国税、地税联合惩戒工作。开展行业专项检查、高风险纳税人定向稽查、税务总局重点企业随机抽查和高收入人群个人所得税稽查，对2986户纳税人实施税务稽查，查补收入45.3亿元。其中，查处偷税案件47件，同比增长31%；移送公安机关涉税违法案件15件，同比增加13件；与市国税局联合开展税务稽查294件，查补税款12.45亿元。完成往年稽查未结案件清理，累计入库19.46亿元。

（四）纳税服务水平持续提升

“便民办税春风行动”深入开展。与市国税局联合制定10类31项便民措施，通过共建办税服务厅、互设窗口等形式推进联合办税服务。免费发放“北京法人一证通”，110万纳税人使用数字证书。联合市国税局推进办税人员实名制，已完成36万户纳税人身份信息确认和采集。提升办税便利化程度，84个涉税事项实现网上通办，25个事项实现实体厅通办，89种表单实现免填单，97项业务实现“二维码”一次性告知，在支付宝和微信公众号中开通7个移动办税功能，荣获“互联网+”社会服务最佳创新政务机构奖。

税收宣传辅导成效显著。编写《首都公民税收手册》，开展集中辅导1100余场，累计推送微信612期，发布微博3728条，拍摄税收微动漫21集，在省部级以上新闻媒体发表税收宣传稿件近千篇，在北京人民广播电台播出《地税小贴士》261期，在中央电视台播出《财税观察》14期，在北京电视台播出《税收天地》28期，《税收呵护美好生活》获得全国税收公益广告大赛一等奖，发放《北京地方税务公告》22.3万册。上线北京地税系统咨询服务辅助平台82012366服务热线。

纳税人权益保护切实加强。开展“问需求、优服务、促改革”专项活动，组织纳税人座谈会257场，走访3万余人次。纳税投诉办结时间缩短30%。联合市国税局对61.8万户企业开展纳税信用等级评价，深化评价结果增值服务，推进“银税互动”，与40余家银行建立合作关系，372户企业获得贷款16.9亿元。

（五）税收法治建设深入推进

加大“放管服”改革力度，取消全部非许可行政审批事项，发布权力清单和责任清单，积极推进“五证合一”。推进税收协同共治，《北京市税收征收保障办法》获北京市政府审议通过。在全国税务系统率先试行总法律顾问制度。积极推进公职律师相关工作。联合市国税局修订完善税务行政处罚裁量基准。对11项督察项目开展执法督察和“回头看”，加大督促整改和责任追究力度。采取听证方式对行政复议案件进行公开审理。首次探索行使税收代位权。成功移送全市首例持有伪造发票案件。与公安部门配合，对30户欠税企业的法定代表人采取阻止出境措施，相关企业补缴税款、滞纳金1.08亿元，提供纳税担保2.1亿元。公安人员正式入驻税警联合办公室，联合编写《涉税犯罪行刑衔接取证指引》，税警联络机制进入实体化运作阶段。

（六）行政管理水平不断提升

加大督查督办工作力度。做好舆情事件处置工作。深化精品调研战略，组建税收调研团队，建成税收研究资料室，实现调研成果转化500余项，我局被评为全市调查研究工作先进单位。认真做好财务预算、决算工作，开发上线“三代”手续费信息管理系统。完成固定资产清查，推进资产精细化管理，进一步清理办公用房，完成车改后续工作，全面开展政府采购专项治理。完成干部培训中心转制工作。税务博物馆正式面向社会公众开放。完成《北京志·地方税务志》终审工作。落实首都综治工作要求，推进平安地税建设，获得全市综治考核优秀单位称号。后勤保障和离退休干部工作得到加强。

（七）绩效管理作用有效发挥

结合税务总局和市政府重点工作确定绩效计划内容，确保重点工作全覆盖、无遗漏。制定市局组织绩效和个人绩效管理办法、细则和规则。组织绩效管理人才选拔。开展数字人事制度学习培训。强化过程管理，做到持续优化补短板。及时调整考评重心，确保与上级要求合拍同步。强化绩效沟通，及时反馈问题，促进改进落实。适时调整考评规则，深入挖掘特色亮点，注重绩效结果运用，发挥绩效正向激励作用，确保了各项重点工作有效落实。

同志们，过去的一年，全市地税工作取得来之不易的成绩，这是市委、市政府和税务总局正确领导的结果，也是全系统干部职工团结一心、努力拼搏的结果。在此，我代表市局党组向大家表示衷心的感谢！

在看到成绩的同时，我们必须清醒地认识到，全市地税工作中还存在着一些不容忽视的问题。一是基层执法风险防控工作亟待加强。个别基层干部滥用手中权力违法乱纪、以权谋私问题突出，对税收执法权力运行的监督制约机制需要进一步健全。二是征管基础工作仍需夯实。税源管理精细化程度需要进一步提高，税源分级分类基础作用没有充分发挥，信息管税成效不够显著，一些高风险的重点行业和重点事项上风险管理覆盖度较低。三是纳税服务水平有待提高。纳税服务终端的现代化程度和纳税流程的便利化程度尚不能满足纳税人需求。四是基层党组织建设需要加强。少数单位对党风廉政建设重视不够，少数党员的先锋模范作用和个别基层党组织的战斗堡垒作用没有有效发挥；少数领导干部落实主体责任的意识不强，对党员干部教育管理监督不力，没有真正把纪律和规矩挺在前面。五是干部队伍建设有待加强。干部奖惩激励机制不够健全，一些干部在新领域、新行业开展税收工作的能力不足，高层次、专业化人才短缺，干部队伍存在结构性矛盾。对于这些问题，我们要高度重视，切实加以解决，为地税事业的健康发展提供有力保障。

二、2017 年工作安排

上周，习近平总书记再次到北京视察，强调要认真贯彻党中央决策部署，坚持首善标准，抓好城市规划建设和冬奥会筹办工作。习近平总书记的重要讲话，是指导我们率先建成小康社会，加快建设国际一流的和谐宜居之都，成功举办一届精彩、非凡、卓越的冬奥会的奋斗纲领和行动指南，为我们做好当前和今后一个时期的工作指明了方向。

2017 年是供给侧结构性改革的深化之年，是我市率先全面建成小康社会、建设国际一流的和谐宜居之都的关键一年，也是全面深化税制改革和国税、地税征管体制改革的攻坚之年，首都地税事业既面临难得的发展机遇，也面临诸多困难和挑战。

随着供给侧结构性改革的全面落实、非首都功能疏解的不断推进以及大众创业万众创新的持续活跃，我市经济环境不断优化，产业结构更趋合理，经济增长动力更加充足，为实现全市地税收入的持续稳定增长奠定了坚实基础，也为税收调控调节作用的发挥提供了更加广阔的空间。随着全面从严治党的深入推进，全系统抓党建、带队伍的合力将进一步增强，基层党组织战斗堡垒作用和党员先锋模范作用将进一步凸显，将为地税事业长远健康发展提供坚强的政治、思想、组织保证。

与此同时，经济增速放缓、结构性减税力度加大等因素依然存在，给地税收入增长带来较大压力。在全面“营改增”后的空档期和过渡期，如何构建完善地方税费体系，保持地税干部队伍稳定，更好地发挥税收职能作用，都是我们亟待破解的难题。特别是要在2018年底如期实现税收现代化，时间紧迫，任务艰巨，我们必须付出更加艰苦的努力。

近期召开的中央经济工作会议提出，要坚持稳中求进工作总基调，牢固树立和贯彻落实新发展理念，适应把握引领经济发展新常态，坚持以推进供给侧结构性改革为主线，促进经济平稳健康发展和社会和谐稳定。市委十一届十二次全会强调，要坚持以习近平总书记视察北京重要讲话精神为根本遵循，深化供给侧结构性改革，加快疏功能、转方式、治环境、补短板、促协同，全面做好稳增长、促改革、调结构、惠民生、防风险各项工作。全国税务工作会议要求，要围绕“干好税务、带好队伍”，深化改革、注重集成，扎实推进税收现代化，努力完成税收收入任务，充分发挥税收调控调节职能，进一步提升税收工作站位，切实增强税收在国家治理中的基础性、支柱性、保障性作用。2016年底，税务总局领导在莅临北京税务系统调研时，勉励我们要充分发挥北京的发展优势和引领作用，努力在税收现代化建设方面继续走在全国前列，创造更多经验。

同志们，拼搏成就梦想，奋斗书写光荣。我们要紧抓机遇，直面挑战，奋勇拼搏，确保中央精神和上级决策部署在北京地税系统落到实处。2017年，全市地税工作的总体要求是：深入贯彻落实党的十八大、十八届三中、四中、五中、六中全会精神，全面增强“四个意识”，严格落实全面从严治党要求，坚持稳中求进工作总基调，以习近平总书记视察北京重要讲话精神为根本遵循，积极发挥税收职能作用，服务供给侧结构性改革和非首都功能疏解，加快推进税制改革、税收征管体制改革和税收现代化建设，推动首都地方税收工作再上新台阶。

重点做好以下九方面工作。

（一）落实全面从严治党要求，加强党建和干部队伍建设

加强党的建设。深入学习贯彻十八届六中全会精神，全面增强“四个意识”特别是核心意识、看齐意识，严格落实《准则》《条例》。推进“两学一做”学习教育常态化制度化，巩固巡视整改工作成果。将习近平总书记视察北京重要讲话精神纳入“两学一做”学习教育，作为党组理论中心组学习重要内容。严格落实全面从严治党“两个责任”，认真落实意识形态工作责任制，深入开展各区（分）局党组书记和市局机关党组织书记述职述党建工作，持续抓好第一党支部建设，实行党组会会前学习党规制度，进一步增强两级党组领导核心作用。推进领导干部落实党风廉政建设主体责任全程纪实工作。探索推进系统党组织关系垂直管理，推进基层党组织建设规范化，制定《党支部建设工作规范》，开展正反两方面典型教育和督导检查，推动全面从严治党向基层延伸。加强群团工作和基层精神文明建设，发挥好工会、团委、妇女工作委员会的作用，制定系统共青团改革方案，广泛开展学雷锋活动、志愿活动和丰富多彩的文体活动，做好先进职工疗休养工作，弘扬地税正能量。

狠抓反腐倡廉。对基层腐败案件进行深刻反思，全面防控基层执法风险。做好北京市国家监察体制改革在地税系统的落实工作，深化纪检监察体制机制改革，推进市局党组向各区局派驻纪检组工作，探索完善联合纪检组的职责定位，深

化监察工作区域协作机制。进一步发挥巡察的利剑作用，对6个区（分）局开展巡察，探索开展巡察“回头看”的有效方式。全面实践“四种形态”，强化监督执纪问责，严肃查处违规违纪行为。紧盯春节等重要时间节点，坚决查处“节日腐败”行为。强化任中及离任审计，加强领导干部经济责任履职监督，坚决杜绝公车私用、违规报销等不良现象。

加强干部队伍建设。推进处级干部选拔任用交流调整工作，进一步优化领导班子结构。加大优秀年轻干部培养选拔力度，举办全系统首届中青年干部培训班。在石景山局、昌平局试点推进数字人事工作，4月在全系统全面推开。研究出台基层税务干部交流轮岗制度。开展“岗位大练兵，业务大比武”活动，组织税收征管法考试，鼓励干部报考“三师”、职称和领军人才考试。两级领导班子要更好地关心爱护干部，加强心理疏导和人文关怀，有效调动干部积极性。

（二）坚持依法组织收入，确保完成全年收入任务

按照市人代会审议通过的今年全市预算收入增长6.5%的目标和税务总局下达的税收收入任务，全系统今年各项税费收入任务为3733亿元，同比增长14.5%，其中，中央级税收收入任务1345亿元，同比增长15.1%，一般公共预算收入任务2330亿元，同比增长14.3%。全系统要坚持依法征税，坚决把各项支持企业发展和增强企业活力的减免税政策落实到位，坚决不收过头税，严格落实组织收入工作目标责任制，加强征管手段创新，强化部门协作，在堵漏增收、稳中提质上狠下功夫，确保完成全年收入任务。要不断拓宽分析领域，按月做好国税、地税联合税收分析，围绕首都经济社会发展的重点热点问题开展专题分析，为科学决策提供参考。

（三）主动发挥税收职能作用，服务首都经济社会发展

服务首都重大发展战略。全面落实疏解非首都功能税收支持政策，进一步加强对低端产业、低端业态的税收征管。积极参与和推动京津冀区域税收协作，主动为京津冀协同发展建言献策，提出促进产业转移和产业协同发展的税收政策建议。积极研究解决城市副中心建设相关涉税问题。持续做好冬奥会涉税服务。

发挥税收政策导向作用。全面落实税收优惠政策，研究残保金减免问题，有效降低企业成本，助力大众创业万众创新，支持“三大科学城”建设，促进科技创新产业、文化创意产业、民生事业发展和服务业品质提升。严格执行房地产税收政策，支持保障性住房建设，配合有关部门做好房地产调控工作，严厉打击房地产中介涉税违法行为，促进房地产市场平稳健康发展。落实税制改革要求，做好环境保护税开征准备工作。配合税务总局开展个人所得税改革调研，开展绿色税制国际借鉴研究，做好国外印花税法编译工作。继续做好政务信息和税务情报工作，为上级决策提供参考。

（四）深化税收征管体制改革，加快完善地方税费体系

认真落实《北京市深化国税、地税征管体制改革实施方案》。加强与有关部门的沟通协调，推进社保费征收准备工作，配合国家有关部门做好社保费征收体制改革调查研究。全面做好非税收入承接工作，年底前征收已确定的非税收入项目，积极争取接收其他新增的适合我局征收的项目。持续深化四项专项试点改革，特别是要在推进高风险纳税人定向稽查、服务“一带一路”国际合作高峰论坛、探索建立自然人国际税收管理机制等方面有所突破。认真落实国税、地税合

作工作规范，对合作事项进行再细化、再分解，全面完成各项任务。委托国税代征个体工商户个人所得税。探索国地税联合网上受理登记。共同研究简化三方协议签署流程。联合推进办税实名制。研究构建非正常纳税人联合管控制度。推进系统经费垂直管理，抓紧做好各项准备。调整征管和科技发展处职能，研究成立市局风险管理中心，推进远郊山区税务所职能转变。按照税收征管体制改革和职能划转要求，持续优化机构设置。

（五）加快推进税收管理现代化，提升税收征管效能

全面加强征管基础工作。研究改革税收管理员制度，转变征管模式，实现由管户向管事转变。推进“五证合一”，加强基础信息管理，建立新增税源税收贡献分析和纳税户注销原因分析机制。建立自然人税收征管数据库，加强数据信息的获取、整合和应用。推动建立以风险管理为导向的税收征管体系，研究改变风险推送方式，实现由按税种推送向以纳税人为单位的综合推送转变。做好税收情报工作顶层设计，制定工作规范，提高税收情报收集、整理、加工水平。进一步规范异地经营管理。探索完善催报催缴工作制度。提高税务约谈频率，全面规范日常检查，提高有问题率。继续加大欠税管理力度，控制欠税变动率。落实《北京市税收征收保障办法》，加强与工商、银行、国土等部门的合作，开展联合惩戒执法。征管部门要深入学习税收征管法，充分理解立法精神，开展特色征管课题研究，提出新的征管思路和措施。

提高税种税源管理水平。落实税源分类分级管理制度。完善二手房交易税收征管流程，依法追征税款。完善股权清分系统，实现对个人转让股权行为的精准提示和查询。推进区级财政统发工资个人所得税集中扣缴工作。继续开展企业所得税税源申报数据比对，加强企业注销清算管理。开展水资源税改革调研。开展房产税政策评估研究。加强土地增值税清算管理。加强印花税分行业管理，研究落实印花税属地管理。对单位内部车船恢复征收车船税。下半年，各税政处室要按税目分析、报告税源情况。

加强大企业和国际税收管理。健全大企业工作体制机制，探索转变征管方式，理顺市、区、所三级大企业管理工作衔接。加强部门协作，开展大企业税收经济分析和风险特征库建设，提高数据采集应用水平。推进税企遵从与战略合作，拓展合作范围与内容。进一步发挥直属二局专业化优势，提升管理质效。强化“走出去”纳税人税收服务。加强外籍人员、外国企业在华机构场所、常驻代表机构税收风险管理。加强情报交换工作，支持跨境税源重点案件办理。调查重大疑点企业，严厉打击国际逃避税。

全面深化稽查体制改革。年底前撤销区（分）局稽查局，充实6个直属稽查局，打造市级执法模式。组织遴选考试，组建高素质稽查队伍。加强案源统筹管理，提高选案质量。抓好大案要案查办工作，推动国税、地税联合税务稽查常态化。加大对涉税违法行为的打击力度，继续做好二手房交易涉税违法案件的税款追征工作，做好向公安机关移送案件工作，充分发挥税警联合办公室的作用，研究制定税警协作、行刑衔接工作制度，有效提升稽查震慑力。

着力推进信息化建设。及时向税务总局反馈金税三期运行存在的问题，推动金税三期与北京互联网地税局有效整合。推进内网、外网和政府信息公开专网的有效整合。保障信息系统安全稳定运行。打造集征纳双方网上互动、纳税人申报纳税和机关行政管理功能于一体的微信应用平

台。完善工会经费代收系统功能。提高《税收数据手册》编制质量，实现电子化应用。

（六）全面优化纳税服务，提升纳税人获得感和满意度

推进纳税服务标准化管理。全面落实《全国税务机关纳税服务规范》，有效减少纳税人投诉。出台全系统办税服务厅建设指导意见。打造办税服务厅综合管理平台，加强对实体办税服务的实时监控。规范国税、地税共建办税服务厅、共驻政务中心、互设窗口等合作方式的工作内容、岗责分工和流转流程。全力推进网站升级改造，规范区（分）局网站设计。

提升纳税服务便利化水平。深入开展“便民办税春风行动”，针对纳税人办税的热点、堵点，大力推进5类20项50件便民举措。探索“互联网+税务”服务，实现所有涉税事项网上办理和全市通办，推动掌上移动办税。推广微信预约服务，探索增加微信、支付宝涉税自助查询和缴税功能。推广24小时自助办税网点，推进自助办税终端进驻国税局办税服务厅，探索自助办税终端与银行缴税的功能整合。加强咨询服务平台建设，打造82012366热线品牌。

加强宣传辅导和纳税人权益保护。加大主流媒体和新型媒体宣传力度，争创全国税收普法教育示范基地。加强纳税人学堂建设，开展普及性宣传和个性化辅导。开展第三方调查和纳税人需求调查，根据调查结果不断改进服务。畅通纳税人投诉渠道，提高投诉处理效率，有效预防和化解服务争议。强化纳税信用评价，进一步做好“银税互动”工作，服务全市社会信用体系建设。

（七）深入推进依法行政，不断提升税收法治水平

适时报请市政府修订《北京市社会保险费征缴若干规定》。总结总法律顾问制度试行经验，扩大试点范围。与市司法局加强沟通协调，推进公职律师工作。深入开展中外征管制度比较研究。推行行政处罚裁量权基准，规范行政处罚工作。进一步完善内控机制建设，强化督察审计，梳理风险点，编制《内控指导手册》，规范执法行为，继续开展领导干部经济责任审计和专项审计，有效防范执法风险和管理风险。按照税务总局要求，做好税收执法大督察相关工作。充分发挥复议委员会的作用，加强行政复议案件公开审理。做好行政应诉。规范政府信息公开工作。

（八）切实加强行政管理，确保各项工作有序推进

实行督查事项落实情况分级分类管理，确保“件件有着落，事事有回音”。上线无纸化办公系统，研发会议管理信息化系统，提高办文办会水平。加强档案管理。做好保密工作。推进精品调研战略，市局领导班子成员要带头开展调研。加强对学会、研究会的业务指导。严格执行财经纪律，提升预算和资产管理水平，提高财政资金使用效率。做好离退休干部工作。推进税务博物馆更名、迁址、扩容工作。完成《北京志·地方税务志》出版发行工作。加强机关后勤服务，营造良好工作环境。贯彻落实市委、市政府综治工作要求，健全落实综治领导责任制，加强安全管理和涉税舆情应对，全力做好重大会议、活动期间的安全维稳工作。

（九）持续推进绩效管理，全面提升工作质效

落实税务总局、市政府绩效管理工作部署，进一步发挥绩效管理对税收中心工作的推动作用。持续优化指标体系，精简指标数量，提升考评的科学化、精细化水平。多维度衡量工作质效，体现考评结果公正公平。完善考评结果反馈机制，督促失分单位持续改进提高。做好创新项

目相关工作。提高绩效培训针对性，完善系统交流平台，培育绩效文化。加大绩效考评结果运用力度，健全激励约束机制，提升税务干部工作积极性，力争在2017年度税务总局和市政府组织的绩效考评工作中再创佳绩。

同志们，做好2017年各项工作对于推进税收改革、加快实现税收现代化意义重大。让我们在市委、市政府和税务总局的坚强领导下，锐意进取，乘势而上，全力完成各项工作任务，为首都改革发展做出新的贡献，以优异成绩迎接党的十九大胜利召开！

压实主体责任　严明纪律规矩 推进北京地税系统全面从严治党向纵深发展

——在北京地税系统党风廉政建设工作会议上的讲话

北京市地方税务局局长　杨志强

（2017年2月28日）

今天我们召开全系统党风廉政建设工作会议，主要任务是：认真学习贯彻党的十八届六中全会及中央纪委七次全会精神，特别是习近平总书记再次视察北京的重要指示精神，贯彻落实市委十一届十一次、十二次全会、市纪委十一届六次全会、全国税务系统党风廉政建设工作会议精神，总结2016年党风廉政建设工作，部署2017年工作任务。根据大会安排，下面由我代表市局党组作工作报告。

一、2016年工作回顾

一年来，全系统在市委市政府和国家税务总局的领导下，深入学习贯彻党的十八届三中、四中、五中、六中全会精神和习近平总书记系列重要讲话精神，全面贯彻落实市委市政府关于党风廉政建设工作和国家税务总局党组关于构建税务系统全面从严治党新格局的部署和要求，积极探索落实党风廉政建设主体责任的方式、方法，不断强化惩治和预防腐败体系建设，大力推动全面从严治党向基层延伸，坚持不懈把党风廉政建设“两个责任”抓实抓好、抓出成效。

（一）加强党风廉政建设工作的领导，一级抓一级、层层抓落实

市局党组高度重视党风廉政建设工作，多次召开党组会分析党风廉政建设形势，紧密结合税收中心工作，研究部署推进地税系统党风廉政建设的工作任务。定期召开专题会议，对市委第八巡视组反馈意见进行专题研究、制定整改措施，并对问题进行深刻剖析和反思。印发《2016年中共北京市地方税务局党组落实党风廉政建设主体责任任务分工表》，将主体责任细化为7方面34项内容，明确市局领导班子成员的具体责任、工作任务和完成时限。市局主要领导和班子成员之间、班子成员和分管单位“一把手”之间逐级签订党风廉政建设责任书，形成党组书记负总责，分管局领导和责任单位“一岗双责”，层级联动、部门配合、齐抓共管的工作机制。加强党风廉政建设工作检查考核，8月、12月分两次组织开展全系统党风廉政建设责任制检查，由市局领导带队，到24个区（分）局听取汇报、查阅资料，对区（分）局党组落实主体责任情况定期督导、跟踪问效。

（二）坚持理想信念教育和廉洁教育相结合，教育和引导党员干部做合格共产党员

注重理想信念教育。深入开展“两学一做”学习教育，发挥党组中心组学习的示范带头作用，组织全系统广大党员干部认真学习党章党规和习近平总书记系列重要讲话精神，分3个专题组织局、处级领导干部交流研讨，市局、区（分）局两级领导班子成员讲党课70余次。在做好“两学一做”学习教育规定动作的同时，突出问题导向，在全系统开展思想、作风、工作、纪律整顿，作为学习教育的自选动作，围绕“政治纪律、工作作风、服务意识、税收征管、依法行政、廉洁自律”等6个方面共查摆198条问题，制定241条整改措施。注重典型引领，举办优秀党员先进事迹巡回报告会，大力宣传在本职工作，特别是在“营改增”、金税三期推广上线等重要工作、重大任务中表现突出的先进党员，教育和激励广大党员干部坚定信仰，敢于担当，积极作为。适应新媒体时代对党建工作提出的新要求，开通“北京地税党建”微信公众号，创建“互联网+党建”新模式。

加强廉洁教育。以党员领导干部教育为重点，市局党组班子成员带头，党组会前学习有关党内法规、政策规定、制度条例等内容，切实增强党纪党规意识，严守政治纪律和政治规矩。以党员干部教育为基础，多次邀请市纪委等有关方面党建专家作专题辅导报告和廉政教育讲座，参加首都之窗“政风行风热线”访谈，组织机关内部廉政监督员旁听二手房涉案人员庭审，运用近年来系统内发生的18例违纪违法案例开展全系统“以案说法”“以案说纪”廉政警示教育巡展，收集近几年系统内发生的25个违纪违法典型案件编写《北京市地方税务局违纪违法案例警示录》，用身边人、身边事进行警示教育，进一步增强了党员干部的廉洁从税意识。

（三）坚持治标与治本相结合，抓好巡视反馈意见整改落实，支持驻局纪检组发挥监督执纪问责职能

2015年7月20日—9月20日，市委第八巡视组对我局进行了巡视。2015年11月，我局党组根据巡视组反馈意见将3方面11类问题分解为32个具体问题，建立问题清单、任务清单，明确分工，落实责任，开展集中整改。截至目前，巡视组反馈意见中32个具体问题，需要我局整改事项均已基本完成。

在落实巡视整改要求的同时，注重举一反三、标本兼治，主动查找问题，主动防控风险，主动监督管理。为深入查找二手房交易涉税风险，在全市范围内开展二手房交易专项执法督查，开通区域通办，开发二手房交易新系统，全面加强廉政风险防控。成立工作组进驻朝阳、海淀等5个区地税局，集中力量、妥善解决基层系统性腐败问题。

市局党组把支持纪检监察部门履行监督责任、强化监督执纪问责作为落实党组主体责任的重要内容，专题听取纪检组长、纪检监察部门的工作汇报和意见建议，及时研究、协调解决纪检监察工作中遇到的困难和问题，支持纪检监察部门创新工作方式、方法。支持驻局纪检组统筹调度区（分）局纪检工作力量，通过开展跨地域交叉办案，加大纪律审查力度。成立市局巡察工作领导小组办公室，对4个区（分）局开展巡察，针对发现的问题提出整改要求。在市局各处室、区（分）局各科所内部建立廉政监督员制度，同时发挥特约监察员外部监督作用，形成内外结合的监督合力，构建不敢腐、不能腐、不想腐的工作机制。

（四）贯彻落实中央八项规定精神，持续深入改进作风

抓住重要时间节点，加强对“四风”问题日常监督检查，在元旦、春节、五一、中秋、国庆等重大节日前夕，向全系统领导干部发送廉政提醒短信和廉洁过节通知，防止节日期间出现违反作风纪律规定的问题。强化执纪监督工作，开展明察暗访，加大惩戒问责力度，查处违反中央八项规定精神问题5人，切实维护纪律的权威性和严肃性。

加强正风肃纪，认真实施“月报告”“零报告”“双签字背书”、重大问题24小时内报告等制度。坚持挺纪在前，践行“四种形态”，特别是第一、第二种形态，使用谈心、约谈等抓早抓小的方法，对新任职的干部做好任前廉政谈话，对受到组织处理或纪律处分的干部进行诫勉谈话，对有苗头性、倾向性问题的干部进行提醒谈话，及时发现问题，及时纠正偏差，使党员干部尽量不犯错误、少犯错误，防止小病拖成大病。

严格执行办公用房、公务用车、公务接待、财务预算等一系列政策规定，从严安排“三公”经费等一般性支出预算，2016年“三公”经费财政拨款预算数634.01万元，比2015年减少270.22万元。严禁用公款大吃大喝和安排与公务无关的宴请，严禁用公款送礼，从严控制公务接待费支出。超预算或无预算不安排支出，不报销任何超范围、超标准和与公务无关的费用，通过签报审批、资金拨付、日常开支报销等各环节过程中的审核把关，努力降低行政运行成本，积极构建厉行节约的长效机制。

（五）结合税收工作实际，建立科学有效的权力运行制约和监督机制

贯彻民主集中制，严格落实“三重一大”决策制度，严密组织开好民主生活会和组织生活会，严肃党内政治生活。加强第一党支部建设，抓住“关键少数”，健全对“一把手”的教育、管理和监督。组织市局第一党支部全体成员专题学习《中国共产党廉洁自律准则》《中国共产党纪律处分条例》《中国共产党问责条例》《关于新形势下党内政治生活的若干准则》《中国共产党党内监督条例》等党规党纪，到中国人民银行营业管理部、中国海关博物馆和市检察院廉政教育基地参观调研，“一把手”之间相互谈谈心、提提醒、踩踩刹车，还原普通党员意识，实现“一把手”日常教育、管理和监督全覆盖。坚持正确的选人用人导向，防止和纠正选人用人上的不正之风，积极推进干部能上能下，对3名处级领导干部作出“下”的处理，改任非领导职务，进一步强化了能者上、庸者下、劣者汰的用人导向。

深化内控体制机制建设。成立由市局“一把手”任组长、分管督察内审和财务工作的局领导任副组长、相关部门负责人为成员的内控机制建设领导小组，总体协调、指导和监督检查内控机制建设工作。贯彻国家税务总局加强内控机制建设的要求，推进“两权”运行过程中的环节控制和痕迹化管理，建立防范税收执法风险、行政管理风险及廉政风险的长效机制。加强执法督察，注重执法监督，规范税收执法权，明确市局11项督察项目，对出现问题的单位和人员进行责任追究，追究力度和数量较以往年度有较大提升。完善内审监督制度，建立监督检查工作联席会议制度，进一步统筹协调市局对区（分）局开展的监督检查工作，整合资源，提高工作质效，减轻基层负担。加强领导干部经济责任审计，积极探索建立经责审计“双审兼顾，先审后离”机制，对10名处级领导干部开展了经济责

任审计。注重审计结果运用，将领导干部经济责任任中审计与离任审计相结合，实现经责审计全覆盖。

一年来，全系统各级党组织高度重视党风廉政建设，采取有效措施落实“两个责任”，取得了较大成效，确保了干部队伍的稳定，确保了税收中心任务的圆满完成。同时，我们也要清醒地认识到全系统党风廉政建设工作还存在一些不容忽视的问题和不足。比如，有的领导干部重税收业务工作，轻党建和思想政治工作，责任意识不强，担当精神缺乏，不敢抓、不敢管、不敢问责；有的基层党组织软弱涣散，“三会一课”流于形式，日常监督管理形同虚设，导致违纪违法问题的发生；党建工作机制不顺畅、不衔接的问题没有得到根本解决，在一定程度上影响了“两个责任”的落实，等等。对此，我们必须高度重视，切实加以解决。

二、正确认识当前党风廉政建设工作面临的形势

在十八届中央纪委七次全会上，习近平总书记发表了重要讲话，明确要求继续在常和长、严和实、深和细上下功夫，坚定理想信念，严肃党内政治生活，强化党内监督，推进标本兼治，全面加强纪律建设，持之以恒抓好作风建设，把反腐败斗争引向深入，不断增强全面从严治党的系统性、创造性、实效性。中央纪委王岐山书记指出，全面从严治党永远在路上，从宽松软到严紧硬是一个长期过程，要保持坚强政治定力，靠严肃政治生活、靠加强党内监督、靠强化责任追究、靠选对人用好人，坚定不移把全面从严治党引向深入。

在市纪委十一届六次全会上，市委郭金龙书记强调，要坚决维护以习近平同志为核心的党中央权威，切实提高政治站位，坚持首善标准，加强作风建设，严守政治纪律和政治规矩，以更大决心、更大气力、更大勇气管党治党，全力以赴做好全面从严治党各项工作。

在全国税务系统党风廉政建设工作会议上，王军局长在讲话中要求严字当头、实字托底，步步深入、善作善成，不断增强税务系统全面从严治党的系统性、创造性、实效性。同时，明确了今年税务系统党风廉政建设和反腐败工作“五个深化”的重点任务，即，推进作风建设不断深化、监督执纪不断深化、巡视监督不断深化、内控机制建设不断深化、纪检监察队伍建设不断深化。

当前，全系统党风廉政建设和反腐败斗争的形势依然严峻，基层系统性腐败案件的负面影响还没有完全消除，我们要深刻领会习近平总书记重要讲话精神，贯彻落实市委和国家税务总局工作要求和部署，始终绷紧党要管党、从严治党这根弦，强化责任担当，认真履行主体责任，层层传导压力，推进党风廉政建设向纵深发展，以优良的党风促政风带税风，为北京地税事业科学发展提供坚强保障。

三、2017 年工作任务

根据中央精神和市委市政府、国家税务总局部署，2017 年全系统党风廉政建设总体要求是：全面贯彻党的十八大、十八届三中、四中、五中、六中全会、中央纪委七次全会、市委十一届十二次全会、市纪委十一届六次全会精神，深入学习贯彻习近平总书记系列重要讲话精神，特别是习近平总书记再次视察北京的重要讲话精神，认真贯彻落实市委市政府和国家税务总局的要求部署，坚持全面从严治党，严肃党内政治生活，加强党内监督，坚持标本兼治，着力预防和解决

基层腐败问题，坚持开拓创新，进一步深化党风廉政建设制度机制改革，着力构建地税系统全面从严治党新格局，为推进税收现代化建设、深化税收征管体制改革提供有力保证，以优异的成绩迎接党的十九大胜利召开。

重点抓好以下工作：

（一）把党风廉政建设摆在突出位置，抓牢抓实抓紧主体责任

全系统各级党组织要按照全面从严治党的要求，进一步增强政治意识、大局意识、核心意识、看齐意识，切实承担起主体责任，坚决落实好市委市政府和国家税务总局党组关于党风廉政建设的各项决策部署。两级党组要进一步加强党风廉政建设的领导，坚持党风廉政建设与税收中心工作同研究、同部署、同检查、同考核。结合实际进一步梳理细化主体责任清单，明确领导班子成员的具体责任，设置完成时限，层层签订责任书。党组书记作为党风廉政建设主体责任的“第一责任人”，要把落实党风廉政建设主体责任作为重大政治任务，带头坚持民主集中制，落实“三重一大”相关制度，坚持做到重要工作亲自部署、重大问题亲自过问、重点环节亲自协调、重要案件亲自督办。每年听取各单位主要负责人履行主体责任情况汇报至少1次，与各单位主要负责人进行廉政谈话至少1次，对党员领导干部出现的苗头性、倾向性问题“咬耳扯袖”，及时提醒，抓早抓小，防患未然。党组班子成员要定期研究、布置、检查职责范围内党风廉政建设工作情况，每年至少参加2次分管单位的反腐倡廉专题教育活动，每年至少1次对分管单位领导干部进行廉政谈话。加强落实主体责任痕迹化管理，全面实行党风廉政建设主体责任全程纪实，构建清单化明责、痕迹化履责、台账化记责工作机制。

（二）推进“两学一做”学习教育常态化、制度化，筑牢拒腐防变的思想防线

2月21日，中央政治局召开会议，审议通过了《关于推进“两学一做”学习教育常态化、制度化的意见》，要求各级党组织把推进“两学一做”学习教育常态化、制度化作为全面从严治党的战略性、基础性工程，抓常抓细抓长。我们要深入贯彻落实，领导干部做到带头学、带头做、当表率。要以党组中心组理论学习为龙头，组织全系统党员干部认真学习贯彻党的十八届六中全会精神、习近平总书记系列重要讲话精神，特别是习近平总书记再次视察北京的重要讲话精神，准确把握讲话的精神实质和思想内涵，把讲话作为干部教育培训的重要内容，成为干事创业的思想引领和力量之源。

坚持开展理想信念教育、宗旨教育、党章党规党纪教育和意识形态教育，把经常性教育与集中性教育相结合，先进示范教育与案例警示教育、岗位廉政教育相结合，引导干部讲党性、守纪律、懂规矩。结合地税机关职能和特点，针对巡视反馈问题和近年系统内发生的违纪违法案件，开展预防失职渎职等职务犯罪专题教育，筑牢党员干部拒腐防变的思想防线。深化“地税大讲堂”品牌建设，利用地税企业号、党建公众号、党建信息、地税党建网等平台，拓宽教育渠道，增强教育的针对性、实效性，提高学习效果。

（三）巩固巡视成果，加强作风建设，推进监督执纪问责

坚持把纪律和规矩挺在前面，定期对市委巡视组反馈问题整改情况进行回头看，坚决抓好整改落实，防止问题反弹回潮。认真贯彻中央八项规定、市委实施意见，紧盯公务活动、公款吃喝、公务用车、办公用房等“四风”问题易发

环节，整治作风顽疾，狠刹懒政怠政歪风。坚持一个节点一个节点常抓、细抓、长抓，既紧盯社会和纳税人普遍关注的老问题，又坚决整治以形式主义反对形式主义、落实上级决策部署变形走样等新问题；既紧盯“穿隐身衣”“玩障眼法”“打擦边球”等隐形变异的“四风”问题，又坚决整治“庸懒散奢”“吃拿卡要”等不作为、乱作为的显性问题。健全约谈和问责机制，不断完善作风建设的制度体系，以务实管用的刚性约束，从根本上杜绝“四风”问题的滋生蔓延。发挥市局巡察办公室作用，加大巡察工作力度，今年计划对6个区（分）局党组开展巡察，积极预防违规违纪问题发生。强化问责追究，对维护党的政治纪律和政治规矩失责、贯彻中央八项规定精神不力、选人用人问题突出、不依法征税和收“过头税”等行为严肃问责。健全问责情况定期报告和典型问题公开曝光制度，每半年梳理盘点1次问责情况，让失责必问、问责必严成为常态，起到“问责一个、警醒一片”的效果。

加强作风建设，密切联系群众，开展税情调查活动。两级党组班子成员每年深入基层调查研究不少于1个月，走访联系点不少于2个，召开基层干部座谈会不少于4次，切实掌握基层实际情况，帮助解决实际困难。去年市局机关34名正处级领导干部（含主持工作的副处长）到20个区（分）局所属基层税务所蹲点调研一周，工作效果良好，今年拟继续并扩大到副处长范围。

（四）依托科技控权，推进内控机制建设

成立市局风险管理中心，强化税收风险管理。健全内控制度体系，落实税务总局内控机制建设基本制度和专项制度，结合工作实际，制定北京地税系统内部控制机制建设实施方案，组织开展内部控制自我评估，编写《内控手册》，实行动态管理，加强风险防控。抓好内控信息化建设，积极配合总局内部控制监督平台开发及上线的组织准备、硬件环境准备、其他软件与平台的数据对接、人员培训等相关工作，实现平台控制、督审、纠偏、评价、推送等功能。抓好内部控制组织保障。市、区两级税务机关已成立内控机制建设领导小组，并明确了内控机制建设的“一把手”负责制，各领导小组办公室要在本级党组的领导下，加强统筹、协调和监督，积极推动业务部门落实内控主体责任。市局将把内控机制建设工作纳入绩效考核，对本级业务部门和下级单位内控机制建设情况开展评价，层层压实工作责任，强化整改落实。继续做好处级领导干部经济责任审计工作，加大问责力度，严肃查处违规违纪行为。

（五）加强和规范党内政治生活，推动全面从严治党向纵深发展

习近平总书记在省部级主要领导干部学习贯彻十八届六中全会精神专题研讨班开班式上的讲话中指出，我们党作为马克思主义政党，必须旗帜鲜明讲政治，严肃认真开展党内政治生活。要坚决维护党中央权威，坚定站稳政治立场，保证令行禁止。要从严从紧抓好《关于新形势下党内政治生活的若干准则》《中国共产党党内监督条例》的贯彻落实，反复学习、反复思考、反复对照，不断增强党内政治生活的政治性、时代性、原则性、战斗性。市局已修订下发《党组工作规则》，各区（分）局党组要结合自身实际制定和完善工作规则，抓好具体落实，不断提高两级党组科学、民主、依法决策水平。针对部分区（分）局党组决策不够严谨、会议记录不够规范、党组会议与局长办公会议议题和职责不够明晰等问题，进一步加强规范化管理，强化检查督导，抓好整改落实，全面提高区（分）局党组

工作水平。

严格落实党内组织生活制度。党员领导干部必须参加双重组织生活，特别是以普通党员身份参加所在党小组、党支部的集体学习、专题研讨、组织生活会、民主评议党员等组织生活，通过交流思想、谈心谈话、查摆问题、开展批评和自我批评，接受组织监督，密切联系群众。要以落实“三会一课”制度为抓手，修订完善《关于全面从严治党新形势下加强地税系统党建工作的实施办法》《党支部工作手册》等相关制度规定，进一步加强基层党组织建设，对党员严格管理、严格教育、严格监督，不断加大基层科所党支部规范化建设，把全面从严治党落实到每个支部、每名党员。

（六）创新完善党风廉政建设体制机制，进一步提升党风廉政建设科学化水平

按照中央、市委和国家税务总局深化“三转”要求，市局党风廉政建设领导小组及办公室与党建工作领导小组及办公室合署办公，两个办公室均设在机关党委办公室，协助党组落实全面从严治党主体责任，承担党风廉政建设主体责任日常工作，统筹协调、组织推动全系统党风廉政建设和反腐败工作。创新完善基层党建工作机制，进一步推进区局党建办与基层科分设，实行党建归口管理，实现党建办实体化运转。

加强党风廉政队伍建设，配齐配强主体责任力量，把党风廉政建设岗位作为干部锻炼成长的重要平台，优化干部结构，从学历经历、知识能力、专业特长、年龄结构等方面，进行科学配置、合理搭配。加强党风廉政建设岗位干部业务培训，提升履职能力。

风清气正聚人心，扬帆奋进正当时。同志们，2017 年是党和国家事业发展中具有重大意义的一年，是实施“十三五”规划的重要一年，是供给侧结构改革的深化之年，是全面推进税收现代化建设的关键之年，我们要坚决贯彻落实市委市政府和国家税务总局的决策部署，持之以恒推进党风廉政建设主体责任落实，大力推进北京地税系统党风廉政建设和反腐败工作向纵深发展，以优异成绩迎接党的十九大胜利召开！

强化管党治党政治担当 扛起巡视整改主体责任

——北京地税系统巡视整改工作情况汇报

北京市地方税务局局长　杨志强

（2017 年 7 月 25 日）

北京市委第八巡视组于 2015 年 7—9 月对我局专项巡视，11 月反馈意见。我局党组高度重视，全面自查，立行立改，举一反三，深入推进地税系统党风廉政建设，全面防范基层执法风险和廉政风险。现将有关情况汇报如下。

一、提高政治站位，把巡视整改作为重要政治任务抓紧抓好

（一）统一思想，提高认识

第一时间召开党组扩大会，通报巡视反馈意见，统一思想，强化政治自觉和责任担当。分阶段、分层次共召开 86 次会议进行专题研究，对照问题剖析原因、制定方案，形成全局一盘棋、共同抓落实的工作格局。

（二）加强领导，落实责任

成立巡视整改工作领导小组，将巡视反馈的 3 方面 11 类问题分解为 32 个具体问题，明确整改时间表和路线图，建立三级整改责任制和整改进度定期反馈机制。

（三）强化措施，真查真改

坚持“查处—问责—剖析—改进—建制”的整改思路，落实整改措施 96 项，制定完善制度 25 个。对 38 人行政问责，给予 20 人党纪政纪处分，做到严查到底，确保整改落实到位。

二、坚持问题导向，切实把问题整改到位

（一）聚焦管党治党落实主体责任

一是明确责任。制定“两个责任”清单，细化分工，层层签订个性化责任书，定期跟踪问效。二是理顺机制。市局成立党建工作领导小组及办公室。为区局配齐党组副书记，筹备成立党建办。出台《关于积极发挥垂直管理和属地管理优势　不断增强基层党建工作合力的指导意见》，建立市局党组与区直机关工委齐抓共管、条块融合的工作机制。三是完善制度。制定党组会会前学法制度和《党组工作规则》。建立联系基层党建工作制度，每位市局领导班子成员联系 1 个税务所，市局机关处级领导干部每年到税务所蹲点 1 周。四是加强检查。实行“两个责任”全程纪实，开展党建述职评议、集体廉政提醒和党风廉政建设责任制检查。五是强化教育。编印《领导干部理论学习手册》，开通“北京地税党建”微

信公众号，举办优秀党员先进事迹巡回报告会，举办“以案说法”案例展，编写《警示录》，用身边人、身边事敲响警钟。

（二）聚焦主责主业落实监督责任

市局党组出台支持驻局纪检组建设的意见，全力支持其履行监督责任。一是强化监督检查。加大“四风”问题和“三重一大”事项监督检查。深化两个专项治理，立案查处为官乱为腐败问题2人，给予双开处分。二是加大查办力度。2016年收到举报件98件，办结90件。立案14件，同比增长133%。三是推进纪检改革试点。积极支持驻局纪检监察组认真落实市纪委要求，制定改革方案，建立直属稽查局联合纪检组、区域监督协作组、选用区（分）局纪检组长为驻局纪检监察组成员。将巡察作为巡视整改的重要延伸，率先开展巡察试点，对7个区（分）局巡察，发现8方面211个问题，问责追责50人次。

（三）聚焦基层腐败窝案开展专项整治

针对二手房交易涉税腐败问题，我局党组迅速成立专案组，配合查处案件。先后召开党组会、局长办公会、专题会20余次，多管齐下开展自查整改。一是遏制风险。封存涉税档案，启动专项督察；实现二手房交易涉税事项区域通办；成立工作组进驻5个单位，全面查找问题，督促整改落实。二是堵塞漏洞。制定完善12项制度，统一二手房交易税收征管系统，实现全程监控。追征税款及滞纳金1.6亿元。三是严肃问责。对领导不力的8人严肃问责。四是确保长效。成立预防系统性腐败领导小组，健全风险防控体系，使预防和惩治腐败工作覆盖到税收执法和行政管理各领域、各环节。

三、坚持标本兼治，持续巩固巡视整改成果

通过巡视整改，制度建设不断完善，基层腐败得到遏制，作风建设持续提升，形成了“两个责任”共同发力、良性互动的良好局面。2016年，在市政府、税务总局绩效考评和市直属部门党风廉政建设责任制检查三项考核中均获第一。2017年上半年，完成税费收入2155亿元，提前39天实现任务过半。

下一步，我局将牢固确立“四个意识”，始终坚持以习总书记重要思想为根本遵循，落实市第十二次党代会决策部署，以优异的成绩迎接十九大召开。

在组织收入工作部署会的讲话

北京市地方税务局局长　杨志强

（2017 年 10 月 12 日）

今年以来，市委、市政府和税务总局对组织收入工作均给予持续、高度的关注，9 月以来多次召开经济税收形势分析会，专题研究部署组织收入工作。近日，蔡奇书记和陈吉宁代市长分别对税务部门发挥职能作用，服务非首都功能疏解和构建“高精尖”经济结构给予肯定批示，对全系统干部职工是极大的鼓舞和鞭策，我们要按照市领导批示要求，扎实做好各项税收工作，圆满完成全年组织收入任务。下面，我就年底前的工作讲三点意见。

一、准确把握经济税收发展趋势

当前，全市经济运行延续稳中向好的发展态势，逐步实现了动力转换的新老更替、结构调整的加减并举，经济发展的可持续性增强。1—3 季度，工业增加值预计增长 6%，服务业增加值预计增长 7.2%，消费增长 8.8%，居民收入增长 9.2%。但全市在疏功能、转方式、控人口和新旧动能转化过程中，新兴行业在体量上与传统行业还存在一定差距，金融机构存款余额、文化体育娱乐业增加值、投资指标增长未达预期。

一是全国经济增速有放缓迹象。国际环境复杂多变、国内经济转型升级任务艰巨，经济的上行周期还未形成，在稳健的货币政策和一系列调结构措施的背景下，GDP 增速有可能进一步放缓。从我市发展情况看，经济尚处于结构深度调整期，产业发展质量有待进一步提升，新旧动能转换任重道远，运行的不稳定性、不确定性依然较大，经济增长仍面临着一定下行压力。

二是部分经济指标增速持续回落。1—8 月，我市社会消费品零售总额增长 5.4%，增速较 1 季度回落 0.6 个百分点；房地产业相关经济指标全面负增长，其中，房地产开发投资下降 3.3%，房屋竣工面积下降 37.2%；1—3 季度，新房交易量下降 40%，二手房交易量下降 46.7%。反映到税收增长上，我局自 7 月起税收增长出现了拐点，前三季度累计增速较一季度下降了一半，四季度我们将面临更大的组收压力。

三是北京市税收增速远低于全国。在当前经济下行压力加大、“营改增”减税效果持续释放、税收优惠政策陆续推出的叠加作用下，全市财政收入始终没有达到全年目标增速。1—3 季度全国税收收入增长 11.2%，北京市税收收入增长 2.4%。其中，全国国税局税收收入增长 29.2%，市国税局税收收入增长 6.6%，是全国唯一一个个位数增长的单位，均远远低于全国平均水平。我局一般公共预算收入 8 月、9 月两个月连续出现负增长。

二、确保税收平稳可持续增长

距离年底还有80天，我们要把思想和行动统一到市委、市政府的决策部署上来，凝心聚力、齐抓共管，统筹安排好年底前的各项工作。同时，也要未雨绸缪，为2018年的收入“开门红”布好局，努力实现两个“确保”。

一是要确保完成今年的收入任务。今年前三季度，全系统首次出现了收入进度慢于时间进度，按照刚才收入规划核算处的测算，要确保全年一般公共预算收入2330亿元、增长14.3%的收入任务，四季度需要完成一般公共预算收入609亿元，增长18.4%。压力是切实存在的，但我们也要看到希望，在没有形成新的增长点、新的支柱产业的时候，我们主要是依靠内部挖潜增收。利用税收发展的规律和管理的经验，管理好现有的税源，要找准税收增长的难点和税收征管的发力点，积极部署和调配力量，着力加强征收管理、税种税源管理、税收风险管理等工作，克服当前的各种不利因素，确保完成全年收入任务。

二是要确保实现明年的良好开局。当前，全市坚持稳增长、调结构、疏功能、转方式、补短板、惠民生，这些都需要更加稳定、充足的财力保障。这就决定着组织收入工作不仅要完成阶段性收入任务，更要着眼于税收的持续增长，这就要求我们提前谋划明年收入如何开好局的问题，特别是要做好税源储备和政策储备。以今年为例，土地增值税贡献了全局30%的税收增量，房产税从租计征和属地征收贡献了14%的税收增量，这些都是我们加强税源储备和政策研究的成果。明年的储备在哪，增量在哪，各单位要抓紧研究、提前储备，要坚持向深化税种税源管理、税收政策执行和税收风险管理要税收，为确保实现明年税收收入的良好开局创造条件。

三是要着手编制好明年收入预算。2018年是全面贯彻落实党的十九大精神的第一年，也是深入贯彻落实《北京城市总体规划（2016—2035年）》的第一年，全市经济增速预计目标仍为6.5%。在收入任务规划上，收入规划核算处要提前谋划，做好税收发展趋势分析和预测，梳理好地税税源变化和“营改增”的影响，与市财政局、市国税局沟通好收入任务分配工作，努力实现各部门收入任务基本平衡。

三、统筹推进年底前的组织收入工作

10月18日，党的十九大即将在我市召开。在这个关键时期，保持税收平稳增长和社会稳定都是我们的工作重点，这需要我们更加注重工作方式方法，深入落实“放管服”工作要求，抓住重点税源和重点环节，抓紧抓细抓实各项工作，要着重做好以下7个方面工作：

一是严格依法组织收入。各局一定坚守住工作底线，坚决不踩红线，坚决防止和制止各种违背组织收入原则的行为。各局不仅要完成市局下达的收入任务，提高收入质量更是至关重要，下一阶段，税务总局要对各地税收质量组织检查。因此，必须坚决防止和纠正收“过头税”“寅吃卯粮”等行为。对于出现违规入库、扰乱税收秩序行为的局，一经发现，违规入库要全额退出，相关责任人要追责。对于区政府随意增加收入任务的情况，必须第一时间向本局分管局领导和收入规划核算处报告。

二是强化市局领导责任制。结合当前收入进度和全年收入任务安排，在确保全系统完成收入任务的前提下，市局对各项税费和各局收入任务进行了调整，同时按照市局局领导分工将收入任务分解到每位局领导。市局各位局领导务求以上率下、压实责任、狠抓落实，要亲自带队深入到

联系局进行督导，做到措施再有力、进度再加快、督查再加强，确保组织收入任务顺利完成。

三是坚持全市统一步调。市局各处室要切实树立全局“一盘棋”的理念，紧紧围绕全局的组织收入中心任务，按照市局的整体工作安排，调整本部门的工作侧重点，针对难点对症下药，紧盯重点出谋划策，务必做好各部门相互联合、通力配合、形成合力，为圆满完成全年收入任务提供坚实保障。

四是进一步夯实税收工作基础。收入处要牵头建立税种税源分析制度，从明年开始征管部门、税政部门、稽查部门按季度开展分析。配合做好非首都功能疏解和构建“高精尖”结构工作，关注个人所得税财政体制调整事项和完善企业跨区迁移财政补贴事项，由收入处撰写非首都功能疏解专报，北京和上海经济税收结构对比专报，由征科处牵头出台企业迁移办法。

五是强化各处室职能作用发挥。各业务处室要对区局请示的问题在确定的时间内给予明确答复。办公室要参照国家税务总局的方式，近期拿出相应办法。同时，各处要多到基层和企业走访。围绕税收工作如何做，把产业疏解、关停并转、七小业态和封墙封洞相关统计列入常规统计数据，并入数据手册，对下一步支持雄安建设，京津冀协同发展都发挥重要作用。

六是及时启动税收收入应急保障预案。市局对9个全年收入任务存在缺口的局调减了收入任务，这些局虽然调减了收入任务，但也要启动税收收入应急保障预案。在全市保增长形势十分严峻的情况下，各局都要提早谋划、做足准备，收入任务进度出现不达标的局要及时启动税收收入应急保障预案，确保组织收入工作迅速、高效推进。

七是全面抓好各项工作落实。当前，组织收入工作是全局的重中之重，各局必须把组织收入工作作为首要任务来完成，严格执行调整后的任务，密切监控收入进度，做好收入预测，及时反馈收入动态。同时，也要把握好收入结构，统筹好中央级、市级和区级收入任务的关系，努力做到“精细分析、精准施策、精确制导”。各区（分）局的收入任务不仅要分解到税务所，也要分解到各职能科室，分税种来落实。

同志们，全系统要紧紧围绕组织收入总体目标，实干创新、团结协作，在组织收入攻坚战中打出地税系统的气势，展现出地税系统的风貌，服务首都经济发展大局，以优异的成绩迎接党的十九大胜利召开！

在北京地税系统巡视整改动员部署会上的讲话

北京市地方税务局局长 杨志强

（2017 年 11 月 21 日）

根据市委统一部署，市委第五巡视组于 7 月 30 日—9 月 30 日进驻我局，聚焦全面从严治党这个中心，对党组领导班子及班子成员执行党章和其他党内法规，遵守党的纪律，落实全面从严治党主体责任和监督责任等情况进行全面巡视。11 月 10 日，市委第五巡视组向市局党组反馈了巡视意见，既肯定了我们的工作，同时，也指出我们“党的领导弱化，党组核心作用不强；党的建设缺失，党建工作上紧下松；全面从严治党不力，管党治党宽松软”等 3 方面 11 类问题，并提出了整改建议，要求我们在两个月内进行集中整改。对巡视反馈意见，市局党组高度重视、诚恳接受、认真反思，细化为 36 个具体问题，巡视反馈第 2 天上午，立即召开党组会，研究整改落实工作。11 月 13 日、11 月 18 日，又分别召开局长专题会、党组会，逐条对照巡视反馈意见研究整改方案，充分表明市局党组直面问题、坚决整改的态度和决心。

同志们，抓好巡视整改工作是我们当前的一项重大任务，是对我们学习贯彻十九大精神和中央、市委关于全面从严治党要求的一次集中检验。11 月 16 日，市委召开全市领导干部警示教育大会，通报了北京农产品中央批发市场管委会党委的违纪案件和市委关于对北京农产品中央批发市场管委会党委予以改组的决定。蔡奇书记结合市委巡视工作，对全市各级党组织和广大党员进行了警示教育，深刻指出巡视发现的 12 类突出问题，对抓好问题整改提出 9 条明确要求。这次警示教育大会给我们上了深刻警醒的一课，蔡奇书记指出的 12 类突出问题中，直接涉及我局的有 4 类，另外 8 类问题在我局都不同程度存在，除此之外，我局还存在一些蔡奇书记没有提到的问题，我们深感心情沉重、教训深刻，必须认真反思、引以为戒，必须用更高的站位、标准和要求推进问题整改。会后，市局紧急召开专题会，按照蔡奇书记通报的 12 类突出问题和提出的 9 条要求，逐一对照检查，举一反三，制定了 97 条整改措施。对于巡视反馈的问题和对照检查的问题，我们要真认账、真反思、真整改、真负责，旗帜鲜明讲政治，坚决贯彻蔡奇书记和市委巡视要求，以对党和地税事业高度负责的态度，以踏石留印、抓铁有痕的精神，不折不扣地整改落实到位。

一要提高政治站位，充分认识抓好巡视整改的重要意义。市委第五巡视组对我局开展巡视，是新一届市委领导班子组建以来部署的首轮巡视，是贯彻落实中央全面从严治党要求的重要举措。市委第五巡视组突出政治巡视，既是为我们做了一次全面的“政治体检”，更是对照管党治党要求，给我们的一次“政治提醒”。巡视组代表市委帮助我们找差距、找不足，对我局进一步推动党的建设深入开展、抓实党风廉政建设和反腐败工作，起到了重要的鞭策和促进作用。蔡奇书记在全市领导干部警示教育大会上深刻剖析的12类突出问题，深刻表明我们在落实全面从严治党主体责任上还不到位、还有不小差距。落实巡视反馈意见、对照蔡奇书记指出的问题进行整改的过程，就是一个正风肃纪、自我革命的过程，是一次强化党建、优化作风、净化队伍的过程。特别是我们地税系统队伍大、责任重、风险高，接受巡视的影响更为深远，整改落实的意义更为重大。全系统各级党组织和广大党员干部要切实增强政治自觉、思想自觉和行动自觉，以习近平新时代中国特色社会主义思想为指引，学深学透十九大报告和新修订的《党章》，特别是其中关于全面从严治党的论述和要求，牢固树立政治意识、大局意识、核心意识、看齐意识，坚决贯彻蔡奇书记提出的三个“一”、四个“绝不允许”的要求，迅速把思想和行动统一到中央、市委巡视工作部署要求上来，从讲政治的高度推进巡视整改，为地税事业长远发展提供坚强的政治和组织保证。

二要明确整改要求，压紧压实整改责任。为认真抓好巡视整改工作，市局党组成立了整改工作领导小组，制定了翔实的整改方案，明确了整改的责任分工。这次整改的问题，重点、难点在党的建设方面，全系统各级党组织要强化“抓党建是最大政绩”的理念，牢固树立抓好党建是本职、不抓是失职、抓不好是渎职的意识，认真落实全面从严治党“两个责任”；要把严的标准、严的措施贯穿于管党治党全过程和各方面，坚持把纪律挺在前面，以零容忍态度惩治腐败，以高度负责的精神和严谨务实的作风推进整改工作。两级党组要切实担负起管党治党主体责任，发扬斗争精神，敢于对自己存在的问题开刀，坚定不移把全面从严治党不断引向深入。两级党组主要负责人，要把责任扛在肩上，落实到行动上，盯住问题查原因，制定措施抓整改，做到知责、尽责、负责。两级班子成员要根据职责分工，对巡视发现的问题主动认领，按照“谁主管、谁负责”的原则，将压力层层传导下去，把责任压紧压实。各级领导干部要肩负起“一岗双责”，强化守纪律，讲规矩意识，不等不靠，主动担当，认领包干，高标准、高质量完成整改任务。要以巡视整改为契机，不断加强北京地税系统党的政治建设、思想建设、组织建设、作风建设、纪律建设，把制度建设贯穿其中，推进全面从严治党向纵深发展。要直面巡视反馈问题，敢于担当，从严从实，立行立改，紧紧扭住整改的重点、难点，不断研究探索发挥垂直管理和属地管理合力，加强基层党建的新方法与新途径，落实“两学一做”学习教育常态化、制度化要求，加强党支部规范化建设，增强党内政治生活的政治性、时代性、原则性、战斗性。要建立整改问责制度，突出重点问题专项整治，将整改工作列入市局督查督办事项，定期督促检查、跟踪问效，对进展缓慢、整改不力的，要通报批评；对不能按照时间节点完成整改任务、不担当不负责的，要严肃追责。

三要凝聚整改合力，确保整改落实到位。巡视整改的问题许多发生在基层，但根子在机关，市局和区（分）局两级党组要上下联动，形成合力，抓好整改。各单位、各部门也要对照巡视整改问题和贯彻落实蔡奇书记讲话精神的整改措施，层层落实整改责任，对每项任务都要做到定人员、定时间、定标准，确保整改任务不折不扣落实到位。关于巡视反馈意见的集中整改方案和贯彻落实蔡奇书记讲话精神的整改措施，市局党组已正式印发通知，各区（分）局要认真对照两个通知要求，结合自身工作实际查摆问题、推进整改，年底前向市局党组交账。要发扬“钉钉子”精神，按时保质完成整改任务，确保整改没有盲区、不留死角。要严肃监督执纪问责，持续释放越往后执纪越严的强烈信号，绝不让问题反弹回潮。要按照限定期限倒排工期、明确进度、加强过程管控，巡视整改工作领导小组要定期听取整改情况汇报，各分管局领导要定期听取分管领域的整改情况汇报，及时协调解决整改过程中出现的困难和问题，确保巡视整改取得实实在在的效果。

同志们，蔡奇书记在全市领导干部警示教育大会上指出：“全面从严治党永远在路上，管党治党必须从严从紧从实，必须以坚如磐石的决心常抓不懈”。全系统各级党组织和全体党员干部要不忘初心、牢记使命，坚定理想信念，始终保持共产党人政治本色，自觉从巡视发现的问题中深刻汲取教训，引以为戒，强化纪律规矩意识，认真贯彻落实全市领导干部警示教育大会精神，自觉把抓好巡视整改工作与学习宣传贯彻党的十九大精神结合起来，与完成年底各项税收任务结合起来，与谋划明年税收工作结合起来，坚决完成整改落实任务，以首善标准扎实做好各项工作，为首都改革发展积极贡献力量。

在北京地税系统局处级领导干部十八届六中全会精神学习与更新知识培训班结业仪式上的讲话

北京市地方税务局局长　杨志强

（2017 年 7 月 28 日）

根据干部教育培训工作安排，经市局党组研究，举办了这期局处级领导干部十八届六中全会精神学习与更新知识培训班。刚才 3 位同志作了学习交流发言，与大家分享了一周以来的学习成果。基层工作处通报了我局 2017 年上半年绩效管理工作，办公室通报了我局贯彻落实信访工作要求的措施，王炜同志部署了配合市委巡视工作，大家要按照要求，落实好有关工作。下面，我就这期培训班简要作个小结，并就今年下半年的工作提几点意见。

一、这次培训班的特点

一是主题鲜明，内容丰富。这次培训班以学习贯彻党的十八届六中全会、习近平总书记系列重要讲话、市第十二次党代会和十二届二次全会精神为主线，坚持学思践悟、知行合一，涵盖了学习贯彻《准则》《条例》、市第十二次党代会、“一带一路”、京津冀协同发展、廉政学习教育、党务知识、舆情管理等内容，将理论热点、时政分析和地税实际结合起来，满足了大家在思想进步和能力提升上的双重需求，使大家进一步开阔了视野、认清了形势、明确了方向。

二是态度端正，学风严谨。在座的同志身处重要岗位，平时工作很忙，抽出一周时间集中培训机会不多，大家都很珍惜。能够沉下身、静下心来认真听、耐心学，在培训中保持了勤奋严谨、求实创新的作风，严格遵守管理规定和作息时间，结合培训课程和工作实际，开展了思想活跃、气氛热烈的交流研讨，收到了良好的学习效果。

三是组织严密，正规有序。市局党组对培训班高度重视、周密部署、统筹安排，市局宣教处和机关党办协调配合，精心准备，为大家提供了高水平的师资配备和良好的学习环境。培训中严格考勤、严格请销假制度，班委的同志和各小组长发挥作用、认真负责，大家专心听课、积极参与讨论，很好地遵守培训管理规定，共同促成了这次学习培训圆满完成。

二、取得的收获

这次培训班经过大家的共同努力，达到了预期目的，取得了良好成效。大家普遍反映，课程安排紧凑，学习内容丰富，既有宏观形势分析，也有微观具体指导，实在管用，收获很大。

一是拓宽了思路，明确了方向。通过聆听专家教授的讲座，大家充分认识到要坚定不移推进全面从严治党，深刻学习领会习近平总书记系列重要讲话精神，认真贯彻落实市第十二次党代会和市委十二届二次全会精神，要充分发挥税收职能作用，进一步增强责任感和使命感，主动服务京津冀协同发展、非首都功能疏解和“三城一区”建设。

二是掌握了知识，提高了素质。这次培训，给大家创造了良好的学习环境，虽然时间不长，但主题集中，内容丰富，特色鲜明，既传授了很多前沿理论知识，又培训了实际需要的业务技能，具有很强的现实意义。通过学习培训，大家提高了理论修养和业务水平，进一步增强了工作信心。

三是促进了交流，增强了合力。这次培训，给大家提供了一个相互交流学习的机会，大家能够主动切磋，取长补短，积极交流，共同促进，彼此加深了了解，形成了团结活泼、互帮互学的浓厚学习气氛，有利于加强各单位、各部门之间的工作协作和资源整合，增强工作合力。

对于大家在培训讨论中提出的加强党建和税收工作的意见建议，机关党办和宣教处要认真整理，逐项研究，形成下一步改进工作的措施。

三、上半年工作情况和下半年工作安排

（一）2017 年上半年工作情况

今年以来，全系统凝心聚力，改革创新，认真落实市委、市政府和税务总局决策部署，各项工作取得积极进展，得到省部级以上领导同志肯定性批示 16 次，获得省部级以上荣誉 65 项、通报表彰 19 项，在税务总局绩效考评中名列前茅。

一是党的建设扎实推进。深入学习贯彻党的十八届六中全会精神，牢固树立“四个意识”。严格落实“两个责任”，开展党风廉政建设主体责任全程纪实工作，逐级签订个性化党风廉政建设责任书。扎实推进“两学一做”学习教育常态化制度化。加强第一党支部建设，强化对“一把手”的教育管理监督。制发《关于积极发挥垂直管理和属地管理优势不断增强基层党建工作合力的指导意见》，推动党建工作向基层延伸。严格落实“三会一课”制度，推进支部规范化建设。加强教育引导和制度约束，有效防控基层执法风险。组织市局处级领导干部到基层蹲点，切实解决实际问题。全面实践“四种形态”，强化监督执纪问责。举办首期中青年干部培训班，加大优秀年轻干部培养选拔工作力度。

二是税收收入较快增长。克服首都供给侧结构性改革不断深化、非首都功能疏解持续推进、结构性减税力度加大等多重考验，提前 28 天实现一般公共预算收入任务过半，提前 39 天实现税收收入任务过半。上半年累计完成各项税费收入 2155 亿元，同比增长 21.5%；完成税收收入 2026.8 亿元，同比增长 22.3%，完成全年收入任务的 60%；完成一般公共预算收入 1302.9 亿元，同比增长 22.3%，完成全年收入任务的 55.9%。

三是服务大局成效显著。全面落实税收优惠政策，加强减税新政宣传辅导，助力大众创业万众创新，支持“三城一区”建设，促进科技创新和文化创意产业、小微企业、民生事业发展，上半年共减免税费 520.2 亿元。制发服务北京城市副中心建设的实施意见，出台 14 项 50 条具体措施。深入开展税收服务供给侧改革研究，推出促进有序疏解、构建“高精尖”产业结构的 20 项措施。研究完善冬奥会税收政策。严格执行房地产税收政策，配合有关部门做好房地产调控。

四是税收改革有效落实。联合市财政局、市环保局印发我市贯彻落实环境保护税法工作方

案，扎实做好环保税开征准备工作。积极争取承接社保费征收职责，正式代收无线电频率占用费和防空地下室易地建设费。深入推进四项专项试点改革，办税事项同城通办、12366 六能平台建设、非税收入征收、加强京津冀税务部门“一统三互”建设等工作获得税务总局深化征管体制改革评优树典型项目提名。深化国税、地税合作，实现国地税信息实时自动交换，在全国税务系统中率先委托国税代征个体工商户个人所得税，对 96 户企业开展联合稽查，查补税款 8160 万元。深化稽查体制改革，完成第一批试点单位改革工作。开展总法律顾问选拔培训工作。

五是征管质效持续提升。完善征管制度，转变征管方式，全面加强税收风险管理。开展房产税疑点信息核实比对，追缴税款、滞纳金 2756.5 万元。与公安部门配合，对 15 户欠税企业的法定代表人采取阻止出境措施，相关企业补缴税款、滞纳金 2197.7 万元。上线企业所得税“税收风险提示服务”系统，1.7 万户纳税人按照提示信息修改调整了申报数据。上线“个人存量房网络预审系统”，审核通过的纳税人可在全市任选地点预约缴税。推进信息管税，与 39 个部门开展合作，采集信息 2000 余万条。编制税收情报 17 期，服务上级决策，关于某楼盘购房主体纳税情况的调查得到蔡奇同志批示。

六是纳税服务不断优化。深入开展“便民办税春风行动”，推出提升纳税服务 20 项措施。实现金税三期系统中 82 种表证单书免填单，相关业务平均办理时间缩短 7 分钟。试点开展工商银行手机客户端缴税。推进“银税互动”，与 40 余家银行建立合作关系，帮助企业贷款 23.39 亿元。强化纳税投诉管理，平均办结时间从 7 个工作日缩减到 5 个工作日。编印首都公民税收手册，发放近 3 万册，得到纳税人好评。

以上六方面是全系统上半年的主要工作。此外，行政综合、后勤保障、财务资产、综治保卫、工会等工作也有序开展，保障了机关的正常运转和税收中心工作的顺利推进，在这里就不一一细说了。

同志们，成绩的取得，是市委、市政府和税务总局坚强领导的结果，也是全系统上下一心、辛勤努力的结果。在此，我代表市局党组，向全系统广大干部职工特别是基层的同志表示衷心的感谢和诚挚的问候！在看到成绩的同时，我们也要清醒地认识到，我们的工作还存在许多不足，特别是在推动全面从严治党向基层延伸、防控税收执法风险方面，还需着力加强。大家要提高风险意识，不断强化日常监管和检查，切实把队伍带好，把业务管好。

（二）2017 年下半年工作安排

今年下半年，全系统工作任务依然艰巨繁重。通过此次培训，同志们的政治站位得到提高，“四个意识”进一步牢固树立，这为我们做好下一步工作提供了重要的政治和思想保证。我们要以此为新的起点，以更强烈的责任感、更崇高的使命感、更饱满的精神状态投入到本职工作中，推动地税事业不断迈向新台阶。下半年，要重点做好以下工作。

一是自觉接受巡视监督，做好市委巡视配合整改工作。根据市委巡视工作统一部署，市委第五巡视组定于下周开始对我局进行专项巡视。巡视是党内监督的战略性制度安排，是全面从严治党战略部署的重要内容。各部门、各单位要高度重视，充分认识巡视工作的重要性和必要性，认真学习《中国共产党巡视工作条例》，自觉接受巡视监督，积极配合巡视组开展工作，为巡视顺利进行创造工作条件，营造良好氛围，提供必要保障，向巡视组如实反映情况和问题，按照市委要求和巡视反馈意见做好整改落实工作。为更好地配合巡视工作，巡视期间暂停市局第四轮巡察和副处级以上干部选拔任用工作。

二是全面推进从严治党，打造高效清廉的组织体系。深入落实党的十八届六中全会和习近平总书记系列重要讲话精神，重点抓好党的十九大精神的学习贯彻，确保学深学透、入脑入心，自觉在思想上政治上行动上同以习近平同志为核心的党中央保持高度一致。推进“两学一做”学习教育常态化制度化，切实发挥领导干部表率作用，将学习教育情况纳入绩效考核和党建工作述职评议考核。认真落实意识形态工作责任制，坚守阵地，管好队伍，牢牢把握意识形态领导权、主动权和话语权。落实《关于积极发挥垂直管理和属地管理优势不断增强基层党建工作合力的指导意见》，建立市局党组与区直机关工委齐抓共管、条块融合的党建工作机制。8 月市局将召开党建工作专题会，听取各区落实情况汇报，结合本次培训讨论提出的建议，研究进一步加强党建工作的措施。积极申报北京市垂直部门加强党建工作的试点单位，并适时邀请市委领导到我局调研。推动党建工作向基层延伸，第三季度各区局要落实组建党建工作机构的工作要求，并有效开展工作。局党组全力支持驻局纪检监察组履行监督责任，狠抓反腐倡廉，发挥巡察利剑作用，实践监督执纪“四种形态”，严肃查处违规违纪行为，形成“两个责任”共同发力，良性互动的良好局面。稳妥推进干部选拔任用工作，优化处级领导班子结构。总结国地税互派干部挂职锻炼经验，加大干部交流力度。研究出台基层税务干部交流轮岗制度。开展岗位大练兵和职业技能大赛。

三是依法组织税收收入，确保完成全年收入任务。推动出台加强我市税源建设和管理工作方案，创新执法方式，防止“空疏解”“假疏解”，全面提升首都税源质量。下半年，组织收入工作将面临严峻考验，从 7 月情况来看，可能出现收入下行拐点。上周，我们专门召开了全系统上半年收入形势分析会，对做好下半年组织收入工作提出了明确要求，各部门、各单位要认真抓好落实，加强对收入形势的分析研判，特别是要做好 7 月收入增幅下降的分析，加强税种税源分析，提出工作措施，为 8 月召开收入分析会做好准备。要坚持依法收税，严格落实组织收入工作目标责任制，加强征管手段创新，强化部门协作，切实做到堵漏增收、稳中提质，完成好全年收入任务。要坚决不收“过头税”，强化税收会计监督，严肃组织收入纪律，确保区域经济平稳健康发展。

四是积极发挥税收调控调节作用，服务“四个中心”建设。积极参与和推动京津冀区域税收协作，加强税收服务供给侧结构性改革研究。全面落实疏解非首都功能税收支持政策，进一步加强对低端产业、低端业态的税收征管。认真落实服务北京城市副中心建设的 14 项 50 条具体措施。全面落实各项税收优惠政策，支持“三城一区”建设，全力做好冬奥会服务，助力大众创业万众创新，支持国企重组改制，支持保障性住房建设，促进科技创新和文化创意产业、小微企业以及养老、就业等民生事业发展。各单位不得因收入下降，在落实优惠政策上打折扣。做好残保金政策过渡宣传辅导工作，调整征期，与市财政局共同研究部署残保金减免措施，切实减轻企业负担。研提停征外商投资企业土地使用费的建议，进一步降低企业成本，营造良好的营商环境。严格执行房地产税收政策，严厉打击房地产中介涉税违法行为，促进房地产市场平稳健康发展。

五是全力落实税收改革，加快推进税收现代化建设。认真落实《北京市深化国税、地税征管体制改革实施方案》，持续深化办税事项同城通

办、完善纳税服务平台、高风险纳税人定向稽查、深度参与国际税收合作等4项专项试点改革。加强国税、地税合作，研究推进国税局稽查补税附征的“一税两费”委托代征工作。继续做好非税收入承接工作，8月与市财政局共同落实彩票公益金、彩票发行费、城市基础设施建设费、国家电影事业发展专项资金的接收方案，建议将国有资产（资源）有偿使用收入中的3项4目收入划入地税征收范围，由财政部门牵头，有关部门参加，共同审定有关制度。9月对外公告，今年后三个月做好信息化建设、宣传培训等准备工作，力争明年1月1日正式开展代收工作。推进国地税联合稽查，加强税警协作，有效提升稽查震慑力。在4个区局和直属稽查局推行总法律顾问制度。认真落实税制改革要求，做好环保税和水资源税开征准备，推进区级预算单位个人所得税集中扣缴工作，明年1月在6个区试点，下半年全面推开。此外，经昨天党组会研究决定，暂缓推进稽查体制改革。我局与市人社局、市编办关于稽查体制改革后区局处级职数如何计算的方法和口径还未统一，如继续推进，将出现干部大规模超编情况。关于经费垂直管理工作，我局与市财政局、市人社局积极沟通，进行了充分的调查研究，由于改革后必须按照市级标准发放津贴补贴，将影响全系统6386名干部职工的收入，为避免给基层同志切身利益带来较大影响，维护基层执法人员的工作积极性，市局建议暂缓推进此项工作，待市区两级工作人员待遇标准统一后再启动相关工作。

六是深入推进“放管服”改革，着力提升纳税人满意度和获得感。认真贯彻陈吉宁代市长和王军局长关于“放管服”改革的指示要求，围绕“简政放权、放管结合、优化服务”的改革目标，全面落实好我局深化“放管服”改革的25条措施。取消、下放有关行政审批事项，不得在行政许可清单之外增设和变相增设行政审批。修订公布权责清单，下放小额退税审核权限，清理各类证明，切实为市场主体减轻负担。转变征管方式，以风险管理为导向，强化事中事后监管，加强对税源、申报、减免税、欠税等方面的管理，发挥稽查震慑作用，加强联合惩戒，提高纳税人税法遵从度。全面落实减免税政策，简化优化办税流程，精简涉税报表，落实提升纳税服务20项措施，推进办税便利化。强化宣传辅导，完善守信激励，妥善处理投诉，着力解决纳税人办税过程中的“堵点”“痛点”和“难点”问题，全面提升纳税服务效能，让纳税人体验感更好、获得感更强、满意度更高。

七是完善内控机制，切实防范执法风险和廉政风险。前期，市局对11类风险事项的风险点、表象和成因进行了系统梳理，提出了改进措施。市局将成立4个检查组，由4位局领导分别负责，在年底前完成对退税管理、股权转让税收征管、涉税证明管理、“三代”手续费管理等4个风险事项的专项监督检查。各部门、各单位要高度重视风险防范工作，全面排查执法风险和廉政风险，切实按照税务总局的要求加强内控机制建设，用制度规范权力运行。最后，各部门、各单位要高度重视绩效考评工作，充分发挥绩效引领作用，优化绩效指标，减轻基层负担，加大绩效督导力度，确保各项重点工作得到有效落实。

同志们，今年是党的十九大召开之年，做好首都地税工作意义重大。让我们在市委、市政府和税务总局的坚强领导下，始终坚持以习近平总书记重要思想为根本遵循，以党的十八届六中全会、市第十二次党代会和市委十二届二次全会精神为指引，团结一心，开拓进取，全力完成全年各项工作任务，以优异的成绩迎接党的十九大胜利召开。

在北京市地税系统税收执法大督察工作部署动员会议上的讲话

北京市地方税务局局长 杨志强

（2017 年 3 月 1 日）

根据 2017 年税收重点工作任务要求，针对“坚决依法收好税、不收过头税、落实减免税、打击偷骗税”等落实情况，召开税收执法大督察（以下简称“大督察”）工作部署动员会，今天的会议具有重要的指导意义。刚才督审处已经对大督察工作进行了详细部署，我都同意。下面，我就做好大督察工作，讲三点意见：

一、充分认识开展税收执法大督察的重要意义

国家税务总局局长王军同志在全国税务工作会上提出：2017 年要进一步健全完善“依法征税聚财力、改革强税促发展、便民办税优服务、科技兴税提质效、多方协税谋共治”的工作机制体制。为确保中央和国务院的各项政策措施落实到位，推动税务总局部署的各项重点工作及时落地。新春伊始，税务总局在全国税务系统范围内，部署开展大督察。作为基层执法部门，我们要充分领会大督察工作的精神实质，并以此为契机，对全系统税收执法行为进行一次全面摸底、全面体检，切实增强自身免疫力，达到全面提升的作用。

一是做好税收执法大督察是北京地税系统深入贯彻落实中央经济工作会的必然要求。党的十八大以来，面对新的形势和任务，以习近平同志为核心的党中央提出了“四个全面”的战略布局，事关改革发展大局的一系列重要举措相继出台。税务机关代表国家行使税收执法权，近几年在稳增长、调结构、惠民生当中都发挥了重要作用。2017 年是实施“十三五”规划的重要一年，也是供给侧结构性改革的深化之年。通过开展大督察，自我加压、自我检视，确保税收政策措施和税收优惠政策得到有效落实。充分发挥税收职能作用，切实减轻企业税收负担，助推供给侧结构性改革，进一步彰显税收在国家治理中的基础性、支柱性、保障性作用。

二是做好税收执法大督察是服务大局、确保税收中心任务完成的有效途径。保持税收收入持续稳定增长，为经济社会发展提供可靠财力保障，是税收工作服务党和国家工作大局的重要方面。全系统在征收工作中，要切实保证税收收入质量，实现税收真实、没有水分的增长。通过开展大督察，一方面促进各级税务机关依法征税，应收尽收，杜绝“寅吃卯粮”，努力完成国家预算确定的税收收入任务；另一方面，坚决防止和纠正收“过头税”等违反组织收入原则的行为，

切实提高税收收入增长质量，促进税收与经济的良性互动，夯实税收增长的基础。

三是做好税收执法大督察是强化监督制约、优化税收环境、提升干部素质的客观需要。不折不扣地落实好各项税收政策，是依法治税的重要内容，那么依法治税关键是执法，重点和难点也是执法。近年来，经过系统各级税务机关的努力，税收工作取得了一定成绩，但在税收执法中仍然存在执法不严、有法不依的问题，这些问题反映出部分税务机关、税务干部的法纪意识、责任意识还很淡薄。此次借助大督察之力，进一步规范税收执法行为，针对发现的问题完善制度、督促整改，达到早发现、早整改、早完善、早落实，努力杜绝类似问题再次发生。通过大督察，促进税务干部树立正确的税收执法理念，强化税收执法风险意识，提升管理能力和执法水平，营造良好的税收工作环境。

二、把握税收执法大督察工作内涵

此次大督察与日常税收执法督察相比，其广度和深度均有所不同，是一项全新的工作。大督察新在何处？我理解首先是规格高。税务总局成立了由总审计师刘丽坚同志任组长，多个业务司局主要领导为成员的工作领导小组，对省级税务机关大督察工作开展指导。市局成立由我任组长的工作领导小组，自税务总局到基层税务所均是大督察的参与者，由上及下，一脉相承。其次是范围广。此次督察内容涵盖了税款征收、税政管理、税收分析、稽查检查、风险防控、问题整改多个领域，贯穿了税收整体工作，是对全国税务系统税收工作开展情况的一次无缝的、全方位的督察。再次是影响深。大督察的重点聚焦于税收减负、收入任务分解、优惠政策落实、“营改增”税制改革等关键领域，每一个督察事项都与企业发展、经济运行、政策改革息息相关，这些势必会引起广大纳税人和社会的普遍关注。最后是难度大。此次大督察工作时间紧、任务重、要求高，在两个月的时间省级税务机关内要完成自查和重点抽查工作，基层税务部门在抽调骨干力量开展大督察工作的同时，还要保证日常税收征管工作的有序进行，这对全系统工作能力、工作效率、工作水平是一个严峻的考验。

此次大督察虽然较以往税收执法督察有所不同，但二者在工作目的和意义上具有共性。因此，在大督察工作中，要汲取以往执法督察中好的经验做法，对执法督察中出现的问题要加以避免。一是督察查找问题不深不透。以往执法督察发现程序性问题较多，实体性问题较少，对一些疑点进行延伸督察力度不够。二是责任追究偏软。督察发现的问题不少，但对各级干部的触动并不是很大，有些问题屡查屡犯，说明问题的严重性未能引起各方足够重视。三是两级税务机关交流不够。对于督察发现的问题，市、区两级税务部门没有建立良好的沟通解决机制，未能形成各职能部门对问题齐抓共管的局面。

三、切实落实税收执法大督察各项工作

以今天全系统部署动员会为标志，大督察工作全面启动。督察内审处已根据税务总局要求制定了实施方案，全系统要立即行动起来，按照工作方案要求的时间节点，按时保质完成相关工作。我在这里提六点要求：

（一）统筹协调，密切配合

各单位“一把手”要切实加强对大督察工作的领导，把此次督察工作摆在重要位置，定期听取工作进展情况汇报，及时掌握工作动态，督促工作进度。主要领导要对大督察工作负总责，分管领导要加强组织协调，切实解决工作中遇到

的问题。特别是一家牵头，多家协作的时候，相关部门要多联系、多协调、多配合。严格按照工作步骤和要求，积极主动、严肃认真地开展好工作，达到规范用权、提升效能的目的。

（二）全面彻底、做好自查

近年来，外部监督部门在对全系统的督察和审计中经常发现涉及“两权”运行的问题。这些问题有法规和政策层面造成的，也有我们自身管理和工作不规范造成的。因此，全系统在自查阶段，要深入透彻，动真碰硬，敢于突破。不能讳疾忌医、敷衍了事走过场。

（三）强化整改，注重实效

对大督察发现的问题要边查边改，举一反三、深查根源，严肃问责。积极落实整改主体责任，建立整改台账，跟踪整改动态，督促整改落实，确保自查和抽查发现问题及时整改到位。领导小组要对整改情况开展“回头看”，坚决杜绝已整改问题的反弹和复发。

（四）加强转化，积极应对

开展大督察的目的不是为了“查处”，而是为了进一步规范税收执法行为。各区（分）局要将查错纠弊与防范风险相结合，对大督察发现的问题要定期上报，杜绝督察死角；牵头处室要对问题进行分析、定性，有针对性地提出意见和建议，形成纵向指导、横向借鉴的工作格局；领导小组要对问题及时汇总、梳理流程、制定制度，从根本上予以解决。

（五）注重宣传，关注舆情

全系统在开展大督察工作中，要按照市局的统一部署、统一口径，利用多种方式开展宣传，营造良好工作氛围。对于取消税收优惠、查补税款等关系到纳税人切身利益的敏感问题，要做好辅导充分沟通，要及时上报妥善处理，避免负面舆情，最大限度地获取纳税人对此项工作的理解和支持。

（六）关注干部，强化执行

全系统在推进大督察工作的同时，要加强对干部的宣传教育工作。税务干部是我们开展各项工作的基础，全系统要注重对广大税务干部宣讲大督察的重要意义，切实增强税务干部的认同感和主动性，强化税务干部风险意识。各局党组和人事部门要参与到大督察工作中来，对督察工作的岗位设置、人员结构等问题要及时跟进、调整。对被问责干部的思想波动要及时纾解和沟通。

同志们，此次大督察工作，是对北京地税系统税收执法水平的全面检验。大家一定要把思想和行动统一到市局的部署与要求上来，确保大督察工作的全面落实，使北京地税的税收执法水平再上新台阶。

提高政治站位　强化监督责任
切实推动巡视整改各项工作落实到位

——在北京地税系统巡视整改动员部署会上的讲话

北京市地方税务局党组成员、派驻纪检监察组组长　张靖明

（2017 年 11 月 21 日）

今天，我们召开全系统巡视整改动员部署会，就抓好各项整改工作进行部署安排。受市局党组委托，下面我讲几点意见。

一、高度重视，深刻领会抓好巡视整改的重要意义

党的十九大报告指出，党的建设新的总体要求是把党的政治建设摆在首位。市委十二届三次全会指出，要全面学习贯彻新时代加强党的建设新要求，毫不动摇地坚持和完善党的领导，毫不动摇地把党建设得更加坚强有力，推动全面从严治党向纵深发展。抓好巡视整改任务的落实，是当前全系统最大的政治，是加强党的政治建设、思想建设、组织建设、作风建设、纪律建设，把制度建设贯穿其中、深入推进反腐败斗争的重要举措。

11 月 16 日，市委召开了全市领导干部警示教育大会。蔡奇书记在会上发表重要讲话，通报了巡视发现的北京农产品中央批发市场管委会党委严重失职失责的违纪案例及市委对管委会党组予以改组的严肃问责决定，同时深刻剖析了市委巡视发现的十二类突出问题。这些问题引起了我们极大的震动。这次市委第五巡视组反馈的问题，再次警醒我们，全面从严治党永远在路上，管党治党必须从严从紧从实，推动地税系统全面从严治党向纵深发展，必须以坚如磐石的决心常抓不懈。从近年查办案件的情况看，违纪违法问题频发于基层一线，推动全面从严治党和监督关口向基层一线延伸，显得尤为重要和紧迫。对照此次巡视反馈的情况，我们要把抓好巡视整改，作为全面从严治党向下延伸的重要契机和举措，作为当前一项重要而紧迫的政治任务抓紧抓好抓实，以此为手段，加强对基层的监督，切实推动全面从严治党向基层延伸。

二、勇于担当，直面巡视工作中发现的问题

蔡奇书记在警示教育大会上提出的问题，或多或少、或轻或重地也存在于北京地税系统，更何况还有几个问题是直接对准我们的。对此我们要汲取教训、举一反三、警钟长鸣，本着认真负责、实事求是的态度，冷静分析、积极整改。

在整改过程中，要切实把思想和认识统一到

蔡奇书记和市委巡视组的要求上来，强化责任担当，把巡视工作当作是对地税局的一次全面“政治体检”和检验从严治党成效的一次“综合会诊”，把巡视反馈的问题和意见作为一面镜子，对巡视指出的问题，要主动认领、对号入座，不回避、不推脱、不遮掩。以闻过则喜的胸襟、敢于担当的品格，化压力为动力，真查真改、立行立改，切实做到件件有着落、事事有回音。

三、带头履职，做好监督责任宽松软问题的整改工作

根据蔡奇书记指出的“两个责任”落实不力的问题，全系统两级纪检监察部门要重新审视我们的工作，切实履行监督责任，以身作则、带头做好巡视反馈监督责任落实过程中存在宽、松、软问题的整改。要切实采取措施提高政治站位，端正思想认识，发扬批评和斗争的精神，敢于正视自身存在的问题，敢于对问题解剖开刀。要不折不扣地抓好巡视整改问题、线索的调查处理工作，以对地税系统纪检监察事业高度负责的使命感和责任感，对照整改方案分解的任务，按照时限要求，认认真真、踏踏实实地做好各项整改落实工作。要以巡视整改为契机，发现工作中存在的问题、及时采取措施加以解决，堵塞工作漏洞，完善制度机制，最终提升自身的工作质量和水平。

四、严肃问责，对存在突出问题的人和事敢于动真碰硬

要在巡视整改过程中继续保持“两个责任”良性互动的工作格局。全系统两级纪检监察部门和纪检监察干部要严防死守，在完成巡视整改的两个月时间内，紧紧盯住主体部门责任的落实情况，在监督主体责任过程中履行好监督责任。要不忘初心、牢记使命，始终保持形势依然严峻复杂的判断、全面从严治党的目标任务和惩治腐败蔓延的高压态势，用好党章赋予我们的监督职责，进一步强化监督执纪问责。要克服“好人主义”思想，持续加大正风肃纪力度，对顶风违纪行为紧盯不放、寸步不让，对隐形变异问题要深挖严查、露头就打，起到震慑作用。要持续释放越往后执纪越严的强烈信号，对落实巡视整改任务不力的单位和个人，要坚决严肃处理，绝不姑息包庇、心慈手软。该批评的批评、该通报的通报、该报告的报告、该查处的查处，依纪依法依规进行问责，真正体现市局党组“严管就是厚爱”的坚定决心。

努力发挥工会组织的优势和活力
服务职工、凝聚人心、推动工作

——在第四届工会会员代表大会第二次全会上的讲话

北京市地方税务局党组成员、副局长　唐学军

（2017年4月1日）

为认真贯彻落实市直机关工会工作部署和2017年地税系统工作会议精神，我们采取把市局直属机关工会会员代表大会和系统工会工作会议合并召开的办法，一是落实工会组织规定向会员报告工作，二是全面部署2017年工作。刚才，牛杰同志报告了2016年工作，对2017年的工作进行了安排，思路很清晰，任务也很具体，我完全同意。下面，我再提三点意见。

一、把握改革发展新形势，形成合力发挥作用

2月24日，习近平总书记再次到北京视察，强调要认真贯彻党中央决策部署，坚持首善标准，抓好城市规划建设和冬奥会筹办工作，为我们做好当前和今后一个时期的工作指明了方向。2月28日，志强局长在系统工作会议上，要求全市地税系统要认真学习领会中央经济工作会议、市委十一届十二次全会和全国税务工作会议精神，明确提出，2017年，全市地税工作要深入贯彻落实党的十八大、十八届三中、四中、五中、六中全会精神，全面增强“四个意识”，严格落实全面从严治党要求，坚持稳中求进工作总基调，以习近平总书记视察北京重要讲话精神为根本遵循，积极发挥税收职能作用，服务供给侧结构性改革和非首都功能疏解，加快推进税制改革、税收征管体制改革和税收现代化建设，推动首都地方税收工作再上新台阶。会议进一步要求，要加强群团工作和基层精神文明建设，坚持“政治性、先进性、群众性”要求，发挥好工会、团委、妇女工作委员会的作用。

目前，我局正探索推进系统党组织关系垂直管理，推进基层党组织建设规范化，工会作为党的群团工作重要组织部分，既要顺势而为，更要乘势而上，按照党组的工作部署，全系统各级基层工会要抓住重点，积极主动地开展工作。

一是以思想理论武装队伍。要积极配合各级党组织通过报告宣讲、读书座谈、参观考察等形式，引导工会干部和广大干部职工深入学习领会习近平总书记系列重要讲话精神，提高政治站位，坚定政治方向，牢固树立政治意识、大局意识、核心意识和看齐意识，把思想和行动统一到中央、市委和市局党组决策部署上来。坚持抓好

工会干部队伍理论武装，举办工会干部培训班，提高基层工会组织贯彻中央、市委精神和市局党组决策部署的自觉性。

二是以文化活动凝聚人心。充分发挥工会组织工作优势，通过举办北京市地税系统文化艺术节暨第九届文艺汇演等形式，积极配合各级党组织做好迎接党的十九大胜利召开和学习宣传贯彻的各项工作。各级工会要发挥文艺创作、书画摄影、读书诗社等文化兴趣组织作用，借助微信公众号等网络平台开展形式多样的宣传活动，唱响主旋律，引导干部职工以良好的精神风貌迎接党的十九大胜利召开。

三是以岗位竞赛培养风尚。落实北京市总工会《北京市“十三五”时期职工发展规划》和《市直机关工会关于开展“践行新理念，建功十三五”岗位建功主题活动实施方案》，积极参加北京市“职工技协杯”职业技能大赛。全系统各级工会组织要发挥好组织牵头作用，市局机关工会要加强工作的指导、组织与协调，各基层工会要注重典型的宣传，努力调动广大干部职工参赛的积极性，团结引领干部职工立足本职、建功立业。

二、适应绩效管理新要求，加强工会基础工作精细化管理

去年，我局在全国省级地税系统、北京市政府绩效考核、机关党风廉政建设检查考核等多项工作中总成绩排名第一。2017 年，市局党组要求，强化绩效管理对中心主业的促进和激励作用，力争今年再创佳绩。

一是要高度重视。近年来，特别是中央群团工作会议后，各级工会工作的规范化建设有了长足的进步，但通过检查也暴露出一些薄弱环节：有的基层工会未能及时届中调整，未能及时办理法人资格登记；有的工会干部对工会政策掌握不够全面，特别是有的兼职多项工作，对工会工作难以尽全力；有的在维护职工权益方面存在薄弱环节，在报告经费使用情况、经费管理、收缴会员会费等方面不够规范。

工会组织作为党联系群众的桥梁和纽带，政策性强，事关干部职工切身利益，是加强系统党建工作和干部队伍建设的关键环节。因此，我们不仅要有“抓党建是本职，不抓党建是失职”的认识，更要有“工会工作是党建工作重要内容”的强烈意识，如果还停留在工会工作就是“搞搞活动、吹拉弹唱”的认识上，肯定是要被时代所淘汰的。全系统各单位特别是“一把手”要提高认识，绝不能对这项工作存在一丝一毫的轻视和懈怠，更不能放松标准使其成为影响我们整体工作的软肋和短板。

二是要统筹管理。目前，系统工会工作尽管不是垂直管理，但是系统指导工作必须加大力度。市局工会要发挥牵头作用，加强工作的检查指导和联系沟通。要发挥好绩效考核这个工具的作用，要修订基层工会考评办法，提高针对性和可操作性，比如会费缴纳、活动参与、基础数据等能够量化的可以纳入进来，不断提高基层工会组织规范化建设水平。工会基础工作要精细，要精准对接职工需求，精准做好职工服务，以多种形式关心关爱干部职工，各级工会按照无遗漏、全覆盖的要求认真开展困难职工帮扶救助工作，当好第一知情人、第一报告人、第一帮扶人和第一督促解决人。

三、适应队伍建设新任务，加强工会干部队伍能力素质培养

一是要培养“能干事、不出事”的干部队伍。大家常说，“机关的福利阳光全看工会了”。

从另一个角度看，或者说工会工作的常年与钱物打交道，可以说是“常在河边走”的高危岗位。既然要求党风廉政逢会必讲，因此，今天对在座的各位工会干部，我还是要提个醒。要能干事，更要干净地干事，这样才能不出事。要贯彻落实好《中国共产党廉洁自律准则》和《中国共产党纪律处分条例》，严格执行中央八项规定和市委十五条意见及市局党组关于加强党风廉政建设的有关规定，坚持廉洁持家、勤俭持家。要把从严治党落实到工会工作全过程，认真落实工会经费管理预决算制度，严把经费管理和使用关，不断对制度和流程中存在的廉政风险点进行梳理和完善，进一步织密制度的笼子。

二是要培养“能干事、干成事”的干部队伍。工会工作服务的对象是人，这就对我们提出了更高的要求，要想我们的队伍阳光，首先，我们自己要做一个阳光、快乐、积极向上的人，要用我们的热情，我们的能力，去感染和影响身边的人。这就对我们的能力素质甚至性格等提出很高的要求，各级工会组织特别是市局工会要采取挂职锻炼、聘请专家授课、学习考察、座谈交流等形式，定期组织工会干部培训，进一步开阔工会干部眼界，提高综合能力。各单位领导也要舍得把有威信、有本事、有热情的干部放在工会岗位上锻炼培养，通过我们的共同努力，造就一支政治坚定、业务过硬、作风民主、群众信赖的高素质工会干部队伍。

同志们，2017 年是新一届机关工会的开局之年，这一年大事多、任务重，让我们在市总工会、市直机关工会和市局党组的领导下，努力增强做好机关工会工作的责任感和使命感，着力做好思想引领、服务职工、凝聚人心、推动发展工作，凝聚和引领广大干部职工，为北京地方税收现代化建设和首都经济社会发展做出新的贡献，以优异的成绩迎接党的十九大胜利召开！

税收政策

收入规划核算

【综述】 2017年，北京市地税局收入规划核算部门积极落实国家税务总局、市委、市政府各项工作要求，按照市局党组的总体部署，深入学习贯彻党的十九大精神，围绕中心工作，主动作为、攻坚克难，全面统筹协调，圆满完成各项工作任务。积极应对结构性减税、房地产调控等多重考验，着力加强组织收入工作整体统筹，各项措施共增收260亿元，带动增长8个百分点，为税收平稳增长提供有力保障。提前13天完成全年收入任务，各项税费收入、税收收入和一般公共预算收入均实现两位数增长，得到蔡奇书记和陈吉宁市长批示肯定，在税务总局绩效考核中得到加分奖励。进一步拓展税收分析范围，积极开展国地税联合分析，为各级领导提供有力决策支持。发挥核算监督，健全核算工作制度，不断提升报表编报质量，牵头开展减免税申报核查，提升减免税核算数据质量，优化提升核算系统，有效减轻基层单位报表工作压力。开展税收票证管理专项检查，降低印花税票保管风险，保证国家税款安全。推进国地税合作，提高“三项调查”① 工作效率和质量，进一步减轻基层和纳税人负担。强化培训，举办税收分析和收入核算业务培训班，进一步提升全系统收入规划核算工作能力。加强支部建设和处室建设，积极落实绩效考核，在2017年市局机关绩效考核中，收入处取得基础分排名第1、总分排名第4的成绩。

【税收收入】 全年累计完成各项税费收入3683.1亿元，剔除上年同期“营改增”因素后（下同），增收421.4亿元，同比增长12.9%；累计完成税收收入3364.3亿元，增收426.9亿元，同比增长14.5%，规模居全国地税系统第4位；累计完成一般公共预算收入2278亿元，增收239亿元，同比增长11.7%，占全市一般公共预算收入的42%。

【税收特点】 “高精尖”相关行业税收实现较快增长，科技服务业完成369.6亿元，比上年增长23.9%；商务服务业完成436亿元，增长19.3%；信息服务业完成192亿元，增长12.2%；文化体育和娱乐业完成72.5亿元，增长13.7%。传统行业税收增势减缓，房地产业完成938亿元，对北京市地税局整体税收的贡献率达25.5%，增长11.4%；金融业完成429.4亿元，增长4.4%；制造业、交通运输业、住宿餐饮业增速较低，分别完成235.8亿元、52.5亿元和32.9亿元，分别增长7.4%、11.5%和14.5%。同时，随着疏解腾退低端产业的推进，促进了全市消费升级，批发零售业完成税收283.9亿元，增长16.3%。中央与地方共享税增速放缓，个人所得税完成1608亿元，增长12.6%，增速较上年下降7.7个百分点；企业所得税完成555.9亿元，增长15.9%，增速较上年

① “三项调查”包括：税收调查、重点税源监控月报、减免税调查三项工作。

下降12.6个百分点。地方税收增速平稳，财产行为税完成1131.2亿元，增长14.8%，占税收收入的比重由上年的33.5%上升至33.6%。努力提高税收征管效能，强化各项堵漏增收措施，共增收260亿元，带动整体收入增长8个百分点。全面落实各项减免税政策，全年共减免各项税费636.2亿元，其中：住房交易环节减免206.8亿元，鼓励高新技术减免84.2亿元，促进小微企业发展减免14.5亿元。

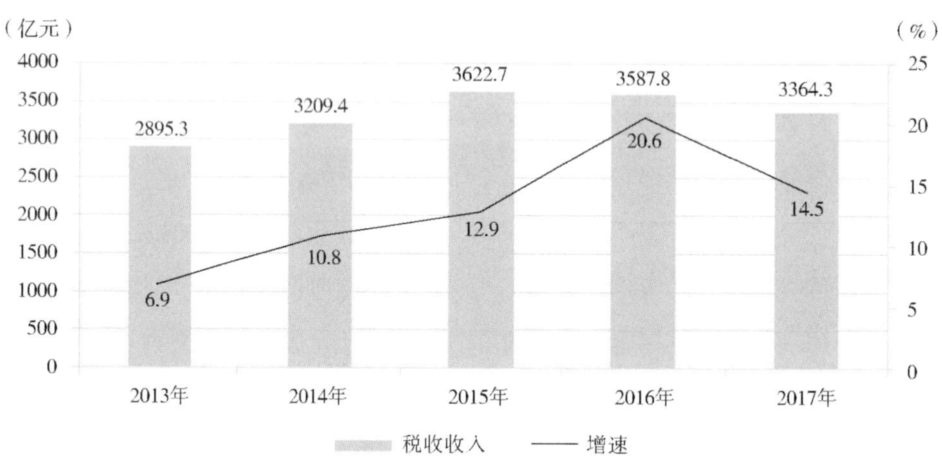

图1 北京地税税收收入情况（2013—2017年）

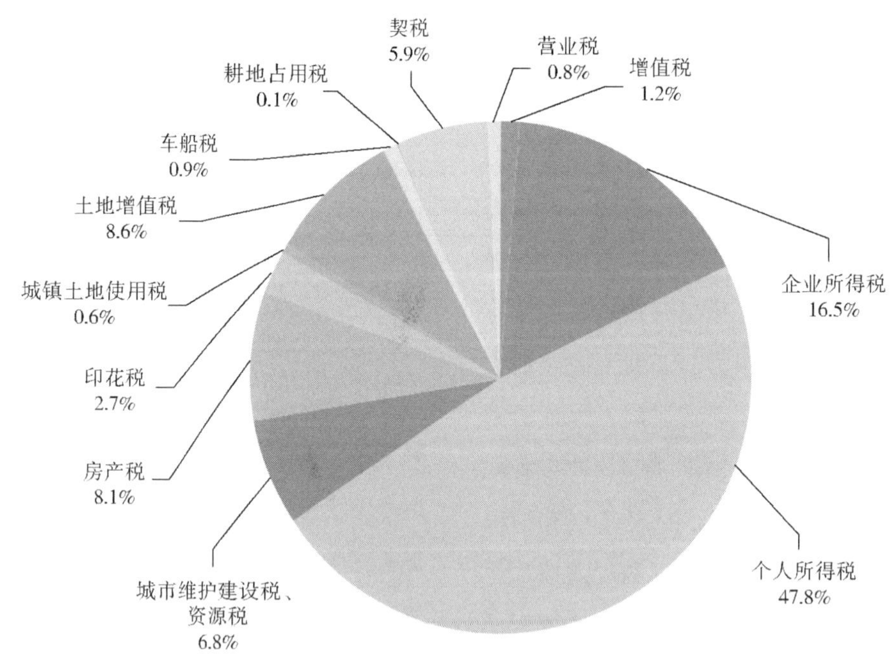

图2 北京地税税收收入分税种结构（2017年）

【组收机制建设】进一步完善组织收入机制，建立《北京市地方税务局税费基金综合分析工作方案（试行）》，健全《北京市地方税务局税收收入应急保障预案》。牵头成立组织收入工作专班，着力加强组织收入工作整体统筹，监控收入进度，抓好重点环节，强化依法征税，各项措施共增收260亿元，带动增长8个百分点，为税收平稳增长提供有力保障。

【收入预测】通过加强税源摸底和监控，筑牢税收预测基础，税收预测准确率不断提高，全年税收预测准确率为98.8%，其中9个月达到99%以上。

【税收分析】进一步拓展税收分析范围，深入开展京津冀、城市副中心建设等区域发展分析，持续开展高精尖、金融业、房地产等产业转型分析，创新开展非首都功能疏解、减税降费、中关村等政策效应分析，对“营改增”后税收收入管理和税收预测等工作也开展了研究。税收分析数量和质量同步提升，持续推进国地税合作，全年完成国地税联合分析120篇，其中区（分）局完成97篇；报送各类专题分析100余篇，其中区（分）局70余篇；报送市政府并被采用信息专报161篇，其中区（分）局55篇。全年共获得蔡奇书记、陈吉宁市长、阴和俊副市长等市委市政府主要领导的批示分析5次，各区（分）局分析报告获得各区党政领导批示60余次，为各级领导提供决策支持。

【会统核算】健全核算工作制度，修订待缴库税款收缴管理办法，规范待缴库税款专户管理。完善会统报表制度，增加北京地税负责征收的各类费、基金等非税收入相关报表，全面反映各项税费核算结果。夯实基础数据管理，针对问题，及时会商、排查，从源头梳理整改，不断提升报表编报质量。全市两级核算部门共编制11061张会统报表，其中区（分）局编制9954张，2017年报表质量获得总局的通报表扬。

【减免税核算】牵头开展减免税申报核查工作，共核实495户企业、758条减免税数据，发现问题数据264条，补缴税款及滞纳金共计32.4万元。加强减免税异常数据核实反馈工作，提升减免税核算数据质量，获总局两次表扬。拓展减免税数据的增值利用，按季度撰写减免税情况分析，并完成2篇专题分析和3篇专报。

【票证管理】开展税收票证和印花税票管理专项检查，市局收入处与督查内审处联合成立检查组，于2016年一季度对全市18个区（分）局、税务所、印花税票销售窗口的印花税票管理情况进行全面检查，针对案例和检查情况提出了进一步加强全市印花税票管理工作建议。

【印花税票上缴】经与税务总局沟通，协调北京邮票厂，确定上缴方案，顺利完成市局库存1913万枚、4.3亿元的印花税票上缴工作，有效降低印花税票保管风险，保证国家税款安全。

【电子缴税】积极落实支付2016年联网商业银行手续费工作，向市财政局报送应支付手续费复核申请，制定支付手续费通知及注意事项，并通过人民银行营管部下发各联网商业银行，按照财务相关规定开展支付工作。共完成手续费项目支出1047.88万元。

【重点税源监控】2017年重点税源监控实行了与国税局同户管理、共用平台、金税三期数据实时导入、分户催报、分税种审核的合作监控模式，顺利完成全市4020户监控企业各期数据的收集、汇总、汇审、上报工作。

【税收调查】2017年共调查企业32917户，占全国税收调查企业的4.7%，调查规模持续位列全国前列。与市国税局联合开展调查工作，共同制定税收调查工作方案，联合开展数据准备，

国税局牵头数据采集，联合开展数据会审，地税局牵头数据分析，2017年撰写完成的分析报告被财政部、税务总局评为优秀等次。

【税收分析培训】6月12日—22日，与首都经济贸易大学联合举办“2017年税收分析团队培训”，50名税收分析团队成员参加培训。此次培训共安排“总局、高校、高管”3个层面的课程，全面推开6个方向的课题研究，通过培训进一步拓展了税收分析团队成员分析思路，更新知识结构，提升分析技能。

【核算业务培训】9月14日—15日，举办“2017年北京市地税系统收入核算业务培训”，全系统收入核算干部近60人参加。培训内容包括：金税三期上线以来工作情况总结、市局减免税分析工作成果、税收会统报表口径、金税三期系统收入核算操作注意事项等。同时还邀请国家税务总局收入规划核算司会计处专业人员就减免税精细核算进行着重讲解。部分区局就金税三期系统应用及会统报表编制进行了经验交流。

【联系基层】共赴10个区（分）局的21个基层税务所进行调研，其中实地走访9次，召开调研会4次，工作蹲点3次，实地辅导培训1次。共收集意见建议16条，其中现场答复解决12条，协调有关部门反馈4条，切实为基层解决实际问题。

（周非平　靳　蕾）

企业所得税管理

【综述】2017年度，全市地税系统共组织企业所得税收入555.86亿元，增加76.09亿元，同比增长15.9%，完成年度计划555亿元100.2%。其中，预缴收入378.84亿元，增加47.82亿元，同比增长14.4%；汇缴收入165.08亿元，增加36.4亿元，同比增长28.3%；缴纳以前年度税款11.92亿元。一是加强组织收入。对以前年度汇算清缴入库金额较大的企业加大监控力度，促其在预缴时足额入库，提高申报率；加强预缴及汇缴管理，对未申报企业开展迟报催缴工作；加强收入预测分析和税源监控，加强重点税源管理，对重点税源企业进行动态监控，确保重点税源数据的准确性和及时性，及时把握收入进度及增减变化情况。二是有效推进政策落实。采取有效措施落实高新技术企业、研发费加计扣除、软件和集成电路企业、创业投资企业、小型微利企业、企业重组改制税收优惠政策，提高政策落实效果。三是加强征收管理。有效开展税收风险管理、强化国地税合作、完善金税三期系统功能，全面提高企业所得税管理水平。四是服务首都发展大局。服务非首都功能疏解，服务北京城市副中心建设，服务冬奥会和北京城市总体规划。五是提高政策服务水平。创新纳税服务方式，多渠道开展政策宣传，多方位开展政策培训，多方面开展调研，提供税收政策服务，提升服务水平。

【税收政策调整】中小企业融资（信用）担保机构有关准备金企业所得税税前扣除政策。5

月10日，北京市财政局、北京市国家税务局、北京市地方税务局联合转发《财政部　税务总局关于中小企业融资（信用）担保机构有关准备金企业所得税税前扣除政策的通知》，规定自2016年1月1日起至2020年12月31日止，符合条件的中小企业融资（信用）担保机构按照不超过当年年末担保责任余额1%的比例计提的担保赔偿准备，允许在企业所得税税前扣除，同时将上年度计提的担保赔偿准备余额转为当期收入。符合条件的中小企业融资（信用）担保机构按照不超过当年担保费收入50%的比例计提的未到期责任准备，允许在企业所得税税前扣除，同时将上年度计提的未到期责任准备余额转为当期收入。

证券行业准备金支出企业所得税税前扣除有关政策。5月15日，北京市财政局、北京市国家税务局、北京市地方税务局联合转发《财政部　税务总局关于证券行业准备金支出企业所得税税前扣除有关政策问题的通知》，规定自2016年1月1日起至2020年12月31日止，证券类准备金和期货类准备金企业所得税税前扣除标准，并规定准备金如发生清算、退还，应按规定补征企业所得税。

科技型中小企业研究开发费用税前加计扣除政策。6月2日，北京市财政局、北京市国家税务局、北京市地方税务局、北京市科学技术委员会联合转发《财政部　税务总局　科技部关于提高科技型中小企业研究开发费用税前加计扣除比例的通知》，规定科技型中小企业开展研发活动中实际发生的研发费用，未形成无形资产计入当期损益的，在按规定据实扣除的基础上，在2017年1月1日—2019年12月31日期间，再按照实际发生额的75%在税前加计扣除；形成无形资产的，在上述期间按照无形资产成本的175%在税前摊销。

创业投资企业和天使投资个人有关税收试点政策。6月6日，北京市财政局、北京市国家税务局、北京市地方税务局联合转发《财政部　国家税务总局关于创业投资企业和天使投资个人有关税收试点政策的通知》，规定公司制创投企业采取股权投资方式直接投资于种子期、初创期科技型企业满2年的，可以按照投资额的70%在股权持有满2年的当年抵扣该公司制创投企业的应纳税所得额；当年不足抵扣的，可以在以后纳税年度结转抵扣。有限合伙制创业投资企业采取股权投资方式直接投资于初创科技型企业满2年的，法人合伙人可以按照对初创科技型企业投资额的70%抵扣法人合伙人从合伙创投企业分得的所得；当年不足抵扣的，可以在以后纳税年度结转抵扣。

扩大小型微利企业所得税优惠政策范围政策。7月21日，北京市财政局、北京市国家税务局、北京市地方税务局联合转发《财政部　税务总局关于扩大小型微利企业所得税优惠政策范围的通知》，规定自2017年1月1日—2019年12月31日，将小型微利企业的年应纳税所得额上限由30万元提高至50万元，对年应纳税所得额低于50万元（含50万元）的小型微利企业，其所得减按50%计入应纳税所得额，按20%的税率缴纳企业所得税。

广告费和业务宣传费支出税前扣除政策。7月21日，北京市财政局、北京市国家税务局、北京市地方税务局联合转发《财政部　税务总局关于广告费和业务宣传费支出税前扣除政策的通知》，规定自2016年1月1日起至2020年12月31日止，对化妆品制造或销售、医药制造和饮料制造（不含酒类制造）企业发生的广告费和业务宣传费支出，不超过当年销售（营业）收入30%的部分，准予扣除；超过部分，准予在以后纳税年度结转扣除。烟草企业的烟草广告费和业务宣传费支出，一律不得在计算应纳税所得额时扣除。

北京2022年冬奥会和冬残奥会税收政策。8月16日，北京市财政局、北京市国家税务局、北京市地方税务局、北京海关联合转发《财政部　税务总局　海关总署关于北京2022年冬奥会和冬残奥会税收政策的通知》，规定对北京冬奥组委收入、国际奥委会取得的与北京2022年冬奥会有关的收入等免征企业所得税。对企业、社会组织和团体赞助、捐赠北京2022年冬奥会、冬残奥会、测试赛的资金、物资、服务支出，在计算企业应纳税所得额时予以全额扣除。

全民所有制企业公司制改制企业所得税处理政策。9月22日，国家税务总局发布了《关于全民所有制企业公司制改制企业所得税处理问题的公告》，规定了全民所有制企业改制为国有独资公司或者国有全资子公司，属于财税〔2009〕59号文件第四条规定的“企业发生其他法律形式简单改变”的，可依照以下规定进行企业所得税处理：改制中资产评估增值不计入应纳税所得额；资产的计税基础按其原有计税基础确定；资产增值部分的折旧或者摊销不得在税前扣除。

【企业所得税管理】一是充分利用汇算清缴数据，积极开展各类风险数据的比对、推送及开展约谈工作，2017年共计推送疑点数据1485条，纠正错误申报企业124户，涉及减免税额5625万元，调整165户企业系统错误登记信息，发现违规享受优惠政策企业10户，调增应纳税所得额4442.60万元，补缴税款及滞纳金58.53万元，同时利用市住建委房地产企业竣工备案信息对某房地产企业进行约谈，查补企业所得税约1.04亿元。二是为弥补金税三期系统上线后系统功能的不足，重新开发并启用企业所得税综合查询系统，解决了金税三期上线后无法查询明细数据的问题。三是修改完善网上办税厅和电子税务局的网上申报功能，实现自动计算表间关系和表内关系、自动提示填报口径和潜在风险、自动读入基础信息和台账信息等功能，辅助纳税人理解政策，便捷操作。

【企业所得税收入及特点】一是房地产、租赁商务服务、科学研究技术服务三大行业并驾齐驱，稳定增长。2017年，房地产业企业所得税收入227.8亿元，比上年增收34.14亿元，增长17.63%，收入占比40.98%；租赁和商务服务业企业所得税收入81.62亿元，增收8.94亿元，增长12.3%，收入占比14.68%；科学研究和技术服务业企业所得税收入41.06亿元，增收2.03亿元，增长5.2%，收入占比7.39%。二是首都产业结构继续升级，企业所得税收入结构逐渐分化。近年来，北京市政府积极调整疏解非首都功能，构建高精尖经济结构，着力统筹促改革、调结构等各项工作。由于政府的相关政策倾斜，企业所得税分行业情况也逐渐发生了变化。如科学研究和技术服务业在企业所得税收入占比逐年提高；工业收入占比逐年下降，2016年占比6.8%，2017年占比下降到5.54%，位居第7。三是预缴收入占比保持稳定。2017年企业所得税预缴收入378.84亿元；汇算清缴入库165.08亿元，预缴收入占比（剔除缴纳以前年度欠税）69.6%，近年预缴率一直稳定在70%左右。

【小微企业政策效益分析】一是做好政策宣传。充分利用网站、电台、电视、报刊、微博、微信等各种平台解读小微企业所得税优惠政策，扩大政策宣传普及面，2017年累计发布小微企业所得税优惠宣传新闻稿件8篇。二是完善纳税服务。在办税服务厅增设“小微企业优惠政策落实咨询服务岗”标识牌，缩短小微企业现场咨询办理时限，设置12366办税服务专线解答小微企业所得税优惠政策内容及申报流程，提升精准化落实税收优惠服务水平。三是简化备案手续。实现小型微利企业所得税年度纳税申报自动适用优惠税率计算税款，解决“多头跑”和“重复报”问题。四是开展督导检查。将落实小微企业所得税优惠政策作为每年督察重点工作，重点检查变相行政审批和税务人员违规干预纳税人享受优惠政策等事项。2017年，北京地税管辖企业享受小微企业所得税优惠政策的户数为6.64万户，实际减免税额4.92亿元，较上年同期增加2.19亿元，增长80.17%。从政策实施情况看，国家出台小微企业所得税优惠新政取得明显效果，有效缓解了中小企业创业初期的融资困难，降低资金链运行风险，为企业做大做强奠定了基础。

【社会保险费征收筹备】一是开展数据测算比对，摸清费源。在学习研究政策法规的基础上，开展税收数据和社会保险费数据测算比对工作。从企业参保户数、参保人数和社会保险费应收入数三个维度进行测算，与北京市人力资源和社会保障局公布的数据进行比对，测算数据显示目前北京市社会保险费征收工作仍有上升空间。二是全力配合社会保险费征收体制评估工作，获得肯定。按照国家税务总局的有关要求，成立主要领导任组长的工作小组，制定了配合评估工作方案。主动邀请社科院、人民大学、清华大学等专家组进行交流座谈，工作情况获得三个专家组的充分肯定以及总局王军局长、汪康副局长、刘丽坚总审计师的表扬。三是提出职责划分意见。根据北京市社会保险费缴费基数核定有关规定和现有业务流程，结合外省市地税部门征收社会保险费的先进工作经验，在尽量不改变参保人已有缴费习惯的前提下，发挥税务部门的征管优势，充分掌握社会保险费征收的主动性，提出与人社部门等的职责划分初步建议。四是汇报、反馈筹备工作进展，争取支持。4月，通过专题报告的形式向市委、市政府督查室反馈我局征收社会保险费筹备工作推进情况；5月，从征收筹备情况、存在的问题和有关工作建议等方面向全国人大财经委副主任郝如玉一行进行汇报，并按照要求对北京市社会保险费可降费率空间进行了测算；11月，参加国家税务总局召开的税务系统社会保险费征管研讨会，汇报北京市地税局筹备工作进展情况。五是开展社会保险费征收系统的研究和需求编写工作。邀请开发公司工程师讲解金税三期社会保险费子系统主要功能和在河南省上线社会保险费征收系统过程中存在的主要问题；赴部分企业实地调研交流，了解北京市社会保险网上服务平台业务流程、登记和征缴类表单、平台使用过程中存在的问题；赴浙江、广东、河南、陕西省地税部门考察社会保险费征收系统建设情况，结合金税三期系统应用存在的问题提出北京市地税局社会保险费征收系统建设的框架、实现的主要功能；按照提出的职责划分意见和系统建设框架，组织编写社会保险费征收系统业务需求初稿。六是组织社会保险费业务学习和培训。收集、整理社会保险费业务相关的文件，印制政策文件汇编；学习各险种的具体政策并梳理征收各环节的法律规定，明晰征收部门的职权；7月、11月在系统内组织两次为期一周的业务培训班，通过培训使税务干部了解、掌握社会保险费相关业务知识，为下一步征收工作的顺利开展，做好专业人才的培养和储备。

（涂　珍　李　斌　王旭刚
单梓恒　曹艳娟）

个人所得税管理

【综述】2017年，个人所得税管理部门在市局党组和机关党委的正确领导下，深入贯彻落实党的十八大、十九大以及习近平总书记系列重要讲话精神，紧密围绕深化个人所得税征管改革的中心任务，坚持改革创新，开放合作，积极落实税收政策，有效发挥税收职能作用，切实加强征收管理水平，持续优化纳税服务，扎实推进个人所得税各项工作，实现个人所得税收入平稳持续增长，圆满完成全年各项工作任务。

【税收政策调整】2017年，北京市地税局贯彻落实商业健康保险政策、创业投资企业和天使投资个人有关税收试点政策等国务院6项减税政策，编写成宣传手册，会同市国税局、市金融局、中关村创投协会、证券投资基金业协会、中国基金协会、市文资委为基金管理人、天使投资个人、创投企业开展政策辅导，利用微信等渠道加强政策宣传，着力打通政策落实“最先一公里”和“最后一公里”，引导纳税人用好用足税收优惠政策。

【个人所得税管理】2017年，个人所得税管理工作取得新成效。一是制定《北京市地方税务局关于修改个人所得税完税证明信息有关事项的通告》《个人所得税完税凭证用纸管理办法》和《个人所得税完税证明自助开具功能改造工作方案》，进一步规范自然人完税证明业务管理，有效维护了纳税人合法权益。二是进一步规范完善股权转让业务办理，与工商部门开展股权转让信息共享合作，开展股权转让限时办理试点、上线股权转让系统。三是推进区级党政机关财政统扣工作，制定区级财政统扣工作方案，向市政府请示并获批准，与市财政局就工作要求、职责分工、实施进度等具体事项达成一致，计划在部分区局启动试点工作。四是针对小额申报、减免税、退税、股权转让等重点事项开展专项核查，对重点行业和企业开展约谈，全年共查补税款2亿元。五是贯彻落实“人才兴税”战略，选拔43名优秀干部筹建个人所得税业务团队，扎实推进个人所得税人才队伍建设。

【个人所得税收入及特点】2017年，北京市累计组织个人所得税收入1608亿元，比上年增收179.8亿元，增长12.6%，占北京市地税系统各项税费收入3683.2亿元的43.7%，在各税种收入中位列第一。个人所得税收入在全国居第二位，占全国总收入的13.5%。从税目分布看，工资薪金所得实现税款1318.3亿元，占个人所得税总收入的82%，比上年增收208.6亿元，增长18.8%；财产转让所得实现税款128亿元，减少52.7亿元，下降29.2%。从行业分布看，全市个人所得税收入缴税额前三名的行业为金融业、租赁和商业服务业、科学研究和技术服务业，共缴纳税款733亿元，占比为43.8%，其中金融业缴纳税款247亿元，占比为15.4%，居各行业之首。

【所得税优惠政策效益分析】全市共有506

家企业涉及8794人享受商业健康险税收优惠政策，“工资薪金所得项目”税前扣除共962.39万元。全市共有38家上市公司办理股权激励个人所得税递延纳税备案，涉及人数3221人，享受优惠政策的税额7.96亿元；全市共有2家非上市公司办理股权激励个人所得税优惠备案，涉及5人；全市共有13家企业办理技术成果投资入股个人所得税递延纳税备案，涉及34人。截至2017年底，全市共有453人办理非货币性资产投资个人所得税分期缴税备案，分期缴税金额55.46亿元。

【开展重点调研】 在个人所得税重点领域积极开展调研。一是积极参与国家税务总局个人所得税信息化建设集中调研，修改个人所得税报表。二是与研究室共同完成《建立自然人个人所得税税收征管体系研究》调研文集，其中课题子报告《关于建立自然人纳税人识别号制度研究》在国家税务总局所得税工作动态2017年第8期专刊发表。三是完成《个人所得税支持创新创业税收优惠政策效果评估》调研报告，全面了解支持创新创业个人所得税政策实施及享受情况。四是参与法学会的股权转让个人所得税调研课题。

（石剑虹　季　芳）

城镇土地使用税、房产税、契税、土地增值税、车船税、印花税、耕地占用税、资源税、城市维护建设税管理

【综述】 2017年，市地税局围绕税收现代化建设、税收征管改革和“放管服”改革，加强税种管理，完善征管措施，推进信息管税，深入调查研究，加强队伍建设，较好地完成了各项工作任务。主要完成以下工作：加强税源监控，进一步摸清房产税、城镇土地使用税等税源底数和税源结构，为加强财行税精细化管理和地方税制改革提供了高质量的数据支撑；加强部门协作，深化信息共享和协税护税，有效促进了税源分析、存量房税收征管和服务、“以地控税”等方面工作，征管质效明显提高；加强数据利用，夯实风险管理，实现各税种堵漏增收3亿元；优化办税服务，全面推开个人存量房网络预审制度，为纳税人通过互联网提交资料、预约办税提供便利条件，将纳税人现场等待时间缩短2/3以上；做好环境保护税开征和水资源税试点改革各项准备工作；深入开展契税、房产税、城镇土地使用税、土地增值税等政策调研。

【财产行为税税收收入】 2017年，全系统财行税干部积极落实组织收入各项措施，加强税源税基管理，完善征管薄弱环节，堵漏增收，确保税收收入稳定增长。全年累计完成“九税”收

入1131.17亿元，比上年增收146.24亿元，增长14.8%，占全局一般公共预算收入2278亿元的比重达49.7%。

表1 北京市“九税”收入完成情况（2017年） 单位：万元

税 种	本期收入	比上年同期累计		占“九税”比重（%）
		增减额	增减（%）	
资源税	10812	3340	44.7	0.1
城市维护建设税	2268513	59538	2.7	20.1
房产税	2731072	748861	37.8	24.1
印花税	899990	94788	11.8	8.0
城镇土地使用税	199185	7367	3.8	1.8
土地增值税	2889857	1116406	63.0	25.5
车船税	310418	6658	2.2	2.7
耕地占用税	27197	-6240	-18.7	0.2
契税	1974634	-568272	-22.3	17.5
合 计	11311678	1462446	14.8	100

【财产行为税税收特点】2017年，受全市房地产市场宏观调控政策实施并持续收紧、耕地保护政策力度不断加大等因素的影响，契税、耕地占用税收入同比均下降，契税同比减收56.8亿元，下降22.3%，耕地占用税同比减收6240万元，下降18.7%。由于狠抓税源管理、强化征管措施等因素，资源税、城市维护建设税、土地增值税、房产税、城镇土地使用税、印花税、车船税等7个税种增长，合计增收203.7亿元，为全年“九税”收入增长提供了有力保障。

【税收政策调整】北京市财政局、北京市地方税务局转发《财政部 国家税务总局关于大型客机和大型客机发动机整机设计制造企业房产税城镇土地使用税政策的通知》，对在中国境内从事大型客机、大型客机发动机整机设计制造的企业及其全资子公司自用的科研、生产、办公房产及土地，免征房产税、城镇土地使用税，自2015年1月1日起至2018年12月31日止执行。北京市财政局、北京市国家税务局、北京市地方税务局转发《财政部 国家税务总局关于集成电路企业增值税期末留抵退税有关城市维护建设税教育费附加和地方教育附加政策的通知》，对集成电路企业增值税期末留抵退税事项涉及的城市维护建设税政策进行明确，自2017年2月24日起执行。北京市财政局、北京市地方税务局转发《财政部 税务总局关于继续实施物流企业大宗商品仓储设施用地城镇土地使用税优惠政策的通知》，对物流企业大宗商品仓储设施用地继续予以城镇土地使用税优惠政策，自2017年1月1日起至2019年12月31日止执行。北京市财政局、北京市地方税务局转发《财政部 税务总局关于承租集体土地城镇土地使用税有关政策的通知》，明确承租集体所有建设用地的城镇土地使用税纳税人。北京市财政局、北京市地方税务局转发《财政部 税务总局关于支持农村集体产权制度改革有关税收政策的通知》，明确相关契税、印花税政策，自2017年1月1日起执行。北京市财政局、北京市国家税务局、北京市地方税务局、北京海关转发《财政部　税务总局　海关总署关于北京2022年冬奥会和冬残奥会税收政策的通知》，明确相关土地增值税、耕地占用税、印花税、资源税政策，支持发展奥林匹克运动，确保北京2022年冬奥会和冬残奥会顺利举办。北京市财政局、北京市国家税务局、北京市地方税务局转发《财政部　税务总局关于支持小微企业融资有关税收政策的通知》，明确了自2018年1月1日—2020年12月31日，对金融机构与小型企业、微型企业签订的借款合同免征印花税。《财政部　国家税务总局　水利部关于印发〈扩大水资源税改革试点实施办法〉的通知》规定，2017年12月1日起在北京等9个试点省市开征水资源税。《中华人民共和国环境保护税法》和《中华人民共和国环境保护税法实施条例》自2018年1月1日起施行。

【城镇土地使用税管理】加强与市规划国土委的协作配合，进一步深化“以地控税”试点工作，制定实施方案，推进土地信息共享。利用市规划国土委宗地信息与金税三期税源信息进行关联比对，筛查疑点数据，组织区局采取实地核查、转交税务稽查等措施，进一步堵漏征收。2017年共补征城镇土地使用税748万元，同时补征房产税等税种4444万元。对经核查发现纳税人存在未批先占、擅自改变土地用途等违法用地信息的，及时反馈市规划国土委，由市规划国土委跟进后续管理。

【房产税管理】一是深化税种专项税源分析，利用金税三期数据和规划国土部门、房地产评估机构信息，开展数据比对和税源清查，基本摸清了全市房产税、城镇土地使用税税源情况，着重剖析一级土地税源构成，为组织收入和服务科学决策提供了有力支持，为房地产税改革奠定征管基础，保障财政收入持续稳定增长。二是夯实税收风险管理，做好征管系统数据资源比对分析，堵塞税收征管漏洞。通过筛选纳税人购房已纳契税但未纳房产税，以及房产税从租计征入库数比上一申报期减少的疑点信息，跟进核查、催缴，2017年共查补房产税9775万元。

【契税管理】一是定期开展不动产登记数据与契税数据比对、金税三期数据与特色软件数据比对等工作，及时排查疑点业务，防范涉税风险。严格落实“购买家庭唯一住房”契税优惠政策，办理减免业务26万笔，减免契税81.8亿元。办理企业重组改制契税减免业务417笔，减免契税5.96亿元。二是履行房地产一体化工作牵头部门职责，做好各项组织协调工作。对区（分）局报送需市局集体讨论决定的事项召开房地产一体化领导小组会议2次，涉及综合性税政问题8个，解决了基层税务机关在日常征管和执法中的难点问题，实现了对基层机关的有效指导和服务。

【土地增值税管理】一是加强土地增值税预征和清算管理，发挥税收导向作用，促进房地产市场健康发展。全年累计预征土地增值税95.1亿元；完成房地产开发项目清算103个，清算入库税款166.1亿元，比上年同期增加133.4亿元。其中，朝阳局对涉及历史遗留问题的“奥运村”项目开展核定征收工作，是本市首个通过引入第三方服务机构并实施稽查程序进行土地增值税清算核定成功的案例，清算税款12.9亿元。二是认真配合开展土地增值税执法督察、涉税证明开具情况专项检查，督促区局后续整改。配合清理税收规范性文件，提高依法行政水平。三是强化数据利用，开展核查比对。结合征管特点，根据金税三期申报数据、各区局房地产项目管理台账以及市住房城乡建设委数据等，对全市房地产开发项目土地增值税税源情况开展摸底调查，为后续采取针对性管理措施、推进土地增值税征管工作打好基础。四是落实税务总局上下联动工作要求，围绕“营改增”后地税征管新形势，研提增值税发票开具系统优化需求方案，为后续强化土地增值税征管提供支撑。同时，协调市国税局共享房地产项目增值税预缴申报数据 3500 余条，与土地增值税预缴申报信息进行比对。针对“增值税开票信息与土地增值税入库信息不匹配”等疑点数据，组织区局开展核查，补缴税款及滞纳金 2838 万元。

【车船税管理】一是严格贯彻落实场内车船税复征政策，多次开展实地调研，逐一摸清全市主要机场、铁路站场内部车辆税源信息，制定以自行申报为主，税源比对为辅的场内车船税复征方案，建立内部车辆监督管理制度，并与质监局等行业监管部门协作研究建立数据共享机制，补齐征管短板。二是优化车船税代收代缴征管模式。通过地税系统内部管理职能调整的方式，理清工作流程，将保险机构代收代缴车船税日常管理工作移交至相应主管税务机关，规范对保险机构的监督管理。三是实现车船税退税全市通办。针对过去车船税只能由征收机关退还的问题，在税务总局的协调指导下，通过调整系统配置的方式实现了车船税退税的全市通办，为纳税人解决了退税时间长、效率低的问题，增进了纳税人的获得感。

【印花税管理】北京市地税局继续推进印花税风险管理和源泉管控。一是部署各区局建立符合区域特色的印花税风险指标体系，取得初步成效，全市开展风控工作补征印花税 1.2 亿元。其中：西城局对银行委托贷款和同业拆借业务检查补税 9000 万元；朝阳局、海淀局对医疗行业采购业务开展专项检查，补征印花税 737 万元；昌平局对企业资金账簿检查补税 520 万元；通州局根据商业零售、金融保险等行业的业务流程制定了相应的印花税行业管理规程，提高了管理的专业化水平；此外，密云局、房山局、平谷局对建筑、房地产行业，以及怀柔局对事业单位开展的风控工作都取得了良好效果，为构建以风险为导向的征管模式积累了经验。二是推进企业产权交易领域的印花税源泉管控。北京市地税局已与北京产权交易所签订委托代征协议，自 2018 年 1 月 1 日起对北京市属企业在产权交易所进行的产权交易实施印花税代征。三是积极配合印花税立法准备工作，为税务总局组织的立法调研建言献策。四是夯实税法宣传工作，编写《印花税基础知识辅导手册》印发纳税人，促进纳税遵从。

【耕地占用税管理】针对耕地占用税征管薄弱环节，就税源信息收集、用地批复管理、与规划国土部门沟通协作方面，对区局进一步提出工作要求，提高征管质效。

【资源税管理】自 2016 年 7 月 1 日起，全市铁矿、石灰石、大理岩、叶蜡石、石英岩和矿泉水资源税均由从量计征调整为从价计征，其资源税适用税率分别为：铁矿 3.5%，石灰石 5%，大理岩 5%，叶蜡石 3%，石英岩 8.5%，矿泉水 4%。其中，铁矿的征税对象为精矿，其余税目的征税对象为原矿。地下热水继续从量计征，其中：一般用途地下热水资源税 8.5 元/立方米，特殊行业地下热水资源税 30 元/立方米。2017 年继续推动资源税改革，通过网站、窗口、培训等多种方式进行政策宣传，贯彻落实文件精神，各主管税务机关对所辖涉及资源税的企业逐户通知，实地核查，保证资源税从量计征调整为从价计征政策顺利执行。2017 年，全市资源税共组织收入 10899 万元，比上年增加 3427 万元，增长46%。在水资源试点改革方面，北京市地税局前期多次参加税务总局工作部署会，积极参与水资源税试点改革前期准备工作。按照《财政部 国家税务总局 水利部关于印发〈扩大水资源税改革试点实施办法〉的通知》精神，2017年12月1日起在北京等九个试点省市开征水资源税。自实施水资源税试点改革以来，北京市地税局高度重视，认真贯彻执行财税〔2017〕80号、京政发〔2017〕36号文件精神，根据税务总局的工作部署，迅速落实，扎实推进。成立水资源税改革试点工作专班，制定了时间表、任务书、作战图，明确责任，倒排工期，采取多项工作措施，确保改革试点工作平稳推进。

【城市维护建设税管理】一是继续深化国地税合作，做好城市维护建设税委托代征工作，实现源头控管，提高征管质效。二是贯彻落实《财政部 国家税务总局关于集成电路企业增值税期末留抵退税有关城市维护建设税、教育费附加和地方教育附加政策的通知》等税收政策文件，加强政策宣传和纳税辅导，确保将相关政策落实到位。三是研究提出完善城市维护建设税制的建议，起草《城市维护建设税实施细则》修订建议，并提交市法制办作为2018年政府规章立法项目。四是对642户代开发票城市维护建设税征收情况进行核查，共补缴税款105.16万元。

【环境保护税管理】为做好环境保护税开征准备，北京市地税局多措并举，积极作为：一是完善机构设置，细化工作方案。市区两级制定《贯彻落实环境保护税法工作方案》，成立由主要局领导任组长的环保税改革工作领导小组。市局整合机构人员编制，将原营业税处更名为税收管理三处，专门负责环保税等地方税种的征管工作。二是广泛调查研究，摸清税源底数。局领导多次带队到市环保局协商，走访燕山石化、现代汽车等重点企业，与化工大学环保教授、专家多次座谈，研讨应税污染物的确定等问题。经多轮摸底调查和信息比对，建立纳税人清册，摸清税源底数。三是加强知识储备，深化培训辅导。举办全系统参加的4期环保税系列专题讲座，邀请环保专家和知名学者讲解背景知识，详细解读环境保护税法。此外，在内网设立“环保税专区”，及时公布最新政策和培训资料，供全系统干部学习。四是创新宣传形式，加大普法力度。利用多种方式进行宣传，在燕山举办环保税开征倒计时100天活动；主管局长现场说法，在北京电视台录制两期访谈节目；将北京园博园作为北京市首家环保税宣传教育基地，定期开展宣传活动。五是建立共享平台，做好系统开发。在总局和环保部指导下，市局和市环保局联合开展信息共享准备工作，筹备平台建设。与信息部门、开发公司密切配合，全力以赴做好网报系统、信息采集系统的开发工作。

【存量房交易税收征管】一是贯彻“放管服”理念，全面优化个人存量房交易税收征管服务措施。全面推广网络预审系统，修订完善《个人存量房交易业务征收工作规范》，实现“网上预审、随机分配、信息共享、同城通办”，全年通过“网络预审”模式办理个人存量房业务7.6万笔。二是积极配合本市“3·17”房地产宏观调控系列新政实施，与市住房城乡建设委、市规划国土委等部门密切配合，集体约谈部分违规经纪机构涉税问题，发挥税务震慑作用，维护房地产市场秩序。三是配合市住房城乡建设委加强自住型商品房、共有产权住房政策研究，做好税负测算，研提政策意见，服务领导决策，确保政策落地实施。四是密切关注“3·17新政”以来调控政策对契税税源的影响，每月撰写市场动态监控信息及《北京市存量房交易征管情况月报》，同时就个人存量房交易撰写《税负分析报告》，为领导决策提供参考；建立土地出（转）让税源摸底台账统计制度，对税源进行有效管控。五是推进第三方信息共享应用，提升信息管税水平。在市局存量房交易特色软件已共享市住房城乡建设委网签信息功能的基础上，进一步实现了金税三期系统共享网签信息，免去窗口人员手工采集纳税人身份、房屋交易等信息的环节，提高征管质效。

【政策研究】一是落实财政部和国家税务总局部署，参与开展契税立法、土地增值税暂行条例执行情况、企业改制重组涉及契税、土地增值税优惠政策执行情况、科技创新、体育场馆涉及房产税、城镇土地使用税优惠政策等调查研究工作，提出意见建议，服务上级决策和地方税制改革。二是开展房产税政策调整效应调研。对2016年7月1日起房产税政策调整前后的全市税源情况及分区分行业税收变化情况、企业执行情况等进行专题调研，同时针对11家商业地产项目房产税政策调整前后情况开展政策效应分析，完成了北京市房产税政策调整执行效应情况、北京市大型商业地产项目房产税相关情况两项调研报告。三是按照税务总局工作要求，会同市体育局对全市体育场馆房产税、城镇土地使用税优惠政策执行情况进行调研。工作中，在对体育场馆登记信息与金税三期相关信息数据进行匹配归集、分析的基础上，广泛听取体育局、一线税务干部和纳税人意见，形成调研报告。四是研究京津冀土地级次差异及城市副中心土地级次调整工作。加强与河北地税局、天津地税局的沟通配合，对京津冀三地城镇土地使用税税额标准差异情况进行调研，并向税务局总局提出工作建议。研究调整通州区城市副中心土地级次，经过充分沟通、深入调研，提出了以城市副中心三个功能区为核心区域调整及按照区域规划逐年调整的工作方案，服务上级决策。五是开展企业改制重组中契税、土地增值税政策效应分析，总结归集基层执法中常见问题，提出意见建议，并将意见报税务总局参考。

（杨　頔　高　红）

非税收入管理

【综述】2017年，重点推进残疾人就业保障金优惠政策落实及相关非税收入接收工作，较好地完成了各项工作任务。非税收入管理处主要负责残疾人就业保障金（以下简称残保金）、外商投资企业土地使用费、教育费附加及地方教育附加4项非税收入的征管工作。工会经费管理处主要负责工会经费以及无线电频率占用费、防空地下室易地建设费、彩票公益金、彩票业务费及国家电影事业发展专项资金5项新接收非税收入项目的代收管理工作。

【非税收入政策调整】根据财政部印发的《关于取消、调整部分政府性基金有关政策的通知》要求，北京市财政局、北京市地方税务局、北京市残疾人联合会修订了《北京市残疾人就业保障金征收使用管理办法》。一是征缴时间由每年可分两次申报缴纳调整为每年一次；二是扩大了小微企业残保金免征范围，由在职职工总数在20人以下（含20人）的小微企业调整为在职职工总数在30人以下（含30人）的小微企业；三是设置了残保金征收标准上限，用人单位在职职工年平均工资超过上年北京市社会平均工资3倍的，按上年北京市社会平均工资3倍计算残保金。按照中央和北京市部署，认真贯彻落实征管体制改革举措，取得显著成效。在理顺征管职责方面，2017年底前，已顺利完成对无线电频率占用费、防空地下室易地建设费、彩票公益金、彩票业务费、国家电影事业发展专项资金5项非税收入接收工作。北京市财政局、北京市发展和改革委员会、北京市无线电管理局、北京市地方税务局联合发布《关于地方税务部门代收无线电频率占用费相关工作的通知》，明确由市地税局自2017年2月1日起负责全市无线电频率占用费代收工作。北京市财政局、北京市发展和改革委员会、北京市民防局、北京市地方税务局联合发布《关于地方税务部门代收防空地下室易地建设费相关工作的通知》，明确自2017年5月1日起，由地方税务部门逐步代收全市防空地下室易地建设费，至9月1日市、区两级接收工作已全部完成。北京市财政局、北京市体育局、北京市地方税务局联合发布《关于地方税务部门代收体育彩票公益金和体育彩票业务费相关工作的通知》以及北京市财政局、北京市民政局、北京市地方税务局联合发布《关于地方税务部门代收福利彩票公益金和福利彩票业务费相关工作的通知》，明确北京市福利彩票发行中心和北京市体育彩票管理中心按规定应缴入市级国库的彩票公益金和彩票业务费由市地税局自2017年9月1日起负责全市代收工作。北京市财政局、北京市新闻出版广电局、北京市地方税务局联合发布《关于地方税务部门代收国家电影事业发展专项资金的通知》，明确由市地税局自2017年10月1日起负责全市国家电影事业发展专项资金代收工作。

【非税收入规模】2017年，北京市地方税务局组织教育费附加等10项非税收入共计318.2亿元，比上年减少5.8亿元，下降1.8%。征收教育费附加收入104.9亿元，增收3.9亿元，增长3.8%；地方教育附加收入69.9亿元，增收2.6亿元，增长3.8%；外商投资企业土地使用费收入8100万元，减少1657万元，下降17%，费源持续萎缩；残疾人就业保障金收入74.2亿元，减少26.4亿元，下降26.3%，充分发挥了优惠政策减税降费效应。代收工会经费收入59.7亿元，完成年初代收任务59亿元的101%，比上年增收5.8亿元，增长10.8%。2017年共新接收5项非税收入：代收无线电频率占用费695.4万元、防空地下室易地建设费8484.2万元、彩票公益金5.5亿元、彩票业务费1.7亿元，累计代收国家电影事业发展专项资金3546.1万元。

【教育费附加、地方教育附加管理】一是继续做好政策研究。针对基层反映的政策执行问题，包括小微企业免征教育费附加、地方教育附加政策、国务院发布涉企收费“一张网”目录清单、集成电路企业的附加税费问题等，积极与市财政局等沟通，并及时请示上级，明确口径便于实际执行。二是优化完善系统操作功能。研究完善教育费附加、地方教育附加委托代征和我局征收系统的减免税申报功能和系统校验功能，解决实际操作问题。三是积极开展数据比对分析。查询多种口径数据、历年明细数据等，认真做好教育费附加、地方教育附加的费源和收入比对分析。充分利用国税共享数据，做好“营改增”

后教育费附加、地方教育附加应收情况分析。主要是从国税共享数据中获取国税征收的增值税、消费税、营业税、教育费附加、地方教育附加及出口免抵税额等总体收入情况，测算教育费附加、地方教育附加应征情况，同时在国税征收明细数据中分户抽样测算重点费源征收情况，提高教育费附加、地方教育附加征管质效。四是积极配合市局税收管理三处按总局要求做好代开发票附加税费核查调研工作。

【残疾人就业保障金管理】妥善应对政策变化，及时跟进，上下协调，认真开展数据测算，追踪政策执行情况，加强部门沟通和调研反馈，确保新政策在全市顺利贯彻，做好残保金征管工作。一是持续开展宣传调研，确保政策应知尽知。在地税网站和官方微信发布新政策系列解读，利用“映客直播”平台举办残保金宣传活动，开展处级干部听民意解民忧热线活动专题解答缴费人咨询，适时组织对用人单位的政策培训，参训人员达万余人。针对部分用人单位反映残保金负担较重等问题，组织座谈交流并开展抽样调查，积极向上级部门反映用人单位诉求并研提政策建议。撰写《关于加快调整我市残保金优惠政策的建议》得到蔡奇书记、陈吉宁市长的批示。从社会反响看，用人单位普遍对残保金征收工作表示理解和支持，未出现负面舆情。二是及时完善申报系统，确保优惠应享尽享。修改互联网地税局纳税人客户端，实现系统自动判定用人单位在职职工年平均工资上限功能；调整小微企业免征政策判定条件，提高申报准确率；在纳税人客户端设置减免政策等提示。2017 年全市残保金享受减免共计 23.3 万户，较上年增加 14.6 万户；减免总额 16.1 亿元，增加 14.9 亿元。三是大力推进部门协作，确保安置应减尽减。与市残联、市财政局密切配合，及时通报情况，解决问题。考虑到部分已安置残疾人的用人单位因非主观原因错过审核期的实际情况，协调市残联增加 5 天集中补审期。针对 2017 年全市安置就业的外地户籍残疾人数超上年 1.24 倍，市残联无法在征期内完成全部审核工作的特殊情况，决定于 2018 年 1 月 1 日—5 日增开网上申报期，明确在此期间申报的用人单位视为 2017 年申报，便于纳税人做相应会计处理。四是全面开展上年度残保金催报催缴和比对核查。部署各局通过电话、微信、邮寄、信息系统等多种渠道对未申报缴费单位进行催报催缴，通过纳税人客户端，对未申报残保金的用人单位进行自动提示，确保催报催缴全覆盖。探索税费联动，首次将用人单位申报缴纳残保金情况与个人所得税数据进行比对核查，对个人所得税工资薪金所得项目入库前 1000 名的用人单位进行核查。经催报催缴，全市共有 4.1 万户进行了补申报，共补缴残保金 6.3 亿元。

【外商投资企业土地使用费管理】一是多渠道建议停征收费。由于政策出台较早、多个征收部门交接、费源基础数据来源匮乏等，该费征管中存在较突出问题，2017 年初以来，在市局按照市财政局等部门要求多次开展的清理和检查涉企收费工作中，都曾建议暂停征收该费，力争引起相关部门重视和支持。9 月初按照国务院针对各省市征收该费的调研要求，向市政府上报全市征收情况，11 月再次向国家商务部提供相关资料，建议尽快启动停征程序。二是继续做好日常征管工作。调取历年征收数据，对费源变化、收入构成、应缴未缴、税费重复征收等情况进行重点分析。召开部分区局座谈会，交流反馈实际征管问题，创新工作思路。为做好 2017 年度征费工作，在征期内下发通知提示各局积极做好征收及收入监控等各项工作。征期后做好费源和收入情况分析工作。

【工会经费代收管理】积极组织开展工会经费代收工作，圆满完成2017年度代收收入任务；研究提出完善工会经费代收系统功能和统计报表的业务需求；修订完成代收工作管理办法和工作流程；开展专题调研，在全面分析欠费常见的形态、特点和成因后，有针对性地提出解决问题的相关措施和建议，为加强欠费单位管理提供依据；探索将工会经费欠费单位信息纳入市工商局企业信用信息管理，为下一步完善工会经费及其他非税收入后续管理提供了全新的思路。

【新接收非税收入代收管理】2017年，工会经费管理处全力落实征管体制改革任务，平稳顺利接收各项非税收入，逐步开创具有北京地方特色的非税收入征收模式，完善地方税费管理体系建设，为首都经济社会发展提供充足的财力保障。一是积极沟通、加强合作，非税收入接收成果显著。为确保代收工作的顺利进行，市地税局与相关委办局紧密对接，全面细致地做好业务培训、票据分发、系统调试等各项代收准备工作。先后与各单位召开协调会议18次，业务培训7次，梳理代收文件依据55个，签订委托代收协议3份，交换文件修改意见10余次，制发改革文件16个，获得省部级以上新闻报道改革成果4次。二是认真履职、税费同管，确保各项非税收入应收尽收。在明确与原执收单位征管职责划分的前提下，积极发挥地税部门征管优势，提高征收效率，降低征收成本。组织全市涉及代收的各区、分局按照属地原则，由缴费单位注册地主管税务所分别于代收期前、代收期中、代收期末对缴费单位进行缴费提示，确保每一笔代收金额及时、准确入库，充分体现了地税部门的专业征管力量优势。三是主动作为、创新思路，解决缴费单位“多部门跑”“前后台跑”难题。在非税收入接收过程中，为尽可能避免因地税部门代收非税收入而造成缴费人在地税部门和原执收单位间“多部门跑”“前后台跑”的问题，市地税局将无线电频率占用费、市级防空地下室易地建设费代收事项进驻市区两级政务服务中心或综合办税服务厅，确保缴费人“一厅办理”无线电频率占用费和防空地下室易地建设费相关事项；为最大限度方便缴费单位缴费，市地税局通过与缴费单位多次沟通，为彩票公益金和彩票业务费缴费单位确定其最近、最快捷的缴费地点和缴费方式进行缴费；安排国家电影事业发展专项资金代收工作全市通办，全市16个区以及开发区、燕山共设置22个代收地点，均可办理电影专资缴费事宜。四是预防风险、加强内控，做好非税收入代收工作风险应对及防控。为加强非税收入代收工作内部控制，有效防控征管风险与廉政风险，工会经费管理处制定了非税收入代收工作风险内部控制制度，对代收的各项非税收入按费种、流程梳理出5大类16个系统风险点，通过运行控制、过程记录加强风险防控，在业务受理、缴款书开具、对账管理、退费审核等代收业务关节节点提出预警管理应对措施，确保通过健全机制、规范流程、完善措施，形成地税部门运转高效、工作有序的代收管控制度。

【清理和规范涉企收费】自2017年3月起市局继续按照有关部门要求多次开展清理和规范涉企收费工作。3月，按照市财政局、市发展改革委、市经信委关于开展行政事业性收费和政府性基金自查的要求，开展市局自查工作并函复。5月，按照发改电〔2017〕303号文件及市价监局关于2017年涉企收费情况自查摸底的部署要求，开展市局自查摸底工作并函复。6月，按照市发展改革委要求开展清理规范市局涉企经营性收费相关工作，函复检查情况及工作总结。6月，按照市财政局、市发展改革委、市经信委、市民政局及市编办等部门关于开展涉企收费自查自纠的通知要求，对市局执行2017年以来北京市出台的各项清费措施开展自查自纠工作，以京地税函〔2017〕67号反馈市财政局。9—11月下旬，市财政局部署委托北京立瑞会计师事务所对市局涉企行政事业性收费及政府性基金开展专项检查工作，积极予以配合，及时提供文件依据以及2015—2017年上半年各局征收的相关数据，协助检查人员对市局征收系统数据及税务所公示情况进行抽样检查，并对检查人员出具的对市局行政事业性收费和政府性基金涉企收费的专项检查报告做好沟通反馈。经检查，市局无违规涉企收费行为。

（李浠如　王红艳　魏　峥）

国际税收

【综述】2017年，国际税收工作紧紧围绕税收中心任务，加强非居民风险管理，积极开展风险分析、风险推送、税务约谈和日常检查。加强对外支付管理，落实非居民享受协定待遇管理要求，大力推进反避税和境外税收服务与管理，参与国别税收研究，服务“一带一路”倡议，积极开展与协定缔约方的税收情报交换管理。

【反避税工作】完成关联申报系统的改造、测试和上线运行，开展新版关联申报和同期资料系统应用的宣传培训，加强报送资料的审核、分析。2017年共确定存在反避税疑点的企业12户，首次通过金税三期系统正式立结案1户，自行补税企业5户，补缴税费共计1.26亿元。

【非居民税收管理】非居民企业管理不断强化。完成非居民季度、年度税收分析报告。牵头完成外国演出团体、外籍演员和运动员涉税调研报告。加强对各局工作指导，针对多个特许权使用费、股权转让等问题，明确处理意见。开展服务贸易等项目对外付汇涉税情况核查。完成非居民企业税费收入26.8亿元，其中设立机构场所的非居民企业入库税费14.8亿元。

【税收协定执行】落实国家税务总局印发的《非居民纳税人享受税收协定待遇管理办法》和《非居民纳税人享受税收协定待遇管理规程》要求，明确政策执行口径，强化事中事后风险管理。组织开展税收协定待遇案卷抽查，加强问题整改，规避执法风险。多措并举加强税收协定政策培训，帮助干部准确理解协定政策。结合征管实际，加强常设机构管理，落实外籍艺术家和运动员条款，全年查补个人所得税及滞纳金934万元。非居民享受税收协定待遇124件，减免税金额共计5723万元。

【外籍个人管理】2017年，持续加强全市外籍个人税收管理。建立外籍人员个人所得税分国别、分税目、分行业、分区域、分企业类型的分析机制，切实摸清全市外籍个人基本情况，关注重大税源变化，定位高风险领域。积极开展外籍个人八项补贴专项核查工作。在全市范围内选取

383户外籍人员相对集中的企业开展核查，发现涉税问题企业101户，有问题率26.37%，补缴税款、滞纳金和罚款共计2.21亿元。

【境外税收服务与管理】积极落实各项服务措施，综合利用北京地税微信平台、北京地税官网、北京电视台等多种媒体渠道，加大“走出去”税收宣传力度。全面启动对全市“走出去”企业的走访问需活动，举办宣传活动，走访重点企业，编印税收服务指南。主动服务“一带一路”倡议，组织更新《中国居民赴加拿大投资税收指南》（第二版）。多措并举强化管理，做好居民身份证明开具工作的管理，全年开具《中国税收居民身份证明》216份，预计减免税4329.53万元。联合市国税局更新本市“走出去”企业开展基础信息，完善“走出去”清册统计口径、统计要求，如期完成北京市“走出去”企业清册建设，覆盖全市514户“走出去”企业和829户境外设立的企业。建立走出去企业税收动态监控机制，组织全市开展境外税收风险管理工作，查补税款、滞纳金1.3亿元。

【国际税收征管协作】稳步推进情报交换工作。加强对外发出情报，全年向英国、澳大利亚、新加坡、克罗地亚等国家（地区）发出9份专项情报。通过外方税务机关提供的信息，推动相关案件的办理。完成2017年度自动情报交换工作，向18个G20成员国全面开展自动情报交换。向税务总局报送自动情报3303份，比上年增长31.5%。全年核查外来情报18件，多涉及在华纳税调查、资产情况调查、银行账户调查等内容。全年共查补税费及滞纳金751.96万元，比上年增长158%。

【2022年冬季奥运会税务服务】积极服务2022年冬奥会。召开局长专题会议，制定贯彻落实《关于北京2022年冬奥会和冬残奥会税收政策的通知》文件措施，主动服务冬奥会筹办工作。建立京冀税收联动服务工作机制。制定2022年冬奥会和冬残奥会税收服务主题宣传方案、涉奥减免税统计方案以及纳税服务工作措施。梳理涉奥税费政策及征管措施，积极落实冬奥会税收优惠政策，2017年北京市税务部门为冬奥会减免税费收入4.76亿元。

【深化国地税征管体制改革】2017年，扎实推进国际税收专项改革试点工作，按照“打造有北京区域特色的国际税收升级版”的要求，围绕中心、服务大局、主动谋划、积极作为。制发《北京市地方税务局关于深入推进国际税收专项改革试点工作的通知》，持续推进国际税收专项试点改革，努力形成可推广可复制的改革经验，不断提升国际税收管理水平。

【加强部门协作】继续加强外部协作，完善与国税、出入境、商务委、投促、外汇等部门的合作机制。明确合作内容，共同实施管理，协调出入境管理部门查询外籍个人出入境信息、签证信息及居留许可情况共117人次。

（王秉明　李运玲）

征收管理

税收征管

【综述】截至2017年12月31日，全市共有税源户1799248户。2017年，全市新增税源户207269户，扣除当年注销、非正常注销户86444户，税源户户数比上年度净增加120825户，净增长7.2%。市局税源户中正常户数为1778296户，占总户数的98.8%；非正常户数为20952户，占总户数的1.2%。

【深化征管体制改革】改革试点开花结果。完成办税事项全市通办、完善纳税服务“六能”平台、高风险纳税人定向稽查、深度参与国际税收合作等4项专项试点改革任务，被税务总局评为2017年专项改革试点示范单位，相关经验成果在全国推广。“六能”平台是指：北京国地税承接了建设“能问、能查、能看、能听、能约、能办”的“六能”纳税服务平台专项改革试点任务。改革任务全面落实。以“五个突出”为主导，各项改革任务全部落实，重点领域和关键环节取得了积极进展，在国际货币基金组织、市委深改办组织的改革评估工作中获得充分肯定。“五个突出”是指突出主体责任，市局领导和各单位负责人亲自谋划，务求实效。突出任务落实，在全国率先开发“改革任务管理子系统”，实时展示督促改革进度，每月向税务总局上报进展。突出问题导向，及时协调解决问题。突出经验集成，形成制度成果200余个。突出宣传报道，编发改革材料汇编、《北京地税》改革专题、改革专刊等，被市级以上媒体报道1800余篇次。

【国地税合作深入推进】落实90个具体合作事项，树立典型标杆，大兴、房山和开发区被税务总局评为全国国地税合作市级示范区。密云局联合开展税法宣传，少年税校覆盖全区40所小学。燕山局夯实服务、征管合作。延庆局服务区域绿色经济。转变征管方式取得突破，制定“1+N”工作方案，加强纳税人分类分级管理、税收管理员制度改革和事中事后管理，通州、朝阳、西城、门头沟、大兴、怀柔6局作为试点单位先行先试，积累改革经验。

【“放管服”改革】深入落实“放管服”改革要求，促进首都营商环境优化，着力构建现代化的税收治理体系。破解企业跨区迁移难题，联合市国税局制定《北京市税务登记跨区迁移管理办法》，从受理层级、流程和时限等方面确保企业顺利办理跨区迁移手续，宝洁等7662家企业顺利完成跨区迁移。此项工作在全国征管科技工作会议上作为经验推广。压缩办理时间，下放小额退税审核权限。将500元以下的小额退税下放到受理税务所审核，简化受理审核层级和手续，得到基层和纳税人一致好评。改革催报催缴制度，多渠道发送催报提醒，推行公告送达，依据金税三期系统数据，加强未入库税款催缴力度。进一步明晰征纳双方权利与义务，规范执法程序。优化简易处罚流程，推动总局简化简易处罚流程，细化行政处罚标准。进一步明确执法尺度，降低执法风险；同时减轻纳税人负担，提高行政处罚工作效率。扩大全市通办范围，为纳税人提供不受主管税务机关区域限制的办税服务，方便纳税人就近办税，至2017年底，通办事项已达353项。

【征管基础工作】多措并举，持续夯实征管基础。加强申报和登记管理，为进一步夯实税收征管基础，梳理分析全市税源登记情况，发布情况通报。针对长期零申报、小额申报制定管控措施，运用“互联网+”思维创新管理和服务模式，开展逐月递进式个性化纳税提示。加强非正常户管理，与市工商局、市国税局建立吊销机制，对全市范围内长期停业未经营主体进行清理。加强欠税管理，国地税联合发布欠税公告4期，提交阻止出境申请15户，开展大额欠税企业集中约谈和破产企业欠税核销，全年清缴陈欠8.18亿元、清缴率28.8%，欠税余额较年初下降4.3%。朝阳局、石景山局、顺义局、平谷局、通州局、昌平局、海淀局等单位积极落实清欠措施，取得突出成效。加强延期纳税和滞纳金管理，修订延期缴纳税款管理办法，改造特色软件，简化审批程序，2017年共受理申请9件，批准延期纳税13.4亿元。完成滞纳金管理办法修订，强化减免审核。注重经验集成，印制《税收征管业务手册》，共收录法律法规4个，规范性文件70个，累计40余万字，实现业务事项规范化、标准化。完成《国家治理视角下的税收征管能力建设研究》《中外退税制度的比较研究》《我国税款征收方式的研究》等重点课题调研工作。

【服务首都发展大局】落实市政府要求，服务非首都功能疏解，开展京外注册在京经营企业调查，核查总户数9583户，有效抑制“空疏解”。对全市515家有形市场个体工商户现状进行摸底分析，制定有形市场疏解的应对措施，并以丰台局为试点，取得了良好效果。开展全市税源情况分析。开展外迁企业调查，对全市近三年税源迁移情况进行深入分析，了解企业外迁原因及对我市税收收入的影响，并向市政府提出了相关建议。研究虚拟地址注册企业情况，优化服务和监管措施。税收政策精准服务，对中海油旗下工商注册在京但在外地缴纳税款的企业进行全面核查，并与总公司进行座谈，中海油下属19家企业已在京办理税务登记。

【信息管税】创新驱动，稳步提高信息管税质效。优化股权清分系统，利用清分系统将采集获取的股权转让信息进行清分加工处理，提示纳税人及时申报、缴纳税款，已推送告知信息25.4万条，6.2万个股东办理涉税变更，涉及金额820亿元，入库个人所得税55亿元。此项工作得到总局汪康副局长肯定性批示。推进办税人员实名制，加快推进实名认证系统的建设，逐步推进网上和实体办税场所实名办税，已采集112万自然人、28万户企业、50万人企业办税人员信息。实现税库银三方协议网上签订，纳税人可在网上自行录入相关信息后打印带有税务机关电子签章的三方协议，交由银行盖章确认后，再登录互联网地税局验证即可完成办理，已有3.8万户纳税人使用网签功能。

【专项重点任务】注重成效，扎实完成专项重点任务。开展银行业专项风险核查，市、区、所三级联动、统筹推进，共完成50家银行抵债资产和委托贷款专项核查工作，入库缴税款及滞纳金2255.52万元。开展涉税证明专项监督检查，对18个区（分）局进行专项检查，发现问题8类共54个。制定《涉税证明管理办法》，精简5项证明，研提多项建议。各区（分）局认真组织整改、效果良好。承担营业税发票鉴别工作。全年共收到85家单位发票鉴别申请，鉴别发票2921份，涉及票面金额7.06亿元。完成营业税发票缴销和税控注销情况工作，缴销发票4000万份，注销税控机具22万台，已将汇总情况及时提交市国税局。按照合同要求，按期完成退还6家税控生产商履约保证金300万元的工作。

（程艳琳）

大企业税收管理

【综述】2017年，全市地税系统大企业税收管理部门认真贯彻《深化国税、地税征管体制改革方案》，落实国家税务总局、市政府、市局党组工作部署，结合首都总部经济特点和管理实际，推动工作模式创新，扎实推进了各项大企业税收服务与管理工作，组织入库各项税款10.6亿元。

【大企业税收服务与管理】一是完善机制体制。细化市、区、所三级大企业管理部门服务内容和重点，推进职责明晰、流程顺畅的大企业工作网络建设，充实专家团队高效应对企业涉税诉求和服务需求，与稽查部门建立事前沟通机制，与风控部门建立协调机制，避免交叉重复，共同进行过程监控。二是规范管理制度。与市国税局联合印发《深化大企业税收服务与管理工作合作实施方案》及配套制度，转发国家税务总局《千户集团税收风险管理工作规程（试行）》，进一步规范大企业服务与管理工作开展。配合市商委，研提首都总部经济发展制度修改建议。三是推进分级分类管理。将市局重点联系企业由50户拓展至100户。按照市局转变征管方式和进一步加强分级分类管理的工作要求，在全市原有15个重点税源管理所的基础上，积极推进税源适度集中工作，石景山、门头沟等局逐步实现大企业税源的集中征管。四是探索市、区联动模式。加强市、区两级大企业税收管理部门的统筹，实现纵向联动、横向互动、信息共享和优势互补，由第二直属税务分局及时进行风险管理成果增值利用，首次采取市、区两级联动方式，开展银行业抵债资产和股票减持等专项风险管理工作，并与征科处、风险管理中心等部门继续深入开展了相关行业性风险管理工作，取得良好成效。五是更新维护工作团队。结合各局人员岗位调整情况，对大企业专家团队和日常工作团队进行定期更新维护和人员拓展补充。截至年底，市、区、所三级工作团队人员共238人，其中，4人入选税务总局大企业人才库。六是开展专题调查研究。结合首都功能定位和北京市总部企业聚集特点，积极开展专题调研分析，为市局办公室提供信息素材，刊发专报专刊等13篇，向税务总局报送大企业工作动态，刊登3篇。完成《4007户总部企业发展现状分析》和《疏解非首都功能对总部经济税收状况的影响》的调研报告，及时上报税务总局和北京市委、市政府，为领导决策提供参考。积极参与税务总局《中国大企业税收管理改革探索》的编纂工作。

【大企业税收风险管理】完成数据采集管理工作。组织开展千户集团数据联络员业务培训，促进上级部门合理调整报表数据项，统筹开展数据采集、审核和报送等工作，以较高的时效性和准确性，提供有力的数据保障。上半年克服困难，以上门报送方式完成2000余户企业的附报财务报表报送，全年按时完成率达到100%。完成96个集团的季度、年度汇总财务数据信息表直报工作，其中西城局承担全市1/3的直报任务，且数据合格率为全市最高。

落实税收风险管理工作。完成49个税务总局指定集团、16个自选集团的风险分析任务。完成2016年第五批应对任务的后续工作，落实税务总局推送第一至四批风险应对以及绿地集团专项风险管理事项等工作任务。第二直属税务分局发挥专业化机构优势，归纳总结应对结果，与各区分局协同配合，针对重点联系企业等开展多项风险管理工作，督导一户房地产企业入库土地增值税19亿元。海淀局采取多部门联合约谈方式，高效开展企业风险任务应对。

推进风险模型构建工作。与北京市国地税联合完成《千户集团银行业税收风险分析指引》，全面指导银行业风险管理工作的开展。朝阳、延庆、开发区、房山、大兴等局及时进行风险管理成果转化，积极报送《房地产行业税收风险分析》《从租计征房产税风险分析模型》《涉外个人所得税税收风险分析》等各类分行业、分事项风险模型和案例报告。

【大企业个性化纳税服务】提升诉求应对质效。充分发挥联席会机制和国地税联办机制作用，由市局直接受理各集团跨区域、跨层级、跨部门、跨税种的复杂涉税诉求，帮助解决处理历史遗留、重组上市、“营改增”、首都功能疏解和日常经营等问题。针对市政府汇集整理的央企需求及任务分工，推动33项央企建议和需求的落实。

顺畅税企沟通渠道。积极开展市、区两级国地税联合走访，协调相关部门解决答复企业诉求，提出企业税务管理建议，及时关注研究企业影响税收的重大变化。丰台、昌平、怀柔等局建立各种快捷沟通平台，积极组织专题税企座谈会或走进企业，邀请业务部门权威解答企业遇到的问题，提高“走出去”企业税收风险防范意识和能力，开展个性化税收业务培训和现场答疑。

推进税企税收遵从合作。继续推行对两户2016年底新签订协议集团的集中管理，并完成企业区级国地税主管税务机关统一。截至年底，6户企业集团788户在京企业，已经由过去135个税务所管理整合为20个税务所管理。进一步统一服务内容和管理要求，提高了集团整体办税效率。在全面总结合作成效的基础上，市局与首旅集团进行《税收遵从合作协议》的续签工作。

【信息化建设】在东城局等单位积极配合下，7月1日成功上线纳税人财务报表在线填报软件，首次实现市局互联网税务局财务报表自动报送工作。组织召开第二直属税务分局风险管理税款入库流程研讨会。完成大企业税收风险管理系统（税务审计软件）的测试和角色授权，组织系统培训，做好软件上线准备。

【大企业工作交流】与市国税局建立顺畅的沟通渠道和联合工作机制，采取提前沟通、共同部署等方式，携手走访企业，联合召开税企座谈会、办理企业涉税诉求、开展各项工作，切实提升团队默契、工作效率，减轻税企双方工作成本。顺义、通州、平谷、密云等局结合工作实际，建立切实可行的国地合作机制，制定详细的工作实施方案。

为了促进首都“高精尖”经济结构的构建，

进一步优化总部经济发展环境，配合市商务委，开展2017年度全市拟发总部企业1.6亿元奖励金的相关审核工作，对申请奖励补助的总部企业和总部企业高管的纳税数据、违法违规情况进行确认。

【大企业工作人才培养】 为提升税务干部专业素质和业务能力，组织了为期两周的大企业工作专题培训，选派干部参加总局大企业人才库培训、风险模型构建研讨、千户集团年鉴编纂等工作，配合总局开展大企业经济分析和风险分析模型建设，以实战锻炼方式培养大企业管理业务骨干力量。

（张冬梅）

税收风险管理

【综述】 2017年6月，市局成立风险管理事务中心，负责统筹开展全市税收风险管理工作。中心以制度建设为基础，以信息技术为依托，以有效应对为重点，不断完善风险管理运行机制，全年通过采取提示提醒、税务约谈、日常检查等风险应对方式，带动增收61.4亿元，全力构建具有北京地税特色的税收风险管理工作体系。

【风险管理机构建设】 2017年6月，为进一步优化职能配置，市局成立风险管理事务中心，专门从事税收风险管理工作。印发《北京市地方税务局关于调整税收风险管理工作领导小组及办公室组成人员的通知》，对市局税收风险管理工作领导小组及办公室成员、职责进行调整，统筹数据、税种管理、税务稽查、国际税收等部门在各自职责范围内开展数据支持、风险事项提供、风险模型建设等工作。各区（分）局结合征管体制改革工作，完善本级税收风险管理工作领导小组联席会议机制，设立专业风控所或风控岗，探索建立与转变税收征管方式工作要求相适应的风险管理机构体系。

【风险管理制度建设】 落实税务总局关于转变征管方式、提高征管效能的工作要求，以“归口统筹与分工协作相结合”“流程设计与金税三期系统相结合”“搭建框架与兼顾细节相结合”“立足实际与学习经验相结合”为原则，制定《北京市地方税务局税收风险管理办法（试行）》，对包括风险管理目标规划、风险识别、等级排序、任务管理、风险应对、过程监控和评价反馈在内的风险管理全流程进行规范。

【风险识别】 围绕重点行业、重点领域及重点人群，建立符合地税实际的风险管理特征库。在重点行业方面，对出版业、医学会、二手房中介等行业加强风险分析；在重点人群方面，围绕高净值个人、外籍个人等群体开展风险识别；在重点领域方面，对政府采购合同印花税、网络直播平台个人所得税代扣代缴及银行业抵押资产和委托贷款等相关税收风险加强研判。截至2017年底，特征库已包含风险点37个，风险模型39个。

【风险管理收入】 全年全系统累计完成风险

应对工作35978户次，通过各类风险应对方式，入库税款、滞纳金合计61.4亿元，占全局同期税收收入的1.83%。其中，完成纳税评估28324户次，入库税款及滞纳金共计36.8亿元；完成日常检查1350户次，入库税款、滞纳金共计2.6亿元；完成提示提醒6304户次，入库税款及滞纳金共计22亿元，有效发挥了风险管理在堵塞征管漏洞、服务组收中心工作中的作用。

【风险管理系统应用】发挥金税三期系统对风险管理工作的支撑作用，推动风险任务全部通过金税三期系统完成。以简便、高效为原则，明确“提示提醒”“纳税辅导”等系统操作路径的使用要求，减轻基层工作负担。针对系统操作类和业务类突出问题，制作《热点问题解答系列手册》，书面答复各类系统问题29项。制定《风险管理税收数据后台处理规程》，规范《税收数据后台处理单》的事项范围、处理流程及相关工作要求，全年累计处理各（区）分局提出的后台业务处理单411份，为系统顺畅运行提供有力保障。

【国地税风险管理协作】以国地税风险管理工作联席会议为平台，拓宽涉税信息共享渠道，获取国税部门提供的交换走逃（失联）企业开具发票信息3.4万条，开票金额合计68亿元，为相关风险纳税人所得税核查提供数据支持。共同牵头召开首届京津冀税收风险管理联席会议，三地六局就拓宽信息共享渠道、制定情报交换标准及强化跨区域风险管理协作系统应用等事项达成一致，率先建立起跨区域税收风险管理协作机制。

【税务约谈】规范税务约谈行为，促进纳税遵从。全年全系统完成税务约谈5299户次，入库税款及滞纳金共计30.8亿元。其中，市级约谈107户次，入库税款及滞纳金8.3亿元；区级约谈777户次，入库税款及滞纳金12.4亿元；所级约谈4415户次，入库税款及滞纳金10.1亿元，各级税务约谈工作成效显著。

【日常检查】全年全系统累计开展日常检查1350户次，入库税款、滞纳金合计2.6亿元，日常检查质量不断提高。细化日常检查操作流程、文书使用等事项，制作16种日常检查文书模板。开展专项案卷评查，组织对2017年9月1日—10月31日期间，各区（分）局开展的日常检查案卷进行检查，全面规范日常检查行为。

（王笑影）

业务档案管理

【综述】2017年，档案处继续加强档案干部队伍建设，努力推进各项制度的落实，以强化落实和监督检查为抓手，继续做好税务档案的立卷归档、接收入库、借阅服务、库房管理、系统建设与维护和业务培训等工作，各项工作有序开展，较好地完成了全年任务。

【完善管理制度】为确保非税收入档案工作与非税收入业务工作同部署，档案处认真开展对非税收入档案管理工作的研究，与相关业务处室进行深入地沟通和交流，深入代征、代收点调研了解档案材料种类，多次征求机关处室、基层单位的意见和建议，研究出台《北京市地方税务局非税收入档案管理办法（试行)》，税务档案管理制度体系得到进一步的充实和完善。

【制度落实情况检查】继续开展税务档案督查检查工作，在全面检查工作的基础上，突出工作重点，对2017年新接收的税种和非税收入形成的档案以及市局在2017年梳理的12个风险事项形成的档案，加大检查工作力度，深入到一线税务所就二手房交易档案的日清月结、移交手续及管理制度的落实情况进行检查，较好地完成了监督检查工作，并对《北京市地方税务局非税收入档案管理办法（试行)》的落实情况进行督查，保证了办法顺利施行。

【立卷归档与鉴定销毁】各区（分）局在市局统一部署下，结合本局实际，统筹安排，有效开展2016年度、2017年度税务档案的归档工作。全年北京地税系统共完成立卷归档27.98万卷。档案处按照鉴定销毁方案，依照《北京市地方税务局税务档案鉴定销毁办法》规定流程和要求，共销毁保存在市局档案馆期满税务档案12.72万卷、4446箱（盒)。各区（分）局档案部门及时开展保管到期档案的鉴定销毁工作，全年共销毁区局自存档案1.52万卷。

【入库及利用服务】2017年，市局档案馆按计划接收2013年度扫描方式归档的税务档案3.11万卷，涉及19个区（分）局的五个大类；接收第一、第二稽查局2011—2013年的检查类档案1402卷；为支持朝阳区地方税务局库区迁移，避免档案周转，提前接收该局两个年度的档案，高质量地完成了接收各区（分）局档案入馆工作，市局档案馆馆藏得到进一步丰富。2017年市、区两级档案管理部门严格按照制度和程序，积极开展档案利用工作。市局档案馆全年因协助北京税务博物馆办展、公检法调查取证、纳税人查阅等工作提供借阅档案88批次，查阅各类案卷6000卷，借阅1267卷，复印和传送数字化副本7231页。各区（分）局严格按照档案借阅的要求，提供利用服务，全年共接待借阅2466批次，借阅档案28065卷。在此基础上，2017年，市局档案馆创新服务模式，开展远程借阅服务，对5个类别的不涉密案卷采用远程方式借阅，接待远程借阅37批次，为各项工作的开展提供了重要的凭证和依据。在市局远程借阅的基础上，房山、通州、昌平等区局也陆续开展远程借阅工作，效果良好，收到了纳税人的好评。

【库房管理】市局档案馆严格履行档案出入库、巡查、保密等制度要求，定期对库房进行消毒、检查库房设备设施，确保设备正常运转。各区（分）局严格落实相关管理规章制度，对本局保管税务档案采取有效保护措施，确保了档案安全。

【信息系统建设】2017年，北京地税开发运行了税务档案管理信息系统电子档案管理模块，税务档案管理信息系统得到充实和完善。北京地税初步建设完成税务档案纸质、数字化副本和电子档案三位一体的归档模式，全系统共有71个流程事项的档案流程全程无纸化，实现了办结即归档的目标，在此基础上，市局还编制了税务档案管理系统升级改造的需求，增加二手房档案数字化的功能需求，税务档案的归档质效得到进一步提升。

【档案人员业务培训】市局采取集中培训方式，对全系统各区（分）局85名专兼职档案员进行更新知识的培训。各区（分）局认真落实市局培训工作的要求，对本单位专兼职档案员和外聘的临时工共计380多人进行业务培训，通过市局对培训情况的检查，各局均做到培训工作有计划、过程有记录、授课有课件。通过两级培训，进一步增强全体档案人员的档案意识，提高税务档案管理工作能力。

（刘更起）

公告编辑发行

【综述】2017年北京地方税务公报编辑部认真贯彻市局年初税务工作会议精神，以党的十八大及十八届三中、四中、五中、六中全会精神为指导，认真落实市局党组确定的各项工作思路、要求、措施，坚持以宣传、服务纳税人为中心的原则，做好《北京地方税务公告》（以下简称《公告》）编辑、赠阅、发行工作。

【《公告》编辑】2017年《公告》全年出刊12期，编辑税收法规性文件34件（次）。其中，刊登总局公告0件（次）、市局公告22件（次）、市局通告4件（次），市局规范性文件6件（次）、联合发文2件（次），基本完成了全年出刊任务，在市局TAX 861外网发布电子版《公告》12期。印制2017年合订本《公告》3330册。《公告》的发行，在税法宣传、服务纳税人、服务基层方面发挥了应有的作用。在出刊质量上，坚持按照编辑工作规程和编辑出版物“三校一读”工作制度，认真做好筛选、编辑、审核、校对工作，做到保质保量按时出刊。

【《公告》赠阅发行】为加强《公告》赠阅发行管理工作，更好地服务基层，公报编辑部开展了调研工作，落实了各区局、直属分局对免费索取《公告》数量的需求工作。全年每期印刷1.7万册，全年累计向纳税人免费赠阅发行20.4万册，其中为市级重点税源单位2277户免费投递《公告》2.73万册；发布电子版《公告》12期；根据基层的实际需求合订本印制3330本。赠阅工作基本满足了纳税人和税务干部的需要。

（王国军）

税收法治

税收法治工作

【综述】2017 年，北京市地税局不断加强税收法治建设，全面推进依法治税。积极履行统筹协调职能，有序开展依法行政工作。持续发挥法律支持服务作用，为推动税收制度建设、推进依法科学民主决策、规范税收执法权力运行提供法律意见建议。依法办理税务行政复议和诉讼案件，深入拓展法律权益救济渠道。稳步推进法律顾问制度，组织推出北京市地税局首批公职律师，不断加强法律专业人才队伍建设。完成重点课题，进一步提升税收法治研究能力。不断夯实综合税政管理工作基础，切实发挥税收职能作用，主动服务京津冀协同发展战略。

【依法行政】制定“十三五”时期全面推进依法治税工作实施方案，深入推进依法行政工作。积极履行统筹协调职能，及时提请召开依法行政领导小组会议，研究审议依法行政工作事项，组织会前学法。精心开展法治基地创建评选工作。通州区地税局、密云区地税局和第四稽查局被评选为“北京市地税系统法治基地”。在做好统筹协调工作的同时，着力加强制度建设，切实规范权力运行。联合北京市国税局进一步修订税务行政处罚裁量基准，细化裁量空间。梳理规范权力事项，积极落实北京市“权力瘦身”专项行动。组织清理办理涉税业务过程中需要纳税人提供的其他机构开具的证明事项，落实“减证便民”专项行动。组织梳理公共服务事项。

【法律支持服务】注重发挥法律优势，为推动税收制度建设、推进依法科学民主决策、规范税收执法、强化监督制约提供有力支持。全年参与《环境保护税法》等 10 部法律法规及规章征求意见工作，并切实做好立法建议反馈工作。认真参与相关税收立法，配合上级部门开展立法调研。认真贯彻落实《税收规范性文件制定管理办法》，积极开展税收规范性文件合法性审查、合规性评估以及文件清理工作，及时发现和纠正文件中存在的各类问题，切实保障税收制度的合法性、合理性和可操作性。2017 年，北京市地税局共审查税收规范性文件 17 件，公布全文或部分废止 374 件。参加党组会、局长办公会、专题会等各类会议，认真参与重大决策，为领导决策提供法律支持。认真开展合同审查工作，严控法律风险。密切配合开展重大税务案件审理、依申请公开政府信息案件办理、二手房追征以及各类征求意见稿的答复等工作。

【法律权益救济工作】认真落实行政复议法和行政诉讼法，依法妥善办理行政复议和应诉案件，积极协调化解涉税争议。注重发挥行政复议庭作用，大力推行复议案件听证审理，依法维护申请人的陈述申辩权。及时组织召开复议委员会会议，研究审议重大疑难事项。主动与各级人民法院进行对接，研究讨论涉税法律问题。严格落实负责人出庭应诉制度，支持人民法院依法审理诉讼案件。

【税收法治研究】结合税收工作实际，深入开展法治研究。结合我国税收征管实践，研究多个国家和地区的税收征管制度，完成《税收征管制度国际发展趋势和比较研究》课题。完成《关于建立税务法庭的思考》等课题研究。编印《北京市地方税务局税收案例》，有效发挥税收案例指导作用。编制税收法制业务工作手册，为领导决策和基层执法提供有力参考。

【法律人才队伍建设】大力加强法律人才队伍培养，认真开展业务培训。稳妥推行法律顾问制度，探索符合我局实际的工作模式和管理方式。设立外部法律顾问和内部法律顾问，其中，各区（分）局内部法律顾问分为法律顾问（总顾问）和法律顾问两类。组织推出北京市地税局首批13名公职律师，并制定工作方案，加强公职律师管理使用。对区（分）局法律专业人才实施“以案代训”，切实提升业务能力。

【综合税政管理】坚持从服务首都城市战略定位、推动首都改革开放和现代化建设的角度出发，深刻领会做好综合税政管理工作的重要意义，主动协调税政管理部门，落实各项工作任务。积极对接税务总局政策法规司、北京市36个委办局和46个领导小组联席会议办公室，为其制定各类重大决策事项提供意见参考。

扎实做好综合税政重点领域相关工作。编印《“大众创业　万众创新”税收优惠政策指引》，开展网络直播，深入贯彻落实双创税收优惠政策。在参与推进全国文化中心建设、医疗体制改革、服务业扩大开放等工作过程中，及时总结税收政策执行情况，组织开展税收分析研判，为顺利落实相关改革任务贡献地税智慧。围绕文创产业发展、文化事业单位转制、首都影视业繁荣等重点工作研提税收服务举措，助推加强全国科技创新中心建设重点任务实施方案等文件出台。

【京津冀协同发展战略】研究制定工作方案，明确部门职责分工，建立工作机制。组织研究制定税收服务“高精尖”产业结构具体措施，提出政策支持、征管措施和服务保障举措，切实服务北京市“高精尖”产业发展。组织落实好疏解非首都功能产业的税收支持政策。研究分析北京市疏解企业相关税收缴纳情况，为企业提供税收支持服务。组织部分区局对工业大院清退情况开展调查摸底，开展政策调研，并提出了富有针对性的意见建议。

（李钰瑾）

案例举要

案例1　郭某申请政府信息公开行政复议案

【摘要】近年来，政府信息公开日益增多，由此引发的争议也日益增多。在政府信息公开工作中，对“商业秘密”和“个人隐私”的判定、征求第三方意见程序、对公共利益影响的审查是难点和重点。本案中，北京市某区地税局在办理郭某的政府信息公开申请时，在判断商业秘密和个人隐私事实不清、征求第三方意见违反程序的情况下向申请人作出了信息公开答复。郭某不服区地税局的处理结果提起行政复议，在复议过程中，该区地税局重新对信息进行审查判定、履行向第三方征求意见程序后，依法重新作出了信息公开告知。最终郭某对税务机关的告知表示了理解与认可，遂自行撤回了行政复议申请。本案为税务机关今后处理该类依申请公开信息案件提供了借鉴。

【基本案情】2016 年 4 月 21 日，北京市某区地税局收到郭某邮寄的政府信息公开申请，要求被申请人书面公开“2004 年至今税务登记号是 11010 *** 的单位，因名称或地址变更，被申请人的存档备案文件”。经查，税务登记号是 11010 *** 的单位为某律师事务所。

2016 年 4 月 22 日某区地税局向申请人邮寄了《登记回执》，告知申请人已收到申请。因某区地税局认为申请人提出的政府信息公开申请中“存档备案文件”的具体内容不明确，于 2016 年 4 月 29 日向申请人邮寄送达《政府信息公开补正申请告知书》，要求申请人明确具体申请内容。2016 年 5 月 3 日，某区地税局收到补正说明。

2016 年 5 月 17 日，某区地税局因认定申请人申请公开的信息内容较多，经主要负责人审批，向申请人邮寄送达《政府信息公开延期告知书》，告知申请人延长 15 个工作日办理期限。

2016 年 5 月 25 日，因某区地税局在对申请人申请公开的信息进行审查时，认为档案中涉及的企业的分税种纳税金额、房屋租赁合同中的价款金额、自然人投资比例、房屋买卖合同中的有关自然人姓名、联系方式等信息属于商业秘密或个人隐私，故向某律师事务所邮寄送达了《政府信息征求第三方意见书》，书面征求是否同意公开涉及其商业秘密或个人隐私信息的意见，但该征求意见只是笼统地向第三方说明信息涉及商业秘密或个人隐私，并未就具体信息内容进行征求意见，并要求该律师事务所在 2016 年 6 月 1 日前予以答复。因某律师事务所未在规定期限内就是否同意公开申请信息予以书面答复，某区地税局认定其不同意公开，但并未就相关信息是否对公共利益造成重大影响进行判断。

2016 年 6 月 16 日，某区地税局向申请人邮寄送达了《答复告知书》，对公开信息中被认定涉及第三方商业秘密和个人隐私的部分信息进行了技术遮挡，其他信息进行了公开，但并未就被技术遮挡的信息事项向申请人具体说明。

收到该告知书后，郭某不完全认同告知书中的内容。郭某认为：一是档案中涉及的企业的分税种纳税金额和房屋租赁合同中的价款金额都不属于商业秘密；自然人投资比例和房屋买卖合同中的买方姓名都不属于个人隐私。二是《答复告知书》未针对不予公开信息所包含的内容进行分别阐述，令申请人“无法判断各处不予公开内容因何种原因而拒绝公开”，因而于 2016 年 8 月 16 日就上述《告知书》向北京市地税局申请行政复议，要求撤销该《告知书》并重新公开申请的信息。

北京地税局受理了该案，在该案审理过程中，某区地税局认为自己原作出的政府信息公开在内容判断和程序上存在问题，后某区地税局依照程序重新向第三方征求了意见，并就相关信息是否涉及重大公共利益进行了判定，最终向郭某做出补正的政府信息公开告知书，向郭某公开了可以公开的信息，并就不予公开的信息种类和原因进行了说明。因郭某认为区地税局重新作出了政府信息公开答复，向复议机关提出了撤回行政复议申请，该复议案件终止。

【争议焦点】本案的争议焦点有四个：（1）区地税局对“商业秘密”和“个人隐私”具体范围的界定是否准确？（2）区地税局就“商业秘密”和“个人隐私”向第三方征求意见的程序

是否合法？（3）确定相关信息是否对公共利益造成重大影响的程序是否必要？（4）《告知书》中是否应当具体阐述“商业秘密”与“个人隐私”所涉及的信息事项？

【法理评析】（一）“商业秘密”和“个人隐私”具体范围的界定

本案中，区地税局对商业秘密的界定范围是正确的，因为税务机关在税收工作中能够直接获取企业的经营、纳税等信息，特别是纳税信息包含的内容十分广泛，通过本案中的分税种纳税金额和房屋租赁合同中的价款金额，能够间接反映出企业的经营收入、规模、财务及管理状况等详细情况，毫无疑问，此类信息能够为企业带来经济利益、具有实用性，并且该类信息不能通过公开途径取得，故税务机关所获取的有关企业该类信息符合法律规定的“商业秘密”范畴。

自然人“投资比例”属于合伙企业登记事项，属于应当向社会公示的事项，依法不属于商业秘密或个人隐私，税务机关应当依法向申请人公开。该案中自然人房屋买卖合同中的“买方姓名”会直接或间接反映出个人财产信息，并且该信息不能通过公开的途径正常获取，公开这些信息会侵犯自然人的个人财产隐私权利，因此区地税局将该部分信息判断为“个人隐私”并无不当。

（二）就“商业秘密”和“个人隐私”向第三方征求意见的程序

本案中，按照相关规定区地税局应当向税务登记信息中涉及的所有第三方征求意见，包括某律师事务所等所有法人，也包括所有自然人。在向某律师事务所征求意见时，应当具体写明就哪些信息向其征求意见，或者将该信息作为附件一并送达。在向自然人征求意见时，在无法直接送达的情况下，可以采用邮寄送达、留置送达、公告送达等方式送达征求意见书。在复议案件的审理过程中，区地税局也充分认清了该案件程序中存在的风险，并重新征求所有相关第三方的意见，对该程序进行了补正。

（三）确定相关信息是否对公共利益造成重大影响的程序

《政府信息公开条例》第23条对涉及商业秘密和个人隐私信息进行公共利益判断作出了明确的规定，在第三方不同意公开的情形下，行政机关还应当进行公共利益的判断，认定不公开是否会对公共利益造成重大影响。本案中，区地税局应当就公共利益的判断组织专门的程序，虽然相关文件对该程序没有具体的规定，但通过审批流程表、会议纪要、工作签报及呈报表等多种形式，均能将该事项的判断过程记录下来，以合理的形式留下程序痕迹，在复议过程中进行提供，否则此程序的缺失会导致程序违法的风险。在复议案件的审理过程中，区地税局在补充公开政府信息过程中，就不公开相关信息是否会对公共利益造成重大影响进行了认定并以适当形式进行了记录，从而补正了该程序。

（四）告知书中是否应当具体阐述涉及“商业秘密”与“个人隐私”的信息内容

《政府信息公开条例》第21条第2款规定，对申请公开的政府信息，行政机关根据下列情况分别作出答复：属于不予公开范围的，应当告知申请人并说明理由。基于此，公开机关应当在《告知书》中对不予公开信息的理由进行说明，并就此不予公开的信息类别进行简要描述，使申请人对不予公开信息原因的知情权得到充分的保障。在本案中，区地税局应当在答复告知书中告知郭某具体的不予公开的信息类别，区地税局向郭某出具的补正的政府信息公开告知书中，列明了不予公开信息的类别和具体原因，向申请人说明了征求第三方意见和判断公共利益的程序，得到了申请人的认可，是申请人撤回复议申请的重要原因。

【案件处理】行政复议案件审理过程中，区地税局依照程序重新向第三方征求了意见，并就相关信息是否涉及重大公共利益进行了判定，最终向郭某做出补正的政府信息公开告知书。因郭某认为区地税局重新作出了政府信息公开答复，向复议机关提出了撤回行政复议申请，该复议案件终止。

【点评】郭某申请政府信息公开复议案在信息公开案件中比较典型，特别是本案税务机关在有关“商业秘密”和“个人隐私”信息的判断、处理程序和方式上值得我们认真思考，本案为税务机关今后处理该类依申请公开信息问题提供了一定的经验。

一是要在政府信息公开工作中界定好“商业秘密”和“个人隐私”，做好是否公开的判断。面对“商业秘密”和“个人隐私”界定上的困难，要善于利用现有规定做深入分析，对于直接和间接反映出涉密信息的，应审慎处理，对于明显不属于涉密信息的要予以公开；对涉及个人信息的相关信息，要从严把握，不随意公开个人信息，更不能随意公开个人隐私。因此，在信息判断上既要维护第三方权益也要考虑申请人的合理请求，对信息类别准确界定，以提高税务机关信息公开标准的统一性，做好公民知情权和企业、个人权益的保护与平衡。

二是要严格落实征求第三方意见的程序。税务机关在对信息已作出属于“商业秘密”或“个人隐私”判断的情况下，一定要严格落实征求第三方意见的程序，向第三方明确征求意见信息的具体内容，使第三方能够充分行使是否公开信息的决定权，有效保障第三方合法权益。

三是做好公共利益影响判断。公共利益影响判断是判断“商业秘密”和“个人隐私”信息公开与否的重要程序，其意义在于政府应在信息公开工作中保障大多数公众群体利益，这涉及价值的判断与取舍，该判断的作出不论结果如何都将影响到申请人或第三方的利益。因此，信息公开机关应在该环节中将工作做扎实，认真分析，并留下必要的程序痕迹。

（黄丽明　范可欣）

案例2　彭某等不服税务机关不予退税申请行政复议案

【摘要】2016年2月，财政部、国家税务总局、住房城乡建设部三部门联合发布《关于调整房地产交易环节契税、营业税优惠政策的通知》（财税〔2016〕23号），对个人购买面积为90平方米以上的家庭唯一住房，减按1.5%的税率征收契税。在此之前，北京市规定购买140平方米以上的住宅统一按照3%的税率征收契税。新政出台后，北京市陆续发生了因申请退税引发的复议案件。本案中的三名纳税人在签订购房合同并缴纳契税后，正逢新政发布，故以“开发商尚未完成产权初始登记、未获得《产权登记备案证》（大产权）”为由，向某区地税局申请退税。本案的争议焦点在于，契税纳税义务的发生时间是以债权行为即签订合同为准、还是以物权行为即产权登记为准，体现出税务机关在进行征税活动时适用行政法律与民事法律的不同之处。本案涉及执法程序、政策适用、社会效果等多方面问题，复议机关最终维持了征税决定。基于契税新政在本市引起的巨大反响，本文所呈现的案例极具现实意义及示范效应。

【基本案情】彭某等三名申请人分别与某房地产开发有限公司签订了商品房预售合同，各自购买了一套商品房，并于2016年1月缴纳了契税。

2016年2月24日，三名申请人以“申报契税被某区地税局某税务所在开发商尚未完成产权初始登记、未获得《产权登记备案证》（大产权）的情况下误收”为由，向某区地税局所属某税务所提出退税申请。某税务所工作人员以申请人签订预售合同、已发生纳税义务，且未解除房屋预售合同、不符合退税条件为由，决定不予受理，并进行了口头告知。

由于申请人坚持认定税款属于误缴，要求某税务所必须接收退税申请，某税务所相关工作人员在无法劝退申请人的情况下，决定接收申请人的退税申请资料，并要求申请人提供《购房合同解除证明》等相关资料。申请人明确表示无法提供《购房合同解除证明》，主张退税的理由是因开发商未完成初始产权登记、未获得《产权登记备案证》造成的误缴误收，而非解除合同。随后，申请人到房屋产权登记部门进一步确认了所购房屋尚未办理初始产权登记手续的事实。在此情况下，应申请人要求，某税务所留存了申请材料，且未出具回执。当日下午，某税务所打印了新的《提交资料清单》，列明了申请人提交的资料名称，让申请人签字确认并加盖了手印。

2月26日，某税务所在请示被申请人所属某业务科室后，出具了一份未加盖公章的书面回复，回复意见认定申请人“自行申报并缴纳入库的所购该商品房契税，属于依法申报，本所对该笔税款属于依法征收”。申请人对此不服，以某区地税局为被申请人向市局提出复议申请，请求责令某区地税局“办理退税并对相关结果出具正式书面说明（加盖印章）”。

【争议焦点】本案争议焦点问题主要有三个方面：（1）某区地税局是否为本案适格的被申请人。在复议申请审查期间，关于某区地税局是否为适格的被申请人，存在两种意见。一种意见认为：某税务所对于彭某等申请人提交的退税申请，口头告知其不予受理，并且出具了一份未加盖公章的书面回复，该行政行为由某税务所作出，属于不予受理退税申请，因此本案被申请人应为某税务所。另一种意见认为：按照退税管理的相关制度规定，退税事项审批属于区地税局的职责范围，税务所无权决定是否退税，因此本案应以某区地税局作为被申请人。

（2）税务所不予受理退税的程序是否适当

申请人提出退还契税的申请后，某税务所口头告知除非申请人与开发商解除购房合同，否则不予办理退税。申请人认为其申请的退税事项与解除合同并无任何关系，是由于开发商未完成初始产权登记、未获得《产权登记备案证》，造成税务机关误收契税，某税务所应当受理。申请人还认为，某税务所收到退税申请后，未出具回执，也未针对退税申请作出正式回复，仅出具了一份未盖章的书面说明，某税务所存在服务规范落实不到位的问题。

某税务所认为，依照《北京市地方税务局退税管理暂行办法》（京地税征〔2003〕686号，以下简称京地税征〔2003〕686号文件）第九条的规定，该所对申请人提供的资料进行了核对。经核对，确认申请人未提供《商品房预售合同解除证明》，且退税事项适用的税收政策依据错误，不符合退税条件，不应予以受理。另外，由于京地税征〔2003〕686号文件没有对不予受理退税的答复方式作出明确规定，没有对书面答复是否应当加盖公章提出具体要求，所以某税务所无论是口头答复还是书面答复都符合要求，并无不当。

（3）征收契税等实体问题应如何适用法律

申请人认为：根据《契税暂行条例》第一

条关于“在中华人民共和国境内转移土地、房屋权属，承受的单位和个人为契税的纳税人，应当依照本条例的规定缴纳契税”的规定，只有房屋权属发生了转移，纳税人才有纳税义务，而房屋权属转移不以签订合同作为认定标准。根据《物权法》第九条关于“不动产物权的设立、变更、转让和消灭，经依法登记，发生效力；未经登记，不发生效力”的规定以及第十四条关于“不动产物权的设立、变更、转让和消灭，依照法律规定应当登记的，自记载于不动产登记簿时发生效力”的规定，房产权属转移依法以登记为准，房屋依法登记之日才是“物权发生转移之日”，也才是纳税义务发生之日。尽管《契税暂行条例》第八条规定了“契税的纳税义务发生时间，为纳税人签订土地、房屋权属转移合同的当天，或者纳税人取得其他具有土地、房屋权属转移合同性质凭证的当天”，但是该条例的施行时间是1997年，而《物权法》的施行时间是2007年。《物权法》作为《契税暂行条例》的上位法，施行时间晚于后者，税务机关理当执行《物权法》，以签订合同认定发生纳税义务是“本末倒置”，只有房屋权属发生转移，纳税人才应当缴税。申请人没有按照《契税暂行条例》第九条关于“纳税人应当自纳税义务发生之日起10日内，向土地、房屋所在地的契税征收机关办理纳税申报，并在契税征收机关核定的期限内缴纳税款”规定的时限缴纳契税，税务机关也未收取滞纳金，说明税务机关“已默认预售合同并不代表权属转移”，并且存在选择性地适用《契税暂行条例》进行执法的现象，即部分执行、部分不执行《契税暂行条例》。根据《契税暂行条例》第十二条第二款关于“土地管理部门、房产管理部门应当向契税征收机关提供有关资料，并协助契税征收机关依法征收契税”的规定，税务机关在征收契税时，还应当与土地及房产管理部门就房屋是否办理产权登记手续、取得产权登记备案证进行信息交换，了解房屋产权登记状况。而本案中，申请人购买的房屋为期房，在缴纳契税时，房屋大产权还没有办下来，开发商未进行初始登记，无法办理产权证。大产权未取得，申请人购买的房屋产权就无法分割，税务机关据以征税的对象就不存在。申请人与开发商之间存在的只是债权债务关系。申请人纳税的前提不成立，所纳税款属于误缴，某税务所在开发商尚未完成初始产权登记、未获得产权登记备案证，并且未与房屋土地管理部门就开发商是否取得大产权进行信息交换的情况下误收的契税，应当予以退还。

【法理评析】（1）关于被申请人主体是否适格的分析。

《税务行政复议规则》第三十条规定：“税务机关设立的派出机构、内设机构或者其他组织，未经法律、法规授权，以自己名义对外作出具体行政行为的，税务机关为被申请人”。本案中某税务所属于某区地税局设立的派出机构，该所仅具有受理退税申请及初审的职责，不具有决定是否退税的权力。从实质重于形式的角度出发，因纳税人申请的是退税事项，虽然接受申请的是某税务所，但拥有审批权的是某区地税局，因此，从法律上讲，只有某区地税局有权作出是否准予退税的具体行政行为，某税务所无权作出该项具体行政行为，即使某税务所作出了不予退税的具体行政行为也因其不具有相应职权而归于无效，或者也应视为是其代表某区地税局作出的具体行政行为，故从纳税人权利保护以及彻底解决纠纷的角度出发，本案应当以某区地税局为被申请人。

（2）税务机关办理退税是否违反法定程序的分析

按照《税收征收管理法》及其实施细则、

京地税征〔2003〕686号文件的规定，退税事项属于各区局审批事项，退税审批决定权由各区局依法行使。本案中，某税务所接收退税申请后，对申请材料是否齐全、申请人是否具有退税资格、申请退税事项适用的税收政策依据等内容进行了审查，从性质上看，相关答复均是对申请人提交的退税申请的正式回应，是在履行审查职责后作出的不予退税决定，而非因资料不齐全或者不属于本机关管辖权限而作出的不予受理决定。因此，某税务所口头告知“不予受理”及出具未加盖公章的书面回复的做法，均不符合规定。

（3）征收契税有关法律适用问题的分析

关于申请人提出“房产权属转移不应以签订合同作为认定标准，应适用《物权法》以登记为准”的要求，我们认为，《物权法》属于调整民事法律关系的法律，税款征收则属于行政法调整范畴。《物权法》有关房产权属转移应办理登记的规定，体现了民法上的不动产公示原则，税法属于税收领域的部门法，制定时不仅要考虑《物权法》等民事法律相关规定，同时要考量税收征管的公共政策，税务机关在处理征纳关系时，如果税法有特别规定应适用税法，而不能直接适用民法。税务机关作为执法部门，应严格按照《契税暂行条例》等税收法律法规，确定契税纳税义务发生时间、应纳税额等内容。

【案件处理结果】复议机关经审理，以主要事实不清、证据不足、违反法定程序为由，认定被申请人某区地税局办理退税申请的具体行政行为违法，撤销被申请人于2月24日和2月26日分别以书面和口头形式作出的不予退税决定，并责令其限期依法重新作出具体行政行为。

申请人及被申请人双方均对市局作出的复议决定表示认可。某区地税局按照规定期限和程序，重新对彭某等三人的退税申请进行办理，最终作出不予退税的决定。随后，彭某等三人以“税务部门未收滞纳金表明其默认缴纳契税时并未产生纳税义务”等理由再次向市局提起行政复议，要求撤销对某区地税局的税务事项通知书（不予退税通知），并予以退税。经审查，市局于10月21日作出复议决定，维持了被申请人的不予退税决定。

【点评】行政机关是实施法律法规的重要主体，行政机关严格规范执法是法治建设的关键环节。判断行政执法规范化的标准必须同时具备四个条件：一是有相应的事实根据，证据确凿；二是正确适用法律、法规、规章及其他规范性文件；三是符合法定程序；四是符合行政机关职责权限，不越权，不滥用职权。税务机关应坚持贯彻依法行政、规范执法的理念，确保执法行为规范性。

（黄丽明　范可欣）

案例3　外籍个人境内提供劳务构成常设机构补缴个人所得税案

【摘要】常设机构条款是两个国家之间税收协定的重要条款，主要用于明确缔约国双方取得营业利润的征税规则，实现避免双重征税的目的，是判断一国能否向另一国企业或员工征税的重要标准之一。税务机关在国际税收工作中做好常设机构的判断，对维护本国税收利益具有十分重要的意义。本案中，某外国公司就多个在华项目派遣员工到其在中国设立的中外合资子公司提供劳务，派遣员工累计在华劳务时间超过183天。税务机关在检查中认定企业的这些项目形成多个常设机构，但常设机构中的员工未按规定缴纳个人所得税，应予以追缴，最终外籍员工按照我国规定补缴了个人所得税。

【基本案情】某中外合资企业（以下简称

“某合资企业”）主要业务为设计、研制、制造和销售乘用车及其零部件，并提供相应的售后服务。因项目需求，2009 年 11 月至 2014 年 12 月期间，该企业外国母公司派遣多个项目的雇员到该企业提供劳务，负责技术指导、售后服务等工作。项目中，派遣雇员累计在华劳务时间超过 183 天，形成多个常设机构。税务机关对该合资企业展开核查，发现存在构成常设机构未缴纳个人所得税情况。

围绕外方派遣人员在我国提供服务是否构成常设机构，以及我国如何征税和征税时间等问题，税务机关与企业进行多次约谈，税务机关与企业的分歧在于常设机构的认定。企业认为，母公司派遣的每名员工在华时间均不足 183 天，不构成常设机构，且员工的收入为中国境外发放，员工收入不需在中国境内缴纳个人所得税。

税务机关认为，根据中国和某国税收协定第 5 条规定，对是否构成常设机构的判断，是指缔约国一方企业因在缔约国另一方存在劳务项目，因该项目需要而向缔约国另一方派遣劳务人员对该项目提供劳务，只有当在任何 12 个月中连续或累计向该项目派遣劳务人员超过 6 个月时，才构成常设机构。另外，《〈中华人民共和国政府和某国政府关于对所得避免双重征税和防止偷漏税的协定〉及议定书相关条文解释》（以下简称《中国与某国税收协定解释》）又对该常设机构的判断作出了进一步解释，一是一国企业在另一国的项目包括与该企业商业活动相关的一个或若干个项目；二是对任何 12 个月中连续或累计向该项目派遣劳务人员超过 6 个月的规定，应理解为在同一个项目中只要在任何 12 个月中不论是连续计算还是累计计算，只要派遣员工提供劳务的天数超过 183 天，即视为构成常设机构。

本案在某合资企业提供劳务服务的外籍员工为同一项目提供服务，且累计停留时间超过 183 天，应判定为常设机构。判定非居民企业在华设有常设机构的税务影响是，不论其雇佣的外籍员工在我国境内工作时间长短，也不论该员工的工资薪金在何处支付，都应认为其在华常设机构工作期间的所得是由常设机构负担的，我国有权就其在华期间取得的所得征税。税务机关最终认定该外国母公司在我国境内提供劳务构成常设机构，提示该母公司补缴员工个人所得税款逾千万元。

经过税务机关多次对企业负责人约谈并对企业进行税法宣传和辅导，企业最终认同某国母公司派遣员工在华构成常设机构共计 19 个，共协助补缴税款 1771. 03 万元，滞纳金 549. 85 万元，共计 2320. 88 万元。

【争议焦点】本案争议的焦点问题有以下两个：(1) 外国母公司派遣多个项目的雇员到某合资企业工作是否构成常设机构？(2) 常设机构中的雇员是否需要在我国缴纳个人所得税？

【法理评析】(1) 外国母公司派遣多个项目的雇员到某合资企业工作是否构成常设机构？

常设机构是国际税法中的常用概念，一般是用来确定企业是否和某国有实质性的联系从而使该国能对归属于该常设机构的所得进行征税的概念。《中华人民共和国政府和某国政府关于对所得避免双重征税和防止偷漏税的协定》（以下简称《中国和某国税收协定》）第 5 条专门界定了“常设机构”的含义。同时，根据国家税务总局印发的《中国与某国税收协定解释》第 5 条规定，缔约国一方企业派其雇员或其雇佣的其他人员到缔约对方提供劳务，仅以任何 12 个月内这些人员为从事劳务活动在对方停留连续或累计超过 183 天的，构成常设机构。

本案中，某国母公司派遣员工来中国提供劳

务是通过其在中国设立的合资子公司为劳务场所，且提供劳务时间累计已经超过 183 天，应认为在中国构成常设机构。

（2）常设机构中的雇员是否需要缴纳个人所得税？

由于常设机构中的雇员均为在中国境内无住所的外籍人士，根据《中华人民共和国个人所得税法》（以下简称《个人所得税法》）第 1 条的规定，其是否构成中国居民纳税人，应根据其在中国境内停留的时间来确定，如果在一个纳税年度内停留时间达到 365 天，则构成中国居民纳税人，其来源于中国境内和境外的所得均应在中国缴纳个人所得税；如果在一个纳税年度内停留时间未达到 365 天，则属于中国非居民纳税人，其仅就来源于中国境内的所得在中国缴纳个人所得税。

在相关人员构成中国居民纳税人的情形下，如果其在中国居住时间不超过 5 年，其来源于中国境外的所得，可以只就由中国境内公司、企业以及其他经济组织或者个人支付的部分缴纳个人所得税。

在相关人员属于中国非居民纳税人的情形下，如果其在一个纳税年度中在中国境内连续或者累计居住不超过 90 日（在有税收协定的情形下为 183 日），其来源于中国境内的所得，由境外雇主支付并且不由该雇主在中国境内的机构、场所负担的部分，免予缴纳个人所得税。本案中，相关人员在中国停留的时间均超过 183 日，不能享受该项税收优惠。

关于所得是否来源于中国境内，一般情况下是根据支付地点来确定，即在中国境内支付的属于来源于中国境内的所得。但对于一些特殊情形，不考虑支付地点，仅考虑相关所得的关键要素是否发生在中国境内。如本案所涉及的工资薪金所得，判断所得来源地的标准为“在中国境内提供劳务”。即只要在中国境内提供劳务，无论其所得的工资薪金是在中国境内支付的还是在中国境外支付的，均属于来源于中国境内的所得，均应依法在中国缴纳个人所得税。

对于在中国境内企业担任董事或者高层管理职务的人员，对其纳税义务的要求更加严格，原则上，其担任上述职务期间取得的所得均视为来源于中国境内的所得。

【案件处理】税务机关做了大量取证分析工作，并多次约谈企业负责人进行税法宣传和辅导，企业最终认同某国母公司派员工在华构成常设机构共计 19 个，共协助补缴税款 1771.03 万元，滞纳金 549.85 万元，共计 2320.88 万元。

【案件点评】近年来，随着对外经济交往的深入发展，外国企业派遣人员到中国境内企业提供设备安装、项目管理、技术咨询等劳务的情形日渐增多，此类外籍员工存在两个特点：一是入境时间短，在中国境内停留时间一般不超过 183 日，属于非居民纳税人；二是取得薪酬一般由境外企业支付、负担。通过此案，提示税务机关一方面要根据我国同不同国家签订的税收协定中的常设机构条款，结合企业具体情况，准确判定常设机构，对在常设机构中的短期在华劳务人员也要进行征税，监督企业依法扣缴外籍个人所得税，维护我国税收利益。另一方面，要强化与有关部门的合作。外籍个人提供劳务的特点是时间不固定、隐蔽性强，难以有效实施监管。因此，地方税务机关应主动加强与国税局、外汇管理局、出入境管理等部门的联系，拓宽信息来源渠道，及时做好常设机构判定。

（黄丽明　范可欣）

纳税服务

概　况

2017年，北京市地税局各级纳税服务部门按照落实“放管服”、优化营商环境的要求，以增强纳税人获得感为出发点，进一步加强工作统筹，增强服务意识，持续推动服务创新，圆满完成各项工作任务。在国家税务总局开展的2017年纳税人满意度专项调查中，北京市地税局在全国地税系统中排名第6位。

（程　鹏）

“便民办税春风行动”

【综述】2017年，北京市地税局贯彻落实国家税务总局“便民办税春风行动”工作部署，结合工作实际，以“提升·创响”为主题，制定《北京市地方税务局2017年“便民办税春风行动”实施方案》，共确定25项工作任务，推出50条便民措施，持续推进纳税服务创新升级，纳税人的获得感持续增强，2017年全系统共收到纳税人表扬信和锦旗337件（次）。

【提升办税服务效率】一是推行房产交易预审核。开发“个人存量房交易税收征管系统”，引导纳税人使用客户端上传个人房产交易涉税资料，减少纳税人在窗口办税等候时间。二是推广印花税网上申报。对于每份凭证应纳税额未超过500元的，引导纳税人采取网上申报方式缴纳印花税，解决纳税人往返税务机关购买印花税票、贴花程序烦琐等问题。三是实现企业所得税申报全程提醒。改造企业所得税申报客户端功能，上线“税收风险提示服务”系统，为纳税人提供企业所得税申报疑点数据的校验、反馈和提醒服务。四是扩大同城通办范围。制定《北京市地方税务局关于深化推进同城通办专项改革试点的通知》，明确同城通办范围、实现方式和工作要求，截至2017年，北京市地税局同城通办事项已达353项。五是升级自然人办税平台。实现“远程实名认证”“涉税信息提醒”“自行纳税申报”“报表/缴款管理”“涉税事项报告”“纳税信息查询”等6大类15项具体业务的自然人远程办税功能。

【持续规范税收管理】一是完善税收执法程序。推行《全国税务稽查规范（1.0）》，全面修订选案、检查、审理、执行、调查取证和案件移送工作办法，明确相关流程，有效规范稽查执法行为。二是实施行政执法案例指导制度。组织编印《北京市地方税务局税收案例（第一辑）》，收集行政执法典型案例，指导基层税务行政执法实践。三是加大实名办税推行力度。采集112万自然人纳税人信息，采集认证企业纳税人28万户、办税人员50万人信息。四是实行“两税两费”委托代征。健全委托国税机关代征个体工商户相关税费工作机制，联合北京市国税局对市场内个体工商户“两税两费”① 的开展委托代征工作，通过进一步建立完善集贸市场税收管理平台，实现对市场内个体户税源信息、国地税税款代征、发票代开、完税证明开具等工作事项的综合管理。

【强化税收协同服务】 一是深化国地税大企业联合服务。与北京市国税局联合，共同制定《深化大企业税收服务与管理工作合作实施方案》及《大企业涉税诉求联合应对工作管理办法》《大企业联合走访工作管理办法》等制度，同时，通过联合走访大企业、联合开展经济分析、联合组织195户“千户集团”总部数据联络员业务培训等形式，提高企业数据管理和风险防控水平。二是主动服务国家发展战略。与北京市国税局联合举办税收服务“一带一路”系列宣传活动，联合走访重点企业，了解企业开展国际业务方面的诉求。编写《服务“一带一路”战略 助力企业“走出去”税收指南》，为在京1000余家“走出去”企业免费发放。服务北京城市副中心建设，成立服务北京城市副中心建设领导小组，围绕税收征管、纳税服务、综合保障等方面制定14条措施。

【加大宣传报道力度】 一是开展主动问需。与北京市国税局联合召开在京企业界全国人大代表、全国政协委员座谈会，听取意见建议，把握纳税人需求，丰富拓展“便民办税春风行动”内容。二是加大传统媒体宣传。及时通过报纸、电视等传统媒体报道“便民办税春风行动”开展情况，有效提升各项便民服务措施的知晓面。三是尝试创新网络宣传。加强网络新媒体在“便民办税春风行动”宣传中的应用，通过拍摄系列税收微动漫、利用移动平台推送税收政策、开展在线直播活动等形式，让更多纳税人了解便民举措，受到纳税人的广泛欢迎。

（夏天下）

网站微信建设

【概况】 在“互联网+”与政务服务深度融合的背景下，北京地税局网站不断应用网络新技术，构建新的工作形态。2017年，北京地税局网站首页访问量5848.2万人次，比上年增长49.6%；网站各栏目访问量合计1033.9万人次，增长8.9%。网站各栏目更新量为1598条，增长

① “两税两费”是指个人所得税、城市维护建设税、教育费附加、地方教育附加。

72%。在国家税务总局2017年省级地税税务机关互联网站测评中，北京地税局网站在纳税服务、集约建设、管理保障、多渠道拓展等方面获得满分，总体排名第一。北京地税官方微信获得国家大数据专业委员会、人民日报社、中国城市报社颁发的“中国政务服务优秀实践案例奖”；作为京津冀地区“互联网+民生服务”方面突出创新成绩的政府标杆部门，获得“致敬城市进取心”2017年腾讯区域影响力——京津冀政务新媒体卓越运营奖；北京地税官方微信团队被北京市总工会、北京市科学技术委员会评为“2016年度市级职工创新工作室”。

【网站建设开拓创新服务方式】2017年，北京地税局网站建设秉承国家税务总局“便民办税春风行动”各项措施要求，着力解决服务纳税人“最后一公里”问题。开拓创新纳税服务方式，对纳税人在办税需求中最关心的查询办税地址、行车路线等问题，利用腾讯地图的在线导航系统，将网站、微信、自助终端等多平台功能进行整合与融入，实现指尖上的“便民办税地图”。建立网站、自助终端和微信的三屏统一便民办税地图模式，纳税人的满意度和体验度得到切实提升。

【“12万申报”上线微信、支付宝】个人所得税“12万申报”功能在北京地税官方微信、支付宝城市服务成功上线，实现北京地税局移动办税新突破。纳税人通过手机客户端授权认证，最快1分钟即可完成“12万申报”，流程简便快捷，自行申报人数较2016年增加20万人。

【实现微信预约叫号功能】北京地税官方微信推出自主研发的微信预约排队叫号系统，在全市9个区（分）局14个税务所实现23项功能在地税办税厅线上预约办税，切实缩短纳税人办理涉税事项的排队等候时间。

【完善官方微信知识产权保护功能】北京地税官方微信4.0完成改版上线，成功获准信息原创保护功能，为北京地税局原创信息知识产权的保护提供保障。2017年，共推送365期，图文信息1352条，其中原创信息836条，占总信息数量的62%；2017年阅读量464万人次，累计阅读量1062万人次，关注用户达42.5万人次，较上年同期增加27.8万人，增长189%。

【自助办税终端与大企业深度合作】北京地税局着力解决人员密集地区纳税人个人所得税完税证明打印、办税事项查询、办税地址查询等办税服务问题，首次在中国银行中银支行、北京华为集团等税务机关以外的场所安装部署自助办税服务终端设备，为周边纳税人买房、买车、出国审核、银行贷款、申请保障房等业务提供了便利。在北京电视台等新闻媒体中进行了报道。2017年，全市在用自助办税服务终端173台，其中24小时服务终端37台，打印个人所得税完税证明144万份。解决个人所得税完税证明“一证多名”问题，完成全市自助办税终端升级工作。

（关　芯　李　科　张　博）

纳税服务热线

【打造纳税服务品牌】 2017 年 10 月 10 日，北京地税局咨询服务平台成立一周年，举办了“心聆听·新服务”——处级干部听民意解民忧接线工作启动仪式。北京地税局系统内处级干部通过接听 82012366 热线了解纳税人需求，切实关注纳税人关心的热点、难点、痛点问题，形成了按月轮流的长效机制。北京地税局以新态度、新水平、新方法打造“心聆听·新服务”品牌，主动满足纳税人对税收工作的新期待，实现了纳税服务品牌创新。2017 年，82012366 热线呼入总量 88.64 万件，转接人工量 68.49 万件，接通率 98.02%，解决纳税人、缴费人 92.7 万个问题，话务量比平台成立之初增长 8.9 倍。

【咨询服务热线实现整合】 2017 年，北京地税局咨询服务平台完成了全市 17 个区（分）局的小呼中心以及北京地税局 4006022366 技术支持热线的顺利并入，实现了“北京地税局一个声音”的目标，服务质效同步提升。

（关　芯　杜新育）

其他纳税服务工作

【多元化宣传辅导】 与北京电视台合作制作“税收微动漫”视频，集知识性、故事性、趣味性为一体。截至 2017 年底，共制作微动漫视频 29 集，并通过北京地税局网站、官方微信、北京电视台播出；编印《首都公民税收手册（2018）》，分为概述篇、收入篇、车辆篇、房屋篇、优惠篇、生活篇、服务篇共 7 章，将税收政策与百姓日常生活工作结合，用生动的故事、简明的文字和活泼的插图帮助纳税人了解税收和服务举措，指导纳税人维护自己的合法权益，正确履行纳税义务，树立依法诚信纳税意识；推进实体纳税人学堂建设。利用实体纳税人学堂定期为纳税人开展包括新开户和专题培训等分层次、分行业、分类型的业务培训，2017 年 1—12 月，全市地税系统开展现场集中辅导培训 910 场，培训纳税人 9.4 万人次。其中，与国税局联合开展辅导 248 场，培训纳税人 3.6 万人次。借助社会力量，扩大宣传成效；开展首都税收宣传员选聘工作，在全市范围内聘任 412 名纳税人代表为税收宣传员，通过上门走访、举办办税服务厅开放日活动等形式，发挥首都税收宣传员的辐射引领作用。

【提供多渠道纳税人咨询解答服务】 通过多渠道与纳税人加强日常交流互动，解答北京地税局网站“我要咨询”及微信公众号“我要问”栏日咨询留言29959件、回复局长信箱来信604件，受理税务总局网上咨询派单776件，受理“首都之窗”政风行风热线派单46件，受理12345市长热线咨询派单1268件。其中，“我要咨询”“我要问”栏目得到纳税人的关注，留言数量比2016年增长45%。各咨询渠道收集疑难问题、个性化问题1867件，均得到及时解决和回复。

【咨询情况的统计与分析】 2017年，根据各咨询渠道编发《纳税咨询服务情况汇总》《局长信箱办理情况汇报》，总结热点问题41个，提出工作建议23条，编发《突发热点问题提醒单》32期。热点问题包括非京籍家庭购房审核条件调整、房产税和城镇土地使用税申报、企业所得税汇算清缴申报、办税人员实名认证和关联等，均得到及时解决和反馈。

【非紧急救助服务】 在北京市非紧急救助中心2017年度“三率两度”综合指标考核中，北京地税局非紧急救助服务工作在7月、9月、10月、11月各项指标达到100%，在全市各委办局名列前茅。2017年，共接收市非紧急救助服务热线国、地税业务派单10084件，实际受理9830件，其中地税业务1401件。在1401件地税业务派单中，区局承办1009件，占72%；业务咨询235件，占16.7%；涉税举报126件，占9%；意见建议20件，占1.4%；投诉7件，占0.5%；表扬4件，占0.3%。

【“一窗式”服务“一站式”办结】 北京地税局驻市政务服务中心窗口进一步落实“放管服”改革，简化优化办税流程，实现非京籍个人购车购房个人所得税复核业务“一窗式”服务，平稳过渡2017年3月22日个人所得税新政适应期。2017年2月和5月无线电频率占用费和防空易地建设费两项非税收入完成入驻，业务窗口全部实现开票、缴费、盖章的“一站式”办结服务。2017年，现场接待纳税人9843人次；非京籍个人购车个人所得税复核通过547件，非京籍个人购房个人所得税复核通过167件；征收无线电频率占用费695.36万元，征收防空易地建设费6581.64万元。

【加强权益维护】 不断完善投诉收集反馈机制，强化投诉提醒通报机制，落实投诉预防监督机制，有效维护纳税人权益。2017年受理纳税服务投诉114件，核实属实5件；纳税服务部门与各相关处室建立需求反馈机制，全年发出协办提醒83次；召开区局长投诉分析会，加强提醒谈话，到相关区局调研，直接指导改进服务；定期发布纳税服务投诉通报，对投诉集中的5个单位主管局长和纳服科负责人进行约谈；坚持每天对办税服务厅进行音视频监控，全年发出即时告知提醒180余次。通过“纳税服务调查”网上管理平台，广泛征集社会意见建议，2017年收集纳税人评价近590条；开展需求调查，调查样本量总计9916个，对其中123个样本进行深度访谈。

【推出提升纳税服务20项措施】 为深化改革成效，进一步提高纳税服务质效，让纳税人体验感更好、获得感更强、满意度更高，北京地税局从纳税人需求出发，在系统总结一年服务成效的基础上，进一步拓展服务领域、创新服务手段、拓宽服务渠道，推出涵盖简化优化办税流程、服务国家发展战略、税收宣传辅导、纳税人权益维护、守信激励等多个维度20项措施。

【制定优化营商环境工作方案】对标国际营商环境标准，结合落实“放管服”改革，围绕首都纳税人办税的“堵点”“痛点”“难点”，聚焦“营造公开透明政务环境、营造便捷高效办税环境、营造沟通顺畅税企环境”，制定了减少准备时间、缩短办税时长、提升服务效率、促进公平公正、合力共促提升五类45条措施。

【推行手机银行缴税服务】与工商银行北京分行、建设银行北京分行、邮储银行等合作，探索实现手机银行客户端实时缴税功能，自4月推出以来，仅工商银行已通过手机端缴税业务11000余笔，税款665万元，涉及印花税、车船税、契税等税种。

【服务城市副中心建设】制定《北京市地方税务局关于积极发挥税收职能作用服务北京城市副中心建设工作措施》。通过“一个定位”“三个提升”、14条措施、50项工作，全面提升城市副中心税务服务与管理水平，为北京城市副中心建设与发展贡献力量。

【纳税服务岗位培训班】为提升系统纳税服务干部队伍素质，不断推进北京地税局纳税服务现代化，2017年8月28日—9月1日，在中央财经大学举办了2017年纳税服务岗位培训班。全系统90名纳税服务岗位业务骨干参加培训。通过系统深入的学习，使学员们受到启发，提升了自身素质与能力，成为与纳税服务现代化要求相匹配的专业人才。

【纳税信用管理】针对新系统上线后，政策与系统衔接、指标与系统关键等难点，加强与国税部门合作，从建立制度机制入手，开展纳税信用等级评价和补复评工作，共评价出2016年度纳税A级企业5.57万户。

【持续开展“银税互动”】拓展纳税信用结果增值服务，与40余家银行建立合作关系，2017年累计为企业授信1198笔，共发放贷款63.50亿元，其中为小微企业授信1086笔，金额49.31亿元。

（程　鹂　林　娜　于　宁　周　聪　夏天下　汤　婧　关　芯　李思峰　王　萌　龙周青）

税务稽查

税务稽查工作

【综述】 2017年，北京市地税稽查系统坚持以办案为中心，推进体制改革，夯实工作基础，清理未结案件，深化部门协作，强化监督考核，有效发挥税务稽查职能作用，确保全市任务的有效完成。全市地税稽查系统完成对1211户纳税人的税务稽查，完成对2309户纳税人的督导自查，查补合计48.99亿元，比上年增长8.22%，入库46.06亿元，与上年持平。案件有问题率98.8%，查补入库率94.02%，较上年均有大幅提升。

【稽查体制机制改革】 制定《北京地税系统稽查体制改革实施方案》和业务衔接方案，完成第一批6个区（分）局的试点改革，151名稽查人员调整至风控、税源管理等部门，加强了基层征管力量。同时，通过直接招录、遴选等方式增强市级稽查力量，共计为直属稽查局补充干部62人。通过改革，稽查组织结构更加科学，稽查力量调配更加灵活，稽查质效稳步提升，人均查补比上年增加135.4万元，户均查补增加220.92万元，均提高30%以上。

【重大税收违法案件查处】 按照中纪委、北京市委市政府、税务总局等上级机关部署和要求，依法开展重大案件的查办工作。2017年共受理各级部门督办（交办）案件18件。组织各级税务稽查部门聚焦重大税收违法案件，查处百万元以上案件146件，查补收入23.63亿元。

【“双随机、一公开”监管】 2017年，北京地税全面实施“双随机[①]、一公开[②]”，应用“双随机”平台，完成重点稽查对象、省级重点稽查对象、异常对象、执法人员名录库的建立，组织开展2016年总局重点稽查对象随机抽查工作，查补收入11.05亿元。对17户市属重点集团及其在京共计821户企业开展随机抽查，入库收入1.77亿元。对纳税信用评定为C级、D级企业，网络直播平台，高尔夫球场，私募基金，私立医疗机构等开展定向随机抽查，随机抽取产生197户随机对象，实现查补收入0.6亿元。对111户股权转让企业立案检查，查补合计3.96亿元。对18户企业所得税在地税管辖的医药行业企业开展专项整治。组织骨干力量先后成立26个专案组，顺利查办8件总局督办案件，查补金额合计1.17亿元。积极发挥稽查“利剑”作用，配合市委、市政府完成涉及首都综治、社会维稳、意识形态领域的联合执法案件5件，参与房地产市场调控、非首都功能疏解等专项工作，维护首都经济社会秩序。

【高风险纳税人定向稽查】 北京地税作为高风险纳税人定向稽查专项改革试点单位，深化专

---

① 双随机是指依法对纳税人和扣缴义务人运用定向和不定向相结合的方法确定待查对象，并随机选派税务人员实施税收执法检查的工作过程。

② 一公开是指按要求、有计划地公开税务稽查随机抽查职责、程序、事项、结果等，强化社会监督。

项试点改革创新，制发《北京市地方税务局关于深入推进高风险纳税人定向稽查专项改革试点工作的通知》，与著名高校合作，以金税三期为依托，充分应用云计算、大数据等现代信息技术，以横向协作和外部合作为基础，拓宽案源渠道，进行以机器学习算法为代表的数据分析挖掘，精准识别高风险纳税人，截至年底，高风险纳税人定向稽查工作已查补税款15.7亿元，户均查补达到1500万元。

【国地税联合稽查】 树立合作共赢理念，深入落实总局国地税联合稽查工作办法，结合工作实际，制发北京市国地税联合稽查工作实施细则，规范并推进联合稽查向纵深发展。成立联合稽查工作小组，商定年度工作计划、检查对象范围、检查时间安排、检查实施方式，及时交换检查成果，积极总结联合稽查办案经验和方法，形成执法合力。全年确定联合稽查对象1732户（含自查），联合立案244户，查补合计25.52亿元，比上年增长102.8%。加大信息共享力度，全年互相推送重大税收违法案件涉税线索35条、发票违法线索325条，交换“一税两费”[①]、企业所得税等涉税信息500余条，提高工作效率。第六稽查局积极探索国地税联合稽查工作机制、联合查办大要案取得实效。

【打击发票违法犯罪活动】 全面落实总局对于“稽查工作五种形态”[②]的要求，依法履职，加大税务行政处理力度，全力打击涉税违法犯罪行为。全年共查处存在虚开发票、非法取得发票等违法行为的企业691户，查处非法发票15000余份，查补合计3.79亿元，圆满完成总局下发的打击发票工作任务。依据实名检举线索，组织查办“3·21”专案，对4家涉嫌虚开巨额地税发票的走逃企业开展立案检查，以受票单位业务的不真实性反向认定开票单位虚开事实，涉案金额23.4亿元。通过对北京地区307户受票企业开展三轮突击检查，查补合计2.1亿元，并向市公安局法制总队移交13户企业虚开发票线索。

全年受托协查292户次，协查发票663份，委托协查182户次，协查发票1114份，均已按期回复。

【涉税违法案件检举】 全年共受理涉税检举案件1983件，其中百万元以上案件14件，查补合计3.19亿元。

【稽查制度建设】 推进《全国税务稽查规范（1.0版）》全面落地实施。一手抓培训，一手抓制度配套。扎实开展学习，先后实施培训1600人次。修订完善稽查规章制度体系，先后制发随机抽查、税务稽查案源、检查、审理、执行、调查取证、案件移送、案卷归档、检查证管理等9个制度。

【税收“黑名单”制度和联合惩戒】 全方位构建联合惩戒工作体系，不断提升执法刚性。2017年将符合条件的3件案件予以公布，以公函形式向联合惩戒单位函请依法进行有效惩戒。全年对15户欠税企业法定代表人采取阻止出境措施，分8批对企业法定代表人进行续控189人次，通过采取阻止出境措施，累计清缴税款、滞纳金共计3123.17万元。加大宣传力度，配合总局拍摄《“黑名单”中的罪与罚》专题片，与市国税局召开联合惩戒新闻发布会，打击涉税违法行为和联合惩戒相关工作被20余家媒体报道，助推首都信用体系建设。高度重视以案释法工作，积极创作、拍摄税案追踪系列节目，主动参

---

① “一税两费”此处指城市维护建设税、教育费附加、地方教育费附加。

② “稽查工作五种形态”指当严则严，该宽则宽，宽严相济，罚当其责，宽严有据。

与税收公益广告创意活动和税收宣传手册编写，在各类媒体刊发稽查案例、宣传稿件百余篇，在总局《稽查工作动态》上刊登各类文稿、信息10篇，稽查宣传工作取得显著成效。做实公安派驻税务联络机制，深入开展税警联合，全年移送公安机关涉税违法案件、线索20件，公安机关提前介入1件，联合查办案件成效显著。加快重大税务案件审理，2017年累计审结案件15件，增加60%；查补合计9.28亿元，增加24%。完成税务稽查执法车辆和稽查调账箱的更新、设计工作，更新执法用车22辆，配备稽查专用调账箱132个，配备执法记录仪43个，制定下发《关于进一步加强执法记录仪应用工作的通知》，加强稽查调查取证工作的规范化、信息化建设。

【稽查业务培训】持续加强干部队伍建设，注重稽查人才培养，实施分类分级和国地税联合培训，加强与中央财经大学、中国公安大学合作，组织赴扬州税院开展业务培训，全力打造税务稽查铁军，得到总局领导肯定性批示。第五稽查局坚持以税收大讲堂的形式促进干部教育培训工作，提高稽查干部工作水平。

【稽查调研】完成《信息化手段支撑下税务稽查案源选取及管理工作研究》《关于加强国地税联合稽查的实践与探索》《借鉴日本经验完善我国自然人税收管理工作》3篇调研。

（葛　玮）

案例举要

案例1　N房地产开发公司未缴纳税款案

【案件所属行业】房地产

【案件类型】应缴未缴

【案件来源】专项检查

【基本案情】N房地产开发企业在检查期间，商品房有竣工备案，但未确认完工开发产品，存在未按规定缴纳企业所得税的情形。该案件情况复杂，取证难度大，政策把握难，给案件检查带来一定困难，检查组通过缜密细致的审核与多种检查方法的应用，最终确认存在的涉税违法事实。

该案件为市局专项案件。立案检查年度2012—2013年。该房地产开发公司成立于2001年3月，经济性质为其他有限责任公司，注册资金3000万元。经营范围为房地产开发、销售自行开发的商品房、物业管理、家居装饰、花木种植等。

【查办过程】（1）检查预案。检查组通过内网系统查询该企业的基本信息、入库明细，特别注重第三方信息的收集，通过“北京市住房和城乡建设委员会”网站查询该企业楼盘销售信息、竣工备案信息、项目建设方案等内容，初步了解企业经营情况，有针对性地制定了检查方案，根据行业特点确定检查实施重点。

（2）检查方法及发现问题。

①根据行业特点梳理基础资料。检查组根据房地产行业特点，制作了房地产开发企业提供资料清单，责成企业提供。然后结合其原始资料进

行归集，从该企业“发改委”立项、工程前期规划、开工建设，到竣工备案、房屋预售、销售，制作了制式表格，为全面掌握企业开发项目的总体情况提供帮助。此外，通过第三方数据的整理，对该企业开发项目的建筑规模、占地面积、可售面积、公共配套设施的分布、建筑工程造价、竣工验收时间，房屋预售、时间等基础信息进一步了解，为下一步详细检查打下基础。

②采用多种方法审核财务会计资料。检查组采用逆查法，从审查财务报表入手，进而审查总账、明细账，最后抽查有关记账凭证。从而做到重点突出，集中精力检查主要问题。在查账过程中，充分发挥电子查账软件的作用。按照软件提供的预警指标，逐项分析、排查。结合企业提供的税务审计报告和财务报告，通过电子账套，快速、有针对性地查询分析有关稽查要点。加强对房地产行业重点科目的检查，如往来科目，收入、成本科目等。结合各类合同，尤其是建筑安装工程施工合同与该企业工程预算、账务处理进行比对。

③全面审核单方成本报表，税企沟通是关键。该企业自2008年9月开始开发“ZRC”项目，时间跨度较长，成本、费用的列支情况需要详细的核对；发现疑点，需要与企业财务人员进一步沟通，消耗了检查人员的大量时间。该企业成本列支截止时点与检查组有不同意见，但检查组考虑到该企业部分商品房在检查期以后陆续竣工备案，且后续成本仍有发生，所以按照国家税务总局关于印发《房地产开发经营业务企业所得税处理办法》的通知规定，最终双方确认计税成本截至检查年度内。

检查组对该企业“ZRC”项目共同成本分摊方法、直接成本与共同成本的区分、“公共配套设施”的确认等税收政策及计算方法与企业理解有不同意见，通过请示市局、分局相关处室的同志，相关政策得到明确答复，为该案件的顺利推进打下良好基础。

检查组对该企业已完工项目的收入、成本、费用、面积等单表内容，表间钩稽关系进行了全面、细致的审核。发现问题，及时与企业联系，并要求其限期改正。经过税企之间充分沟通，几经修改最终确定可售成本对象的“单方成本”。

④稽查威慑与纳税服务相结合，确定违法事实。检查组在检查过程中，充分发挥稽查的威慑作用，向企业讲明利害关系的同时全力做好纳税服务工作，耐心细致地向企业讲解有关税收政策，列举相关证据资料，最终确定该企业未按规定缴纳企业所得税的违法事实。

【违法事实】通过检查发现：该企业开发的“ZRC”北区和南区部分住宅在检查期间有竣工备案，但该企业在2012—2013年企业所得税汇算清缴申报时，未将上述住宅确认为已完工开发产品。

通过检查，确定了该企业可售成本对象的“单方成本”，计算出实际毛利额与预计毛利额之间的差额，调增了当年应纳税所得额。

【处理结果】(1) 税款。根据《中华人民共和国企业所得税法》第一条、第二条、第三条、第四条、第五条、第六条、第八条、第二十条、第二十一条、第二十二条、《中华人民共和国企业所得税法实施条例》第七十六条、《国家税务总局关于印发〈房地产开发经营业务企业所得税处理办法〉的通知》第二条、第三条、第六条、第八条、第九条、第十一条、第十二条、第十三条、第十四条、第十七条、第二十六条、第二十七条、第二十八条、第二十九条、第三十条、第三十四条的有关规定。该企业应补缴企业所得税5044.15万元。

（2）滞纳金。根据《中华人民共和国税收征收管理法》第三十二条的有关规定，对该企业加收滞纳金 1227.39 万元。

（3）罚款。根据《中华人民共和国发票管理办法》第二条、第三条、第十九条、第三十五条第（一）项的有关规定，对该企业应当开具而未开具发票的行为处以 5000 元的罚款。

【点评】（1）征管局和稽查局应通过多种形式进一步加大税法宣传力度，不断增强纳税人依法诚信纳税的自觉性，在社会上形成“依法诚信、纳税光荣”的社会氛围。

（2）检查组在查前应做好充分的准备，有效获取“第三方”数据，熟悉该行业的生产经营流程、财会制度和相应的税收法律法规，掌握稽查的要点，制定行之有效的稽查方案，提高稽查效率，以求事半功倍。

（3）加强与财政部门、土地审批部门、规划立项单位以及产权交易、转移审批确认部门的沟通和信息交换。详细掌握各税种的税源变化情况，为全面监控和评估房地产企业纳税情况收集丰富、准确的信息资料。

（4）各部门通力协作，确保顺利完成任务。在案件查办过程中，相关科室密切配合检查组，业务部门协调上级部门，审理部门推行审理前置，协助检查组组织证据，核对数据，明确政策和各类问题的处理方法，积极深入地参与到案件中，对本案的顺利完成起到了非常重要的作用。

案例 2 A 房地产开发企业逃避缴纳税款案

【案件所属行业】房地产

【案件类型】逃避缴纳税款

【案件来源】专项检查

【基本案情】A 房地产开发企业为家族集团性质的房地产开发企业。检查组通过有效的查前准备工作，对涉及问题进行深入的政策分析，确定检查方向，利用调账检查等手段，核实企业涉税事实，收集企业原始凭证，通过外调协查发现、核实企业所得税、土地增值税、营业税等问题。

该案件为市局专项案件，立案检查年度为 2009—2011 年。A 房地产开发企业成立于 2000 年 1 月，注册资本 1 亿元，经济性质：其他有限责任公司。该企业于 2003 年 8 月—2009 年 2 月开发了“A 国际广场”项目。

【查办过程】（1）检查预案。检查组入驻前做好人员、业务储备，调动部门内最有经验的检查人员组成专案组，提前对预计可能出现的房地产业务及相关税收政策做好准备。同时，建立应急预案，如案件在检查中遭遇阻力，将及时启动应急预案，从增派人员、政策请示、向上级领导汇报等多方面手段保证检查的顺利实施。

（2）检查方法及发现问题。

①检查组采取外调取证的方法，了解企业账载与真实情况的差异。检查组发现“A 国际广场”项目疑点重重，企业财务人员总是以各种理由推拖、回避。从账面上体现出来的收入没有入账，但是往来科目却有大量的余额。检查组通过调查取证，证实 2009 年作为购入“A 国际广场”项目的 B 公司已经将全部价款按要求支付给被查单位。

②假发票及业务真实性的核实是认定偷税的关键。在案件进行企业所得税及土地增值税的清算过程中，检查组发现大量不符合规定的发票列支成本的问题。由于被查单位的不配合，要想落实发票内容的真实性就必须将发票中涉及的每一户开票单位进行调查，工作量极大。为了最终案件的定性，把好税收的最后一道关，检查组还是克服困难保质保量地完成自己的使命，将不符合

规定发票业务的真实性逐一落实。

【违法事实】通过检查发现：（1）未按规定申报缴纳营业税金及附加及隐匿项目销售收入的情况。收取售房款：该公司2010年1月—2011年12月收取其他地产项目售房款收入共计2.65亿元，未全额申报缴纳营业税金及附加。收取代办费用：该公司2010年、2011年收取代办费用，金额为254万元，计入“其他应付款——代收费用”科目，未按规定缴纳营业税金及附加。隐匿取得的项目转让收入：该公司2009年4月30日取得“A国际广场”项目转让收入1.6亿元，经外调取证，由B公司直接支付给C公司冲抵欠款；2009年5月31日取得项目转让收入0.26亿元，经外调取证，由B公司直接支付给D公司抵扣工程款，该公司将以上1.86亿元采取在账簿上不列收入的手段隐匿收入，开具不符合规定的发票，未按规定在经营账簿中记载并申报缴纳营业税金及附加，检查组定性为偷税行为。

（2）虚假发票列支成本。该公司2008—2010年在没有真实业务发生的情况下，取得不符合规定的发票共计183张在开发成本中列支，金额合计3.17亿元，经鉴定为不符合规定的发票。且经检查组外调核实，相关单位均出具说明表示未与A公司有过业务往来和相关经济往来，更没有给其开具过发票。

（3）未按规定缴纳土地增值税。该公司于2009年2月23日将开发在建“A国际广场”项目转让给了B公司，双方按转让协议办理全部手续，已于2011年12月31日将总转让价款15.99亿元全部结清，未按规定进行土增税清算。检查组要求该公司去主管税务机关进行土增税清算，经多次催促，该企业以各种理由推脱，始终不进行土增税清算。经本局研究并请示市局批准后，由北京S税务师事务所负责该公司“A国际广场”项目的土增税清算工作。在清算过程中，发现数额巨大的伪造发票成本列支，该企业取得不符合规定的发票共计183张在开发成本中列支，金额合计3.17亿元，经鉴定为不符合规定的发票。

（4）企业所得税少缴及偷税情况。该公司2010年账面应调增应纳税所得额246.7万元，调减应纳税所得额23.4万元。纳税调整后应纳税所得额712万元，弥补以前年度亏损后应纳税所得额为-654万元，因此2010年度该公司不补缴企业所得税。该公司2011年账面应调增应纳税所得额86.8万元，调减应纳税所得额1.4万元，弥补以前年度亏损后应纳税所得额120.77万元，应纳所得税30.19万元。同年，该公司“A国际广场”项目已收取全部项目转让款，检查组对企业所得税进行调整，调增应纳税所得额15.99亿元，调减应纳税所得额10.68亿元。其中该公司隐匿项目销售收入1.86亿元，并且在没有实际真实业务的情况下违规取得不符合规定的国税、地税发票共183张在开发成本中列支，金额合计3.17亿元，虚增企业成本，涉及企业所得税1.23亿元，检查组定性为偷税行为。

【处理结果】（1）税款。根据《中华人民共和国营业税暂行条例》第五条、《中华人民共和国营业税暂行条例实施细则》第十三条的有关规定，该公司应补缴营业税955万元。

根据《中华人民共和国城市维护建设税暂行条例》第二条、第三条、第四条第一款第二项的有关规定，该公司应补缴城市维护建设税47.75万元。

根据京政发〔1994〕18号《北京市人民政府转发国务院关于教育费附加征收问题文件的通知》第一条的有关规定，该公司应补缴教育费附加28.65万元。

根据《中华人民共和国企业所得税法》第一条、第三条、第四条、第八条、《中华人民共和国企业所得税法实施细则》第二十七条的有关规定，该公司2011年补缴企业所得税1.33亿元。

根据《中华人民共和国土地增值税暂行条例》第二条、第五条、第六条、第七条、北京市地方税务局关于印发《房地产开发企业土地增值税清算管理办法》(京地税地〔2008〕92号)第二条、第五条第二款的有关规定，该公司应补缴土地增值税2.22亿元。

(2)滞纳金。根据《中华人民共和国税收征收管理法》第三十二条的规定，对该公司未按规定申报缴纳的营业税、城市维护建设税、企业所得税按日加收万分之五的滞纳金。对该企业加收滞纳金2704.36万元。

(3)罚款。根据《中华人民共和国税收征收管理法》第六十三条的有关规定，该公司在检查期间，存在多列支出或者少列收入的行为，应定性为偷税，因此，对该公司偷税的行为处以少缴税款1倍的罚款1.33亿元。

【点评】(1)先评估后立案，检查更有针对性。房地产企业政策相对完善、数据搜集相对便宜、可借鉴的前人经验也相对丰富，检查组在开展房地产业专项检查选户工作时，尝试通过对某些具体房地产企业进行比较全面的立案前数据分析，寻找出评估疑点后再行立案检查。可登录城乡和建设委员会、北京市国土局、北京市规划委员会等官网进行房地产企业资质、项目立项、规划许可、施工许可、预售许可、网签、竣工备案等情况进行查询。可登录内网查询到各项税款入库、发票取得和开具、房产土地备案、企业所得税申报等情况；并可通过税款比对、计算销售费用率、管理费用率、职工工资总额变动率等比例数据预警比对等，推测重点关注疑点。据此进行检查，可从一定程度上避免大海捞针，有效提高检查针对性。

(2)面对纳税人不配合税务机关检查时的借鉴经验。注意随时搜集固定办案所需要的证据，及时认定，避免后期纳税人的不配合造成无证可取。在纳税人不配合或者故意隐瞒涉税事实的情况下，可以采取到第三方协助调查的证据，包括交易企业、关联企业、开户银行、交易银行，从而帮助案件的定性，也可以提前采取税收保全等相关手段，避免企业转移资金。在适当的条件下，可及时沟通税警联合办公室，获得公安机关的大力支持，从而达到最终确定违法事实的目的。

案例3 SH事业单位服务局未缴纳税款案

【案件所属行业】事业单位

【案件类型】应缴未缴

【案件来源】专项检查

【基本案情】SH事业单位服务局由于该单位财务人员对税收政策的理解不清、对财政拨款概念混淆，造成在检查期间内取得租赁业动产出租收入、其他服务业物业收入、餐饮业收入、租赁业不动产出租收入未足额缴纳营业税金及附加；无租使用上级单位免税房产用于出租，未按规定缴纳相应的城镇土地使用税。

该案件为本局专项案件。立案检查年度2012—2014年。SH事业单位服务局成立于1998年11月4日，经济性质为事业单位，注册资金为247万元。经营范围为：为院机关和所属科研单位办公与职工生活提供后勤服务，机关及所属单位办公服务，职工生活服务，相关社会服务。

【查办过程】(1)检查预案。检查组接到任务后，立即研究制定检查方案，做好查前准备工作。初步了解情况后决定采取实地查账的检查方法，以便于全面了解被查单位财务状况。同时，检查组结合内网系统掌握了被查单位纳税申报、税款入库及发票领购情况，并通过互联网查询了解了财政预算管理、财政专户管理等信息，经过比对分析，初步确定检查思路。

（2）检查方法及发现问题。本案查处过程中，检查组发现该单位财务处理统一由上级单位财务部门进行集中核算，该单位没有相应的财务人员能够配合检查工作，随即要求企业填写授权书，被授权人为该单位分管财务的副局级领导，检查组要求其提供相应财务资料配合检查工作。提供财务资料后，检查组首先对财务报表进行了检查，并通过了解该单位的经费来源及收入构成等状况后，检查组对营业税应税收入情况进行了全面的估算并据此确定了以“上级补助收入”“其他收入”等科目为重点的检查方案。

由于该单位财务处理统一由上级单位财务部门进行集中核算，该单位8类收入分别由4名财务人员负责账务处理，财政收入、增值税计税收入、营业税计税收入分别计入“财政拨款”“上级补助收入”“其他收入”3个科目的8个二级明细账。检查组分别对这些明细账进行了检查筛选，发现其中4个二级明细账涉及营业税应税收入，随即检查了该单位的原始会计资料、报表、凭证、合同、发票及营业税金及附加的纳税申报数据等有关资料，分别与4名财务人员逐笔核对收入明细，固定了每一笔应税收入的原始证据。

最终，检查组确认：①该单位2012—2014年取得的营业税应税收入有未足额缴纳营业税金及附加的情况。②该单位无租使用上级单位房产，并用于出租，存在未按规定缴纳相应的城镇土地使用税的情况。③该单位和上级部门的会计人员对税法理解有误，对财政拨款概念混淆，对提供劳务取得营业税应税收入和财政拨款划分不清。

【违法事实】通过检查发现：（1）该单位2012年1—8月取得租赁业动产出租收入；2012年、2013年、2014年取得其他服务业物业收入；2012年、2013年、2014年取得餐饮业餐饮收入；2012年、2013年、2014年取得租赁业不动产出租收入。以上营业税应税收入与当期入库营业税金及附加比对计算，发现该单位未足额缴纳营业税金及附加。检查组按照应税收入不同税目，逐月计算各期营业税及附加和相应滞纳金。

（2）该单位无租使用上级单位16处房产，并用于出租，收取租金已按照规定缴纳了营业税金及附加和房产税，但是该单位未按规定缴纳相应的城镇土地使用税。检查组以房产所在地对应的土地级次，按照城镇土地使用税缴纳原则计算税款及滞纳金。

【处理结果】（1）税款。根据《中华人民共和国营业税暂行条例》第一条、第二条、第四条、第十二条、《营业税税目税率表》中服务业适用税率5%的有关规定，该单位应补缴营业税223.64万元。

根据《中华人民共和国城市维护建设税暂行条例》第二条、第三条、第四条的有关规定，该单位应补缴城市维护建设税15.65万元。

根据《征收教育费附加的暂行规定》第二条、《北京市人民政府转发国务院关于教育费附加征收问题文件的通知》（京政发〔1994〕18号）第一条的有关规定，该单位应补缴教育费附加6.70万元。

根据《北京市地方教育附加征收使用管理办法》第二条、第三条、第十三条的有关规定，该单位应补缴地方教育费附加4.47万元。

根据《中华人民共和国城镇土地使用税暂行

条例》第二条、第三条、第四条、第八条、《国家税务局关于印发〈关于土地使用税若干具体问题的补充规定〉的通知》（国税地字第 140 号）第一条、《国家税务局关于印发〈关于土地使用税若干具体问题的解释和暂行规定〉的通知》（国税地字第 15 号）第九条、第十条的有关规定，该单位补缴应补缴城镇土地使用税 18.7 万元。

（2）滞纳金。根据《中华人民共和国税收征收管理法》第三十二条，对该单位应加收滞纳金 89.91 万元。

【点评】（1）办案前确定正确的办案思路和稽查重点尤为重要。根据被查单位特殊性及实际情况有针对性地实施稽查，并在检查过程中，重点区分营业税应税收入及非应税收入，找出案件的稽查重点，对案件的顺利查处，起到至关重要的作用。事实证明，检查组能够按照正确办案思路，在检查过程中有的放矢，与上级单位财务人员和该单位领导多次沟通，使得纳税人打消顾虑、遵从税法，既节省了检查时间，又提高办案质量和深度。

（2）明确划分收入类别，加大对企业的税收政策的宣传力度，使其做到依法纳税。由于《财政部　国家税务总局关于延长中央和国务院各部门机关服务中心有关税收政策执行期限的通知》（财税〔2006〕109 号）已于 2006 年 12 月末执行期满，自 2007 年 1 月 1 日起，对机关服务中心为机关内部提供的后勤保障服务所取得的收入，恢复征收营业税、城市维护建设税和教育费附加。该单位财务人员对应税收入和非税收入之间的概念混淆，并且沿用老政策处理新问题，导致本案涉税问题的发生，这就需要税务人员具有专业素质，在实施检查过程中，对有顾虑的纳税人要耐心讲解，摆事实、引法律，以取得纳税人的信任并得到上级部门的积极配合，圆满完成检查工作，才能做到依法治税。

（葛　玮）

北京市地方税务局稽查情况表

表 1 税务稽查机构查处税收违法案件情况统计（2017 年）

单位：万元

项目			查处税收违法案件合计	项目			查补总额合计	实际入库合计
立案检查户数（户）			938	合计			489905	460615
审结情况	审结户数（户）		1211	立案查补收入	税款		312532	288345
	其中：以前年度案件数（户）		707		滞纳金		33914	32905
	有问题户数（户）		1197		没收非法所得		0	0
	其中	亿元以上案件（户）	1		罚款		14570	10476
		千万元案件（户）	44		小计		361016	331726
		百万元案件（户）	102		其中	亿元以上案件	10797	10797
结案户数（户）			1221			千万元案件	186206	154972
其中：以前年度案件数（户）			715			百万元案件	39290	37868
督导自查户数（户）			1246	督导自查收入			128889	128889

表 2　　**税务稽查机构查处税收违法案件情况统计（2017 年）**　　单位：户、万元

按违法性质统计	户次	查补总额					按税种统计	查补税款	入库税款	其他稽查成果统计	户数	税款	金额
		查补税款	滞纳金	没收违法所得	罚款	合计							
合计	1274	420488	54847	—	—	489905	合计	420488	396301	调减留抵税额	0	0	—
偷税	25	11931	857	0	4885	17673	增值税	0	0	不予免、抵、退税	0	0	—
逃避追缴欠税	0	0	0	0	0	0	消费税	0	0	调增应纳税所得额	15	—	14441
骗取出口退税	0	0	0	0	0	0	营业税	87667	86024	其中：弥补亏损	4	—	280
抗税	0	0	0	0	0	0	企业所得税	101608	70257	—	—	—	—
编造虚假计税依据	0	—	—	—	0	0	个人所得税	53153	52924	—	—	—	—
不进行纳税申报	14	14031	1525	0	103	15659	土地增值税	43223	31304	—	—	—	—
发票违法	688	27869	1905	0	4456	34230	其他	26881	47836	—	—	—	—
其他	620	258701	29627	0	5126	293454	小计	312532	288345	—	—	—	—
小计	1347	312532	33914	0	14570	361016	督导自查收入	107956	107956	—	—	—	—

注：“—”代表不涉及该项内容。

表 3　税务稽查机构行政强制及移送司法机关案件情况统计（2017 年）

单位：户、万元

税收保全			强制执行			其他措施					行政救济	
项目	户数	金额	项目	户数	金额	项目	户数	人数	金额	税款	项目	件数
合计	5	2096	合计	1	45	合计	10	5	9875	6477	纳税人提请听证	1
冻结存款	5	2096	扣缴税收款项	1	45	责成提供纳税担保	3	—	9875	—	受理行政复议	2
扣押查封财产	0	0	依法拍卖或变卖	0	0	阻止出境	6	5	—	6112	其中：决定撤销或变更	0
—	—	—	—	—	—	提请人民法院强制执行	0	—	0	—	纳税人提起诉讼	3
—	—	—	—	—	—	行使代位权、撤销权	1	—	—	365	其中：判决撤销或变更	0
—	—	—	—	—	—	暂停出口退税	0	—	—	0	国家赔偿	0
—	—	—	—	—	—	收缴或停售发票	0	—	—	—	国家赔偿金额（元）	0
移送司法统计		本期移送公安机关处理案件	公安机关不予立案退回案件	税务与公安机关联合办案	其中：公安机关提前介入	已判决案件	判决情况					
							管制	拘役	有期徒刑	无期徒刑	罚金	没收财产
移送司法机关案件	件数	7	1	2	2	0	0	0	0	0	0	0
	人数	—	—	—	—	0	0	0	0	0	—	—
	金额	—	—	—	—	—	—	—	—	—	0	0

注："—"代表不涉及该项内容。

（杨　巍）

信息化建设

概　况

2017年，北京市地方税务系统信息化工作平稳高效推进，积极落实市局党组关于税收现代化和征管改革的整体部署和工作要求，完善建设北京互联网地税局，稳固金税三期系统运维服务，大力提升网络与信息安全技术防护能力，紧紧围绕保障税收信息系统安全稳定运行的总目标，采用移动互联网、大数据、云计算等新技术，全面推进“互联网+税务”行动计划，深入实施推动税收信息化快速发展。同时，结合市局网络安全现状，以完善“人防、制防、技防、物防”体系建设为着力点，开展安全教育培训、安全制度修订、安全防护技术更新、安全事件应急处置等多项网络安全防护工作，优化完善安全快速反应机制，及时解决问题，确保信息系统日常运行各项服务保障，数据管理方面积极探索、勇于创新，努力夯实数据管理基础工作，逐步提高数据服务能力，紧密联系北京城市首都功能定位和疏解整治促提升工作，围绕税收职能，开展第三方涉税信息采集、对外提供的归口管理与涉税信息的增值应用，切实发挥服务税收征管和服务领导决策作用。新增合作部门17个，累计共享信息48.5亿条；实现国地税金税三期系统数据实时共享；利用税收信息参与各类审核181万人次、企业1526户次；完成税收情报40期，核实入库27.6亿元，为征管改革，实现首都税收现代化的目标提供技术支撑。

（张　鹏）

信息化管理系统建设和应用

【金税三期特色软件改造】 完成企业所得税年报、关联申报、企业所得税附报资料、涉税数据辅助查询、一户式查询、银联网上缴款和统一展示平台等金税三期特色软件改造，完成了互联网地税局与金税三期系统的融合对接。

【推进“互联网+政务服务”的开展】 为落实中办、国办《深化国税地税征管体制改革方案》，根据《国家税务总局关于推进“互联网+政务服务”指导意见》及北京市地方税务局“互联网+政务服务”整体工作安排。制定《北京市地方税务局深入落实“互联网+政务服务”工作实施方案》，同时为进一步加强推进办税便利化的有关要求，切实解决纳税人的痛点、堵点和难点等问题，实际推进“互联网 + 政务服务”的开展，不断简化办税流程、提高办税效率、优化营商环境，在办税事项标准化、网上办税等方面创新服务，受到社会广泛关注和纳税人普遍欢迎。

【升级改造系统】 完成个人所得税系统升级改造，实现在微信平台和支付宝平台 12 万元申报系统改造及实名认证；完成个人存量房限时办理改造，增强“网上预约”功能，重建个人存量房内部审批流程；完成实名制办税改系统改造，对企业办税人员信息进行实名制采集和认证；完成千户集团财务报表改造，通过万户集团财务报表改造工作，为我局重点税源企业管理提供了数据支持。完成外网自助终端系统升级改造，并在全市推广使用。

【开展其他相关业务接口改造】 完成积分落户政策支持接口、住建委限房接口、残联个人所得税数据交换、工商两证合一改造；完成网上签署三方协议等改造；完成征管改革工作进度展示、税收数据手册、财政统发单位集中扣缴个人所得税、残保金政策调整、统一展示平台改版、信息资源目录、办公用房等系统改造。

（张　鹏）

信息系统运营维护及安全保障

【概况】 全年开展金税三期系统升级部署 25 次，累计处理后台反馈问题 9174 笔，完成金税三期水资源税及环境保护税征收系统优化调整。通过实施总局灾备系统，实现了金税三期核心生产库和个人所得税生产库的数据级灾备。利用节假日分多次对我局四楼主机房业务进行迁移，并通过购买服务的方式将现有业务迁移至中关村软件园数据中心。将原 400 技术服务热线整合并入 820 业务服务热线。逐步规范市局信息系统升级改造项目所涉及的局内立项、经信委立项审批，财政局经费批复，项目采购、合同签订、项目验收等环节工作。

【制定、修订相关工作制度】 制定并发布《北京市地方税务局信息系统软件开发监理管理办法（试行）》，对市局涉及预算超过 50 万元以上的信息系统新开发、修改、完善性开发等软件开发建设项目引入第三方专业监理单位，监督管理软件开发建设的全过程；组织开展信息安全规划，梳理安全制度，初步规划安全制度框架和内容，明确安全体系修订工作计划，并完成网络安全工作管理办法和各专项信息安全规范修订；进一步强化信息系统用户密码的安全管理，重新修订《北京地税信息系统密码安全管理办法》，强化信息系统账户与密码的使用管理；修订《北京市地方税务局信息系统网络安全事件总体应急预案》，成立网络安全应急办及专项工作组，明确应急工作的组织机构组成、工作职责与工作流程。

【信息系统日常安全管理】 北信源瑞星注册率 100%，防病毒软件安装率达 100%，瑞星病毒季度爆发率低于150%；制定了防病毒、入侵检测系统安全周报48期、月报12期，安全通报4期，基线安全扫描系统月报12期；处理总局通告高危漏洞5次，发布23个微软安全公告；累计24个月未发生违规外联。

【等级保护、安全测评复测整改】对TAX861网站、内网办公系统、北京互联网地税局、金税三期系统持续性开展安全整改，累计整改系统高危漏洞881个。

【日志集中管理系统和运维安全审计系统】实现对我局运维人员后台操作的集中可视化管控和重要信息系统设备日志的集中存储和分析处理，及时发现网络和系统主机的设备故障和安全事件。

【“十九大”关键信息基础设施网络安全保障系列检查】编制《北京市地方税务局2017年度税务网络安全检查自查报告》《北京市地方税务局2017年重点单位网络安全自查表》《2017年北京地方税务局信息安全风险评估报告》等材料。开展关键信息基础设施专项检查和风险评估，对检查中发现的问题及时整改。

【信息化安全宣传培训】举办面向全系统的“地税大讲堂—《中华人民共和国网络安全法》”和“合规守法，护航网络安全，党政机关落实网络安全法实施思路”专题讲座；开展“2017届税务系统网络安全宣传周”活动；开展北京市地方税务局信息安全培训会，对当前信息安全形势分析、防病毒系统应用等6大主题进行安全培训。

【风险预警及病毒防范】通报并处置北京市政务信息安全应急处置中心安全警告；制定应急防护方案，落实防范措施；对服务器进行排查并进行加固；对全系统办公计算机终端制定防范措施；处置全球集中爆发的“勒索病毒”，第一时间启动应急响应预案，赴现场进行响应处置，对所有计算机终端与服务器进行“地毯式”排查，两次病毒集中攻击均未对我局税收业务造成影响。

【网络安全与应用系统三同步】严格信息系统网络安全与应用系统同步规划、同步建设、同步运维，编制《北京市地方税务局应用系统网络安全审核制度》，并上报《北京市地方税务局2017年上半年网络安全与应用系统三同步自查报告》。

（张　鹏）

各级信息化部门工作成绩

【金税三期运维工作】丰台局、直属一局严抓金税三期运维工作，以后台岗责配置、调整与优化，系统问题解决及汇总上报，设备、运行环境升级及网络环境保障等方面为切入点，确保金税三期系统稳定运行。

【提升系统操作与纳税服务】昌平局实现移动端自助缴税，拓展信息化服务支撑税收征管新渠道。顺义局充分利用金税三期数据回放，完善、丰富“顺义地税综合应用管理平台”功能。海淀局利用金税三期回放数据，改进本局微信平台功能，便利纳税人。密云局搭建“E学通”网络学习平台，录制金税三期系统和特色软件系统操作视频，帮助税务干部了解纳税人申报操作过程，加强对纳税人网上申报和办理涉税事项的辅导。

【国地税合作】大兴局围绕大兴工商税务分中心建设，与区国税局信息中心多次沟通，参与规划新办公场所信息化基础环境。通州局积极做好第二税务所新址信息化建设的准备及调试工作。在新址建设前期积极介入，提出信息化建设需求。

【打牢基础优化环境】石景山局“局楼机房天天查，外围机房定期看”，认真落实对各办公楼机房及UPS室的巡检，及时消除安全隐患。燕山分局更新全部UPS电池组，制定UPS主机除尘检测计划，确保信息系统硬件设备安全稳定。直属二局下大力认真开展计算机类固定资产清查，对以往账目逐项盘查，对现有设备逐台登记。

【提升信息化安全防范能力】稽查二局、门头沟局针对集中爆发的“勒索病毒”，组织“地毯式”排查，全部办公终端按照市局总体要求安装补丁程序，落实各项防护措施。平谷局分两次对本局信息系统实施了安全巡检，巡检内容涉及网络安全监控系统管理、系统安全防范等四类18项内容。开发区分局、延庆局加强桌面防护软件、瑞星杀毒软件、准入软件的安装管理，做到信息安全“无死角”。

【软件正版化自查】稽查一局、稽查三局、稽查四局开展应用软件正版化自纠、自查，建立软件安装管理台账，删除与办公无关软件，合理调剂设备满足临时性工作需求，为稽查工作顺利开展提供了坚实的技术保障。

【落实组织绩效管理】房山局、西城局认真分析承接市局信息化绩效考核指标内容，全面详细编制本局绩效指标和实施细则，确保各项考核落地生根。

【锻造信息化技术强兵】在全系统开展的信息技术练兵比武活动中，各单位沙场点兵，精心组织，以信息化“突出服务中心，突出岗位特点、突出能力建设”为目标，选派信息化业务能力突出的税务干部参赛。经过初赛、复赛、半决赛、决赛的层层选拔，海淀局、西城局、东城局、第四稽查局、朝阳局、怀柔局、平谷局、通州局、密云局成绩显著，为选拔信息化后备人才做出了突出贡献。

（张　鹏）

数 据 管 理

【加强制度建设】深入调查研究，完成《大数据时代下开展税收数据质量管理工作的思考》调研报告，形成成果转化，制定印发《北京市地方税务局税收数据质量管理办法（试行)》，为规范我局税收数据质量管理工作流程，明确工作内容和职责，规范有序、高质高效开展工作提供制度保障。印发《北京市地方税务局税收信息对外提供实施办法》《北京市地方税务局第三方涉税信息管理办法》《北京市地方税务局税收情报管理规程》，制定《数据管理处管理风险内部控制制度》《情报会商室管理办法》。

【全面推进数据质量管理】通过制定制度、编发监控报告、下发完成情况通报、开展市局“以干代训”、成立专项工作组、建立区局合作交流和国地税联席会机制等多项措施全面推进数据质量管理工作。全年共计修正问题数据 349.2 万条，处理率达 99.96%，在加强组织收入、提高征管水平、完善系统功能等方面发挥促进作用。

【搭建数据资产主体框架】全面梳理我局信息系统、数据库、数据资产现状、第三方数据等内容，厘清数据来源和数据架构，制作税收数据资产台账，对全系统分层级分对象讲解培训，实现信息资源目录的前台展示，为进一步发挥数据资产价值、提供数据服务奠定基础。截至 2017 年底，全局共有税收业务数据库 12 个，用户（系统业务域）440 个，有效数据表 6.4 万张，数据字段 441.8 万个，数据记录 978.9 亿条，容量 43.1TB。

【编制数据手册】按时做好《税收数据手册》和《行政管理数据手册》的改版、编制、发放工作，进一步加强手册登记、保管、销毁流转痕迹管理，在手册封面增加编号，详细记录手册发放情况，做到可查可控。全年共印制发放 12 期《税收数据手册》和 2 期《行政管理数据手册》，为各级领导和相关部门决策提供数据服务。

【数据后台查询】严格规范市区两级数据查询工作流程，组织协调好各技术运维公司，及时高效为各部门提供数据服务。全年共受理数据查询单 1368 件，比上年同期增加 718 件，增长 110.5%；为市局各处室和区局累计提供查询数据 21.52 亿条，是上年同期的 8.2 倍。

【承接涉税信息查询】明确各区（分）局公、检、法涉税保密信息查询业务流程和文件依据，向信息化部门提出纳税人自身涉税信息查询系统业务修改需求，配合法制处完成全市公共服务事项梳理、审核和确认工作。2017 年共受理公、检、法涉税保密信息查询申请 91 件，其中，公安系统 60 件、检察院 7 件、法院 24 件；全系统共开具纳税人涉税信息告知书 41680 份。

【业务知识培训】加强全系统数据管理部门的业务培训，2017 年共组织四期业务知识培训，内容涵盖数据查询、数据质量、数据资产等方面。

【数据情报队伍建设工作】深入学习贯彻党的十九大精神。教育引导党员干部牢固树立“政治意识、大局意识、核心意识、看齐意识”；巩固“两学一做”教育成果。落实“三会一课”制度，坚持两周一学习，两周一调研；扎实推进税收数据情报团队培养。联合公安大学和首都经济贸易大学对65人开展为期1周的税收情报培训，定期组织片会交流，注重系统数据干部梯队构建。10个区（分）局13名干部得到锻炼，提升专业能力。

【涉税审核】协助市委组织部、统战部等部门开展北京市出席党的十九大、全国“两会”、市第十二次党代会、市两会、市第十四次团代会和全国道德模范相关候选人人选涉税审查工作，审核候选人873人，企业1134户次；配合开展购房资格审查69万人次、购车资格审查49万人次、低保申领资格审查66万人次、测算积分落户资格46万人次；促进行业良性发展，审查6户网约车运营企业上线服务资质；审核市政府质量管理奖、“首都文化企业30强、30佳”农民专业合作社市级示范社、全国人力资源诚信服务示范机构评选等入围企业386户次。

【落实改革任务】推进7项征管体制改革任务，落实3项国地税合作规范，并做好环保税、水资源税和社保费等税费改革数据保障。配合总局大数据平台测试，完成6项功能测试，反馈18类问题及建议。落实“放管服”改革。配合办公室及相关处室简化基层税费种数据类报表。

【信息共享】积极落实税收保障办法，新增合作部门17个，合作部门总数达到43家，累计采集信息23.5亿条；完善数据应用基础，编制《北京市地方税务局第三方信息资源目录》《国税共享信息数据字典》，依托中心数据库向区（分）局回放；广泛参与社会服务，向公安、住建委、工商和财政等22个部门提供各类税收信息25亿条。

【税收情报】税收情报体系初步形成。紧贴社会热点、新业态、区域经济、股权转让、高净值个人和完善征管等，组织收集税收情报线索338条，情报线索收集逐步完善。完成税收情报209篇，选编40期，报送市主要领导税务情报3期，累计核实入库27.63亿元，情报导征能力持续增强。组织11个团队开展新业态、新模式调研，情报队伍梯队逐步建立。

【国地税信息合作】依托金税三期系统，实现国税登记、发票、申报、征收、稽查、法制等10个业务域、551张表、13959个字段数据的实时共享，累计取得北京国税2015年以来信息21.4亿条。

（杨会来　张　伟）

队伍建设

党团建设和思想政治工作

【综述】2017 年，北京市地方税务局认真贯彻落实中央、市委市政府、国家税务总局关于全面从严治党的要求，深入推进“两学一做”学习教育常态化制度化，严格落实党风廉政建设主体责任制，不断加强党团组织和思想政治建设，团结带领全系统各级党组织和广大党员干部，牢固树立“四个意识”，全面抓好“两贯彻一落实”①，为做好税收中心工作提供强有力的思想政治和组织保障。

【“两学一做”学习教育常态化制度化】深入开展“两学一做”学习教育，认真开展理想信念教育、宗旨教育、党章党规党纪教育和意识形态教育，通过党组中心组专题学习、党组书记讲党课、开展党日活动等多种形式，把“两学一做”学习教育常态化制度化工作落到实处。制定《北京地税系统推进“两学一做”学习教育常态化制度化实施方案》，将“两学一做”学习教育常态化制度化工作细化为党组、基层党组织、党员领导干部和全体党员 4 个主体，明确 52 项具体任务，强化责任分工，确保落实到位。以党组中心组理论学习为龙头，组织党组中心组成员认真学习党章党规、习近平新时代中国特色社会主义思想，牢固树立“四个意识”，在思想上政治上行动上自觉同以习近平同志为核心的党中央保持高度一致。举办局、处级以上领导干部学习贯彻党的十八届六中全会、党的十九大精神培训班，教育和引导党员领导干部坚定理想信念，提高党性修养。一年来，市局、区（分）局党组开展专题学习 120 余次，举办专题培训班 30 余次，组织学习十九大精神活动 300 余次，党组书记讲党课 40 余次，领导干部指导基层开展学习教育 1600 余次。

【学习贯彻党的十九大精神】组织全系统党员干部收看党的十九大开幕式直播，举办处级领导干部学习十九大精神专题培训班；邀请党的十九大代表及经济、党建专家举办十九大精神专题报告会 5 场；面向全系统征集以“践行十九大精神　立足本职做贡献”为主题的征文活动；编辑出版《学习宣传贯彻党的十九大精神专刊》，制作党的十九大精神解读主题展板，建立党员干部应知应会内容题库并组织测试，印发党的十九大精神理论学习口袋书 6000 余册，在全系统掀起学习宣传贯彻十九大精神的热潮。利用北京地税微博、北京地税党建微信公众号等各种媒体平台及时展示北京地税系统学习、宣传党的十九大精神好的做法和经验，促进成果转化，让党的十九大精神落地生根。市局党组中心组坚持原原本本、反复深入研读党的十九大报告和新修订的《党章》，采取专题学、专班学、专刊学等方式，

① “两贯彻一落实”是指贯彻习近平系列重要讲话精神和治国理政新理念新思想新战略，深入学习贯彻习近平两次视察北京重要讲话精神，抓好市第十二次党代会精神的学习宣传和落实，提高政治站位。

分层次、分批次组织学习，共开展党组中心组集体学习8次，研讨交流2次。

【构建系统全面从严治党新格局】贯彻落实国家税务总局纵合横通强党建要求，成立市局党建工作领导小组及办公室，调整市局党风廉政建设领导小组职责、成员单位，两个领导小组及办公室合署办公，将党建工作与党风廉政建设统筹谋划、统筹部署、统筹推进、统筹督导。积极向市编办争取，在市局成立党建工作处，各区局成立党建工作科，专司党建工作，打通了市局、区局两级党建工作领导体制，在市属委办局和全国税务系统率先实现党建工作机构实体化运转。为各区（分）局配齐配强党组副书记，按照比例加强专职党务干部配备，充实系统党建工作力量。贯彻落实国家税务总局关于建立“下抓两级、抓深一层”和“条主动 块为主”工作要求，市局党组主要负责人带队到市委组织部、市直机关工委、各区委和区直机关工委走访调研，研究制定了《关于积极发挥垂直管理和属地管理优势 不断增强北京地税系统基层党建工作合力的指导意见》和《关于全面从严治党新形势下加强系统党建工作的实施办法》，建立起市局党组与属地党委的沟通协调机制，实现工作统筹安排、资源共享共用、问题协调解决、经验合力推介，全面构建市局党组与属地党委齐抓共管的基层党建工作新格局。

【基层党组织建设】狠抓基层党支部制度建设，认真落实“三会一课”、党员发展、党费收缴管理、党务公开、入党积极分子培训、领导干部双重组织生活等基本制度，加强党组织和党员管理，组织党支部专题组织生活会，开展民主评议党员，督促指导党支部按期换届。深入推进“B+T+X”（即基本要求+特色工作+典型做法）党支部规范化建设工作，提升党支部规范化建设水平。建立党支部工作台账，开通市局内网支部园地作为网上党建工作阵地，把党支部建设不断引向深入。结合税收中心工作，开展争创共产党员先锋岗、基层党组织创新项目评比以及基层党建工作示范点创建，要求党员佩戴党徽、亮明身份、做出承诺，充分发挥党组织战斗堡垒和共产党员先锋模范作用。建立党建工作基层联系点制度，每位市局领导联系1个税务所党支部，市局机关每名处级领导干部每年到税务所蹲点1周，把基层党支部建设、党风廉政建设、党员教育管理等情况作为重点内容，督促指导基层工作落实。

【党风廉政建设】年初，召开全系统党风廉政建设工作会，部署全年主体责任任务分工，梳理党组主体责任7方面34条责任清单，明确市局领导班子成员的具体责任、工作任务和完成时限。全年召开党组会专题研究党建和党风廉政建设工作30次。市局主要领导、班子成员、分管单位“一把手”、科所长根据岗位职责，逐级签订个性化党风廉政建设责任书，形成党组书记负总责，分管局领导“一岗双责”的工作机制，将全面从严治党延伸至基层税务“末梢神经”。推进领导干部落实党风廉政建设主体责任全程纪实工作，落实市委关于党风廉政建设全程纪实工作要求，建立党组落实党风廉政建设工作纪实台账，制作并向市局各处室“一把手”和各区（分）局正科级以上领导干部下发了落实党风廉政建设主体责任全程纪实手册，每季度抽查落实情况，构建清单化明责、痕迹化履责、台账化记责工作机制，确保全程纪实工作落到实处。市局党组定期听取班子成员、各单位主要负责人汇报党建和党风廉政建设工作，开展各区（分）局党组书记和市局机关党组织书记党建工作述职评议，督促落实主体责任，履行“一岗双责”。组织开展2017年全系统党风廉政建设责任制检查考核工作，由市局领导带队，分10个检查组，采取自查自评、听取汇报、现场评议、检查资料等方式，对24个区（分）局党组班子、主要负责人和班子其他成员落实两个责任情况进行全面检查。

积极配合市委落实好巡视整改工作。市委第五巡视组于7月30日进驻市地税局，开展为期两个月的专项巡视，对党组领导班子及班子成员执行《党章》和其他党内法规，遵守党的纪律，落实全面从严治党主体责任和监督责任等情况进行全面巡视。局党组把配合市委巡视作为一项重大政治任务，及时成立协调机构，制定配合巡视工作方案，积极主动接受巡视监督。按照市委第五巡视组11月向市局党组反馈巡视意见，局党组第一时间召开党组会，研究整改落实工作。先后分别召开专题会、党组会，逐字逐句对照巡视反馈意见研究整改方案，将反馈意见细化分解为36个具体问题，制定111条整改措施，同时，对照蔡奇书记在全市领导干部警示教育大会上指出的12类问题和9项工作要求，结合地税实际，自查自纠，细化分解32个问题，制定97条整改措施。截至2017年底，需在年底前完成整改的66项任务全部完成，其余任务也在紧锣密鼓、有条不紊地进行中，确保在整改时限内完成。

【思想政治工作】加强党员干部思想政治教育。编印并每季度更新《北京市地方税务局领导干部理论学习手册》，共300余页；编印《信仰　责任　力量　北京地税系统共产党员先进事迹汇编》和《北京地税系统党课材料汇编》。建立党员干部应知应会内容题库并定期更新；在北京地税党建微信公众号上开展答题活动，举办党章党规、党的十九大基础知识测试，提高全体党员思想政治素质。

【团组织建设】推动系统共青团改革发展，制定地税系统共青团“1+4”改革方案①，构建“条主动、块为主”的工作格局。举办地税系统团干部和青年骨干培训班，通过专题讲座、学习研讨、微型团课等形式，开展“一学一做”教育实践活动，进一步提升团干部工作能力。建设具有地税特色的志愿服务品牌，创建“北京税务青年志愿者联合服务队”，组织开展税法宣传、税收服务、助力中心、扶老助残等志愿服务活动，广泛报道系统各级团组织开展的各类志愿服务活动，引领系统广大团员青年积极投身青年志愿服务事业。进一步服务青年，开展第一届北京地税系统“十大优秀青年”评选活动，树立和宣传当代地税青年先进典型。利用“北京地税党建”公众号，建立系统团建宣传新媒体阵地，策划开展“地税朗读者”“地税征文展”“地税乐评人”等栏目，获得系统青年广泛好评。

【党建宣传】创新宣传手段，扩大宣传渠道。开展争创“共产党员先锋岗”“党建工作示范点”等创先争优活动，总结并宣传推广好的党建工作经验和做法。编发《北京市地方税务局党建信息》20期。以“互联网+”推动党建宣传，定期在“北京地税党建”微信公众号上更新内容，更新维护“北京地税党建工作平台”和“廉政教育网络平台”，建立党支部园地并及时更新，提升党建工作信息化水平。

【扶贫工作】按照中央、市委关于做好选派村党组织第一书记工作的要求，扎实开展市直机

---

① “1+4”改革方案：中共北京市地方税务局党组印发的关于共青团工作的5个文件，即《关于进一步加强和改进北京地税系统共青团工作的指导意见》《关于选拔优秀青年骨干到系统团委培养锻炼的实施方案》《关于建立北京地税系统共青团片区联动机制的实施方案》《关于进一步密切联系服务青年的实施方案》《关于进一步规范和加强系统共青团志愿服务工作的实施办法》。

关工委部署的“进农村、进社区、进企业、促和谐、促发展”活动，制定北京市地方税务局结对帮扶贫困村计划，从思想、物质、技术、信息4个方面开展工作精准扶贫。市地税局共派驻两名“第一书记”分别到顺义区大孙各庄镇西辛庄村和怀柔区九渡河镇东宫村驻村帮扶，2017年市、区两级税务局共投入约39万元用于帮助村里改造电力线路、维护道路等基础设施。

（王　智）

基层建设

【综述】2017年，北京市地方税务局紧密围绕税收中心工作，努力践行社会主义核心价值观，把握新形势下的工作特点和工作规律，落实国家税务总局和市委、市政府的工作部署，严管聚力，善待凝心，扎扎实实推进精神文明创建、基层规范化建设等工作持续深入开展，厚植基层干事创业良好氛围，带动基层队伍素质和各项工作水平不断提升，为税收事业发展夯实根基，先后获得中央政治局委员、两任北京市委书记郭金龙、蔡奇，两任北京市常务副市长李士祥、张工，国家税务总局局长王军等领导的肯定性批示5次。

【精神文明创建】坚持以社会主义核心价值观为引领，市局和区（分）局上下联动，分类挖掘先进典型，拓宽创建渠道，广泛开展全国和北京市青年文明号、首都劳动奖状和奖章、北京市三八红旗集体和个人、北京榜样、首都道德模范等多项精神文明创建活动，取得较多荣誉。全系统全年共获得省部级以上荣誉92项，其中集体荣誉59项、个人荣誉33项、国家级荣誉29项。树立起“中国好税官”赵红程、“北京好人榜”马秋荣等一批个人先进典型，在干部队伍中营造一生向上、一心向善的良好氛围。

【宣传先进典型】内部宣传方面，系统内各部门加强合作，进一步完善先进典型的内部宣传机制。为5个先进集体拍摄了北京地税先进典型微视频，并在内网办公系统、“文明北京智慧平台”等平台进行播放。充分利用系统内部文字刊物《北京地税》全年无间断进行报道，持续加大对内宣传力度，不断强化先进典型的示范引领作用，激发广大地税干部干事创业的正能量。外部宣传方面，在打牢自身创建基础的同时，还借助市妇联、团市委等平台，不断扩大本系统的社会影响力。代表北京市在全国城乡妇女岗位建功先进集体（个人）表彰大会暨“巾帼文明岗”20周年研讨会上作经验交流，北京市地税局成为除各省市妇联系统以外的仅有的4个单位之一。积极参与市妇联组织的“巾帼心向党，喜迎十九大”征文演讲活动。受总局指派参加了全国妇联组织的“学先进强素质立足岗位做贡献”全国巾帼建功先进集体分享活动，交流北京地税创建工作先进经验，展示北京地税巾帼先进的风采。积极响应共青团中央关于开展青年文明号开放周活动的号召，制定《北京市地方税务局青年文明号开放周活动方案》，率先在全国税务系统启动青年文明号开放周活动，代表北京国地税向全国税务系统发出倡议，充分展现了北京地税良好精神风貌，得到团中央和税务总局领导的高度评价和充分肯定。

【市局局级领导干部“察实情、办实事”税情调研】为贯彻落实总局关于开展税情调研工作的要求，解决好“放管服”改革和基层工作的堵点、难点、痛点问题，厚植基层干事氛围，组织开展了市局局级领导干部“察实情、办实事”税情调研。市局局领导结合分管工作，围绕调研选题，利用一个月的时间带领调研组深入15个区（分）局，摸清了基层科所在实际工作中亟待解决的困难和问题，梳理出6大类30项67个问题、45条建议，形成了《北京市地方税务局2017年局级领导干部“察实情办实事”税情调研工作成果（精编版）》，并将收集到的问题与处级领导干部下基层蹲点工作收集问题整合，形成109个问题，逐一明确责任部门和解决意见后，在系统内进行通报，实实在在解决基层的困难。

【机关处室联系基层科所】为更好地指导基层、服务基层，进一步扩大机关处室联系基层范围，市局机关共有35个处室到124个科所进行调研，收集基层意见建议260条，都得到较好的解决，并对解决情况按季进行通报。通过开展联系基层工作，市局机关对基层的情况摸得更准，对基层的指导更加到位，特别是在“营改增”和金税三期上线等重点工作中，相关处室及时跟进指导、收集情况、研究办法、破解难题，确保基层各项工作平稳有序开展。

【税务所规范化建设】把税务所规范化建设作为推进基层建设的突破口，持续抓好、抓实。按照总局《关于新形势下加强税务系统基层建设的若干措施》相关要求，结合系统实际，不断完善办公场所和标识规范化建设标准。召开规范化建设推进会，组织各区（分）局分管基层建设的副局长、基层科长（人事科科长）和部分税务所所长现场观摩先进单位，使规范化建设标准更加清晰具体，通过示范效应推动场所和标识规范化建设工作不断取得新进展。加大对建设标准落实的检查力度，除由基层处通过明察暗访等多种形式，开展贯穿全年的规范化建设日常检查外，还由基层处、纳税服务处、人事处、党建工作处和保卫处等部门组成联合检查小组，在全系统范围内组织开展专项检查，并将检查结果纳入绩效考核，持续推动各项制度落地生根，推动基层税务所支部建设、制度规章、行为举止、办公环境和文书表单五方面的有效规范，促进了基层工作作风实现转变。特别是在办公环境规范化方面，系统内所有具备条件的税务所均已完成了内外标牌、办公室标识、桌牌等标识标牌的统一。

【思想政治工作主题征文活动】为积极总结新形势下基层开展思想政治工作的经验，组织了北京地税系统思想政治工作主题征文活动，各单位共报送111篇稿件，文章内容以创新思想政治工作理论和工作方法为重点，着重反映系统在强化理想信念教育、践行社会主义核心价值观、加强职业道德和税务文化建设等方面的情况和取得的经验成果。从中精选出40篇，集结成册，将电子版发给各单位交流学习，并联合宣教处和党办，评选出18篇优秀征文，为增强基层队伍的凝聚力和战斗力提供了思想保障。

【“六小室”建设】根据国家税务总局《关于新形势下加强税务系统基层建设的若干措施》要求，因地制宜推进小党团活动室、小文体活动室、小在线学习室、小图书阅览室、小暖心减压室和小荣誉展示室建设。对系统各单位现有资源进行调研摸底，在注重功能集成的基础上，将怀柔局的小党团活动室，石景山局的小图书阅览室、小在线学习室和海淀局第六税务所的小暖心减压室、小文体活动室列为先行试点。

【中国税务精神提炼活动】为积极培育和践行社会主义核心价值观，进一步加强税务系统精神文明建设和税务文化建设，提振广大税务干部干事创业的精气神，彰显税务部门社会形象，根据国家税务总局要求，结合北京地税实际，在系统内组织开展了“中国税务精神”提炼活动。共有5993名税务干部参加了问卷调查，根据统计情况，形成相对集中的中国税务精神表述语，通过开展提炼活动，凝聚了北京地税系统干部的思想共识，为全国“中国税务精神”的形成奠定了基础。

（黎　阳）

纪检监察

【综述】2017年，派驻纪检监察组和地税系统纪检监察部门认真学习宣传贯彻党的十八大、十九大精神及中央纪委、北京市纪委监委、国家税务总局的部署，深化纪检监察体制机制改革，加大监督执纪问责力度，努力实践“四种形态”，驰而不息纠正“四风”，推动北京地税系统全面从严治党不断向纵深发展。

【学习宣传贯彻党的十九大精神】提高纪检监察工作政治站位，党的十九大召开后，把学习宣传贯彻党的十九大精神作为首要政治任务。组织全系统纪检监察干部认真学习宣传贯彻，在学懂、弄通、做实上狠下功夫，自觉用习近平新时代中国特色社会主义思想武装头脑，指导工作。

【聚焦主责主业】在“两个责任”明确区分的基础上，2017年派驻纪检监察组积极贯彻落实中央纪委书记赵乐际同志的批示精神，进一步聚焦主责主业，深化“转职能、转方式、转作风”，防止“回头转”。严格按照监督责任实施意见及任务清单的要求，协助推进市局党组落实党风廉政建设主体责任，形成地税系统“两个责任”良性互动、共同发力的工作局面。结合实际，印发《2017年北京市地方税务局落实党风廉政建设监督责任重点工作任务》，将监督任务逐条分解细化，为全系统纪检监察部门有效履职奠定基础。

【深入推进纪检监察改革】积极落实改革举措，创新执纪监督方式方法。完善联合纪检监察组工作机制，通过开展警示教育活动、发出风险提醒和纪检监察建议、组织“三重一大”专项检查、开展廉政回访、组织特约监察员明察暗访、执纪审查、问责追究等工作，提高直属稽查局监督质效。2017年共列席直属稽查局党组会议80次，监督研究议题398个；初核处置问题线索12件，立案处理3人。发挥区域监督协作优势，处置问题线索19件，涉及6个区（分）局，对46人次进行问责追责。2017年驻局纪检组成员共召开5次会议，研究讨论13项议题，通过集体智慧降低了决策风险，发挥了参谋智库的作用。对外，充分发挥特约监察员的专业特长，邀请其把脉会诊执纪审查疑难法律问题，就职务犯罪问题为税务干部授课讲法；对内，完善全系统内部监督机制，召开市局机关内部廉政监督员座谈会，开展业务培训，将监督触角延伸到机关处室，实现了廉政内外监督全覆盖、无盲区。2017 年 8 月 17 日，召开北京地税系统纪检监察体制机制改革推进会，对前期改革取得的阶段性成果进行了系统总结，受到市纪委相关领导的充分肯定。

【强化监督检查】加大日常监督检查，抓住元旦、春节、清明、“五一”“十一”等重要节点，下发廉洁过节通知，向处级以上领导干部发送廉政提醒短信，严防“四风”问题反弹。转发市纪委《关于元旦春节期间查处公车私用公卡私用问题的通报》《关于近期查处违反中央八项规定精神问题典型案例通报》，与相关职能部门配合，在全系统开展公车私用、公卡私用问题专项检查，形成反“四风”的高压态势。加强对“三重一大”事项监督，2017 年派驻纪检监察组共参与监督市地税局党组会“三重一大”决策议题 182 项，出具干部廉政会审意见 873 人次，提出暂缓推荐建议 3 人次，有效预防了带病提拔情况的发生。

【加大执纪问责力度】2017 年，派驻纪检监察组共收到各类信访件 126 件，其中纪内件 104 件；处置问题线索 148 件，办结 115 件，立案 17 件。坚持问题导向，积极践行“四种形态”，2017 年运用监督执纪“四种形态”处理 168 人次，其中：运用第一种形态处理 86 人次，占比 51.2%；运用第二种形态处理 54 人次，占比 32.1%；运用第三种形态处理 25 人次，占比 14.9%；运用第四种形态移送司法机关 3 人次，占比 1.8%。着重运用“第一种形态”，对苗头性、倾向性问题早发现、早提醒，围绕个人所得税补缴税款、完税证明开具、房产交易涉税业务等高风险业务及内部巡察发现的问题，对基层单位“一把手”进行集体廉政提醒谈话。

【开展专项治理】在全系统开展“为官不为、为官乱为”问题专项治理和严肃查处群众身边的不正之风和腐败问题专项工作，重点查处税收执法领域“小官贪腐”和“微权力”滥用问题。推动两级党组深化落实主体责任，围绕违规为非京籍人员办理补缴个人所得税问题线索开展专项调查，对违规违纪人员及相关责任人从严从重处理。盯住重点问题，对房产交易税收执法领域违纪违法问题线索集体研判，专题向市地税局主要领导汇报，促成北京市国地税联合召集 20 家房地产中介，就涉税问题集体约谈，释放强力监管信号。按照市纪委要求，全面开展纪律处分执行情况专项自查、信访举报件“大起底”、重复举报专项治理、涉案款物专项清理等工作，做到摸清底数、清理积案、有效整改、不留死角。

【提出监察建议】通过驻局纪检组成员会议、基层税务所规范化建设专项检查、走访调研税务所、日常执纪办案等渠道发现问题、收集建议，从完善税收业务流程、加强干部队伍管理等方面向市地税局党组提出监察建议 6 条，向涉嫌违纪违法干部所在单位下达纪律处分监察建议 17 条。结合实际，对党的十八大以来全系统违纪违法问题进行深入分析，撰写加强和完善监督的调研报告；结合房产交易违纪违法涉案人员司法判决情况加强分析研判，提出防范廉政与执法风险的工作建议，受到市地税局党组的高度重视。

【做好警示教育宣传】及时通报违法违纪案件，组织观看警示教育片，编写警示教育案例，更新警示教育基地展板，2017 年共组织 40 批 1100 余人次参观，使广大干部从反面典型中深刻汲取教训。加大纪检监察工作的宣传力度，编发《北京地税纪检监察工作动态》90 期，刊登地税系统纪检监察亮点特色工作，服务领导科学决策。

【加强干部队伍建设】结合“两学一做”学习教育，将理论与业务学习有机结合。组织全系统纪检监察干部重点学习党的十九大精神以及廉洁自律准则、党纪处分条例、问责条例等业务知识。通过以案代训、以干代训、人员轮岗等方式，提升全系统纪检监察干部的学习能力和监督执纪能力。

（赵　博）

巡 察 工 作

【综述】2017 年，市局党组对东城区地税局、通州区地税局、怀柔区地税局开展巡察。巡察突出主体责任、突出政治站位、突出标本兼治，发现问题和问题线索，做到客观、准确、全面。通过问题反馈、督导整改、召开整改通报会，3 个被巡察区局认真落实整改责任，全面整改，巡察效果充分发挥。完善《中共北京市地方税务局党组巡察工作实施办法（试行）》《北京市地方税务局巡察工作规范》，组织巡察工作培训。北京地税巡察工作先后得到国家税务总局局长王军，北京市纪委书记、监察委主任张硕辅的肯定。中央巡视工作领导小组《巡视参考》上专题刊登北京地税巡察工作经验。

【专项巡察】2017 年 4—9 月，市局党组组织第三轮巡察，分 3 个组分别对东城、通州、怀柔 3 个区局党组开展巡察。巡察开展前，4 月 17 日—19 日，组织巡察组、全系统区（分）局纪检组长、监察科长、党办主任等 119 人参加巡察工作培训。国家税务总局巡视办李岩主任为参加培训人员和各区（分）局党组书记、市局机关处室和直属单位主要负责人进行了专题辅导，市委巡视办林文根巡视专员就巡察工作流程方法、如何发现问题以及巡察报告撰写进行了辅导交流；昌平局、怀柔局纪检组长分别就前轮巡察进行经验交流。通过培训，梳理总结了系统内部专项巡察制度要求，规范了巡察程序内容方法，培养了巡察干部队伍力量，丰富了巡察工作人才库。

第一巡察组 5 月 4 日进驻东城局，第二巡察组 5 月 8 日进驻通州局，第三巡察组 5 月 22 日进驻怀柔局。第三方审计安衡（北京）会计师事务所有限责任公司随 3 个组进驻并开展独立审计。进驻后，3 个组都成立临时党支部，细化任务分工，制定工作进度表，严格落实 4 项制度。一是考勤制度。考勤登记公示上墙，每天记录。二是例会制度。定期召开组长会、小组会、全组会，研讨问题，通报情况，部署工作。三是保密制度。专人专柜专管所有资料，签订承诺书。四是工作制度。严守工作纪律，坚持“四不准”。期间，张靖明纪检组长带领巡察办公室人员代表局党组到各组看望，听取汇报，了解工作，对巡察工作提出具体要求。巡察组成员克服各种困难认真工作，树立了良好形象。

3个巡察组调阅各种文件资料5992余份，回收调查问卷457份，与各级人员205人进行了谈话，走访了各局所在区的区委、区政府、区纪委、区人大、政协、信访办等部门，了解实际情况，摸清被巡单位底数，发现问题和问题线索59项142个，客观、准确、全面。

东城区地税局、通州区地税局、怀柔区地税局高度重视、积极配合巡察组工作，对反馈问题虚心接受，在巡察组的督导下认真整改。成立整改工作领导小组，建立整改台账，逐条逐项落实整改。东城区地方税务局党组针对存在的具体问题，制定93项整改措施，将任务落实到12个责任单位，实现整改工作台账销号管理。通州区地方税务局党组针对存在问题，制定152项具体措施，并制定问题整改落实表，明确责任领导、责任单位、具体责任人及完成时间，确保问题全部整改。怀柔区地方税务局党组针对存在问题，制定162项具体措施，对存在问题逐一进行整改落实。

市局党组织对各区（分）局“一把手”开展集体提醒和警示教育，要求对巡察反馈的问题，认真对照检查，即知即改。纪检监察部门按照有关规定，运用监督执纪“四种形态”问责追责。市局研究制定《关于积极发挥垂直管理和属地管理优势 不断增强基层党建工作合力的指导意见》，建立市局党组与区直机关工委齐抓共管、条块融合、属地落实的党建工作机制。细化和完善“两个责任”任务清单，研究完善47项制度措施，一些基层党组织工作不规范、制度不完善、执行不到位的问题得到及时整改，有效预防执法风险和廉政风险。

【制度建设】2017年7月1日，中共中央对《中国共产党巡视工作条例》进行了修改，巡察正式写入条例。党的十九大提出：“建立巡视巡察上下联动的监督网”。北京市委相继出台《中共北京市委关于开展区委巡察工作的意见》《关于市级单位开展系统巡察的意见》，对巡察指导思想、巡察对象及重点内容进行明确。

为贯彻落实党的十九大和《中国共产党巡视工作条例》以及北京市委两个意见要求，结合实际，对《中共北京市地方税务局党组巡察工作实施办法（试行）》进行修改。修改重点为指导思想、巡察监督对象及重点内容等。修改后，报请市委巡视办，巡视办巡察工作指导处提出明确指导意见，同意市局修改的实施办法。《中共北京市地方税务局党组巡察工作实施办法（试行）》分总则、机构职责和人员、巡察范围和内容、工作方式和权限、工作程序、纪律与责任、附则7章28条。对市局巡察工作进行全面规范，在此基础上，制定巡察工作领导小组、巡察工作领导小组办公室、巡察组3个工作规则，巡察工作更加制度化、规范化。

【巡察创新】反馈意见沟通机制。对巡察发现的问题，先与被巡察单位党组主要负责人沟通反馈。存有异议，依据政策规定研究确定，不充分的暂存备查。体现对被巡察单位党组的尊重。跨区域“回避式”交叉巡察。明确巡察组成员不参与对本单位巡察，避免“熟人效应”，做到跳出局限看问题。引入“第三方”介入。聘请专业审计部门与巡察组分工协作，互为印证、共定结论。

（张少华）

内部审计

【综述】2017年，在市局党组和税务总局督察内审司的正确领导下，督察内审工作取得了新成效。督审结果得到进一步应用，整改落实持续加力，队伍作风明显加强，督察内审服务大局的能力进一步提高。一年来，督审部门在规范内部管理、促进依法行政、提高税收治理水平等方面发挥了积极作用。

【内部控制制度建设】按照税务总局内控“四位一体”制度体系的要求，北京地税及时转发总局内部控制基本制度、管理制度和应用软件内控功能内生化管理办法等制度，并针对《国家税务总局关于印发〈税收法制工作风险内部控制制度（试行）〉等8个内部控制专项制度的通知》，制定了贯彻落实意见制发全系统。组织协调35个部门制定了35个内控专项制度及配套指引，共涵盖833个风险点及543项应对措施，并形成《内部控制风险防控手册》。完成《关于加强地税系统内控机制建设的思考》调研课题，进一步加强内部控制制度建设。

【财务审计】选取食堂经费预算执行情况作为审计重点，从食堂管理、经费支付、财务审核、食堂采购等方面进行了审计，审计金额367.83万元，审计发现食堂管理制度不健全等4个问题，提出审计建议5条。

【税收执法督察】按照国家税务总局整体部署，围绕税务机关落实“四个坚决”情况、全面推开“营改增”试点贯彻落实情况、内外部监督发现问题整改落实情况等，开展全系统税收执法大督察工作，对全市1574户重点税源的税收征管情况进行了全面核实。检查案卷4万余件，核查疑点数据5000余条，发现各类问题469个，涉及税款1642.7万元，其中少征税款360.3万元，其他类型违规税额1282.4万元；认真贯彻落实国家税务总局日常税收执法督察工作要求，选取股权转让所得、股权投资收益等17个税收管理事项开展执法督察。全市共调取各类案卷资料138947卷，有问题案卷3217卷，涉及税款3367.3万元，其中少征税款3326.3万元，多征税款41万元。

【税收执法责任制】2017年，北京地税系统为严格落实执法过错责任追究，强化税务干部的责任意识，根据全系统税收执法大督察和日常税收执法督察发现的问题，确认执法过错88个，其中涉及个人49人次、单位39项次；已追究个人责任47人次，单位责任39项次。

【经济责任审计】大力推行“双审兼顾、先审后离”机制，采取任中审计与离任审计相结合的审计模式，实施常态化监督，实现领导干部经济责任审计全覆盖。2017年，北京市地方税务局对3个单位的3名处级领导干部开展了经济责任审计，共发现问题49个，审计建议17条，涉及财务资金326.44万元。

【内部控制监督平台】2017年市局全力做好内控监督平台上线准备工作。迅速转发总局关于

《全国税务系统应用软件内控功能内生化管理办法（试行）》，明确各部门的职责分工。完成全系统应用软件的内生化调查，确保内控内生化的落实；选派处领导、干部和区局的骨干参加总局举办的内控监督平台的培训，各模块、全流程实际操作，为下一步平台在北京地税推广上线夯实人才基础；按照平台上线要求，协调信息中心及时购置配套的服务器，做好平台上线所需硬件资源准备工作。

【配合外部审计监督】协调配合审计署驻深圳特派办、驻济南特派办、驻武汉特派办、驻京津冀特派办、驻重庆特派办、驻南京特派办及北京市审计局开展数据查询工作，共提供资料、数据7批次；协调配合审计署驻京津冀特派办对市局开展2017年贯彻落实国家重大政策措施情况开展延伸审计；按照市政府法制办的要求，市局制定并印发了行政处罚案卷评查实施方案，在各区分局自查基础上，从全系统抽选200卷开展案卷评查工作并在市政府法制办质量抽查绩效考核中取得满分成绩。

【风险防控】充分发挥督审部门组织协调作用，协调各主责部门梳理二手房交易、股权交易、退税管理等11项税收管理事项，查找、梳理风险点34个，提出改进建议49条，并下发了《关于加强部分税收执法风险事项的管理及开展专项监督检查的通知》，将风险成因和解决措施向全系统进行提示。在此基础上，按照“统分结合、分步实施、减轻负担、全面覆盖”的原则，针对退税、股权转让、涉税证明及“三代”手续费等4个事项，由四位市局主管局领导分别带领监督检查组开展专项监督检查工作，规范了相关执法事项；市局党组部署，成立专司风险排查的特别工作组，采用正反穿行测试法分别站在纳税人和税务机关的角度，对“直系亲属间赠与经济适用住房”税收业务量激增情况进行风险排查，共发现风险点3个，并提出了可行性的风险防控措施，发挥了“治未病　防未然”的作用；梳理汇总近年各项执法督察、专项检查等工作中发现的问题，建立集“集成性、警示性、长远性”于一体的“风险样本集”。“风险样本集”包含税源管理、申报征收、减免税备案等6大类678项问题，并按风险等级排序梳理出高风险事项50项，中风险事项97项，低风险事项531项，运用大数据集成统计分析风险问题，实现问题的可查、可比、可追溯；组织开展公务用车专项治理工作。在市局机关各责任单位及各区（分）局全面自查的基础上，市局对部分区（分）局公务用车管理情况开展了抽查，并对燕山分局、各区地方税务局公务用车出京管理情况进行了检查。

【人才培养】进一步推进督察内审人才库建设，加大培训力度，2017年开展2期专业化培训，培训干部150余人，有效拓宽了督审人员的视野，提升了督审队伍的素质。

（顿晓琦）

人 事 管 理

【综述】2017年，市局人事部门严格落实中央、市委关于干部人事工作的一系列决策部署，坚持党管干部原则，服务税收中心工作，立足系统干部队伍实际，按照“信念坚定、为民服务、勤政务实、敢于担当、清正廉洁”的标准选拔干部，全面抓好市委第五巡视组、市委组织部反馈问题整改落实，持续营造风清气正的选人用人环境，为北京地税事业发展提供坚强的组织和人才保证。

【干部选拔和班子配备】认真开展选拔配备，先后为市局机关3个处室、1个区（分）局和3个直属单位配备“一把手”；注重加强党的建设，增强区（分）局党组领导力量，为2个区（分）局配备了党组副书记。深入推进轮岗交流。坚持人岗相宜原则，持续推进系统处级领导干部配置性、调整性、培养性、回避性交流，继续加大市局机关和区（分）局、区（分）局之间干部的交流力度，共轮岗交流处级干部24人，较好促进了系统处级领导班子结构优化和领导干部专业知识配套、工作经验互补，保持了队伍旺盛的生机与活力。拓展干部成长空间。落实中央《深化国税、地税征管体制改革方案》和《北京市深化国税、地税征管体制改革实施方案》要求，积极推进国地税深度融合，促进双方人才交流互动，与市国税局共同组织召开互派干部座谈会，通过典型引路、交流发言，进一步推动双方互动融通和优势互补。加大年轻干部培养力度。落实《北京市地方税务局优秀年轻干部培养选拔工作实施方案》，加大地税系统专业人才库人才培养使用力度，有效提高系统优秀年轻干部的综合素质。推动处科级领导班子选拔配备年轻干部工作常态化，集中举办全系统首期中青年干部培训班，共选拔38名优秀年轻干部进行脱产培训。认真做好处级非领导职务晋升工作。坚持树立正确用人导向，充分调动各年龄段干部的工作积极性，对一直以来为地税事业默默奉献、扎实工作，曾经担任过科级领导职务、各方面表现突出、群众公认的老同志，严格按《干部任用条例》规定，分期分批组织开展职务晋升工作。全年共讨论决定处级干部任免213人次。其中，提拔处级干部49人（正处级领导7人、区（分）局党组副书记2人，调研员8人、副调研员32人），轮岗交流24人，改任处级非领导职务4人，退休处级干部44人，试用期满正式任职、军队转业干部首次定职及挂职锻炼等职务任免92人次。

【干部管理与监督】着力强化干部选任全过程监督。在初始提名阶段，突出民主推荐人员的代表性，落实干部群众的知情权、参与权、选择权和监督权。坚持处级领导干部在全系统范围内进行考察预告和任前公示，实行市、区两级廉政会审。严格落实中央《领导干部报告个人有关事项规定》《领导干部个人有关事项报告查核结果处理办法》，坚持“凡提必核”要求，全年共对

115 名领导干部的个人有关事项进行了抽查核实，对存在漏报、填报不规范问题的 15 名干部，责成所在单位、部门主要负责人进行批评教育；对重点抽查核实中不如实填报的 8 名干部给予诫勉，1 名干部取消考察对象资格。建立干部选拔任用全过程文书纪实档案，及时将干部选拔各环节工作情况及责任人录入市委组织部纪实监督系统，为选人用人监督检查、落实责任追究提供依据。严格落实从严管理干部规定，认真落实干部四项监督制度，组织开展区（分）局党组履行干部选拔任用工作职责“一报告两评议”工作，及时反馈评议结果，提出整改意见。认真做好群众来电、来信回复和来访人员接待，注重加强政策宣传，化解矛盾，保证干部队伍稳定。坚持抓早抓小，把纪律挺在前面。对干部管理重在管早、管小、管在平时，强化跟踪了解，坚持关口前移，对苗头性、倾向性、潜在性问题，早发现、早提醒、早纠正，努力引导处级干部把组织的纪律和要求内化为自觉意志。全年共对 2 名处级干部进行提醒谈话，对 20 名处级干部进行函询，对 8 名处级干部进行诫勉，防止小毛病演变成大问题。

【考核奖励】全系统应参加年度考核 7415 人（不含局级），40 人因病事假半年以上或其他原因未参加考核，实际参加考核的 7375 人。从考核奖励结果看，评为优秀等次的 1473 人、称职（合格）等次的 5704 人，不定等次的 194 人，不称职的 4 人。共奖励 2273 人，其中记三等功 511 人，给予嘉奖 1762 人。

【工资收入分配管理】一是做好工资相关调整、测算、核定等工作。根据 2016 年度的考核结果，对市局机关符合条件的人员进行工资调整及奖金发放工作：正常晋升级别工资 65 人，晋升级别工资档次 71 人，增加工作性津贴（职务）49 人，增加工作性津贴（年功）494 人，核发年终一次性奖励金 502 人，核发公务员优秀奖励 123 人。按照市人力社保局要求，为市局机关 355 名工作人员发放 2016 年应休未休年休假补贴，共涉及 1709070 元；首次发放 2016 年度社会治安综合治理（平安建设）一次性奖金，共涉及 544 人、7411224 元；发放 2016 年度政府绩效管理奖金，共涉及 544 次、12351920 元；发放 2016 年度工作性津贴剩余部分，共涉及 544 人次、247035 元。完成市局机关处级以上干部个人重大事项报告中涉及年度收入的申报工作。统计核对市局机关 507 名工作人员 2016 年度的养老保险和医疗保险基数。填写约 540 张市局机关工作人员《工资变动审批表》，并盖章归档。完成系统《2016 年度北京市机关、事业单位工作人员工资统计报表》的审核、汇总、上报工作。完成系统处级干部和市局机关工作人员退休待遇审批工作。二是做好系统基础工作规范管理。对系统工资台账、工资变动审批表等基础资料填写、填报要求进行了规范，并进行了抽查、检查。三是做好服务基层工作。对直属单位及其他工资管理人员变更的单位，进行上门服务，对工资政策，日常工作规范进行指导、答疑。四是组织开展自查检查。落实市人力社保局在全市各单位开展规范工资管理、执行工资纪律等情况联合检查的文件要求，组织指导全系统各单位对相关情况自查检查，确保各类工资、津贴补贴项目发放无误。

【人事基础工作】一是加强社会保险管理，按时完成市局机关养老保险准备期补缴、2017 年社保工资申报工作，深入开展劳动合同制工人养老保险缴纳情况梳理排查，主动做好养老保险改革相关政策的单位内部宣传和解释工作。每月按照人员变动情况，完成养老、工伤及生育保险，其中增员30人，减员17人，在职人员转退休12人，生育津贴申领及发放9人，退休人员去世1人。二是加强考勤管理。在做好日常考勤管理及假期政策解答的基础上，完成全年考勤数据汇总共计1462条，为2017年度考核提供考勤信息。2017年6月5日印发《〈北京市地方税务局工作人员考勤管理办法（试行）〉的通知》。三是加强因私出国（境）管理。办理退休局级干部因私出国（境）审批报备工作2人次，完成科级以下干部因私出国（境）备案84人次；办理因公出国（境）审批报备手续42人次，其中局级4人次。2017年12月印发关于修订《〈北京市地方税务局因私出国（境）及证件管理办法〉的通知》。

【机构编制和公务员管理】遵循公开、平等、竞争、择优原则，采用职位竞争考试方式，全部职位限定招录与税收工作紧密相关的经济类、法学类、公共管理类、工商管理类、中文类、计算机类、劳动和社会保障类专业，2017年招录公务员172人。确定2016年度选调生18名。组织遴选工作，为市局、直属分局遴选公务员48名，并向市人社局申请，推荐遴选落选干部69人进入北京市遴选人才库。经过国务院军转办统一笔试、专业能力测试、体检、审档、政审、指令性安置等环节，2017年共接收安置80名军队转业干部。2017年2月，市编办为北京地税系统2015年度接收军队转业干部增加行政编制17名。调整后，北京地税系统行政编制及机关事业编制从7578名增至7595名。

按照市编办批复，个人所得税管理处更名为税收管理一处，财产和行为税管理处更名为税收管理二处，营业税管理处更名为税收管理三处。法制处更名为政策法规处。市局机关党委加挂党建工作处牌子，16个区地税局分别设立机关党委（党建工作科），基层工作科不再加挂机关党委牌子。东城、西城、朝阳、海淀4个区地税局分别增设离退休干部科。东城、西城2个区地税局内设的残保金管理科和工会经费管理科的机构职责整合，设立非税收入管理科；撤销其余14个区地税局内设的科技信息科，将其职责划入征收管理科。

【数字人事推广与平时考核实施】为全面落实北京市公务员平时考核部署动员电视电话会议精神要求，结合国家税务总局数字人事的基本内涵，充分利用现有信息化成果，北京地税局党组在2017年12月4日第29次会议研究决定，依托数字人事开展全系统干部平时考核工作。2017年12月29日，在税务总局人事司科学指导、市局党组严密部署和各区分局有力保障下，数字人事系统在北京地税系统全面上线，依托其中的“日常绩效（平时考核）”模块实施平时考核。

【干部任免】2017年2月26日，市局党组第3次会议研究决定：2016年度军转干部首次定职，同意魏平任北京市海淀区地方税务局调研员；付灵任北京市西城区地方税务局副调研员；杨连满任北京市丰台区地方税务局副调研员。同意张之乐结束试用期，任北京市地方税务局资产管理处处长；张毅结束试用期，任北京市地方税务局保卫处处长；张卉结束试用期，任北京市地方税务局基层工作处处长；郑鹏结束试用期，任北京市顺义区地方税务局党组书记、局长；姜学东结束试用期，任北京市密云区地方税务局党组书记、局长；郭海福结束试用期，任北京市地方税务局第一稽查局党组书记、局长；李大捷结束试用期，任北京市地方税务局监察处副处长。免去张树广北京市西城区地方税务局调研员职务，办理退休手续；同意王小明提出的提前退休申请，免去其北京市东城区地方税务局副调研员职务，办理退休手续；免去赵培蓉北京市西城区地方税务局副调研员职务，办理退休手续；同意张龙江提出的提前退休申请，免去其北京市海淀区地方税务局副调研员职务，办理退休手续；免去李文忠、李文军北京市丰台区地方税务局副调研员职务，办理退休手续；同意张霖提出的辞职申请，免去其北京市海淀区地方税务局副调研员职务，按照干部管理权限办理辞职手续。

2017 年 3 月 15 日，市局党组第 5 次会议研究决定：沈全君任直属机关工会副处级领导、调研员，免去其监察处副处长、调研员职务。王敬明任北京市海淀区地方税务局调研员；戈靖华任北京市门头沟区地方税务局调研员；张爱萍任北京市西城区地方税务局副调研员；姜子瑞任北京市通州区地方税务局副调研员；何万顺任北京市怀柔区地方税务局副调研员；何君任北京市平谷区地方税务局副调研员；陈聪洁任北京市房山区地方税务局副调研员。魏龙结束试用期，任北京市东城区地方税务局党组成员、副局长；陈桂伦结束试用期，任北京市海淀区地方税务局党组成员、副局长；高玉龙结束试用期，任北京市地方税务局燕山分局（北京市地方税务局第六稽查局）党组成员、副局长；冯强结束试用期，任北京市地方税务局宣传教育处处长。免去李树凡北京市海淀区地方税务局调研员职务，办理退休手续；免去徐连元北京市昌平区地方税务局副调研员职务，办理退休手续；免去胡春凯北京市延庆区地方税务局副调研员职务，办理退休手续。

2017 年 3 月 20 日，市局党组第 6 次会议研究决定：根据《北京市机构编制委员会办公室关于调整市地税局内设机构等有关事项的函》和《北京市机构编制委员会办公室关于同意调整北京市地方税务局票证管理中心有关机构编制事项的函》，北京市地方税务局个人所得税管理处更名为北京市地方税务局税收管理一处，北京市地方税务局财产和行为税管理处更名为北京市地方税务局税收管理二处，北京市地方税务局营业税管理处更名为北京市地方税务局税收管理三处，北京市地方税务局票证管理中心更名为北京市地方税务局风险管理事务中心。毛江任北京市地方税务局税收管理一处处长；刘文龙任北京市地方税务局税收管理二处处长；陆坤任北京市地方税务局税收管理三处处长；王海鹏任北京市地方税务局风险管理事务中心副主任、主持工作，免去王海鹏北京市朝阳区地方税务局党组成员、副局长职务；朱宁任北京市地方税务局征管和科技发展处副处长；付春江、田敬文任北京市地方税务局税收管理一处副处长；谢云、佟云飞、郑颖任北京市地方税务局税收管理二处副处长；张勇任北京市地方税务局税收管理二处副处长（挂职锻炼）；易鸿卫、邢志红任北京市地方税务局税收管理三处副处长；孙长海任北京市地方税务局企业所得税管理处调研员；贾玉敏任北京市地方税务局收入规划核算处调研员；钱剑兰任北京市地方税务局税收管理二处调研员；马扬任北京市地方税务局税收管理三处调研员；王澜静任北京市地方税务局税收管理一处副调研员；赵为真任北京市地方税务局税收管理三处副调研员；国春华任北京市地方税务局工会经费管理处副调研员。同意方景岩提出的提前退休申请，免去其北京市石景山区地方税务局副调研员职务，办理退休手续。

2017 年 4 月 13 日，市局党组第 7 次会议研究决定：成立北京市地方税务局风险管理事务中心筹备组，王海鹏任组长，吴莉红、谭庆文任副组长。常海龙任北京市地方税务局办公室主任，免去其北京市昌平区地方税务局党组书记、局长职务；李宏任北京市地方税务局离退休干部处副处长、主持工作，免去其人事处副处长职务；华方任北京市昌平区地方税务局党组成员、副局长、主持工作，免去其北京市朝阳区地方税务局党组成员、副局长职务；免去韩松北京市地方税务局非税收入管理处处长职务，任北京市地方税务局非税收入管理处调研员；免去王立水北京市地方税务局离退休干部处处长职务，任北京市地方税务局离退休干部处调研员；免去郭顺民北京市地方税务局办公室主任职务，由人事处协调办理相关调动手续；免去张波北京市地方税务局征管和科技发展处副处长职务，由人事处协调办理相关调动手续；免去郭京北京市海淀区地方税务局副调研员职务，办理退休手续；免去郄万林北京市昌平区地方税务局副调研员职务，办理退休手续；免去李霞北京市延庆区地方税务局副调研员职务，办理退休手续。

2017 年 4 月 19 日，市局党组第 8 次党组会议研究决定：国佳任北京市地方税务局企业所得税管理处副处长，挂职锻炼 1 年；同意沈慧东提出的提前退休申请，免去其北京市地方税务局第二直属税务分局副调研员职务，办理退休手续。

2017 年 4 月 25 日，市局党组第 9 次党组会议研究决定：饶梦阳任北京市地方税务局非税收入管理处处长，试用期 1 年，免去其北京市地方税务局北京市税务档案资料管理中心（北京税务博物馆）主任（馆长）职务；邓荣华主持北京市地方税务局北京市税务档案资料管理中心（北京税务博物馆）工作。郭新杰结束挂职锻炼，免去北京市地方税务局企业所得税管理处副处长职务，张勇结束挂职锻炼，免去北京市地方税务局税收管理二处（原财产和行为税管理处）副处长职务。免去戈靖华北京市门头沟区地方税务局调研员职务，办理退休手续；免去何万顺北京市怀柔区地方税务局副调研员职务，办理退休手续。

2017 年 5 月 18 日，市局党组第 10 次党组会议研究决定：宋勇军结束试用期，任北京市地方税务局办公室副主任；姜立洋结束试用期，任北京市地方税务局研究室副主任；王素江结束试用期，任北京市地方税务局企业所得税管理处副处长；王磊、于楠结束试用期，任北京市地方税务局征管和科技发展处副处长；周兵化结束试用期，任北京市地方税务局收入规划核算处副处长；李欣结束试用期，任北京市地方税务局计划财务处副处长；黎佳丽、何增斌结束试用期，任北京市地方税务局宣传教育处副处长；冯翔宇结束试用期，任北京市地方税务局基层工作处副处长；吴黎淳、任丽娟结束试用期，任北京市地方税务局机关党委办公室副主任；石斌结束试用期，任北京市地方税务局《北京地方税务公报》编辑部副主任；王献波、经萍结束试用期，任北京市西城区地方税务局党组成员、副局长；王越男结束试用期，任北京市丰台区地方税务局党组成员、纪检组长；程万春结束试用期，任北京市石景山区地方税务局党组成员、纪检组长；范永坤结束试用期，任北京市门头沟区地方税务局党组成员、纪检组长；关红革结束试用期，任北京市密云区地方税务局党组成员、纪检组长；郎培东、谢东明结束试用期，任北京市地方税务局第一直属分局（第五稽查局）党组成员、副局长；史迎风结束试用期，任北京市地方税务局第一稽查局党组成员、纪检组长；王国红结束试用期，任北京市地方税务局第二稽查局党组成员、纪检组长；葛海清结束试用期，任北京市地方税务局第三稽查局党组成员、副局长；庞雁、李猛结束试用期，任北京市地方税务局第四稽查局党组成员、副局长。免去张爱萍西城区地方税务局副调研员职务，办理退休手续。

2017年6月2日，市局党组第11次党组会议研究决定：杨民力任北京市门头沟区地方税务局调研员；武斌任北京市任东城区地方税务局副调研员；王会清任北京市昌平区地方税务局副调研员；李玉平、张振良任北京市怀柔区地方税务局副调研员；任凤伟、王春海任北京市平谷区地方税务局副调研员；蔡咏梅、史增友任北京市密云区地方税务局副调研员。

2017年6月29日，市局党组第13次党组会议研究决定：免去张克兵、王敬明北京市海淀区地方税务局调研员职务，办理退休手续；免去姜子瑞北京市通州区地方税务局副调研员职务，办理退休手续；免去何君北京市平谷区地方税务局副调研员职务，办理退休手续；免去陈聪洁北京市房山区地方税务局副调研员职务，办理退休手续。

2017年7月12日，市局党组第14次党组会议研究决定：高文雄任北京市地方税务局档案处处长，试用期1年；赵俊杰任北京市地方税务局督察内审处处长，试用期1年；邵凌任北京市地方税务局纳税服务中心主任，试用期1年；黄长文任北京市顺义区地税局党组副书记、调研员；王华任北京市地方税务局第二稽查局党组副书记、副局长、调研员，免去其北京市通州区地方税务局党组成员、副局长职务。李强结束挂职，免去北京市东城区地方税务局党组成员、副局长职务；徐洁结束挂职，免去北京市西城区地方税务局局长助理职务；李谦结束挂职，免去北京市朝阳区地方税务局党组成员、副局长职务；苏金鹏结束挂职，免去北京市海淀区地方税务局局长助理职务；刘臣明结束挂职，免去北京市丰台区地方税务局党组成员、副局长职务；徐龙结束挂职，免去北京市石景山区地方税务局局长助理职务；殷进生结束挂职，免去北京市门头沟区地方税务局局长助理职务；刘建辉结束挂职，免去北京市房山区地方税务局党组成员、副局长职务；周凤侠结束挂职，免去北京市通州区地方税务局局长助理职务；席虎林结束挂职，免去北京市顺义区地方税务局局长助理职务；郑克山结束挂职，免去北京市怀柔区地方税务局党组成员、副局长职务；贾云平结束挂职，免去北京市平谷区地方税务局局长助理职务；陈大鹏结束挂职，免去北京市大兴区地方税务局局长助理职务；王亚辉结束挂职，免去北京市昌平区地方税务局党组成员、副局长职务；徐永川结束挂职，免去北京市密云区地方税务局局长助理职务；刘亚明结束挂职，免去北京市延庆区地方税务局局长助理职务；马海涛结束挂职，免去北京市地方税务局税收管理三处处长助理职务。

2017年8月4日，市局党组第17次党组会议研究决定：根据《北京市机构编制委员会办公室关于同意市地税局法制处更名有关事项的函》，北京市地方税务局法制处更名为北京市地方税务局政策法规处，原北京市地方税务局法制处的处级干部职务自然免除，李志刚任北京市地方税务局政策法规处处长，苏佳任北京市地方税务局政策法规处副处长。免去王威北京市西城区地方税务局副调研员职务。

2017年8月15日，市局党组第18次党组会议研究决定：免去史保华北京市大兴区地方税务局调研员职务，办理退休手续；免去王春海、任凤伟北京市平谷区地方税务局副调研员职务，办理退休手续；免去史增友北京市密云区地方税务局副调研员职务，办理退休手续；免去李玉平北京市怀柔区地方税务局副调研员职务，办理退休手续；免去王会清北京市昌平区地方税务局副调研员职务，办理退休手续；同意牛远提出的提前退休申请，免去其北京市东城区地方税务局副调研员职务；

2017年9月4日，市局党组第19次党组会议研究决定：吉文晖任北京市地方税务局督察内审处副调研员，免去其北京市海淀区地方税务局副调研员职务；免去余浩、季大捷北京市地方税务局监察处副处长职务；解德木任北京市东城区地方税务局调研员；马杰任北京市通州区地方税务局调研员；金小平、张西生任北京市东城区地方税务局副调研员；吴燕俐任北京市石景山区地方税务局副调研员；刘杰任北京市通州区地方税务局副调研员；门殿纯任北京市昌平区地方税务局副调研员；范春莲任北京市地方税务局第二稽查局副调研员。根据《北京市机构编制委员会办公室关于同意调整设置市地税系统党建工作机构的函》，北京市地方税务局机关党委加挂党建工作处牌子，原北京市地方税务局机关党委办公室处级干部职务自然免除，胡建荣任北京市地方税务局党建工作处处长，吴黎淳、任丽娟任北京市地方税务局党建工作处副处长。免去李连庆北京市东城区地方税务局副调研员职务，办理退休手续；免去张振良北京市怀柔区地方税务局副调研员职务，办理退休手续。

2017年9月21日，市局党组第21次党组会议研究决定：免去吴佳北京市平谷区地方税务局党组成员、纪检组长职务。

2017年10月17日，市局党组第22次党组会议研究决定：免去张景存北京市朝阳区地方税务局调研员职务，办理退休手续；免去杨民力北京市门头沟区地方税务局调研员职务，办理退休手续；免去朱庆丰北京市密云区地方税务局调研员职务，办理退休手续；免去武斌北京市东城区地方税务局副调研员职务，办理退休手续；免去蔡咏梅北京市密云区地方税务局副调研员职务，办理退休手续。

2017年10月30日，市局党组第24次党组会议研究决定：免去马杰北京市通州区地方税务局调研员职务，办理退休手续；免去金小平北京市东城区地方税务局副调研员职务，办理退休手续；免去吴燕俐北京市石景山区地方税务局副调研员职务，办理退休手续；免去范春莲北京市地方税务局第二稽查局副调研员职务，办理退休手续。

2017年11月8日，市局党组第25次党组会议研究决定：免去安宝华北京市石景山区地方税务局党组副书记、副局长职务。王磊任北京市朝阳区地方税务局党组成员、副局长，免去其北京市地方税务局征管和科技发展处副处长职务。吕延程任北京市密云区地方税务局党组成员、副局长，免去其北京市怀柔区地方税务局党组成员、副局长职务。免去于楠北京市地方税务局征管和科技发展处副处长职务。免去刘杰北京市通州区地方税务局副调研员职务，办理退休手续。

2017年11月18日，市局党组第27次党组会议研究决定：钱丽换结束试用期，任北京市房山区地方税务局党组书记、局长；王珊结束试用期，任北京市地方税务局研究室主任；毛江结束试用期，任北京市地方税务局税收管理一处处长；王秉明结束试用期，任北京市地方税务局国际税务管理处处长；程莉结束试用期，任北京市海淀区地方税务局党组成员、纪检组长；于春伶结束试用期，任北京市怀柔区地方税务局党组成员、副局长；郑颖结束试用期，任北京市地方税务局税收管理二处副处长；于海涛结束试用期，任北京市地方税务局稽查处（税务违法案件举报中心）副处长；陈涛结束试用期，任北京市地方税务局数据管理处副处长；张永利结束试用期，任北京市地方税务局纳税服务中心副主任；邱春会结束试用期，任北京市地方税务局数据处理中心副主任；苏补亮结束试用期，任北京市地方税务局机关后勤服务中心副主任。同意赵鲁平提出的提前退休申请，免去其北京市地方税务局工会经费管理处副处长职务，办理退休手续。

2017 年 11 月 27 日，市局党组第 28 次党组会议研究决定：免去张海川北京市地方税务局企业所得税管理处副处长职务。

2017 年 12 月 19 日，市局党组第 32 次党组会议研究决定：满保红任北京市地方税务局工会经费管理处副处长，免去其北京市地方税务局纳税服务中心副主任职务；王仁丽任北京市地方税务局离退休干部处副处长、调研员，免去其北京市地方税务局老干部活动中心副主任、调研员职务。朱兴有任北京市地方税务局政策法规处调研员，免去其北京市地方税务局《北京地方税务公报》编辑部调研员职务，不再主持北京市地方税务局《北京地方税务公报》编辑部工作；高丽英任北京市地方税务局离退休干部处调研员，免去其北京市地方税务局信息中心副主任、调研员职务；向丽任北京市地方税务局政策法规处副调研员，免去其北京市地方税务局第一直属税务分局（北京市地方税务局第五稽查局）党组成员、副局长职务。王宝军任北京市地方税务局离退休干部处副调研员，免去其北京市地方税务局《北京地方税务公报》编辑部副主任职务。于军海任北京市地方税务局政策法规处调研员，免去其北京市地方税务局《北京地方税务公报》编辑部调研员职务；柳昌荣任北京市地方税务局离退休干部处调研员，免去其北京市地方税务局老干部活动中心调研员职务；田苏波任北京市地方税务局办公室副调研员，免去其北京市朝阳区地方税务局副调研员职务；杨晓东任北京市东城区地方税务局调研员，免去其北京市地方税务局稽查处（税务违法案件举报中心）调研员职务；张秀娟任北京市平谷区地方税务局调研员，免去其北京市朝阳区地方税务局调研员职务；鲍秋苓任北京市西城区地方税务局调研员，免去其北京市地方税务局第二稽查局调研员职务。赵雪任北京市东城区地方税务局副调研员，任职时间从 2016 年 6 月 27 日起计算。《中共北京市地方税务局党组关于赵雪同志任职的通知》废止。谢成奔任北京市西城区地方税务局副调研员，任职时间从 2016 年 6 月 27 日起计算。《中共北京市地方税务局党组关于谢成奔同志任职的通知》废止。单亮任北京市朝阳区地方税务局副调研员，任职时间从 2016 年 6 月 27 日起计算。《中共北京市地方税务局党组关于单亮同志任职的通知》废止。《中共北京市地方税务局党组关于鲁申同志任职的通知》废止。张文华任北京市丰台区地方税务局副调研员，任职时间从 2016 年 6 月 27 日起计算。《中共北京市地方税务局党组关于张文华同志任职的通知》废止。杜鹃任北京市石景山区地方税务局副调研员，任职时间从 2016 年 6 月 27 日起计算。《中共北京市地方税务局党组关于杜鹃同志任职的通知》废止。杨跃华任东城区地方税务局调研员；王翠兰任北京市朝阳区地方税务局调研员；董洪印任北京市昌平区地方税务局调研员；冯垚、栾秀莉、薛春红任北京市东城区地方税务局副调研员；侯惠贤、陈双运、许文莉任北京市西城区地方税务局副调研员；侯桂洁、尹继英任北京市石景山区地方税务局副调研员；胡凤英任北京市门头沟区地方税务局副调研员；付记平、胡铁锁任北京市平谷区地方税务局副调研员；辛晓龙任北京市昌平区地方税务局副调研员；张小瑛任北京市大兴区地方税务局副调研员。

2017 年 12 月 25 日，市局党组第 33 次党组会议研究决定：李宏任北京市地方税务局离退休干部处处长，试用期1年；王海鹏任北京市地方税务局风险管理事务中心主任，试用期1年；邓荣华任北京市地方税务局税务档案资料管理中心（北京税务博物馆）主任（馆长），试用期1年；华方任北京市昌平区地方税务局党组书记、局长，试用期1年。

2017年12月26日，市局党组第34次党组会议研究决定：免去门殿纯北京市昌平区地方税务局副调研员职务，办理退休手续；免去解德木北京市东城区地方税务局调研员职务，办理退休手续；免去张酉生北京市东城区地方税务局副调研员职务，办理退休手续。

（高　峰　宋立伟　殷　佳　屈轶坤
马啼旭　王晨曦　张当眉　高　婉）

离退休干部管理

【综述】2017年，北京市地税系统老干部工作认真贯彻落实全国老干部工作“双先”表彰大会和全国老干部局长会议精神，突出全面从严治党主题，突出学习贯彻党的十九大和北京市第十二次党代会精神主线，突出为党和人民事业增添正能量价值取向，开拓进取，扎实工作，老干部工作取得新的成效。

【离退休干部基本情况】截至2017年12月31日，北京市地税系统有离退休人员1547人（其中离休5人），其中市局机关251人，区、分局1296人。全系统离退休党员共1021人，占离退休人员总数的66%，其中，市局机关党员190人，各区（分）局党员831人。全系统离退休党支部19个、党小组34个。组织关系在地税系统的党员789人，转入地方社区的党员232人，包括石景山、门头沟、燕山、顺义区（分）局全部党员以及东城、丰台、昌平、大兴、房山、怀柔、平谷区局部分党员，组织关系转入社区管理。

【有效落实上级文件精神】中央《关于进一步加强和改进离退休干部工作的意见》和北京市《关于进一步加强和改进离退休干部工作的实施意见》，是做好新时期离退休干部工作的纲领性、指导性文件，在认真学习宣传、深入研讨解读的基础上，紧密结合实际，广泛深入调研，研究制发《北京市地方税务局关于进一步加强离退休干部工作的贯彻意见（试行）》，进一步明确分工、细化任务、落实责任，形成统一领导、分工协作、分级负责、分类管理的工作机制，有力推动了两个文件精神落地见效；完善《北京市地方税务局离退休干部工作领导责任制》，明确指导思想、基本原则、工作内容和工作要求，为系统各单位组织开展老干部工作提供政策支持和参照依据。为适应老干部工作发展需求，市局加强了老干部工作体制机制建设，在东城、西城、朝阳、海淀4个离退休干部人数超过百人的区局增设离退休干部科，增加编制，配备人员，专门负责老干部工作，使服务保障老干部的能力大大提高。逐步建立和细化离退休干部工作制度，用制度保障离退休干部“两个待遇”[①] 和“两项建设”[②]的有效落实。

【加强“两项建设”】全系统老干部工作部门把学习宣传贯彻党的十九大精神作为“两学一做”学习教育的首要任务，采取组织集中学习、网上学习交流、送学上门等形式，保证了学习教育工作的落实。市局组织举办离退休干部春季、暑期集中学习班和离退休干部“十九大精神”专题学习班，学习宣传贯彻十九大精神，引导广大老同志深刻领会精神实质，准确把握核心要义，自觉在政治立场、政治方向、政治原则、政治道路上同以习近平同志为核心的党中央保持高度一致。按照全面从严治党要求，组织开展市局机关离退休干部党总支调整总支书记相关工作，进一步加强离退休干部党建工作。在全系统组织开展“学习十九大精神，讲述家风故事”主题党日活动，弘扬家风正能量。加强对离退休党总支、党支部委员的培训工作，组织党总支、党支部委员开展工作交流和座谈 4 次，组织专题培训 2 次，全系统离退休干部党支部书记参加市直机关工委组织的政治理论培训三批 12 人次。注重发挥支部委员的带头作用，市局离退休支部书记路俊霞积极参加市直机关工委组织的“家风的故事”宣讲团活动，带头参与宣讲活动，弘扬社会主义核心价值观，带动和配合老干部工作部门开展党建工作和思想政治工作，骨干作用明显。

【组织开展正能量活动】在全系统离退休人员中广泛开展“带头做文明有礼的北京人”活动，组织引导老同志做好“六带头”[③]，为党和人民的事业不断增添正能量；举办市局机关离退休干部“反映美好生活、记录发展变化，喜迎十九大”书法绘画、摄影展；组建 40 人的市局机关离退休干部金色阳光合唱团，用“好声音”致敬新时代；倡导健康积极生活，组织系统老同志参加国家税务总局举办的以“唱响十九大走向新时代”为主题的文艺汇演，西城局、丰台局、延庆局等单位精选节目参加汇演并受到一致好评，展示出了地税系统老干部良好昂扬的精神风貌。系统各单位积极发挥网络优势，结合实际建立老干部工作微信群和短信平台，定期推送学习资料和正能量内容，加强对老干部的思想引领；在全系统扎实开展了以“关爱老年人，欢庆十九大”为主题的“敬老月”活动，为离退休老同志送温暖、办实事、做好事、解难事，层层传递以习近平同志为核心的党中央对老年人的关心关爱，不断增强老年人的获得感和幸福感，引导老年人自觉践行“积极老龄观”，积极发挥正能量，取得显著成效。

【落实“两项待遇”】认真落实理论学习、走访慰问、情况通报等各项制度，切实从政治上、思想上关心爱护老干部。系统各单位认真组织开展 2017 年离退休老干部新春团拜活动。及时传达和学习文件精神，定期介绍机构人员调整和地税事业发展情况，主动征求老同志的意见和建议；坚持订阅报刊制度和定期体检制度，坚持重大节日走访慰问制度和生病住院看望慰问制度，成立在职党团员结对帮扶志愿者团队，开展对高龄离退休干部志愿帮扶工作；开展对离退休人员离退休费待遇调整政策宣传。继续完善全系统离退休干部信息库建设。春节、“七一”等时间节点，对困难老党员老干部给予困难补助。系

① “两个待遇”是指政治待遇、生活待遇。

② “两项建设”是指离退休干部党组织建设和思想政治建设。

③ “六带头”是指带头弘扬革命传统、带头践行文明礼仪、带头错峰绿色出行、带头垃圾减量分类、带头节约用水用电和带头促社会和谐。

统各单位贯彻执行《北京市地方税务局离退休干部工作领导责任制》提出的具体要求，结合实际采取多种形式，认真落实“两项待遇”，扎实做好服务工作。

【文化阵地建设】市地税系统各单位因地制宜采取措施，努力增设老干部活动场所，配备相应设施和活动用品，为老同志更好地开展文化活动提供条件。结合老同志的兴趣爱好，许多单位开展多种形式的文体活动。市局举办书画、歌咏、瑜伽等兴趣活动小组，全年组织开展书画、摄影展、文艺演出、棋牌比赛、诗词征文等有益于离退休干部身心健康的文化体育活动40余次，丰富了离退休人员的精神文化生活。

【自身建设】坚持把政治建设放在首位，认真抓好党的十九大和市第十二次党代会精神的学习宣传贯彻，不忘初心、牢记使命，自觉用习近平新时代中国特色社会主义思想武装头脑、指导实践、推动工作；着眼新时代要求、加强宏观谋划，深入调查研究，围绕《关于做好新时期北京地税系统老干部工作的实践与思考》课题调研，研究出台《北京市地方税务局关于进一步加强离退休干部工作的贯彻意见（试行）》，着力推动系统老干部工作观念、思路、制度和方法创新；带头开展“两学一做”，自觉践行“三严三实”，持续改进工作作风。加强业务能力建设，积极开展对基层的业务培训和工作指导，全年组织业务培训三次，多渠道全方位强化系统老干部工作人员综合素质能力；加强老干部工作体制机制建设，在东城、西城、朝阳、海淀4个离退休干部人数超过百人的区局增设离退休干部科，增加编制，配备人员。按照市局绩效管理工作要求，进一步规范工作要求和工作流程，促进地税系统离退休干部工作科学发展；开展创先评优活动，弘扬先进典型，有效推动了系统老干部队伍建设。

（孙丽莉）

干部教育培训

【综述】2017年，北京市地税局教育培训工作积极贯彻“全面深化干部教育培训改革，全面提升干部教育培训质量”的要求，以深化《干部教育培训工作条例》为指引，深化改革，注重集成，全年组织各类培训班506期，共计培训44836人次，为加快推进首都税收现代化建设提供人才支持。

【完善教育培训制度】持续强化市局党组统一领导、教育培训管理部门归口管理、系统各单位和各部门分工负责、分类分级实施的大教育格局。建立质量评估考核制度，深入开展干部教育培训工作年度重点培训项目综合考评工作。严肃培训纪律，强化培训计划报备报批，加强项目管理、学员管理。严格经费管理，认真执行《北京市市级党政机关事业单位培训费管理办法》，科学制定培训经费预算。

【加强领导干部培训】组织局级干部参加调训23人次，处级干部参训1551人次，科级干部参训2.3万人次。举办全系统局处级领导干部十八届六中全会精神学习与更新知识培训班、处级领导干部学习党的十九大精神培训班、科级领导干部任职培训班，不断提升领导干部履职能力。

【业务骨干培训】组织38人参加系统优秀中青年干部培训班，完成调研课题8个，案例分析38个，被税务总局党校授予“文明班级”称号。组织全系统税收分析、税务稽查、纳税服务、税收专业英语口语、税收情报业务骨干培训，打造党建调研、收入分析和纳税服务专业团队，为领导决策服务，为推动主业服务。

【基层一线干部培训】组织行政管理、征管评估、税务稽查、纳税服务、信息技术5个岗位练兵比武活动，全系统共6878人次参与，参与率96%。做好新录用大学生和军转干部的初任培训，采取“网络自学—集中培训—岗位实训—再集中培训”的方式，分类分阶段组织实施，累计培训279人。

【教育培训供给侧改革】着力完善网络培训制度，中国税务网络大学、北京市干部教育网累计注册1.3万人次，在线学习57.5万小时，全系统在线学习完成率达到100%。数字人事“两测”工作稳步启动。

（林尚佳）

工会活动

【综述】2017年，市局机关工会在市直机关工会和市局党组的领导下，深入学习贯彻党的十九大精神和习近平新时代中国特色社会主义思想，始终坚持把“政治性、先进性、群众性”作为工会工作的出发点和落脚点，以服务中心、服务基层、服务会员为主线，广泛开展“送温暖、送文化、送健康”活动，不断深化“创先争优”活动，加强职工之家建设，团结引导广大会员为推进税收现代化建设、建设国际一流的和谐宜居之都等方面发挥了积极作用。机关工会蝉联“北京市工会工作标兵单位”称号，会员满意度达到100%。

【“创先争优”活动】2017年，先后推出“全国五一劳动奖章”第三稽查局李晓晖、“首都劳动奖章”东城局朱媛玫、“首都最美家庭”开发区分局杨卫利家庭、“首都创新工作室”纳税服务中心“微信与新媒体创新工作室”“北京市工会工作标兵单位”市局机关工会等一批国家级、市级典型，进一步弘扬了劳模精神、劳动精神、工匠精神。

【文明创建活动】开展好家庭、好家教、好家风系列创建活动，使中华传统美德在地税蔚然成风。杨卫利家庭被评为“首都最美家庭”称号，姜立洋等3户家庭入选西城百东社区“百户文明家庭”称号，10名女干部获选市局直属机关“爱岗、爱家、爱生活”最美女干部。

【典型宣传】“五一”前后，在《劳动午报》《中国税务报》《市直机关党建》《北京地税》等相关媒体，对系统内荣获国家级、市级“五一”劳动奖章（状）、工人先锋号荣誉的11个先进集体和个人进行广泛宣传。推荐一线劳模事迹风采参加北京市“践行新理念，建功‘十三五’”劳动者风采展和“中国梦劳动美幸福颂”首都职工庆“五一”摄影展，通过形式多样的学习宣传活动，营造树典型、学先进、扬正气的良好氛围。

【开展丰富多彩文体活动】市局机关工会通过参与或开展市级、全系统和机关三个层次的文体活动，满足了会员精神文化需求。市级文体活动成绩显著。乒乓球获市直机关第十一届“和谐杯”乒乓球赛京津冀总决赛第2名，气排球获市直机关首届气排球比赛亚军，选送30幅作品参加市直机关“职工心向党、喜迎十九大”硬笔书法比赛，11幅作品获奖，其中一等奖3幅。7幅摄影作品荣获首都职工庆“五一”摄影展二、三等奖。组织干部参加首都第十一届文化艺术节6项比赛，共获奖27项，其中书画20项、摄影3项，歌唱、舞蹈、微电影和微创小故事各1项。舞蹈《金色的汤瓶》代表总局参加“中央国家机关喜迎十九大干部职工文艺展演”舞蹈比赛，获得一等奖并得到国家税务总局局长王军的表扬性批示。系统活动计划有序。先后举办第五届“健康杯”乒乓球赛、“和谐杯”羽毛球赛及第六届“友谊杯”棋牌赛，全系统共500多人参赛。机关活动精彩纷呈。元旦、国庆节为会员放映精彩大片，举办春节联欢会；组织20名会员参加了市直第三届市民冬奥冰雪季体验课；“六一”儿童节，组织部分干部子女到时义利面包厂和北京陶瓷艺术馆参观体验活动。

【为会员提升素质营造环境】为方便干部职工在线阅读，市局机关工会组织部分基层工会主席在石景山局召开电子书屋建设研讨交流会，启动系统电子书屋建设工程，拟定设计建设方案，为正式上线奠定基础。在世界读书日组织530名会员参与“倡导全民阅读，喜迎党的十九大”主题读书活动，对33份读后感进行了评比表彰。

【信息化练兵比武活动】北京市“职工技协杯”职业技能竞赛“税务信息技术师”练兵比武自2017年3月启动，11月结束，历时8个月，全系统546名参赛选手经过初赛、复赛、半决赛和决赛四轮激烈角逐，最终市局信息中心张鹏夺得第一名，海淀局、西城局、东城局、第四稽查局、朝阳局、怀柔局、平谷局、通州局、密云局选手分获第2～10名，获奖选手所在单位荣获“优秀组织奖”。国家税务总局、市总工会领导亲临现场并给予高度评价和肯定。这次比赛，为长期在后台默默无闻的税务信息技术人员提供了一个展示自我的平台，培养和练就了一批信息化专业人才，为北京地税现代化建设提供了保证。

【两节送温暖活动】“两节”和国庆期间，市局机关工会为全体会员送去30多万元的生活慰问品，购买公园年票、电影票和生日蛋糕券；慰问新生儿、生病、困难、司机、安保以及离退休人员210多人次，共发放慰问金6万余元，送去党组织的温暖和关怀。

【关心会员身心健康】邀请同仁堂专家、医师，开展送健康活动，全系统约3000人聆听健康讲座，机关300多人参加义诊；组织70多名会员参加市直机关“名家名医进机关”健康大讲堂和体质测试；开展夏季送清凉活动，共为1300名一线会员送去慰问品；安排3名劳模赴外省休养，暑期安排14批1650名优秀职工赴北戴河休养，使广大会员身心得到调整和放松。

【做好会员保障服务工作】对全体会员京卡·互助卡信息进行重新核对，分别为507名会员办理重大疾病保障计划，为225名女会员办理女工特殊疾病互助保障计划，丧葬慰问14人，各项爱心服务真正做到实名制、普惠制、全覆盖。

【组织建设】先后召开3次工会委员会全会、会员代表大会全会和系统工会主席联席会，落实好向会员代表大会报告工作、向同级党组织请示汇报和民主议事决策制度。督促指导第三稽查局、第五稽查局、直属二局及开发区分局做好届中调整工作，指导第二稽查局做好换届工作，指导7个直属分局全部办理法人资格登记。

【妇女工作】就如何做好新时期妇女工作、提升妇女工作质量，加强妇女干部队伍建设进行调研，撰写《关于新时期北京地税妇女工作的思考与探索》调研报告并在《北京地税调研》《北京地税》上刊登；制定《北京地税机关妇女工作委员会工作规则》，强化妇女工作制度建设，规范机关妇女工作。

【培训管理】按照要求参加市直系统工会主席培训班学习，举办地税系统工会干部培训班，加强对新任“两委”委员、机关工会小组长和基层工会主席的培训，提高他们的政策水平和履职能力。对直属分局工会职工之家建设进行考评验收，并针对发现的问题督促整改，促进了基层“建家”水平的整体提升。

【基础建设】在马甸办公区建成了职工书屋和心理减压室，为基层工会职工之家配备健身和减压设备，加强对现有职工之家各类服务场所的硬件建设与管理，使之最大限度地发挥好服务会员的效能。加强制度建设和经费管理，先后制定货物及服务采购、合同签订、经费报销等制度；经费审查委员会对工会经费使用情况进行审查，并委托专业会计师事务所进行审计，落实风险内控机制。

【直属分局工会工作】一是自身建设得到加强。积极抓好工会组织建设，第二稽查局进行换届，选举新的工会班子，直属二局、第三稽查局、第五稽查局和开发区分局进行届中调整，增补新的委员和专职副主席，健全工会班子，强化领导。二是文体活动丰富多彩。各局都开展了各具特色的、群众喜闻乐见的文体活动。稽查一局利用文化长廊和市直机关书画培训基地的条件，组织书画、篆刻和摄影系列讲座并定期推出一名作者介绍与展览，带动了整个马甸办公区的文化建设。稽查二局的剪窗花、送祝福活动，稽查三局的环湖健步走、蛋糕制作大赛，稽查四局的“义务植树、美化家园”活动及女性健康、美容、养生系列讲座，稽查五局针对职工需求设立舞蹈瑜珈室、举办防雾霾讲座，开发区分局联合国税局参加区“博大杯”篮球联赛、组织迎“七一”摄影展，第二直属分局为会员配备乒乓球发球机、羽毛球拍、跑步机等设备、购置图书，组织干部参加了西站地区“五月的鲜花”合唱比赛，并荣获二等奖。这些各具特色的活动，丰富了职工的精神生活，为地税文化建设注入了活力。三是“创先争优”取得新成绩。涌现出一批新典型，第三稽查局李晓晖荣获“全国‘五一’劳动奖章”，第四稽查局检查三科荣获“全国巾帼文明岗”称号，开发区分局杨卫利家庭荣获“首都最美家庭”称号。四是深入开展扶贫帮困“送温暖”活动。各基层工会按照普惠制原则，普遍开展“两节”送温暖、生日送祝福、夏季送清凉活动，并对生病、困难职工进行帮扶慰问，先后走访慰问困难、伤病会员及家属116人次，为他们送去慰问品、慰问金11.9万元，使干部职工感受到党组织和职工之家的关爱和温暖。

（文德生）

行政管理

绩 效 管 理

【综述】2017 年，北京市地方税务局抓紧抓实绩效管理工作，围绕税收中心任务合理构建考评体系，推动工作创优创新，圆满完成各项税收工作任务。2017 年度，在全国税务系统 34 个省级地税局绩效考评中，北京市地税局指标成绩 897 分，加减分成绩 15 分，总成绩 912 分，排名第 2；在市政府年度绩效考评中，得分 96.47 分，等次为优秀，在市级行政机关中排名第 10。当年获省部级以上领导肯定性批示 47 次，获省部级以上荣誉 92 项、通报表彰 87 次。

【绩效管理制度建设】2017 年，继续沿用 2016 年度修订的《北京地税系统组织绩效管理办法》《北京市地方税务局对区（分）局组织绩效管理实施细则》《北京市地方税务局机关组织绩效管理实施细则》《北京市地方税务局个人绩效管理办法》《北京市地方税务局区（分）局领导班子成员个人绩效管理实施细则》和《北京市地方税务局机关个人绩效管理实施细则》等 6 项制度。印发《北京市地方税务局绩效考评结果运用具体措施（试行）》1 项制度、《2017 年北京市地方税务局对区（分）局组织绩效考评规则》《2017 年北京市地方税务局机关组织绩效考评规则》和《2017 年北京市地方税务局绩效考评加减分项目》等 3 项年度考评规则。对市局绩效考评委员会成员、职责和规则作了调整，印发了《北京市地方税务局关于调整市局绩效考评委员会及其规则的通知》。

【税务总局绩效管理】税务总局保持税收现代化“六大体系”的基本框架编制绩效考评指标，全年考评地税系统 39 项三级指标，指标数量减少 9 项，更加突出重点任务。坚持量化考评优先，以指标的平均值作为标杆，按比例进行扣分，并设置扣分下限。优化分档考评方式，将指标考评档次由三档调整为两档。改进加减分项目，由原 30 分封顶调整为 15 分封顶，进一步削弱加分项目对考评成绩的影响度。新增“领导考评”指标，丰富完善评价维度。

2017 年，市局有 6 项指标失分，指标成绩排名第 3，较 2016 年提升 1 位，加减分排名第 1，总成绩排名第 2。按照税务总局绩效管理的工作要求，按季度召开绩效分析讲评会议，查找当期考评中的短板和问题，深入分析原因，研究整改措施，持续改进提升工作质效。市局各部门加强与考评司局的沟通，研究税务总局公示的指标考评分析报告，学习兄弟单位经验做法，扬长避短。加大绩效培训与宣传，举办绩效管理师资培训班，邀请税务总局绩效办领导讲解绩效管理顶层设计思想和指标编制方法。配齐配强各级绩效办人员，做到市局配备 4 名以上专职人员，区（分）局配备 3 名专兼职人员并保持相对稳定。

【市政府绩效管理】2017 年市政府绩效考评体系由日常专项考评和年终述职考评两部分组成，权重分别占 60% 和 40%。其中，日常专项考评由个性指标、共性指标、加分项和扣分项 4

部分构成；年终述职考评中，市领导、市副秘书长和市级相关部门负责人评价占40%，市级行政机关、区政府主要负责人评价占30%，市人大代表、市政协委员及社会各界代表评价占30%。北京市地方税务局日常专项考评得分为99.41分，比平均分高1.13分；年终述职考评得分为92.07分，比平均分高0.13分。

坚持“一套指标全覆盖”，综合市政府重点工作、税务总局绩效任务内容编制个性指标，纳入市政府考评。严格开展日常管理，按季度向市政府反馈重点任务进展情况，经保密审查后，在北京市地方税务局对外官网进行信息公开。按季度向被考评部门反馈考评结果及问题建议，督促整改落实，确保各项重点工作有效落实。实施过程监控提醒，顺利通过年中市政府组织开展的察访核验。推动全系统工作创新，结合市政府“工作创新”考评项目，在市局机关和区（分）局两个层面的考评体系中设置“创新创优”指标，加强对各单位创新项目推进的过程监控，完善参审项目选拔机制，推荐政策法规处报送的“促进有序疏解，构建‘高精尖’产业结构，加强服务保障20项措施”代表北京市地方税务局参加考评，在全市执法类单位中排名第3，比全市平均分高0.23分。

【市局机关绩效管理】市局机关34个处室、直属单位纳入年度组织绩效考评，全年共考评共性指标30项、满分600分，包括时点指标4项，月度指标1项，季度指标8项，半年指标10项和年度指标7项；个性指标366项、满分400分，涵盖年度税务总局重点工作、市政府重点任务和局内折子工程等税收中心工作。公文管理、政务信息、税收宣传、固定资产与采购执行、配合外部审计检查、预算管理、科研精品、考勤管理、联系基层、加强内控机制建设、落实全面从严治党责任、平安建设、网站信息维护、绩效管理、领导考评、基层满意度、协作配合度、创新创优等18项指标发生失分情形，共性指标得分前3名的部门为收入规划核算处、纳税服务处与征管和科技发展处。各部门的个性指标均未发生失分。34个部门均有加分情形，合计448.9分，15分封顶标杆折算后合计139.8分。1个部门有减分情形，共1项，减0.5分。加减分项目得分前3名的部门是办公室、宣传教育处和基层工作处。根据年度组织绩效考评成绩，办公室、宣传教育处、征管和科技发展处、收入规划核算处、基层工作处、稽查处、政策法规处、纳税服务处、企业所得税管理处、研究室、税收管理二处、税收管理一处、人事处、纳税服务中心14个部门为优秀等次单位。

【市局对区（分）局绩效管理】全年市局对24个区（分）局考评指标33项，满分900分。其中，14个区局被考评29项，通州局、大兴局和开发区分局被考评30项，燕山分局被考评25项，第一稽查局、第二稽查局、第三稽查局、第四稽查局和第一直属税务分局被考评18项，第二直属税务分局被考评19项。24个局均有加分情形，合计332.13分，15分封顶标杆折算后合计159.91分。7个局有减分情形，合计减3.7分。根据巡视反馈意见，加大对发生违纪违法案件单位的惩戒力度，个别单位因发生违法违纪案件数量较多，依照绩效管理实施细则相关规定，尽管年度绩效考评结果较好，但不能确定为优秀等次。根据年度组织绩效考评成绩，西城区地方税务局、东城区地方税务局、通州区地方税务局、石景山区地方税务局、平谷区地方税务局、延庆区地方税务局、大兴区地方税务局7个区局和第四稽查局、第三稽查局、第二稽查局、第二直属税务分局4个分局为优秀等次单位。

坚持“聚焦主业、服务大局”绩效导向，减轻基层考评负担，精简文字材料考评，印发《北京市地方税务局关于减轻基层绩效考评负担的意见》。开展基层绩效专项调研，座谈22次、收集意见建议200余条，共5大类54个问题，分批次回复基层单位并研究解决。

【个人绩效管理】 按照个人绩效管理制度办法，组织开展全系统个人绩效管理工作。各单位根据绩效考评结果运用相关文件，抓好干部任用、年度考核、评先评优等各方面工作落实，发挥绩效正向激励作用，激发干部立足本职创先争优的积极性。

全年，市局共34个机关处室、直属单位实施个人绩效考评，24个区（分）局共计662个科室、税务所实施个人绩效考评，均实施差异化考评。根据北京市地方税务局绩效管理及结果运用相关制度规定，确定个人绩效考评“优秀”等次人员名单，印发2017年度市局机关和区（分）局领导班子成员个人绩效考评结果的通报。

【绩效管理基础工作】 全年市局主要领导10次以党组会、局长办公会、局长专题会等形式，召开绩效分析讲评会议和专题汇报会，开展绩效分析，研究整改措施，审议绩效管理重大事项，推动重点工作执行落实；市局分管绩效工作的局领导6次召开专题推进会、月度绩效例会研究阶段性重点工作，8次主持召开绩效考评委员会，研究指标调整等事宜。全年撰写绩效管理文字材料70余万字，组织参与各类绩效培训30次。全年编发《绩效管理工作专刊》11期。

（马　洁）

政府信息公开工作

【综述】 2017年，北京市地方税务局按照《国家税务总局关于印发〈全面推进政务公开工作实施办法〉的通知》《北京市人民政府办公厅关于印发〈北京市2017年政务公开工作要点〉的通知》要求，深入推进依法行政，积极推进决策公开、执行公开、管理公开、服务公开、结果公开，坚持以公开为常态、不公开为例外，丰富政策解读内容，积极回应社会关切，拓展公开平台建设，畅通信息公开渠道，完善信息公开审批程序，规范信息公开内容，扩大公众参与互动，充分保障公民的知情权和监督权，不断满足公众对于税收信息的需求，增强税务部门公信力。全年北京市地税系统向社会公开信息10630条，比上年增长9.7%；制作并发布《北京地方税务公告》12期；向北京市政府信息公开查阅大厅、北京市档案馆、首都图书馆及北京地税政府信息公开场所移送税收规范性文件3件45份；召开新闻发布会16次，政策解读稿件发布2251篇。北京市地税系统共受理政府信息公开申请142件，比上年增长29.1%。在受理的142件申请中，当面申请3件，占总数的2.1%；传真申请1件，占总数的0.7%；网络申请113件，占总数的79.6%；信函形式申请的28件，占总数的19.7%，其中3件依申请公开事项同时采取信函和网上在线提交形式申请。申请内容包括地税系统税收收入信息、财政预决算信息、企业税务登记、纳税信息等。

【重点领域公开情况】推进减税降费政务公开工作。为进一步加强国务院系列减税政策宣传公开力度，北京地税与北京国税共同召开贯彻落实国务院6项减税政策媒体吹风会，邀请近20家主流媒体参与宣传报道，扩大政策知悉范围。各区地税局通过开设减税降费专栏、体验办税服务厅、拍摄微动漫、发放《国务院减税政策宣传手册》、扫描减税政策二维码、微信微博互动等形式宣传减税政策，以点带面扩大政策的社会效应。

【组织机构情况】北京市地税系统设立政府信息公开工作专门机构25个，设置政府信息公开查阅点61个，专职从事政府信息公开工作25人，兼职从事政府信息公开工作156人。为进一步完善政府信息公开领导机制、用好日常工作考评手段，全系统各单位重新调整政务公开领导小组构成，明确不同部门的职责分工，建立横向共享、纵向互通的工作机制；征求被考评部门意见建议，重新修订政务公开绩效指标考评标准，客观考评政府信息公开工作完成情况，充分发挥绩效管理“指挥棒”的作用。

【制度建设】完善重大决策预公开和会议开放制度。对涉及群众切身利益、需要社会广泛知晓的重要改革方案、重要政策措施等重大行政决策事项，在决策前向社会公开决策草案和依据，并以适当方式公布公众意见收集采纳情况。创新政策发布解读机制。建立重要文件、重大政策出台“三同步”机制，同步起草、同步审批、同步发布，围绕重点决策部署、阶段性重点工作、重要活动安排以及公众关注热点问题，及时发布权威信息。

【渠道场所建设】创新办税地图应用。为扎实推进“便民办税春风行动”，让“北京地税”服务品牌更亮丽，北京地税通过总结日常工作、开展调查走访发现帮助纳税人准确找到办税地址、确定行车路线是纳税人最关心的问题。为了打通纳税服务的“最后一公里”，在腾讯地图日益完备的前提下，北京市地税局利用现有的纳税服务渠道，将网站、微信、自助终端等多平台功能进行整合与融入，构建三屏统一的办税地图模式，通过让纳税人多走“网路”，少走“马路”，以创新的方式为纳税人提供办税地图的服务，实现纳税人便捷办税。

【教育培训工作】按照北京市政务公开培训工作要求，北京市地税局制定地税系统政务公开培训工作计划，举办19期政府信息和政务公开培训，参训干部800余人次，实现了对全系统政务公开工作主管处级领导、工作机构科级负责人和工作人员的业务培训全覆盖。

（张佳会）

会议管理

【综述】2017年，北京市地税局办公室本着厉行节约、务实高效、规范管理、充分挖掘本单位资源的原则合理安排会议，严格控制会议的数量和规模，能够以通知形式安排的工作不召开会议，能够以视频形式召开的会议不召开现场会议，能够利用市局自身资源召开的会议不租赁外单位场地召开会议。着重提高会务组织协调能力，加强会议分口管理，严肃会议纪律，全年各单位会议参会率达到100%。联合市国税局召开北京市税收工作会议，统筹部署全市税收工作。全年共承办全局性会议60次，局长专题会116次，服务局领导外出调研36次，接待外单位到访25次。在确保会议质量的同时着力提高会议费使用效率，全年会议费零支出，圆满完成了精简会议、改进会风的工作任务。

【改进会风】严格按照计划召开会议，各处室根据党组会议审议通过的会议计划组织召开会议，计划外会议不批准会议预算；严格会议纪律，因出差、出访、生病、休假等原因不能出席会议的，提前向办公室请假，未经同意不得由他人替会，所有会议原则由主要领导汇报，分管领导可以适当补充，会议期间一律不得接打手机，保密会议将手机提前保存，不携带手机进入会场。

（王笑先）

信访工作

【综述】2017年，全市地税系统办公室接收来信136件，比上年下降30.3%，主要涉及人事类17件（12.5%）、违纪类12件（8.8%）、建议类2件（1.5%）、税务举报42件（30.9%）、业务咨询62件（45.6%）、申诉类1件（0.7%）。其中属于信访范畴的信访来信7件，主要涉及工资待遇、职务晋升等方面。全市地税系统办公室接待来访9件，比上年下降47.1%，主要涉及人事类2件（22.2%）、业务咨询7件（77.8%）。其中属于信访范畴的信访来访2件，主要涉及工资待遇等方面。纳服中心负责管理的局长信箱接收来信329件，比上年下降21.5%，主要涉及人事类1件（0.3%）、违纪类1件（0.3%）、建议类82件（24.9%）、税务举报37

件（11.3%）、业务咨询179件（54.4%）、申诉类29件（8.8%）。其中属于信访范畴的信访来信0件。

【严格落实信访工作责任制】 建立主要领导负总责、分管领导具体负责、班子成员“一岗双责”的信访维稳责任制，将重点信访事项办理列入督办范围，由信访部门跟踪督办，定期催办承办单位完成工作任务，明确每个处理环节的办理时限，进一步提升各级领导干部、工作人员信访工作意识，以责任落实带动各项工作的落实，提升信访办结效率，特别是提升初访的化解效果。

【建立完善信访信息报送制度】 通过信息形式及时向主要领导上报重大突发性信访事件、群体性上访事件、重大矛盾纠纷的倾向性信息以及后续处置情况，密切关注事态发展，强化信息续报，服务领导决策，提升信访工作的风险意识和大局意识。

【信访工作绩效考评机制运用】 明确绩效考评目标，完善信访工作绩效考评体系，细化信访工作绩效考评标准，注重信访维稳工作开展，强化信访工作责任落实，做到目标清晰、责任明确、措施到位。

（张佳会）

公 文 管 理

【综述】 2017年，北京市地税局办公室不断规范公文处理工作，通过开展公文培训、绩效考评、修订制度规范等一系列措施，提高公文管理工作的质量和效率，提升以文辅政水平。

【提升公文运转效率】 加强节点管控，严格执行上级文件办理情况定期反馈机制，公文处理率达到100%；梳理公文质量和运转效率两方面44项指标，对市局机关和区（分）局进行考核，评选优秀公文，按季度通报存在问题，市局机关公文差错率下降60%，区（分）局公文质量有较大提高。

【提高精细化管理水平】 继续加强收文、发文、工作签报等工作的精细化管理，重新梳理优化工作流程，查找盲区，堵塞漏洞，确保不因细节处理不当影响整体工作开展，提升整体公文运转质效。

【日常公文管理】 2017年，累计收办外单位行政来文4805件，机要文件3552件，外部会议通知1036件，工作签报及内部材料1506份，审核发布各类文件844件，机要交换9038件，协助处室印制材料2615件，使用印章11026次。

（郑光义）

督查工作

【综述】2017 年，办公室全面深入学习贯彻党的十九大精神，以习近平新时代中国特色社会主义思想为指导，深入贯彻落实习近平总书记视察北京重要讲话精神，牢固树立政治意识、大局意识、核心意识、看齐意识，全面提升目标管理和督查工作水平，把高质量抓落实贯穿督查工作全过程、各方面，围绕中心、服务大局，坚持问题导向，聚焦督查重点，优化督查方式，加强绩效管理，健全“督考合一”工作机制，全力推动党中央、国务院决策部署和市委、市政府、国家税务总局等上级部门的工作要求落地见效。2017 年，于银涛获得市级办理人大代表建议、政协提案先进个人。在 2017 年市政府、国家税务总局督查工作绩效考评中，北京市地税局督查工作分别被评为优秀与第一段，得到市局主要领导的充分肯定。

【督查落实工作】一是抓好市政府重点工作任务与市人大建议、政协提案办理的督查落实。办公室加强对市重点工作、建议提案办理工作的跟踪督办以及与承办处室的沟通协调，逐一审核落实责任制、预案和答复意见内容，严把政府信息公开保密审查关，不断提高重点工作及建议、提案办理质量。

二是抓好市委、市政府、税务总局领导批示件的督查落实。对上级领导批示件，加强过程管理，快速流转办理上级领导批示件。对接到的上级领导批示件，第一时间处理，在办公室不过夜，保证批示件及时办理。同时加强过程管理，严把出口关，对办理时限、质量、公文格式等进行严格把关，依照市政府要求规范反馈办理情况，不断提高领导批示件办理质效。

三是抓好税务总局和市委、市政府重要工作部署的督查落实。配合税务总局组织开展对《深化国税、地税征管体制改革方案》落实、“放管服”改革措施、“营改增”政策大辅导工作、2017 年税收重点工作和党风廉政建设工作分解落实等情况的系统督查；配合市委、市政府开展市政府重大决策落实情况集中督查、优化营商环境等专项督查；成立督查组，对国务院 6 项减税措施落实情况进行专项督查等，有力确保重点工作顺利开展。对税务总局督查外省市发现的共性问题，组织有关处室和区（分）局开展对照自查，针对发现的问题制定整改措施，并对整改工作进行跟踪督办，限期办结，确保整改到位。

【督查管理】积极协同配合，统筹推进上级系统和专项督查任务。根据市委、市政府和税务总局系统督查和专项督查任务要求，及时协调相关处室，共同研究制定工作方案，明确职责分工，积极配合上级督查或深入开展自查，切实做到摸清实情、聚焦问题、实事求是、喜忧兼报，客观公正地评价工作、认识问题。对于督查中发现的问题，认真剖析原因，制定整改措施，逐项督促整改落实，有力推进各项重点工作开展。

加强闭环管理。强化市局重要会议明确事项

的督查落实，规范办会流程，重要会议结束5个工作日内形成会议纪要，根据会议纪要梳理需要督查的工作事项并及时立项办理，按月度、季度频率通报市局各类型督查事项落实情况，增强了局内督查事项办理的时效性，取得良好效果。通过刊发《地税督查》《督查事项季度分析报告》，及时查找落实过程中存在的问题，制定改进措施，明确下一步督查工作计划，持续增强督查工作的科学性和规范性。

推进精细化督查。积极开展督查调研，加强现场核查和随机抽查，分类建立督查工作台账，推动以过程控制、效果检验深化任务落实。合理简并督查事项，减少纸质文件材料报送，避免重复督查和多头督查，切实减轻承办部门负担。进一步完善督查信息管理系统时限管理功能，办理时限一经确定便由系统自行锁定，由办公室系统督查管理员统一管理。

【强化督查考核】强化督查结果运用，对推诿、拖延、逾期等行为，加大催办和情况通报力度，并及时报市局领导。结合市局督查督办绩效考核标准，切实强化对落实上级督查任务及市局重点工作的考核，针对被上级督查组指出问题、整改工作不到位等情况，严格依照规定按次扣减绩效分。

（于银涛）

信 息 工 作

【综述】2017年，地税信息工作紧密围绕首都经济转型升级和税收改革任务落实，以服务科学决策和推动工作开展为目标，强化“大信息”观念，构建“大信息”格局。依托团队力量，深化数据利用和政策解读，借助职能优势，充分发挥税收信息在服务企业民生发展和政府治理中的支持作用，不断提升信息的前瞻性、时效性和含金量。全年共上报市委、市政府、国家税务总局信息596篇，其中调研类信息42篇。上报信息中被上级刊物采用382篇，其中13篇信息被国办采用，6篇被党和国家领导人批示，25篇被市委、市政府、国家税务总局领导批示。

【服务税制改革】2017年是全国“营改增”税制转换和深化征管体制改革的关键期，地税信息聚焦全面推开“营改增”、国务院6项减税政策落地、首都地方税费体系建设等中心工作，广泛开展政策执行效应分析，及时上报政策实施效果和意见建议。《“营改增”一周年成效及建议》等3篇信息被李克强总理、张高丽副总理批示；《北京市深化国税、地税征管改革方案》实施一年，北京地税接收无线电频率占用费、防空地下室易地建设费、彩票公益金、彩票业务费、国家电影事业发展专项资金等5项非税收入工作多次被税务总局局长王军批示，相关工作经验在全国推介。《股权激励税收优惠政策执行中的问题建议》等多篇信息被国办专报采用，有效发挥了税收信息在服务“大众创业、万众创新”中的积极作用。

【服务经济运行】地税信息在数据分析上不断扩大外延，将税收数据和第三方数据紧密结合，提升信息含金量。一是利用外省市税收和经济数据开展比对分析，体现首都经济结构的特点、差异性和存在的问题，《京津沪深税收数据比对分析》《从京沪税收结构看经济结构特点》等多篇信息获得市领导批示。二是利用外部门数据进行嵌入式分析，多角度提供决策支持，例如：利用公安部门提供的户籍信息和个人所得税明细申报数据进行比对分析，为我市人口治理和住房调控提供数据参考。三是数据、政策同步分析，剖析北京税源外迁原因，汇总整理大量外省市财税优惠政策，形成《北京市税源外迁分析》调研信息，引起市领导高度关注，立即进行工作部署，2017 年北京个人所得税财政收入分配体制已经调整。四是聚焦“四个中心”建设开展产业分析，《我市汽车产业布局建议》《部分金融企业关于我市金融行业发展环境的意见建议》《核心区迁移南城税源分析》等多篇信息为加快推进非首都功能疏解和产业布局提供了决策支持。

【服务企业发展和民生改善】不断拓展宽度和广度，对接国家和北京市重大政策调整，以信息团队为依托，大力开展社情民意调查，搭建企业和百姓诉求的“绿色通道”。全员参与调研的《北京市房地产市场调控新政出台后房屋交易及社会反映情况》《北京医药分开综合改革平稳有序》等信息被国办专报采用，并获得国家领导人批示；在服务城市管理层面，扩大信息收集渠道，《京沪城市精细化治理比对》《北京市便利店企业发展面临的问题与建议》《阿里　京东　百度　腾讯　小米在京纳税情况》等信息获得市主要领导的高度关注，为优化首都营商环境，提升城市治理水平提供决策支持。

（刘　玮）

税收宣传

【综述】2017 年税收宣传工作以着力加强深化国地税征管体制改革、推进京津冀协同发展、调整疏解非首都功能、征收环保税、服务冬奥会税务等工作为重点，全年在主流媒体组织刊发新闻稿件 1000 余篇，举办新闻发布活动 60 余次，接待北京地税发展陈列展参观 200 余人次，为北京地税事业的改革发展提供良好的舆论保障。

【宣传党的十九大精神】全方位、多层次、多角度宣传全系统学习贯彻党的十九大精神的好经验好做法。采取专题辅导、专班培训、专刊宣传等方式，组织市局党组中心组集体学习 8 次，研讨交流 2 次。举办处级领导干部集中轮训 2 期，组织专题报告会 5 场。推出《税收天地》权威访谈栏目，编印《北京地税》杂志专刊，开展新闻媒体集中采访，举办主题摄影展，在《人民日报》《经济日报》《中国税务报》、北京电视台等主流媒体刊发播出报道 17 篇，在人民网、求是网、凤凰网、千龙网等网站刊发报道 20 篇，在北京地税“两微一端”刊发、转载报道53篇。

【夯实大宣传格局】市局主要领导及班子成员以上率下，参加“提升纳税服务20项措施”“北京市优化营商环境”新闻发布会，做好“3·22”房产新政新闻舆论引导，带队走访中央电视台、北京电视台、前线杂志社等新闻单位，不断强化市局党组统一领导、宣传部门统筹协调、各单位密切配合、社会各界广泛参与的大宣传格局理念。研究制定《关于全面加强税收宣传工作的指导意见》，组织编写《北京市地税局税收宣传工作手册》。

【打造税收宣传品牌】主动设置议题，在全国第26个税收宣传月活动期间以“深化税收改革，助力企业发展”为主题，开展活动40余次、刊登新闻报道300余篇。打造全国税务系统影视宣传高端品牌，制播《税收天地》31期，并实现周播。制作《“一带一路”话税收》系列节目，获北京广电系统“重大主题创新奖”和“中国电视欣赏指数最具欣赏价值电视节目”奖。制作大型税务历史专题片《红色税收》3期，填补国内税务历史领域影视作品空白。编发《北京地税》14期。制作系列税收公益广告，《税收呵护美好生活》《喜庆十九大 税徽放光华》等作品获国家税务总局、国家新闻出版广电总局评选一等奖。

【普法宣传深入开展】制订“七五”普法规划，积极开展全国税收普法教育示范基地创建，北京税务博物馆成为首批全国税收普法教育示范基地。持续推进普法宣传进机关、进乡村、进社区、进学校、进企业、进单位的“六进”活动，组织开展税收征收保障办法新闻发布会、落实国务院6项减税政策媒体通气会、“绿水青山就是金山银山”环保税等普法宣传活动。在“12·4”国家宪法日集中组织普法宣传活动16场；制播《税收天地》“税案追踪”4期、普法访谈12期；在《新京报》开设“京税看点”专栏，刊发政策解读54期；在《北京地税》刊发税收法治文章20余篇。积极参与税务总局“青少年税法学堂”网站建设。

【拓展新媒体阵地】充分发挥微博、微信、新闻客户端的专业性和矩阵优势，在TAX861网站发布“工作动态”83条，在“税务要闻”栏目发布707篇，政府信息公开47条；通过北京地税官方微博发布信息2427条，与网友互动35600次；今日头条账号发布税收新闻370篇，总阅读量近142万次；与映客直播合作，首创“直播+税务”宣传平台，开展直播25次，在线观看受众达140万人次。

【舆情管理】围绕社会关注的税收热点，密切跟踪和掌握涉税舆情信息。强化属地管理，加强协调联动，主动与政府相关部门联系、获取支持。开展24小时舆情监测，全年共监测并处置负面舆情9起，累计编发《北京地税舆情参考》238期、《北京地税负面舆情报告》9期。

（林尚佳）

调 研 工 作

【综述】2017 年，全系统深入学习贯彻党的十九大精神，坚持以习近平总书记两次视察北京重要讲话精神为根本遵循，认真贯彻落实市委、市政府和国家税务总局决策部署，做到调研工作与党建工作紧密结合，与税收工作紧密结合，与服务首都改革发展和落实税收改革任务紧密结合，扎实推进精品调研战略，取得了丰硕成果。

【调研成果质量持续提升】2017 年，全系统实现调研成果转化 329 项。其中外部成果转化 210 项，包括各类奖项 28 项，省部级领导批示 7 项，司局级领导批示 4 项，市局及区主要领导批示 58 项，外部刊物发表 93 项，形成制度规范 17 项，《北京地方税收调研文集（2016）》和《北京市地方税务局税收案例（第一辑）》出版发行。在各项成果中，北京地税局局长杨志强主持的《个人所得税改革方案及征管条件研究》获得 2015—2016 年度全国税务系统优秀税收科研成果一等奖，研究室《“互联网 + 税务”相关法律制度建设研究》和收入处《北京市印花税收入能力估算》获得三等奖。

【系统调研氛围更加浓厚】市局党组高度重视调研工作，市局领导亲自选题，带头开展重点调研课题 14 项，多次参加调研课题相关会议，对课题研究提出具体指导意见，提升调查研究工作的视野和站位，领导引领示范作用进一步显现。各区（分）局、市局各部门领导干部对调研工作重要性的认识进一步提高，开展调研的积极性、主动性不断增强，切实做到将调查研究与解决工作中的重点难点问题相结合，形成调研成果 200 余篇，有力推动各项工作的开展。市局进一步完善联合课题攻关模式，区（分）局联合、处室指导开展课题 11 项。全系统调研工作创新举措不断涌现。青年干部通过参加调研团队、参与重点课题攻关等形式，深度参与调查研究，不断成长为调研骨干力量。全系统广大干部踊跃向内网《调查与研究》栏目投稿，文章数量和质量明显提升。

【服务决策成效不断增强】全系统围绕首都经济社会发展和税收改革重点领域，有针对性地开展调查研究，在服务领导决策方面发挥了重要作用。《税收服务供给侧结构性改革问题研究》《社会保险费征收体制研究》《关于建立税务法庭的思考》《税收征管制度国际发展趋势和比较研究》等课题为上级部门决策和税收立法提供有力参考。《疏解非首都功能对总部经济税收状况的影响研究》对税务总局印发相关工作制度起到支持作用。《关于发挥垂直管理和属地管理优势

不断增强党建工作合力的实践与思考》为研究解决垂直管理单位基层党建难题提供决策支持。《关于加强地税系统内控机制建设的思考》《关于减轻基层绩效考评负担的研究》等成果推动市局相关重要制度的建立健全。《从税收角度看提升西城文化创意产业发展》《房山区重点园区税收收入的分析与思考》《基于世园会契机推动延

庆园艺产业发展的税收政策考量》等调研成果为支持区域经济发展提供重要参考。

【调研管理工作扎实有效】调研人才培养不断强化。各区（分）局、市局各部门充分发挥调研管理员的组织协调作用，积极推动调研成果转化。市局着力加强系统调研团队建设，选拔18名优秀青年干部组建党建调研团队，围绕加强垂直管理单位基层党建和基层党组织规范化建设内容开展课题攻关，完成主报告2篇、分报告12篇，团队成员的调研能力得到明显增强。举办系统调研骨干培训班，全系统共94人参加，有效提升了调研骨干的专业素养。调研平台建设持续推进。研究室组织召开系统调研工作分片座谈会，为各局间沟通交流调研工作搭建平台。做好《调查与研究》栏目文章编发工作，全年共刊发114期。加强税收研究资料室建设，藏书种类更加全面、数量大幅提升，为深入开展课题研究提供了重要平台。外部合作不断深化。加强与高等院校、科研院所、研究会、学会的合作，充分发挥各自优势，打造精品课题。与中国人民大学、中国社会科学院财经战略研究院等单位密切合作，在税收服务供给侧结构性改革、社保费征收体制、北京城市副中心建设、“绿色税制”建设等方面形成研究报告10余篇，其中多篇发表于《北京调研》《税务研究》《国际税收》等刊物，多项研究成果为上级部门决策提供有力参考。

（张　琳）

外事工作

【综述】2017年度，北京地税局外事工作加强出访管理，从严控制出访团组和出访人员，严格执行外事工作纪律，紧密结合市局工作实际，保障重点团组的出访任务。组团赴美国、加拿大调研税务登记并赴台湾开展学习交流，成功举办北京市地税局外事工作20周年成果展，积极服务“一带一路”国际合作高峰论坛。全年共组派28个团组54人次出访培训或调研学习。通过总结交流，开阔了视野，增长了见识，解决了税收工作中的实际问题，为税收征管改革提供有益的思路和借鉴，收到良好效果。

【举办外事工作20周年成果展】梳理了自1994年建局至2016年市局共有外事档案2000余件，从890个因公出国（境）团组中，筛选出50个代表性团组，举办全市党政机关范围内首个外事工作专项展览——北京地税外事工作20周年成果展。市局各处室、直属单位、各区（分）局均组织参观活动。通过回顾历史、展望未来的方式，凝聚了人心，振奋了士气。展出得到市政府外办、市台办、市投促局等单位的高度评价，取得了相关单位对市局外事工作的进一步支持。

【外事接待工作】积极服务“一带一路”国际合作高峰论坛，接待了哈萨克斯坦、俄罗斯、巴西、OECD等部分与会税务代表，进一步促进了北京地税征管工作与国际接轨；接待了澳大利亚税务局、荷兰税务与海关管理局、香港税务学会、南非税务局、美国税务局官员及加拿大房地产评估专家等到市局交流，拓宽了北京地税与各国税务机关的合作渠道，搭建了向世界各国宣传中国税收历史与传统文化的桥梁。

【赴美国、加拿大调研】2017 年 10 月 10 日—17 日，北京市地方税务局由总经济师沈永奇带队，一行 6 人到美国、加拿大进行为期 8 天的学习交流。团组先后与美国马里兰州税务部门、华盛顿税务局、德勤（美国）会计师事务所、加拿大安大略省财产评估局进行座谈交流，实地参观两国税务部门纳税服务厅、热线咨询和网站管理等部门，分别就美国个人所得税征管情况、特朗普政府税改计划的影响和各方反应、加拿大个人所得税征管情况、加拿大房地产价值评估方法等进行交流和学习。

【积极转化出访成果】所有出访团组回国后，根据出访任务认真撰写出访报告，共享出访成果，对促进税收工作起到积极作用。

（王笑先）

保密工作

【综述】2017 年，北京市地方税务局按照年初制定的保密工作要点，深入学习党的十九大精神，坚持“增强责任意识，筑牢保密防线”的原则，坚决贯彻中央、市委决策部署，认真落实市保密局和国家税务总局关于加强新形势下保密工作的精神，严格执行保密工作各项政策法规，提高信息化时代下的保密管理能力。完善修订保密工作制度，抓好保密宣传教育，增强干部保密工作责任意识，提高全局保密工作整体水平，全年未发生失泄密事件。在市保密局保密自查自评现场督查中，被评为优秀等次。

【保密学习教育】市局党组高度重视保密工作，全面落实《“十三五”保密规划》等文件要求，统筹推进各项工作任务开展。组织开展保密学习，结合税务总局内网保密专栏、《保密工作》刊物等深入学习保密知识，有效提升领导干部保密工作责任感和自觉性。市局保密委员会每半年向党组汇报一次保密工作，并建立日常检查和抽查制度，形成常态化管理机制。

市局党组明确提出“五个突出”，抓好保密工作的落实。突出抓好涉密场所规范化建设，确保国家秘密安全；突出抓好网站、网络平台建设，确保网络信息安全；突出抓好保密技术基础设施建设，提高保密技术检查和防范能力；突出抓好重要涉密人员的教育和培训工作，不断提高涉密人员的专业化水平；突出抓好保密管理和督查工作，提高依法管密水平。在局长办公会前“会前学法”安排市局领导班子成员、全系统各单位主要负责人观看保密宣传教育片，进行保密培训教育。第 3 次、第 11 次、第 21 次局党组会上组织保密相关法律法规学习。

【自查自评】根据北京市国家保密局相关文件要求，由抽查检查向各单位定期自查自评转变，及时部署，全面开展自查自评工作。对通州局、丰台局等7个局的保密工作进行调研和检查，加强保密工作的指导力度，切实发挥以自查促管理，以自评促规范作用。对于各项工作中发现的不足，依规对责任人进行批评教育和限期整改，要求举一反三，防微杜渐，坚持零容忍的态度，绝不姑息迁就。

【保密培训】订购《机关、单位保密自查自评工作指导手册》200册，发给下属63个单位，为市局机关干部订阅《保密工作》杂志。2017年6月27日，举办《中华人民共和国网络安全法》专题讲座，邀请中国社科院文化法制研究中心研究员、北京大学法学院周辉博士讲解网络安全知识。12月20日，邀请北京市国家保密局宣传法规处处长周鸿庆讲解保密工作面临的严峻形势、市保密局对各单位的工作要求、各单位保密工作中常见问题以及机关单位保密工作重点。选派3名干部参加市保密局保密培训，并获得相应培训证书。与全系统7055名税务干部签订保密责任书。与7家运营服务商签订保密协议，与83名技术人员签订保密承诺书。

【保密管理】修订保密工作管理办法，制定涉密文件信息资料管理办法，涉密文件实现全流程痕迹管理，做到文件台账与涉密文件账物相符。制定涉密人员管理办法，确定涉密岗位和涉密人员，并根据涉密岗位实行分级分类管理。升级更新“三铁一器”，定制6组电子手机存放柜，定期开展涉密文件销毁工作，定密准确率达到100%。

（高　彬）

税务博物馆建设

参观接待工作

【综述】北京税务博物馆对外开放以来，有序开展参观接待工作，努力打造税收普法教育基地、税收文化宣传窗口和意识形态领域阵地，服务市局党组中心工作，圆满完成各项参观接待任务，确保平稳有序运营，获得社会各界一致好评。

【日常参观接待】2017 年，北京税务博物馆共接待观众 9000 余人次，自开馆累计接待来自社会各界的观众总计 19728 人次，其中来自 31 个省（市、自治区）的税务干部 1000 余名，提升了税务干部的责任感和使命感。作为宣传窗口和联络纽带，切实增进了税企之间的情感，促进了征纳和谐，提升了纳税人满意度和税法遵从度。

【圆满完成重大接待任务】2017 年，圆满完成接待“一带一路”国际合作高峰论坛中来自澳大利亚、荷兰、美国、加拿大、南非的与会税务代表等重大外事接待任务，有效提升了税务博物馆的知名度和中国税务国际影响力。

【严密组织安全保卫工作】按照安全保卫制度，组织开展日常定期安全检查和不定期巡查工作，重点保障参观人员和文物安全，排查安全隐患，确保万无一失。定期组织全体干部职工进行消防安全演练和消防培训，工作日每天开展安全检查，每周进行安全布置，每月进行安全部署，全体工作人员的安全意识显著增强。

社会宣传与推广

【综述】北京税务博物馆紧紧围绕“传承税收历史，弘扬税收文化，普及税法知识”这一宗旨，利用电视、广播、网络及新媒体等平台，面向社会公众开展多渠道的宣传。基地申报和税史研究工作取得新进展。

【文化宣传工作】2017 年，北京税务博物馆在电视、报纸、杂志、网络媒体刊发研究成果、新闻、信息等 81 次；配合北京电视台拍摄制作三集《红色税收》电视纪录片，展现“红色税收文化”的精髓；与 CCTV－4 合作录制两期《国宝档案》节目；与东城区地税局、BTV《这里是北京》栏目组联合录制一期《博物馆里聊税收》，获得观众关注与好评；制作公益广告视频和音频版在北京卫视、北京交通广播等连续播放，提高了影响力和知名度；“映客直播”走进博物馆，取得了自市局与映客直播合作以来的最高收视率。

【有序开展基地申报工作】北京税务博物馆在被朝阳区授予“爱国主义教育基地”和“中小学生社会大课堂资源单位”的基础上，2017年9月被国家税务总局、司法部评为“全国税收普法教育示范基地”。与中国人民大学、中央财经大学、首都经济贸易大学、中国财政科学研究院协调，初步达成在博物馆设置实践基地挂牌的事宜。12月，北京税务博物馆被北京市教育委员会授予“中小学生社会大课堂资源单位”。

【持续深化税史研究工作】组织完成本年度调研文章撰写工作；举办4次税史论坛和6次中国财税史讲座；按季度完成4篇税史研究文章；完成《北京财税博物馆展陈大纲》（框架版）编写工作；补充调整语音导览系统相关内容；举办《战斗在太行山上——晋冀鲁豫革命根据地税收史》临时展览。

税收文物史料征集与保管

【综述】税务博物馆加快落实推进北京财税博物馆的筹建工作，向市政府完成申请公益性专项业务用房请示，进行选址调研，深入开展财税文物史料征集工作，丰富馆藏，持续推进文物登记、入库、保管等工作。

【北京财税博物馆筹建】联合市财政局、市国税局向市政府报送申请财税博物馆公益性专项业务用房的请示；完成两个阶段的新馆调研选址工作和选址方案；完成湖南段志清财税文物征集工作；邀请书法家题写新馆名；开展展陈大纲细化撰写工作。

【继续深入征集税收文物史料】2017年的文物征集工作中，完成湖南郴州段志清1.3万件文物征集工作；完成藏家毕志夫借展发票、王进借展财税文物的购买事宜；完成总局要求征集各省发票工作；完成发票印模、印版等财税文物征集；联络普华永道、安永、德勤、毕马威等单位收集整理各国税收材料和文献；联系企业和个人藏家向博物馆捐赠税收文物。截至年底，博物馆馆藏文物已达5万余件。

【推进库房文物保管工作】加强库房保管工作，及时整理税务档案登记入库，对日常征集的文物、史料及书籍进行登记入库；对库房文物进行拍照留存，已完成2000余件。

博物馆干部队伍建设

【综述】税务博物馆强化干部队伍建设，全面推进反腐倡廉教育，深入贯彻落实中央八项规定，严格遵守党的政治纪律、组织纪律、廉政纪律，确保廉洁从政，预防腐败事件的发生。密切联系群众，落实党风廉政责任制规定，着力打造一支清正廉洁、政治清明的工作队伍。

【加强政治学习】深入贯彻学习党的十九大精神和习近平总书记系列重要讲话精神，牢固树立“四个意识”，深入开展“两学一做”学习教育，改进工作作风，坚定理想信念，提高政治觉悟，坚决维护党中央权威和集中统一领导，始终在思想上、政治上同以习近平同志为核心的党中央保持一致。严格落实“三会一课”制度，及时传达党的各项方针政策，贯彻落实市局党组织部署要求，组织支部集中学习和讨论，先后到张家湾博物馆、北京地税局廉政教育基地、军事博物馆、北京展览馆“砥砺奋进的五年”大型成就展等参观学习，提高干部思想认识，进一步坚定理想信念，提高党性修养，筑牢廉洁自律的思想防线。

【提升业务能力】在更新税收业务知识的同时，不断加强财税史、金融史方面的学习，通过多种渠道开展集体学习，同时领导干部带头自学，拓宽在历史知识、文物基础知识、展陈布展等各方面的知识和能力，为进一步深入开展工作做好知识储备。在干部队伍建设中，大力营造爱学习、重落实、强执行、干实事的浓厚氛围，提升队伍素质。坚持民主集中制，领导与干部经常谈心、交流思想、沟通情况，工作中相互尊重、相互支持、相互关心，大事讲原则，小事讲风格，呈现和谐互助的良好局面。

【强化廉政学习】税务博物馆按照市局党组要求，深入贯彻落实中央八项规定，认真组织学习传达中央及市委有关工作部署。严格执行政治纪律、组织纪律和工作纪律等各项纪律，通过对一系列党纪党规的学习，加强对党员干部遵守各项纪律规定的教育管理和监督，筑牢廉洁自律的思想防线。

（郑薇薇）

后勤工作

财务管理

【综述】2017年，北京市地税系统财务工作以依法理财、科学理财为主线，紧紧围绕税收中心工作，凝心聚力，开拓创新，脚踏实地，真抓实干，充分发挥服务保障职能，在规范预算管理、严控经费支出、狠抓绩效评价、推进制度建设、突出内部控制、加强干部队伍建设等方面取得明显成效。

【预算管理】系统财务部门正确把握市、区两级财政对预算工作的要求，建立与预算执行、资产管理、人事管理等岗位沟通协调机制，严格按照规定进行项目评审。根据年度工作计划细化内部预算编制，对预算批复及时进行指标分解、审批下达。严控“三公”经费等一般性支出，重点保障征管改革和税收现代化建设，为全系统信息化、金税三期、呼叫平台等项目提供充足的资金保障。坚持预算刚性原则，严格内部预算追加调整程序。落实预算执行分析机制，适时召开预算执行分析会议，提高预算执行有效性，充分发挥预算对各项工作的管控作用。严格落实北京市财政局工作要求，及时完成对各二级预算单位部门决算审核工作，认真编制上报一级部门预算单位汇总数据、决算分析报告和说明，确保决算及时、完整、准确，被北京市财政局评为部门决算先进单位。

【支出管理】加强预算资金审批执行工作，通过严把签报审批、合同签订、资金拨付、开支报销等环节，保证单位经济活动合法合规，确保财务信息真实完整，提高服务效率和效果。一是健全《北京市地方税务局合同备案情况台账》，对项目处室、合同名称、合同期限、付款方式、合同价款支付情况等内容进行翔实登记，为基础信息查询提供服务，各二级预算单位全年共审核、备案合同441个。二是加强支出控制。明确内部审批权限、程序和责任，确保审批人在授权范围内审批。加强单据审核，确保单据来源合法，内容真实、完整，杜绝超标准、超范围开支和使用虚假票据套取资金的现象。三是严格执行国库集中支付制度和公务卡管理有关规定，规范使用现金、公务卡、银行转账等支付方式。根据财政预算批复，严格在用款额度使用范围内签发支付令，办理财政授权支付业务，确保资金支付安全、高效。严格公务卡强制结算，提高公务支出透明度。加强现金结算管理，杜绝超范围超限额支取现金。

【服务保障】认真做好职工住房公积金和住房补贴缴存工作，年度预算下达后，及时向市公积金管理中心缴存补贴资金。足额发放公务用车补贴、市内公务活动交通补贴、物业补贴和取暖补贴。按时缴纳养老、医疗、工伤和生育保险，切实做到不欠缴、不缓缴、不漏缴。

【绩效评价】按照北京市财政局对绩效评价工作的要求，根据设定的绩效目标，运用科学、合理的绩效评价指标、评价标准和评价方法，对2016年度部门项目支出的经济性、效率性和效益性进行客观、公正评价。共评价项目15个，涉及金额2.94亿元，平均得分91.63分，评价等级为优秀。项目支出完成既定目标，较好地发挥了社会效益、经济效益和可持续影响效益，促进了税收征管、纳税服务、税收宣传等工作的有效开展。

【预决算公开】 扎实准备，逐项核实，报请党组会审议通过后，按照北京市财政局统一格式、统一口径、统一时间的要求，2017年预算、2016年决算分别于2月、8月在北京市人民政府信息公开网站上公开，主动接受社会监督。

【制度体系建设】 围绕依法理财，全面提升预算编制、执行、管理、监督的规范性、时效性和效益性的要求，依据相关法律、行政法规、部门规章及市局实际，拟新建《北京市地方税务局财务岗位职责规范》等11项制度，拟修订《北京市地方税务局财务管理办法》等7项制度，拟保留《北京市地方税务局预决算信息主动公开实施规程（试行）》等2项制度，建立健全后的财务管理制度将达到20项。

【财务内控建设】 着力加强制度建设，不断完善工作流程，及时修订内控手册，切实加强风险防控，确保经济活动有章可循、有据可查、风险可控。对照单位层面、业务层面的112个指标，采取个别访谈、实地观察、穿行测试等方法，组织8个二级预算单位进行自我评价，平均得分98.63分。通过座谈交流、意见反馈等方式，定期对业务流程风险进行定性、定量分析，梳理出38个风险点。针对高风险业务，在兼顾业务内容、标准和效率的前提下，增加流程节点，加强监督节制，降低风险等级。突出内部控制与业务管理的内容、要求和功能有机融合，通过事前预警、事中阻断、事后筛查等措施，防止跨环节和流程外操作。

【干部队伍建设】 深入开展“两学一做”学习教育，强化“四个意识”，坚定“四个自信”。认真落实“三会一课”制度，支部书记带头讲题为《温故党史　不忘初心　学习先进　砥砺前行　争做新时期合格共产党员》的党课；积极开展主题党日活动，组织参观了“砥砺奋进的五年”大型成就展；坚持“一岗双责”，广大党员带头落实党风廉政建设责任制。通过学习教育，党支部战斗堡垒作用和党员先锋模范作用发挥更加明显。

9月11日—15日，在北京国家会计学院，协同市局资产管理处共同组织了由各单位“一把手”参加的系统财务资产业务知识集训班。课程安排针对性强、内容丰富，涵盖内部控制、会计知识、财政支出绩效评价、政府采购、固定资产管理等业务层面。师资中既有学院教授、科研机构学者、会计师事务所技术总监，还有国家部委、北京市政府机关工作人员。培训中既有理论学习，又有实操讲解。通过学习，使参训人员丰富了知识、拓宽了视野、开阔了思路、提高了站位，有效增强了各单位“一把手”做好内控工作的紧迫感、责任感，显著提高了财务资产管理干部的业务技能和工作水平。

（韩　波）

资产管理与政府采购

【综述】 资产管理处主要职责是负责本系统的基建、装备、资产管理等工作，负责机关政府采购工作。

【固定资产管理】 市地税局严格执行市财政局固定资产文件规定及《北京市地方税务局固定资产管理办法》《北京市地方税务局固定资产信息维护试行办法》，加强固定资产统筹调剂和共享共用。截至2017年12月31日，全系统固定资产规模370427.97万元，其中市局63479.76万元，直属分局8986.34万元，16个区局及燕山分局297961.87万元。全系统房产价值281140.19万元，建筑面积44.39万平方米；公务车辆738辆，价值13591.57万元；通用设备、专用设备、文物及陈列品、图书档案、家具用具装具等其他固定资产共计18.60万件，价值75696.20万元。

【政府采购规范管理】 严格执行《政府采购法》及其实施条例、《北京市财政局关于印发北京市2016—2017年政府采购集中采购目录及标准的通知》《政府采购竞争性磋商采购方式管理暂行办法》《北京市地方税务局采购实施办法》《北京市地方税务局关于进一步规范和加强政府采购管理工作的通知》《北京市地方税务局政府购买税务服务管理办法（试行）》及市财政局相关文件要求，依法履行政府采购程序，规范购买税务服务行为。

【政府采购内控建设】 由专人负责政府采购工作。对于重要或复杂项目，编制招标文件时组织专家论证。发售招标文件前由法制处进行审核，并由分管资产管理局领导和分管项目局领导共同审批。严格实行回避制度，凡与供货商有利害关系的人员，均不得参与招标、谈判、磋商、询价和评估工作。抽取评标专家、开评标等关键环节由监察处派人参与，实行全程监督。

【政府采购规模效应】 2017年，共完成履行公开招标等程序的政府采购项目13个，预算金额9075.87万元，中标金额8635.71万元，节约资金440.16万元。对北京市政府采购集中采购目录内的通用类货物，严格履行协议供货程序，择优选择供应商，协议供货58批次，预算资金860.56万元，合同金额844.93万元，节约金额15.63万元，主要为台式计算机、笔记本电脑、打印机、多功能一体机、空调、复印机、监控设备及办公家具等。全年为市局采购事项提出采购意见229项，其中为项目单位自行采购的162项，规范了政府采购行为，提高了财政资金使用效益。

【基本建设管理】 严格执行《北京市地方税务局办公用房维修改造管理办法》《北京市地方税务局基层税务所修改造管理办法》及市财政局相关文件要求，积极做好基建管理工作。

2017年全系统共完成朝阳第一税务所、通州第二、第五税务所联合办税服务厅维修改造项目，建筑面积共计14927.5平方米，合同金额

2751.87万元。通过税务所的维修改造，为纳税人提供了良好的办税环境，促进税收中心工作顺利开展。

【服装管理】主动服务，紧跟人事招录节奏，全年分批分期开展新进人员税务服装量体、制作、配发和售后服务工作，完成全系统新进人员253人春秋装、夏装、冬装、防寒服、毛背心、皮鞋皮带及相应税务标识的配发工作，保障税务工作人员第一时间着装上岗。

（崔　犇）

后勤管理

【综述】2017年，机关后勤服务中心全面贯彻落实市局党组决策部署，按照分管局领导相关指示要求，认真完成服务保障任务，为服务税收工作大局发挥作用。被市局评为“首都综治工作先进集体”称号。

【党建工作】深入贯彻党的十九大精神，进一步强化“四个意识”，认真落实全面从严治党各项要求。继续巩固拓展“两学一做”学习教育成果，定期开展支部学习和支部生活。思想建设始终是党支部建设的首要任务。严格落实廉洁自律要求。严格贯彻落实中央八项规定和市委十五条实施意见，坚决反对“四风”，自觉遵守党的政治纪律、组织纪律、廉政纪律；自觉遵守廉政准则和各项规章制度，自觉抵制拜金主义、享乐主义、奢靡之风的侵蚀，做到自重、自省、自警，慎独、慎初、慎微；严格落实财务制度，在涉及具体保障服务工作中，要求所属人员严格落实财政政策规定，严格按程序报批，严格各项报销结算手续。始终筑牢拒腐防变的思想防线。

【干部队伍建设】深入贯彻“三严三实”“两学一做”专题教育活动，按照市局党组的整体部署，后勤中心一是认真学习，深刻领会。二是全员参与，统一思想。制定学习计划，做到重要文件全员学习，全面领会，为各项工作的开展打好理论基础。三是求真务实，狠抓制度落实。不断规范工作流程，不断增强制度意识，牢固树立严格按制度办事的观念，养成自觉执行制度的习惯。继续努力打造一支符合后勤工作要求的、和谐的、专业化的后勤保障队伍。后勤服务工作也得到相关部门和局领导的肯定。

【制度建设】根据新形势和市局党组要求，针对后勤服务工作涉及面广、廉政风险多的实际，2017年，机关后勤服务中心全面梳理工作流程，建章立制，推动长效常态管理。先后制定并完善《北京市地方税务局机关公务接待管理办法》《北京市地方税务局机关办公用房管理办法》《北京市地方税务局公务用车管理暂行办法》《北京市地方税务局机关食堂管理办法（试行）》《北京市地方税局办公电话管理办法》《北京市地方税务局机关停车泊位管理办法》《北京市地方税务局机关办公区禁烟管理规定》《北京市地方税务局单身宿舍管理规定》等一系列管理制度，进一步强化法规制度在管理、服务、保障中的基础地位和长远性作用。

【清理办公电话】根据市局多年来没有彻底清理过电话号码的实际，机关后勤服务中心于2017年4—7月，积极协调相关处室，组织人员分3次对市局机关、马甸、税务博物馆、档案馆和昌平六区办公电话（包括驻局公司）进行全面统计清理。共清理撤销电话247个（市局机关111个、中继线2条，马甸61个，档案馆38个，六区5个，博物馆1个；含2016年29个），占电话号码总数的35%，全年为市局减少开支17.49万元。

【办公用房清理】贯彻落实国家机关事务管理局、中共中央直属机关事务管理局《关于党政机关办公用房清理整治后资源利用情况的通知》精神和北京市消防局及安防部门在消防安检过程中提出的要求，机关后勤服务中心对车公庄办公楼公共设备、设施附属用房进行摸底清查和详细统计，并按照各处室需求对现有设备设施附属用房进行重新分配，进一步缓解办公用房紧张的局面。根据北京市人民政府办公厅《关于开展市级行政事业单位办公用房统一权属登记工作的通知》，对市局所属办公区办公用房产权情况进行清查，并完成产权证转存交接事宜。针对市局部分处室办公用房存在多楼层分散办公、不利于集中管理的实际问题，充分做好四层机房搬迁改造后办公用房的规划使用，对部分处室办公用房进行重新调整分配。全年调整33间办公用房，涉及18个处室，调整后最大限度地解决了分散办公的问题。

【物业管理工作】市局与北京北辰信诚物业管理有限责任公司服务合同于2017年5月31日到期。根据局领导相关工作安排，严格按照政府采购程序和相关要求，最终由北京首源物业管理有限公司招标该项目。机关后勤服务中心进行招标前准备、项目服务单位遴选、合同的签订等工作，积极稳妥完成新老物业公司的交接、相关人员后续管理等过度工作，确保交接过程平稳有序进行，日常餐饮保障不受影响，得到局领导的一致认可。

【后勤服务保障】做好医疗保健、基本医疗保险管理、计划生育、体检、献血等各项工作。2017年，局医务室门诊约1.5万人次；办理远程预约挂号（人民医院）1500人次；完成市局机关干部职工洁牙工作，共计306人参与；安排市局机关干部体检工作，共计725人参与。按照市局采购实施办法有关规定，确定慈铭健康体检管理集团有限公司和首都医科大学附属北京康复医院（北京工人疗养院）两家单位为2017—2018年市局体检单位；全年完成各处室报刊订阅522份；对70名在职未达标老职工补报住房补贴并进行公示，为16名无房新职工进行住房补贴工作并协助办理住房公积金相关手续。

【车辆管理工作】一是根据“车改”后公务车辆使用规定，结合实际，重新修订完善《北京市地方税务局公务车辆使用管理办法（试行）》，为加强和规范市局机关和直属分局公务用车使用管理提供依据。严格用车审批手续，做到用车有审批、出车有登记、审批和登记核对一致。全年派车950台次，保障了机关工作运行。本着早计划、早落实的原则，指导落实好市局、直属分局90辆公务车的维修保养、保险、油料保障等工作。二是协调相关部门完成22车辆执法车辆的更新、相关手续的办理工作。三是完成稽查车喷涂。为加强市局税务稽查执法车辆的使用和管理，树立良好的执法形象，根据相关要求，完成对更新的22辆执法车外观进行标识喷涂。四是在重大活动、节日放假前，都下发通知，要求各单位严格车辆管理，确保市局机关及系统各单位不发生违规使用车辆的问题。协调相关部门，提高并规范合同工驾驶员的工资待遇。市局连续17年被北京市政府评为“北京市交通安全先进单位”。

（魏 欣）

安全保卫

【综述】2017年，认真贯彻首都综治委全会精神，全面落实市局党组工作部署，深入推进平安建设，不断提高综治工作能力和水平，有效地保证了内部安全稳定。在全市综治考核中，北京市地税局被评为优秀单位。

【维护国家安全】全年召开4次国家安全小组会议，落实主体责任，调整小组职责分工，部署、推进国家安全工作，主动承接、认真完成国家安全工作任务，被市国家安全局评为国家安全人民防线建设先进单位。

【落实综治责任】印发《中共北京市地方税务局党组关于健全落实社会治安综合治理领导责任制实施意见》，进一步明确领导干部和领导班子的综治职责和任务。全系统自上而下，逐级签订综治责任书，把安全维稳的领导责任、主体责任和监管责任落实到具体的岗位和人员。2017年开始，将综治履职情况列入处级领导班子、党政主要领导和分管安全工作领导的述职内容。

【创新综治工作】一是坚持问题导向，认真分析2016年综治考核结果，全面查找存在的突出问题和薄弱环节，逐项制定整改措施。二是深入基层进行调研，与区综治办进行座谈，掌握区级综治考核情况，探讨提高综治工作水平的途径。三是在全系统推进综治考核，把综治维稳和平安建设列入对基层单位和机关处室的绩效考核范畴。

【开展综治培训】举办综治工作培训班，邀请首都综治办4位处长授课，提高综治工作业务能力，全系统负责综治的干部和市局机关处室安全员共78人参加培训。组织石景山、通州、昌平、延庆4个获得2016年度综治考核优秀单位的区局介绍经验，互相借鉴、取长补短，提升全系统综治工作水平。

【服务首都综治大局】制定《发挥税收职能作用，服务首都综治大局15条措施》，得到市委常委、政法委书记张延昆肯定性批示：“市地税局对综治工作认识到位，工作措施有力、效果显著”。

【防范安全风险】开展重大决策社会稳定风险评估，做到应评尽评，从源头上减少影响社会稳定的因素。围绕征管改革和政策调整，加强预测、和预防，市局1号公告发布后，及时下发《关于做好购房资格审核风险防控工作的通知》，提醒基层单位防范可能引发的社会稳定风险。汛期来临前，下发《关于做好防汛工作的通知》，提醒各单位落实防范措施。7月，再次对地处山区和低洼地带的单位提出要求。分管领导郭筑明冒雨带队进行检查，确保措施到位、安全度汛。

【安全教育】春节、国庆等重大节日，全国“两会”，“一带一路高峰论坛”和党的十九大期间，部署全系统开展安全教育，强化干部职工的安全维稳和遵纪守法意识。“‘4·15’国家安全教育日”，通过内网制发国家安全教育专刊，在办公楼张贴宣传挂图和国家安全局奖励举报通告，发放国家安全宣传小册子300多份。9月19日，以地税大讲堂方式，邀请市国家安全局领导举办国家安全知识讲座，宣传国家安全法，营造维护国家安全的良好氛围。

【安全管理】加强办公区出入人员车辆的核查和登记，严禁推销、快递、送餐、收废品等人员进入办公楼，防范可能带入的安全风险，全年核验门禁卡800余人次。落实财务室、机要室、票证库、计算机房等重点部门“三铁一器”安防措施。加强对保安的教育、管理和监督，提高保安人员的执勤能力。

【安全检查】春节、全国“两会”和“一带一路”高峰论坛前，在全系统开展有针对性的安全大检查。突出重点，组织开展迎接国庆节和党的十九大专项安全检查。市局领导带队，深入基层，对分管单位进行督查，做到安全工作心中有数，杨志强局长带队检查3次，郭筑明副巡视员带队检查8次。建立月度检查制度，保卫处坚持对车公庄、马甸办公区和税务博物馆进行经常性安全检查，全年检查共69次。

【排查整治隐患】印发《北京市地方税务局关于开展消防安全大检查的通知》，吸取大兴区发生重大火灾教训，举一反三，在全系统开展安全隐患大排查、大清理、大整治。市局组成4个联合督查组，对区（分）局进行督导抽查，发现并整改一批安全隐患，提升了安全工作系数。

【综治评选表彰】根据首都综治委统一部署，制定《北京市地方税务局评选表彰宣传综治先进集体先进工作者工作方案》，坚持公开、公平、公正原则，在基层民主推荐的基础上，经过综治领导小组集体研究、投票，并广泛征求意见，严格进行公示，全系统表彰综治工作先进集体30个、先进工作者50个。

【综治宣传】编制内网专刊22期，宣传先进事迹，推广典型经验，扩大综治工作的影响力。下发《关于征集“平安北京建设”宣传作品的通知》，动员广大干部职工，积极创作、推荐宣传作品，全系统共征集各类作品293个，精挑细选，向首都综治办选送综治作品27个。其中，5个作品被首都综治办采用，2个作品被推荐到中央综治办。

【综治调研】突出地税特色，深入开展综治调研。调研报告《发挥税收职能服务首都社会治安综合治理工作的实践与研究》和《建立纳税服务综合管理机制促进综合治理水平提升的思考》在首都综治办调研评选中分别获得一等奖和三等奖。

【综治考核】根据首都综治办统一部署，在纪检部门的全程监督下，组织市局领导和综治领导小组成员单位，对第一、二、三、四稽查局，第一、二直属分局和开发区分局年度综治工作进行考评。按照首都综治办确定的比例，取总分前2名，确定第四稽查局和开发区分局为优秀等次，其他5个分局为良好等次。

【服务保障“两会”及十九大】提前部署，落实责任，明确任务，完善措施，加强安全教育、管理和检查，以最高标准、最严要求，确保内部安全稳定，为“两会”及党的十九大胜利召开营造良好的社会环境。

（张智慧）

老干部活动中心工作

【综述】2017年，北京市地税局老干部活动中心坚持以服务保障工作为中心，努力提升中心服务接待水平，全心全意为系统老干部服务，较好地完成服务保障任务。全年共接待系统老干部学习、会议等各类活动21批次、488人次。

【加强支部建设】2017年，中心班子进行了调整，及时补选支部委员，明确班子分工。班子成员认真落实“一岗双责”主体责任，把“两学一做”学习教育纳入党支部“三会一课”基本制度，长期坚持，形成常态；充分利用宣传栏、学习园地等形式深入学习贯彻十八届六中全会和党的十九大精神；定期开展集中学习、讲党课、主题党日等活动，参加了“共产党员献爱心”活动，组织了“忆往昔峥嵘岁月、看今朝幸福生活”主题党日活动和“砥砺奋进的五年”大型成就展参观活动，结合实际开展争创“共产党员先锋岗”活动，有力地促进了支部和党员两个作用的发挥。

【依法规范管理】先后完善车辆管理、办公用房管理、机关公务接待管理、内控管理等制度；修订工服管理办法、员工宿舍管理规定、考勤管理办法；实行考勤公示制度；制定采购管理补充规定，建立材料验收登记台账；规范合同工聘用手续，及时调整最低工资，全年没有发生劳动纠纷和诉讼案件。对于弱电维护等专业性较强的工作均按规定与服务方签订合同。日常维修改造工程做到有预算、有合同、有施工监管、有竣工验收。通过以上举措，形成依法办事、用制度管人的良好局面。

【提升保障能力】根据工作需要调整部门职责，整合服务资源，将餐厅服务人员与原客务部改为接待服务部，降低服务成本；采取以会代训的形式将职业道德教育常态化，不断增强服务意识；制定接待服务工作规范及接待服务卫生质量标准，组织服务人员培训28次，普遍提高服务质量和工作效率。同时，本着“轻重缓急、量入为出”的原则有计划、分阶段地进行基础设施维修改造工作，先后完成接待室改造等10项维护维修改造工程，更换破损地垫及卫浴器具，清洗空调、绿化庭院等，既消除部分安全隐患，也有效改善服务环境，提升服务保障能力。

【抓好督办事项】中心燃煤锅炉改造工作为市局督办事项。为抓好落实，首先认真学习领会北京市人民政府办公厅关于印发《北京市2013—2017年清洁空气行动计划重点任务分解2017年工作措施》的通知精神，积极与市、区两级环保局和八达岭镇政府联系，沟通了解有关政策规定及区域内燃煤锅炉改造现状及措施，对供暖供能方式进行调研，确定改造方案并报主管领导审批。在此基础上，协调相关方组织落实改造方案，积极申请专项资金补助，做好燃煤锅炉的报废审批工作。10月底如期完成此项工作。

【确保安全稳定】认真做好昌平培训中心转

制分流人员接管后的有关工作，落实好职工福利，及时反馈职工诉求，维护队伍的稳定。签订综合治理责任书，坚持值班制度，落实安全责任。完善技防措施，加装监控探头24个，安装7个巡更点，对213个灭火瓶分批进行更新。定期清洗后厨烟道，配备灭火毯，选派人员参加中控培训，结束了中控室无证职守问题。加强重点部位巡查、施工项目监管等工作。抓好计算机使用安全。全年未出现任何安全问题。

（赵凤江）

基层工作

东城区地方税务局

【经济概况】东城区位于北京市中心城区东部，面积41.84平方千米。2017年，全区实现地区生产总值2242.7亿元，比上年增长6.3%；社会消费品零售额1098.9亿元，增长5%；全社会固定资产投资完成284.7亿元，增长7.6%；居民人均可支配收入70289元，增长6.4%。区级一般公共预算收入完成172.2亿元，增长3.5%。金融业实现增加值510亿元，增长5.5%，占GDP的比重居各产业之首。文化创意产业实现增加值320亿元，占GDP比重达到14.3%，文化艺术、软件和信息技术、新闻出版发行等重点领域发展势头良好。信息服务业增长较快，实现增加值310亿元。加大对非公企业支持，着力构建中小微企业成长促进体系，新增4家市级“众创空间”。积极构建文化企业信用评级、文化信贷风险补偿、文化创业投资扶持引导，发布文创产业白皮书，成功举办“2017北京文化金融合作峰会”。

【概述】2017年，东城地税局累计完成各项税费收入351.1亿元，比上年增长20.5%；一般公共预算收入累计完成234.16亿元，增长20.72%；完成区级公共预算收入83.5亿元，增长40%。建成启用国地税联合办税服务厅，可办理11大类、582个具体事项。应对国税局“重大暴力虚开增值税发票”事件，采取措施严格管控国税局管理指标高危户。签署《东城国税局、东城地税局2017年合作备忘录》，内容涉及党建、征管、纳服等8大类48个事项。联合中央工艺美术学院附属中学、府学胡同小学，通过“漫话税收”、赠书宣讲等形式积极推动税法进校园工作，得到市委领导的肯定性批示。历时两年研究出台《关于运用监督执纪“第一种形态”实施办法（试行）》，明确119项“第一种形态”适用问题清单。连续三届获“全国文明单位”称号，被国家税务总局评为“各省（区、市）税务局先进集体”，荣获“2017年首都劳动奖状”，并被评为“北京市交通安全先进单位”；在全系统率先携手区文明办开展首届“最美税务人”推荐评议活动，连续三年在全市地税系统绩效考评中取得第二名。赵增科被评为“全国税务系统百佳县税务局长”，李京燕被授予“北京市优秀工会工作者”称号，朱媛玫荣获“2017年首都劳动奖章”，王昕荣获“首都社会治安综合治理先进工作者”称号。

【地方政府支持税收工作】在东城区政府的支持下，东城地税局制定了服务东城区疏解非首都功能、构建“高精尖”产业结构的12项保障措施，与区商务委建立疏解工作日常沟通机制。积极参与“开墙打洞”“百街千巷”“断尾行动”专项治理，配合推进百条“十无示范街巷”创建工作。在区政府的协调下，为区属各委办局提供涉税数据4万余条，定期为前门管委会、东城园管委会提供万余户纳税人情况。

【税收收入情况】2017年，东城地税局累计完成税收收入328.84亿元，同比增长24.18%。

表1　　东城地税收入情况（2017年）　　单位：亿元

项　目	本期	增减额（同口径）	比上年增减（%）（同口径）
一、税收收入	328.84	64.04	24.18
其中：中央级	110.55	19.06	20.83
1. 改征增值税	1.99	-0.05	-2.45
2. 企业所得税	23.37	4.41	23.26
3. 个人所得税	158.61	27.00	20.52
4. 资源税	0.04	0.01	33.33
5. 城市维护建设税	14.02	-1.49	-9.61
6. 房产税	26.09	5.83	28.78
7. 印花税	7.62	0.79	11.57
8. 城镇土地使用税	1.47	-0.28	-16.00
9. 土地增值税	44.75	40.43	935.88
10. 车船税	1.67	1.65	8250.00
11. 耕地占用税	0.00	0.00	—
12. 契税	48.73	-14.72	-23.20
13. 营业税	0.47	-48.22	-99.03
二、非税收入	22.25	-4.42	-16.57
1. 教育费附加收入	5.95	-0.66	-9.98
2. 地方教育附加	3.97	-0.44	-9.98
3. 外商投资企业土地使用费	0.03	-0.03	-50.00
4. 文化事业建设费	0.01	-0.01	-50.00
5. 税务部门罚没收入	0.05	0.03	150.00
6. 残疾人就业保障金	5.86	-3.70	-38.70
7. 工会经费	6.38	0.37	6.16

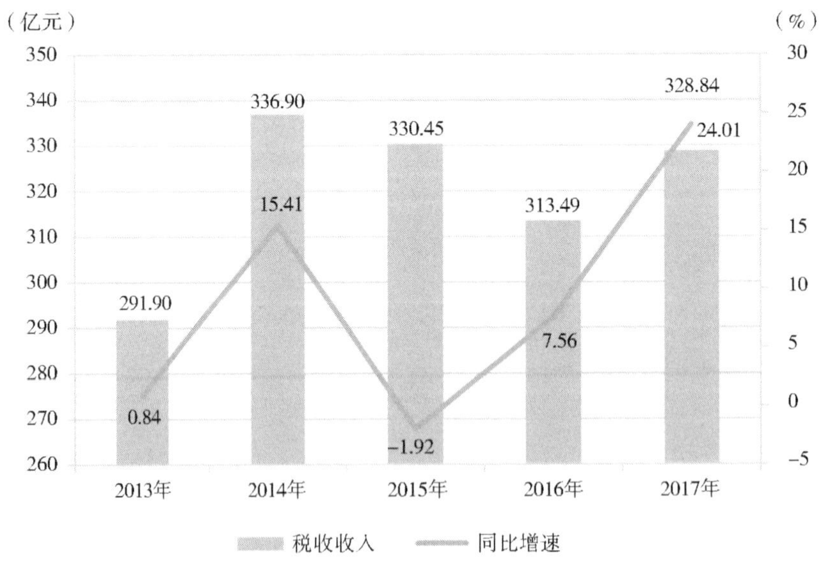

图1　东城地税税收收入情况（2013—2017年）

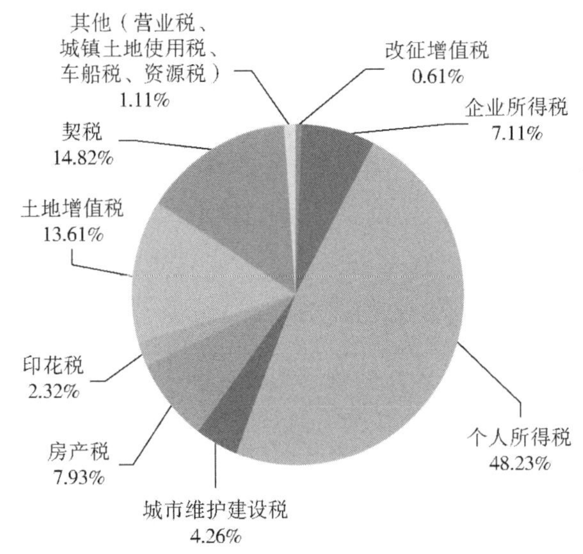

图 2　东城地税税收收入分税种结构（2017 年）

【非税收入】2017 年，东城地税局组织教育费附加收入、地方教育附加、外商投资企业土地使用费、文化事业建设费、税务部门罚没收入、残疾人就业保障金、工会经费等非税收入共计 22.25 亿元，同比减收 4.42 亿元，下降 16.57%。

【税收收入特点】个人所得税、契税、房产税是东城地税局的主体税种，房地产业、租赁和商务服务业、金融业、批发和零售业是全局税收的主体行业，规模占全局收入比例超过七成。北京凯恒房地产有限公司、北京信远置业有限公司土地增值税一次性入库，房产税属地征收与从租计征政策是我局增收的主要因素。北京市全年土地交易量减少，城市维护建设税结构性减收，残疾人就业保障金翘尾是影响税收下降的主要因素。

【营业税改征增值税】东城地税局与区国税局合作，联合召开二手房交易及个人出租房屋代开发票培训会，强化国地税间的业务交流。加强对已缴税未开票企业开展事后管理，对某企业 2016 年底开具的 75 份增值税零税率发票进行核查。

【税收法治】严格落实行政许可政策，编制《行政许可办理指引》手册。全年共组织行政复议听证会 3 场，办结行政复议案件 8 起、行政应诉 2 起，组织 105 名行政执法人员参加东城区依法行政培训。

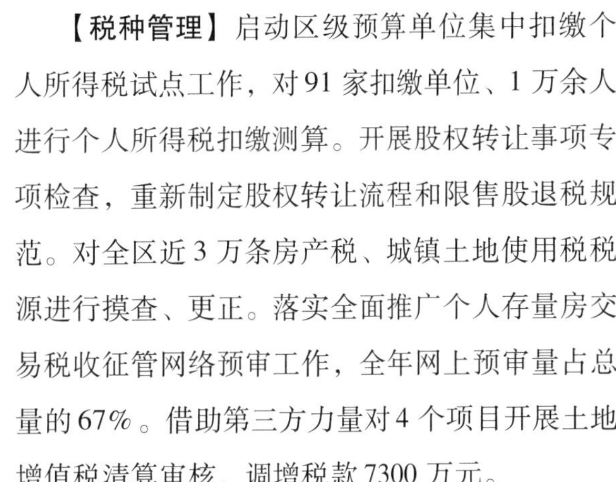

【税收政策落实】严格落实税收优惠政策，严格执行房地产税收政策，全面做好水资源税改革试点和环保税实施准备工作，有效发挥了税收政策的导向作用。

【税种管理】启动区级预算单位集中扣缴个人所得税试点工作，对 91 家扣缴单位、1 万余人进行个人所得税扣缴测算。开展股权转让事项专项检查，重新制定股权转让流程和限售股退税规范。对全区近 3 万条房产税、城镇土地使用税税源进行摸查、更正。落实全面推广个人存量房交易税收征管网络预审工作，全年网上预审量占总量的 67%。借助第三方力量对 4 个项目开展土地增值税清算审核，调增税款 7300 万元。

【纳税服务】调整办税厅受理职能，在办税厅设置应急机动窗口和应急处置小组，开辟“行政许可绿色通道”，统一规范行政许可办理窗口和公示栏，得到总局“放管服”督导组认可。重新规划网站管理员权限，作为全系统唯一被抽检单位，顺利通过总局网站检查。将“银税互动”涉及范围由纳税信用 A 级企业扩大到 B 级企业。

【税收征管】成立深化征管体制改革工作领导小组，制定《深化国税、地税征管体制改革实施方案》及 82 项具体任务分解表。强化情报导征，利用政府、上市公司披露信息等分析形成 11 篇税收情报，7 篇被市局采用，推动实现入库 4.1 亿元。

【大企业税收服务与管理】按照分级分类管理理念，相继对同仁堂、中海油等 7 家千户集团企业及下属成员单位实施集中管理，使企业真正感受到了“放管服”改革成效。

【国际税收管理】 通过加强非居民企业管理、外籍个人管理、境外税收风险管理、税收协定执行情况管理等涉及一系列风险核查工作，共补缴税款及滞纳金约35911万元。对某科技有限公司关联交易情况开展调查，通过纳税调整预计补缴税款及利息5000余万元。全年共提供自动情报交换数据281份，向新加坡、香港地区发送专项情报3份。

【税务稽查】 开展重大涉税案件查处、税收专项检查和区域专项整治、重点税源企业检查和打击发票违法犯罪活动等工作。强化国地税协作和税警联合办案，实施联合惩戒。完成2011—2015年立案未结案件的清理工作。涉税举报中心共受理涉税检举事项88件，对受理的12件检举事项实施立案检查，共查办有问题案件9件，查补金额12.2万元，入库金额12.2万元。稽查局全年立案78件（本局立案16件），结案76件，有问题74件，查补金额1361.79万元。

【电子税务管理】 对金税三期系统中欠税数据甄别6种情况分类施策，累计清理欠税3157万元。组织6项疑点数据筛查，累计实现入库2712万元。利用工商局信息协助206户“个转企”商户成功转型。自行开发《税收数据手册》电子化和税收数据展示平台系统。加强数据质量管理，共清洗问题数据4万余条。联合区国税局开展统一社会信用代码变更维护，实现了国地税双方税务登记信息和税（费）种认定信息的即时共享。联合开展数据管理，共同编制《东城国地税联合税收数据手册》。

【政务管理】 针对市局巡察反馈问题，提请局党组会审议通过《中共北京市东城区地方税务局党组工作规则》；制定党组会组织召开流程模板、记录模板，对记录中易忽视的问题列出提示清单。深入挖掘辖区特色，与外单位联合撰写信息，全年编发信息近900篇，被市局采用110篇，被市委、市政府和国家税务总局采用30篇。全面加强综合协调工作，共接收市局、区委区政府各类公文2212件，制发本局公文125件。修订《北京市东城区地方税务局保密工作管理办法》和《北京市东城区地方税务局信息公开保密审查办法》。制定《北京市东城区地方税务局依申请公开政府信息工作管理办法》，全年主动公开信息448条。制定《北京市东城区地方税务局邀请特定人员列席办公会议办法》。全年组织召开党组会议39次，局长办公会议18次，视频会议等其他会议350余次。

【绩效管理】 编制《北京市东城区地方税务局组织绩效管理工作手册（市局考评区局版）》《北京市东城区地方税务局组织绩效管理工作手册（考评机关、稽查局版）》《北京市东城区地方税务局组织绩效管理工作手册（考评税务所版）》。注重绩效考核成果运用，制定《北京市东城区地方税务局绩效考评结果运用办法》，干部晋升、荣誉表彰均参照绩效考评成果。

【财务管理】 率先使用北京市地税系统资产管理系统开展全局的资产清查工作。在全局重申财务管理和报销的相关标准、流程、审批手续、附送资料，确保资金链条的清晰化和明确化。修订现金管理办法、重新制定出台固定资产管理办法。

【政府采购】 梳理政府采购相关制度，从制度和程序上双把关，加强廉政风险防控。严格执行《政府采购管理办法》，全年完成政府采购资金889.8万元，备案采购项目21项次，涉及金额36.1万元。顺利通过2017年东城区政府购买服务项目专项检查。

【人事管理】东城地税局下设21个职能科室、1个稽查局（内设13个科）、22个税务所、1个机关后勤服务中心、1个地方税务学会。截至2017年12月，有公务员编制655人，实有598人；工勤编制54人，实有26人；事业编制8人，实有2人。2017年，共提拔科级干部53人，轮岗交流90人次，改任科级非领导职务4人，试用期满正式任职、军队转业干部首次定职及试用期满考核定职等职务任免33人，退休24人，调出10人，调入3人，辞去公职1人。

【教育培训】认真组织“练兵比武”活动，统筹协调5个岗位责任部门，把练兵比武活动列入重要议事日程。信息技术岗位2名干部入围半决赛，1名干部取得系统第四名的好成绩并获得“税务信息技术岗位能手”称号，纳税服务岗位1名干部备战总局比武。

【执法督察与内部审计】借助第三方力量提升督审效果，对土地增值税、房地产行业等7大类、13个项目开展税收执法督察。制作的年度执法督察报告和工作底稿被评为市局优秀报告、底稿，并代表市局参加总局评选。

【党建工作】以深入学习贯彻党的十九大精神为统领，全面提升“四个意识”。通过邀请专家解读、领导基层宣讲、党支部书记集中培训、开设十九大学习特刊、开展“共产党员先锋岗”评选、推进“一学一做”教育实践等方式，落实十九大精神。制定局党组意识形态工作责任制实施细则，建立局班子成员党建工作联系点制度，完成机关党委换届，制发党支部、党支部书记职责清单，逐级规范党建工作。

【纪检监察】以市局党组巡察问题整改为契机，不断强化“两个责任”。对巡察反馈的49个问题落实94条整改措施，处理相关责任人43名。分级分类明确“主体责任”任务分工，推进领导干部落实党风廉政建设主体责任全程纪实。运用“三重一大”事项“两个责任”对接工作办法，对53个重大事项决策实施全程监督。深化“为官不为”“为官乱为”专项治理和“严肃查处群众身边的不正之风和腐败问题”专项工作，完成党风廉政监督员换届。

【后勤管理】积极做好各个办公区办公楼修缮和办公环境改造工作。全面做好公车淘汰、保留、使用管理工作。规范指定定点加油站，消减、升级ETC通行卡。加强食堂餐饮机械设施、厨具更换修理，确保操作安全规范。加强用水用电的安全检查，定期对食堂服务员、厨师进行安全教育，确保用餐安全。做好珠市口国地税联合办税大厅干部饮食就餐问题。

【税收宣传】与区国税局共同在王府井商圈举办第26个税收宣传月启动仪式，编制《您知道吗?》系列税收宣传册（第二期），合作拍摄的税收公益广告、“我与宪法”普法微视频等均在各类作品征集活动中获奖。在《北京晚报》《新东城报》分别开设“生活中的税”和“政策解读”专栏，在《中国税务报》《北京日报》等传统媒体，以及今日头条等新媒体刊登文章近百篇，与北京税务博物馆联合制作《博物馆里聊税收》宣传片，组织映客直播两期，观看人数达10万人次。

（姜　喆）

西城区地方税务局

【经济概况】2017年，西城区实现地区生产总值3916.9亿元，比上年增长6.5%；一般公共财政预算收入422.1亿元，增长2.0%；企业所得税、增值税、房产税、城市维护建设税和印花税五大主体税种共完成383.3亿元，增长28.9%，占全区公共财政预算收入的90.8%；完成公共财政预算支出430.8亿元，增长1.1%。

【概述】西城区地方税务局坚持依法治税，深化税收改革，全年共组织各项税费收入502.5亿元，比上年增收52.3亿元，增长11.6%。深入学习贯彻十九大精神，牢牢把握全面从严治党新要求，深化党风廉政建设责任制，分解落实党风廉政建设监督责任重点工作任务，把风险防控从事后向事中、事前延伸。加强绩效管理，全市地税系统内区县局绩效考核中排名第2，连续两年位列系统优秀等次。强化内控管理机制，编制内控绩效指标，构建“制度、执行、监督、绩效、反馈”五位一体的内控工作模式。

【地方政府支持税收工作】发挥税收职能，服务区域经济社会发展，全局上下同心协力、开拓创新，较好完成了各项工作任务，实现了“十三五”规划的良好开局，全年得到市、区两级领导肯定性批示25次，正式文件通报表彰5次，获得荣誉称号7项。

【税收收入情况】2017年，累计完成各项税费收入502.5亿元，同口径比上年增收52.3亿元，增长11.6%；其中完成中央级收入198.1亿元，增收21.7亿元，增长12.3%。一般公共预算收入295.8亿元，增收29.2亿元，增长11%；区级收入131.2亿元，增收16.1亿元，增长14%。

表1　西城地税收入情况（2017年）　单位：亿元

项　目	本期	增减额（同口径）	比上年增减（%）（同口径）
各项税费收入	502.45	52.27	11.61
一般公共财政预算收入	295.82	29.22	10.96
一、税收收入	454.78	52.65	13.09
其中：中央级	198.12	21.66	12.28
1. 改征增值税	2.72	-0.12	-4.24
2. 企业所得税	68.81	2.91	4.42
3. 个人所得税	252.83	28.09	12.50
4. 资源税	0.00	0.00	43.00

续表

项 目	本期	增减额（同口径）	比上年增减（%）（同口径）
5. 城市维护建设税	35.30	-0.49	-1.37
6. 房产税	40.78	8.44	26.10
7. 印花税	21.77	5.70	35.49
8. 城镇土地使用税	1.83	-0.64	-26.06
9. 土地增值税	12.08	3.01	33.14
10. 车船税	1.56	1.55	11362.77
11. 耕地占用税	0.00	0.00	—
12. 契税	10.56	-1.69	-13.83
13. 营业税	6.53	—（剔除同期）	—
二、非税收入	47.68	-0.38	-0.78
1. 教育费附加	15.10	-0.16	-1.05
2. 地方教育附加	10.06	-0.09	-0.93
3. 外商投资企业土地使用费	0.04	-0.02	-28.81
4. 文化事业建设费	0.00	-0.01	-99.71
5. 税务部门罚没收入	0.09	0.07	576.75
6. 残疾人就业保障金	13.89	-1.55	-10.06
7. 工会经费	8.51	1.38	19.42

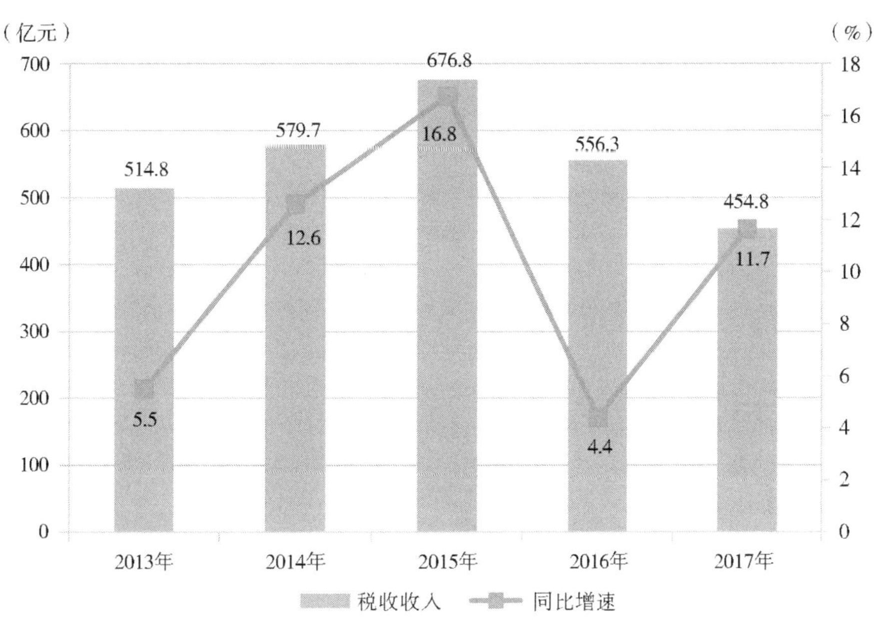

图1　西城地税税收收入情况（2013—2017年）

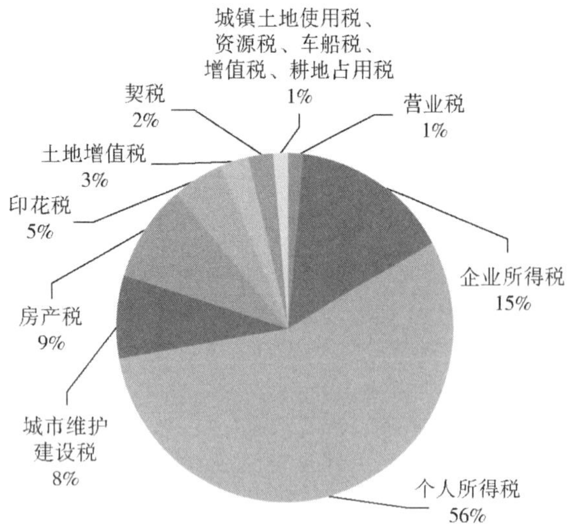

图2　西城地税税收收入分税种结构（2017年）

【非税收入】2017年，组织教育费附加15.1亿元、地方教育附加10.06亿元、外商投资企业土地使用费0.04亿元，税务部门罚没收入0.09亿元、残疾人就业保障金13.89亿元、工会经费8.51亿元，共计非税收入47.68亿元，比上年减收0.38亿元，下降0.78%。

【税收收入特点】按行业划分，房地产业完成68.13亿元，同口径比上年增长26.28%。金融业、租赁和商务服务业、居民服务修理和其他服务业合计完成274.01亿元，占总体税收比重超过五成。按税种划分，个人所得税完成252.83亿元，同口径增长12.50%；企业所得税完成68.81亿元，增长4.42%；房产税完成40.78亿元，增长26.10%；财产和行为税共计完成123.89亿元，增长14.18%，占比24.66%。全年共减免各项税费69.75亿元。

【营业税改征增值税】完成了对营业税减免税申报金额较大的18户纳税人41项申报数据的减免税核查工作。作为“全面推开‘营改增’试点贯彻落实情况执法大督察”的主责单位，自查二手房档案10353份，发票代开档案20417份，顺利完成自查工作。

【税收法治】积极推行局领导出庭应诉，为行政诉讼工作提供组织保障，在庄胜公司2起行政诉讼案件二审中胜诉，在群体举报行政诉讼案件一审、二审中胜诉。制发《北京市西城区地方税务局“十三五”时期全面推进依法治税工作实施方案》和部门重点工作任务分解表，确保“十三五”时期依法行政工作稳步推进。外派中青年领导干部到律师事务所学习实践，加强税收专项案件和行政机关行政诉讼工作的调查研究。规范执法程序和文书制作，强化依法行政和执法责任意识。

【税收政策落实】持续加强税收优惠政策落实，不断提升税收治理水平，注重政策宣传和辅导，加强政府部门间合作，结合区域经济及税种税源特点，逐步探索符合“营改增”后地税征管规律的税收征管新模式。不断提高小微企业税收优惠力度，全年辖区内享受小微优惠政策的小微企业5234户，减免税额2536.99万元。

【税种管理】一是夯实基础工作，企业所得税汇缴申报率、数据审核通过率，个人所得税电子明细申报数据准确率均达到100%。二是完善股权转让个人所得税管理规程，充分发挥与工商部门联合受理、信息及时传递的优势，稳步推进服务大厅与税源所的协作。三是加强股权转让的层级管理，办理个人股权转让4820份，入库税款3.9亿元。四是通过推进房产税源管理平台建设等多项举措，全年房产税共入库40.78亿元，比上年增长26.1%，创西城房产税征收新高。五是借助第三方服务等多种手段提高土地增值税清算效率，全年完成10个项目清算，入库税款5.6亿元，同比增长115%。

【纳税服务】一是纳税服务“走出去，引进来”成效初显，自助办税机入驻中国银行，工商银行自助缴费一体机落户办税服务厅，企业信用信息税银共享。二是全年走访中央单位及驻区部队等重点税源企业85户次，召开座谈会10次，收集问题及建议25条，实施精准服务。三是国地联合打造实体线上同步的“互联网+”培训模式，实体学堂培训纳税人800余户次，在线观看超过2000人次。四是搭建“北京西城税务”微信公众平台，实现“关注一个号，办理两家事”。五是共同编写《小微企业的种类及对应的税收优惠政策》，设立减税优惠办理快速通道。

【税收征管】一是在注销业务中持续规范注销文书的填写，并对注销时限进行严格把关，加强了国地税在注销税务登记工作上的合作。二是积极完成总局、市局推送的风险应对59户，查补税款、滞纳金及罚款共计6625.7万元。主动发起区级风险应对任务402户，查补税款、滞纳金共计697万元。三是加强欠税管理，核对金税三期系统欠税数据近万条，全年共计清理欠税及滞纳金1856.73万元。四是各业务科室开展科室约谈69户，补缴税款及滞纳金2.5亿元。

【大企业税收服务与管理】一是组织完成北京农村商业银行股份有限公司抵债资产事项税收风险、总局千户集团2017年第二批税收风险分析应对工作。二是针对36个集团企业、334户千户集团及下属企业季度企业财务数据积极开展采集培训、定期催报等工作。三是协助直属二局布置汇总泰康人寿等9家限售股减持工作。四是积极发现工作中风险应对问题，联合主管税务所开展约谈，共补缴税费及滞纳金1556万元，并形成大企业案例分析。五是开展千户集团税收风险分析、限售股转让核查工作，共计入库税款7194万元。

【国际税收管理】西城区地方税务局国际税收工作圆满完成各项任务，入库税款13484.22万元。首次完成VIE架构拆除过程中创始股东巨额个人所得税征收，入库9437万元；系统首例完成外派员工境外所得年度汇算清缴，缴纳个人所得税56万元，抵免境外税收13万元；首次对外发出财产税国际专项情报；首次完成对赌协议税款入库后的跟踪管理，入库3184万元；首次接受电视台专题采访介绍服务“一带一路”工作经验；首次对构成常设机构非居民企业个人所得税进行核查，追缴入库364.14万元；在《中国税务报》《北京地税》等媒体发表大量专业文章、案例、调研。

【税务稽查】一是围绕备案类减免税管理、行政处罚、非正常户管理、个人所得税核定征收等4个方面，对4个税务所和稽查局开展执法督察。二是提高风险管理质效，将近两年稽查案件疑点反馈情况中提炼、精简、合并、汇总后的政策疑点指引进行解说并下发，为开展风险疑点推送工作提供政策疑点指引。三是重新修改《北京市西城区地方税务局重大税务案件审理办法》，对符合重审会标准的案件分级上报审理。四是积极配合总局、市局开展“3·21”虚开发票案和“3·24”制售假发票案专项检查，已经有9户企业补缴税款100余万元。五是高度重视积案清理工作，全年先后清理6户积案，入库税款400余万元。六是国地税稽查工作协作小组对“动批”、天意、牛街牛羊市场等23个市场开展税收检查，发现9户企业涉税违法金额3.06亿元，国地税联合入库税款7100万元，助力非首都功能疏解。

【电子税务管理】充分发挥“互联网+税务”优势，依托金税三期系统和北京互联网地税局，推动纳税服务向便利化、智能化发展。认真落实数据后台处理工作，通过平台上报数据后台处理单330份，便于数据后台处理问题得到及时解决。助力全市首台自助办税服务终端进驻中国银行，开创了银行业提供税收相关服务的先河。

【政务管理】坚守红墙意识，全力落实党的十九大目标任务，将指标减负、材料减负、考评减负统筹考虑，科学、合理制定年度指标体系及考评规则。不断完善有关制度，提升机关规范化管理水平，工作注重留痕、留迹管理，推进岗位手册管理，严格落实领导干部退休交接制度，紧密结合岗位职责，推动机关建设可持续发展。

【绩效管理】全面推进绩效考评工作，突出“早、严、深、细”，充分发挥绩效指挥棒作用，编制考评规则和指标体系，成立绩效考评委员会，开展“不漏项、无盲区”的深度自查。严格落实市局绩效指标减负的要求，在绩效指标的设置上取消 9 项，调整 3 项，保留 18 项。加强制度管理，进一步完善落实好绩效考核制度，2017 年在全市地税系统区县局绩效考核中排名第二，连续两年位列系统优秀等次。

【财务管理】确保支出进度及预算的刚性要求，对 9 个预算归口执行部门下发《西城区地方税务局 2017 年度预算执行建议统计表》，明确预算批复项目、资金。严控“三公”经费等一般性支出，构建厉行节约长效机制，努力降低行政运行成本。加强预算资金审批执行工作，严把签报审批、合同签订、资金拨付、开支报销等环节程序。聘请第三方协助开展固定资产清查贴码工作，规范执行程序，基本实现了固定资产精细化管理。

【政府采购】规范实施政府采购，确保实现应采尽采，会同监察、督察内审部门联合开展政府采购自查工作，按照《北京市地方税务局关于进一步规范和加强政府采购管理工作的意见》，有效规范政府采购行为，防范了违规违纪风险。严格按规定开展公开招标、竞争性谈判、竞争性磋商、单一来源和定点服务采购。全年进行政府采购 44 项，包括协议采购、公开招标等采购方式，金额 4018 万元。

【人事管理】整合机构职责。设立党建工作科，加挂机关党办牌子，基层科与机关党办分设。设立离退休干部科，人事科（保卫科）不再承担离退休人员的管理与服务工作。整合残保金征收科与工会经费管理科职责，设立非税收入管理科。调整第五税务所为非企业纳税人专业管理所，第六税务所为个体工商户及市场管理所，第七税务所为风险防控管理所，第八税务所为承发包业务专业管理所。引入第三方开展领导力测评，根据测评结果制定领导干部个性化培养方案，优化部门人员配置。规范用人程序，公平、公正选拔干部，为不同年龄阶段的优秀人才创造良好条件。全年共晋升中层干部 20 名，非领导干部 71 人，50 岁以上科员人数从 2016 年的 78 人降至 50 人。推进交流轮岗，科级及以下干部轮岗交流 112 人，占全局干部总人数的 16%，其中科级领导干部 30 人，一般干部 82 人。

【教育培训】鼓励和支持高端人才培养，制定了三大类别 17 项教育培训计划。组织职称和“三师”培训考试工作，为首次报考人员提供教材及培训辅导网课。开展分岗位更新知识培训工作，全局 640 名干部参加培训。认真组织“税务信息技术师”比武活动，荣获优秀组织奖，西城区地方税务局高昕予在决赛中获得二等奖（第三名），荣获“税务信息技术岗位能手”称号。

【执法督察与内部审计】从非税业务类经济活动入手，强化内控管理，编制内控绩效指标，着力构建“制度、执行、监督、绩效、反馈”五位一体的内控工作模式，全局 22 个科室编制包含 25 个考点的百分考评指标 10 个。梳理风险项目 44 类，风险点 373 个，确定不同等次风险事项检查标准，构建内部防控体系。

【党建工作】 一是加强主体责任全程纪实工作，分解落实党风廉政建设监督责任重点工作任务24项，签订《党风廉政建设责任书》138份。二是领导班子落实“一岗双责”要求，形成“逢会必讲党风廉政建设”的工作新常态，推进“两学一做”学习教育常态化制度化。三是加强对主体责任落实情况和“三重一大”事项的监督，专人参加招投标评审12次，开展112人廉政会审和10批次48人次任前廉政谈话。四是探索巡察工作方式方法，对4个重要科室开展内部巡察和19个税务所开展专项巡察。五是加强廉洁从政教育，落实党员干部理论学习计划，以违纪违法案例为反面教材，加强警示教育，定期开展廉政提醒，提升干部拒腐防变的免疫力。

【纪检监察】 一是协助推动主体责任落实，分解落实党风廉政建设监督责任重点工作任务24项，督促领导干部担负党风廉政建设“一岗双责”责任。二是开展公务用车专项治理、办公用房清理、违规公款购买消费高档白酒问题集中排查整治工作，参与风险防控工作体系建设。三是加强选人用人方面的程序监督，全年开展了112人的廉政会审和10批次48人次的任前廉政谈话。四是拓展监督工作新机制，完善修订了《西城区地方税务局巡察工作实施办法》，成立专项巡察工作组持续开展巡察工作。五是深化“为官不为”“为官乱为”问题专项治理工作、开展“严肃查处群众身边的不正之风和腐败问题”专项工作，分四个阶段开展专项治理。六是完善内部廉政监督员队伍建设，开展参观学习、业务培训，刊发《以案说法》5期和《廉政动态专刊》11期，加强内部监督。七是规范信访举报工作，从严开展执纪审查，把监督执纪工作重点放在第一种形态上，完善提醒谈话、批评教育等方式开展问责追责工作。

【后勤管理】 坚持“两重视一督促”的工作原则，密切与有关部门协调合作，保障各项重大活动开展。配合巡视组对车辆专项检查工作，统一管理公务车辆ETC卡，并为45台公务车辆安装北斗全球定位系统，进行实时监控车辆状态。完善基建工程各环节的流程和质量要求，采取“两审计、一监理”的模式，遵循事前预算审计、事中监理、事后决算审计的工作程序，对重大工基建程实行管理，严控价格和质量关，完成了南北两个办公区的部分改造、半壁街办公区整体更新改造、部分税务所基础设施改造等，优化了纳税服务环境和办公环境。

【税收宣传】 围绕税收宣传月展开，以新修订的《北京市西城区地方税务局税收宣传工作管理办法》为抓手，积极拓展渠道，突出宣传实效。组织“北京地税首台外设自助办税服务终端进驻中国银行”新闻发布会、“文物话税收　报国春风行”增值税、房产税文献展及税收政策咨询活动、“感受税收　助力成长”主题宣传、“推动国地税与建委合作　共同服务外施企业”座谈会、“税法宣传进校园”等7个重点税收宣传活动，取得良好宣传效果。在《经济日报》《中国税务报》等核心媒体上综合发表稿件185篇次，“诚信纳税从你我做起”获得了北京市税收公益广告评比二等奖，组织新闻发布会1次，推送映客直播1次，展现了西城区地方税务局良好形象。

（徐　驰）

朝阳区地方税务局

【经济概况】北京市朝阳区位于北京城区东部，全区总面积470.8平方千米，辖24个街道、19个乡，常住人口385.6万人，是高端要素聚集、服务业发达的重要区域。按照北京城市总体规划，朝阳区被赋予“国际交往的重要窗口、中国与世界经济联系的重要节点、对外服务业发达地区、现代体育文化中心和高新技术产业基地”的功能定位，是现代商务快速发展的活力之区、国际化资源高度聚集的窗口大区、城市形象现代时尚的魅力城区、人文气息浓厚的文化创意高地、奥运遗产丰富的体育休闲之地、社会事业不断进步的和谐宜居之区。2017年，全区地区生产总值5550亿元，比上年增长6.5%；一般公共预算收入508亿元，增长6.5%。

【概述】2017年，朝阳区地税局集成党建文化，发挥中心组和第一党支部的示范带动作用，专题学习研讨4次，党组书记讲专题党课2期，各党支部书记讲党课30余次。开展“共产党员先锋岗”和“党支部示范点”争创活动，建立“朝阳地税党建”微信公众号，实时传递党建文化。转变征管方式，十里堡、小关税务所先行试点税收管理员改革，实现“专业分工、分类管事”，4个办税大厅统一推行综合窗口，实现“一窗式”通办。强化风险防控，联动开展风险点梳理工作，引入第三方服务，“奥运村”项目清算入库土地增值税12.9亿元，全系统率先成立个人存量房网络预审中心。

【地方政府支持税收工作】朝阳区委、区政府重视税收工作，区委书记吴桂英、区长王灏、常务副区长马继业多次到朝阳区地税局调研组织收入、房产税、土地增值税、减免税等工作。在区委、区政府的大力支持下，国地税联建大厅工作有序推进。

【税收收入情况】全年累计完成各项税费收入817.3亿元，同口径比上年增长6.7%；累计完成税收收入752亿元，增长7.9%，规模居全市地税系统第1位；一般公共预算收入累计完成499.1亿元，增长6.6%，占全市一般公共预算收入的比重为21.9%。

表1　朝阳地税收入情况（2017年）　单位：亿元

项　目	本期	增减额（同口径）	比上年增减（%）（同口径）
各项税费收入	817.3	51.3	6.7
地方公共财政预算收入	499.1	30.8	6.6
一、税收收入	752	55.3	7.9
其中：中央级	301.9	18.3	6.4

续表

项　目	本期	增减额（同口径）	比上年增减（%）（同口径）
1. 改征增值税	14.2	-1.4	-9
2. 企业所得税	77.8	1.3	1.7
3. 个人所得税	407	25.4	6.6
4. 资源税	0.08	0.03	56.5
5. 城市维护建设税	43.7	0.2	0.5
6. 房产税	88.5	30.9	53.5
7. 印花税	16.1	2.5	18.5
8. 城镇土地使用税	5.2	0.8	18.5
9. 土地增值税	57.7	11.1	23.8
10. 车船税	0.4	0.3	1151.7
11. 耕地占用税	0.03	-0.3	-90.3
12. 契税	35.7	-20.8	-36.9
13. 营业税	5.4	-117.7	-95.6
二、非税收入	65.3	-4.1	-5.9
1. 教育费附加收入	18.7	0.01	0.06
2. 地方教育附加	12.5	0.01	0.09
3. 外商投资企业土地使用费	0.3	-0.01	-3.8
4. 文化事业建设费收入	0	-0.02	-84.7
5. 税务部门罚没收入	0.2	0.1	203
6. 残疾人就业保障金	17.3	-5.4	-23.8
7. 工会经费	16.3	1.2	8

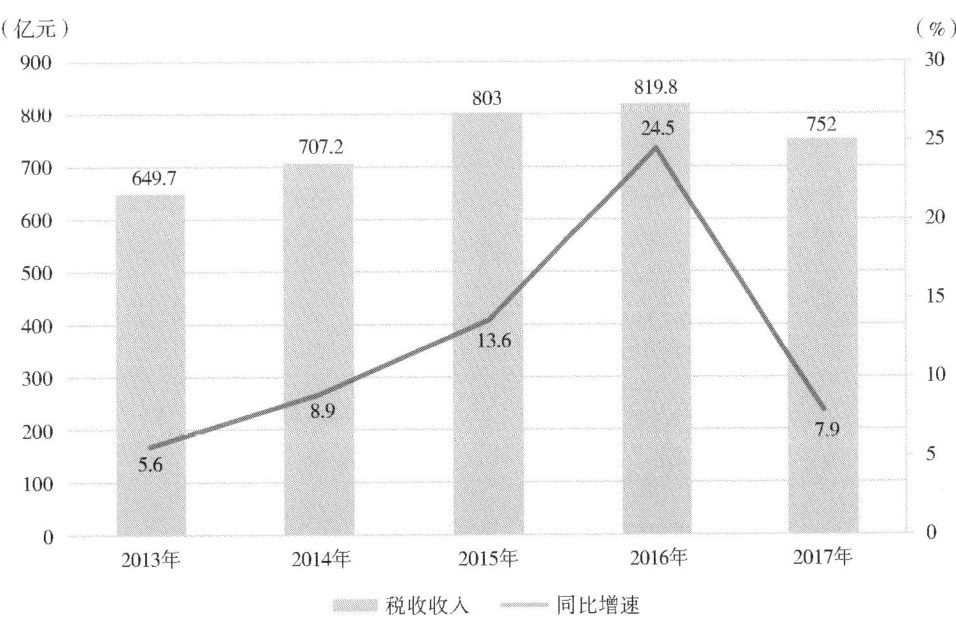

图 1　朝阳地税税收收入情况（2013—2017 年）

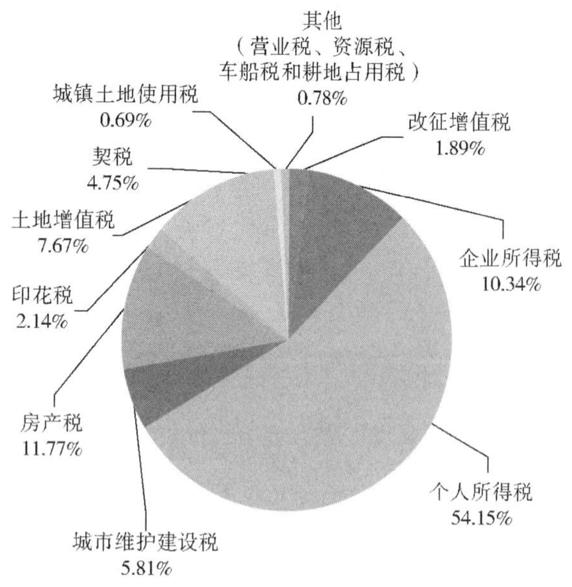

图2 朝阳地税税收收入分税种结构（2017年）

【**非税收入**】全年组织教育费附加、地方教育附加、文化事业建设费、外商投资企业土地使用费、残疾人就业保障金、工会经费和税务部门罚没收入共计65.3亿元，比上年减少4.1亿元，下降5.9%。

【**税收收入特点**】按行业划分，房地产业税收完成税收收入201.1亿元，同口径比上年增长26.5%，占税收收入的26.7%，金融业、科学研究和技术服务业、租赁和商务服务业和信息传输、软件和信息技术服务业合计完成税收收入284.6亿元，占税收收入的比重近四成。按税种划分，个人所得税完成407.2亿元，增长6.6%，占比为49.8%；企业所得税完成77.8亿元，增长1.7%，占比为9.5%；财产和行为税共完成247.4亿元，增长11.1%，占比为30.3%。非首都功能疏解相关产业税收规模下降，采矿业下降12.6%。

【**营业税改征增值税**】2017年，全区个人存量房交易代征增值税9.04亿元，单位存量房转让代征增值税2.57亿元，个人房屋出租代征增值税1.03亿元。

【**税收法治**】修订《北京市朝阳区地方税务局合同管理办法》，开发合同管理信息平台，管控合同资金申请、合法性审核和审批签订履行等全过程，完善合同管理内控机制。作为复议机关共受理行政复议案件1起，作为复议被申请人被提起行政复议3起，沟通后申请人均主动撤回复议申请；另有1例案件经过调解，申请人放弃提起复议申请。作为被告参与行政诉讼案件共4起，其中3起案件原告撤诉，1起案件朝阳地税局最终胜诉。

【**税收政策落实**】贯彻落实国务院6项减免税政策，推进“大众创业、万众创新”，全年共计减免税金120.1亿元。其中，涉及改善民生58.8亿元；鼓励高新技术企业11.9亿元；促进小微企业发展4.9亿元；节能环保1083万元等。落实京津冀协同发展和疏解非首都功能工作，核查市场、物流、制造业等各类疏解企业153户。积极探索非货币性资产投资、高新技术企业转增股本等分期缴纳事项的后续管理工作。

【**税种管理**】加强个人股权转让征收管理，采取限时办理和即时办理相结合的工作方式，全年受理业务1.3万份，征收税款12.3亿元；核实2016年度股权转让信息，补缴税款1136万元。加强“新三板”上市公司股权转让纳税核查，核查医疗机构药品集中采购环节未缴纳印花税问题。做好水资源税和环境保护税开征前准备工作。

【**纳税服务**】探索纳税人免费自行预约接受纳税辅导新模式，巩固实体纳税人学堂建设，邀请税务师事务所专业讲师集中授课10场。制作朝阳局自然人股权转让专栏，推广“北京朝阳税务”微信公众号。领跑存量房交易“互联网+纳税服务”模式，成功办理全市第一例网络审核二手房“跨区缴税”业务。向280家高新技术企业详细介绍有关政策。完成12.9万户纳税人信用等级评级，其中A级纳税人1.2万户。扩大免填单范围，提升纳税人办税效率。推进联合办税，在国税大厅设立地税服务窗口4个，日均办理量300余人次。

【税收征管】截至2017年底，共有税源户38.2万户，新增税源户5万户，注销税务登记中介机构查账3388户，查补税款2.4亿元。与43个街乡84个代征点签订委托代征协议，委托代征税款5.7亿元。加强大企业管理，完成总局千户集团的相关工作。加强风险管理，全年风险管理入库22.9亿元。查补增值税税款涉及517户企业，补缴“一税两费”3033万元。

【大企业税收服务与管理】核对千户集团信息，采集基础涉税数据，开展千户集团税收风险分析。按照《北京农村商业银行股份有限公司抵债资产事项税收风险应对工作实施方案》组织开展核实工作，补缴房产税661500元，土地使用税110250.55元。调整大企业日常管理团队和专家团队人员。

【国际税收管理】常设机构核查补税182.7万元，外籍个人八项补贴及境外保险补税1.6亿元，反避税核查工作查补税款1853.31万元，境外风险管理查补税款287万元。率先开展对朝阳区《中国税收居民身份证明》自然人申请人后续管理工作，初步形成工作机制。

【税务稽查】全年共立案54户，结案64户，查补税金2.04亿元。召开税务稽查案件集体审理会5次，审议通过案件42件，涉及税金1.4亿元；召开重大税收违法案件审理会1次，审议通过案件4件，涉及税金1.03亿元。查实“3·21”虚开巨额发票涉案金额24亿元，并将首批证据资料移交公安机关。查处发票违法企业36户、非法发票753份，查补金额1284万元。加大存量房交易涉税违法案件追征力度，追征涉案税款52笔，补缴税款及滞纳金1298万元。

【电子税务管理】围绕信息共享、大数据分析等事项与区工商局、体育局、国土局等部门沟通协调，获取广告公司、商务楼宇、备案场馆、建筑承发包等数据；搜集整理权力清单资料和网站公示信息资料1734条，保障税收管理需要。向区发改委提供企业140万条税收收入数据。协助公、检、法部门查询涉税保密信息52次。修正税务登记信息9900余条。北信源桌面防护、瑞星杀毒、INODE准入等软件安装率达到100%。落实软件正版化排查，建立软件正版化管理台账，正版化率达100%。有效做好“勒索毒病”防范工作，确保信息安全。

【政务管理】依法做好政府信息公开工作，主动公开440件，依法申请公开34件；加强公文审核，严把公文格式、行文、内容、文字关，确保机关政令畅通；提高办会效率，充分应用视频会议系统，减少基层单位会议往返。加强信息撰写，共编发各类信息457篇，国办和市委市政府专刊各采用9篇；突出调研重点，注重调研人才团队建设，积极与高校开展合作，全年共形成调研成果转化21篇次。

【绩效管理】加强统筹规划，狠抓过程管理，规范考评程序，完善讲评分析。绩效考评最终得分894.907分，排名第五。其中，指标失分11.327分，加分事由35项，计20.018分。根据考评分析，将进一步培育绩效文化，鼓励工作创新，深挖工作亮点。

【财务管理】修订完善《朝阳地税局经费支出管理暂行办法》，编制《北京市朝阳区地方税务局政府购买服务指导性目录》。整合系统资源，利用信息系统加强固定资产管理。通过日常开支报销审核把关，控制预算，确保各项资金安全、合理、有效使用。坚持阳光运行，及时公开部门预算，主动接受社会监督。

【政府采购】全年完成政府采购2659.95万元，其中货物类采购931.52万元，工程类采购54.29万元，服务类采购1674.14万元。按照《政府采购法》和《政府采购法实施条例》，全面推行事前、事中、事后监督，坚持信息、过程、结果公开，强化质量验收，确保采购活动合理、合法、合规。

【人事管理】共设置16个科室（2017年新设立机关党委和离退休干部科）、15个税务所、1个稽查局、1个机关后勤服务中心，人数合计646人，平均年龄43岁。其中，中层干部108人，处级领导干部6人；有“三师”（注册税务师、注册会计师、律师）资格33人次；大学以上文化程度568人。

【教育培训】分批组织24名新任职科级领导干部任职培训，提高参训人员的政治理论水平、勤政务实意识和岗位履职能力。推进青年干部培养工作，开展“不忘初心跟党走，税海扬帆再启航”主题演讲等活动，打造朝阳地税事业发展生力军。587名干部分4批参加更新知识培训。顺利完成“岗位大练兵 业务大比武”各项工作。

【执法督察与内部审计】进一步加强对资金使用的监控力度，做到事前介入、事中监管、事后审计。完善内控机制建设，全面规范税收业务流程和行政管理流程，联合第三方技术公司，形成安全有效的“5310”事前防控系统①。通过利用金税三期系统将备案数据与年度申报数据比对，确保企业税收优惠政策落实到位。《金融商品交易管理不到位 税收执法存风险》作为优秀案例报送国家税务总局。

【党建工作】把“两学一做”学习教育纳入党支部“三会一课”基本制度，开展“共产党员先锋岗”和“党支部示范点”争创活动，设立党员先锋岗63个，支部示范点3个。基层税务所支部书记在全系统2018年全面从严治党工作会议上做交流发言，展现基层党建成果。建立“朝阳地税党建”微信公众号，实现党建文化实时传递，提升党建舆论传播效率。

【纪检监察】通过建立定期检查、提醒谈话等工作机制，完善《党组工作规则》《办公场所非办公时间管理规定》等制度办法，进一步规范工作秩序、严明工作纪律。综合运用监督执纪“四种形态”，采取班子集体谈话、个人提醒谈话、函询方式17次，对3名干部和1名劳务派遣人员进行组织处理。开展廉政警示教育活动，将协税人员纳入教育监督管理范畴，规范廉洁从税行为。

【后勤管理】完善食堂管理，更换餐饮公司，保证干部职工的餐食安全，提高饮食水平及服务质量。坚持基建维修工程评审制度，严格遵守《小型维修工程管理办法》。严格落实车辆管理制度，提高车辆使用的周转率。完成东大桥单身干部宿舍装修，及时解决单身干部住宿问题。

【税收宣传】加大税法宣传力度，以“现在办事更方便了”为互动话题，联合北京交通广播电台制作“税收伴您同行”税收宣传特别节目；联合区国税局与首都经济贸易大学举办第九届“朝阳税务杯”税收风采展示大赛和创客空间税收支持大学生创业沙龙活动。普及税法知识，引导

① “5310”风险防控体系主要是围绕“五级三层十方面”来进行构建的。五级是指局长、副局长、科（所）长、副科（所）长、税务干部5个职务等级；三层是指局班子成员、中层领导干部、基层干部3个管理层级；十个方面包括征收管理、税政管理、日常检查、纳税服务、稽查检查、干部队伍管理、机关党团建设、服务领导决策、监督管理、内控管理。

大学生建立纳税意识和正确的纳税观念。

【税收科研】 牵头完成市局联合调研课题《新形势下纪检监察部门加强和完善房产交易环节税收执法监督工作的思考》。《论督察内审工作对依法行政的重要性》获北京市内部审计协会内部审计专题研讨论文二等奖；《拆迁还是腾退：享受契税优惠大不同》获中国税务报“正坤说税”征稿评选三等奖；《环境民事公益诉讼的制度困境及展望——以环境权为中心》获第十二届“环渤海区域法治论坛”三等奖。《电商企业征税预期下的纳税优化》被北大核心期刊采用，另有11篇调研文章被外部刊物采用。2篇调研文章获朝阳区区长王灏肯定性批示。

（杨　超）

海淀区地方税务局

【经济概况】 2017年，海淀区完成全社会固定资产投资1005.7亿元，比上年增长15.3%；规模以上工业总产值2057.8亿元，增长16.2%；实现社会消费品零售总额2309.6亿元，增长4.4%；财政收支增长平稳，区级一般公共预算收入416.9亿元，增长8.0%，财政支出869.9亿元，增长26.2%；全区居民人均可支配收入71986元，增长7.4%。

【概述】 坚持依法征税，认真落实税收优惠，不断优化纳税服务，全年共完成各项税费收入787.5亿元，同口径比上年增长14.2%，在城6区中，收入规模排名第2。深入学习宣传贯彻党的十九大精神，严格落实全面从严治党“两个责任”。认真落实税制改革，扎实推进环保税开征准备工作。绩效考核成绩连续三年列系统第1名。

【地方政府支持税收工作】 参与完成的“‘易车’高管亿元个人所得税回京缴纳”工作获得陈吉宁代市长表扬性批示，调研报告《加强外籍人员个人所得税管理的几点思考》在《北京调研》刊登。海淀区委书记于军、常务副区长孟景伟对地税工作多次给予肯定性批示，对南部办公区、中部国地税联合办税服务厅建设给予资金支持。

【税收收入情况】 全年累计完成各项税费收入787.5亿元，同口径比上年增长14.2%；累计完成税收收入729.5亿元，增长16.8%；一般公共预算收入累计完成436.6亿元，增长13.0%。

表1　　海淀地税收入情况（2017年）　　单位：亿元

项　目	本期	增减额（同口径）	比上年增减（%）（同口径）
各项税费收入	787.5	98.8	14.2
地方公共财政预算收入	436.6	49.6	13.0
一、税收收入	729.5	103.3	16.8

续表

项　目	本期	增减额（同口径）	比上年增减（%）（同口径）
其中：中央级	342.4	46.4	16.0
1. 改征增值税	7.0	-0.7	-9.6
2. 企业所得税	105.7	8.8	9.1
3. 个人所得税	449.1	69.1	18.2
4. 资源税	0.04	0.01	14.6
5. 城市维护建设税	46.6	3.3	7.7
6. 房产税	42.6	12.4	40.9
7. 印花税	17.8	1.3	8.1
8. 城镇土地使用税	3.0	0.2	7.9
9. 土地增值税	32.3	20.9	182.6
10. 车船税	0.10	0.08	672.8
11. 耕地占用税	0.2	-0.2	-53.2
12. 契税	15.4	-11.8	-43.3
13. 营业税	9.9	-72.9	-88.1
二、非税收入	58.0	-6.5	-10.1
1. 教育费附加收入	20.0	1.4	7.8
2. 地方教育附加	13.3	1.0	7.8
3. 外商投资企业土地使用费	0.09	-0.02	-17.9
4. 文化事业建设费收入	—	-0.02	-100.0
5. 税务部门罚没收入	0.1	0.06	105.9
6. 残疾人就业保障金	15.8	-9.7	-38.0
7. 工会经费	8.6	0.8	10.0

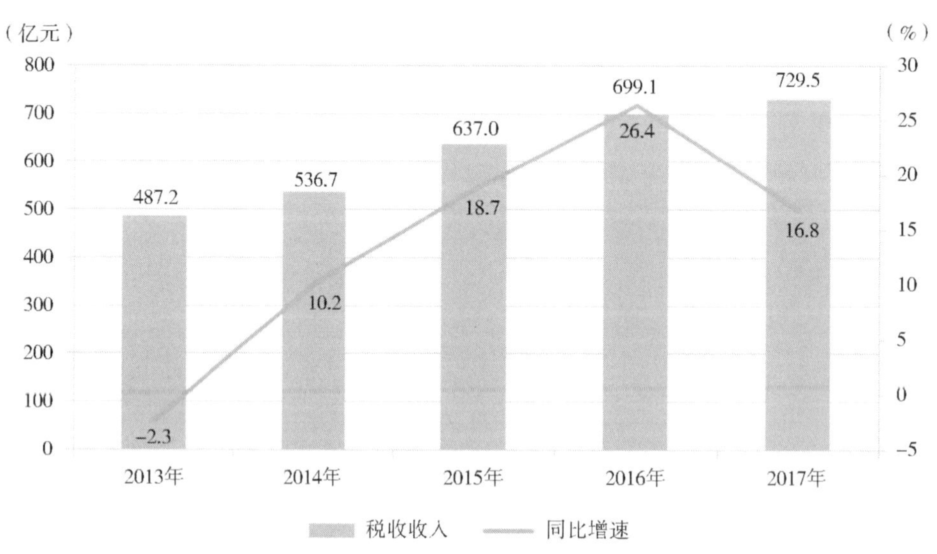

图1　海淀地税税收收入情况（2013—2017年）

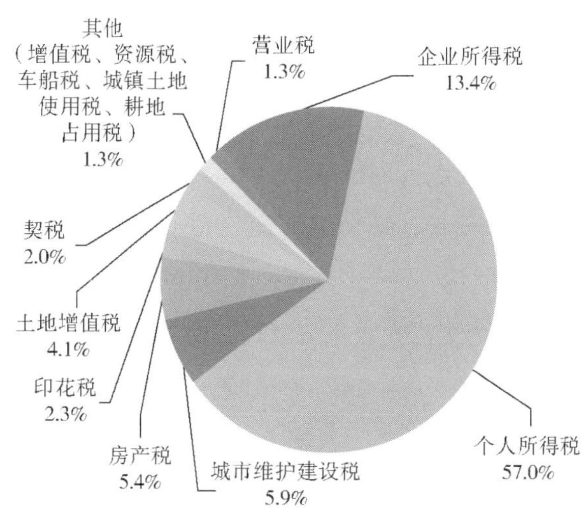

图 2 海淀地税税收收入分税种结构（2017 年）

【**非税收入**】组织教育费附加、地方教育附加、文化事业建设费、外商投资企业土地使用费、残疾人就业保障金、工会经费等非税收入共计 58.0 亿元，比上年减收 6.5 亿元，下降 10.06%。

【**税收收入特点**】2017 年，第三产业完成税收收入 686.8 亿元，同口径比上年增长 18.6%，高出第二产业增幅 3.8 个百分点，占税收比重由 92.6% 提高至 94.1%。科研业、信息技术服务业继续领跑，合计完成 300 亿元，增长 23.2%。金融业税收平稳增长，完成 49.7 亿元，增长 2.5%。与非首都功能疏解相关产业税收降幅明显，石油燃料、化学品、金属制品相关制造业减幅 9.9%。按税种划分，个人所得税完成 449.1 亿元，比上年增加 69.1 亿元，增长 18.2%；企业所得税累计完成 105.7 亿元，增加 8.8 亿元，增长 9.1%；房产税受政策变化影响大幅增加，累计入库 42.6 亿元，增加 12.4 亿元，增长 40.9%；土地增值税受大额土地增值税清算项目影响，累计入库 32.3 亿元，增加 20.9 亿元，增长 182.6%。

【**房产营业税改征增值税**】做好与海淀区国税局的数据交换与工作交接。开展二手房交易和个人出租房屋的增值税代征工作，保证两项工作较“营改增”前，征收机关不变、征收场所不变、征收流程不变。全年共办理存量房转让 19291 套，缴纳增值税 62983 万元，免征增值税 239846 万元。

【**税收法治**】高效提供各项法律服务，全年共审核与外单位签订的民事类合同 45 份。扎实开展税务行政处罚裁量权培训及案卷评查工作。做好国务院办公厅“放管服”改革督查和综合税政工作。全年共发生 10 件行政复议案件，已审结 8 件，发生 4 件行政诉讼案件，胜诉 2 件，未审结 2 件。

【**税收政策落实**】专项开展大学科技园、科技企业孵化器、国家体育场馆、大型客机制造企业、物流企业、租赁服务业的房产税、土地使用税优惠政策落实情况的全面梳理，对应当享受优惠政策的纳税人进行点对点告知、一对一讲解，保障优惠政策切实落地。2016 年度企业所得税汇算清缴，小型微利企业减免企业所得税 6448.58 万元；享受研发费加计扣除政策企业 622 户，本期加计扣除金额为 410752.22 万元，涉及加计扣除项目 2732 项，比上年增加 1145 项。全年共办理房产税减免备案 17 户，税额 1488 万元；房产税、城镇土地使用税困难性减免审批 3 户，税额 1272 万元；契税单位减免、不征审批 157 笔，税额 6508.07 万元，个人契税减免 12402 笔，税额 7.68 亿元。

【**税种管理**】持续优化税种管理，加强个人所得税管理，健全个人股权转让工作台账和档案管理，严格核实金税三期上线后的税款补缴、更正、修改，完成 256 条非京籍购房资格人员的个人所得税缴纳情况核实。加强企业所得税优惠事项后续管理。有效落实残疾人就业保障金征缴工作。全面完成土地增值税税源摸底，优化规范清算流程，全年共完成土增税清算项目 10 个，入库税款 22.35 亿元，同时，自 2014 年邀请第三方参与土增清算以来，共审核完成 45 个项目，审增税款 3.74 亿元。对全市 18 万条房源信息、13 万条地源信息进行梳理，核实、修改、完善房土税源信息数据 4000 余条。落实二手房缴税网上预审，全年共完成网上审核 12384 份，占存量房受理总数的 66%，通过率 90%。2017 年 12 月 1 日，水资源税开征。

【纳税服务】推出“免填单”服务，涵盖 3 类 82 种表证单书，共 152 项业务，使用率达 88.7%。提供“一站式办税”服务，解决新户报到来回跑问题。梳理金税三期上线后的全市第一份厅所业务分工，确定 208 项全区通办的进厅业务和 68 项税源所业务。进一步推动“银税互动”工作深入开展，完成信贷产品签约企业共计 160 家，签约金额共计 12.37 亿元。深入开展税收宣传，全年共举办 35 场纳税辅导培训会，纳税人辅导学校项目获得 2017 年度海淀区市民学习品牌。推出“税企通”，与“税务钉钉”相结合，及时进行政策宣传、政务告知。与国税局联合在今日头条开通“海淀税务”政务头条号，阅读量接近 80 万次。持续升级微信服务，全年共发布微信 199 期，共计 796 条图文信息，在微信平台引入人工智能客服系统，实现智能语音实时交互，回答正确率为 91.4%。

【税收征管】加强税务登记管理，特别是对注销、局内转户、外迁的管理。制订国家税务总局金税三期系统问题反馈机制，探索管户特色标识。调整北部税务所管户，优化对高新企业的集中管理。全面落实国地税合作事项，在税收征管、风险应对、欠税管理上深度合作。加大欠税管理力度，清欠税款及滞纳金 1422 万元。开展税收债权保护申报。完善二手房及个人出租房屋增值税代征，派驻人员进入国税办税服务厅，强化自然人代开发票管理。加大落实数据信息共享，对外提供查询服务共计 82 次，累计提供数据 91.78 万条，推动《北京市税收征收保障办法》的落实，提升综合治税能力。

【大企业税收服务与管理】举办“发挥税收职能　服务一带一路”座谈会，与 20 家“走出去”企业进行座谈，国地税现场提供政策解读。举办“深入了解企业需求，服务区域经济发展”座谈会，邀请主管区领导、区财政局等单位负责人以及 50 家辖区内极具代表性的央企、总部企业、世界 500 强企业的财务负责人参与座谈，收集整理各类意见建议 141 条。

【国际税收管理】发现北京市第一例“反向利用”财税字〔1995〕98 号文件的“易车”案件，完成结案并入库个人所得税 9654 万元。召集北斗案件联审会，对反避税程序进行合法性审核；组织开展外国演出团体和外籍演员个人所得税核查、常设机构税收风险核查、外籍人员八项补贴核查等多项核查工作。严格规范税收协定执行，参与市局税收协定教师条款调研工作。对非居民企业所得税源泉扣缴进行后续管理，分析查找案源。开展涉税证明检查及后续管理工作。积极服务 2022 年冬奥会，走访首都体育馆和五棵松体育中心。协助市局受理首例中美相互磋商申请。

【税务稽查】配合稽查“市级全覆盖”的工作部署，将考核指标层层分解，落实到科，责任到人。全年共开展检查 136 件，其中立案检查 64 件，调查核实 72 件。共查结 141 件，其中立案检查 69 件，调查核实 72 件。共查补税滞罚合计 1.58 亿元，入库税滞罚合计 1.7 亿元。开展市级专项立案检查 9 批 40 户次，区级专项立案检查 8

类24户次。全面开展历史积案清理，全年清理完成28件以前年度立案案件。全年完成清理欠税案件3件，入库税滞罚近1900万元。全面、持续开展打击发票违法检查，共检查发票违法案件85件，相关案件查补税款2572万元。

【电子税务管理】编制《海淀地税局2017年度涉税风险防控目标规划》，进一步完善风控涉税模型。在信息化管理部门的支持下，于年初实现金税三期数据回放，8月实现第三方数据回放，10月实现国税数据回放。与区经信办签订《数据共享交换协议》，建立部门间第三方涉税数据的沟通联系渠道。

【政务管理】全年共收文902件，发文374件，工作签报230件。召开局党组会34次，局长办公会35次，全局性工作会议12次。报送信息330余篇，其中包括完成长篇调研型信息39篇，国办采用18篇，完成市级专报141篇，其中被市委市政府采用49篇，市局刊物采用包括专刊29篇，普刊31篇，9条信息被评为优秀信息。列入督查督办事项共计8类251项。处理北京市信访信息系统网信16件、区政府非紧急救助服务平台转办的群众咨询和投诉72件，答复率100%。主动公开政府信息398条，受理依申请公开事项11起。

【绩效管理】先后制发绩效管理办法、组织绩效管理实施细则、组织绩效管理考评规则、结果运用办法4项文件。实施科室共性指标和个性指标、税务所指标差异化考评，按季度形成绩效管理分析报告。全年各项工作得到省部级以上领导表扬性批示5次，市局主要领导表扬性批示12次；获得国家级荣誉称号4项，市级荣誉称号8项；受到国家级相关部门通报表彰表扬1次。2017年连续第三年成为北京地税系统绩效考评第一名。

【财务管理】加强预算管理执行力度，确保预算执行率达90%以上。定期组织全局固定资产盘点和清查，提高固定资产使用效益。修订采购管理办法。接受各审计部门的审计，积极整改审计中发现的问题，加强内控建设。

【政府采购】全年政府采购项目中批量集中采购经费支出2929.74万元，其中货物类采购经费支出544.61万元，工程类采购经费支出731.12万元，服务类采购经费支出1654.01万元。

【人事管理】海淀区地税局下设16个职能科室（2017年成立党建工作科和离退休干部管理科）、1个稽查局（内设5个科）、19个税务所、1个机关后勤服务中心、1个地方税务学会。截至2017年12月，全局有干部职工652人，其中公务员干部633人，事业编制2人，工勤人员17人。全年共选拔任用正科级领导干部1名，正科级非领导干部4名，副科级非领导干部2名。轮岗41人。招录公务员16人，军转干部8人。深入开展国地税交流合作，互派1名正科职领导干部挂职锻炼。

【教育培训】组织全员更新知识培训，积极开展以贯彻十九大精神为主题的科级领导干部岗位培训工作。先后组织34名科级领导干部参加海淀区人力社保局及市局组织的任职培训；组织4名科级领导干部参加海淀区组织的科级领导干部科学发展能力培训班。组织29名学员参加地税系统税收专业英语口语培训。参与市局岗位大练兵活动，5人被选为纳税服务岗岗位能手，2人被选为纳税服务岗专业骨干，1人被选为信息技术岗位能手，并获得“职工技协杯”职业技能竞赛决赛二等奖。

【执法督察与内部审计】全面开展税收执法大督察和日常税收执法督察，被国家税务总局评为税收执法大督察工作成绩突出的集体，获得总局通报表扬。全年共组织对18个基层税务所进行督察，核查企业21580户次及其案卷资料，核查个人税收案卷资料48358份，补缴入库税款645.9万元、滞纳金133万元。对高尔夫俱乐部税收管理、股权转让管理、土地增值税征收管理等10大项业务开展执法督察。加强内部控制建设，对新开征税费和重大税政调整开展税费风险防控反向评估工作。借助专业力量，外聘第三方持续开展财务审计和基建审计。

【党建工作】深入有序推进“两学一做”教育常态化、制度化，举办和参与十九大精神报告会、宣讲会20场。组织全局200名干部参观“砥砺奋进的五年”大型成就展，开展十九大精神与税收工作相融合大讨论，与区国税共商全面从严治党和强化廉政监督新思路。大力完善科所规范化建设，围绕“亮明身份、公开承诺、示范带头、接受监督”深入开展实践活动。有序开展共产党员先锋岗评比活动。持续抓好领导干部主体责任全程纪实制度，成立党建工作领导小组及办公室，与党风廉政建设领导小组及办公室合署办公，将党建工作与党风廉政建设统筹谋划部署、统筹推进督导。

【纪检监察】开展“为官不为”“为官乱为”“严肃查处群众身边的不正之风和腐败问题”专项治理工作。组建内部廉政监督员队伍，最大限度地借力监督。牵头组织第四区域监督协作组联席会，与区国税局开展协作交流。全年办理不同形式的转办件30件，自主立案12件。组织全员学习违法违纪案件通报5次，全员签订《遵规守纪承诺书》，编写案例剖析8篇，刊发警示教育专刊14期，观看警示教育录7次，并通过编发节前廉政短信，拍制房产交易警示教育片，组织参观监狱、参加违法案件庭审旁听，进一步强化警示教育力度。

【后勤管理】完成第四税务所国地税联合办税服务厅改造工程、第二税务所搬迁改造，改善纳税人办税服务环境。南部办公区项目建设稳步推进。严格落实公车改革制度，严格人车管理，完成18辆国Ⅰ、Ⅱ公务车辆改造升级。引入第三方，深入开展固定资产清查，加强固定资产管理。严格落实日常巡查巡检制度，及时购置、储备各类防汛物资，保障防汛准备工作到位。积极开展“节能有我，绿色共享”的节能减排活动。荣获2017年度市级“交通安全先进单位”称号。

【税收宣传】加强舆论引导，做好正面宣传，全年共发表各类宣传稿件266件，配合上级部门在中央级媒体开展宣传34次，制作的税收公益广告《税娃系列动漫》获全国税收公益广告动漫类优秀奖。积极适应传媒方式的转变，举办2场手机直播活动。协助市局进行舆情处置10次，有力维护税务队伍形象。

（郝俊强）

丰台区地方税务局

【经济概况】 2017年，丰台区实现地区生产总值1425.8亿元，比上年增长6.5%。全区一般公共预算收入113.1亿元，增长8.1%，其中税收收入102.0亿元，增长10.4%，占全区财政收入的比重为90.1%；一般公共预算支出227.4亿元，增长17.2%。

【概述】 2017年，丰台区地税局累计完成各项税费收入174.71亿元，比上年增收28.58亿元，增长19.56%，圆满完成了2017年各级收入任务目标。不断夯实征管基础工作，联合区国税局加强税源管理，率先在全市范围内开展国地税联合打击虚开增值税普通发票专项行动，共追征税款1.32亿元。积极助力疏解非首都功能，开辟注销登记“绿色通道”，加强对疏解企业税源风险管理，累计查补税款650余万元。积极开展“便民办税春风行动”，大力推行“丰台微税通”服务平台，初步实现了微信取号、大厅等候人数查询等功能，减少办税等候时间。

【地方政府支持税收工作】 丰台区委书记汪先永、区长冀岩对地税部门工作给予肯定并作出多次批示，对丰台区地税局全力组织收入、助力疏解非首都功能给予高度评价。区政府领导高度重视国地税联合办税服务大厅建设，多次到联合办税服务大厅调研工作，倾听基层心声，帮助解决实际困难。

【税收收入情况】 全年累计完成各项税费收入174.71亿元，同口径比上年增长19.56%；累计完成税收收入160.65亿元，增长22.31%，规模居全市地税系统第5位；一般公共预算收入累计完成113.97亿元，增长18.92%，占全市一般公共预算收入的比重为5.00%。

表1 丰台地税收入情况（2017年） 单位：亿元

项　目	本期	增减额（同口径）	比上年增减（%）（同口径）
各项税费收入合计	174.71	28.58	19.56
一般公共预算收入合计	113.97	18.13	18.92
一、税收收入	160.65	29.30	22.31
其中：中央级	58.38	10.18	21.13
1. 改征增值税	2.63	0.11	4.36
2. 企业所得税	39.90	8.97	29.02
3. 个人所得税	53.36	6.10	12.89

续表

项　目	本期	增减额（同口径）	比上年增减（%）（同口径）
4. 资源税	0.02	0.00	24.08
5. 城市维护建设税	11.26	0.50	4.63
6. 房产税	14.60	5.65	63.03
7. 印花税	3.75	-0.06	-1.67
8. 城镇土地使用税	1.63	0.41	34.08
9. 土地增值税	19.67	10.13	106.14
10. 车船税	0.03	0.00	-14.80
11. 耕地占用税	0.26	0.17	208.15
12. 契税	11.63	-4.58	-28.26
13. 其他税收	0.00	0.00	—
二、非税收入	14.06	-0.72	-4.87
1. 教育费附加收入	4.84	0.06	1.29
2. 地方教育附加	3.23	0.04	1.36
3. 外商投资企业土地使用费	0.02	-0.02	-47.32
4. 税务部门罚没收入	0.08	0.00	5.37
5. 残疾人就业保障金	3.53	-1.07	-23.31
6. 工会经费	2.36	0.27	12.82
7. 文化事业建设费	0.00	0.00	—

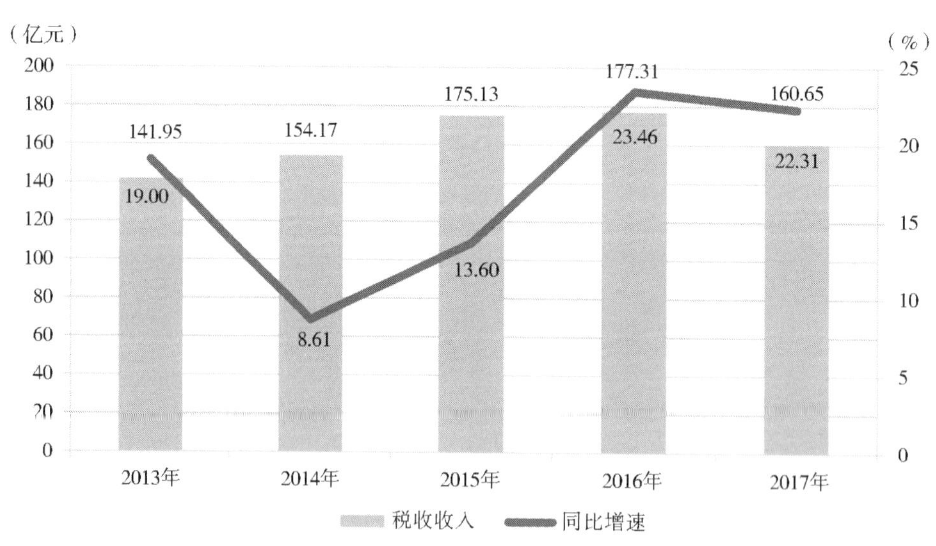

图1　丰台地税税收收入情况（2013—2017年）

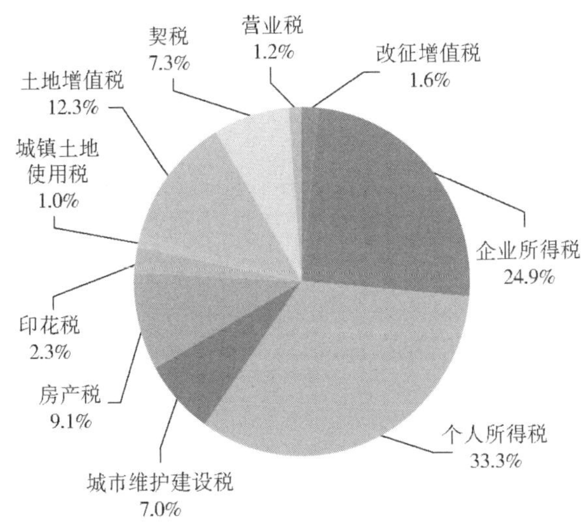

图2　丰台地税税收收入分税种结构（2017年）

【非税收入】全年组织教育费附加、地方教育附加、外商投资企业土地使用费、残疾人就业保障金、工会经费和税务部门罚没收入共计14.06亿元，比上年减收0.72亿元，下降4.87%。

【税收收入特点】2017年，丰台区地税局各项税费收入主要来自个人所得税、企业所得税、土地增值税、房产税和契税，五税种合计完成139.17亿元，占税费总额的79.66%，改变了“营改增”前营业税一家独大的局面，呈现出均衡发展的态势。从行业入库情况看，税收来源前三位的行业分别是房地产业、金融业、科学研究和技术服务业。其中房地产业占有重要地位，全年累计入库各项税费收入45.65亿元，占收入总额的26.13%；金融业与上年排名相同列第2位，累计入库21.67亿元，收入占比为12.4%；科学研究和技术服务业大幅增长，收入由上年的第8位提升至今年的第3位，累计入库15.66亿元，收入占比8.96%，比上年提高1.91个百分点。

【营业税改征增值税情况调研】与西城区地税局联合开展企业“营改增”施政一周年各行业税负增减情况调研报告，从行业成本核算、税率变化、税负变动等方面进行深入分析。撰写《后“营改增”时期做好税收征管工作的思考》，充分探讨“营改增”政策实施后对地税工作的影响，并提出做好后续征管工作的建议与思考。

【税收法治】对11个二级行政执法主体、71个委托代征单位开展执法主体清查。推行行政处罚权力清单，与区国税局共同确权59项。启动法律人才库计划，成立法律志愿者队伍，选拔27名税务干部组建专业法律团队。

【税收政策落实】全面落实税收优惠政策，加强减税新政宣传力度，助力大众创业万众创新。深入开展“1+4+6项”减税政策宣传落实工作，联合区金融办、工商联、行业协会等部门筛选政策对口企业，精准辅导，全程帮扶。全年季度预缴享受企业所得税小型微利优惠政策企业7502户，减免税额共计4291.81万元。季度预缴享受企业所得税高新技术优惠政策企业79户，减免税额共计12494.60万元。

【税种管理】切实做好新开征税种对接工作，会同区环保局、水务局、财政局开展税源摸底、业务衔接、政策培训等各项准备工作。将园博园作为北京市首家环保税宣传教育基地。稳步推进企业所得税汇算清缴申报工作，汇算清缴报告作为范本在全系统进行推广。研究制定契税退税便捷流程，规范个人存量房交易业务窗口岗位设置。认真开展土地增值税项目清算审核，入库税款2.99亿元。加强耕地占用税征管工作，入库税额2570万元，比上年增长达208.15%。

【纳税服务】全面落实免填单服务，实现金税三期系统82种表证单书免填单服务，办税服务厅全年共受理免填单事项6000余件。新增1处24小时自助办税服务点。畅通纳税人投诉渠道，平均办结时限压缩至5个工作日。加强纳税投诉管理，投诉数量同比下降20%。不断推进“银税互动”，以纳税人纳税信用等级为主要参考依据，累计向企业发放30笔贷款，金额共计2.08亿元。加强纳税人学堂建设，联合区国税局开展多次内部外部培训，受众覆盖率90%以上。

【税收征管】深入贯彻落实《北京市深化国税、地税征管体制改革实施方案》，成立改革工作领导小组，制定改革工作实施方案以及4个配套文件，对85个具体事项落实到人、责任到岗，在理顺征管职责、深化国地税合作等7个方面均取得了阶段性成果。积极配合商事制度改革，强化税务登记管理，征管户数超过17万户。推进税源分类分级管理，加强无照经营户、未登记户、非正常户、零申报和小额申报企业管理。加强欠税管理，形成“科所联查、反馈通报”长效机制，对多次催缴仍未入库的6户欠税企业开展局级约谈，共计补缴税款128万元。

【大企业税收服务与管理】提升大企业税收管理层级，建立对话和定期走访机制，开展税企交流座谈，深入实地调研企业生产经营状况，现场解答政策问题。建立重点税源企业大企业微信交流群，实现征期前纳税提醒、征期中答疑互动、征期后政策宣传。联合区国税局打造涉税诉求“绿色通道”，由国地税业务骨干组成专家团队，联合“会诊”企业纳税问题。

【国际税收管理】首次开展辖区房地产企业关联交易情况深度核查，启动反避税工作小组会审机制，实现反避税案件风险管理与信息管理同步进行。加强国际税收管理，约谈、督促在京某著名足球俱乐部负责人履行个人所得税代扣代缴义务，补缴税款及滞纳金281.81万元。

【税务稽查】组织开展调查核实工作，对辖区内11家“三定三限”① 房地产开发企业以及建筑业高风险纳税人开展专项检查。加强涉税检举工作，承办检举案件144件，结案103件，共查补税滞罚合计58.09万元。组织开展积案清理，清理以前年度积案9件。全年共立案17件，完成检查案件41件，调查核实27件，查补税滞罚合计597.93万元，入库合计716.89万元。

【电子税务管理】编制完成《2016税收收入数据解读》。与区国税局交换非正常户信息6万余条次，采集区工商局、投促局、北京丽泽金融商务区管理委员会等多家单位数据11万余条次。加强征管数据质量管理，共开展5次金税三期征管数据清理工作，共修正数据1万余条次。

【政务管理】全年区政府内网收文1206件，机要交换文件78件，市局内网及交换来文454件。全年承办局党组会28次，局长办公会20次，组织协调局内局外各类会议540次。共编发信息900余篇，被市局采用44篇，被市委市政府采用11篇；参与市局信息约稿40篇，被中办国办采用15篇，得到国务院和市政府、市局领导批示7篇次。列入督办事项52项，办结率100%。受理政府信息公开申请13件，主动公开信息358条。圆满完成档案测评工作，被授予“北京市区机关档案工作测评市级优秀单位”荣誉称号。

【绩效管理】完善制度指标体系，取消信息、总结、报告等文字材料的15项考核指标。突出过程管控，设计《丰台地税局2017年绩效日历》，制作《指标得分排名情况分布图》。加强绩效培训，全年组织各类型培训共8类9场次。强化督导督促，实行“单位主要负责人按季督导、主管绩效工作的局领导按月例会、双向对流式分级推进、分阶段部署反馈绩效任务”的绩效督导模式。强化结果运用，严格将绩效考评结果作为干部选拔、评先评优的重要标准。

【财务管理】立足本职、服务大局，科学筹

① “三定三限”是指定供应对象、定销售价格、定套型面积，限定销售价格、限定套型面积、限定建设标准。

划，完善内部控制制度。逐步搭建起一套以财务管理制度为主干，以财务预算管理办法、固定资产管理暂行办法、政府采购实施办法、财务信息化系统管理规程、现金管理办法等制度为分支，依托信息化管理系统为支撑的财务管理体系框架，使全局的财务管理工作更加严谨、规范。

【政府采购】履行政府采购程序72批次，采购金额1126.92万元。其中：协议供货货物类30批次，金额277.06万元；定点服务类42批次，金额849.86万元。

【人事管理】选拔任用正科级领导干部5名、副科级领导干部9名，选拔一批优秀年轻干部充实到科级领导岗位。晋升科级非领导职务17名，交流轮岗中层领导13人、一般干部44人，免去科级领导职务1人。新录用公务员16人，接收军转干部10人，退休20人。做好内设机构设置调整工作，撤销科技信息科，成立机关党委（党建工作科）。

【教育培训】与区国税局积极开展教育培训工作深度合作，举办两期办税服务厅窗口人员培训班。组织开展两期科级领导干部及税务干部全员培训，结合2017年岗位大练兵内容，分类授课，分班学习，增强了中层履职能力，提升了干部综合素质。

【执法督察与内部审计】认真开展税收执法大督察工作，对2015年享受小型微利企业优惠政策落实情况抽查453户，高新技术企业抽查44户，研发费加计扣除企业抽查23户，稽查案卷抽查103件，代开发票留存资料抽查45份。以本局重点工作为主线，突出规范执法，侧重对土地增值税征收管理、房地产行业税收管理、金融行业税收管理等情况开展日常执法督察。

【党建工作】全面学习宣传贯彻党的十九大精神，组织全局党员干部收看党的十九大直播。组织党组中心组专题学习5次、交流研讨1次。邀请党的十九大代表韩青和区委党校老师进行专题辅导和解读。在各办公区设置宣传专栏，在内网平台、内部刊物、局外网设置学习专栏。不断夯实基层党支部建设，成立党建工作科，制定《党建工作制度汇编》，按季度组织联合检查。选取5个党支部作为试点，在试点党支部开展“三个一”[①] 活动。严格落实“三会一课”制度，深入推进“两学一做”学习教育常态化制度化，切实加强政治理论学习的计划性，不定期抽查支部学习情况。

【纪检监察】制定《2017年北京市丰台区地方税务局党组党风廉政建设主体责任任务分工表》，落实党风廉政建设主体责任全程纪实工作。制定《2017年北京市丰台区地方税务局落实党风廉政建设监督责任重点工作任务》，确定16项工作重点，抓好科所级领导干部“一岗双责”的落实。建立廉政提醒常态化、约谈函询常态化、监督检查常态化、警示教育常态化，筑牢了全面从严治党的第一道防线。

【后勤管理】构建安全管理长效机制，落实痕迹化巡查检查制度，对各楼层安全设备进行台账式登记管理。全员签订交通安全责任书，加强公务用车使用管理。改善办公硬件环境，对局机关办公楼和长辛店办公区办公楼进行防水维修、对局机关办公楼进行墙体维修。落实节能减排措施，主管局领导和各单位负责人签订厉行节约责任书，打造节约型、廉洁型机关。

【税收宣传】以贴近纳税人和社会热点为出发点，紧密结合深化国地税合作、疏解整治促提升等市区重点工作，深入挖掘征管体制改革、推

---

① “三个一”是指组织一次专题学习、浏览一次长城网、开展一次讨论。

进税收现代化过程中的生动素材，对外发稿118篇，对内发稿62篇。创新开展新媒体宣传，充分借助北京地税官方微博、今日头条平台刊发宣传信息，发稿41篇。不断扩大宣传覆盖面，完成4次映客直播，制作完成两则税收公益广告，获得全国税收公益广告作品征集活动动漫类优秀作品三类奖。

【税收科研】 加强对内投稿力度，在《调查与研究》上刊发7次，《北京地税》上刊发5次。拓展调研对外发刊渠道，在《中国税务报》刊发2次，在《中国财经报》刊发3次。提高精品调研成果的利用率，获得市局、区委、区政府领导肯定性批示5次。积极参加征文活动，在北京税收法制建设研究会2017年征文评比中分别荣获一、三等奖。

（尹佳奇）

石景山区地方税务局

【经济概况】 2017年，石景山区实现地区生产总值534亿元，比上年增长7.2%。全区一般公共预算收入118亿元，增长2%，其中税收收入105.7亿元，占全区一般公共预算收入的89.6%；一般公共预算支出98.7亿元，增长0.7%。

【概述】 2017年，石景山区地方税务局（以下简称石景山局）在以组织收入为中心，以推进税收现代化为重点，积极发挥税收职能作用，各项税收工作稳步推进。获省部级领导肯定性批示6次，省部级以上荣誉3项，收入核算科被表彰为国家级巾帼文明岗，首钢税务所获得北京市青年文明号称号，郭德生获评全国税务系统先进工作者。

【地方政府支持税收工作】 石景山区委、区政府重视税收工作，常务副区长田利跃多次到地税调研。石景山局主动参与区域拆违治乱等非首都功能疏解工作，先后有5名干部被评为先进个人，石景山区委专门发来感谢信。被评为社会治安综合治理（平安建设）工作优秀单位，市政法委书记张延昆在石景山局调研时给予充分肯定。与区发改委、财政局等多个部门签订《数据共享协议》，2017年实现涉税数据互通共用136批次、1210万条。

【税收收入情况】 全年累计完成各项税费收入98.4亿元，同比增长14.7%；累计完成税收收入90.1亿元，增长15.5%，规模居全市地税系统第11位；一般公共预算收入累计完成55.2亿元，增长8.6%，占全市一般公共预算收入的比重为2.4%。

表1　　石景山地税收入情况（2017年）　　单位：万元

项　目	本期	增减额（同口径）	比上年增减（%）（同口径）
各项税费收入	984461	126512	14.7
地方公共财政预算收入	551563	43745	8.6
一、税收收入	901493	120179	15.5

续表

项　目	本期	增减额（同口径）	比上年增减（%）（同口径）
其中：中央级	416532	81380	24. 3
1. 改征增值税	7258	2187	43. 1
2. 企业所得税	274598	92016	50. 4
3. 个人所得税	396304	25153	6. 8
4. 资源税	16	8	100. 0
5. 城市维护建设税	64849	6934	12. 0
6. 房产税	40179	11112	38. 2
7. 印花税	19109	4912	34. 6
8. 城镇土地使用税	6084	-1137	-15. 7
9. 土地增值税	50817	-8930	-14. 9
10. 车船税	221	143	183. 3
11. 耕地占用税	313	144	85. 2
12. 契税	35487	-12363	-25. 8
13. 营业税	6258	-229129	-97. 3
二、非税收入	82968	15	0. 0
1. 教育费附加收入	27576	2854	11. 5
2. 地方教育附加	18379	1903	11. 6
3. 外商投资企业土地使用费	666	-90	-11. 9
4. 文化事业建设费收入	25	-35	-58. 3
5. 税务部门罚没收入	137	91	197. 8
6. 残疾人就业保障金	19844	-6070	-23. 4
7. 工会经费	16341	1362	9. 1

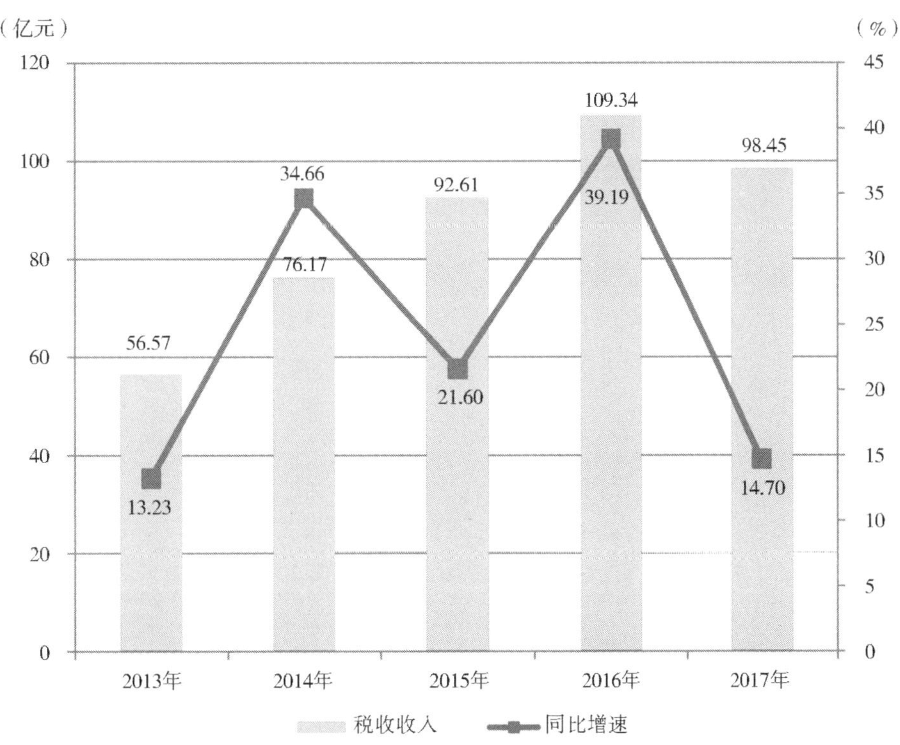

图1　石景山地税税收收入情况（2013—2017年）

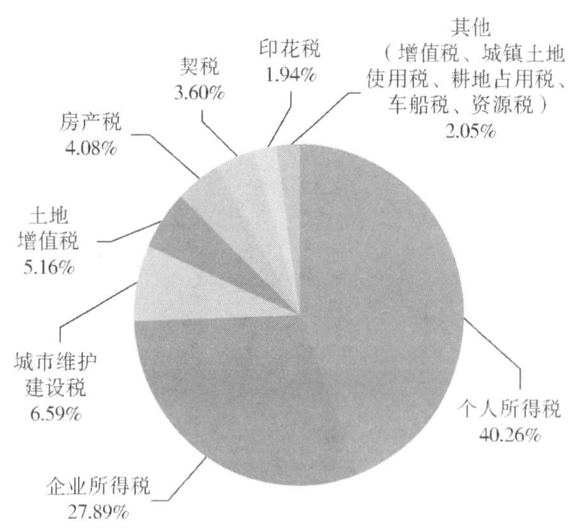

图2　石景山地税税收收入分税种结构（2017 年）

【非税收入】 组织教育费附加、地方教育附加、文化事业建设费、外商投资企业土地使用费、残疾人就业保障金、工会经费和税务部门罚没收入等非税收入共计 82968 万元，较上年基本持平。

【税收收入特点】 按行业划分，房地产业税收完成 28.3 亿元，比上年增长 7.5%，占比为 28.7%；金融业、科技服务业、商务服务业和居民服务业合计完成 42.4 亿元，占比为 43.1%。按税种划分，个人所得税完成 39.6 亿元，增长 6.8%，占比为 40.3%；企业所得税完成 27.5 亿元，增长 50.4%，占比为 27.9%；财产和行为税共完成 26.4 亿元，增长 2.1%，占比为 26.8%。非首都功能疏解相关产业税收规模下降，建筑业下降 26.1%，纺织服装等一般制造业下降 14.3%。全年共减免各项税费 44.6 亿元。

【税收法治】 构建法制部门与外聘专业律师相结合的法律支持机制，全年审核各类经济合同 28 份，提供法律反馈书面意见 20 份。多次与区法院、检察院、司法局进行交流研讨，参与区党风廉政建设执法阳光监管工作。联合区国税局、公安分局共建税警联合机制，设立警务联络室，有序开展行刑衔接工作，及时移送涉税违法案件，成功阻止偷税犯罪嫌疑人离京，追缴所欠税款、滞纳金及罚款共计 136 万元。

【税收政策落实】 落实小微企业政策、个人所得税政策等税收优惠政策，对区级重点企业组织召开 5 场专场培训会。印制《小微企业税收优惠政策宣传手册》《2016 年度企业所得税汇算清缴操作指南》和《养老机构税收优惠政策汇编》。协调解决首钢集团、区属农工商公司、区自来水公司等在搬迁改制过程中涉及的税收问题，有力地支持了企业的转型升级。共有 151 户次企业享受到高新技术、软件企业、研发费加计扣除等优惠，减免企业所得税 46229 万元。

【税种管理】 研发个人股权转让系统，于 2017 年 7 月 1 日正式上线并推广到朝阳、怀柔、房山等区局使用。股权转让办理事项进行工商变更前置和进厅统一办理，全年共办理 1762 笔，缴纳个人所得税 30431.36 万元。研发房产税、城镇土地使用税风险识别系统，查补税款及滞纳金 2600 余万元。严格落实房产税、城镇土地使用税属地征收政策，核实比对房产、土地跨区税源信息。制定环保税、水资源税试点征收工作方案，与区财政局、环保局、水务局建立长效协作机制，开展数据交换，摸清税源底数，派遣人员到环保局学习实践，走访相关重点企业，深入开展环保税税源分析，形成近 7 万字的调研文集，得到上级领导的肯定性批示。做好部分非税收入的承接管理。

【纳税服务】 制作《掌上搞定个税查询》《国务院 6 项减税政策，你知道吗?》税收微动漫和 H5 宣传资料。与区国税局、金融办联合举办“石景山区纳税信用 3 连 A 企业颁证仪式暨 2017 年税银企金融服务平台专场活动”，为“3 连 A”企业提供 VIP 服务，全年通过平台获得信贷支持的企业28户，信贷发放总额11328万元，受到文献区长肯定。通过外网及时更新发布信息1525条。及时处理纳税人合理纳税服务投诉，全年有效化解61件。组织10场政策辅导培训会为1000多家企业讲解税收政策。制定《2022年冬季奥运会税务服务工作方案》，建立涉奥服务工作机制，提供绿色办税通道，联合区国税局为冬奥组委会提供上门服务。国地税办税大厅互设窗口，互设自助办税设备，方便纳税人。筹备国地税联办大厅相关事宜。

【税收征管】与区国税局继续数据交换共享，进行数据比对，发现82户纳税人存在疑点，转入风控管理；每月交换非正常户纳税人信息，联合开展非正常户核实，限制使用发票和解除处理。制定《石景山区国、地税欠税管理办法》，联合对216名欠税人进行欠税公告，开展欠税清缴。成立转变税收征管方式领导小组，对3651户纳税人主管税务所进行调整，初步实现税源专业化集中管理。加强风控管理，影视行业专案历时一年查补税款1096万元，成为全市影视行业涉税风险应对第一个查补案例；“某企业特别纳税调整”项目调整入库税款及利息493万元，成为全市第一个全流程执行金税三期系统立案、调整、约谈到结案的特别纳税调整案；全年累计完成风险管理收入1.79亿元，风险管理绩效考核总分系统排名第1。截至2017年底，税源登记户达到52370户。

【大企业税收服务与管理】组建大企业专业化工作团队，进行个性化、专业化的服务、管理和风险应对工作。定期分析辖区内大企业经营发展趋势及企业内控机制建设，及时回应物美控股集团公司、丽贝亚集团等大企业涉税诉求，帮助企业降低税收政策执行风险。

【国际税收管理】全年推送“外籍个人八项补贴核查”“服贸对外支付核查”等8个风险核查后续管理项目，发现外籍人存量房交易背后的阴阳合同案等多项风险管理线索。更新33户“走出去”企业清册，走访“走出去”企业5家，开具《中国居民身份证明》7份。

【税务稽查】推进稽查体制改革，撤销稽查局，成立第四、第五税务所。税务违法案件举报事项有序开展，共受理涉税违法举报案件40件，结案31件，查补入库税费、滞纳金、罚款合计100.66万元。

【电子税务管理】以完善、落实“四防”安全保障体系为重点，将检查工作常态化，保障信息安全。做好日常管理和服务工作，为税收工作的开展提供有力保障。搭建FTP服务器，保证国地税共享数据的及时安全传输。

【政务管理】共起草各类综合性文稿31篇，协调保障各类会议、活动190余次，发布各类通知182次，发文262件，收文698件，归档各类文书档案347件，未出现差错。及时有效处理信访类事件3起。发布主动公开信息339条，被市局刊物采纳69篇，其中信息专报《税务部门积极发挥职能作用助力冬奥会筹办》得到副市长张建东肯定性批示。

【绩效管理】在各项考评指标的细化、量化中，突出对工作进度的跟踪及对工作完成情况的督促检查。严格按照减负相关要求调整涉及的指标，尽最大努力为基层减轻负担。在2017年北京地税系统绩效考评中进入一段，在全市16个区县局中排名第4位。

【财务管理】完善修订大额资金管理使用制度。完成资产清查，配合会计师事务所进行审计。开展三代手续费、大额资金使用和招投标等专项检查。启动财务内部控制规范工作。完成石景山区地方税务学会资产处置工作。

【政府采购】完成采购项目31项，采购金额93.1万元。包括：协议供货管理28项，金额73.57万元；公开招标定点采购1项，金额4.38万元；车辆定点服务2项，金额15.15万元。

【人事管理】结合稽查体制改革分批完成80余名干部轮岗交流工作，提拔任用6名科级领导干部，向国有企业推荐交流副处级干部1名，9名干部临近退休提任处级和科级非领导职务。积极推进数字人事系统试点工作，截至2017年底，完成工作纪实25394条、推送工作任务1535条、自拟工作任务579条、领导评鉴1220条和干部自评348条。

【教育培训】举办各类培训班32期，培训4912人次。与通州局、昌平局联合举办科级领导干部培训班。创新开展纳税服务岗现场竞技活动。举办“税收青训营”周年庆等系列活动，先后多次得到上级领导肯定性批示，分别在系统团委和团市委进行典型经验交流，与总局教育中心等单位联合开展《习近平七年知青岁月》十九大读书会等活动。

【执法督察与内部审计】开展专项监督检查及日常税收执法督察工作，共抽取检查案卷资料888卷（份），发现问题7个，涉及41卷，进行了认真整改。开展税收执法大督察，发现问题6户次，全部整改完毕。委托中介机构审计2016年二手房交易全年案卷，找出风险点，及时整改。调取基层税务所案卷20份开展案卷评查，查找不足进行规范，有效提高行政处罚案卷制作水平。

【党建工作】石景山局党组把党建统领作为全面从严治党首要政治任务，始终把落实党建工作的主体责任放在首位。党组会议事进一步规范，认真开展会前集体学习，定期听取基层税务所党建情况汇报。条块结合、主动作为的做法，得到上级领导的肯定性批示。深入学习贯彻党的十九大报告和习近平总书记系列重要讲话特别是两次视察北京重要讲话精神，党组书记、支部书记讲党课，组织“政治生日”“公益之星”等活动，编印《理论学习口袋书》。“写给新时代的一封信”及“我和你的五年　说出你的故事”等系列征文活动，被团区委、市局党建公众号连续推送，团总支被评为石景山区优秀基层团组织，并被推荐参加“北京市五四红旗团支部”评选。制定《全面从严治党新形势下进一步加强党建工作的实施办法》，配发《税务系统基层党组织工作规范》，规范“三会一课”制度落实，统一税务所办公场所标牌等标识元素。建成“党建工作活动室”等“五小室”，创设“党建园地”看板，设立“党员先锋岗”。

【纪检监察】局班子坚决落实中央八项规定，认真执行“三重一大”制度，监察科全程参加党组会履行监督责任，组织5次纪律作风联合检查，向纳税人发出《税收执法大督察廉政调查表》，组织特约监察员开展综合满意度调查。纪法结合工作不断拓展，受到上级领导的肯定和鼓励，成为代表石景山区向北京市申报的2个法治政府建设示范项目之一。成立两个巡察小组，对两个税务所进行实地督察检查，进一步提升了被巡察单位党建工作水平，促进了党风廉政建设工作的有效落实，实现了对税收执法权的再监督。

【后勤管理】制定《北京市石景山区地方税务局公务用车使用管理办法（试行）》，做好“车改”后交通安全管理工作。制定《机关食堂用餐管理办法》，3个食堂设立用餐收费刷卡系统。改造完成南办公楼阅览室，更换局办公楼木门。2017年，被授予“区级交通安全先进单位”。

【税收宣传】开展“归国共圆创业梦　税收伴您梦想成”主题宣传沙龙活动，《首家警务联络室合力协税护税》《从税收视角　纵观石景山区“全面深度转型 高端绿色发展”之路》《北京石景山地税局成功办理首例享受协定待遇退税程序》等多篇稿件在《中国税务报》、中国税务杂志、《中国财经报》等主流媒体刊载。联合第二稽查局、丰台局制作推出漫画税收课堂系列栏目——“漫画说税”。2017 年，组织编辑刊发稿件 113 篇，比上年增加 27 篇，稿件报送率、刊登率均大幅提升。

【税收科研】完善调研工作机制，成立由业务骨干组成的调研团队，充分发挥绩效考核的激励作用。在区级以上刊物刊发调研文章 20 篇，被市局刊登 9 篇，在系统内名列前茅。被市局研究室推荐参评国家税收科研调研基地。

【税务文化】开展“我身边榜样”推选表彰活动，推选具有“崇德向善，奋发向上”精神的身边人。深入开展各类创建活动，组织做好“青年志愿服务活动”“一助一”帮扶和军民共建活动。依托劳模平台，打造“张苏明创新工作室”，被区总工会正式授牌。

（李新文）

门头沟区地方税务局

【经济概况】门头沟区地处北京西部山区，总面积 1455 平方千米。2017 年，门头沟区紧紧围绕区域功能定位，以建设现代化生态新区为总体目标，主动融入优化提升首都功能的大局。全年实现地区生产总值 174.5 亿元，按不变价计算比上年增长 7%。其中：第一产业增加值 1.1 亿元，增长 18.1%；第二产业增加值 81.4 亿元，比上年增长 7.9%；第三产业增加值 92 亿元，增加 6%。公共财政预算收入 29.6 亿元，增长 6.6%；全社会固定资产投资完成 380.2 亿元，增长 12.4%；社会消费品零售额 65.9 亿元，增长 6.8%。

【概述】深入学习贯彻党的十九大精神，全面增强“四个意识”，按照“稳定收入增长、深化征管改革、转变管理方式，调整队伍结构、提升综合能力”的工作思路，创新工作举措，强化使命担当，全局各项工作取得明显成效。

【地方政府支持税收工作】区委、区政府、人大及政协领导多次到门头沟地税局调研，对《区地税局山区税收征管模式改革见成效》《关于“3·17”系列房地产新政对门头沟区税收收入影响的情况报告》等多份材料作出肯定批示。与区委组织部建立干部挂职锻炼机制，第三批两名干部到区人力资源和社会保障局、区采空棚户区改造建设中心挂职锻炼，有效加强了与区属单位的沟通交流。

【税收收入情况】全年累计组织各项税费收入 41.09 亿元，比上年增收 7.45 亿元，同比增长 22.1%。其中：地方公共财政预算收入 24.74 亿元，增收 2.73 亿元，增长 12.4%，完成市地税局年度任务 24.6 亿元的 100.6%。区级地方公共财政预算收入（含代征车船税）11.00 亿元，同口径比上年增收 0.67 亿元，增长 6.5%，占区财政收入的 37.1%。

表1　门头沟地税收入情况（2017年）　单位：万元

项　目	本期	增减额（同口径）	比上年增减（%）（同口径）
各项税费收入	410896	74469	22.1
市局地方公共预算收入	247448	27267	12.4
区级地方公共预算收入	110042	6705	6.5
一、税收收入	378257	75075	24.8
1. 改征增值税	1990	125	6.7
2. 企业所得税	167903	53749	47.1
3. 个人所得税	86964	21164	32.2
4. 资源税	2152	266	14.1
5. 城市维护建设税	25476	327	1.3
6. 房产税	10262	1630	18.9
7. 印花税	5814	-336	-5.5
8. 城镇土地使用税	1300	-441	-25.3
9. 土地增值税	46524	-18094	-28.0
10. 车船税	137	116	552.4
11. 耕地占用税	2325	2188	1597.1
12. 契税	24951	11922	91.5
13. 营业税	2459	2459	—
二、非税收入	32639	-606	-1.8
1. 教育费附加	11241	103	0.9
2. 地方教育附加	7495	137	1.9
3. 外商土地使用费	14	-6	-30.0
4. 文化事业建设费	—	-1	-100.0
5. 税务其他罚没收入	84	27	47.4
6. 残疾人就业保障金收入	6600	-1649	-20.0
7. 工会经费	7205	781	12.2

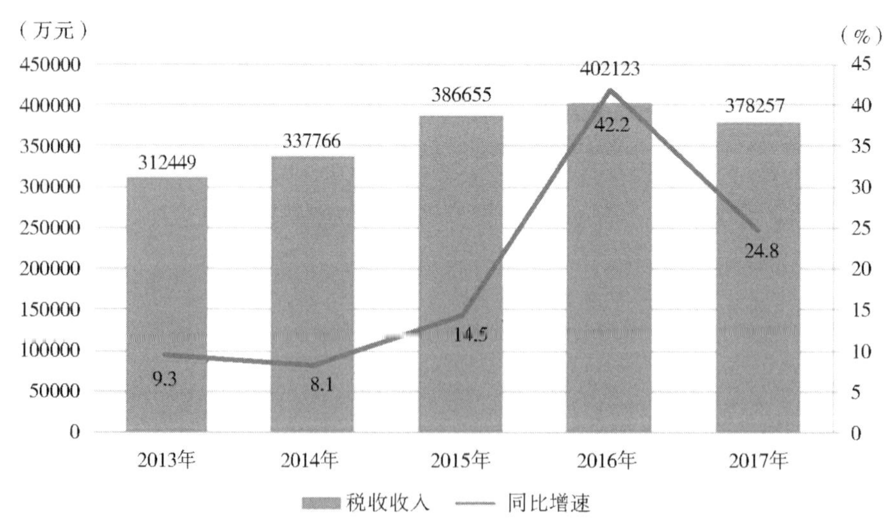

图1　门头沟地税税收收入情况（2013—2017年）

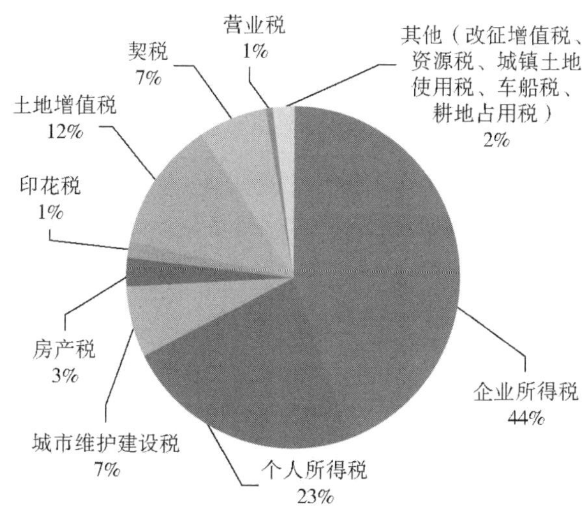

图2 门头沟地税税收收入分税种结构（2017年）

【非税收入】 全年组织非税收入32639万元，比上年减收606万元，下降1.8%。其中：工会经费4205万元，教育费附加11241万元，地方教育附加7495万元，残疾人就业保障金6600万元，外商投资企业土地使用费14万元，税务其他罚没收入84万元。

【税收收入特点】 虽然受"3·17"房地产调控新政影响明显，房地产业依然是2017年增收贡献率最大的行业，共入库22.52亿元，同口径比上年增收5.08亿元，增长29%，占总收入的55%，增收贡献率达到68%。经济结构转型进一步取得成效，现代服务业税收增长强劲。租赁和商务服务业同口径增长25%，增加7767万元，成为增收贡献第二大行业。科学研究和技术服务业同口径增长69%，增收贡献率第三。居民服务业同口径增长12%，保持多年增收态势。第二产业各行业全部实现增收，第一产业增速最快。

【税收法治】 以法治示范基地建设为依托，提升依法行政工作水平。发挥法治保障作用，依托内、外部法律顾问，认真做好各类征求意见答复、合同审查等工作。深入推进简政放权和"放管服"改革，增强执法监督和问责，规范基层执法行为。

【税收政策落实】 税收优惠在促进经济增长、产业升级、就业创业等方面的作用越来越突出，门头沟局把严格落实各项税收优惠政策，作为有效激发企业活力的当务之急。企业所得税汇算清缴工作中享受小型微利优惠政策的企业共有3012户，减免税额1193.14万元，比上年增加230.59万元；享受高新企业优惠政策的企业有30户，减免税额6777.28万元；享受研发费用加计扣除16户数，加计扣除额13841.56万元，比上年增加3815.76万元。

【税种管理】 为进一步规范区局金税三期系统补录个人所得税明细申报工作，有效防范税收执法风险，下发《关于加强个人所得税受理申报相关工作的通知》。在学习市局股权转让规程的基础上，制定《门头沟区地方税务局股权转让个人所得税工作规程（试行）》。区局2017年共受理股权转让所得申报1952件，比上年增加826件；累计入库个人所得税7284.27万元，增加1827.37万元，增长33.49%。个人股权转让涉税问题从源头得到有效控管，确保了股权转让所得个人所得税政策在全局贯彻落实。采取政府招标采购服务的方式，引入第三方中介机构，与5家税务师事务所签订服务协议。

【纳税服务】 联合区国税局共建"纳税人学堂"，实现税户共管、培训同做、资源共享，开展联合培训14次，培训3800余人次。认真落实"互联网+税务"部署，积极推进税收工作信息化建设，不断提升网上办税和自助办税覆盖面、使用率和操作性。推进网上办税为主、自助和其他办税为辅、实体办税服务厅兜底的办税模式，加大同城通办力度，合理协调共享资源。深入落实"门头沟税务服务小微企业的15条新举措"，确保优惠政策"落地生花"。不断拓展"银税互动”诚信激励举措，联合区内银行，累计为小微企业贷款7400余万元，帮助诚信纳税企业享受到“真金白银”的实惠。

【税收征管】调整山区税务所设置，强化异地经营企业的日常管理和检查，变日常管理模式为征期上山服务、非征期预约服务的管理方式，降低税收行政成本。强化风险防控管理，建立纳税约谈室，成立风险防控管理小组。按照风险贡献率计算完成任务户次593户次，检查补税及滞纳金合计6347.40万元。其中有问题584户次，有问题率达到98.97%。以联席会、交流会的形式加强与区工商、质监和国税的沟通协调，及时掌握本区相关单位“三证合一”执行情况，共同推进“三证合一”登记制度改革。

【大企业税收服务与管理】成立大企业所——第四税务所，将近3年年纳税额稳定在50万元以上的非房地产和建筑业纳税户进行集中管理，探索实施业务清单、业务标准、业务流转方式、运行程序、风险控制节点等业务要素和内控要素的统一。建立分户管理台账，对占本局收入80%以上的企业进行分户管理，做到“抓住户，管住数”。为大企业提供个性化政策支持与服务，党组班子成员带头走访区内重点企业30户，现场解决涉税问题50余条。

【国际税收管理】积极开展区内常设机构和外籍个人八项补贴风险核查工作，按季做好服务贸易等项目对外支付税务备案后续管理工作，完成关联申报数据审核，确定反避税企业核查名单。向市局报送自动情报62份，情报信息涉及美国、加拿大、澳大利亚、英国等多个国家，涵盖特许权使用费、营业利润及财产受益等所得类型。完成“走出去”企业清册工作，对区内“走出去”企业涉及的企业性质、行业类型、境外投资、参股方式等指标进行数据收集，联合区国税局召开“走出去”企业座谈会，进行纳税辅导并提示涉税风险。

【税务稽查】立案实施检查6户，上年结转20户，查结22户，另有4户进行中止检查的处理。全年累计查补税款163.27万元，滞纳金658.84万元，罚款2.66万元，合计824.77万元。查补税款全额入库，全年定性为偷税的案件有2件。完成市局部署的“3·21”“3·24”发票专案的8户调查核实工作，共计查补税款25.94万元，滞纳金5.80万元。追缴历史遗留案件欠税23.18万元、滞纳金0.73万元。全年累计组织收入880.42万元。

【电子税务管理】加强网络安全建设，结合北京互联地税局平台软件的运行，对全局电脑进行保密抽查，以涉密计算机和涉密移动存储介质违规外联为检查重点，积极做好各项安全防护工作。

【政务管理】积极发挥信息服务、领导决策的作用，不断加强政务管理。2017年，制发公文123件，处理市、区来文701件，办理其他通知事项844件，归档签报33件，未出现差错，完成政府信息公开300条，处理3起依申请公开事项。

【绩效管理】建立绩效工作领导小组，成立绩效办，按月度、季度和年度不同考核时间分类进行考核。以实施战略绩效管理为导向，突出党建工作和业务工作的考核比重，以基本实现税收现代化为目标，科学设置考评指标、优化考评方式，落实各项重点工作，调动各部门积极性，全力助推税收现代化建设稳步发展。

【财务管理】修订完善《日常经费报销管理办法》《公务接待管理办法》和《预算管理办法》，加大经费支出审核力度，夯实会计基础工作。严格落实中央八项规定，不断加大资金使用的审核把关力度，不断完善内控建设，严格执行政府采购、财政评审、合同审核管理等相关工作要求，从源头上把好财务关。

【政府采购】 严格执行区财政局政府采购相关管理规定，按照政府采购流程、目录及标准执行政府采购，提高政府采购工作质量和效率。按照当年度《政府采购集中采购目录及标准》，对属于政府采购目录范围以内的支出事项，均通过区财政局政府采购管理信息系统完成立项、审批、备案等手续。

【人事管理】 开展局内交流轮岗工作，共计轮岗交流干部41名，其中科级领导干部8人。严格按照《干部选拔任用工作条例》开展干部选拔任用工作，晋升干部9名。认真落实《选派优秀干部到区属单位挂职锻炼的三年规划及实施方案》，统筹规划局内科级干部到区属单位挂职锻炼工作。根据市局机构改革，撤销信息科，成立机关党委（党建工作科）。完成人事系统信息维护，推动数字人事系统上线。

【教育培训】 制定教育培训计划表，共包含了4大类38个项目，涉及11个科室，完成率达到100%；完成干部教育网的在线学习工作，平均总学时82.17；组织党的基本理论和党性教育的专题培训、专门业务培训、地税讲坛、岗前培训等，提高了干部适应税收工作新形势新任务的能力。加强资源共享，增强培训开放性。2017年7月，同顺义等5个单位联合组织开展科级领导干部培训，联合举办培训班，共享教育培训资源和培训成果，促进各局干部之间的横向交流。运用督学促学手段，全局8名干部全员通过系统执法资格考试，通过率全市并列第1，高于税务系统平均通过率，受到市局的通报表扬。

【执法督察与内部审计】 对2017年市局专项督察中存在退税、股权转让、涉税证明、“三代”手续费等12项问题进行整改。根据市局的工作部署和要求，在全局范围内对税收征管重点环节项目进行税收执法大督察和日常督察。共对17个项目进行检查，查阅纸质案卷6800余份，比对系统后台数据9500余户次，下发疑点数据138个，发放调查问卷100份，发现各类问题55个，涉及纳税人67户次，涉及税款0.1万元，完成执法文书14份，制定和完善规章制度7项。发现的问题对账销号，进行彻底整改。按照市局要求，市局对公务用车进行专项治理自查工作。通过自查，发现问题3个并全部完成整改。对大额资金使用管理情况进行全面检查，未发现违规使用大额资金情况。

【党建活动】 开展党的十九大精神集中学习月活动，组织党支部书记和党员干部参观“砥砺奋进的五年”大型成就展。不断深化“两学一做”学习教育，创新学习载体，深化学习内容，拓展学习领域，学习效果得到积极转化。紧扣教育为先、制度防控和监督保障重点环节，推进主体责任有效落实。对各党支部实施绩效考核，制定科学明细的考核标准，实施公平公正考评，支部规范化建设水平进一步提升。

【纪检监察】 强化责任落实，推进党风廉政建设，认真履行“一岗双责”。坚决落实中央八项规定精神，严肃查处“四风”问题。扎实开展“公车私用、公卡私用”专项检查工作。加强与区国税局合作，搭建国地税联合开展纪检监察工作平台，积极探索监督执纪新形式。

【后勤管理】 进一步规范公务用车、公务用房、公务接待和基建管理等各项规定。对全局的固定资产进行全面的清查，完成稽查局办公区的拆迁、租赁等工作。根据季节变换和职工反馈意见制定食谱，不断调整和改进饮食结构，受到干部职工的普遍好评。

（曹玉倩）

通州区地方税务局

【经济概况】2017 年，通州区实现地区生产总值 758.1 亿元，比上年增长 8.1%。一般公共预算收入 79.23 亿元，增加 2.72 亿元，增长 3.6%。其中，国税完成 33.57 亿元，增长 21.5%；地税完成 40.65 亿元，减少 6.6%；财政完成 5.01 亿元，减少 6.1%。税收收入占全区财政收入的比重为 93.68%。一般公共预算支出 423.23 亿元，增长 3%。

【概述】2017 年，在市局和区委、区政府的坚强领导下，坚持依法组收原则，圆满完成三级收入目标。认真落实全面从严治党“两个责任”，深入学习贯彻党的十九大精神，积极发挥税收服务城市副中心建设职能作用，在系统绩效考评中名列区局第 4 名，在区综治考核中名列前茅，获得国家税务总局和市、区主要领导肯定性批示 29 次，获得省级以上荣誉 5 项、通报表彰 20 项。

【地方政府支持税收工作】2017 年，地方政府对地税工作给予了高度重视与肯定，区委、区政府、区人大及政协领导多次到通州局指导调研，并对多项工作给予了肯定性的批示。区委书记杨斌对《关于全面支持北京城市副中心建设的报告》批示：“国地税密切合作，调研很有分量，从财税体制和产业布局等方面为副中心经济持续健康发展出谋划策。望两局再接再厉，为副中心发展做出更大贡献。”

【税收收入情况】2017 年，完成各项税费收入 134.14 亿元，比上年增长 38.25%，其中地方公共财政预算收入 92.79 亿元，增长 31.7%；区级公共财政预算收入 40.65 亿元，同口径增长 35.59%。

表 1　　通州地税收入情况（2017 年）　　单位：亿元

项　目	本期	增减额（同口径）	比上年增减（%）（同口径）
各项税费收入	134.14	37.12	38.25
地方公共财政预算收入	92.79	22.34	31.70
一、税收收入	123.94	38.24	44.61
其中：中央级	39.56	14.51	57.95
1. 改征增值税	2.11	0.80	—
2. 企业所得税	39.96	19.04	91.02
3. 个人所得税	22.96	3.13	15.80

续表

项　目	本期	增减额（同口径）	比上年增减（%）（同口径）
4. 资源税	0.02	0.01	90.80
5. 城市维护建设税	6.90	-0.16	-2.30
6. 房产税	5.86	1.48	33.85
7. 印花税	2.01	0.04	1.82
8. 城镇土地使用税	0.76	0.05	7.19
9. 土地增值税	29.91	12.82	75.00
10. 车船税	0.02	-0.01	-21.20
11. 耕地占用税	0.16	-0.32	-66.47
12. 契税	12.61	0.70	5.84
二、非税收入	10.19	-1.12	-9.91
1. 教育费附加收入	4.20	-0.08	-1.90
2. 地方教育附加	2.80	-0.05	-1.80
3. 外商投资企业土地使用费	0.02	-0.01	-31.25
4. 税务部门罚没收入	0.03	0.02	321.92
5. 残疾人就业保障金	1.36	-1.27	-48.28
6. 工会经费	1.78	0.27	17.57

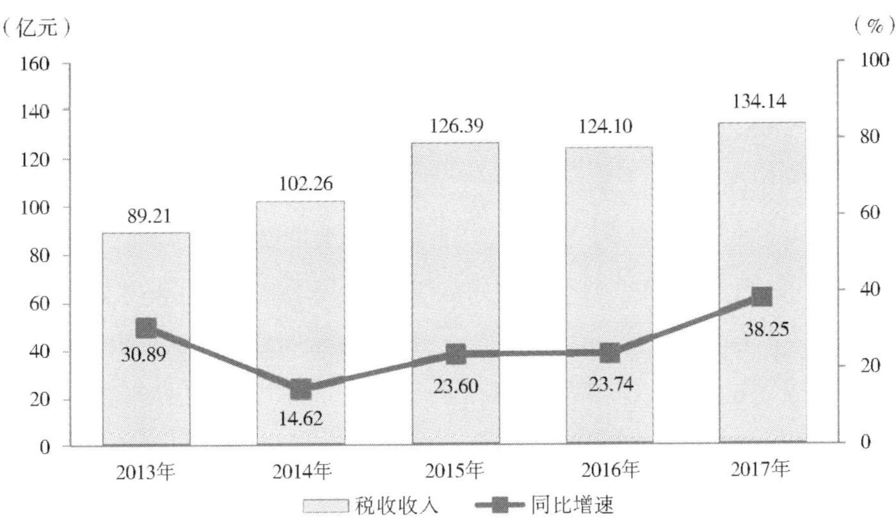

图1　通州地税税收收入情况（2013—2017年）

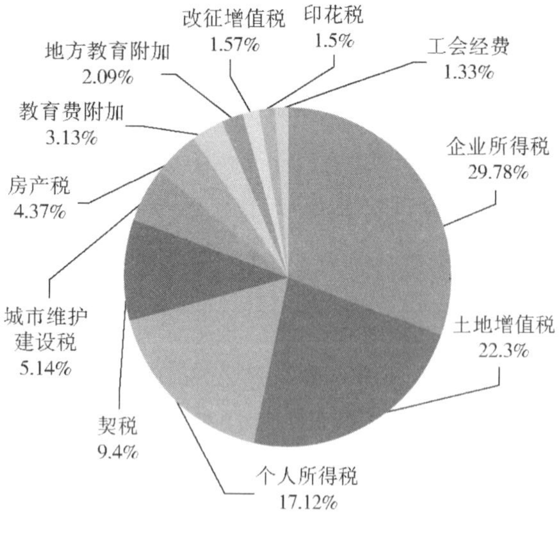

图2　通州地税主要税费结构（2017年）

【非税收入】组织教育费附加、地方教育附加、外商投资企业土地使用费、税务部门罚没收入、残疾人就业保障金、工会经费等非税收入共计10.19亿元，比上年减少1.12亿元，下降9.91%。

【税收收入特点】按行业划分，房地产业完成税收75.6亿元，增长76.47%，对总收增收贡献率接近90%，总收占比为62.4%。金融业、信息服务业、科技服务业等“高精尖”产业完成税收14.2亿元，总收占比为11.7%。符合城市副中心功能定位的行业发展仍较为薄弱，区域当前税收行业布局不够均衡。按税种划分，企业所得税、土地增值税、个人所得税、契税合计完成105.4亿元，增收35.7亿元，总收占比78.6%，较上年提高7个百分点，四大主体税种对税收的影响力再次扩大。其中，企业所得税、土地增值税分别完成39.96亿元、29.91亿元，合计完成总收的超半数，增幅分别高达91%、75%，主要由房地产清算大额税款入库所贡献；个人所得税、契税维持市场规律下的小幅增长，分别完成22.96亿元、12.61亿元。

【服务城市副中心建设】落实市局关于服务城市副中心建设的实施意见。设立专门机构，统一调度服城具体工作。主动对接城市副中心建设指挥部，了解具体建设规划和税收服务需求，形成三大类14项50条服务举措。整体设计税收服务城市副中心建设管理格局，构建“1+3+N”①制度框架，在优化纳税服务模式、转变税收征管方式、改革机构设置等方面实现新突破。运用“声、报、网、媒”等形式，全面展示地税服务副中心建设特色举措与成效，建立信息直报和宣传合作机制，累计15篇报道被《中国税务报》《副中心建设报》等刊物刊登。编制《服务副中心建设税收政策》手册，投放2000册至行政办公区。相关工作获得税务总局局长王军、市局局长杨志强、通州区区长张力兵的肯定性批示。

【营业税改征增值税】高效完成“营改增”发票缴销税控注销工作，发票缴销187804份，注销税控机具7388台，进度在全市各区排名第一。

【税收法治】制定区局“七五”普法工作计划，夯实依法行政理论基础。完成系统法制税收示范基地申报工作。积极推动法律总顾问和公职律师选拔工作。践行法律顾问咨询服务机制，加强重大案件法律咨询把关，做好复议诉讼、政府信息公开等领域合法性审查。规范行政处罚裁量权管理，累计发生行政处罚案件2559件，触发职权15项，发送征求处罚裁量权意见3次。

① “1+3+N”是指：“1”即通州局《关于深化征管体制改革　提升服务城市副中心工作效能的实施意见》，为通州局税务服务城市副中心建设总体指导纲领；“3”即征收管理科关于落实转变税收征管方式的实施方案、纳税服务科关于优化纳税服务模式的实施方案、人事教育科关于体制机构改革的实施方案；“N”即与三个实施方案相配套的细化方案。

【税收政策落实】认真贯彻落实国务院6项减免税政策，分析比对新旧政策差异点，确保减免税政策平稳落地。扩大小型微利企业所得税优惠政策范围，全区1932户小微企业享受税收优惠政策，减免税额1627万元，比上年增加854万元，增长110.5%。完善环球主题公园项目税政支持跟踪服务机制，做好相关城镇土地使用税减免工作。配合市保障房中心做好公租房税政服务工作，减免契税1178.4万元。

【税种管理】完成首笔防空地下室易地建设费代收工作。做好环境保护税、水资源税开征工作。做好2017年企业所得税汇算清缴工作，实际应纳所得税额36.5亿元，增长95.08%，申报率和正确率均达100%。代收工会经费1866.39万元，比上年增长76.53%。征缴残保金1281.66万元。强化契税与房产税、城镇土地使用税疑点信息比对，对92户已缴契税未缴房产税、城镇土地使用税企业补缴税款217万元。

【纳税服务】优化网上办税流程，实现84个涉税事项网上通办、76项涉税事项无纸化办理。推广82种表证单书“免填单”服务，纳税人办税时间平均缩短7分钟。推行手机银行APP自助缴税服务，实现纳税人24小时足不出户“指尖缴税”，累计完成手机银行APP自助缴税11531笔，入库税款508万元。升级改造国地税联合办税服务厅，运用虚拟现实、智能语音等技术手段，植入“一站式实体办税+体验式自助办税+接待式预约办税+交互式税务学堂”的办税模式。举办各类纳税人辅导培训会31场次，培训人数8580人次。评定完成纳税信用A级企业3319户。接听对外咨询服务电话14885次，累计处理纳税服务投诉76件。通过短信平台发送各类通知提醒25.74万条。印发各类宣传资料10万余份。

【税收征管】2017年共有正常税务登记户共有正常税源户121323户，比上年增长4.9%。制发转变征管方式系列文件，以集中复核为中枢驱动，调整第四税务所职责，实现依纳税人申请事项办理的“两个零流转”[①]；以风险管理为导向，建立依申请事项专业化、团队化的风险管理机制。完善国地税合作长效机制，细化区级合作项目43项。国地税重点税源所共同迁至行政办公区，在全市税务系统率先实现“合署办公、联合管理、资源共用、信息共享”。开展集中办公区税源清查，对277户税收风险高的企业实施惩戒，提请工商暂停6个虚拟地址的登记注册资格。开展税务约谈、日常检查、纳税评估等风险应对1189户，入库税款及滞纳金2.1亿元。加强宋庄画家村税源管理，与宋庄小堡村委会联合签署委托代征协议，成为全市第一家村级代征点。丰富梨园地区中小税源网格化管理内涵，网格扩大至48个社区（村）、154个网格、2100余户企业。

【大企业税收服务与管理】2017年，重点税源管理所管户295户，共计组收67.21亿元，占全局总收入的50.1%。结合“营改增”全面推开背景，积极调整征管思路，工作重心转移到大企业土地增值税清算、股权转让和企业重组等重大事项上，强化清算管理，突出审核重点，完成7个项目土地增值税清算。完成7个土地增值税清算项目，入库税款16.1亿元。

【国际税收管理】全年审核440份《服务贸易等项目对外支付税务备案表》，缴纳税款

① “两个零流转”是指依纳税人申请涉税业务办税服务厅到税源管理所的“厅所零流转”和税务所到业务科室的“科所零流转”。

831.2 万元。做好外籍演艺人员个人所得税核查与外籍个人八项补贴核查工作，补缴税款及滞纳金 49.6 万元。办理 1 份外籍个人申请享受协定待遇事项。加强非居民企业税源专业化管理，入库税款 831.2 万元。开展常设机构政策宣传辅导和核查工作，补缴税款及滞纳金 5.12 万元。做好“走出去”企业清册和“一带一路”相关工作。

【税务稽查】2017 年，共检查结案 31 户，查补税款、罚款和滞纳金合计 7257 万元。开展未结举报案件清查工作，对未检举结案件进行清理，共计清理系统未结案件 28 件。开展“‘3·21’‘3·24’制售虚假发票”案源检查工作。加强企业注销清算等高风险事项事中审核，开展风险应对，补缴税款及滞纳金约 1 亿元。扎实推进稽查廉政工作，全面推广“廉政回访单”制度，发放《廉政回访调查表》179 份。

【电子税务管理】加强数据质量管理工作，对 1163 户个体工商户重复登记数据进行筛选，修正数据 140 余条。承接五期金税三期数据质量管理工作，核实、修改、补录问题数据 35 类 11783 条。通过金税三期问题平台转发税收数据后台处理单 102 份，共反馈问题 156 条，涵盖金税三期 6 个业务域。优化金税三期涉税辅助查询功能需求征集和测试，组织 5 批次 40 余人次参加现场测试，反馈意见建议 56 条。开展 4 次信息系统安全检查，实现信息系统安全无事故。

【政务管理】全年接收区委办局来文 828 件，市局行政来文 175 件，联发文 82 件，党组收文 115 件，机要文件 15 件，本局行政发文 71 件，党组发文 49 件。累计报送市局政务信息 377 篇，市局采用 216 篇，市委、市政府采用 22 篇，国办采用 12 篇，在市局政务信息考核中获得总分 469.5 分，位列 16 个区局第 2 名。全年共编发内部政务信息普刊 43 期、专刊 11 期、增刊 6 期。主动公开机构职能类、规划计划类和业务动态类信息 325 条，办理依申请公开事项 5 件。

【绩效管理】制定组织绩效和个人绩效管理办法和细则。注重绩效结果正向激励作用。完成市局指标考评 33 项，考评标准 39 个的考评任务，获得加分 8.769 分。在北京市地税系统绩效考评中获得区局第 4 名，位列全市组织绩效成绩第一段次，连续两年取得前 5 名的名次。

【财务管理】以“量力而行、精打细算、突出重点”为原则，实事求是编制部门预算。严格控制一般性支出，公务接待费、培训费、宣传费等支出预算零增长。开展资产清查工作，推进资产精细化管理。开展政府债务、政府采购、“三代”手续费①、大额资金使用、招标投标等自查工作。配合督查内审处开展领导干部经济责任审计。有效地强化了各项工作的监管机制，进一步规范了财政资金的管理使用。

【政府采购】严格按照政府采购工作要求和程序规定，依法合规稳步实施各项采购工作。加强对达不到政府采购条件的非经常性大额支出管理，实施三方比价程序。全年共组织政府采购公开招标项目 4 个，金额 231.62 万元；协议供货 12 批次，合计金额 347.97 万元。

【人事管理】为适应转变征管方式改革和城市副中心建设需求，加强人才配置调整，对 20 名科级正副职领导干部进行交流调整，选拔任用 6 名科级副职领导干部。结合市地税局机构设置调整，对科技信息科、基层工作科 8 名干部进行

---

① “三代”手续费是指税务机关按照法律、行政法规的规定，委托代征税费协议书或委托代售印花税协议书的约定，对扣缴义务人代扣代缴、代收代缴和代征人委托代征税款并按规定解缴入库税款的行为支付的报酬。

部门和岗位调整。丰富中青年干部人才库，推选53名管理人才和业务骨干。

【教育培训】分级分类开展科级干部培训、公务员岗位培训和稽查岗位培训。探索教育培训新途径，开发掌上学习平台，设置专题学习、常规学习、在线交流三大功能模块，并应用于税务信息师比赛备赛中。1名干部通过国家司法考试；1名干部获得市局税务信息师比赛三等奖，通州局荣获优秀组织单位。

【执法督察与内部审计】积极开展税收执法大督察、二手房交易档案管理等7个事项执法督察工作，督察548户次，有问题卷42份，补缴税款49.52万元。开展二手房档案抽查，抽查案卷886份，有问题卷261卷，问题率29.5%。推行内控机制建设，制定《内控机制建设工作方案》，创建内控报告和集中公示制度。制定《公务用车专项治理工作方案》，深入查找管理漏洞和盲区，加强公车治理。

【党建工作】成立党建工作科，加强党建工作组织保障。深入推进“两学一做”学习教育常态化制度化。严格落实“两个责任”，认真开展党风廉政建设主体责任全程纪实工作。严格落实“三会一课”制度，推进支部规范化建设。推动党建工作向基层延伸。落实领导班子成员联系基层支部工作制度，班子成员深入联系点调研9次，参加支部党员大会8次、党课1次，110人次参与调研。组织理论中心组学习43次，各党支部组织集中学习、主题党日活动50余次，编发党建工作简报6期。开展手抄党章、微型党课、百题测试、“我是党员——联系服务纳税人”主题活动等。

【纪检监察】认真落实市局巡察反馈意见整改工作，成立巡察整改领导小组，制定具体整改措施85项，追究责任15人次，对3个单位进行通报批评，对21名党支部书记进行集体谈话。将落实“两个责任”任务分解清单作为一项常态工作纳入年度总体规划，推进领导干部落实党风廉政建设主体责任全程纪实工作。加强选人用人监督，出具廉政会审47份，提出暂缓提拔意见1次。严格贯彻中央八项规定及实施细则精神，坚决纠正群众身边的不正之风和腐败问题，深化“为官不为”“为官乱为”专项治理，强化党内监督。

【后勤管理】制订《办公用房管理办法》《公务车辆使用管理办法》《机关公务接待管理办法》，实现办公用房、公务用车、公务接待的规范化管理。全方位做好日常水、电、气、零星维修、车辆、餐饮、绿化等各类服务保证工作。完成第二税务所、国地税银联合办税服务厅整体装修，更换局机关电梯2部，安装新能源汽车充电桩40余个。连续12年被评为“北京市交通安全先进单位”。

【税收宣传】与《中国税务报》《法制晚报》《北京晨报》等报纸杂志建立长期战略合作关系，全年累计对外发表稿件220余篇，宣传绩效加分总分排名全系统第一梯队。

【税收科研】全年承担市局重点课题1项、联合课题2项。报送市局调研研究并刊发调研5篇，本局内网刊发4篇。全年实现核心期刊转化1项，获领导肯定性批示2次。荣获市级征文评比三等奖1次。

【税务文化】深入开展精神文明创建活动，树立地税文明形象。积极参与争创全国文明城区活动。开展“学雷锋志愿服务活动”“绿色出行 共建美好家园”骑行、“砥砺奋进的五年”大型成就展集体参观、道德讲堂、书香地税、支部帮扶等系列活动。

（王　烨）

北京市顺义区地方税务局

【经济概况】顺义区位于北京市东北郊，城区距市中心30千米。全区辖19个镇，6个街道办事处，户籍常住人口112.8万人。2017年全区实现地区生产总值1695亿元，比上年增长6.5%；规模以上工业总产值2169亿元，下降30.5%；一般公共预算收入148.9亿元，增长8.0%；完成全社会固定资产投资516亿元，增长6.4%；全社会消费品零售额474亿元，增长7.1%；城镇居民人均可支配收入39736元，增长9%；农村居民人均可支配收入26833元，增长8.9%。

【概述】2017年顺义区地税局充分发挥税收职能作用，坚持稳中求进，不断提升征管质量，优化服务水平，全面推进税收征管体制改革和税收现代化建设。在全局干部职工的共同努力下，获得省部级荣誉2项，圆满地完成了各项工作任务。

【地方政府支持税收工作】全面分析房地产市场调控政策效应，将相关情况上报区委、区政府，做好国务院办公厅对“放管服”改革政策措施情况的专项督查工作，保障调控和改革政策落实到位。积极做好“营改增”金税三期上线、疏解非首都功能、优化营商环境等工作，得到区主要领导肯定性批示16次。

【税收收入情况】全年完成各项税费收入153.6亿元，同口径比上年增收9.9亿元，增长6.9%。其中：一般公共预算收入完成105.6亿元，增收6.2亿元，增长6.3%；区级一般预算收入完成48.3亿元，增收2.4亿元，增长5.2%。

表1　顺义地税收入情况（2017年）　单位：万元

项　目	本期	增减额（同口径）	比上年增减（%）（同口径）
各项税费收入	1536273	98501	6.9
一般公共预算收入	1056086	62061	6.3
一、税收收入合计	1348935	91292	7.3
其中：中央级	451362	33499	8.0
1. 增值税	15590	-5365	-17.1
2. 企业所得税	222509	15569	7.5
3. 个人所得税	512401	39401	8.3
4. 资源税	75	-1	-1.3

续表

项　目	本期	增减额（同口径）	比上年增减（%）（同口径）
5. 城市维护建设税	113007	-20510	-15.4
6. 房产税	138032	19581	16.5
7. 印花税	41454	1870	4.7
8. 城镇土地使用税	11036	-109	-1.0
9. 土地增值税	187518	38532	25.9
10. 车船税	368	160	76.9
11. 耕地占用税	1776	-1459	-45.1
12. 契税	100701	3623	3.7
13. 营业税	4468	-346005	-98.7
二、非税收入合计	187338	7127	4.0
1. 教育费附加收入	75539	4089	5.7
2. 地方教育附加	50348	2749	5.8
3. 外商投资企业土地使用费	1363	-131	-8.8
4. 文化事业建设费收入	—	-82	-100.0
5. 税务部门罚没收入	326	74	29.4
6. 残疾人就业保障金	30937	-2431	-7.3
7. 工会经费	28825	2859	11.0

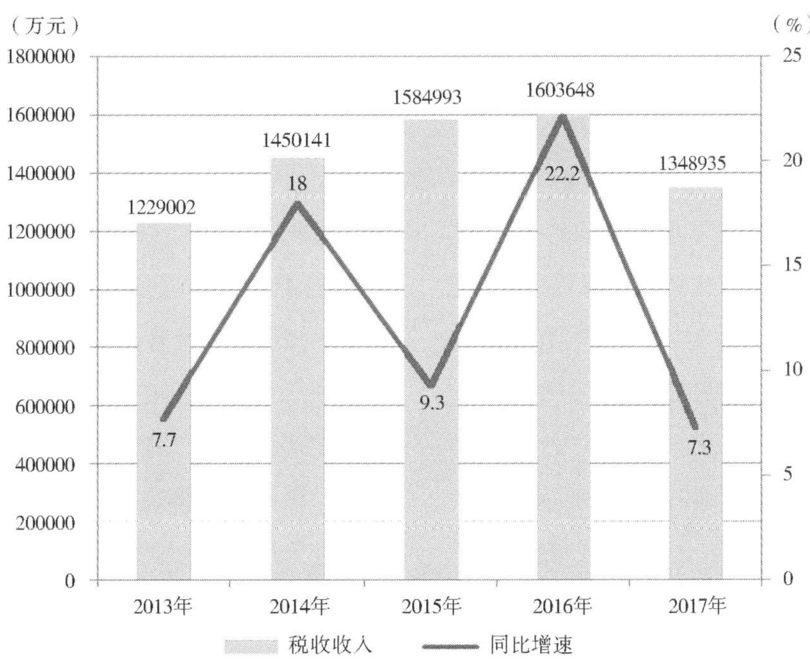

图 1　顺义地税税收收入情况（2013—2017 年）

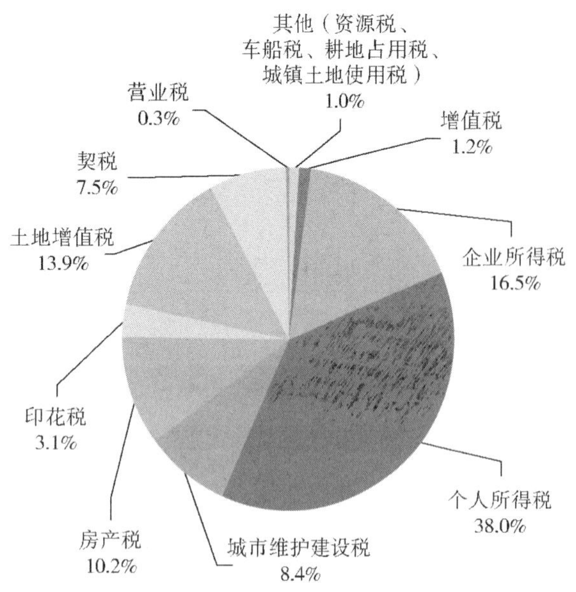

图2　顺义地税税收收入分税种结构（2017年）

【非税收入】全年组织教育费附加、地方教育附加、文化事业建设费、外商投资企业土地使用费、残疾人就业保障金、工会经费、税务部门罚没收入等非税收入共计18.73亿元，比上年增收7127万元。

【税收收入特点】按税种划分，个人所得税完成51.2亿元，比上年增长8.3%，占比为38%。企业所得税完成22.25亿元，增长7.5%，占比为16.5%。土地增值税完成18.75亿元，增长25.9%，占比为13.9%。房产税完成13.8亿元，同比增长16.5%，占比为10.2%。

【营业税改征增值税】继续做好对地税机关及委托代征单位代征增值税、代开增值税发票的监督、管理。联合区国税局开展"营改增"纳税人发票缴销工作。定期对未缴销发票及注销税控装置纳税人的信息交换，协同开展催办工作，对适用增值税发票的纳税人限制供应发票。

【税收法治】推动顺义区成立全市首个"深化国税、地税征管体制改革工作领导小组"，保证税收体制改革与服务区域经济发展相适应，为顺义区国税、地税征管改革各项工作的有效落实打下坚实的基础。推进实施执法公示制度工作，进一步规范行政权力运行。积极推进法律顾问制度和公职律师制度，充实法律人才，规范公正文明执法。

【税收政策落实】认真研究梳理政府部门"疏解整治促提升"专项行动实施方案，有效推动疏解某小商品市场等一批非首都功能疏解项目的实施；为疏解至河北省的某上市公司减免土地增值税1400余万元；积极落实军民融合税收政策支持工作，退还某军民融合企业城市维护建设税及附加230万元；梳理两项所得税政策，服务养殖业退出工作。积极配合幸福西街棚户区改造和环境整治项目相关工作，优化税收政策宣传落实。全面落实房产税属地征收、从租计征工作，顺利开展防空地下室易地建设费及国家电影事业发展专项资金代收工作，增加了属地财政收入。

【税种管理】充分发挥中介机构监督审计职能，引入第三方鉴证服务，推进土地增值税清算进度，6户企业已清算，入库税款8.31亿元，占总收的5.4%。加强两项所得税管理，组织300余家高新技术企业召开企业所得税政策培训会，圆满完成2016年度企业所得税汇算清缴工作；对个人所得税完税凭证开具进行复查，开展扣缴义务人申请补缴以前年度个人所得税实质性审核工作。抓好资源税有税户核实工作，做好税源采集和开征准备。开展环保税基础信息采集工作，做好增减收分析与测算，为环保税顺利开征做好准备。积极贯彻落实国务院推出的6项减税政策，有效推动"大众创业、万众创新"。

【纳税服务】一方面，纳税服务硬件设施不断升级。完成国地税联合办税服务厅二期建设，在现有联合办税服务厅的基础上，增加400平方米办公区，将整合后的联合办税服务厅设置为

“导税区”和“办税区”两大区域，融纳税宣传、办税辅导、自助办税、特色服务、前台受理、后台审批为一体，切实提升纳税人的办税体验。另一方面，加大举措创新助推服务升级。联合金融机构开展“银税互动”；扩展办税窗口涉税免填单服务，缩减办税时间；进驻区外国人出入境服务大厅办公；与区国税局联合打造税收微课堂和“北京顺义税务”微信公众号。

【税收征管】扎实做好基础管理工作。根据《北京市地方税务局关于进一步加强税收征管基础工作的意见》制定实施方案，实现了34条措施的任务分解，做到逐条确定措施、逐项贯彻落实。积极做好委托代征工作。对欠税企业提请阻止出境、进行布控等，不断推进清缴欠税工作。开展外籍个人八项补贴核查工作，确保税款应收尽收。

【大企业税收服务与管理】做好“千户集团”基础数据、财务数据的采集、核实、比对工作。对大企业涉税风险点进行核实，并联合区国税局对大企业进行共同管理，召开联席会议，按季走访北汽股份等重点企业。

【国际税收管理】一是开拓国际税收管理途径，强化外籍个人管理。二是强化税收协定执行工作力度，维护国家税收主权。三是深化国地税合作，共同加强国际税收管理。四是积极开展境外税收管理与服务，助力“一带一路”。五是及时开展国际税收情报交换工作。

【税务稽查】推进现代化稽查工作。在信息共享、联合检查、协同办案等多领域开展联合稽查，加强办案人员依法履职意识，切实推进稽查执法规范化。同时，努力完成稽查任务，全年共立案20户，对38户纳税人进行了税务检查，有问题率100%。

【电子税务管理】自主开发个人股权转让风险管理系统。利用工商股权清分系统数据，做好2017以前年度个人股权转让风险比对工作，完成12439户次数据比对和3460户次数据汇总。加快落实个人存量房交易网络预审举措，预审率达到100%。稳步推进“智慧顺义税源管理平台”研发工作。完成金税三期系统后台数据回放、利用工作。完善、丰富“顺义地税综合应用管理平台”功能。

【政务管理】行政管理工作方面，组织召开党组会议39次，局长办公会1次。信息工作方面，全年共编辑、刊发《顺义地税信息》普刊39期；向市局报送各类信息370余篇，其中，普刊130余篇、增刊1篇、专报100余篇、专刊10余篇，被市局采用90余篇，被市政府采用30余篇，获得市局领导批示4篇。档案工作方面，认真做好2016年度各门类档案的归档工作。对于接收的各类档案进行仔细检查，保证档案的完整率和归档率。公文工作方面，全年共处理发文245件、工作签报242件，登记并传阅市局来文400件、区里各单位来文663件。政府信息公开工作方面，全年通过政府信息公开专栏主动公开政府信息300余条，全文电子化率达100%。

【绩效管理】一是召开专项会议，研讨承接上级指标，逐项梳理承接市局指标数量项目、计划采取的工作措施及准备开展的创新工作等，做好指标承接工作。二是结合工作实际，制定本局指标细则，重点围绕上级年度绩效考评指标项目、本级年度重点工作，以及需要纳入的重点事项，合理设置考评科所指标。三是精研考评规则，调整日常工作重心，着力做好日常基础考评工作，实现绩效管理与中心工作的深度融合。四是加强创新创优，提升绩效指标档位，认真分析指标分档计分规则，进一步拓展创新创优空间，提升指标档位。

【财务管理】一是认真落实资产清查工作；二是严格按照规定配备固定资产；三是高标准完成税务所维修改造工程；四是努力做好住房补贴和公积金提取工作；五是积极为全局协税人员统一服装；六是按时完成日常财务保障工作。

【政府采购】认真履行政府采购程序，严格按照区政府相关规定对办公用品进行采购，确保采购流程合法合规；及时对部分税务所进行维修改造，按时完成国地税联合办税服务大厅二期工程建设。

【人事管理】积极参与“岗位大练兵　业务大比武”活动，5名干部获得骨干、能手称号。落实干部交流制度。先后对60名干部进行了转任和轮岗交流。1人选聘到区纪委、区监委派驻纪检监察组工作；1人升任仁和镇副镇长。

【教育培训】重视教育培训，与北京国家会计学院开展战略协作，开展2017年度公务员更新知识培训和重点课题调研。抓好干部在线学习督导，中国税务网络大学学习全面启动、全员覆盖。

【执法督察与内部审计】一是落实市局税收执法大督察工作；二是完成日常税收执法督察工作；三是牵头完成市局专项监督检查的自查工作，及时完成专项检查问题的整改落实；四是完成行政处罚案卷评查工作；五是牵头完成公务用车专项治理工作，并配合市局检查组完成公务用车治理的抽查工作；六是完成办公用房维修改造工程竣工结算项目的审计工作；七是做好财务内控评估工作。

【党建工作】落实市局工作要求，成立党建工作科，完成机关委员会换届选举，配齐配强基层党支部委员。以强化指导为抓手，加强党的建设，组织支部评比，党组成员带队对全局39个党支部进行全面指导检查，确保支部工作落到实处。积极开展主题党日活动，多次组织参观教育活动，第一党支部发挥模范带头作用，科所党支部严格落实“三会一课”制度，进一步推进“两学一做”学习教育常态化制度化。对大孙各庄镇佟辛庄村进行帮扶，力所能及地给予财力、人力支持，帮扶困难群众，助力村庄发展。完成“第一书记”驻村帮扶工作。

【纪检监察】落实市局关于市委第五巡视组巡视反馈意见的集中整改方案，结合工作实际，制定本局集中整改防范方案，坚持“一一对应、立行立改、标本兼治、惩防并举”的整改原则，加强督促检查，确保各项整改任务落实到位。扎实推进党风廉政建设，层层签订廉政责任书。聚焦“主业”，监督党纪条规的落实，在重要节假日排查“四风”问题。关口前移，多举措预防执法风险。对房地产和个人所得税等重点领域进行“一岗双责”排查，开展税收执法大督察和日常税收执法督察工作，降低执法和廉政风险。

【后勤管理】一是加强机关后勤服务管理，进一步完善各项管理制度；二是加强司机队伍建设，确保车辆的交通安全；三是立足现有条件努力提高食堂保障水平和服务质量；四是严格落实物业管理责任制，物业管理井然有序；五是做好办公区域各项设施的日常维护与保养工作。

【税收宣传】宣传月期间，联合《北京晨报》开展税收知识问答活动；配合拍摄国家税务总局公益广告《喜庆十九大　税徽放光华》，荣获全国公益广告大赛三等奖；与区国税局联合拍摄税收公益广告《税企同心　筑梦中国》，荣获市局视频类一等奖；邀请北汽集团配合总局拍摄环保税宣传片。积极开展辖区内税收宣传工作。通过顺义电视台、顺义时讯、社区LED显示屏等宣传媒介，向辖区纳税人宣传贴近民生的税收政策，取得良好宣传效果。到区内国际学校开展税收政策宣传，加强对外籍人士服务。全年在总局、市级报纸刊发稿件100余篇，在北京电视台《北京新闻》《特别关注》栏目、北京广播电台多次播放税收宣传内容，协助拍摄《税收天地》6期，切实提升了纳税人税法遵从度。

【税收科研】全年共安排重点调研课题计划33项，全年共形成各类调查研究报告51篇。成果转化方面，在内网《顺义地税调研》刊发13篇；上报市局《调查与研究》调研报告3篇，《对“家庭唯一住房”认定的几点思考》在市局《调查与研究》第60期全文刊发；积极向外部刊物投稿10余篇，在总局《国际税收》杂志刊发1篇，在《税务研究》杂志刊发1篇，在省部级刊发发表调研报告4篇，在《北京市国际税收研究会理论调研文集》发表调研报告5篇。

（陈 阳）

北京市怀柔区地方税务局

【经济概况】2017年，怀柔区实现地区生产总值286.4亿元，比上年增长7.6%；完成地方公共财政预算收入38亿元，增长6.5%；完成固定资产投资141.6亿元，增长16.9%；社会消费品零售额119.8亿元，增长7.5%；城镇和农村居民人均可支配收入为39272元和23506元，分别增长9.0%和8.7%。

【概述】2017年，北京市怀柔区地方税务局坚持从严治队，依法治税，地税各项改革发展事业稳中求进，地方税收职能作用有效发挥。基层工作科被国家税务总局评为“全国税务系统先进集体”，收入核算科被全国妇联授予“全国巾帼文明岗”称号，第一税务所被团中央授予“全国青年文明号”称号，代表北京市地税系统参加团中央和国家税务总局联合举办的青年文明号开放周示范活动。第四税务所获评北京市模范职工小家，第二税务所被评为市级青年文明号，1名干部获得首都劳动奖章。坚持围绕收入任务依法征税，应收尽收，全年完成各项税费收入475811万元，同口径比上年增收16566万元，增长3.6%。组织收入规模居5个生态涵养区首位，地方税收对财政收入贡献度达到34.3%。

【地方政府支持税收工作】怀柔区委副书记、区长卢宇国，区委常委、常务副区长朱家亮对地税工作给予肯定并作出批示。怀柔区委副书记姜泽廷到地税调研并肯定地税工作。区委区政府领导对地税积极发挥税收职能、圆满完成组收任务、探索多部门“银税互动”、推进国地税合作等给予高度评价。

【税收收入情况】全年累计完成各项税费收入475811万元，同口径比上年增长3.6%；累计完成税收收入428281亿元，增长3.3%；一般公共预算收入累计完成289197万元，下降1.2%。

表 1　　**怀柔地税收入情况（2017 年）**　　单位：万元

项　目	本期	增减额（同口径）	比上年增减（%）（同口径）
各项税费收入	475811	16566	3.6
一般公共预算收入	289196	-3510	-1.2
一、税收收入	428281	13521	3.3
其中：中央级	177171	19088	12.1
1. 改征增值税	1763	-41	-2.3
2. 企业所得税	134562	5929	4.6
3. 个人所得税	157150	25711	19.6
4. 资源税	112	-13	-10.5
5. 城市维护建设税	28798	3929	15.8
6. 房产税	22628	2374	11.7
7. 印花税	11940	3560	42.5
8. 城镇土地使用税	3155	272	9.5
9. 土地增值税	55296	-17949	-24.5
10. 车船税	23	-15	-39.5
11. 耕地占用税	672	-4670	-87.4
12. 契税	11271	-6478	-36.5
13. 营业税	912	-66111	-98.6
二、非税收入	47530	3045	6.8
1. 教育费附加收入	17127	2407	16.4
2. 地方教育附加	11416	1598	16.3
3. 外商投资企业土地使用费	107	-19	-15.1
4. 文化事业建设费收入	—	-20	-100
5. 税务部门罚没收入	119	49	70.0
6. 残疾人就业保障金	9318	-1978	-17.5
7. 工会经费	9443	988	11.7

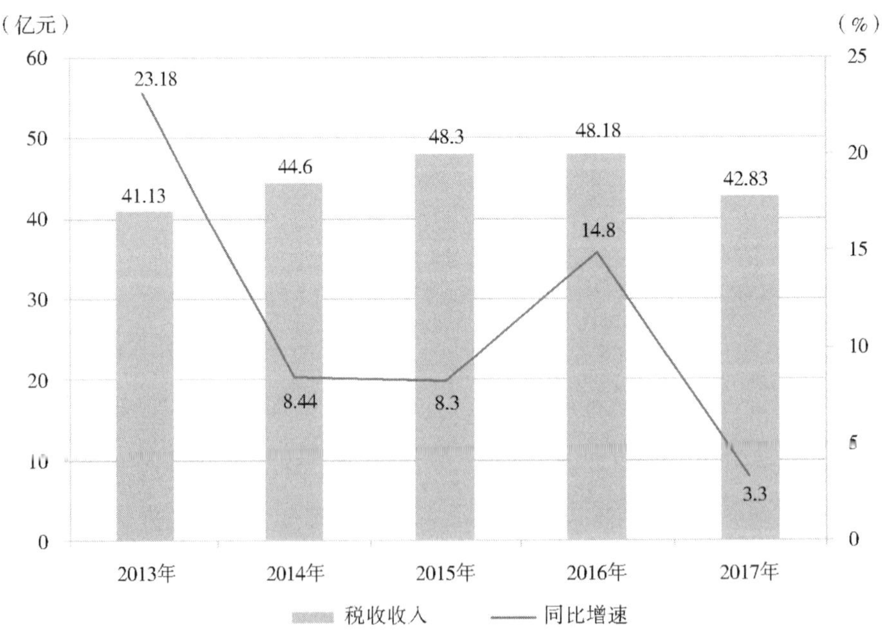

图 1　怀柔地税税收收入情况（2013—2017 年）

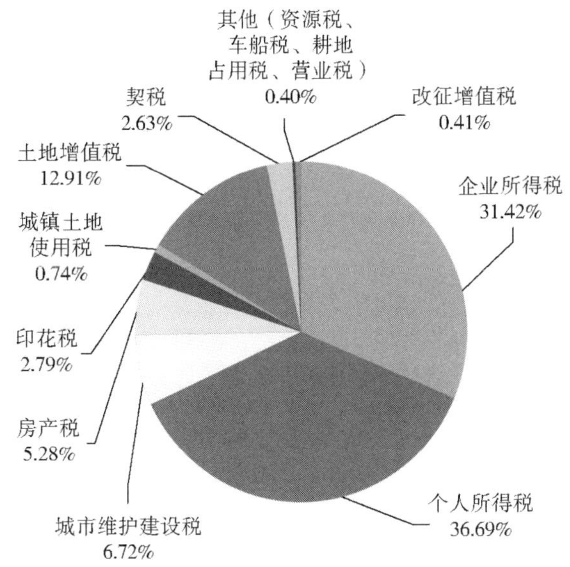

图 2 怀柔地税税收收入分税种结构（2017 年）

【**非税收入**】全年组织教育费附加、地方教育附加、文化事业建设费、外商投资企业土地使用费、残疾人就业保障金、工会经费和税务部门罚没收入共计 47530 万元，增收 3045 万元，同比增长 6.8%。

【**税收收入特点**】从不同时间段看，同比增幅前高后低。上半年，各项税费收入完成 300773 万元，同口径增收 61225 万元，增长 25.6%；下半年，各项税费收入完成 175038 万元，同比减收 44412 万元，下降 20.2%。从税种完成情况看，个人所得税增收规模居首，土地增值税减收。个人所得税完成税收 157149 万元，同比增收 25711 万元，增长 19.6%；土地增值税完成税收 55296 万元，同比减收 17949 万元，下降 24.5%，受清算项目减少影响，减收规模最大。从行业结构看，科技服务业增收显著，房地产业为支柱产业，增幅回落。科学研究和技术服务业完成税收 29553 万元，同口径增收 11383 万元，增长 62.7%，增收规模及增幅居各行业首位；房地产业仍是支柱产业，完成税收 145886 万元，占比为 34.1%，税收规模居各行业首位，同口径增长 0.9%。

【**营业税改征增值税**】联合区国税局开展营业税发票缴销和税控机注销工作，代征增值税入库 1763 万元。

【**税收法治**】开展法制讲座、宪法宣誓、实地见习等学法用法活动。对 2013 年以来制定的规范性文件进行审核清理。聘请 1 名专职律师担任法律顾问。对全局 84 份合同进行合法性审核，对执法个案提出法律意见，全年没有发生行政调解、行政复议和行政应诉案件。

【**税收政策落实**】完成无线电频率占用费、防空地下室易地建设费、环保税、国家电影事业发展专项资金、社保费各项工作。完成残疾人就业保障金征缴工作。对税收优惠资料报送等项目定期核查。3478 户企业享受企业所得税优惠政策，小微企业优惠政策享受率达到 100%。开展个人存量房交易税收征管网络预审工作，组织 24 家房地产中介专项培训。

【**税种管理**】实现企业所得税汇算清缴申报率和数据质量审核通过率 2 个 100% 目标，入库税款比上年增加 133436 万元，增长 13.71%。推进股权转让个人所得税进厅事项。对 6 个土地增值税清算项目进行审核，依法调增土地增值税 3957 万元，清算预缴入库税款 55296 万元。开征全市首笔无线电频率占用费，推进防空地下室易地建设费、国家电影事业发展专项资金、水资源税、环保税开征。

【**纳税服务**】开发“移动导税”办税服务平台。整合 199 项进厅业务，优化窗口设置，推进一窗办理。实现 84 个办税事项网上办理和主要涉税事项微信预约办理，对 89 个办税事项同步实现免填单服务，对部分办税事项实行全市通办，开通工商银行客户端在线缴税功能。39 件次各级转办投诉件实现“零认定”。年内没有发生一起经认定的服务投诉，办税服务厅（第一税务所、第二税务所）分别被团中央和北京市团委授予“青年文明号”称号。

【税收征管】做好千户集团及其成员企业财务会计报表报送工作。与怀柔区长哨营满族自治乡人民政府探索建立联合管理机制。发挥日常检查和税务约谈功效，提升征管和清缴欠税效能，清理欠税入库税款和滞纳金729万元，日常检查入库税款和滞纳金4747万元。

【大企业税收服务与管理】对2017年的市级重点税源户进行调整，增加17户，剔除48户，开展重点税源户培训。针对大企业有效开展风险防控工作，风险应对入库税款10903万元，完成年度计划8000万元的136.29%。

【国际税收管理】全年非居民企业税收收入3677.6万元。对58户非居民企业与境内居民企业签订的72份工程劳务合同进行核查。对10户企业96名外籍人员近3年八项补贴情况进行核查，发现有问题人员15人，补缴税款和滞纳金175.93万元。审核对外支付备案材料226户次。对所辖“走出去”企业逐户审核。按时限完成市局国际处布置的自动情报交换工作，完成涉及11个国家的228条自动情报信息。

【税务稽查】完成2014年以来各项稽查案卷整理装订和稽查机构改革工作。撤销稽查局，成立第六税务所、第七税务所两个风控单位。

【电子税务管理】完成税务登记和个人所得税明细申报数据6200余条清理工作。与密云地税局共同组建项目团队，制定专项税收情报工作方案，上报市局4篇税收情报和14条税收线索。规范办公环境外网使用，严格审批内网办公权限，落实内网计算机设置开机密码、电脑锁屏功能等安全设置。

【政务管理】接收并处理OA[①]公文1423条，通过内网系统接收发文422篇，从区政府、区委以及各单位收文199篇。发布行政公文93篇，党组公文73篇，函42篇。完成各级政府和部门督办事项35起。处理1起依申请公开事项，主动公开政府信息861条，接受公民、法人采用书信、电话、走访等提出建议、意见等事项5件。向市局、区委区政府报送各类信息、约稿300余篇，参与完成中办、国办、专题约稿39篇，被中办、国办采用12篇。

【绩效管理】科学分解考核任务指标。开展季度绩效讲评，对重点指标定时定量分析。落实市局绩效指标“文字材料”减负要求，取消10项文字材料。

【财务管理】从源头上理顺财务机制，不断强化基础保障，推动各项财务工作科学化、规范化开展。配合做好市局专项巡察和专项监督检查，整改落实，规范财务管理，提高会计核算质量。

【政府采购】通过政府采购程序购置办公设备、办公家具、空气调节设备、车辆管理和维修等共计28笔，采购金额135.15万元。

【人事管理】对67名干部进行年度考核奖励，对7名干部进行副科级领导干部提任，对6名干部进行主任科员以下非领导职务提任，推荐3名干部提任副调研员。

【教育培训】深化与中国人民大学合作培训机制，利用三渡河国地税法制廉政教育基地、汤河口教育培训基地和职工书屋平台作用，加强全员业务培训。坚持每日一练、每周一测、每月一考等，开展“岗位大练兵、业务大比武”暨参加北京市第四届职业技能大赛活动，3名干部进入税

---

① OA是指办公自动化。

务信息技术师半决赛，1 名干部获得全系统第 7 名，1 名干部入选参加市局纳服业务骨干培训。

【执法督察与内部审计】开展税收执法大督察，对土地增值税征收管理、纳税人股权转让、二手房交易税收管理等 6 类重点业务开展执法督察，推送疑点数量 429 户次，发放调查问卷 35 户次，走访纳税人 105 户次。加强北京市行政处罚案卷评分细则和系列制度规定学习，开展印花税票“专项检查一遍、税收票证全面清查一遍、重点企业核查一遍、其他企业普查一遍”的专项执法督察。

【党建工作】成立党建工作科，实现党建工作实体化运转和党风廉政建设归口化管理。召开党建工作座谈会，邀请党建专家举办专题讲座。围绕迎接学习宣传贯彻党的十九大精神活动，组织党组中心组理论学习 36 次，组织第一党支部开展系列建党 96 周年“十个一”① 庆祝活动和“迎接十九大、做合格党员”主题党日活动，组织全局各支部开展“学习十九大知识竞赛”，在全体党员中开展“两学一做”教育测试。研究制定 14 项党建方面的制度规定，梳理完善“三会一课”制度流程，为各支部配发《支部工作手册》，依托怀柔区党建规范化实训平台，组织全体支部开展实地见学和支部“三会一课”现场模拟演练活动。组织 19 个党支部书记进行党建述职，开展党建进公有制企业、进帮扶村、进国税“三进三促”② 活动。

【纪检监察】召开年度党风廉政建设工作会议，分级签订党风廉政建设责任书，制定党风廉政建设 7 个方面 34 项责任清单和 38 项责任措施、党组书记 15 项第一责任措施、党组班子成员 14 项主要领导责任措施。联合国税局举办预防职务犯罪专题辅导授课，进行“以案说法”案例警示教育；组织 100 余名干部代表参加怀柔区法院庭审旁听活动。开展“领导干部要严于律己、中层干部要严格管理、税收执法要严格规范，努力实现做事有规矩、执法有规范、发展有规律”的“三严三规”③ 专题教育整改活动。

【后勤管理】改善食堂伙食质量，倡导健康饮食理念。对北房税务所、桥梓税务所、雁栖税务所的食堂、办公楼楼顶进行防水改造，新建职工浴室，更新厨具餐具和暖气设备。加强公车定点停放、定点加油、定点维修的管理。

【税收宣传】与国税局联合举办怀丰跨区域税收宣传活动，在慕田峪长城举办“门票上的税收”主题宣传活动和“营改增”一周年税企座谈会等宣传活动，累计发放税法资料 6000 余份。聘任 20 名首都税收宣传员。举办 12 期 14 批次各类税收政策更新培训，针对 17273 户企业开展纳税信用评价工作，联合国税局推进“银税互动”工作。对外刊发宣传稿件 102 篇，北京电视台《北京新闻》《北京青年报》《新京报》集中报道怀柔区国税局、地税局和工商局“三厅合一”方便百姓举措。在北京地税新浪微博、今日头条账号中刊登文章 8 篇。联合顺义区地税局开展映客直播活动。《北京地税》采用稿件 24 篇。

【税收科研】完成 8 篇处级领导调研报告，1 名干部入选市局精品调研团队，6 篇调研成果在市局《调查与研究》中刊发。《分享经济的税收

---

① “十个一”是指集中进行一次党课教育；表彰一批“两优一先”先进典型；组织一次参观见学活动；发展一批新党员；组织一次支部委员培训；推荐宣传一批先进典型；开展一次主题党日活动；走访慰问一次困难党员；建立一个党建共建对子；组织一次思想大讨论。

② “三进三促”是指进非公有制企业，促进企业增收、税收增长；进贫困村，促进乡村发展；进国税，促进国地税深度融合。

③ “三严三规”是指领导干部要严于律己、中层干部要严格管理、税收执法要严格规范，努力实现做事有规矩、执法有规范、发展有规律。

问题研究》《关于加强村委会与经济合作社税收征管的实践与思考》两篇自主完成的调研成果获怀柔区区长卢宇国的肯定性批示。

【税务文化】举办“约会春天、美丽同行”健康知识讲座。参加首届全国“万步有约”职业人群健走激励大赛、区体育局举办的2017年篮球联赛、区2017第八届职工羽毛球比赛、区直机关“圆强国梦，增幸福感”第二届职工趣味运动会。发挥现有职工书屋总体功能，通过开展好书推荐，引导会员走进书屋。组织20名干部职工无偿献血。

（朱西平　朱乐萌）

平谷区地方税务局

【经济概况】2017年，平谷区实现地区生产总值233.6亿元，按不变价计算比上年增长4.2%；税费总收入78.2亿元，下降4.2%；公共财政预算收入29.6亿元，增长6%；完成固定资产投资101.4亿元，下降38.4%；全区居民人均可支配收入3.34万元，增长8.6%。

【概述】平谷区地方税务局（以下简称平谷局）在北京市地方税务局和平谷区委、区政府的正确领导下，紧抓全面从严治党不放松，围绕组收中心工作，聚焦税收征管体制改革各项工作任务，勇于担当，积极作为，较好地完成了全年各项工作任务。

【地方政府支持税收工作】平谷区委、区政府领导先后4次到平谷局调研慰问，了解组织收入、纳税服务、税收征管、队伍建设等工作，多次对地税工作作出批示与肯定，为平谷局更好地完成组收任务、助力区域经济发展提供了有力支持。

【税收收入情况】平谷局共完成各项税收收入31.72亿元，同口径比上年增收3.38亿元，增长11.93%；完成一般公共预算收入23.53亿元，增收2.02亿元，增长9.39%，完成市局调整后目标的100.6%；完成区级公共财政预算收入10.37亿元，增收0.41亿元，增长4.11%。

表1　　平谷地税收入情况（2017年）　　单位：万元

项　目	本期	增减额（同口径）	比上年增减（%）（同口径）
各项税费收入	346587	31206	9.89
地方公共财政预算收入	235294	20190	9.39
一、税收收入	317203	33800	11.93
其中：中央级	105983	10566	11.07
1. 改征增值税	2456	639	35.17

续表

项　目	本期	增减额（同口径）	比上年增减（%）（同口径）
2. 企业所得税	79264	-3821	-4.60
3. 个人所得税	89103	14947	20.16
4. 资源税	8	8	0.00
5. 城市维护建设税	17391	-1857	-9.65
6. 房产税	9632	-3051	-24.06
7. 印花税	6612	-191	-2.81
8. 城镇土地使用税	2105	-266	-11.22
9. 土地增值税	87931	19756	28.98
10. 车船税	259	-117	-31.12
11. 耕地占用税	482	-574	-54.36
12. 契税	15067	1434	10.52
13. 营业税	6893	-80211	-92.09
二、非税收入	29384	-2594	-8.11
1. 教育费附加收入	10621	-1105	-9.42
2. 地方教育附加	7053	-748	-9.59
3. 外商投资企业土地使用费	21	1	5.00
4. 文化事业建设费收入	—	-2	-100.00
5. 税务部门罚没收入	111	53	91.38
6. 残疾人就业保障金	6268	-1245	-16.57
7. 工会经费	5310	450	9.26

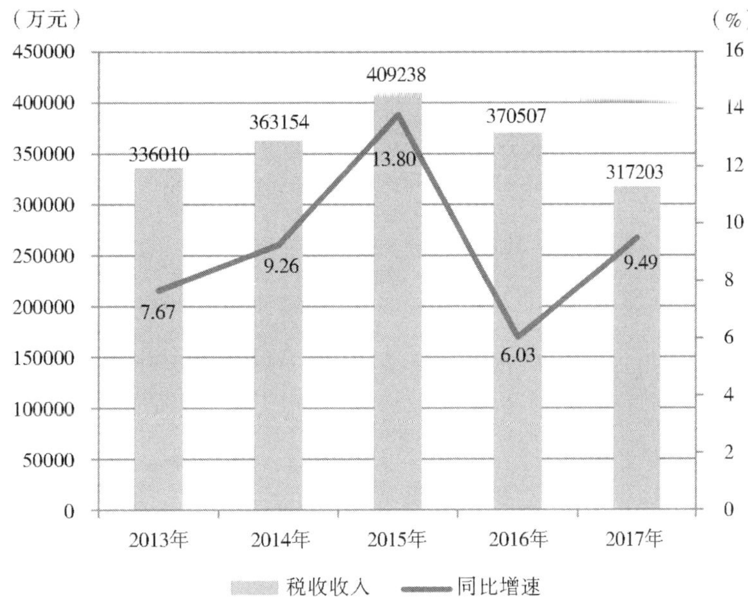

图1　平谷地税税收收入情况（2013—2017年）

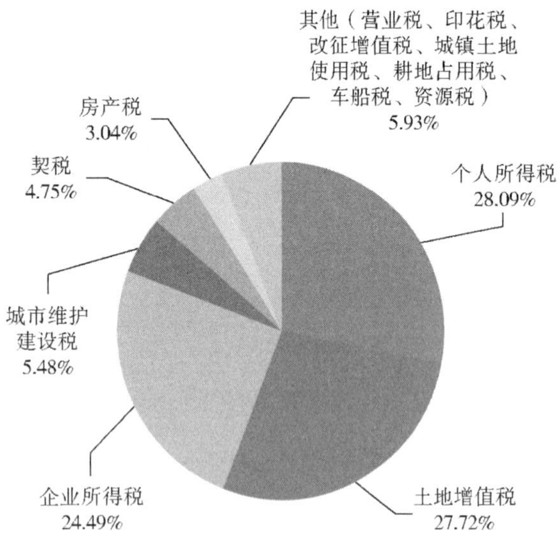

其他（营业税、印花税、改征增值税、城镇土地使用税、耕地占用税、车船税、资源税）5.93%
房产税 3.04%
契税 4.75%
个人所得税 28.09%
城市维护建设税 5.48%
企业所得税 24.49%
土地增值税 27.72%

图2　平谷地税税收收入分税种结构（2017年）

【非税收入】全年组织教育费附加、地方教育附加、文化事业建设费、外商投资企业土地使用费、残疾人就业保障金、工会经费、税务部门罚没收入等非税收入共计2.94亿元，比上年减收0.26亿元，下降8.13%。

【税收收入特点】受“营改增”及非首都功能疏解影响，大部分行业呈现减收趋势，其中支柱行业房地产业、建筑业、租赁和商务服务业合计入库21.17亿元，比上年减收3.49亿元，占整体减收额的62.43%；信息科技行业保持高速发展，科学研究和技术服务业、信息技术和服务业合计完成1.3亿元，增收0.24亿元，增长22.64%；高端制造业规模不断扩大，其中医疗及环保专用设备制造业完成0.1亿元，增收0.01亿元，增长11.4%。个人所得税完成额居首，完成8.91亿元，增长20.16%；土地增值税清算力度加大，完成土地增值税8.79亿元，增长28.98%。企业所得税完成7.93亿元，减收0.38亿元，下降4.57%，减收主要原因是重点税源减少。

【营业税改征增值税】个人出租房屋委托代征工作有序推进，共为1100户纳税人开具个人出租房屋增值税发票，征收增值税及相关税费240.74万元。地税发票缴销及税控机具注销工作有序推进。

【税收法治】积极落实领导干部学法制度，共开展4次集中学法活动；认真开展合同的合法性审核，共审核合同80份，着力防范对外签订合同的法律风险；实施行政许可“对纳税人变更纳税定额的核准”1次；清理税收规范性文件300余件；行政处罚实施数量1200件，人均行政处罚量16件；行政检查实施数量2714件，人均行政检查量36.19件；行政处罚触发职权13项，职权履行率26%，触发2次及以上职权数10项，履职均衡度76.92%；执法岗位关联率99.31%；未发生行政复议、行政诉讼、行政赔偿、行政调解事项和行刑衔接移送案件。

【税收政策落实】2908户企业享受小微企业优惠政策，减免税额627.51万元。其中2506户纳税人享受营业税优惠政策，减免营业税422.5万元；402户企业享受企业所得税优惠政策，减免企业所得税205.01万元。由地税机关负责征收的高新技术企业中10户享受企业所得税优惠，减免金额1450.03万元，近三年均呈现大幅增长的趋势。

【税种管理】企业所得税汇算清缴申报率、申报正确率连续两年达到100%；实现个人所得税信息补录工作零差错，稳步推进区级预算单位个人所得税集中扣缴工作；引入第三方评估机构，加大土地增值税清算力度，全年完成清算项目7个，入库税款66994.84万元。

【纳税服务】开展“便民办税春风行动”，营商环境持续优化；将辖区内集团企业统一调整到第四税务所，实现一体化管理，建立跟踪、监控、分析、预测、服务于一体的管理模式，实现集团企业集中服务；在街道社区设置自助办税终端，在办税服务中心设置自助办税体验厅，积极推进手机自助缴税，提升办税便利度；建设移动纳税人学堂，制作税收普法宣传片。推进“银税互动”，辖区内金融机构为守信企业累计发放贷款7.88亿元。

【税收征管】平谷区国税局、地税局全年交换税务登记信息68225条，比对开业、停业、注销等信息，对异常信息开展清理；互推联合注销635户，交换非正常户信息3021户，清理非正常户465户，征管基础工作得到加强；欠税清缴工作实现重大突破，截至2017年年底，欠税正常户已全部清缴完毕。推送风险应对858户，查补税款8002.83万元；加强税收情报数据分析，完成首例限售股减持核实工作。积极推进个人存量房交易税收征管网络预审工作。累计通过网络预审、限时办理模块受理个人存量房业务424笔，占当期（2017年6—12月）个人存量房业务的71.02%，有效提升了征管质效。

【大企业税收服务与管理】搭建限售股减持税收情报平台，立足情报数据，查补北京路源世纪投资管理有限公司营业税及对应的一税两费及滞纳金共计296万元。加强对上市公司公告信息比对筛查力度，探索大企业风险管理工作新模式。通过开展走访活动，了解大企业涉税需求，解答涉税问题，帮助大企业防范税务风险。

【国际税收管理】组建国际税收专业团队。完善“走出去”企业服务；更新“走出去”企业清册，走访问需，为企业邮寄税收指南和税收指引，帮助企业准确理解税收政策；上报自动情报160份；完成外籍个人所得税专项核查工作，查补税款及滞纳金合计70.34万元。

【税务稽查】完成案件11件，查补收入总额185.22万元；入库查补收入总额1257.06万元。查处发票违法企业10户，查处非法发票份数162份，涉及金额2000.19万元。联合平谷区国税局开展稽查案件5件，结案4件，双方查补收入总额2494.84万元。人均检查户数、查补税款数额、立案准确率、入库率、结案率等指标都达到或超过市局考核标准。

【电子税务管理】建立后台查询数据库，自动完成每日登记及入库数据更新。开发征管辅助查询系统一期——国地税数据集中利用系统，通过对基础数据的采集、加工，实现前台对国地税已纳税费等涉税信息的快速提取、一次性展示和直观比对。

【政务管理】上报市局信息159条，被采用67条，被市局领导批示4条，被市委市政府采用8条。组织约稿信息36篇，被国办、中办采用12篇。向区、乡镇政府及区有关部门主要领导报送《经济信息专刊》12期，向区委区政府报送信息98条，被采用39条。编辑工作简报12期。加强会议管理，严肃整顿会风。组织党组会32次，局长办公会11次。加强督查督办管理，确保工作落实。加强公文管理，提升办文质量，全年处理公文931件，无差错。加强政府信息公开、舆情、信访、非紧急救助等各项工作管理。

【绩效管理】不断规范、优化绩效考核管理。将年度考评成绩及排名结果作为单位评先评优、公务员年度考核、干部选拔任用的重要依据，充分发挥绩效管理工作的激励和导向作用。2017年平谷局绩效管理工作基础指标得分在市局考评中排第7名，总成绩排第7名，位列优秀等次。

【财务管理】加强“三代”手续费经费管理，全年退付手续费306户，金额903.6万元；积极配合市局开展资产清查工作，配合中介审计机构开展资产清查审计工作；做好公车改革后交通费报销、交通补贴发放工作。

【政府采购】严格按照平谷区财政局政府采购的政策要求和程序规定，稳步实施各项采购工作，做到应采尽采。全年通过政府采购程序购置购买服务942606.29元，家具9620元，办公设备198400元，合计1150626.29元。

【人事管理】调整相关科室职能，成立滨河税务所，取消科技信息科，将其职能并入征收管理科，成立机关党委（党建工作科）；选拔任用正科级领导干部4人次，科级非领导干部6人次；配合市局做好5人提任副调研员考察工作，3人已提任副调研员。组织全员参加北京地税系统“岗位大练兵　业务大比武”活动中，获得纳税服务岗位“专业骨干”称号2人次，“岗位能手”称号3人次，1人取得税务信息技术师决赛第8名。

【教育培训】组织各类培训66期，培训干部2482人次。其中，组织全员岗位培训3期，实际参加培训218人次，组织青年干部培训16期，组织专项业务培训12次，组织参加科级领导干部任职培训4人次。

【执法督察与内部审计】组织开展税收执法大督察自查、重点税源征管情况督察和日常税收执法督察，对全局12个单位13个项目开展执法督察，发现各类执法问题9个，并全部整改完毕；对区局工会2016年工会经费收支情况开展内部审计，共计审计金额49万元，提出整改建议3个；积极组织、配合市局部署“专项监督检查”“公务用车专项治理工作”以及外部审计等工作。

【党建工作】落实全面从严治党要求，积极落实北京市地方税务局党组《关于积极发挥垂直管理和属地管理优势　不断增强基层党建工作合力的指导意见》精神，依托“两学一做”学习教育，加强基层党组织建设；编写《党支部规范化工作手册》，完善党建工作室和党员活动室，建立廉政文化墙，巩固基层组织建设阵地；以党支部规范化建设和支部联合共建等为特色，提高基层党组织活力和党员队伍质量；党组率先垂范，开展领导干部下基层蹲点调研活动，为党组更好地指导实践提供有效依据；落实党风廉政建设主体责任，以党风廉政建设主体责任纪实手册为依托，扎实开展党风廉政教育、检查、考评等工作；深入学习宣传贯彻党的十九大精神，“学习宣传贯彻十九大精神　助力京津冀协同发展——国地税三地六局十九大知识竞赛”活动被《中国税务报》《北京日报》报道；开展“双先双优”评选活动，表彰优秀共产党员22名、优秀党务工作者3名、党员先锋岗29名和先进党支部4个。

【纪检监察】完善内控管理机制，依托3张监督表，加强“主体责任”和“监督责任”对接，实现领导干部选拔全过程监督和痕迹化管理，为探索监督“三重一大”事项决策进行了有益尝试；归集整理常见问题，梳理对应法律制度规范，印发《廉洁自律纪法手册》，加强事前防范；形成内部巡察机制，对巡察整改情况进行回头看，推进整改措施落地生根，巩固巡察整改成果。

【后勤管理】严格公务车辆管理，对车辆使用、维修、速通卡使用、出京等方面进行明确；认真落实“三公”经费管理办法，规范公务接待；加强机关食堂管理，做好后勤餐饮服务；严格按照市局办公用房管理规定，及时调整办公用房。

（李冬莲）

房山区地方税务局

【经济概况】2017年，房山区实现地区生产总值679.5亿元，剔除价格因素影响，比上年增长6.5%。人均地区生产总值8946美元。全区区域税收完成259.3亿元，比上年增长16.7%。其中房山地区完成146.7亿元，增长18.2%；燕山地区完成112.6亿元，增长14.7%。全区财政收入完成244.3亿元，增长1.6倍（160.7%）。其中一般公共预算收入完成60.2亿元，增长12.2%；政府性基金预算收入完成183.5亿元，增长3.6倍（361.8%）。全区居民人均可支配收入36289元，增长8.9%。城镇居民人均可支配收入42992元，增长8.9%。农村居民人均可支配收入22727元，增长9%。

【概述】2017年，房山地税局充分发挥税收职能作用，突出全面从严治党和持续深化改革两个重点，紧紧围绕组收中心工作，强管理，优服务，主动服务区域经济发展大局。坚决落实国务院6项减税政策。履行税收职能，落实疏解非首都功能产业的税收支持政策，服务区域发展大局。积极落实征管工作34条措施，持续夯实征管基础。深入推进“放管服”改革，落实提升纳税便利度45项措施。加强与国税局的合作，稳步推进征管体制改革。顺利承接了无线电频率占用费、防空地下室易地建设费和国家电影事业发展专项资金的代收工作。切实加强党的建设和队伍建设，行政管理工作持续改进，税收法治水平稳步提升，圆满完成了以组织收入为中心的各项工作任务。

【地方政府支持税收工作】房山区政府高度重视地方税收工作，区长主持召开组收工作专题会，听取税务、财政部门工作汇报，密切关注组收形势。区领导多次到房山区地税局进行调研、慰问，对《从地税看房山在五个城市发展新区中的位置》等12份材料做出重要批示。

【税收收入情况】全年累计完成各项税费收入62.8亿元，同口径比上年增长0.6%，完成规模在全市地税系统排名第12位；一般公共预算收入41.4亿元，增长1.6%；区级公共财政预算收入17.4亿元，增长3.1%，占全区（房山片）公共财政收入比重为36.7%（注：同口径不含营业税）。

表1　房山地税收入情况（2017年）　单位：万元

项　目	本期	增减额（同口径）	比上年增减（%）（同口径）
各项税费收入	627757	3818	0.6
地方公共财政预算收入	413959	6533	1.60
一、税收收入	574771	5696	1.00

续表

项　目	本期	增减额（同口径）	比上年增减（%）（同口径）
其中：中央级	204229	-2901	-1.40
1. 改征增值税	9074	-2655	-22.63
2. 企业所得税	211662	-18098	-7.88
3. 个人所得税	121693	16762	15.97
4. 资源税	1257	-15	-1.19
5. 城市维护建设税	34577	1245	3.74
6. 房产税	24322	438	1.84
7. 印花税	9319	47	0.51
8. 城镇土地使用税	4649	444	10.56
9. 土地增值税	88108	18587	26.74
10. 车船税	60	-32	-34.42
11. 耕地占用税	3682	705	23.67
12. 契税	68314	-9788	-12.53
13. 营业税	-1946	-136675	-101.44
二、非税收入	52986	-1878	-3.4
1. 教育费附加收入	20651	819	4.13
2. 地方教育附加	13767	547	4.14
3. 外商投资企业土地使用费	42	2	5.27
4. 文化事业建设费收入	—	-23	-100.00
5. 税务部门罚没收入	174	38	27.91
6. 残疾人就业保障金	8784	-3447	-28.18
7. 工会经费	9568	185	2.0

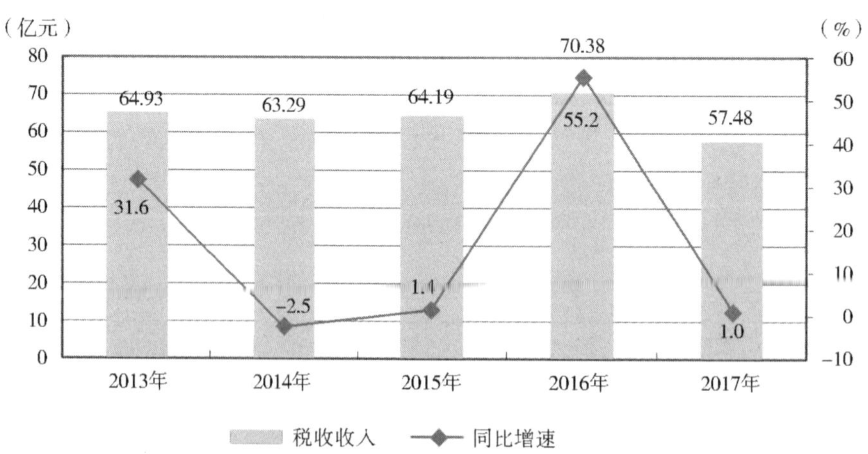

图1　房山地税税收收入情况（2013—2017年）

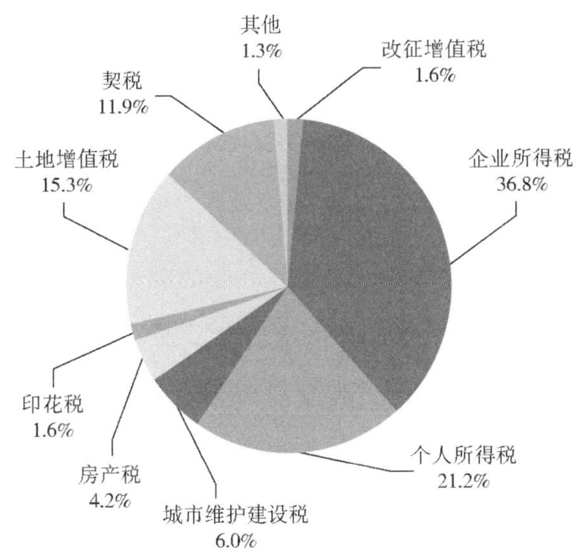

图 2 房山地税税收收入分税种结构（2017 年）

【非税收入】全年组织教育费附加、地方教育附加、文化事业建设费、外商投资企业土地使用费、残疾人就业保障金、工会经费、税务部门罚没收入等非税收入共计 52986 万元，比上年减收 1878 万元，下降 3.4%。

【税收收入特点】按行业划分，房地产业累计入库各项税费 33.7 亿元，占总收入比重 53.7%，比上年减收 0.4 亿元，下降 1.3%，是全局税收第一大行业；建筑、制造、服务行业合计完成税费 18.6 亿元，占总收入的比重达到 29.6%。按税种划分，土地增值税累计入库 8.8 亿元，增收 1.9 亿元，增长 26.7%，是本年增收额最大的税种；企业所得税累计入库税款 23 亿元，减收 1.8 亿元，下降 7.9%，为本年减收最明显的税种；个人所得税累计入库 12.2 亿元，增收 1.7 亿元，增长 16%；契税累计入库 6.8 亿元，减收 1 亿元，下降 12.5%。高端产业税收增长迅速，租赁和商务服务业累计入库各项税费 5 亿元，增长 23.5%；科学研究和技术服务业累计实现税收 4.1 亿元，增长 65.7%；金融业实现各项税费收入 1.3 亿元，增长 40.7%。全年共减免各项税费 13.17 亿元。

【税收法治】将送法下基层活动纳入折子工程。创新开展税法“十进”[①]宣传活动，提高纳税人税法遵从意识。全面落实简政放权措施、权责清单制度等行政审批制度。对保留的行政许可事项推行标准化和规范化，不断改进和优化政府服务。严格落实执行新版税务行政处罚裁量标准，统一执法口径，规范具体行政行为，有效降低执法风险。

【税收政策落实】落实国务院 6 项减税政策。主动走访互联网金融安全示范产业园、基金小镇、韩建集团等重点园区和企业，实地调研了解高新技术企业、小微企业享受税收优惠政策情况，督导政策落实到位。加强减免税后续管理，全面开展个人所得税减免税申报情况核查和企业所得税减免税核实抽检，先后对 56 户企业开展政策执行情况督查，确保落实税收优惠政策不打折扣。全年受理减免税备案 196 份，企业享受减免税款 1.28 亿元，小微企业所得税优惠享受率达到 100%。

【税种管理】完善二手房交易税收征管流程。加大土地增值税清算审核力度，完成了 4 个项目清算审核，共计入库税款 2.99 亿元。加强企业所得税完工产品备案管理，初步建立企业所得税完工产品差异调整税款评估模型。强化股权转让个人所得税征收管理，做好非京籍购房资格个人所得税补缴核查工作。进一步加强与国土局沟通合作，做好耕地占用税督缴工作。

【纳税服务】推进“落实优化营商环境，提升纳税便利度”45 项措施。推行“互联网 + 税

① “十进”是指进学校、进乡村、进社区、进企业、进军营、进景区、进交通枢纽、进机关、进单位、进商务楼宇。

务”服务模式，在北京大学生创业园成立全市首家微税厅。启用办税服务厅无声叫号系统，为纳税人提供良好的办税环境。深入开展“便民办税春风行动”。实现存量房交易、税务登记等22项业务的全市通办。加强税务网站建设，多途径提供税收政策咨询和服务。利用微信平台为纳税人提供在线回复和远程辅导等个性化服务。联合国税局加强纳税人学堂建设，建立市局小呼中心远程座席。全面扩围“免填单”服务，50%以上的涉税事项实现了免填单。积极发挥纳税人权益保护中心职能作用，完善纳税服务投诉管理规程。

【税收征管】积极落实征管工作34条措施。持续加强申报入库管理，充分利用金税三期系统催报、催缴功能，加强申报未入库数据的催报、核实和清理工作。加强集贸市场委托代征，与17家集贸市场签订个体工商户委托代征协议，做好“两税两费”代征工作。建立以风险管理为导向的税收征管体系，加大风险推送力度，开展风险应对1588户，补缴税款及滞纳金1.06亿元。做好“营改增”税控发票缴销工作。建立与区国税局、住建委、统计局、国土资源局等部门之间的涉税信息交换机制，共采集涉税信息14318条。编制《税收数据手册》8期，提高税收数据的采集和利用水平。加强部门协作，清理僵尸企业，共对符合条件的200余户经营主体完成了清理工作。深入开展税收风险管理，建立分行业、分税种风险防控模型17个。加强国地税合作，共建风控指标模型，共享欠税纳税人信息，联合推进涉税事项网上办理，实现一照一码户信息采集、变更税务登记等85项涉税事项网上办理，被国家税务总局评为全国百佳国税地税合作市级示范区。

【大企业税收服务与管理】完善大企业服务管理机制，制定重点联系企业税收管理工作方案，加强大企业管理与服务，完成260户次千户集团财务报表采集工作。

【国际税收管理】完善“走出去”企业基础清册、境外被投资企业清册和外派人员清册，以房山国际葡萄酒大赛为契机，开展“国际税收服务‘一带一路’”为主题的税收活动。推进反避税工作取得突破性进展，对1户涉嫌违反独立交易原则纳税人开展反避税调查，入库税款367万元。

【税务稽查】房山地税局稽查局落实北京市地税局稽查改革部署，立足稽查主业，强化未结案件清理、提高案件查办质量。全年承办各类稽查案件24户，结案25户。

【电子税务管理】健全后台数据处理机制，及时受理、报送《税收数据后台处理单》346份。强化信息安全，全年未发生违规外联情况；完成各办公区无线网络覆盖工作，保障全局干部均能通过无线终端实现移动办公。

【政务管理】全年共办理来文1272件，发文150件，签报161件。完成对局机关办公大楼以及良乡办公区装修改造工程基建档案的数字规范化整理，共形成基建档案3370件。及时调整政务公开（政府信息公开）工作领导小组，修订并印发《北京市房山区地方税务局政府信息公开指南》，主动公开信息312条，受理并办结政府信息依申请公开29件。制定《北京市房山区地方税务局信访工作应急处置制度》，成立应急处置小组，明确处置措施。共收到信访件5件，其中来访2件，网信2件，市局转办单1件，均按规定进行了办理。

【绩效管理】严格按照市局文件要求，持续优化完善考核指标、修订指标细则，全年完成市局指标任务29项。在市局年度绩效考核中排名第12位。全年获得各类市级以上表彰表扬15项次、荣获各类市级以上荣誉称号3项。

【财务管理】做好日常基本支出和项目用款分配，保证支出进度，强化预算执行监督，加强重点项目的跟踪和监控，提高资金使用和保障效益。严格资产程序，做好资产入库。

【政府采购】严格执行《北京市2016—2017年政府采购集中采购目录及标准》，按规定和程序实施公开招标。2017年房山局政府采购共计167.79万元，其中货物20.53万元，服务147.25万元。

【人事管理】注重优秀年轻干部培养，任用4名副科级领导干部主持科所工作，提拔5名副科级领导干部，提任科级非领导干部5人，改任科级非领导职务7人，新录用公务员7人。实现干部任免和内部轮岗83人次。调整内设机构设置，撤销科技信息科，设立机关党委（党建工作科）。

【教育培训】组织全员素质提升培训，分级分类开展初任培训、科级领导干部任职培训、专门业务培训。开展2017年“岗位大练兵、业务大比武”，推荐优秀干部参加市局复赛，其中信息技术岗3人进入半决赛；加强横向联系，与顺义、通州、门头沟、大兴局联合举办2017年科级领导干部培训班；抓好业务骨干培训，鼓励干部报考“三师”等与税收业务相关的职业资格，本年度1名干部取得注册会计师全科合格证书，1名干部获得北京地税系统2017年税收专业英语口语结业考试第一名。

【执法督察与内部审计】开展了6大类29个项目的税收执法大督察和4个项目的日常税收执法督察工作，全年共检查各类案卷资料81件、核查疑点数据3708条，发现问题10件（含核实数据疑点5条）。完成向本级税务机关报告的《税收执法督察报告》1份，《税收执法督察处理意见书》13份，追缴税款及滞纳金401万元。开展公务用车专项治理和政府采购事项的内部审计。配合市局开展退税、股权转让等专项监督检查和整改。推进内控机制建设，建立局所两级监测评价内控管理体系，成立内部控制自我评价工作领导小组，实现对税收执法和行政管理各环节的监管。

【党建工作】以学习宣传贯彻党的十九大精神为主线，深入推进“两学一做”学习教育常态化制度化。狠抓各级主体责任落实，逐级签订责任书。分别于5月和10月完成各党支部和机关党委的换届选举。扎实抓好支部建设，扎实开展主题党日活动。建设了“一廊、多点、一中心”① 的党建阵地。注重制度建设，全年共制定党建类制度11项，有效促进了各项工作的规范开展。

【纪检监察】协助推进局党组落实党风廉政建设主体责任。建立房山国地税纪检监察工作合作机制，明确了6个方面的合作事项。将《忏悔录选编》列入局党组理论中心组学习内容。组织新入职人员及协税员到廉政教育基地参观、联合房山区国税局组织青年干部到北京市房山区拘留所参观。编发《廉政警示教育学习园地》4期。在全局开展公车私用、公卡私用问题专项检查。在全局开展“为官不为”“为官乱为”问题专项治理工作和“严肃查处群众身边的不正之风和腐败问题”专项治理工作。制定《北京市房山区地方税务局纪检监察信访工作办法》，制作《执

① “一廊、多点、一中心”是房山局党建阵地建设的总体布局，均衡分布在机关和各办公区，总面积约600平方米。其中“一廊”是指位于机关办公楼二楼的党建长廊；“多点”是指分布于良乡办公区、阎村办公区和琉璃河办公区的党建活动室和党员承诺墙；“一中心”是指位于机关西配楼二楼的党群活动中心。

纪审查文书模板》，制定《房山区地方税务局纪检监察部门问题线索集体排查制度》，完善《纪检监察举报件管理台账》，做好信访举报件立卷归档工作。

【后勤管理】印发4项管理制度，加强后勤工作制度保障。对办公用房实行动态管理，随科室设置和人员调整调配办公用房，确保办公用房面积不超标。严格执行公车管理规定，进一步规范审批手续；在确保车辆运行安全的基础上，有效控制维修经费支出。加强巡检维护工作，确保相关设备设施正常运转。做好节水宣传工作，加强全局干部职工节水、爱水的意识，营造节约用水宣传氛围。

【税收宣传】围绕“互联网+税务”、助力企业发展、税收法治教育等内容，先后开展“微服务”推广、微税厅启动和“助力企业发展 我们携手行动”税政辅导等各类宣传活动32场次，先后在《北京日报》、北京电视台《北京新闻》《特别聚焦》《税收天地》《中国税务报》和《房山报》、房山电视台等媒体发布各类新闻报道162篇次。充分利用内部宣传平台，共刊发《房山地税动态》33期。加强舆情监控，妥善处理网上涉税舆情。

【税收科研】围绕税收现代化建设和征管改革、服务区域经济发展等重点，结合业务实践中遇到的难点和热点，积极开展调研工作，共实现调研成果转化6项。1篇调研被国家税务总局《税务研究》刊发，1篇调研获得北京税收法制建设研究会论文评选一等奖。

【税务文化】与房山区总工会联合举办“送祝福写春联”活动，为干部职工书写春联300余幅。加强对安庄村和驻地某部队的帮扶共建工作。落实学雷锋志愿活动，到房山区到房山区城关敬老院开展敬老爱老活动。取得集体荣誉7项、个人荣誉5项。

（马宏伟）

昌平区地方税务局

【经济概况】2017年，昌平区实现地区生产总值839.3亿元，比上年增长8.5%，高于全市增速1.8个百分点。全区一般公共预算收入稳定增长，完成84.3亿元，增长7.7%，完成年度预算的100.7%。全区消费市场运行较为平稳，实现社会消费品零售额452.1亿元，增长7%。规模以上工业企业累计完成工业总产值1078.8亿元，增长21.6%。完成全社会固定资产投资546.3亿元，下降8.1%。居民人均可支配收入34787元，增长8.7%。

【概述】深入落实“放管服”要求，不断强化服务意识，更新服务理念，深入开展国地税合作。坚持依法组收，坚持高效征管，全力落实征管体制改革和税收现代化建设任务，积极发挥税收职能作用，全力服务区域经济社会发展和首都建设，推动税收工作迈上了新台阶。

【地方政府支持税收工作】2017年，昌平区委书记侯君舒，区委副书记、区长张燕友，区委常委、副区长苏贵光，区纪委副书记瓮民等多名领导先后到昌平区地方税务局调研。区委常委、副区长苏贵光先后3次对昌平区地方税务局报送的收入完成情况分析报告、城市发展收入分析报告等给予肯定性批示。

【税收收入情况】 全年共完成各项税费收入126.53亿元，比上年增长11%；完成税收收入115.75亿元，增长11.7%。其中，完成地方公共财政预算收入82.85亿元，增长9.1%；完成区级税收33.62亿元，增长19.9%，收入规模在全市16个区排名第8位，在城市发展新区排名第3位，税收增速排名第10位，圆满完成组织收入目标。

表1 **昌平地税收入情况（2017年）** 单位：亿元

项　目	本期	增减额（同口径）	比上年增减（%）（同口径）
各项税费收入	126.53	12.54	11.0
地方公共财政预算收入	82.85	6.93	9.1
一、税收收入	115.75	12.14	11.7
其中：中央级	41.88	5.37	14.7
1. 改征增值税	3.48	-0.55	—
2. 企业所得税	28.22	7.14	33.9
3. 个人所得税	37.98	1.52	4.2
4. 资源税	0.15	0.08	106.4
5. 城市维护建设税	6.23	0.36	6.2
6. 房产税	9.73	2.98	44.1
7. 印花税	3.32	-0.63	-16.0
8. 城镇土地使用税	0.97	0.20	26.5
9. 土地增值税	11.39	2.91	34.3
10. 车船税	0.01	0.00	15.5
11. 耕地占用税	0.10	-0.05	-31.2
12. 契税	13.68	-2.29	-14.3
13. 其他税收	0.00	0.00	—
二、非税收入	10.77	0.40	3.9
1. 教育费附加收入	3.71	0.23	6.7
2. 地方教育附加	2.47	0.16	6.9
3. 外商投资企业土地使用费	0.02	-0.01	-18.9
4. 税务部门罚没收入	0.03	0.01	122.3
5. 残疾人就业保障金	2.74	-0.24	-8.0
6. 工会经费	1.75	0.19	12.5

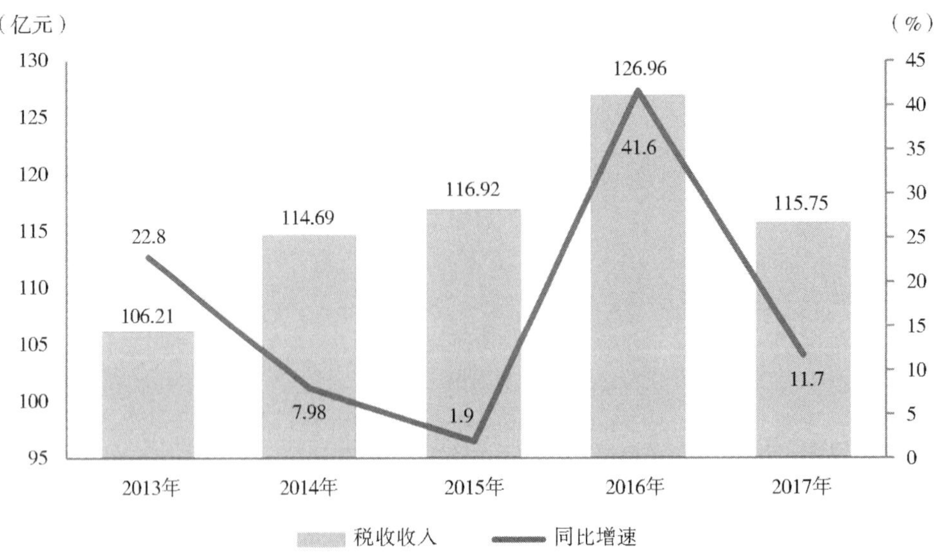

图1 昌平地税税收收入情况（2013—2017年）

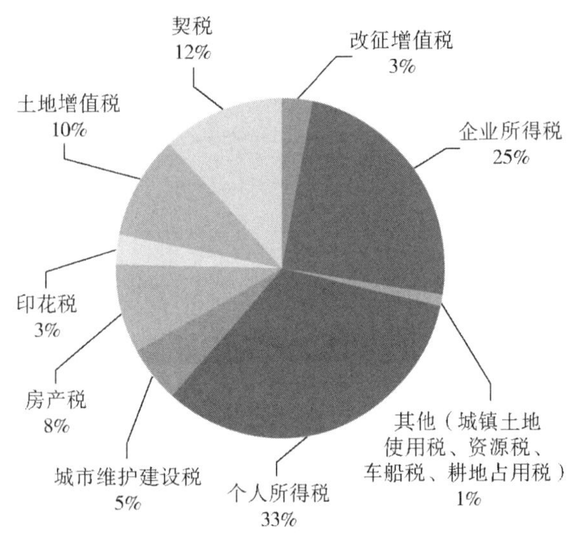

图2 昌平地税税收收入分税种结构（2017年）

【非税收入】 全年教育费附加完成3.71亿元，比上年增长6.7%；地方教育附加完成2.47亿元，增长6.9%；外商投资企业土地使用费完成0.02亿元，下降18.9%；税务部门罚没收入0.03亿元，增长122.3%；代收残疾人就业保障金2.74亿元，减少8%；代收工会经费1.75亿元，增长12.5%。

【税收收入特点】 上半年收入高速增长，一是二手房交易量价齐升，相关税费大幅增长；二是2016年下半年以来房地产交易持续升温，企业所得税、土地增值税快速增长；三是一次性大额税款入库。下半年收入增速放缓，主要原因是受房地产调控政策影响，二手房交易量价持续回落。

【营业税改征增值税】 继续做好“营改增”后续工作，按照规定程序对旧版印花税票销售凭证清点核对并进行统一销毁。共计销毁旧版印花税销售凭证5748份。

【税收法制】 加强法制建设，清理全文失效、废止的税收规范性文件24份。聘请法律顾问，完善法律支持和服务工作。印发本局合同管理办法，加强合法性审查，审核各类合同22份。依法开展行政复议、应诉工作，全年受理行政复议案件3起，处理行政应诉案件10起。

【税收政策落实】 深入落实“放管服”要求，制定深化征管体制改革实施方案，严格落实89项改革事项。全面开展“转方式 提效能”调查研究，拟制推进转变税收征管方式提高税收征管效能工作的实施意见。落实税收管理员制度实施办法，有序做好分类分级、厅所职责划分等各阶段工作。

【税种管理】全面落实水资源税相关政策规定，认真做好水资源“费改税”宣传培训、税源认定和数据采集工作。引入第三方服务开展土地增值税清算审核，全年清算9个项目，入库税款2.2亿元。

【纳税服务】加大税收宣传辅导，聘任首批20名纳税人为首都税收宣传员。邀请区政协委员代表到国、地税办税服务厅，亲自体验创新服务举措。开展“便民办税春风行动”，启动区国税地税联合办税服务厅。深化“放管服”改革，统筹优化全区办税资源和营商环境。推进网上办税，拓展自助办税，增加自助办税终端2台。加强纳税信用管理，2016年度共参评36083户，其中评价结果为A级的2413户。

【税收征管】截至2017年底，共有税务登记正常户119288户，其中企事业单位70899户，个体工商户48389户。开展日常检查、税务约谈等风险应对工作446户。加大清理陈欠力度，入库税款、滞纳金752.24万元。

【大企业税收服务与管理】加强大企业税收风险管理系统应用，对大企业风险开展人工复核。完成106户千户集团企业及其成员企业财务报表采集工作，确保全年大企业考核顺利完成。

【国际税收管理】成立昌平区地方税务局反避税专业团队，召开国际税收情报交换工作培训会1次，启动税收专项情报交换1起。领取《对外支付备案表》433份（含朝阳局4份），审核429份。开具中国税收居民身份证明4份，个人财产对外转移税收证明10份。税务约谈和日常检查15户重点企业、132名外籍人，补缴税款50.92万元，罚款27.34万元。

【税务稽查】立案实施检查6户，有问题6户，查补税款301.49万元，滞纳金143.37万元，罚款101.87万元。按照市局《北京市地方税务局关于同意昌平区地方税务局稽查机构调整的批复》，昌平区地方税务局于2107年5月10日完成稽查体制改革，后续积极开展积案清理，2017年8月31日完成全部检举案件和税务档案的移交工作，标志着后续收尾工作全部完成。

【电子税务管理】承接市局数字税源地图试点工作，探索实现抽象税收数据与税源精细化管理结合路径；启动“互联网+增量房自助办税终端系统”开发项目，提高自助办税便捷度；推广网上办税，推进个人存量房交易涉税资料网上预审核工作，与区住建委实现数据即时交换。

【政务管理】全年共组织局党组会27次、局长办公会14次，印发公文118件、流转698件，整理文书档案353件、提供档案查阅25次，主动公开信息423条、依申请公开2条，处理督查事项105项，接收处理信访件21件。

【绩效管理】聚焦我局重点工作，科学设置指标体系，制发考评绩效指标。开展组织绩效考评及个人绩效考评工作，按季度组织召开绩效讲评会。积极开展绩效培训，在全员更新知识培训中加入绩效管理教学内容。

【财务管理】汇总编制并上报2016年部门决算报表，认真分析和总结经费收支情况，形成决算报告。核实各项基础数据，编制2018年部门预算。按照财政部署将预决算公开。完善内部控制建设。配合市局、区级完成审计核查检查6次，发现的问题逐一进行整改落实。

【政府采购】严格政府采购管理，开展政府购买服务项目自查，对本局土地增值税清算项目实施进程、支出情况进行自查，并形成自查报告提交财政局。

【人事管理】2017年，办理工作性调出1人，遴选性调出7人，退休11人；工作性调入1

人，新录用公务员7人，军转干部1人；完成干部轮岗62人、新录用公务员试用期满考核13人；晋升正科级非领导职务10人，晋升副科级非领导职务6人。组织全员干部更新知识培训，组织报考注册税务师等各类考试51人次，选拔20人参加市局业务大比武。

【教育培训】 联合举办科级领导干部培训班，34名正科级领导干部参训；组织新任职4名科级领导干部参加任职培训；组织更新知识培训294人次、在线学习考试312人次；组织开展“岗位大练兵 业务大比武”活动，获北京市地税系统纳税服务岗位“专业骨干”称号1人、“岗位能手”称号2人。

【执法督察与内部审计】 开展专项监督检查排除执法风险，完成公务用车专项治理，完成科级领导干部交接监督。有序开展税收执法督察，调取案卷138份，发放调查问卷6份，发现涉及3个项目共计8个问题，下发税收执法督察处理意见书8份，补缴税款滞纳金50.7万元。

【党建工作】 确定全年党建工作重点任务，明确7个方面36项重点任务。严肃党内组织生活制度，认真落实意识形态工作责任制，全年组织党组中心组学习19次，支部活动321次，“两学一做”学习教育常态化制度化切实落实。抓选人用人，做好中层领导干部管理。结合征管改革，加强青年干部培养。通过“党员先锋岗”评比，发挥优秀党员模范作用。启动“党员政治生日”活动。

【纪检监察】 纪检监察工作稳步推进，形成“两个责任”相互联动、相互促进的良好局面。召开全面从严治党工作会议，积极开展“为官不为”“为官乱为”专项治理活动和“严肃查处群众身边的不正之风和腐败问题”专项治理工作。对全局2014年1月至2017年6月期间公务加油卡、ETC速通卡使用情况进行全面检查，追缴违规金额26718.89元，对违规违纪的5名干部职工进行了党纪、政纪处分。

【后勤管理】 做好后勤人员、车辆、食堂等管理工作。代管市地税局原灾备中心办公区安全管理工作。做好第一税务所新址筹建。

【税收宣传】 积极组织开展“深化税收改革 助力企业发展”税收宣传月活动。联合区国税局开展农业嘉年华税收宣传活动，举办“税收普法服务双创 助力学子创业圆梦”宣传活动暨“昌平区双创税收普法基地”揭牌仪式，邀请区政协委员走进税务大厅体验办税服务，联合中国工商银行北京市分行在昌平区未来科学城举办手机银行自助缴税启动仪式，开展2次网络直播活动。累计150余篇宣传稿件被各类媒体采用，《感谢你，光荣的纳税人》荣获北京市公益广告评选活动二等奖。

【税收科研】 全年发布调研文章14篇，其中在市局《调查与研究》刊发独立撰写的文章4篇、联合调研报告2篇，在《公共财政研究》刊发1篇。全国税务系统“税法的行政解释”主题征文优秀奖1篇，2017年北京税收法制建设研究会征文获一、二、三等奖和优秀奖共5篇。

【税务文化】 组织国地税青年开展“传承雷锋精神，弘扬奉献友爱互助进步的志愿精神”税法宣传公益活动，开展“学习总书记讲话 做合格共青团员”教育实践工作，参观学习“砥砺奋进的五年”大型成就展等系列活动，增强青年干部自豪感、责任感、使命感。2017年昌平区地方税务局被中央精神文明建设指导委员会评为全国文明单位；第二税务所被北京市总工会评为“北京市工人先锋号”。

（王 刚）

大兴区地方税务局

【经济概况】 2017 年，大兴区实现地区生产总值 644.3 亿元，比上年增长 7.1%；实现一般公共预算收入 84.7 亿元，增长 9%；实现社会消费品零售额 413.7 亿元，增长 7.1%；城镇居民人均可支配收入 47572 元，增长 8.3%；农村居民人均可支配收入 21338 元，增长 9.1%。

【概述】 大兴地税局在 2017 年认真学习贯彻党的十九大精神，围绕市、区决策部署，深入推进全面从严治党向基层延伸，坚持依法行政，主动作为，进一步夯实征管基础，不断优化纳税服务，年度重点工作任务圆满完成，服务区域改革发展取得良好成效。

【地方政府支持税收工作】 大兴区政府始终高度重视地方税收工作，定期召开区发改委、区财政局、区工商局、区国税局、区地税局、区经信委等单位参加的经济形势分析会，加强沟通交流，共促工作开展。大兴区区委书记周立云、区长崔志成对大兴地税局工作给予肯定并作出多次批示。

【税收收入情况】 全年累计完成各项税费收入 110.6 亿元，同口径比上年增加 8.5 亿元，增长 8.3%。其中，税收收入累计完成 101.1 亿元，增加 8.7 亿元，增长 9.4%；一般公共预算收入完成 75.8 亿元，增加 5.9 亿元，增长 8.4%；区级收入完成 32 亿元，增加 3.9 亿元，增长 13.7%。

表 1　大兴地税收入情况（2017 年）　单位：万元

项　目	本期	增减额（同口径）	比上年增减（%）（同口径）
各项税费收入	1106401	85238	8.3
一般公共预算收入	758112	58808	8.4
一、税收收入	1011134	87202	9.4
1. 改征增值税	20112	-5109	-20.3
2. 企业所得税	269396	-14916	-5.2
3. 个人所得税	255073	56402	28.4
4. 资源税	18	-23	-56.1
5. 城市维护建设税	49089	-2249	-4.4
6. 房产税	70740	18034	34.2
7. 印花税	18508	1694	10.1

续表

项　目	本期	增减额（同口径）	比上年增减（%）（同口径）
8. 城镇土地使用税	6695	516	8.4
9. 土地增值税	183070	49051	36.6
10. 车船税	151	12	8.6
11. 耕地占用税	6379	2395	60.1
12. 契税	130250	-20258	-13.5
13. 营业税	1653	-248452	-99.3
二、非税收入	95267	-1964	-2.0
1. 教育费附加收入	29351	-1033	-3.4
2. 地方教育附加	19566	-664	-3.3
3. 外商投资企业土地使用费	281	-288	-50.6
4. 税务部门罚没收入	195	-84	-30.1
5. 残疾人就业保障金	23829	-2506	-9.5
6. 工会经费	22042	2608	13.4
7. 其他收入	1	1	100
8. 文化事业建设费	2	-2	-50

注："其他收入"1万元为发票保证金（税务代保管资金）。按照2017年6月下发的《关于进一步加强税务代保管资金管理工作的通知》要求，北京地税局于2017年6月30日将该1万元办理缴库，计入"其他收入"进行核算。

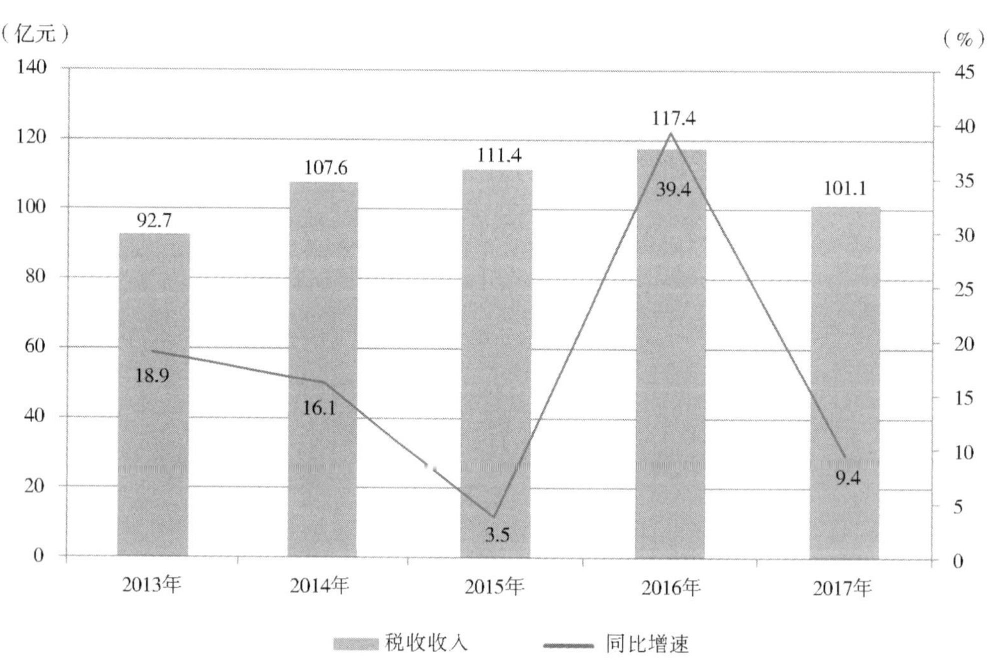

图1　大兴地税税收收入情况（2013—2017年）

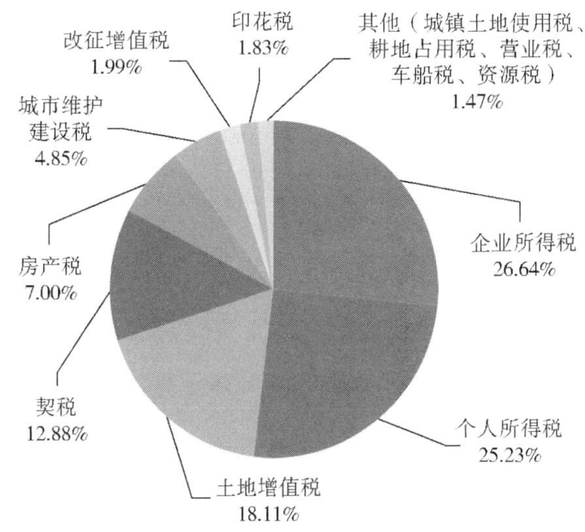

图2　大兴地税税收收入分税种结构（2017年）

【**非税收入**】全年完成教育费附加、地方教育附加、外商投资企业土地使用费、税务部门罚没收入、残疾人就业保障金、工会经费、文化事业建设费以及其他收入等共计9.5亿元，比上年减少0.2亿元，下降2%。

【**税收收入特点与分析**】按行业划分，房地产业税收完成51亿元，同口径比上年增长9.7%，占比46.1%，税收规模居首，增收贡献突出；制造业，租赁和商务服务业，批发和零售业，居民服务、修理和其他服务业等主体行业累计完成31亿元，税收占比28%。按税种划分，企业所得税、个人所得税分别累计完成26.9亿元和25.5亿元，增长-9.2%和28.4%，累计占比47.4%；财产和行为税累计完成46.5亿元，增长11.8%，占比42%。

【**营业税改征增值税**】联合区国税局开展政策宣传，就二手房交易、拆迁补偿款等涉税难点问题多次同区国税局进行深入探讨、研究，确保政策口径一致。按月做好委托代征数据的统计。

【**税收法治**】制定领导干部学法用法计划，签订税收执法责任书，开展全员依法行政培训。落实《北京市国家税务局　北京市地方税务局关于发布〈北京市税务行政处罚裁量基准〉的公告》，严格执法标准。全年依法办理行政复议案件2件，行政诉讼案件2件。1名法制科干部获得公职律师从业资格。

【**税收政策落实**】全年办理二手房交易业务10385笔，代征增值税2.01亿元，代开增值税普通发票10310份、增值税专用发票12份。累计2848户企业享受小型微利企业税收优惠政策，减免企业所得税1290万元。严格落实《北京市水资源水改革试点实施办法》，落实土地增值税、房产税、城镇土地使用税、契税减免政策，减免税款8496万元。

【**税种管理**】研究制定《大兴区地方税务局贯彻落实水资源税改革试点工作实施方案》《大兴区地税局　大兴区水务局贯彻落实水资源税改革试点应急预案》。夯实外商投资企业土地使用费费源基础。全面实施房产税属地征收和出租房屋按租金计征。制发《北京市大兴区地方税务局土地增值税清算审核工作管理办法》，全面推广个人存量房交易税收征管网络预审工作。关注大兴农村集体经营性建设用地入市试点工作，落实涉税政策。残保金征缴入库2.39亿元。工会经费代收费源户共计1254户，入库22042万元。稳步推进防空地下室易地建设费、国家电影事业发展专项资金代收，落实环境保护税开征前期准备工作。

【**纳税服务**】开展纳税辅导96期，辅导纳税人9980人次，短信提醒告知服务15.3万人次。"大兴税务"官方微信新增微信取号和微信预约功能，推送涉税信息525期，共1928条。82012366远程座席受理咨询电话1740个。区局tax861网站新增"国地税合作""税收热点"栏目，发布涉税信息1929条，纳税人访问量达到15.4万人次。联合大兴区国税局对27062户企业开展纳税信用等级评价，与7家银行签订银税互动合作实施协议。联合国税搭建“自助办税服务厅”，设置12台自助设备，纳税人自助办税近4000笔。共同筹建大兴工商税务分中心，设置地税窗口18个，实现纳税人“进一家门，办三家事”。

【税收征管】 2017年，税源户达到73293户，比上年度66365户净增加6928户，净增长10.44%。完成风险应对1045户，其中日常检查完成114户，补缴税款及滞纳金9825.52万元。累计清理欠税105.11万元。增值税发票代开业务开具增值税普通发票16873份，专用发票185份，代征增值税税款20112万元。

【大企业税收服务与管理】 积极贯彻落实国家税务总局《深化大企业税收服务与管理改革实施方案》和市局相关工作要求，结合区局工作实际，紧密围绕大企业管理体系建设和大企业风险管理与服务两个方面，持续深入推进国地税合作，牢牢把握大企业纳税需求导向，和谐征纳关系，助力大企业经营发展，有序做好各项工作。

【国际税收管理】 加强税源管理所业务培训，审核上年关联申报质量，做好反避税工作。加强非居民企业税收管理，优化对外合同管理方式，与区国税局建立对外支付备案传递机制，定期交换动态信息，有效堵塞小额零散付汇管理漏洞。进行对外支付备案213份，征收税款278.57万元。做好自动情报交换工作，向市局发出情报18份。积极参加外派税务官考试，并获得优异成绩。

【税务稽查】 召开重大案件审理工作会1次，审理一户偷税企业移送案件。完成上年度未结举报案件3件，共受理举报案件44件，共查补税款及滞纳金11.3万元。按照市局统一部署，完成稽查体制改革。

【电子税务管理】 着力推进信息化建设，保障信息系统安全稳定运行。注重日常维护和维修保养，进一步推进金税三期等各应用系统运行维护。强化风险意识，查找排除各类隐患，建立健全信息反馈机制，加强应急管理，大力加强信息化风险防范。

【政务管理】 制定《北京市大兴区地方税务局信访工作办法》《北京市大兴区地方税务局政府信息依申请公开工作办法》，修订《北京市大兴区地方税务局会议管理办法（试行）》，规范各项工作流程。办理市、区两级各类文件1375件，组织会议180余次，编发各类刊物123期，主动公开政府信息316条。受理并办结政府信息依申请公开3件，信访件3份。对外刊发宣传稿件249篇。

【绩效管理】 完成市局30项指标考评任务，综合得分889.441分。获得加分事项21次，共计15.1分，其中：荣誉称号类2次，加1分；表彰表扬类17次，加12.9分；其他事项3次，加1.2分。发生职工违法违纪1人次，扣0.15分。在北京市地税系统绩效考评中位列第10名，优秀等次。完成区政府科学发展绩效考核任务，被评为优秀等次。完成个人绩效考评，133人位列第1段。

【财务管理】 严格执行《预算法》，按照规定进行年度预算制订和监督执行，完成财务决算和分析工作。在规定时间进行财务预、决算公开。梳理、完善财务工作流程，完成财务内部控制报告及内控自我评价工作。接受市局资产清查审计、“三代手续费”专项检查、公务用车专项治理以及外部审计机构年度财务审计、工会账户专项审计等，并按照审计结果进行整改。

【政府采购】 印发《北京市大兴区地方税务局采购实施办法》及《北京市大兴区地方税务

局政府购买服务指导性目录》文件，进一步规范政府采购各项工作。履行政府采购程序65批次，合计采购金额550.12万元，其中：协议采购货物161.06万元；协议采购服务389.06万元。

【人事管理】大兴地税局共设13个科室，18个税务所，另设监察科，1个机关后勤服务中心。全局共有干部职工333人，其中党员263人，团员8人，民主党派5人。具有大学本科及以上学历的288人。严守干部选拔工作纪律和人事任免程序，全年选拔3名正科级和5名副科级领导干部；结合工作实际，共交流轮岗科级领导干部48人，一般干部95人。

【教育培训】强化税收业务培训，合理制定培训计划，分类分级开展科级领导干部培训、新录用人员初任培训、全员知识培训、执法资格考试考前培训、税务知识大讲堂、纳税服务培训、“岗位大练兵　业务大比武”、北京干部教育网在线学习、“三师”考试培训以及职称考试培训等。

【执法督察与内部审计】开展执法大督查，明确33个重点督察事项，督察总量为4266个，其中疑点核查3887条、调取案卷检查309卷，问卷调查50份、下户走访20户、查阅资料3项次、实地检查20个单位。开展执法督察，明确8项重点督察项目，累计抽查各类执法案卷916卷。严格落实税收执法责任追究，促进全局规范执法。委托中介机构做好全局财务审计工作。

【党建工作】组织十九大精神集中轮训4批次、276人次，“两学一做”交流研讨4批次、44人次。完成了机关党委换届，印制《党支部工作手册》，强化支部留痕。全年开展中心组学习15次，编发《党团专刊》24期，在市级媒体刊发区局党建经验做法16篇，基层党建宣传质效和网宣工作受到市局主要领导肯定性批示。深化落实党风廉政建设主体责任，推进局领导季度检查督导27次、党组专题研究督导情况3次，及时梳理问题措施11项。

【纪检监察】努力实践“四种形态”，紧盯“四风”问题，强化监督执纪问责。积极开展“两个专项”治理，发送廉政短信2201条、下发监察建议书3份、纪检监察工作协办单22份，开展廉政谈话143人次。开展房产交易“七部曲”① 活动；对2个税务所党支部进行试点巡察；聘用15名特约监察员对12个税务所进行明察暗访；联合国税组织180余人进行廉政警示教育培训、600余人参观反腐倡廉警示教育基地。

【后勤管理】制定《北京市大兴区地方税务局食堂工作管理办法》和食堂工作人员职责等7项管理规定，全面加强食堂管理。完善《北京市大兴区地方税务局办公用房管理办法》和《北京市大兴区地方税务局公务接待管理办法》，确保办公用房与公务接待管理有章可循。修订《北京市大兴区地方税务局公务用车管理补充规定》，严格执行公务车辆使用和维修审批，全年未发生任何交通安全事故，被评为北京市级车辆管理先进单位，先后完成检测维修等102次，消除安全隐患。

【税收宣传】开展第26个税收宣传月活动，大兴区国税局、地税局联合河北省廊坊市国税局、地税局在大兴区机场办开展“倾力服务新机场　京冀携手筑辉煌”主题宣传活动。联合区国税局开展《厉害了word厅》映客直播，宣传介

---

① “七部曲”是指“预警曲”对房产交易管理所32名税务干部和协税人员进行廉政谈话。“践诺曲”与契税征收干部、协税员签订《廉洁自律承诺书》。“告诫曲”对辖区内43家房产中介机构进行廉政宣讲。“造势曲”编发《廉政建设专刊》。“体检曲”集中开展专项检查。“固本曲”组织38名干部、协税人员参观北京市地税局廉政教育基地。“联防曲”与区国土局联合召开了专题座谈会。

绍大兴区新落成的工商税务分中心。联合区国税局、北京经济技术开发区国税分局、地税分局举办以“聚焦京南电商，共铸税企双赢”为主题的新区电子商务企业座谈会。走进星光影视园、居然之家、社区楼宇，为纳税人讲解税收政策、开展专题业务培训。

【税收科研】 由大兴区地税局牵头的《集体经营性建设用地入市税费问题研究》被北京市委《北京调研》、总局科研所《研究报告》刊发，并获得市局主要领导肯定性批示。参与的《新形势下纪检监察部门加强和完善房产交易环节税收执法监督工作的思考》《关于债券市场发展及纳税能力的研究》和《关于推进纳税服务便利化的实践与思考》调研在市局《调查与研究》上刊发，其中市局领导对《新形势下纪检监察部门加强和完善房产交易环节税收执法监督工作的思考》作出肯定性批示。《关于对“一把手”教育管理监督的实践与思考》被北京市思想政治工作研究会、北京市思想政治工作研究会基层思想政治工作研究所评为“丹柯杯”优秀研究成果一等奖，《北京新机场带来税收新机遇》在《中国税务报》组织的征文活动中，荣获三等奖。

（李　强）

密云区地方税务局

【经济概况】 密云区位于北京市东北部、燕山山脉南麓、华北大平原北缘，是北京至东北、内蒙古的重要门户，有“京师锁钥”之称。全区总面积 2229.45 平方千米，占全市面积的 13.6%，是北京市土地面积最大的区。根据深山丘陵、水库及平原地区比例划分素有“八山一水一分田”之称。全区共辖 2 个街道、17 个镇、1 个地区办事处。年末常住人口 48.3 万人，户籍人口 43.6 万人。2017 年，实现地区生产总值 278.2 亿元，按不变价计算，比上年增长 7.1%。全区居民人均可支配收入 32165 元，增长 9.1%。按常住地分，城镇居民人均可支配收入 40031 元，增长 9.3%；农村居民人均可支配收入 22604 元，增长 8.7%。

【概述】 深入学习宣传贯彻党的十九大精神，切实做好意识形态工作，夯实征管基础，优化纳税服务，打造团结、高效的干部队伍，圆满完成全年税收收入任务，全力服务区域经济社会发展，较好地完成了各项工作任务。

【地方政府支持税收工作】 及时报送信息、调研文章等，其良好经验做法得到区委区政府主要领导多次批示。

【税收收入情况】 完成各项税费收入 37.6 亿元，同口径比上年增加 9 亿元，增长 31.4%，完成计划任务的 108.6%。一般公共财政预算收入 25.2 亿元，增加 5.7 亿元，增长 29.2%，完成计划任务的 109.8%；区级公共财政预算收入 12.8 亿元（含残保金），增加 2.7 亿元，增长 26.5%，完成计划任务的 110.8%。

表 1 密云地税收入情况（2017 年） 单位：万元

项　目	本期	增减额（同口径）	比上年增减（%）（同口径）
各项税费收入合计	375703	89835	31.4
一般公共财政预算收入合计	252014	56946	29.2
一、税收收入合计	340065	87857	34.8
1. 改征增值税	7201	3365	87.7
2. 企业所得税	91193	26261	40.4
3. 个人所得税	97015	22624	30.4
4. 资源税	3656	1772	94.1
5. 城市维护建设税	22143	2272	11.4
6. 房产税	25130	4294	20.6
7. 印花税	8098	871	12.1
8. 城镇土地使用税	4077	103	2.6
9. 土地增值税	59239	23223	64.5
10. 车船税	29	3	11.5
11. 耕地占用税	684	226	49.3
12. 契税	19981	1288	6.9
13. 其他税收	—	-64	-100
14. 营业税	1619	1619	
二、非税收入合计	35638	1978	5.9
1. 教育费附加收入	13204	1443	12.3
2. 地方教育附加	8788	953	12.2
3. 外商投资企业土地使用费	225	14	6.6
4. 文化事业建设费收入	—	—	—
5. 税务部门罚没收入	148	49	49.5
6. 残疾人就业保障金	7742	-1144	-12.9
7. 工会经费	5531	663	13.6

注：其他收入指 2016 年度补缴的固定资产投资方向调节税。

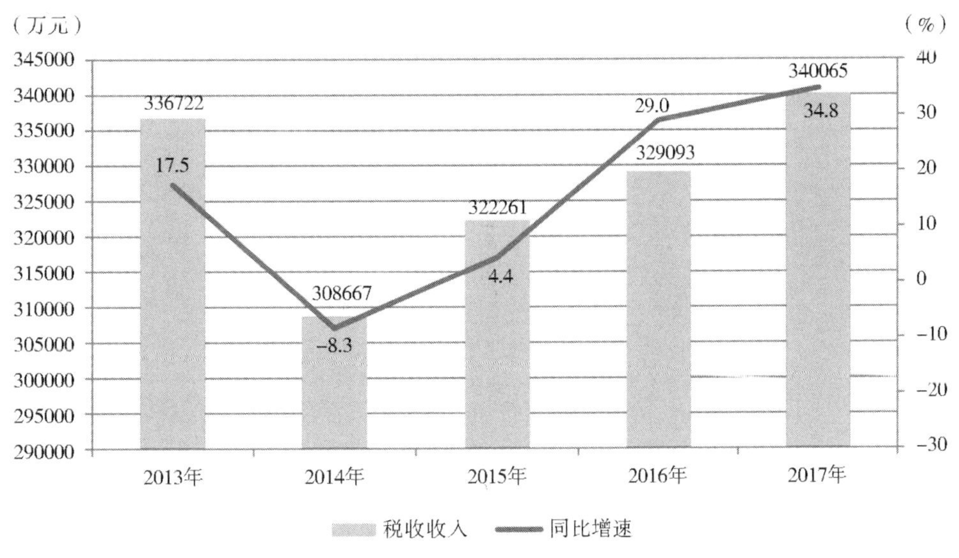

图 1 密云地税税收收入情况（2013—2017 年）

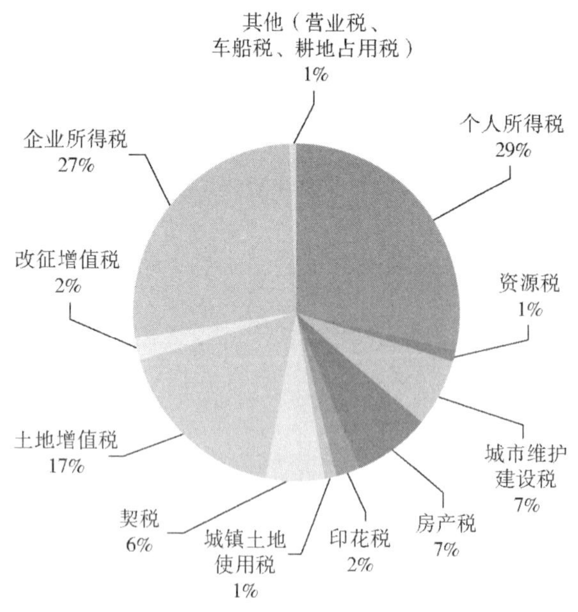

图 2　密云地税税收收入分税种结构（2017 年）

【非税收入】全年组织教育费附加、地方教育附加、外商投资企业土地使用费、税务部门罚没收入、残疾人就业保障金、工会经费等非税收入共计 35638 万元，比上年增加 1978 万元，增长 5.9%。

【税收收入特点】从主体行业完成情况看，房地产业税收完成 15.9 亿元，同口径比上年增加 4.6 亿元，增长 40.4%，占总体收入的 42.3%；服务业（含租赁和商务服务业、科学研究和技术服务业、居民服务、修理和其他服务业）、制造业、批发和零售业、建筑业合计完成 16 亿元，占总体收入的 42.6%。从主体税种完成情况看，个人所得税完成 9.7 亿元，增长 30.4%，占总体收入的 25.8%；企业所得税完成 9.1 亿元，增长 40.4%，占总体收入的 24.3%；土地增值税完成 5.9 亿元，增长 64.5%，占总体收入的 15.8%。房地产市场活跃，入库税款 15.9 亿元，增加 4.6 亿元，拉动总收入增长 16 个百分点。企业所得税、个人所得税和土地增值税为主体税种，合计完成 24.7 亿元，比上年增加 7.2 亿元，三税种拉动总收入增长 25.2 个百分点。

【税收法治】密云区地税局被命名为“北京地税系统法治基地”。联合区政府法制办、检察院、国税局、质监局召开“行刑衔接”工作座谈会，提高干部法治意识，接受司法机关监督。制定《密云区地税局法律顾问业务需求工作单》和台账及例会制度，确保法律顾问制度落实到位。加强税收执法督察，建立税收执法督察人才库和督察审计室，编制《税收执法督察工作手册》，规范干部执法行为，促进依法行政。

【税收政策落实】举办多场税收政策辅导培训会，通过办税服务厅宣传栏、微信平台、税收宣传手册等途径向纳税人进行广泛宣传。

【税种管理】加强企业所得税汇算清缴管理，2016 年企业所得税汇算清缴申报率为 100%，差错率为零。全面提高房土税和印花税管理水平，不断改进日常管理、加强风险防控、深化税源分级分类管理。成立企业所得税、房土税、个人所得税、财务报表、税收优惠、税务登记管理六大分析团队，定期开展涉税分析，及时发现与推送涉税风险，查找并堵塞征管漏洞，加强税源和税种精细化管理。

【纳税服务】优化办税服务厅导税标识牌，设置“行政审批”专窗，落实办税服务厅领导值班制度、首问责任制和延时服务制度。推广微信平台预约取号、工商银行 APP 手机缴税等便民办税举措，落实存量房交易网络预审、下放 500 元以下小额退税审核权限、全面推行免填单业务服务、精简办税资料、简化办税流程、国地税服务厅共建等深化“放管服”改革措施。开展“银税互动”，不断优化区域税收营商环境。通过走访企业、召开政策培训会、张贴减税措施二维码推送政策要点等措施，落实国务院六项减税政策。联合区人社局，拟定《“大众创业 万众创新”税收优惠政策指引》宣传培训计划。推出“E 学通”（纳税人版）操作演示平台，满足纳税人实际需求，解决办税过程热点、难点问题。

【税收征管】搭建“E 学通”（税务干部版）网络学习平台，上传登记类、优惠类、申报类等 141 个业务操作视频，提高系统操作水平。深入开展国地税合作，在政务服务中心设立联合税务登记窗口，一窗式受理国地税业务，国地税办税服务厅互设窗口。加强集中办公区企业管理。成立风险管理专业化税务所，规范风险应对工作流程与系统操作步骤，提高干部风险管理应用能力。在两个税务所进行取消固定管户、分类设岗、分级管理的试点工作，设置基础管理岗、纳税服务岗、风险应对岗和综合管理岗，对照整合征管规程，建立联系人制度。

【大企业税收服务与管理】做好千户集团企业及百户企业所得税企业财务报表申报管理工作，通过定期监控、及时提醒、跟踪问效等措施，确保申报率为 100%。按照工作部署，推送“已缴纳契税未进行房源登记且未缴纳房产税风险管理事项”“外籍个人八项补贴风险事项”“代开发票有关城市维护建设税和教育费附加征收情况”等工作。

【国际税收管理】加强外籍个人所得税管理，联区合国税局完成外国演出团体及外籍演员税收风险核实工作。加强非居民管理工作和常设机构管理工作，开展跨境税源信息核查。服务“走出去”企业，送相关政策上门。

【税务稽查】全力办结未结案件，打击发票违法犯罪活动，开展举报案件管理和案件协查等工作。与国税局就联合进户检查、协同审理及移送案件等问题开展深入研讨，积极开展联合检查工作。密云、蓟州、承德三地国地税六局税务稽查局，建立联合办案机制，开通发票协查绿色通道，举办税务稽查业务竞赛，促进京津冀税务稽查协同发展。

【电子税务管理】做好计算机、打印机等设备调配安装。组建金税三期业务系统操作视频制作团队，搭建“E 学通”网络学习平台税务干部版和纳税人版。对全局干部培训 Wind7 系统、Office2010、网络系统、硬件等计算机应知应会知识，将 Office 教程上传至“E 学通”网络学习平台，提高全员信息化水平。

【政务管理】做好政务信息公开、公文管理、新闻宣传等工作，深入开展税收调研，《中国税务》杂志第 11 期刊发《税收法治教育应从青少年抓起》。

【绩效管理】做好全年承接市局绩效考评工作以及本单位的绩效考评，注重完善绩效管理相关配套工作机制，按时召开季度绩效讲评分析会与绩效管理督导工作会，对绩效管理工作开展中发现的问题及时汇总上报，寻求解决途径，确保持续改进。2017 年度，密云局获得全市地税系统排名第 13 名的成绩。

【财务管理】加强财务日常核算基础管理，开展资产清查和变更维护，做好固定资产清理，及时进行报废资产处置、更新。

【政府采购】严格执行经费预算和资产配置标准，认真遵守政府采购程序，对于定点服务采购项目严格执行政府采购审批手续。对物业管理和食堂管理进行公开招标，规范政府采购程序。

【人事管理】进一步优化科级干部队伍梯队培养，提拔任用干部 14 人。到基层逐级听取述职，全面掌握中层领导干部履职情况。中层领导干部轮岗 25 人次，一般干部 30 人次，有效调动干部积极性。新录用干部 7 人，接收军转干部 2

人。摸底排查，对29名干部涉及在社会组织兼职的进行清理规范。

【教育培训】选派干部参加区人力社保局举办的科级任职培训、依法行政和党外人士培训，与国税局共同完成党务工作者、公共知识等培训3场次。以“岗位大练兵”活动为契机，坚持专家辅导和阶段性测试相结合，1人在北京市第五届职业技能大赛“税务信息技术师”行业决赛中位列第10名，1名获得系统岗位能手称号。

【执法督察与内部审计】强化督察内审工作。健全“三个一”机制：建立“一库”，即税收执法督察人才库，建设“一室”，即督察审计室，编制“一册”，即《税收执法督察工作手册》。在日常税收执法督察、税收执法专项督察和案卷评查工作中，强化税收执法风险防控，规范税收执法行为，扎实推进依法行政，充分发挥督察内审服务税收中心工作、防控税收执法风险的职能作用。

【党建工作】以党的十九大精神为引领，抓好学习贯彻，推进“B+T+X”党建模式①。成立党建工作科。建立党支部规范化体系，规范“三会一课”制度，做好党支部评星定级和党员积分管理工作，落实“党员活动日”制度，规范党员管理。构建“一支部一特色”党建新格局，地税局机关党委荣获密云区先进基层党组织称号，第一、第四税务所获评密云区“党员先锋岗”。与中国税务杂志社开展共建合作，实现党建工作与税收工作良性互动。经国家税务总局党委批准，成为中国税务杂志社的第二个基层联系点。

【纪检监察】签订党风廉政建设责任书。国地税联合开展党务工作者培训、廉政警示教育、社会满意度调查，联合聘请特邀监察员和廉政回访重点税源户。印发《2017年北京市密云区地方税务局党风廉政建设监督责任重点工作任务》《北京市密云区地方税务局关于开展纪律、作风建设巡查工作的实施意见》。制定年度巡查计划，按照巡查工作计划开展工作，做到专项巡查和不定期巡查相结合，并对巡查发现的问题进行实名通报。

【后勤管理】加强后勤保障，制定办公用房、办公用品、公务接待等各项制度，完善车辆管理台账；提升食堂的菜肴质量、服务水平、操作规范化水准，做好环境绿化工作，获得“首都全民义务植树先进单位”称号。

【税收宣传】以密云少年税校成立12周年为契机，实现少年税校全区40所小学全覆盖。以映客直播为载体，开启“直播+税务”的税收法治教育新模式。北京电视台《税收天地》《锐观察》栏目走进少年税校做专题访谈节目。在“12·4”国家宪法日发布“寻找校徽大挑战”H5税收小游戏。以全国第26个税收宣传月为契机，联合区国税局与“娘家人”普法宣传队在黑龙潭景区举办“助力生态旅游　服务绿色发展”主题宣传活动。

（刘亚萍）

---

① “B+T+X”党建模式中“B”即标准体系，是党支部建设必须遵循的基本制度、基本规范、基本要求，是刚性约束；“T”即特色项目，是强化党组织功能，发挥党组织党员作用的制度规定、机制载体；“X”即先进做法，是发挥支部主体作用，有效解决问题，提升战斗力的创新实践。“X”与“T”与“B”之间具有转化关系，“X”向“T”“B”、“T”向“B”转化越多，支部建设越先进。

延庆区地方税务局

【经济概况】 延庆区位于北京市西北部，辖域面积1993.75平方千米，距离北京市区74千米，全区辖11个镇、4个乡、3个街道办事处，常住人口34万人。2017年，地区生产总值137亿元，按不变价比上年增长8.4%；一般公共财政预算收入完成16.2亿元，增长18.8%；城乡居民人均可支配收入为41599元、21248元，分别增长8.2%、8.5%。

【概述】 2017年，延庆区地方税务局围绕税收中心工作和职能作用发挥，实施税源分级监控、申报入库监控、大额退库监控和国地税联合税收分析机制，圆满完成税收任务。开展十九大专题学习等活动，推动全面从严治党向基层延伸。深化国地税合作，保障税制改革稳妥落地。全面落实优惠政策，推出服务保障区域绿色大事系列措施，发挥税收职能作用。推动纳税人分级分类管理，稳步提升税收征管效能。设置24小时自助办税终端，组织“地税开放日”等活动，持续优化纳税服务。推进依法行政和规范化建设，自身建设不断加强，获全国文明单位等荣誉称号。

【地方政府支持税收工作】 延庆区政府高度重视税源建设工作，区政府牵头组建的税源管理工作小组定期召开联席会议，听取国税、地税、财政等部门组织收入及税源管理情况，加强工作交流。延庆区区长穆鹏等领导多次对税务工作给予肯定并批示。

【税收收入情况】 全年累计完成各项税费收入222004.89万元，比上年增收69293.59万元，增长45.38%，完成任务数的105.72%；中央级收入完成101035.23万元，增收60220.76万元，增长147.55%，完成任务的174.19%；一般公共预算收入118551.66万元，增收8886.83万元，增长8.1%，完成任务的101.33%。

表1　　延庆地税收入情况（2017年）　　单位：万元

项　目	本期	增减额（同口径）	比上年增减（%）（同口径）
各项税费收入	222004.89	69293.59	45.38
一般公共预算收入	118551.66	8886.83	8.10
一、税收收入合计	208642.20	84716.70	69.62
其中：中央级	101035.23	60220.76	147.55
1. 改征增值税	530.40	-66.52	-11.14
2. 企业所得税	120071.73	80461.02	203.13
3. 个人所得税	46096.49	12622.78	37.71

续表

项　目	本期	增减额（同口径）	比上年增减（%）（同口径）
4. 资源税	17.59	8.47	92.82
5. 城市维护建设税	8539.72	2058.32	31.76
6. 房产税	6722.69	-865.42	-11.40
7. 印花税	7173.24	-17420.47	-70.83
8. 城镇土地使用税	1538.42	83.82	5.76
9. 土地增值税	6980.15	4703.84	206.64
10. 车船税	390.08	369.80	1823.45
11. 耕地占用税	3452.71	1836.09	113.58
12. 契税	4882.12	924.96	23.37
13. 营业税	2246.86	-16458.60	-87.99
二、非税收入合计	13362.68	1035.49	8.40
1. 教育费附加收入	5108.97	1244.95	32.22
2. 地方教育附加	3402.73	824.27	31.97
3. 外商投资企业土地使用费	9.95	-0.74	-6.92
4. 文化事业建设费收入	—	-7.69	-100.00
5. 税务部门罚没收入	29.51	18.05	157.53
6. 残疾人就业保障金	2378.52	-1244.35	-34.35
7. 工会经费	2418.00	186.00	8.33
8. 其他收入	15.00	15.00	—

注："其他收入"为延庆区地方税务局根据税总发〔2017〕67号文件精神，清理的税务代保管资金账户资金，并以其他收入缴入国库的收入。

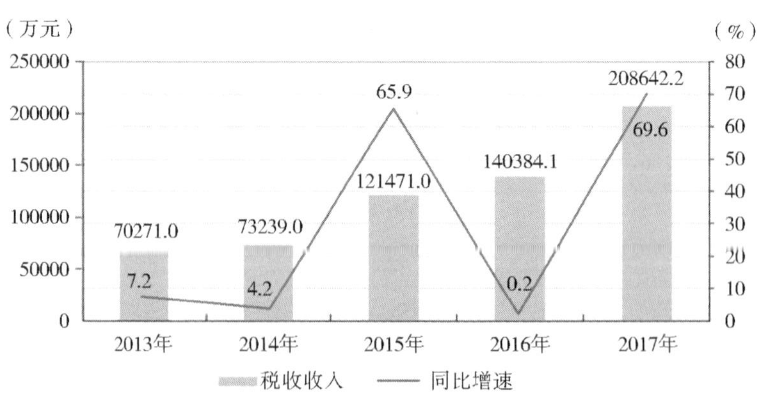

图1　延庆地税税收收入情况（2013—2017年）

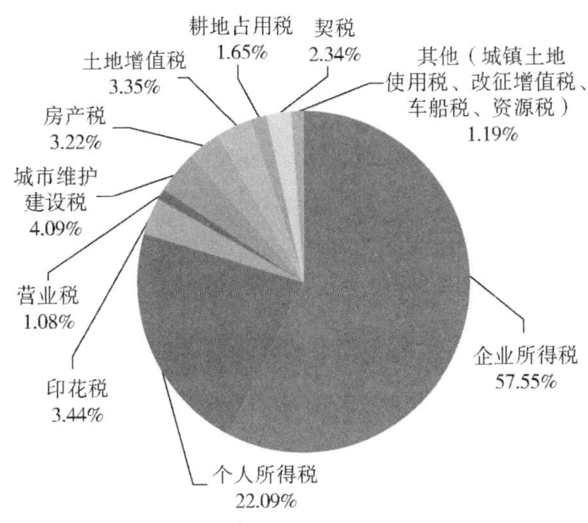

图 2　延庆地税税收收入分税种结构（2017 年）

【非税收入】 2017 年，组织教育费附加、地方教育附加、外商投资企业土地使用费、文化事业建设费、税务部门罚没收入、残疾人就业保障金、工会经费和其他收入费金收入共计 13362.68 万元，比上年增收 1035.49 万元，增长 8.4%。

【税收收入特点】 重点行业收入聚集明显，金融业、商务服务业、房地产业和建筑业共计完成各项税费收入 174652 万元，在总收中占比达 78.7%，主体行业集聚效应明显。金融业收入完成 112609 万元，比上年增收 62179 万元，增长 123.3%，成为收入整体上涨的主要因素。商务服务业大幅增收，完成 21041 万元，增收 11003 万元，增长 109.6%。房地产业完成 33818 万元，增收 10518 万元，增长 45.1%。建筑业降幅最大，完成 7184 万元，减收 6474 万元，下降 47.4%。

【营业税改征增值税】 继续推进营业税改征增值税，加强信息交换，堵塞征管漏洞，及时向国税部门通报税制改革中出现的问题以及各种遗留问题，共同研究解决。全年共办理二手房交易和个人出租房屋业务 1305 笔，征收增值税 530.4 万元，贯彻落实国家调控措施和优惠政策。

【税收法治】 推选公职律师 1 人，选聘局内部法律顾问 3 人，在重大行政决策和重要文件的合法性审查、对外合同审核、行政执法的法律法规应用解释方面发挥积极作用。全年清理失效、废止税收规范性文件 32 件。推进新入职人员执法资格考试工作，2017 年执法资格考试通过率 100%。

【税收政策落实】 释放政策红利，促科技创新、小微企业和民生事业发展。共计减免税款 6363.56 万元。其中二手房免征增值税 4728.41 万元，免征个人所得税 707.52 万元，小微企业减免企业所得税 195.73 万元，高新企业减免企业所得税 731.9 万元。积极与世园办、中关村延庆园、旅游委做好服务对接；做好区国资委主导的区域国有企业股改的涉税服务工作；全面对接民防局、发改委、财政局、环保局做好税种开征前各项筹备工作。

【税种管理】 强化税源税种管理，完成年所得 12 万元以上个人所得税自行申报 5264 人次，完成 2578 户纳税人企业所得税汇算清缴，申报率实现 100%。积极落实征收防空地下室易地建设费、无线电频率占用费、国家电影事业发展专项资金、彩票公益金接收工作。推进环境保护税开征准备工作，顺利完成征管税源资料交接；开展房产税、城镇土地使用税税源核查，完成房产税源核查 5811 条、土地税源 5262 条，筛查出疑点信息 48 户，补缴城镇土地使用税税款及滞纳金 333 万元。强化存量房交易征收管理，做好房产税属地征收以及水资源税征收管理工作，全年与区水务局协同组织水资源税专项培训 2 次、业务联席会 4 次。

【纳税服务】 深化“便民办税春风行动”，推出延庆首个 24 小时自助办税服务网点。强化国地税协同，印发《延庆区国、地税局纳税服务指南 2017》4000 册，联合举办实体纳税人学堂培训27场次，培训纳税人6000余人次。促进多元缴税方式应用，推广“工行手机银行自助缴税”业务。加强纳税信用管理，评出2016年度纳税信用A级企业356户，强化“守信激励、失信惩戒”措施，不断优化税收营商环境。

【税收征管】 推进“三证合一、一照一码”商事制度改革，完成本区存量企业换证工作；落实“放管服”改革，强化风险管理，规范大企业管理工作；试点“催报催缴”纳税申报制度及行政流程；落实征管体制改革，完善个人代开发票及外埠及跨区经营建筑企业税收管理；推动延庆区市场主体一体化监管工作机制建立；完成延庆区跨部门联合双随机抽查工作第一批检查工作。

【大企业税收服务与管理】 积极整合资源服务世园会、冬奥会。国地税联合成立“税收服务世园会冬奥会联合办公室”，进一步做好世园会、冬奥会相关大企业的税收政策支持和纳税服务保障；规范大企业管理服务，开展大企业信息采集，结合风险管理，强化对重点行业重点税源的监控力度。

【国际税收管理】 持续开展反避税工作。加强关联申报审核、同期资料管理，结合源泉扣缴、对外支付等信息，挖掘反避税案源，推进反避税工作深化。加强非居民企业管理，对非居民企业取得的股息、利息、特许权使用费、租金和财产收益进行全面分析，年内形成非居民税收收入416.99万元。加强“走出去”企业管理和服务，开展“一带一路”宣传和重点纳税人政策宣传。深入推进税收情报交换工作，利用微信群搭建内部学习交流平台，提升税务干部的情报意识。

【税务稽查】 2017年3月完成稽查体制改革，正式撤销稽查局；成立第七税务所、第八税务所，分别负责税收风险应对及举报案件查办。全年累计完成风险应对2721户，实现风险应对收入1227.18万元，维护税收执法刚性，营造公平公正的区域税收环境。

【电子税务管理】 组织开展信息化软硬件巡检自查，从机房硬件系统、网络及安全系统、各项业务支撑系统，以及终端设备管理四个方面规范和加强管理，提高税务信息系统的安全性和可靠性。在2017年勒索病毒变种病毒攻击事件中，全局上下统一指挥，统一布控，统一处理，病毒攻击事件未对税收业务造成影响。

【政务管理】 充分发挥信息效能，全年采编政务信息千余条，被国务院办公厅采用13条。严格会议管理，从严从紧规范工作签报管理，圆满完成了各类会议、活动、调研和接待外单位来访的筹备和保障工作。全年主动公开信息336条，依法遵规办结依申请公开事项2件。规范公文管理，年内累计收办来文419件，处理工作签报及内部材料千余份。

【绩效管理】 提前谋划全年绩效工作，强化日常考评，严格执行考评制度。编制《绩效管理规范化手册》，明确时间节点绩效考核要求；实行“研判制”“分工制”“点评制”“约谈制”，强化绩效过程监控；创办《绩效管理工作专刊》，总结推广优秀经验做法；强化绩效文化建设，加强全员培训和绩效宣传；注重考评结果运用，制定下发《北京市延庆区地方税务局绩效考评结果运用办法（试行）》，并与评优选先等工作紧密联系。2017年，该局绩效考评在全系统16个区局中排名第9，为优秀档次。

【财务管理】 认真编制完成2016年决算报表，总结分析经费收支情况，形成决算报告。严格2017年度预算资金使用。科学编制2018年度经费预算。做好预决算信息公开工作。强化固定资产管理，处置报废资产190件，累计119.12万元。行政事业单位国有资产清查工作完成。区财政局、审计局对区地税系统进行会计规范化检查和经济责任审计。梳理、完善单位内部控制制度，完成内部控制手册修订工作。

【政府采购】加强与区财政部门的沟通，全面掌握政策规定，严格执行政府采购程序及相关规定，做到应采尽采。严格控制“三公”经费支出，提高资金使用效益。全年完成政府采购协议供货6批次，合计金额373.89万元。

【人事管理】撤销稽查局、科技信息科，设立机关党委（党建工作科），成立第七税务所、第八税务所，下设13个职能科室、1个机关后勤服务中心，14个税务所。截至2017年底，全局有干部职工206人（公务员187人，工人19人）。进行干部轮岗87人次。当年招录公务员6人，安置部队专业干部2人。组织各部门开展述职、述廉、述法、述学及测评工作，配合市局人事处对处级领导干部和领导班子开展了“一报告两评议”工作。

【教育培训】深入贯彻“人才兴税、人才强税”战略，开展分级分类培训。配合市局做好处级领导干部十九大精神学习培训。推荐2名干部参加延庆区青年人才培训，与中国政法大学合作，组织全员更新知识培训，全年组织各类业务培训25次，积极鼓励干部参加注册会计师、律师资格考试，有效提升干部队伍素质。

【执法督察与内部审计】2017年，分3次对30个督察单位开展风险排查，排查并整改行政管理类风险点4个，税收管理类风险点27个，完成执法督察项目数15项、执法督察文书数31份、发现问题58（次）卷，制定整改措施15项、建立健全相关制度6项。结合区局科级干部调整，对调整的22个科级中层干部交接工作进行全程监督。

【党建工作】深入学习宣传贯彻党的十九大精神，坚持以习近平新时代中国特色社会主义思想为指导，发挥区局党组领导核心作用，加强党建工作领导，履行落实党风廉政建设主体责任。细化47项具体任务，扎实推进“两学一做”学习教育常态化制度化。积极发挥“德蕴清风微平台”“党员小书包”等微平台的作用，搭建“互联网+党建”的学习新模式。推进党支部规范化建设，抓好“三会一课”和“3+X主题党日”[①]的落实。坚持党建带团建，紧抓“一学一做”教育实践，开展捐资助学、服务区域绿色大事等志愿服务活动。

【纪检监察】协助党组召开党风廉政建设工作会；梳理班子议事规程，完善监督程序；加强基层党的建设监督力度；开展“照镜子、正衣冠、筑形象”综合治理；协助党组连续3年举办“新年廉政第一课”；牵头第四区域监督协作组开展培训、完善联合监督机制及重点课题研究；参与市局党组第三轮巡查工作；落实监督执纪第一种形态，按时完成市局转办信访件。

【后勤管理】以“满意后勤、和谐后勤、高效后勤”为工作目标，深化后勤工作流程，创新后勤工作方式，加强创新型、和谐型、节约型的机关后勤系统队伍建设，努力为全局干部职工创造安全、舒适的工作、生活环境。开展厉行节约反对浪费活动，开展公务用车百日安全竞赛活动，全年未发生严重违章违规事件，立足以税收为中心的各项保障工作，全面服务全局干部。

---

① “3+X主题党日”是指3项规定动作——集体诵读党章、重温入党誓词、按月缴纳党费；“X”指各党支部在落实规定动作的基础上，创新开展自选的主题活动。

【税收宣传】积极拓展税收宣传新途径。全年在《中国税务报》刊发文字及图片稿件11篇(幅)，在市级媒体《北京晨报》《京郊日报》《劳动午报》刊发稿件77篇，通过参与市局《税收天地》栏目制作等方式在北京电视台、北广电台发布信息6篇，策划制作《妫川税务》电视栏目24期。持续运营北京延庆地税微信公众号，刊发图文信息840条，阅读量80546人次。策划制作《你参与　我免税　共迎冬奥会》动漫公益广告在市局和总局组织的评选活动中分别获二等奖和优秀奖。回应纳税人需求，在长城、商业广场、东部山区等地举办系列税收宣传活动，营造良好氛围。

【税收科研】坚持“精品调研”战略，年初围绕税务工作重点及区域发展实际，精心设置重点调研课题11个，参与市局联合调研课题2个。区局领导班子成员牵头成立调研课题组，带队开展实地调研10余次。组建区局重点调研课题团队11个，吸纳30余名干部参与其中。《建议赋予地方一定的税法行政解释权》等4篇调研文章在《中国税务报》、市局《调查与研究》专刊、《税官论坛》等发表，相关调研文章获市局领导及区长穆鹏肯定性批示5次，1篇调研在2017年北京税收法制建设研究会征文评比中获得优秀奖。

【税务文化】全年收到锦旗18面、表扬信9件、局长信箱表扬信1件。年内，组织评选“每季一星”，参与最美家庭、北京榜样等活动。被授予第五届“全国文明单位”称号，12个税务所被评为延庆区文明单位，干部马秋荣被评为“2017北京榜样”提名人物、美丽延庆人；1名干部家庭被评为首都最美家庭，2名干部家庭被评为延庆区最美家庭。北京榜样马秋荣的故事和北京优秀党务工作者刘文慧的事迹在电台、电视台广泛宣传。

(胡　琴)

北京市地方税务局燕山分局(第六稽查局)

【经济概况】2017年，燕山地区实现规模以上工业总产值613.7亿元，固定资产投资13.9亿元，实现区域税收113亿元，完成一般公共预算收入12.9亿元，比上年增加2.5亿元，增长54.4%。

【概述】加快推进税收征管改革、税收法治建设和税收现代化建设，积极转变观念，树立专业化、标准化稽查思维，积极开展大要案和督办案件查办工作，较为圆满地完成了全年各项工作任务。

【税收收入情况】燕山分局全年累计完成各项税费收入149639万元，比上年增收17581万元，增长13.3%；累计完成一般公共预算收入132689万元，增收14485万元，增长12.3%，完成预算收入目标132000万元的100.5%。累计完成区级收入77548万元，增收8112万元，增长11.7%。

【**非税收入**】2017年，共组织各项非税收入51732万元，比上年增收5150万元，增长11.1%。其中：工会经费完成3553万元，增收271万元，增长8.3%；教育附加费收入完成27940万元，增收3161万元，增长12.8%；地方教育附加完成18626万元，增收2107万元，增长12.8%；残疾人就业保障金完成1611万元，减收387万元，下降19.4%；税务部门罚没收入2万元，减少2万元，下降50%。

【**税收收入特点**】全年“一税两费”合计入库111775万元，比上年增收12647万元，增长12.8%。主要因素是中国石化集团北京燕山石油化工有限公司本期增值税增加。

【**税收法治**】认真落实领导班子学法制度。制订了分局《2017年党组中心组学习计划》，并严格落实学习的各项要求。领导班子带头学习法律文件8次。切实加强法律知识培训。利用公务员更新知识培训等机会对全局人员进行税收法律知识的学习培训，提高干部知法、守法、用法水平。

【**税收政策落实**】认真做好国务院六项减免税政策落实工作。组织开展纳税人专题培训和辅导，确保优惠政策真正落地。做好环保税征收工作准备。与房山区环保局进行座谈，了解地区环保费用种类和规模，燕山地区排污企业基础信息等情况。做好落实减免税政策、“营改增”试点贯彻落实情况等监督检查。

【**税种管理**】建立税种定期分析制度，加强对重点税源企业重点税种的分析和预测。继续做好国地税联合税收分析，提高分析水平，为领导决策提供参考。加强个人所得税管理，受理自然人股权转让个人所得税申报278人次，征收个人所得税66万元。完成企业所得税汇算清缴工作并按期上报汇算清缴报告。

【**纳税服务**】深入贯彻落实《全国税务机关纳税服务规范》，确保各项工作依法合规。落实税务所规范化建设要求，提高软、硬件设施规范化程度。做好纳税信用等级评定工作。与燕山国税局共同完成燕山地区纳税信用等级评定工作。加强纳税服务宣传工作。开展“便民办税春风行动”，多层面开展“深化税收改革、助力企业发展”主题纳税服务活动。

【**税收征管**】国地税合作进一步密切，共同制定《2017年燕山国地税合作事项任务分解表》，扩展合作事项，促进燕山地区税收秩序更加规范。存量房税款追征工作圆满完成。追征税款9万余元已全部完成。税源管理更加规范。完成税务登记相关数据核实修正补录，开展房产土地税跨区税源基础信息核实工作。税收数据质量不断提升。开展金税三期系统税收数据质量管理工作及数据质量检查清理工作。做好风险防控工作。完成风险防控案件45户，查补税款及滞纳金共25万余元。

【**大企业税收服务与管理**】国地联合开展大企业走访座谈、政策辅导培训等。依据《大企业涉税诉求联合应对工作管理办法》，按照国地各自征管权限，分别解答大企业提出的政策适用和实际执行等问题，提升大企业诉求应对质效。

【**税务稽查**】一是分局领导全程带队参与案件查办，做好大案要案和稽查任务督办工作。共实施检查95户，审结69户，有问题69户，有问题率100%。累计查补税款、滞纳金、罚款合计27273.7万元，实际入库率99.9%。二是积极开展大要案和督办案件查办工作。查补百万元至千万元案件10件，查补千万元以上案件3件，大要案查办数量比上年增长333.3%，查补金额与上年相比增长1924.9%。承办市局督办案件5

户，查补合计15869.4万元。三是圆满完成总局重点案源和市局重点企业自查检查工作。分局承办总局推送的股权转让案源10户，查补合计2162万元；承办重点税源3个集团的自查检查工作，查补合计4409.9万元。完成市属重点3户集团企业的自查辅导工作，查补入库税款5127.2万元。四是全力做好国地税联合稽查。开展国地税联合稽查10户次，其中，市局布置的国地税联合稽查6户次，自行开展的与燕山国税局联合稽查4户次。国地税联合稽查共计查补税款、滞纳金、罚款合计1200.3万元，切实凝聚执法合力、有效提升稽查质效。五是加大发票检查力度。认真落实总局“打击发票违法犯罪”工作要求，严格执行“查账必查票”“查案必查票”“查税必查票”的工作要求，在查结的案件中，共发现存在发票问题案件52户，查处违法发票5215份，有力打击发票违法犯罪行为，促进发票管理规范。

【电子税务管理】信息化建设不断加强。完成了全局UPS电源改造工程，并进行无线网络铺设、调试等工作。

【政务管理】公文运转顺畅，档案、保密工作有序开展。按照燕山财政分局要求完成2016年度资产年报填报工作，并完成了市局资产清查任务。

【绩效管理】制发分局绩效管理考核规则等相关文件，并完成2017年分局绩效指标的制定及绩效系统的相关设置工作。召开绩效分析讲评会，提高绩效工作重视度。切实加强结果运用。在干部任用、年度考核等4个方面严格绩效考核结果运用，评选分局优秀等次15人，均位于个人绩效考核第一段，科级干部选拔任用5人，均符合绩效考核结果运用要求。做好绩效培训，共召开2次绩效专题培训会，对考核办法、指标细则进行讲解，提高绩效联络员工作水平。

【财务管理】坚决落实中央八项规定，严格执行经费支出的层级审批机制，提高资金的使用效能。

【政府采购】全面落实《政府采购法》，提高政府采购效益。2017年，分局政府采购项目26批次，实际采购金额417万元。

【人事管理】2017年，分局共设16个部门，其中：政工综合科室3个，分别为办公室、人事政工科、监察科；业务科室2个，分别为业务一科（主要职责包括收入核算、信息化、征收管理、法制工作）、业务二科（主要职责包括稽查工作、税政工作）；检查科9个（九科暂空，8个检查科主要负责稽查检查工作）和2个税务所，分别为纳税服务所（主要职责包括窗口业务及全局纳税服务工作）、税源管理所（主要负责燕山地区纳税人的税收管理工作）。

做好科级领导干部选拔任用和干部遴选及公务员补录工作，选拔任用1名科级正职领导和4名科级副职领导干部，共遴选进入4名干部，补录5名公务员。

【教育培训】2017年，分局共组织开展岗位培训15次，培训7840学时；专业培训14次，培训5944学时。建立青年干部培训汇报制度，共6名干部进行了3个培训项目的专题汇报，提高了培训效果影响力。与燕山国税共同开展思想政治、业务培训，形成区域合作强大合力。共同邀请燕山纪委领导讲一堂廉政党课，共同参观北京市廉政警示教育基地，共同围绕业务工作开展以税收征管、大数据软件为主题的培训4期。

【执法督察与内部审计】认真开展税收执法大督察工作，共完成税收执法情况六类33项内容的自查。组织开展2017年度二手房交易案卷月查工作，共检查了264卷。完成分局印花税票管理自查工作。

【党建工作】 组织学习党的十九大报告，学习贯彻党中央十八届六中、七中全会精神。坚持把廉政教育作为党风廉政建设的根本工作来抓，及时组织学习贯彻各级通报，警钟长鸣。推进“两学一做”学习教育常态化、制度化。制定《北京市地方税务局燕山分局推进“两学一做”学习教育常态化制度化实施方案》，制发《第一党支部工作计划》，第一党支部书记讲授专题党课，并对全体成员开展了集体廉政谈话。4 个基层党支部进行支部书记述党建工作，力求以学促做。同时，召开全体党员大会学习中共北京市第十二次代表大会精神。积极开展“庆七一”系列党日活动，与燕房路社区开展 2 次主题党日活动。

坚持民主集中制和“三重一大”议事规程，确保重大事项科学规范、及时决策。明确纪检监察干部列席局党组会，加强廉政监督。制发分局党组《党风廉政建设主体责任任务分工表》，将主体责任具体化、实体化。

【纪检监察】 持续加强廉政纪律学习，做好监督责任报告。召开第十三届社会特约监察员换届暨座谈会，聘请新的监察员，自觉接受监督。落实稽查工作廉政回访制度，将廉政回访发放到每名纳税人。

【后勤管理】 坚决按要求进行公务车辆制度改革，修订分局公车管理办法，完成公务用车专项治理工作。做好办公楼综合物业管理保障，完成了供暖、地面维修更新等工作。做好分局部分检查科室在丰台第二办公区车辆、食堂、通信等后勤保障工作。

【税收宣传】 税收宣传月期间与国税局联合开展税法宣传进燕化、进基地、进学校等系列活动，推进税收宣传的广度和深度。举办环境保护税开征倒计时 100 天启动仪式，加大对环境保护税的宣传力度，扩大社会各界对环保“费”改“税”的认同度和理解度。

【税收科研】 完成《国税、地税文化共建路径问题初探》等调研报告 4 篇，其中 1 篇被《国际税收》杂志刊登，1 篇被总局财行税司长批示，2 篇被市局《调查与研究》刊载。

【税务文化】 组织登山、健步走等丰富活动，开展冬衣送暖、红十字会爱心捐款、离退休人员及困难人员慰问工作，提升干部队伍凝聚力和向心力。与燕山国税局共同召开专题廉政培训及志愿、文体活动，不断深化文化融合。

（赵　展）

北京市地方税务局开发区分局

【经济概况】 北京经济技术开发区位于中国北京东南亦庄地区，是北京市唯一同时享受国家级经济技术开发区和国家高新技术产业园区双重优惠政策的国家级经济开发区。开发区于 1992 年开始建设。1994 年 8 月 25 日，被国务院批准为北京唯一的国家级经济技术开发区。1999 年 6 月，经国务院批准，北京经济技术开发区范围内的 7 平方千米被确定为中关村科技园区亦庄科技园。2007年1月5日，北京市人民政府批复《亦庄新城规划（2005—2020年）》，明确指出以北京经济技术开发区为核心功能区的亦庄新城是北京东部发展带的重要节点和重点发展的新城之一。2017年12月26日，被国家知识产权局确定为国家知识产权示范园区。

【概述】北京市地方税务局开发区分局（简称开发区地税分局）全年完成各项税费收入157.40亿元，比上年增收16.31亿元，增长11.6%，收入规模位列全市第6位；完成税收收入138.17亿元，增收14.22亿元，增长11.5%；完成一般公共财政预算收入116.32亿元，增收10.58亿元，同比增长10%，完成全年预算收入计划116亿元的100.27%。年内，落实《纳税服务规范3.0》，开展"便民办税春风行动"，推动纳税服务向前台和网上转移，将纳税人依申请事项全部前移至办税服务厅统一受理。

【税收收入情况】全年累计完成各项税收收入138.17亿元，比上年增收14.22亿元，增长11.5%；完成一般公共财政预算收入116.32亿元，增收10.58亿元，增长10%，完成预算收入计划116亿元的100.27%。完成各项税费收入157.40亿元，增收16.31亿元，增长11.6%，收入规模列全市第6位。

【非税收入】全年组织非税收入合计19.23亿元，比上年增加2.09亿元，增长12.2%。其中，教育费附加收入8.54亿元，增加1.78亿元，增长26.3%；地方教育附加5.69亿元，增加1.17亿元，增长25.8%；残疾人就业保障金1.96亿元，减少1.20亿元，下降38%；工会经费3.02亿元，增加0.34亿元，增长12.6%；外商投资企业土地使用费72万元，减少1万元，下降1.4%。

【税收收入特点】各项税费收入同口径比上年增长11.6%。由于2017年11月10日以后保险公司代收车船税不再入库到开发区国库，因此剔除车船税这一特殊影响因素，同比增长17.4%。第二产业在制造业、建筑业带动下增长19.47%（不含营业税增幅22.88%），总量占比45.57%；第三产业下降0.43%（不含营业税增幅13.28%），总量占比有所下降，为54.41%。制造业在四大主导产业的带动下入库54.94亿元，增加9.77亿元，增长21.64%，总量占比提高到43.17%。房地产业入库23.31亿元，同比下降1.22%。

【营业税改征增值税】全面推开"营改增"工作圆满完成。"营改增"工作全面推开后，开发区分局迅速成立领导小组和专项工作组，制定专项工作方案和应急预案。并分行业、分类别全面走访"营改增"企业，对金融、房地产、建筑等行业纳税人代表组织召开了座谈会，实地走访了多家餐饮企业，深入了解"营改增"纳税人经营状况，有针对性地解答纳税人关于计税方法、发票开具等方面涉税疑问；与区国税相互配合，完成地税税控机具注销、发票缴销工作。共计注销税控机2569台，缴销发票318962份，分局正常户企业税控机全部注销完毕。

【税收法治】年内，开发区分局多种方式组织领导干部学法用法。党组会会前学法，进一步提高领导干部的执法风险意识和水平；开展税收规范性文件合法性审查，对涉及开发区分局全文失效、废止和部分条款失效、废止的税收规范性文件开展清理工作。清理出全文失效、废止的税收规范性文件22件，部分条款失效、废止的税收规范性文件3件，并通过公告形式将上述文件目录予以公布；办理各类征求意见工作，协助办理政府信息公开案件，参与税务案件审理工作。在提供法律意见过程中，注重发挥法律顾问事前防范法律风险、事中处理法律事务、事后参与法律救济的积极作用；全年共对分局涉及设备采购、宣传服务、劳务派遣、工程咨询等方面的33件送审合同完成合同审查；完成分局税务行政执法岗位目录的编制、系统录入及岗位人员关联等工作；指导督促有关部门执行新的税务行政处罚裁量基准；认真解答执法人员在操作金税三期系统行政处罚模块时出现的各类问题；通过开展税务行政处罚执法督察工作，纠正执法中存在的应罚不罚、未按裁量基准处罚等问题。

【税收政策落实】做好企业所得税汇算清缴年度申报工作；圆满完成个人所得税务12万元的自行申报工作；继续落实小型微利企业税收优惠政策，努力提高优惠受益面；积极探索非货币性资产投资、高新技术企业转增股本等分期缴纳事项的后续管理工作；按照市局关于贯彻落实北京市深化国税、地税征管体制改革的要求，承接分解任务指标，认真开展相关工作，服务征管体制改革大局。

【纳税服务】2017年，开发区分局认真落实《纳税服务规范3.0》。开展“便民办税春风行动”，推动纳税服务向前台和网上转移，将纳税人依申请事项全部前移至办税服务厅统一受理。落实首问责任制、领导值班制、一次性告知等制度，落实规范着装、服务用语、导税服务、延时服务等内容。实行二维码扫描，做到“税务登记”“申报纳税”等7大类118项涉税业务流程纳税人“手机一扫、清清楚楚”。推行网上报税，逐步开展税收业务网上受理、网上审批和电子登记。继续推进《国地税合作工作规范》，在“联合登记信息维护”“联合新户培训”“联合税法宣传”“联合风险防控”“联合税收分析”五项联合基础上，进一步拓展合作空间，实现了“1+1>2”的纳服工作效果。截至年底，办理税务登记信息变更业务7228项（次），“一税两费”委托代征31.66亿元。2017年办理二手房交易申报1939套，各项税费1.78亿元，比上年减少2.44亿元，下降57.82%。2017年代征增值税0.43亿元。

【税收征管】新增企业总户数为2732户，其中：外资企业75户，内资企业2742户。新增户带动2017年税收增收4.78亿元。截至2017年末，开发区有正常户17627户，非正常户1145户。其中：正常户中内资企业16088户，外资企业940户，个体经营户443户。

【大企业税收服务与管理】开发区分局按照市局《关于千户集团按月（季）度报送相关基础涉税数据的通知》要求，每月（季）度完成报表审核及上报工作；按照三级下户走访计划，建立下户台账并组织实施。通过走访，详细了解企业情况及诉求，主动解决实际问题，达到了提升纳税服务质量、优化税收管理措施、构建和谐税企关系的目的；开展外籍个人八项费用风险分析应对工作，在实践的基础上做外籍个人八项费用个人所得税的风险分析模型，已被市局采用，并上报总局。

【国际税收管理】开发区分局为推动企业境外投资的顺利开展，满足企业的专业化需求，推出5项服务举措，帮助企业化解境外投资经营税收风险。开展针对外籍个人享受八项补贴待遇及零申报专项核查工作，共查补税款及滞纳金1464.6万元；加强国地税联合，开展常设机构个人所得税专项检查，加强重点行业、重点方向核查，对涉及79家居民企业、116家非居民企业的171份合同进行了核查，督促纳税人补缴个人所得税及滞纳金340万元；联合国际处开展外籍演员纳税宣传，提供外籍演员个人所得税涉税咨询，帮助企业规避涉税风险；探索社会志愿者协助常设机构管理新模式，尝试了招募社会化志愿者协助税务机关开展常设机构管理；开展税收协定教师及研究人员条款宣讲活动，协助符合条件的外籍教师享受税收协定待遇。

【电子税务管理】全力保障金税三期系统安全稳定运行。对在用的网络设备进行检测维护，分别与专业服务商签订机房恒温恒湿精密空调、机房环境监控系统维护保养合同，并续签 IT 综合服务合同、计算机设备维修合同、UPS 设备维护保养合同，制定相关设备的维护流程及操作手册，确保分局网络信息化设备安全稳定运行。

【政务管理】抓好公文管理，严格按照规定流程和时限处理收发电子和纸质公文，2017 年共处理各类公文 819 件。其中：收文 420 件，北京市地方税务局来文 397 件，管委会来文 23 件，发文 222 件。加强督查督办工作，2017 年，分局督查信息管理系统顺利上线并投入使用，全年督办督查事项已全部落实。做好政府信息公开工作，分局共录入新条目 63 条。其中，机构职能类信息 9 条，占总数的 14.2%；法规文件类信息 6 条，占 1%；行政职责类信息 1 条，占 0.2%；业务动态类信息 47 条，占 74.6%。做好与管委会的沟通联系职能，年内办公室共收到开发区管委会办公室、财政局、投资促进局、工委组织部等多家单位关于征求意见、提供数据、开展协查等内容的来函 33 件。

【绩效管理】分局共承接北京市地方税务局绩效考评指标 30 项，在北京市地方税务局考评指标的基础上制定分局考评指标，分为机关考评指标和税务所考评指标，其中机关考评共性指标 12 项、个性指标 76 项，税务所考评指标 26 项。年内，制定完善《北京市地方税务局开发区分局组织绩效管理实施细则》《北京市地方税务开发区分局个人绩效管理实施细则》《北京市地方税务局开发区分局绩效考评结果运用办法（试行）》《北京市地方税务局开发区分局 2017 年组织绩效考评规则及考评指标》等规章制度，使绩效考核工作更加贴近实际和切实可行。在北京地税系统年度绩效考核中在直属分局序列中取得较好成绩。

【财务管理】在财务管理工作中认真贯彻《会计法》及其实施细则，严格执行《预算法》及北京市财政局下达的预算批复，预算资金在使用上更加规范合理，2016 年“三公”经费支出 1.98 亿元，2017 年“三公”经费支出 2.08 亿元，同比上升 5%，充分发挥了资金的使用效率。其中，2017 年完成个人所得税手续费返还 7871.61 万元。

【人事管理】开发区分局设置 8 个内设机构，级别均为正科级。行政编制 99 名。处级领导职数 5 名，其中，局长 1 名，副局长 4 名，另核定纪检监察副处级领导职数 1 名；科级领导职数 37 名，16 正 21 副，含专职工会副主席 1 名（正科级）、团支部书记 1 名（副科级）；机关工勤编制 7 名。截至 2017 年 12 月 31 日，开发区分局在编干部职工 93 人（干部 90 人，职工 3 人）；处级领导干部 5 名，另有调研员 2 名（其中 1 名由副局长兼任）、副调研员 2 名；科级领导干部 31 名，其中正职 16 名、副职 15 名。年内，选拔任用 2 名正科级和 5 名副科级领导干部，5 人晋升为主任科员，2 人晋升为副主任科员。对 7 名科级领导干部、6 名新录用干部进行试用期满考核，2 名新招录干部进行考察。根据工作需要，对 18 名干部进行轮岗交流。

【教育培训】处、科级领导干部的理论学习持续深入，参加和组织各类中心组学习共 16 次，组织 3 名处级领导干部参加市局举办的处级领导干部专题培训班、3 名科级领导干部参加新任职科级领导干部培训班。大力推进“岗位大练兵，业务大比武”活动深入开展，组织4个岗位的练兵比武大赛初赛，选拔确定8人参加市局纳税服务岗和信息技术岗的比武复赛和初赛，有1人进入信息技术岗位半决赛。联合平谷地税局举办了公务员岗位知识培训，与开发区国税局开展廉政党课专题教育3次。组织26人次参加市局处室举办的业务知识培训班，组织8名新录用公务员参加市局举办的执法资格考试和初任培训，均取得较好效果。6人参加执法资格考试，全部通过，平均分83.83分，名列前茅。

【执法督察与内部审计】严格依照《税收执法督察规则》要求，开展税收执法、二手房专项审计、2015—2016年财务审计、2016—2017年行政处罚案卷评查等5项重点督察项目。对税收执法督察中发现的问题，根据《北京市地方税务局税收行政执法过错责任追究暂行规定》采取立查立改的工作措施，要求责任部门立即整改、限期整改到位。

【党建工作】认真学习宣传贯彻党的十九大精神，坚持以习近平新时代中国特色社会主义思想为指导，深入贯彻落实中央精神、市委市政府和市局党组决策部署，牢固树立“四个意识”，坚定不移推进全面从严治党。做实从严治党主体责任规定动作，制定党风廉政建设责任分工表，签订党风廉政建设责任书，完善党风廉政建设体制机制，持续推进“两学一做”学习教育常态化制度化，不断筑牢思想根基。坚持开展理想信念教育、宗旨教育、党章党规党纪教育和意识形态教育，把经常性教育与集中性教育相结合，先进示范教育与案例警示教育、岗位廉政教育相结合，引导干部讲党性、守纪律、懂规矩。利用党建信息和“两学一做”专刊等平台，拓宽宣传渠道，营造学习氛围，增强教育的针对性、实效性。共编发《“两学一做”学习教育专刊》29期。

【纪检监察】开发区分局落实“一岗双责”，逐级签订《党风廉政建设责任书》和各部门内部签订《廉洁自律承诺书》。以常态化落实《纪检监察部门落实党风廉政建设监督责任实施意见》内容，每月进行作风建设督察，对税容仪表、考勤、纳税服务等项目抽查，发现问题下发整改通知书，将督察结果与分局绩效考核结合起来，责任到科、室、所，追究到人；开展督察12次，共发现问题五类30人次，将督察结果在分局范围内进行通报。

【政务信息】全年共编发专报8期、专刊85期、上报信息105篇，其中72篇被采用，1期被市长批示。在分局各部门的全力配合下，国办信息专刊和市政府信息专期采用4篇、杨志强局长批示信息1篇、市局优秀信息1篇，连续14年位列北京市地税系统直属分局首位。

（李春澍）

北京市地方税务局第一稽查局

【概述】2017年，第一稽查局全面深入贯彻党的十九大精神，坚持以稽查办案为中心，不断深化案件检查管理，积极完成西北片区的各项稽查任务。加强文化建设和党风廉政建设，优化稽查人员配置，创新业务手段，切实开展重大涉税案件查处、税收专项检查、积案清理、发票违法行为整治等工作，积极引导企业自查，推进国地税联合办案，积极服务和推进全市经济和社会发展，各项工作呈现出良好发展态势。

【税收收入情况】当年全片区共立案174件，检查324件，结案294件，查补收入13.45亿元，入库收入12.98亿元。第一稽查局立案108件，检查229件，结案209件，查补收入11.19亿元，入库收入10.56亿元。

【非税收入】2017年，第一稽查局立案检查共组织教育费附加、地方教育附加、文化事业建设费、罚款共计3766.35万元，比上年增加2150.02万元，增长133%。

【税收收入特点】查补口径按行业划分，第一稽查局2017年收入涉及十个行业，主要收入集中在批发和零售业，共计查补收入42592万元，入库收入42575万元，占总收入34.77%；租赁和商务服务业，共计查补收入22630万元，入库收入22311万元，占总收入18.47%；房地产业查补收入22929万元，入库收入18232万元，占总收入18.72%。

【税收法治】对重点区域、重点行业实施重点检查。推进“3·21”专案督促指导工作，配合公安机关做好案件侦办。做好打击发票工作的宣传引导，营造发票问题“零容忍”的执法氛围。打击发票违法犯罪活动工作中违法企业罚款与查补税款的比例达到15%及以上的加强与国税稽查部门的信息交换工作，通过联合稽查案件查办和相关执法合作，实现所管辖税种的堵漏增收，研究加强稽查各环节行政执法手段的运用，加强与市局稽查处、税警联合办公室衔接，加大案件移送力度。加强“黑名单”与联合惩戒工作，按规定向社会公布符合标准的全部案件，依法进行联合惩戒。在双公示专栏稽查行政处罚栏目及时公示处罚信息、更新政务信息相关内容。充分认识开展扫黑除恶专项斗争的重大政治意义，主动加强与综治部门的沟通协作，配合开展扫黑除恶等各项工作。做好出庭应诉、行政复议答复工作。加强依法行政工作领导小组建设，按季度召开依法行政领导小组会议，做好法制学习工作。依法加大涉税违法犯罪行为查处力度，规范执法行为，坚决防止以补代罚、以罚代刑。

【纳税服务】在不同时间节点围绕不同专题开展特色活动，多角度展示第一稽查局在适应经济发展新常态、促进各项改革落实等方面的新理念、新举措和新成果，推进服务深度融合、执法适度整合、信息高度聚合。围绕发挥稽查职能作用，加强推动稽查工作落实的先进典型宣传，为推动税收改革发展营造良好社会氛围、提供有力舆论支持，为建设和谐税企关系，促进税收发展起到良好的推动作用。

【税务稽查】全年第一稽查局检查 229 件，查补收入 11.19 亿元，入库收入 10.56 亿元，检查人员人均入库收入 1416.49 万元。组织召开研定会 8 次，研定案件 28 户次。定性偷税案件 7 件，全西北片区检查发票违法案件 152 户：其中有问题户数 138 户，查处非法发票份数 1203 份，涉及票面金额 25524.54 万元，查补总额 5049.73 万元。定性逃避缴纳税款罪移送公安机关 3 件，定性虚开普通发票罪移送公安机关 3 件，查办亿元以上案件 6 件，千万元以上案件 10 件。在 2015、2016 年度查补数连续增长基础上，2017 年度查补数率先突破 12 亿元。

聚焦主业，以大要案查办为中心，严厉打击各类涉税违法行为，全年查办督办案件 10 件，在完成大要案的同时，坚持以专项检查为日常主导，完成总局股权转让专项、总局融资租赁专项、总局医药行业专项、总局市局集团随机抽查专项等一大批专项检查工作，共计查补收入 81372.01 万元、入库收入 52709.09 万元。按照市局和第一稽查局清理积案工作要求，成立以局长为组长的工作小组，对长期滞留在各个环节的遗留案件进行系统的清理。各相关科室及时沟通、协调，相互协作，有效配合，形成合力，推进积案清理工作，发挥稽查震慑作用。

【电子税务管理】2017 年，对全局 200 余台台式机、便携式计算机和 1 台服务器涉及的操作系统、办公软件和杀毒软件的情况逐机核对信息，对软件进行更新和验证，对全局台式机和便携式计算机本逐一登记统计，全部符合正版化要求，全面清理非正版软件。

【政务管理】全年办理来文 330 件，其中电子来文 317 件，纸质来文 13 件。发文 66 件，归集文书 79 份。全年召开党组会 31 次、局长办公会 8 次、党组理论中心组学习 10 次，形成会议纪要 49 件。加大报送经验型、调研型的信息力度，全年编发局内期刊 37 期，100 余篇，市局采用普刊 11 篇，专刊 8 篇，被国家税务总局批示 1 篇，发布图片信息 13 篇。向市局报送调研报告 17 篇，被《调查与研究》刊登 3 篇。此外还积极参与市局稽查处和国际税收研究会理论调研课题。

【绩效管理】按照市局的工作要求和相关文件精神，第一稽查局将绩效管理工作与税收中心工作紧密结合，在各阶段如期完成组织绩效管理和个人绩效管理各项考评工作。加强组织领导统筹，狠抓工作落实。合理分解设置指标，减轻基层负担。加强绩效培训宣传，塑造绩效文化。严格运用考评结果，激发创业激情。2017 年市局考评第一稽查局指标共 18 项，考评总分值为 901 分；失分 4 项，失分分值为 15.62 分；加分 11 次，加分分值为 5.85 分，换算合计总分为 890.247 分，较好地完成了承接市局的各项考评指标。

2017 年，制定《北京市地方税务局第一稽查局关于印发 2017 年组织绩效考评规则及考评指标的通知》《北京市地方税务局第一稽查局组织绩效管理实施细则》《北京市地方税务局第一稽查局关于调整绩效考评委员会及其规则的通知》，修订《北京市地方税务局第一稽查局绩效考评结果运用办法（试行）》，坚持“凡任必用”“凡考必用”“凡评必用”。

【财务管理】严格执行财务制度，每季度向党组汇报预算执行情况。根据市财政局的统一部署认真开展 2017 年资产清查工作，定期组织固定资产巡查，为稽查工作的开展提供有力的保障。

【政府采购】依托北京市政府采购平台，采用协议议价方式，完成资产设备购置，全年预算金额25.57万元，主要包括办公设备类、办公家具类、空调共71件（台），合同金额25.57万元。

【人事管理】第一稽查局设置16个职能科室，分别为办公室、人事政工科、业务科、审理科和12个检查科。第一稽查局党组严格执行《党政领导干部选拔任用工作条例》，严格遵守党组议事规则和民主集中制原则，充分发挥党组在干部选任工作中的作用，加大党管干部力度。坚持走群众路线，把好推荐关。全面考察了解，把好决策关。按照“集体领导、民主集中、个别酝酿、会议决定”的原则决定干部任免，不搞临时动议。2017年，提任正科级领导干部4名，推荐选拔6名副科级领导干部，完成考察程序。做好7名遴选干部、2名社招人员和2名军转干部的录用和岗位安排。先后有12名干部晋升到上一级非领导职务，并做好2名退休人员的退休工作。对14名干部岗位进行调整，做到人岗相宜，人尽其用，为全局工作顺利开展打下良好的基础。

【教育培训】制定以干部能力建设为主线，围绕注重提升干部综合素质、提高岗位技能的培训思路，结合中心工作，开展系列培训。建立起个人自学为主、部门学习为辅、全局考试为检查、组织抽查为监督的四级学习机制，针对遴选和社招的新进人员，开展“老帮新”活动，立足岗位练兵活动与稽查业务无缝对接。组织两次全局干部参加的绩效培训，参训180多人次。全年培训科级及以下312人次，人均160学时。全年18人报名职业资格考试、职称考试，5人参加税务信息技术师比武，1人进入复赛，4人报名税收专业英语口语培训，较往年都显著提高。

【执法督察与内部审计】制定印发《2017年日常税收执法督察工作方案》《公务用车专项治理工作实施方案》和《税收执法大督察工作实施方案》。开展税收执法大督察，对2016年结案205户企业进行执法督察，发现在坚决打击偷骗税、精准稽查严惩违法情况中存在5类17户次问题。开展日常税收执法督察工作，对所有2016年结案案卷进行筛选，50万元以上重大案件共21户，检查存款账户、储蓄存款的1户。发现50万元以上重大案件存在5类问题，检查存款账户、储蓄存款存在1类问题，并对发现的问题进行整改。从稽查选案、稽查执行、实施审理、重大案件审理、协查管理“五环节”着手开展工作。结合稽查检查工作特点，制定《自查核实问题目录》。针对日常执法督察，完善细化检查工作底稿。做到一案一目录，一卷一底稿，举一反三、边查边改，不留死角，做到督察痕迹化。印发《行政处罚案卷评查标准工作手册》，作为稽查检查人员的案头卷和工具书，为稽查人员提供执法流程规范。

【党建工作】全面落实基层党建工作的相关部署要求，坚持“常”“严”“实”，“两学一做”学习教育深入开展。全面从严治党，不断加强党建的规范性，将党建工作与税务稽查中心工作同谋划、同部署、同落实。加强组织领导，强化责任落实，9月顺利完成党总支换届工作，召开党总支会议17次。规范政治生活，坚持常抓不懈，把查找解决问题作为“两学一做”学习教育的规定要求，通过整改落实，进一步强化党性观念，增强“四个意识”。坚持常态学习，注重融入日常，每月最后一个周五作为固定学习日，集体观看十九大开幕式，参观“砥砺奋进的五年”成就展，组织“喜迎十九大”职工艺术展。坚持创新精神，打造一条党建文化长廊，创办2份党建宣传专刊，建立3个党建宣传阵地。领导率先垂范，实现联动发展，党组中心组扩大学习10次，与延庆局进行党建工作交流，走进中冶集团、北京市自来水集团，参观紫光科技体验中心，充分发挥带头示范作用。

【纪检监察】开展廉政警示教育，组织承办“廉洁从税与幸福人生”专题讲座。组织参观红色廉政教育基地、明镜昭廉反贪尚廉历史文化园等。组织观看警示案例光盘。营造廉政文化氛围，打造“一刊、一群、一栏、一室、一队”①，形成工作有力抓手、重要平台、宣传阵地和监督责任全程纪实的有效载体。制定印发年度监督责任重点工作任务，各级负责人切实履行主体责任和监督责任。统一设计制作、发放廉政谈话记录本，规范廉政谈话工作制度。签订党风廉政建设责任书，明确责任，形成自上而下，齐抓共管的局面。积极参与区域监督协作工作，主动作为、出谋划策。发挥纪检监察职能作用，加强对“三重一大”事项的监督，邀请联合纪检监察组成员列席党组会。加强对干部职工日常监督，切实把好节日廉政关。建立廉政提醒谈话制度。落实廉政回访制度。在明显位置设置廉政监督意见箱，专人随时查看。

【后勤管理】严格落实公车管理规定，结合市局相关要求和本局实际，将我局车辆派遣审批权限提高到主管局长进行审批；按规定粘贴了公务用车专用标签，并拍照发送市局后勤服务中心；配合市局给所有公车安装了北斗定位系统。认真落实办公用房使用的标准，合理调整局内办公用房。

【税务宣传】对全局重点工作和重大会议、活动进行文字和影像记录，编制图片新闻、活动报道等材料。积极开展税收宣传月工作。全年共组织纳税人座谈会一次；配合市局拍摄宣传片“税案追踪”一部，全程参与创作、拍摄及后期制作，该片已被市局报送总局进行评选。刊登《北京地税》等刊物文章、诗歌散文、书法篆刻等共计16件作品。

【税务文化】不断推进基层规范化建设工作，组织全员认真学习《税务人员文明手册》，使全局干部明确行为规范，积极组织思想政治工作征文活动。深入扎实开展精神文明创建活动，树立地税形象。春节前夕，党总支联合工会开展“喜迎新春，送上祝福”系列活动；组织第一稽查局“喜迎十九大”职工艺术作品系列展；利用楼层走廊空间，建立党建廉政宣传文化走廊；“青年文明号”检查一科组织青年特色活动7次，党总支及各支部组织党建专题特色活动共20余次。通过组织座谈、参观调研、纳税服务的多种形式，丰富和创新精神文明创建形式。顺利完成“2015—2017年度首都精神文明标兵单位”的申报工作，检查一科荣获“2015—2016年度市级青年文明号”称号，工会荣获“2016年度市局直属机关合格职工之家”称号。

（郭永斌）

---

① “一刊、一群、一栏、一室、一队”分别指警示教育电子专刊《清风》、纪检监察微信工作群、廉政文化宣传栏、廉政谈话室和内外部兼职廉政监督员队伍。

北京市地方税务局第二稽查局

【概述】2017年，第二稽查局坚持以稽查办案为中心，全面推进依法治税，持续深化稽查体制改革，认真落实税务稽查市级全覆盖工作。全片区共检查232件，有问题231件，结案240件；查补收入10.9亿元，入库收入10.2亿元，完成片区10亿元任务的109%。第二稽查局共检查107件，有问题107件，结案89件，查补收入7.97亿元，入库收入8.19亿元，完成全年6.7亿元任务的118%。

【税收收入情况】共查补收入10.9亿元，入库收入10.2亿元，完成片区10亿元任务的109%。第二稽查局查补收入7.97亿元，入库收入8.19亿元，完成全年6.7亿元任务的118%。

【非税收入】2017年，第二稽查局立案检查组织教育费附加、地方教育附加、文化事业建设费共计842.84万元，比上年减少84.41万元，下降9.1%。

【税收收入特点】按行业划分，2017年共查办房地产企业27户。其中：人民大学选案模型测算房地产业高风险纳税人检查、“三定三限”①定向安置房检查及其他案源中的房地产企业检查，查补合计42246.03万元，占全部查补收入79664.21万元的53.03%；入库合计42198.93万元，占全部入库81916.82万元的51.51%。根据市局《关于开展总局2017年度股权转让检查工作的通知》要求，第二稽查局立案检查24户，查补税滞罚合计9341.53万元，占全部查补收入79664.21万元的11.73%；入库合计9244.26万元，占全部入库81916.82万元的11.28%。根据国家税务总局稽查局《开展2017年度医药行业专项整治工作的通知》要求，第二稽查局指定检查科负责14户企业的自查辅导工作，自查补税207.6万元。这三项重点检查收入占全部查补收入的65.02%。

按税种划分，企业所得税完成17073.55万元，比上年增长5.05%，占比为21.43%；营业税完成14707.58万元，下降13%，占比为18.46%；其他税种共完成35406.09万元，增长24%，占比为44.44%。

【税收法治】落实《税务行政处罚裁量权实施办法（修订）》相关工作，规范税务行政处罚裁量权的应用。认真执行《中华人民共和国行政处罚法》《中华人民共和国税收征收管理法》及其实施细则等法律、法规及规章，严格依照法定权限、时限、流程规定实施处罚，认真履行行政处罚法定职责。积极推行执法全过程记录制度试点工作。抽查行政处罚类案卷10卷。装订片区结案案卷651卷。向市局移交2012年和2013年档案1021卷。片区共移送案件5件。

【税收政策落实】全面落实推进市级稽查全覆盖，建立与5个分局全覆盖联动机制，组织召

① “三定三限”是指定供应对象、定销售价格、定套型面积，限定销售价格、限定套型面积、限定建设标准。

开座谈与业务培训会，积极探索大稽查的工作方式方法，建立工作贯彻反馈机制，统一辖区取证标准、设立检查底稿、与辖区分局实施联合检查等工作。

【纳税服务】结合稽查职能作用，开展纳税服务培训，增强检查人员的服务意识，将税法宣传融入于税务稽查当中，自觉维护纳税人的权利，提高税法遵从度，进一步推动稽查工作落实。以税收宣传月为突破点，加强与企业的沟通交流，扩大税法宣传面。以税务稽查为手段，加强税收政策、纳税服务、廉政回访的有机衔接。

【税务稽查】全年共检查107件，有问题107件，结案89件，查补收入7.97亿元，入库收入8.19亿元，完成全年6.7亿元任务的118%。全力开展清欠工作，依法向北京市丰台区人民法院提起行使税收代位权诉讼，首次运用税收代位权成功追缴欠税364.83万元，全年共清理结案3件，清缴税款3296万元；积极引导企业自查，对北京祥龙资产经营有限责任公司、北京实业开发总公司、北京首都航空有限公司以及中国国电集团、北京汽车集团有限公司、中国冶金科工集团公司、医药行业开展自查检查，共计自查补税1.49亿元；加大发票检查力度，2017年，片区共计查处发票违法企业141户，涉及非法发票1533张，涉及金额22886万元，查补金额1937万元。

【电子税务管理】制定《第二稽查局金税三期双轨运行工作实施方案》，建立《第二稽查局金税三期反馈平台》。加强软件正版化督导工作，进一步加快全局软件正版化工作的推进，制定《第二稽查局软件正版化工作实施方案》，全面开展软件使用全面清查和核实工作。建立完善稽查规范，认真落实《全国税务稽查规范（1.0版）》，研究专业稽查机构的科学化管理，规范和修订工作制度，建立案件分级管理模式，完善各类案件台账，规范案件检查工作。

【政务管理】全年召开党组会34次、局长办公会11次、党组理论中心组学习12次，形成会议纪要45件，发文55件。加大督查督办力度，按照督促检查工作办法，严格对局折事项进行督办，定期督促跟踪党组会、局长办公会决议执行情况，并向党组汇报，全年共督办各项决议200余项；加强信访、政府信息公开、公文保密等管理工作。两次受理某公司政府信息公开申请，严格按照程序完成答复工作。规范信访工作应急处置，积极做好舆论引导。加强公文流转，全面开展保密自查，严格执行保密文件相关规定，对办公设备涉密与非涉密进行区分与标识。

【绩效管理】完善绩效工作规则。制定绩效考评规则和绩效考评委员会工作规则，修订绩效管理办法和绩效考评结果运用办法。合理划分共性和个性指标，完成绩效指标编制抽查工作。绩效累计失分始终保持在全系统较低水平。

【财务管理】加强财务资产管理，修订财务管理办法，严格执行财务制度，每季度向党组汇报预算与收支情况；开展固定资产清查工作。完成2091件固定资产条形码粘贴标签工作。

【政府采购】依托北京市政府采购平台，采用协议议价方式，完成资产设备购置，预算金额60万元，主要包括办公设备类购置复印机6台，台式计算机28台，合同金额33.4万元。

【人事管理】严格执行《党政领导干部选拔任用工作条例》，严格遵守党组议事规则和民主集中制原则，充分发挥党组在干部选任工作中的作用，加大党管干部力度。坚持走群众路线，把好推荐关。全面考察了解，把好决策关。按照“集体领导、民主集中、个别酝酿、会议决定”的原则决定干部任免，不搞临时动议。2017年，完成10名科级领导干部试用期满转正，11名干部按期开展非领导职务晋升和4名社招人员、2名军转干部的考察录用。做好数字人事上线准备工作。制定因私出国（境）管理办法和考勤管理办法。

【教育培训】以“岗位大练兵 业务大比武”活动为契机，深入开展专业知识培训。开展税收讲堂活动，由干部当小教员，全年开展活动12次。

【执法督察与内部审计】制定第二稽查局税收执法大督察工作实施方案和日常税收执法督察工作方案，配合市局稽查处行政处罚案卷评查工作，抽查税收执法案卷11卷。按照市局内部控制工作方案，以评价指标体系为抓手，全面开展内控自评工作。通过对118项指标的梳理，第二稽查局内控自评得分为99.5分。

【党建工作】制定下发《全面从严治党新形势下进一步加强第二稽查局党建工作的实施办法》。制定分局“两学一做”学习方案。严格落实“三会一课”制度。完成党总支和工会换届工作。邀请市局党建工作处人员授课，班子成员讲党课。评选10名党员示范岗标兵。成立“春华”读书会，夯实党建工作基础。有2人分别被评为北京地税系统“十大优秀青年”和综治工作先进工作者。制定下发第二稽查局党组关于学习党的十九大精神的通知，扎实开展“两贯彻一落实”工作，通过党组会、第一党支部会议、主题党日活动等形式，分层级、分专题开展十九大精神的学习研讨，确保十九大精神传达到每一个党支部、每一名党员干部和群众。制定第二稽查局意识形态工作实施办法、工作要点和责任分工表，健全党组统一领导、党政齐抓共管、宣传部门组织协调、有关部门分工负责的工作格局。完成每半年向市局党组汇报一次意识形态工作。

【纪检监察】召开党风廉政工作会，制定主体责任任务分工表，签订党风廉政责任书。严格落实“一岗双责”。充分运用监督执纪“四种形态”，强化税务稽查执法监督。制定《第二稽查局内部廉政监督员管理办法（试行）》，充分发挥监察员作用。

【后勤管理】严格落实公车管理规定，按照市局要求全面开展公务用车专项治理工作，在使用、经费管理等方面全部符合规定。认真落实办公用房使用标准和管理规定，及时调整局内办公用房，确保办公用房全部达标。完善库房管理规定和库房巡查制度，保证库房安全。完善办公用品请领使用制度，严格办公用品的购置储存管理，保证日常的供应。

【税收宣传】紧扣“深化税收改革、助力企业发展”宣传月主题，统筹谋划、精心设计税收宣传月活动内容，在不同时间节点围绕不同专题开展特色活动，多角度展示第二稽查局在适应经济发展新常态、促进各项改革落实等方面的新理念、新举措和新成果，以全面展示第二稽查局特色工作，推进服务深度融合、执法适度整合、信息高度聚合。围绕发挥稽查职能作用，加强推动稽查工作落实的先进典型宣传，为推动税收改革发展营造良好社会氛围、提供有力舆论支持。2017年编发局内普刊41期，上报市局专刊18篇，6篇文章被上级采用。与国税局联合开展“走进北汽、助力新能源发展”的主题税收宣传活动，开设“北京国地税·北汽集团税企交流平台”的微信群，电视、平面、网络共16家主流媒体进行宣传报道。推出漫画税收课堂系列栏目——“漫画说税”，通过今日头条、微博等新媒体刊载14期。

【税收文化】坚持开展送知识、送健康、送温暖活动，及时把组织的温暖送到干部身边，开展以“深化税收改革、助力企业发展”为主题的税收宣传月活动。制作“党建园地”宣传展板4期。

（郑　飞　王元锋）

北京市地方税务局第三稽查局

【概述】 2017年，第三稽查局认真贯彻落实党的十八大以来历次会议精神，深入学习宣传贯彻党的十九大精神，坚持以习近平新时代中国特色社会主义思想为指引，牢固树立“四个意识”，以党建工作统领各项工作，持续以稽查办案为中心，进一步深化改革创新，较好地完成了全年任务。

【税收收入情况】 2017年，第三稽查局共查结户数132户，查补收入92667万元，已入库81198万元。全年人均办案2.4户，人均查补1716.06万元，此两项指标在6个直属稽查局排名中位列第1。整个东南片区共查结户数259户，查补收入102440.71万元，已入库90826.93万元，完成年初7亿元任务和追加1.5亿元任务总和的120.52%。

【非税收入】 严格按照市局工作要求，对所有案件的全部税种开展检查，全年组织非税收入1874.63万元，比上年增长193.12%，其中教育费附加1157.92万元，地方教育附加716.71万元。

【税收收入特点】 从稽查查补税款分税种占比看，营业税和企业所得税仍然为税务稽查的主体税种，两税税种的查补税款分别为3.34亿元、0.89亿元，分别占全部查补税款的62.55%、16.67%，合计占全部查补税款收入的79.22%。从主体税种查补税款增减成因分析来看，加大了对以前年度积案清理力度，清理积案20件，查补收入1.61亿元。同时强化案件的全过程监督管理，案件查处效果有了较大提升，营业税和企业所得税等主体税种查补收入有一定的提高。

【税收法治】 认真贯彻“放管服”改革和京津冀协同发展工作部署，严格落实“双随机、一公开”，加强税收政策研究和转化，确保加强服务保障20项措施落地生根。学习贯彻《全国税务稽查规范（1.0版）》和税务稽查一系列新管理办法，修改完善分局审定会制度和集体审理管理办法，进一步规范工作标准，提高质效，全年召开案件审定会19次、集体审理会16次。按市局部署，落实税务稽查体制改革方案，与国税局联合开展辅导、检查42次。制定《第三稽查局税务稽查行政处罚裁量基准适用意见》，统一规范辖区内行政处罚裁量权行使标准，降低执法风险，保障涉税当事人合法权益。坚持审理前置，及时汇总税政法制问题，制作完成《税政问答及案例评析（第二期）》，坚持局长办公会“会前学法”制度，开展优秀案件评选及“税案沙龙”活动，提高干部学法用法水平。做好执法督察、案卷评查、税收执法平台维护等工作，力促执法更加规范高效。

【税收政策落实】 认真落实《全国税务稽查

规范1.0》以及市局四项税务稽查工作办法，结合分局工作实际制定《北京市地方税务局第三稽查局集体审理管理办法（试行）》等相关工作制度，从制度上不断健全完善税务稽查工作。

【纳税服务】以企业自查、检查为契机，加强与企业的沟通和交流，因势利导对其进行专项纳税辅导，促进企业规范自律。通过税收宣传月、全国法制宣传日等活动，缩短稽查局与企业、社会、商户的距离，针对企业关心的问题主动提供纳税辅导服务，提升公众的税法遵从度。

【税务稽查】根据市局专项检查工作安排，主动加强与各分局沟通协调，统筹案源管理，针对企业所得税、个人所得税等易出现问题的地方税种，陆续组织开展房地产高风险，纳税信用评价中的C、D级企业，股权转让等专项检查，积极组织力量完成总局随机抽查重点检查、“3·21”专案检查、税源外迁检查和医药行业专项整治等工作。全年组织东南片区立案192户，确保全覆盖案件数量满足检查需要。领导带队办案共21件，完成全年17件任务的123.53%，查补收入24065.21万元。查办上级督办案件6件，查补收入11604.54万元。组织完成总局、市局部署的6家集团自查，查补收入48971.32万元。查处偷税案件6件，查补收入12717.8万元，认定偷税额3843.05万元。查处发票违法企业133户，查处非法发票2282份，涉及金额44836.73万元，查补收入16249.58万元。向公安机关移送案件线索4起。

【电子税务管理】进一步强化电子查账软件的应用，实现取证周期、结案周期的逐步缩减，以现代化手段提升税务稽查案件查处质效。根据市局要求，继续加强信息化基础设施建设，强化信息安全意识，为每位干部配备单向安全U盘，严格按照规定使用电子设备、移动存储介质，杜绝涉密信息外泄、违规外联事件发生，确保稽查工作有序开展。

【政务管理】严格落实行政工作痕迹化管理要求，持续完善行政工作制度化建设，夯实执行中央八项规定基础，杜绝违规违纪现象。结合实际，研究制定财务管理办法和公务车辆使用管理实施细则，推进行政精细化管理。持续完善保密工作，加强保密教育，提升干部保密意识。落实市局政府信息公开工作，在“首都之窗”主动公开政府信息49条。严格落实市局关于规范党组会议和局长办公会议的相关要求，做好会前审批、会议记录纪要、会后落实等工作。全年召开党组会议45次、局长办公会议18次。加强公文、签报管理，认真做好信访、后勤保障、工会和安全保卫等工作。

【绩效管理】第三稽查局按照税务总局、市局绩效管理制度办法体系，结合分局稽查工作实际，制发第三稽查局组织绩效考评规则和指标编制体系，对绩效管理工作进行了规范和创新。通过广泛征求意见建议，分局绩效办对2017年组织绩效考评规则和考评指标进行调整和修订，对管理科室增设个性指标，指标考评分值更改为400分制，其中：共性指标210分，个性指标190分，确保自查整改后的绩效考评指标体系更加科学合理。

【财务管理】财务管理方面，严格遵守《会计法》和《行政事业单位会计制度》的规定，以执行预算为中心，以厉行节约为重点，以求真务实的工作作风，抓好各项财务工作。认真细致地做好年终决算和报表编制工作，撰写出详尽的财务分析报告，研究和分析全年的收支活动，提高财务管理水平。固定资产方面，认真贯彻落实市局资产处有关固定资产的各项要求，全面、系统、准确开展工作，新购入固定资产90件，价值181876.00元，全部录入固定资产信息系统。预算方面，第三稽查局将预算执行与工作计划相结合，并纳入局督办事项，有效提升资金的预算执行率。

【政府采购】分局始终坚持规范、高效、廉洁的工作理念，狠抓管理制度化、程序规范化、采购透明化，全年共进行政府采购36批次，金额651950.60元，全部严格按照政府采购程序，签订政府采购合同，确保了分局采购工作优质高效的完成。

【人事管理】分局进一步加强中层领导干部梯次建设，采取民主推荐方式提任了7名副科级领导干部，3名正科级领导干部。提任科级非领导职务24名，遴选干部8名（其中借调市局6名），社会招聘干部4名，接收军转干部2名，定期实施科室轮岗交流。严格对提任干部、新入职人员进行廉政谈话，并对拟提拔的干部出具廉政会审单。

【教育培训】加强干部培养，健全成才机制。着力培养选拔中层领导干部。强化系统性教育培训，大力支持干部“三师”、学历考试、人才选拔及重大涉外活动等，引导干部更新知识、拓宽视野。2017年新增“税务师”4人、“律师”4人，“三师”人员增至19人次，“三师”比例高达22%。积极推荐选拔总局领军人才、市局总法律顾问及岗位大练兵参赛人员，选派参加“一带一路”国际合作高峰论坛服务保障工作1人。

【执法督察与内部审计】从严从实正风肃纪，落实监督责任。细化分解2017年监督责任重点工作任务5类18项。开展“三级示范”①和实践教学，加强廉政教育和源头预防。持续推进内控机制建设，加强“两权”②监督。发现苗头性问题不等不靠、主动出击，及时、严肃追责问责，深入整顿和改进作风。内聘廉政监督员，完善反腐倡廉机制，将廉政监督的“探头”和“触角”深入基层每个角落。以零容忍严肃执纪问责，抓早抓小抓常抓细，确保督察内审工作落实到位。

【党建工作】深入学习宣传贯彻党的十九大精神。以习近平新时代中国特色社会主义思想为指引，认真学习十九大报告和新党章，用党的创新理论武装头脑，指导实践。坚决落实市局巡视反馈意见整改工作，制定12项措施从严从实推进，力争标本兼治。深化全面从严治党，夯实主体责任。细化分解主体责任7类30项。制定2017年党建工作任务清单。分层签订《党风廉政建设责任书》，落实“一岗双责”、全程纪实制度。加强阵地管理，落实意识形态工作责任制。严格落实民主集中制、“三重一大”等党组议事决策制度，大力推动稽查、行政工作双轨痕迹化管理。积极推进“两学一做”学习教育常态化制度化。通过“中心组领学、专家讲学、支部带学、交流互学”，促进学习教育系统化、规范化。加强中央八项规定实施细则和市委实施办法精神的学习宣传，完善机制建设，活用宣传手段，听取群众意见，坚决防止“四风”问题反弹回潮。

【纪检监察】健全绩效考评机制，积极落实数字人事工作。修改完善会议、保密、信访、舆情、督查、签报、考勤、消防及公务用车等工作制度，深化行政工作痕迹化管理，规范权力

---

① “三级示范”是指第三稽查局在党风廉政建设教育大会中提出的三级示范新格局，具体内容为领导以上率下，引领垂范；借鉴他山之石，震慑防范；聘请廉政专员，监督示范。

② “两权”是指税收执法权和行政管理权。

运行。

【后勤管理】为保障稽查工作有序进行，于2017年完成了检查一线科室空调加装、科室调整办公室和稽查车辆管理等任务，并依据市局相关文件制订《第三稽查局公务车辆管理办法》，全年公务车辆无任何违纪违规问题发生。

【税收宣传】组织开展全国第26个税收宣传月活动，做好《税收天地》节目拍摄及北京新闻广播采访，全年在《中国税务报》《中国税务稽查》杂志、《北京地税》杂志、北京地税官方头条号及北京地税官方微博刊发稿件39篇次、图片19张，积极参与税收公益广告创意活动和北京地税税收宣传手册编写等。

【税收科研】在市局《调查与研究》刊发调研文章5篇，其中，独立撰写完成3篇，参与完成2篇。参与市局领导调研课题《信息化手段支撑下税务稽查案源选取及管理工作研究》，于2017年10月在《中国税务稽查》第3辑刊发。

【税务文化】进一步加强精神文明建设，2017年取得新的成绩。分局获首都精神文明单位称号。李晓晖获“全国五一劳动奖章”“全国巾帼建功标兵”称号等多项荣誉。胡爱民获“北京地税最美女干部”称号。通过树标杆、立模范，起到了进一步凝聚思想共识、增强工作动力的积极作用。

（王致远）

北京市地方税务局第四稽查局

【概述】2017年，北京市地方税务局第四稽查局以有效发挥税务稽查职能为中心，会同西城、丰台、房山分局切实开展案件查处等工作，圆满完成全年各项工作任务。得到上级部门表彰表扬7次，在直属分局中绩效考评成绩排名第一。打击发票违法犯罪活动工作成绩突出，受到国家税务总局通报表扬。

【税收收入情况】2017年，西南片区共立案164件，结案304件，组织查补收入87842.63万元，入库收入82064.78万元。其中第四稽查局立案71件，结案90件；组织查补收入79419.65万元，比上年增加40861.52万元；入库收入74363.83万元，增加36376.49万元；案件有问题率100%，查补入库率93.63%。

【非税收入】第四稽查局立案检查组织教育费附加、地方教育附加、文化事业建设费（不含大企业自查）查补共计601.4万元，入库共计558.77万元。查补比上年减少0.8万元，下降0.1%；入库增加479.12万元，增长602%。

【税收收入特点】依法开展重大案件查办，全年查补百万元级案件15件，查补收入合计6096.41万元；查补千万元级案件7件，查补收入合计25865.84万元；查补亿元级案件1件，查补收入合计14180.08万元。积极推进高风险重点税源企业分析检查，承接总局和市属重点稽查对象自查辅导及重点检查工作，共对12家集团及下属396家企业开展自查辅导和随机抽查，入库收入31249.32万元；有序开展打击发票违法犯罪活动，统筹本局和分局稽查力量，查处发票违法行为企业158户，查处非法发票2787份，票面金额15741.43万元，查补税款1854.74万元，加收滞纳金203.77万元，罚款344.10万元。

【营业税改增值税】深刻认识全面实施“营改增”对地税工作产生的影响，发挥组织力量，激发干部立足本职、爱岗敬业的工作动力。进一步发挥稽查打击震慑作用，充分运用法律赋予的各项执法权力，持续加大对税收违法行为的打击力度，切实发挥规范纳税行为的作用。在日常一线检查工作中同步开展“营改增”政策宣传，解答企业实务操作中各种疑难问题。

【税收法治】坚持依法行政，确保案件查办过程合法，证据取得充分，政策适用准确。强化以会管案、以会督案的工作机制，统一召开案源布置会，通过案件通报会、案件推进会、个案汇报会、案件会商会，把控工作重点，解决检查难点，确保案件查处程序上和实体上的合法性。修订《北京市地方税务局第四稽查局审理委员会案件审理办法》。切实践行税收法定原则，做好新旧《税务处罚裁量基准》衔接，把握好新基准掌握口径。通过案件听证切实维护纳税人权益。大力加强法治建设，2017年9月，被评为北京市地税系统法治基地。

【税收政策落实】深入落实稽查体制改革要求，认真学习市局修订完善后的稽查规章制度，按照检查、审理、执行、调查取证、案件移送、案卷归档等9个制度要求，进一步提升西南片区稽查规范化水平。持续完善税务稽查市级全覆盖机制，巩固并强化西南片区执法“五个统一”[①]标准。按照市局关于贯彻落实北京市深化国税、地税征管体制改革的要求，承接分解任务指标，认真开展相关工作，服务征管体制改革大局。结合市局20项措施要求，研究落实第四稽查局对促进有序疏解、构建“高精尖”产业结构加强服务保障的具体措施，参与非首都功能疏解专项工作，充分发挥税务稽查在推动京津冀协同发展中的税收保障作用。

【纳税服务】围绕“深化税收改革　助力企业发展”主题开展“税收服务进社区、便民办税为大家”税法宣传活动，通过走访、座谈、辅导等多种方式，加大对法律法规、税收政策的宣传力度，形成税务机关、纳税人和全社会的良好互动效应。结合本局2017年税务稽查工作，持续加强对“营改增”后纳税人的答疑辅导，进一步推广普及税收法律政策知识，持续提升全社会的税法遵从度。

【税务稽查】以金税三期为依托，加强案件分析管理，持续提升数据统计和分析质量。根据案源所属行业和税收违法类型，及时调整案源分配结构。严格控制办案时限，有效掌控案件查处进度。注重处理结果分析反馈和增值应用。按照上级工作部署，以查办大案要案为重点，将稽查力量向重点涉税违法案件集中，在总局、市局两级机关开展随机抽查选案模式下，分批次有序部署稽查案源，扎实开展了信用等级C、D级企业，股权转让企业，建筑业高风险纳税人，“3·21”专案，网络直播平台，高尔夫球场，私募基金，医药行业等稽查工作。积极推进高风险重点税源企业分析检查工作，有序开展打击发票违法犯罪活动，稳步推进税收举报案件检查。严格审理流程标准，做好税政支持，严控案件质量，严把案件报审关，有效推进审理进度，缩短结案时间。完善执行机构设置，加强对上级交办案件、大案要案、举报案件以及可能出现行政复

① “五个统一”是指证据标准统一、实体认定统一、执法程序统一、处理处罚统一、文书填制统一。

议及诉讼的疑难案件的执行集中管理，充分运用各项执法权力。

【电子税务管理】根据检查需求，增配稽查软件，开展电子稽查软件应用辅导，总结电子查账软件使用经验，在软件应用的深度和广度上进一步提高。做好双随机平台推广使用的前期测试准备工作，拟定双随机业务立案操作流程，在预生产环境中开展稽查双随机、稽查全业务流程和全业务事项的练习。

【政务管理】提高政务信息和调研质量，为各级领导决策提供参考。全年36篇信息被市局采用，2篇获市局主要领导批示。加大督查督办工作力度，推动各项工作决策落实到位、任务得到有力执行。定期查询网上舆情，在政府信息公开系统主动公开政府信息73条，有效落实了政务公开要求。

【绩效管理】细化分解市局各项绩效考核指标，修订完善本局各项行政制度，全面提升政务工作规范化水平。定期组织绩效管理工作培训，强化结果运用，发挥正向激励作用。以创新创优考评为依托，全面推进“创新驱动+正面宣传激发干部队伍内生动力”“培训资源共享”“案件星级分类管理”“以案代训提升稽查质效”四项特色工作，充分发挥示范引领效应，带动全局整体工作水平提升。

【财务管理】以“依法合规、专款专用、厉行节约、科学合理”为原则，积极落实市局各项工作部署，圆满完成部门预决算工作。严格执行《北京市地方税务局第四稽查局财务管理办法（修订）》和《北京市地方税务局第四稽查局固定资产管理办法》。加强数据核对，定期清查货币资金，做好与财政、银行的对账工作，为全局工作的开展做好资金保障。认真开展固定资产清查工作，确保全局资产完整安全。

【政府采购】严格执行《中华人民共和国政府采购法》及《北京市地方税务局采购实施办法》等规定，明确采购范围、限额标准、采购方式等内容，依法依规开展采购活动。指定专人负责采购文书等资料的备案与管理，定期整理归档，确保采购资料完备齐全。健全本局政府采购内控机制，强化政府采购审批与监督管理，实现采购全流程监管。全年共开展政府采购业务21笔，采购金额50余万元。

【人事管理】坚持党管干部原则，严格执行《党政领导干部选拔任用工作条例》，制定《中共北京市地方税务局第四稽查局党组科级领导职位选拔工作实施方案》，选拔任用6名正科级领导干部，完成33名科级非领导职务晋升，对10名科级领导和6名干部进行岗位交流。完善执行机构设置，成立专职执行科室。落实数字人事工作部署，专题开展数字人事制度规定和系统操作培训。

【教育培训】为全面提高干部综合素质，组织开展2017年度全员更新知识培训和科级领导干部任职培训。组织干部报名参加国家税务总局网络学院、北京干部教育网在线学习和公共知识培训学习。组织全体干部参加稽查岗位培训，邀请法官讲授行政执法及司法审查知识。选派干部参加市“职工技协杯”职业技能竞赛，取得税务信息技术岗位二等奖的好成绩。开展争创党员先锋岗、优秀调研员、信息员推优评比工作，充分发挥示范作用，积极传播正能量。

【执法督察与内部审计】成立税收执法督察工作领导小组，研究制定《北京市地方税务局第四稽查局2017年税收执法督察工作方案》，从全局抽调人员组成执法督察检查组，对已结案件各环节进行重点检查，逐户逐项制作《税收执法督察工作底稿》，对查出的问题及时整改落实，持续规范执法行为。以经济责任审计为契机，持续完善财务预算、核准和审计制度，严格执行办公用房、公务用车管理等制度规定。

【党建工作】深入学习宣传贯彻党的十九大精神，组织全体党员干部收看党的十九大开幕会直播，采取个人自学、集体研学、专题测试等形式，通过党组理论中心组学习、主题党日活动等方式、反复深入研读十九大报告、中央纪委工作报告和新修订的党章，认真学习习近平新时代中国特色社会主义思想。设立各支部“党建园地”，及时分享学习心得、经验做法。积极开展学习党的十九大宣传工作，在内外媒体刊登多篇文章。深入推进“两学一做”学习教育常态化制度化，研究制定本局推进“两学一做”学习教育常态化制度化实施方案。通过党组会前学党规，党组书记、班子成员在所在党支部讲党课，积极发挥局党组在学习中的示范带动作用。通过局党组中心组理论学习扩大会议、“三会一课”、每周五下午支部学习讨论等方式，教育引导广大党员干部进一步坚定“四个意识”，增强“四个自信”。扎实开展文明创建工作，2017 年第四稽查局被评为北京市首都文明单位，检查一科被评为综治先进集体，检查三科被评为“青年文明号”、授予“全国巾帼文明岗”称号，充分发挥了战斗堡垒作用。

【纪检监察】制定《北京市地方税务局第四稽查局党组落实党风廉政建设主体责任任务分工表》，层层签订党风廉政责任书，落实“一岗双责”要求。严格遵守党内各项纪律制度，在党组会等重大事项讨论决策过程中主动接受市局联合纪检组监督。在查办案件过程中落实“一案双查”，加大对税收执法权和行政管理权的“两权”监督管理。严格执行审理会制度，坚持第四稽查局纪检监察部门负责人全程参与重大案件审理会，监督稽查办案过程。与特约监察员密切沟通，及时交流本局基本情况及“两个责任”落实情况，加强协作，提高社会满意度。高度重视、认真开展巡察整改工作，通过巡察整改带动整体工作水平提升。对照市局巡视整改工作要求和蔡奇书记在全市领导干部警示教育大会上讲话要求，制定整改落实措施，不折不扣抓好落实。

【后勤管理】配合机构人员调整，多次调整办公用房、定制家具、房间布线，确保人员到岗后能立即投入工作。严格公车使用，定期检查车况，保障执法用车，做到合理调配、节约高效。完善财务管理制度，开展全局资产清查工作。加强食堂管理，持续改善办公环境。

【税收宣传】在《中国税务报》《北京地税》等刊物上发表多篇新闻及图片。探索尝试“互联网＋税务”模式下多渠道宣传稽查案件，充分发挥稽查工作查处典型、教育行业、震慑全面作用。持续加强稽查工作先进典型宣传，为推动税务稽查事业和税收改革发展营造良好社会氛围。

【税收科研】局领导带领课题组立足精品调研战略，不断完善工作机制，加强一线调研团队建设，各部门协同提高调研报送水平。重点围绕全面从严治党、青年文明号创建、落实稽查体制改革、提升稽查规范化水平、坚持依法办案等内容开展课题攻关，形成高质量调研报告 7 篇，实现各类成果转化 9 项，总结实践经验，指导工作开展。

【税收文化】以抓好地税文化建设为引领，充分发挥工会职能作用，深化“送温暖、送健康、送文化”活动，给困难会员提供帮助，发展各类兴趣爱好小组，开展“读书月”“健步走”等主题文体活动，举办春节联欢会，通过多种形式的人文关怀，营造暖人心、聚人心的和谐氛围。

（彭　勃）

北京市地方税务局第一直属税务分局（第五稽查局）

【概述】 按照市局《关于征管改革机构职责调整的通知》和《税务稽查机构改革方案》的文件精神要求，北京市地方税务局第五稽查局（第一直属税务分局）剥离税源征管职能，工作职责明确为依法对全市外商投资企业、外国企业、外籍个人和责任范围内纳税人、扣缴义务人实施税务检查，查处偷税、逃避追缴欠税、骗税、抗税等重大案件。2017 年，全局上下以习近平新时代中国特色社会主义思想为指导，深入学习宣传贯彻党的十九大精神，聚焦稽查主业，拓展稽查思路，强化队伍建设，较好地完成了全年工作任务。

【税收收入情况】 全年共对 251 户企业进行了检查，立案稽查 105 户，自查补税 146 户，查补税费合计 4.81 亿元，比上年增长 144.2%；已入库 2.84 亿元，增长 43.43%，

【非税收入】 全年累计查补各项费金入库 5012 万元，其中教育费附加、地方教育附加 407 万元，各税种滞纳金入库 2659 万元，税务部门罚没收入 1946 万元。

【税收收入特点】 按行业划分，查补税收涉及 10 个行业，主要收入集中在租赁和商务服务业，其他行业中除交通运输业收入较高以外，其他各行业收入相对均衡。租赁和商务服务业收入 8267 万元，占比 29%；交通运输业收入 3727 万元，占比 13%。针对企业股权转让、外籍人员八项补贴、海外社保等突出问题，稽查干部下大力气，花大功夫，着重实现个人所得税的查补税收入库。按税种划分，个人所得税收入 16080 万元，占比 57%；营业税收入 8866 万元，占比 31%，其他税种占比均不足 5%。

【税收法治】 坚持集体讨论决策，根据市局加强依法科学民主决策的要求，对重大税务案件严格按照程序以会议集体审理方式做出决定。严格履行行政执法程序，深入学习贯彻《全国税务稽查规范（1.0 版）》，利用分局税收大讲堂组织全局干部精细化学习。加强行政处罚案卷管理，依据分局实际情况总结梳理案件行政处罚要点，规范稽查案卷中文书的格式、内容。提升风险防范程度，组织学习市政府法制办《2017 年北京市行政复议行政应诉工作要点》和对行政复议纠错案件的通报，通过案例讨论的形式强化稽查人员对执法风险点的认知。

【税收政策落实】 认真贯彻市局《深化国税、地税征管体制改革实施方案》，将改革措施部署落到实处。严格执行市国、地税联合印发的《税务行政处罚裁量权实施办法（修订）的公告》《北京市税务行政处罚裁量基准〉的公告》，坚决防止以补代罚、以罚代刑等涉税违法犯罪行为。为确保适用税收政策的有效性，以案件为线索，及时向市局以及总局请示银行业、影视业、信托业中存在的税收政策难点问题，积极寻求正

面答复，并定期汇总编制《政策解答纪要》发布全局，以此作为稽查工作的政策指引，督促执行，强化落实。

【纳税服务】税收宣传月期间，针对和平里地区人员构成特点，分局联合街道办事处积极走进社区，为驻区“老外”开展面对面、点对点的税收政策辅导解读。开展“税法宣讲进民盟”活动，重点讲解与自然人契合度较高的个人所得税相关政策，并进行系统申报指导。利用廉政回访契机，用心收悉纳税人问题建议，积极协调市局相关部门，促成全市自助办税服务终端机系统升级改造，有效解决外籍自然人开具个人所得税完税证明不够便利问题。

【税务稽查】坚持涉外税务稽查大方向，针对外籍人员八项补贴、海外社保等突出问题，下大力气，花大功夫，攻克多个案件。查办某外资车企在华外籍员工八项补贴、境外基本社会保险个人所得税以及借款合同印花税等方面涉税问题，补缴个人所得税及滞纳金 5969 万元；通过对督办案件某中外联合投资基金的检查，明确了金融商品转让“营改增”新旧政策的衔接，规范了金融机构金融商品转让的纳税行为，企业最终补缴税款 1510 万元；发现某港资房企发票问题及自建房屋房产税疑点，企业最终补扣个人所得税、补缴房产税及滞纳金共计 2000 余万元。加大国地税联合稽查力度，按照总局稽查局统一部署，与市国税局第二稽查局组成联合检查组，开展“906 专案”检查工作；针对某物流集团涉税疑点，与朝阳区国税局开展联合税务稽查，查补税款合计 7500 万元；通过对重点稽查对象的随机抽查，在大企业集团自查和重点检查阶段，国、地税稽查局合作办案，查补金额共计 6145 万元，其中针对某银行系统企业自管型补充医疗保险有关问题，通过层层上报，最终收到总局稽查局的专门回复，查补税款合计 1565 万元。着力加强股权转让税务稽查，对 18 户被投资企业股权转让纳税情况进行检查，其中 1 户预计补缴税款及滞纳金约 8000 万元，1 户拟对自然人进行立案，股权转让涉及金额 14.3 亿元，初步估算应缴纳个人所得税税款 2.78 亿元；成功办理本市首例自然人涉嫌股权转让逃税罪移送司法机关案件，与稽查处和税警办公室多次深入探讨行刑衔接问题，完成某自然人案件的偷税定性并成功移送司法机关；明确了某金融公司股权转让涉及营业税的有关政策问题，最终补缴税款 3470 万元；对某物流公司股票减持未缴纳营业税的督办案件，精准把握政策，精确定位文书证据，最终补缴税款滞纳金 3675 万元。致力影视业专项检查，发现演艺公司通过跨地区间接支付劳务报酬规避纳税义务的情况，最终促使某影视公司补扣个人所得税 319 万元，企业所得税 1100 余万元，并撰写建议型信息，及时反馈工作问题和建议。大力开展打击发票违法犯罪活动，发现有发票问题企业共 64 户，涉及非法发票 2255 份，涉及票面金额 1.2 亿元，查补总额 7054 万元，并完成了“3・21”发票虚开案相关受票企业的专项调查核实工作。

【电子税务管理】先后制定分局《信息系统安全管理规范》《进一步加强信息安全工作的通知》《计算软件管理制度》等文件，对文件重点内容为全局干部进行解读。着力狠抓网络安全工作，全年进行电脑安全巡检 600 余台次，确保每台内网机的均安装瑞星杀毒软件。高效完成应急保障工作，为应对全球爆发的“勒索病毒”事件，结合市局《防范勒索病毒预防操作手册》，分局第一时间编制勒索病毒查杀操作流程，多次组织排查内网机 150 余台次，确保全体干部正确使用工具进行查杀。

【政务管理】全年编写党组会议纪要29期，局长办公会会议纪要10期，保障各类会务150余次。登记、传阅文件485份，发文50份，公开各类政府信息50余条。组织撰写工作信息90篇，其中6篇约稿被国办采用，22篇信息被市政府采用，47篇被市局刊物采用，信息采用率超过80%，参与调研的市政府约稿《我市便利店行业发展情况调研》得到蔡奇书记批示，并有3篇工作信息被市局相关领导批示。

【绩效管理】按照市局绩效管理工作制度、办法、体系，结合分局实际，通过印发组织绩效管理各项制度办法，做到规范完备、相互配套，先后包括分局《2017年组织绩效考评规则及考评指标的通知》《关于修订绩效考评结果运用办法（试行）的通知》《关于修订组织绩效考评规则及考评指标的通知》等文件。按时召开绩效管理推进会，按月召开绩效例会，针对绩效考核工作中出现的问题随时召开专题研究会。两次邀请市局基层工作处有关负责同志进行授课，帮助全局干部进一步学习理解绩效管理办法和原则，掌握指标编制规则及考评方法，树立广大干部干事创业的绩效管理理念，增进绩效认同。在全局范围内牢固树立绩效意识，促进绩效管理与税收工作的深度融合，真正做到以绩效为“指挥棒”，推动全局工作水平的提高。

【财务管理】严格控制“三公”经费支出，严把现金流量的出入关，促进专项资金的使用和监管更加规范。按照市财政在国库集中支付系统中推行授权支付电子化要求，分局顺利实现电子化功能上线运行，办理的业务范围涵盖直接支付申请、额度到账通知单打印、授权支付凭证等方面。在严格把关、精细管理的基础上，搭建分局财务内控体系。2017年，分局预算执行率首次达到100%。

【政府采购】严格按照《政府集中采购目录及标准》来规范政府采购行为，不断加大监督管理力度。全面项目支出方面，主要包括与高校签订调研课题合作协议1份，签订物业补充合同1份，支付互联网使用费用1笔，支付信息化外包服务费1笔，购置各类专项办公用品8次。

【人事管理】按时完成2017年度14名遴选人员的考察、试用期满考核及调入工作；为1人办理系统内调入手续，1人办理退休手续，对2名社招人员、2名军转干部办理录用工作；按照编制规定，完成两个税务所调整为检查科的职能调整工作。实现9名正、副科级领导干部和6名科级非领导干部轮岗交流工作，对2名正科级领导干部改任非领导职务工作，为4名正科级领导干部试用期满进行考核工作，完成24名干部晋升科级非领导职务工作。

【教育培训】聘请资深教师到分局讲授《初级会计实务》课程，夯实全员会计基础知识。联合第四稽查局、第六稽查局共同举办税务稽查专业知识、更新知识培训。“岗位大练兵，业务大比武”与全局业务工作紧密结合，贯穿全年，并组织专业水准的业务知识竞赛。全年举办税收大讲堂20期，组织各类线上、线下培训28班次，人均累计培训295课时。

【执法督查与内部审计】稳步推进内控工作，落实岗位职责制度，合理确定班子成员分工，坚持正职领导不直接分管人事、财务和基建工作。建立权力运行监督制度体系，编制并印发分局《党组落实“三重一大”决策制度实施办法（试行）》，进一步规范领导班子决策行为、提高决策水平、防范决策风险。全力开展各项督察工作，根据市局《税收执法大督察工作方案》，分局制定2017年税收执法督察工作方案，抽调骨干力量，成立专项检查组，对91份案卷开展执法督察工作。

【党建工作】采取“一会”[①]“两刊”[②]“三载体”[③]“四动作”[④]模式，多维度、全方位、有特色地深入学习宣传贯彻十九大精神。为党员庆祝政治生日，回顾入党经历、重温入党誓词，激励工作中发挥先锋模范作用。开展军民共建活动，与卫戍区部队基层连队共同开展“深入军营话党建，军地结对促发展”共建活动，拓宽党建工作思路。融入社会公益，积极投身东城区培智中心学校的志愿服务工作，关心关爱特殊群体，共同举办“永远跟党走”庆祝建党96周年“七一”专题活动以及“爱心助成长，书香伴未来”主题赠书活动等多次有意义的帮扶活动。

【纪检监察】坚持开展理论思想每周一学，督促分局党组提高“四个意识”，严格执行新形势下党内政治生活若干准则。以丰富的警示教育筑牢思想防线，组织收看《北京市正风肃纪教育片》《打铁还需自身硬》等正能量宣传视频，参观文天祥、于谦、袁崇焕“三祠”官德教育基地，提升领导干部公仆意识、忧患意识和节俭意识。特邀中央党校傅思明教授讲授题为《反腐败与廉政建设》的廉政教育课，深入强化全员党风廉政教育。

【后勤管理】积极落实食品安全和公共安全相关要求，面向和平里办公区全体干部职工，分别在物业服务、安全保卫、食堂餐饮三个方面征求意见建议，并持续加强后续管理工作。按照市局规定，制订《第五稽查局公务车辆使用管理办法（试行）》《第五稽查局机关办公用房管理办法》《第五稽查局机关公务接待管理办法（试行）》，并强化全体干部职工认真落实。

【税收宣传】策划制作税收公益宣传片在全市万达院线上映；与北京电视台共同参与制作“税案追踪”短剧《破开迷雾》在《税收天地》栏目播出；《中国税务报》“税案传真”及“经济社会”版面大幅刊登了分局税案解读稿件和案例点评文章；在《北京晨报》开辟“为您解税”专栏；发表各类文章20余篇。运用“互联网+”思维，创新宣传载体，在北京地税今日头条、微博、微信公众号发表《想要涉税举报怎么办?》《提成房租如何征收印花税?》等新媒体稿件9篇，传播活跃，阅读量均超过5000人次。

【税收科研】与中央财经大学就调研课题达成合作事宜，完成《外国常驻代表机构个人所得税征管问题研究》《在华外籍个人所得税征管问题研究——基于北京市征管实践的分析》2篇精品调研，并成功在《国际税收》上发表。

【税务文化】岁末开展新春团拜活动；组织干部职工观看电影；为过生日的人员送生日蛋糕。加强分局图书室建设，更新相关设备，向全体人员定期开放阅览；更新分局活动室，在原有的乒乓球台、跑步机、健身自行车等设备的基础上，安装了墙镜，设立了舞蹈瑜伽室。

（李　超）

---

① “一会”是指党组中心组学习（扩大）会议暨第一党支部理论学习会议。

② “两刊”是指党建刊物《葵菊》和十九大政务信息专刊。

③ “三载体”是指十九大精神宣传展板11块，《北京晨报》刊载十九大精神之税收政策解读系列报道3期，制作了“十九大报告学习笔记”微信H5页面。

④ “四动作”是指“观”报刊视频，“读”报告原文，“写”感言体会，“做”合格党员。

北京市地方税务局第二直属税务分局（西站分局）

【概况】 北京市地方税务局第二直属税务分局（西站分局）成立于2014年6月6日，负责国家税务总局定点联系企业在京成员单位等大企业的税收风险管理、税务审计和个性化服务工作，以及北京西站地区地方税收管理工作。2016年9月，经编制和职能调整，主要职责为：负责市级重点联系企业在京总部及成员单位的税收风险管理和个性化服务工作，配合市局大企业管理处完成税务总局交办的大企业管理相关工作任务。内设办公室、人事政工科、综合业务科、数据情报科、风险识别科、风险应对一科、风险应对二科、风险应对三科、风险应对四科、复审评价科。

【税收收入情况】 2017年，分局共组织入库各项税收收入25.32亿元，较2016年大企业税收风险管理工作各项税收收入3.72亿元增加21.6亿元（2016年3月，分局正式剥离西站辖区的征管业务工作，成为全职能的大企业工作管理分局）。

【税收法治】 为加强对税收法治工作的领导，分局及时调整推进依法行政领导小组的组成成员，确保依法行政工作领导小组人员权责一致，有效推动全局依法行政工作开展。为防范重大涉税风险，分局深入涉税风险比较复杂的企业，有针对性地开展个性化服务，分析税企争议焦点，了解企业实际情况，在税企双方充分沟通理解的基础上开展税收执法，以助于精准执法，提高税收执法的合理性。同时对税企间存在争议的税法滞后问题或执行标准模糊问题，及时请示上级税政部门，明确政策执行口径，确保税企政策执行准确，通过多层协调，为企业提供明确政策指导，以助于保护纳税人合法权益，化解税企纠纷矛盾，避免行政调解案件发生。

【税收政策落实】 认真落实《国家税务总局大企业税收服务和管理规程（试行）》，对于政策执行中遇到的问题，积极与市局有关处室沟通联系，不断改进大企业税收风险管理和个性化服务工作。

【大企业税收服务与管理】 对74户市级重点联系企业集团总部及其合并报表成员单位，共计2903户在京纳税人，分两批开展税收风险管理工作。通过督导企业自查、沟通反馈、情报收集、信息梳理、完善名册以及廉政回访等办法，帮助企业防范税收风险和堵塞税收漏洞。承接总局下达的税收风险分析任务，对税收风险点进行全面分析，拓展到相关企业，共分析税款19.66亿元。到东城、西城、朝阳、海淀、石景山等区实地走访，深入了解企业经营及风险管理状况，为企业提供有针对性的风控建议。召开市级重点联系企业见面辅导会，部署风险应对工作。举办税企沙龙，与企业高层交流，探讨风险防控问题，提供个性化服务。召开6家德资企业座谈会，就德籍员工个人所得税相关事项进行沟通交流。推动召开大企业专项工作协调会，协调解决银行业抵债资产涉税事项。参与市局信息共享平台建设，建立健全信息共享协作工作机制，完善大企业基础数据，组建税收情报管理员队伍，开展数据分析和税收情报搜集工作，为大企业管理提供数据情报支撑。

【政务管理】全面围绕税收中心工作，以大企业税收管理为工作重点，抓好信息工作。2017年共计上报信息94篇，市局采用信息38篇，圆满完成市局考核任务。全面开展保密自查，提升保密责任意识。加强政府信息公开及外网更新维护工作。全年通过网站主动公开信息33条次，专栏维护5条次。加强外网更新维护工作，及时更新文字信息、图片信息25条，完善和更新基础信息12条。加强收文的登记管理，2017年共受理各类收文382件，发文80余份。加强会务管理，全年召开会议近百次，其中，党组会33次，局长办公会21次，局务会12次，廉政会商会3次，参加上级部门组织召开的电视电话会议25次。有效加强信访工作，制定《北京市地方税务局第二直属税务分局信访工作应急处置制度》。

【绩效管理】努力发挥绩效管理对大企业税收风险管理工作的推动作用。注重考评结果的运用，在2016年度考核奖励工作中，以年度绩效考评成绩为基础评选出18名先进个人，给予表扬。2017年，根据市局要求完善制度，重新修订分局绩效考核规则和办法，优化指标体系，提升考评科学化、精细化水平，逐步形成了市局、分局、科内三级联动的考核体系。分局党组书记按季度主持召开绩效讲评会议，分析问题，提出改进措施，特别邀请市局绩效办人员对全体干部进行绩效培训，帮助大家正确理解绩效管理办法和原则，树立干事创业的绩效管理理念。在全体干部的共同努力下，分局绩效考核再次获得直属分局序列一段的好成绩。

【财务管理】认真做好年度预决算工作，同时注重总结经验和问题，撰写工作报告，为领导决策提供服务。强化管理，努力实现资产账账、账实相符。组织开展财务审计工作，委托第三方对分局2016年度政府采购政策执行情况、项目资金使用情况及固定资产管理情况进行了专项审计。

【政府采购】严格执行《北京市2017年政府采购集中采购目录及标准》。按规定开展协议供货和定点服务采购。梳理完善《第二直属税务分局固定资产管理办法》《第二直属税务分局采购实施办法》两个制度。对2016年1月1日至2017年12月15日本单位项目和工程招标投标情况进行专项自查，圆满完成招标投标管理问题专项整治工作。

【人事管理】完成分局2016年度考核奖励和人事统计工作。按照程序为遴选调入的7人、调出的3人、借调的2人、离职的1人、退休的2人办理相关手续。组织开展处级领导干部个人有关事项报告。按照人事任免程序完成了对2016年遴选至分局的7人职务晋升工作。积极参与市局遴选优秀年轻干部，共遴选干部2名。

【教育培训】开展更新知识培训。与市局大企业管理处联合在首都经济贸易大学举办为期9天的大企业税收风险管理培训班；开展“岗位大练兵　业务大比武”活动。制定《第二直属税务分局2017年“岗位大练兵业务大比武”活动方案》，成立组织领导机构，按照行政管理、征管评估、信息技术3个岗位开展日常练兵、考前测试和初赛；组织中国税务网络大学注册学习。按照市局宣教处通知安排，组织全体干部注册了中国税务网络大学，按照岗位需求和自身特点开展相关学习。完成全体干部在线学习任务。

【执法督察与内部审计】组织开展执法大督察工作。制定内控机制建设工作意见，参加市局内控机制建设专题调研，开展税收执法大督察工作和内部审计工作，加强统筹协调，做好内控自查和内控信息化建设。通过印发《丙申年志》和制度汇编进一步完善内控制度。成立迎接巡察工作领导小组，推动各部门查漏补缺、完善岗责体系、规范工作流程、健全管理制度，强化内控意识和能力。

【党建工作】制定“两学一做”常态化制度化实施方案，明确指导思想、基本目标、基本原则，确定38项具体工作内容以及相关落实措施，完善和落实党组书记负总责、分管领导分工负责、人事政工科具体落实、部门负责人“一岗双责”的党建工作责任体系。落实党组成员联系党支部、党员联系群众的“双联系”制度，广泛开展谈心活动，密切党群关系。在“微令”开辟“两学一做”专栏，开展争创“共产党员先锋岗”活动，开展讲党课活动，组织党员读书活动，开展“共产党员献爱心”活动。在党总支的领导下，各党支部制定年度工作计划，认真落实“三会一课”、民主评议党员、党务公开、党日活动、定期向党总支汇报等工作制度，抓好《关于新形势下党内政治生活的若干准则》的贯彻落实，坚持党员领导干部过双重组织生活。

【纪检监察】以案说法，以案讲廉，开展警示教育。通过参观近年来北京地税系统发生的18个典型违纪违法案例，用身边人、身边事教育和警醒广大党员干部讲党性、守纪律、懂规矩、拒腐防变。组织参观廉政教育基地。在两批市级重点联系企业见面会上，向74户纳税人宣传分局的廉政回访制度。在开展大企业风险管理工作中，分局纪检监察人员通过电话回访，详细了解分局税务人员在实施风险管理过程中，有无不廉洁的人和事，未发现有违反廉政规定的人和事。

【后勤管理】2017年细化了车辆管理。在完善公车管理制度的同时强化日常监管，与监察部门通力配合实专项检查，提高保障能力和廉政风险意识。通过检查《车辆使用申请单》《车辆运行管理台账》、车辆行驶公里数和加油卡储值余额等情况，确保公务车使用符合廉政规定。按照食药局的相关要求，加强职工食堂日常管理，确保卫生健康要求。

【税收宣传】一是发挥分局各部门合力，注重总结分局重点工作的落实方法和工作成效，加大宣传报道力度，前三季度向《北京地税》杂志投稿并被采用长篇文章5篇、采用各类照片22幅、图片新闻2篇，较好地宣传了分局精神风貌。二是以税收宣传月为契机，突出大企业税收宣传效果。加强与外媒合作，注重宣传报道。以“税收宣传月”为主线开展的系列活动，分别被《中国税务报》《北京日报》等10多家媒体宣传报道。三是将基层党组织建设和加强意识形态工作紧密结合起来，充分发挥宣传工作优势，引领党员干部立足本职工作，提升做好宣传教育工作的意识，增强联系群众、服务群众、引导群众的本领。

【税收科研】全年确定13项调研课题。为了提高干部的调研工作能力，分局选派干部参加总局科研人才库调研骨干培训班和市局调研骨干培训班，参加市局党建调研团队工作。此外，分局还参加市局2017年的调研专题“新形势下加强地税部门基层党建工作的研究和探索”团队调研工作，以及市局调研课题《关于加强地税系统内控机制建设的思考》和中国国际税收研究会、北京市地方税务局理论调研课题《完善社保费征收体制及“费改税”国际比较研究》等，按计划完成相关团队分配的调研和材料撰写工作任务。

【税务文化】为加强文化建设，增强单位凝聚力，分局提出了“和谐、健康、快乐”的文化核心理念。在楼内设立“职工之家”和党团活动室，为职工配备健身器材，组织职工参加体育运动会、健康知识讲座和文化活动，营造以文化育人的浓厚氛围。为提高干部职工的职业技能和科学文化素质，分局组织参加市地税系统税收英语大赛、总法律顾问选拔培训班等各类培训，组织干部参加多种知识培训和竞赛，激发了干部学习进取的热情和为集体争光的荣誉感。

【精神文明建设】分局成立精神文明建设领导小组，组织开展一系列精神文明创建活动。西站志愿服务被广泛宣传，“和谐、健康、快乐”的文化核心理念深入人心。分局在楼内设立“职工之家”和党团活动室，为职工配备健身器材，组织职工参加体育运动会、健康知识讲座和文化活动，营造以文化育人的浓厚氛围。结对帮扶贫困村，慰问“第一书记派驻村”生活困难党员和老党员，传递爱心，共建文明。2015 年以来，分局保持着首都文明单位称号，2017 年被评选为首都文明单位标兵。

（张生堰）

社会团体

北京市国际税收研究会

【概况】北京市国际税收研究会主要负责北京市国际税收学术研究工作，是经北京市社会团体登记管理机关核准登记的民间、群众性学术团体。现有理事155人，常务理事65人，团体会员80个，个人会员75个。下设办公部门5个：秘书处、理论调研部、宣传培训部、联络部、信息资料部。驻会工作人员22人，其中在职人员11人（包括处级以上干部7人、科级干部1人和司机3人），税务系统退休人员5人，外聘人员6人。

2017年，北京市国际税收研究会深入学习贯彻党的十九大、十八大和十八届三中、四中、五中、六中全会精神，全面落实市局党组和中国国际税收研究会工作部署及要求，紧密结合税收工作实际，认真完成了理论研究、宣传培训和干部社团兼职清理及法人变更等重点工作，顺利通过2016年度社会组织年检，并适时召开第四届三次理事会议及法人变更专题会议，圆满完成第十五届中国国际税收信息资料工作会的组织、筹备和承办工作。

【理论调研】一是有针对性的确定调研课题，组织落实课题完成。召开座谈会和研讨会，确定5项重点调研课题，制定并印发2017年理论调研课题安排，明确了每项课题的指导老师，牵头单位和参与单位，提出具体要求，并根据调研协议条款，做好调研相关数据的采集和传递，确保调研数据的准确和安全。圆满完成《疏解非首都功能对总部经济税收状况的影响研究》《完善社保费征收体制及“费改税”国际比较研究》《建立自然人税收管理体系的国际借鉴研究》《激励“大众创业、万众创新”的税收政策研究》和《新型业态的税收政策研究》5项调研任务，得到市里有关领导和总会的肯定。二是认真完成2015年理论调研文集的整理、审核、校对工作，已由中国税务出版社出版发行，并再次获得北京市社科联重点项目资助。在不断总结2015年理论调研文集工作的基础上，完善积累经验，进一步对2016年度理论调研文集资料逐篇评阅、审核校对，并交付中国税务出版社印制发行。

【《国际税收参考》编辑出版】《国际税收参考》2017年共出刊14期，总期第189—202期。在北京地税内网发布的《国际税收参考》点击量为662人次。纸质刊物每期送达约320份，及时将刊物送达给系统内外的各有关部门，为服务“一带一路”的国际税收理论研究、实践工作和“走出去”企业了解国际税收发挥了积极作用。

【开展系统内外税法培训】一是按照社会组织4A等级资质要求，从事政府购买服务。2017年为北京市重点税源单位法人及外资企业财务主管人员组织高端培训16期，共有3707人参加。二是组织系统内公务员的培训9期，共有820人参加培训，受到广大干部好评。三是做好培训评估工作。按照北京市地方税务局纳税服务处相关工作要求，在每场培训中，收集学员对培训工作的评价，全年共收回意见调查表2528份，约占参训人数的68.2%。对培训内容设置满意率占95%；对授课老师的评价满意率占94%。

【拓展外联平台】一是密切加强与有关部门的联系，积极参加社会活动。参加社科联、民交协等单位组织的活动。通过参加社科联组织的党建活动以及民交协组织的社会组织培训，增长知识，开阔眼界。在十九大闭幕后多次参加市属各部门组织的十九大精神宣讲培训，认真领会并在工作中贯彻落实。二是加强外联，服务会员单位共同做好中心工作。组织会员单位积极参加总会的“一带一路”税收调研培训。与会领导一起走访会员单位调研，听取意见，了解需求，为落实研究会中心工作建言献策。三是组织会员单位高端管理人员开展税收政策、征管难点、热点问题的研讨和培训。与核心组成员单位完成投资业务涉税风险与税收筹划业务专题培训；筹备组织核心组成员举办个人所得税政策执行难点解析。

【组织召开第四届常务理事和专题理事会议】2017年初，采用通信方式召开第四届第三次常务理事会议，研究讨论人员变化调整情况，形成会议决定。调整后，团体会员80个、个人会员75人、常务理事65人，理事90人。2017年9月，按照北京市地方税务局人事处要求，积极配合做好落实京组通〔2017〕20号文件精神，组织全体干部学习文件精神，并配合市局人事处做好市管（局级）干部兼职情况的填报和处级在职、退休干部兼职的清理工作。经过此次兼职清理后，团体会员80个、个人会员71人、常务理事62人，理事89人。按照北京市地方税务局党组会议和专题会议第52期纪要精神，变更社团法定代表人。11月15日，召开第四届理事专题会议，对新任法定代表人人选任宝民进行表决。发出《对任宝民同志担任北京市国际税收研究会法定代表人审议意见》及《北京市国际税收研究会法定代表人变更征询意见反馈表》151份，收到151名理事的回复审议意见，均同意“任宝民同志担任北京市国际税收研究会法定代表人”，占规定人数的100%，符合规定程序要求。依据上述会议结果和原法人刘宝忠的离任审计结论，在北京市民政局办理社团法定代表人变更手续，并取得新的社会团体法人登记证书。

【配合相关部门做好各项工作组织落实】一是配合北京市地方税务局党组，做好市国际税收研究会新增人员的工作安排。2017年5月以来，市局党组选派4名处级领导补充到国际税收研究会工作，承担起培训、外联、调研及信息资料等各项工作。二是配合市局非税收入处、督查内审处和北京市民政局社团办，对社团涉企收费项目情况进行调查和情况反馈。为减轻企业负担，本着“以收定支”原则，经第四届三次会长会议研究决定，自2015年起，对企业会员暂不收取会费，并将相关情况向有关单位进行了说明。三是做好2016年年检工作。按照北京市社团办要求，领导重视，组织人员、整理材料，结合实际工作内容，填写年检资料，经报北京市地税局人事处审核后，报送北京市民政局社团办审核并顺利通过年检。四是参加中国国际税收研究会在山西太原税校举办的2017年全国国际税收研究会秘书长培训班和山东济南部分省市会长、秘书长座谈会。务实承办中国国际税收研究会2017年国际税收信息资料年会。12月中旬，顺利完成第十五届“中国国际税收研究会国际税收信息资料工作会”的组织、筹备和服务工作。

【加强支部建设和党建联络制度】按照市局机关党委要求和支部学习计划，认真组织全体党员学习习近平总书记系列重要讲话和党章、党规，积极开展党员民主测评；组织党员“七一”

前夕捐款；参观北京行政副中心建设规划展；收集整理11位党员的信息资料，完成党建系统信息录入；丰富党建园地内容，收集党员承诺誓言、支部总结和支部动态及特色活动；组织全体党员学习、收听、收看党的十九大相关报道，参观“砥砺奋进的五年辉煌成就展”。积极开展党建联络工作。受市地税局领导和市注协党委的委托，会内两名退休党员负责“拓天”等30户税务师事务所的党建联络工作。根据京税行党发〔2016〕5号文件，结合本会和两名党建联络员的实际，研究落实措施，成立专门机构“党建联络员办公室”，2017年3月初，召开见面会，积极组织其学习贯彻党的十九大精神并即时通过邮箱下发学习材料，持续免费进行税收业务指导。

（孙雪英）

北京市地方税务学会

【概况】北京市地方税务学会是由北京市地方税务局联合社会有关单位自愿共同发起成立、经北京市民政局核准登记的非营利性社会团体法人，具有独立法人资格。驻会工作人员17人，设有培训部、调研部、业务部、事业发展部及办公室。学会共有理事132名，常务理事47名。

2017年，学会在市局党组和市社团办的正确领导下，全面学习贯彻党的十九大会议精神，深入学习习近平总书记系列重要讲话，增强“四个意识”，按照北京市社团改革目标要求，以改革创新和服务地方税收工作大局为目标，加强学会自身建设，开展重点课题研究，做好税收高端业务培训，顺利完成学会2017年各项工作任务。

【调研工作成绩显著】地方税务学会调研工作坚持为地税中心工作服务，为市局党组决策提供服务，为市局处室重点工作提供服务。2017年，围绕市局重点课题，着重在信息化条件下税务稽查选案、个人所得税支持创新创业政策、慈善信托税收问题、税务纪检监察、基层党组织规范化建设管理、新形势下老干部工作等重点课题开展研究，在有关部门和人员的大力支持和帮助下，高质量地完成上述重点课题，受到课题主管单位的好评，部分研究成果转化为工作成果。

坚持开展重点调研工作，建立与市地税局相关处室及大学科研单位长期战略合作的关系，创新课题项目责任制与激励相结合的方法，充分调动学会人员积极性，强化开展调研课题程序的规范化，力求做到调研课题的严谨、高效、高质，初步确立了较为完善的学会调研课题工作模式，以完善的组织、创新的方法、严谨的态度、高质的标准促进调研工作积极发展。累计完成市局课题17篇，其中重点课题14篇，部分课题被国家税务总局刊物和市委市政府刊物采用，部分课题获奖。

【培训工作扎实开展】认真落实《北京市地方税务局关于组织纳税人培训有关问题的通知》精神，积极探索政府购买服务和纳税服务社会化的问题，不断探索培训工作规律，及时总结经验，抓住教师团队、培训课程和培训对象等3项工作的关键环节，创新人员职责分工采取客户式管理的工作方式，努力做到“达到购买服务标准，符合财务要求，满足纳税人需求”，学会培训工作已形成了一项内部规范的运行程序，一支优秀的教师团队，一套完整的课程体系，一个稳定的培训对象群体的培训工作模式。

2017年，重点开展个人所得税、土地增值税、“营改增”政策施行以来企业遇到的普遍问题的分析及解决，以及企业改制中遇到的税收问题。培训的针对性强，内容丰富，满足了培训对象的业务需求，受到培训对象的好评，经培训测评，满意度达到100%。全年共组织各类培训20期，培训人员3439人，圆满完成年度工作计划。

【网页专栏得到社会认可】为满足广大纳税人及时了解北京地方税收政策动态方面的需求，北京市地方税务学会接受北京市地方税务局纳税服务中心的委托承办北京地税网站“税收动态栏目”。通过采集、汇编、上传等工作环节，对地方税收政策的文件逐一进行分析、比较。在分析的基础上，按原文叙述文件核心内容，用通俗易懂的语言，对同一问题的文件从政策演变角度进行比较，并在比较中进行点评，最大限度地满足广大纳税人对新政策的学习和理解，为纳税人提供便捷学习税法的途径。全年共编辑地方税收政策月综述7期，访问2085人次，累计访问人数455254人次。税收政策解读栏目在税法宣传、服务纳税人方面发挥了重要作用，也得到纳税人的认可与欢迎。

【加强自身建设和管理】学会把坚持市局党组的正确领导作为学会积极发展的重要保证，2017年狠抓党组织和政治思想工作不放松，定期组织全体人员学习，积极组织开展各项活动，提高遵章守纪、廉洁自律的意识，提倡共产党员的奉献精神，为完成学会2017年的各项工作任务提供了坚实的保证。

【全面加强党建工作】根据学会工作和人员构成特点，积极创新学习方式，并力求学习教育常态化、制度化。积极组织开展活动，狠抓党组织和政治思想工作不放松创新学习教育形式，受到党员普遍欢迎，收到良好学习效果。一是规范组织建设，完成支部改选。根据工作调整及任届要求，遵循党章及改选规定，严格按照规定程序，选举出新的支部委员会。召开新的一届支委会，确定支委分工，明确工作职责及支部工作要求，为进一步开展党建工作提供有力的组织保障。二是加强思想建设，定期组织学习。学会根据现有人员特点，创新了学习形式，为每个党员建立学习资料盒，把重要的学习文件、资料辅导等共计18篇制作成汇编，做到人手一份。为了及时和便于每个党员学习，建立了党员学习微信群，对学习的内容和要求进行提示，确保学习教育活动的开展和取得良好的效果。三是组织观看政论专题片。在党的十九大即将召开之际，学会组织全体党员观看《不忘初心　继续前进》等多部大型政论专题片，进一步增强了学会全体党员的政治意识、大局意识、核心意识、看齐意识。四是加强制度建设，完善多项制度。建立调研管理制度，组织培训制度，支部学习制度，“三会一课”制度，“三重一大”管理制度，办公例会制度等。五是加强作风建设，做到清正廉洁。按照中共北京市纪委机关、中共北京市委组织部《关于从严做好清理规范领导干部在社会团体、基金会、民办非企业单位等社会组织以及在企业兼职有关工作的通知》的要求，采用通信形式召开北京市地方税务学会第三届理事专题会议，完成对法人代表人变更的法定程序，并完成学会内部兼职及市地税局兼职理事的清理工作。

严格按照中央八项规定精神和市局党组要求，认真落实作风建设的各项要求，对廉政工作常抓不懈，做到警钟长鸣，防患未然。

【召开会员大会】根据章程规定及工作安排，地方税务学会以走访和通信的方式召开2017年度会员大会，大会审议并通过2017年度工作报告、2016年度监事会报告以及各项人事变动等事项。通过微信、短信、传真、邮件等灵活、高效的通信方式召开会员大会，受到各会员单位及各位理事的普遍欢迎。

【通过年检年审工作】严格遵守财务制度和学会内部管理制度，在接受、使用调研费及培训费等资金过程中，严格按照制度规定审核和手续办理。严格履行学会自身纳税义务和个人所得税代扣代缴义务。按照市社团办年检规定，提交由专项机构审计以及各项年检报告、有关资料，接受全国税务系统有关培训经费对北京市地方税务局延伸审计，并通过年检及年度财务审计。

（杨素珍）

北京税收法制建设研究会

【概况】北京税收法制建设研究会（以下简称研究会）是经北京市法学会和北京市民政局批准成立的税收法制建设领域的专业研究团体，研究会由北京市地方税务局、北京市国家税务局、北京市财政局、北京市投资促进局、北京市国资委、北京市文资办、中关村管委会及中国政法大学财税法研究中心8家单位共同发起，是承担首都税收法制建设研究任务，具有独立法人资格的非营利性社会团体和学术团体。研究会下设综合办公室（含财务部、联络部、后勤部）、研究部、培训部（含编务部）。研究会共有团体会员单位139家，个人会员301名，驻会工作人员9名。

【工作宗旨】研究会自成立以来，按照服务大局、突出重点、讲求实效的原则，以“服务北京科学发展、服务税收法制建设、服务税制改革、服务会员需求”为宗旨，紧密联系首都税收法制建设和税收工作的实际，构建连接纳税人和基层税收执法部门的桥梁；强化与政府部门、行业组织的交流合作；开展学术性、应用性、实践性调查研究并推动成果转化，努力服务会员单位，为推进北京税收工作，加快全市税收法制建设进程贡献力量。

【2017年主要工作】一是服务会员单位，开展税收法治建设课题研究。根据有关方面和会员单位委托及税收法制工作中的薄弱环节，研究探讨税制改革和税收征管实践问题，提出解决意见和建议，形成专题报告，推进成果转化。二是服务会员单位，开展新政培训和专项培训。采取视频、网络、光盘等授课方式，免费开展会员税收政策专家培训和权威解答。三是服务会员单位，提供“税典通”信息服务平台。研发“税典通”北京税收法律法规服务系统，为会员免费提供及时更新的24小时在线和离线查询法律法规、政

策辅导、政策解答等电子方式涉税服务。四是服务会员单位，开展学术交流活动。组织会员单位积极参与京内外税收法治建设学术交流活动。

【第一届四次理事会】2017年2月28日，研究会召开第一届四次理事会，市法学会有关领导出席会议。常务副会长王京华作《北京税收法制建设研究会第一届第四次理事会工作报告》，全面总结一届三次理事会工作完成情况，部署2017年研究会工作重点任务，进一步明确研究会今后工作将继续围绕四大主体任务，努力建设“四型”研究会，为法治北京建设和首都社会经济发展贡献力量的发展方向。监事会监事长崔玉英作《北京税收法制建设研究会监事会工作报告》；联络部长秦德海作《北京税收法制建设研究会关于会员发展与变更情况的报告》；办公室主任翁联作《北京税收法制建设研究会关于进一步完善规范〈工作规则〉的报告》。会议听取审议并通过了4个报告，增选杨永安为副会长。

【课题研究】2017年，研究会共开展《银行业增值税制度研究》《我国一线城市存量住房交易税收政策的效应分析研究》《关于推进办税便利化的若干思考》《股权转让税源管理问题研究》《京津冀协同发展中的税收协调问题研究》和《税收征管制度国际发展趋势和比较研究》6项跨年和当年调研课题。在课题研究工作中，研究会注重团队智库架构建设，研提建议具有创新性、前瞻性和可操作性，研究结论具有较好的启示和决策参考价值。其中《银行业增值税制度研究》《我国一线城市存量住房交易税收政策的效应分析研究》《关于推进办税便利化的若干思考》课题分别报送财政部、国家税务总局和北京市地税局等策部门和委托单位研究参考，推进成果转化。《股权转让税源管理问题研究》《京津冀协同发展中的税收协调问题研究》课题已开题并完成调研及初稿，将按照课题进度安排，开展评审工作。《税收征管制度国际发展趋势和比较研究》课题现已形成《税收征管制度国际发展趋势和比较研究》课题报告并交出版社筹备印制。

研究会以积极践行“四型”[①]研究组织建设，在课题研究领域进行探索尝试，不断提升研究水平：一是坚持问题导向，注重课题研究价值。所选课题紧扣“税收法治”主题，紧贴当前全面深化改革发展要求，研究成果兼顾理论前沿性和实践可行性，课题研究质量不断提升。二是注重广泛交流，增强课题服务价值。建立调研考察机制，学习借鉴全国具有代表性省市的先进经验和做法。调研前，组织课题行前培训会，全面了解课题相关背景知识和税收政策规定；调研后，提交调研报告供课题组成员共享。三是拓宽转化渠道，发挥课题实效价值。一方面，积极争取决策部门支持指导。将课题报告报送财政部、国家税务总局等部门，为其科学决策提供参考依据，得到充分肯定。另一方面，争取在多领域权威刊物刊发课题研究成果。如《完善和促进中关村科技创新税收政策的思考》《关于推进纳税人办税便利化的研究》在《税务研究》《北京地税》杂志刊发；《税收法制建设研究报告（2014—2015年）》由法律出版社出版，向会员发放300余本；《2014—2017年税收法治建设征文汇编》《2014—2017年调研文集》电子书在北京市地税局内网设置专栏了以刊登，供税务干部参阅使用；编印完成《2017年京台税收法治建设论坛文集》，为进一步提升北京市税收法治建设研究水平拓宽了视野和交流的渠道。四是创新

① “四型”指学习型、协同型、智库型、国际型。

合作模式，搭建智库型研究平台。针对课题跨领域、跨专业、数据分析复杂的特点，研究会加强研究会自身智库与社会专家专业资源的优势互补，如《股权转让税源管理问题研究》课题邀请中关村并购母基金、尤尼泰税务师事务所、北京泽瑞华烨财税咨询公司等专业中介机构参与研究。

【学术交流】高品质打造京台税收法治建设论坛系列活动。2017 年 11 月，研究会与北京市台湾同胞联谊会共同举办京台税收法治建设论坛活动，活动围绕“税收法治与纳税服务提升”主题，邀请两岸财税领域政商学界精英人士、专家学者近百人，采取“研讨交流 + 专家点评”的方式进行学术探讨，突出改革，聚焦热点，观点新颖，注重实效，充分体现论坛活动推动两岸税收法治建设的积极社会意义。

2017 年 1 月，研究会与中估联行研究院联合主办房地产评估与税收国际研讨会，邀请国内外相关领域的专家围绕“房地产评估与房地产税收法制建设”主题进行交流研讨，广泛探讨美国、加拿大及国内房地产税立法与征管模式、房地产交易税收评估应用等方面的经验做法与实务问题。

2017 年底，研究会与北京改革和发展研究会共同承办“2017 · 学术前沿论坛——首都发展新战略”专题活动，该活动由中国经济体制改革研究会、河北省发改委改革专家、北京社科院、首都经贸大学首都经济研究所及丰台区地税局等资深专家，围绕“一核两翼——首都新发展新战略”及北京“一核”、城市副中心和雄安新区建设等话题展开讨论。

积极参与各类论坛征文活动。积极组织会员参与中国青年法学论坛、环渤海法治论坛、京津冀法治论坛、京津沪渝法治论坛、董必武青年法学成果奖交流和京台税收法治建设论坛征文活动，共征集论文 46 篇。经过评选推送获奖论文参加相关论坛学术交流活动，获第十二届“环渤海区域法治论坛”三等奖 1 篇、优秀奖 1 篇，入选市法学会“京津冀研讨会”大会发言 1 篇。

【税务培训】研究会不断做精、做深、做细培训工作，缜密规划税收政策培训，共制作“营改增”、企业所得税、个人所得税、个人住房交易税收、12366 热点税收问题等 11 个税收辅导培训，组织纳税人现场培训 10 场 600 余人次，视频课件网上点击率 937607 人次，发放视频光盘 562954 张，并将课件发布在培训平台和北京地税网站供全体纳税人免费使用。

在满足会员需求的同时，不断探索创新税务培训服务模式，为更多的纳税人提供税政支持辅导。一是共性问题统一辅导，满足广大纳税人、会员单位、财税工作人员对税收政策的基本需求，录制“2016 年企业所得税汇算清缴”课件，发放光盘 17 万张；制作“纳税服务平台 12366 热点问题”光盘 3. 4 万张；录制“个人住房交易缴税知识简介”课件，制作光盘 1 万余张，力争最大限度保障更广泛的会员和纳税人分享税务培训成果。二是热点问题及时辅导，随着财政税收体制改革的快速推进，税收新政不断出台，研究会准确把握税收热点、焦点问题，及时、准确、权威解读税收新政。开展“国务院六项减税政策纳税辅导”《扩大小型微利企业所得税优惠政策范围》《投资抵扣及商业健康险减税政策及征管解析》及《物流企业大宗商品仓储设施城镇土地使用税优惠政策解读》3 场培训；录制“‘营改增’热点税收问题解读”课件，制作发放光盘 200 张；录制“个人所得税税收新政”，制作光盘 20 万张。三是专项问题专题辅导，在针对普遍问题统一辅导的同时，结合社会发展需要、税收政策变化和纳税人的切身需求，有针对性地提供专题辅导培训，解决纳税人的实际问题。录制“‘营改增’后增值税税收政策解析”，制作光盘10万张；录制“税收政策与财务核算系列讲座”，制作光盘10万张；录制“非营利组织相关税收政策”。四是个性问题专业定制，通过“走出去　请进来”，了解会员当前迫切需要解决的税收问题，有的放矢地提供满足会员个性化需求的税政辅导培训专属服务。如应会员单位要求，专业定制“走出去”企业跨境税务风险管理与应对、“资产重组税收风险管理与热点税收问题解读”等培训，会员单位反映强烈，互动积极，辅导受到广泛的好评。

【“税典通”信息服务平台】研究会累计发送“税典通”226套。在广泛征求系统用户意见建议的基础上，有针对性地改进完善系统功能，提升服务质量。所有模块的数据更新均实现了后台操作处理，无须用户自行更新；对“税收政策解答”模块数据来源渠道由线下获取改为网络传输，避免了由于传递周期造成的数据更新不及时问题，以最大限度便捷会员查询、使用。

【会员管理】研究会依据实际发展需要，继续丰富拓展会员服务对象，新发展单位会员3家，个人会员12名。研究会共有团体会员单位139家，个人会员301名。同时，为贯彻规范清理文件精神，有2个会员单位和52名会员个人提出申请办理退会，有16名理事推荐增选为常务理事，研究会组织建设更加规范完善。

【扎实做好基础工作】研究会各部室立足本职，扎实做好各项基础工作，为研究会各项重点任务的顺利开展提供了有力的保障。进一步加强会议管理，增强会议实效性。认真做好财务行政后勤保障工作。完成了“营改增”后各项财务工作及相关财务管理手续的调整，不断加强了行政后勤服务的协调性和实效性，为研究会四大主体任务①的顺利开展提供积极的财务行政后勤保障。

（陈晓婷）

① 大主体任务即课题研究、学术交流、税务培训、“税典通”服务系统建设。

文　选

个人所得税改革方案及征管条件研究*

北京市地方税务局课题组

随着我国经济社会发展进入新的历史时期，收入分配问题日益受到社会各界的高度关注，个人所得税（以下简称“个税”）制度改革的呼声也随之高涨。党的十八届三中全会提出：“逐步建立综合与分类相结合的个人所得税制。”我们须从税制及征管两个方面入手，力求两者相互适应。

一、“渐进式”改革实现个税税制的功能和目标

由于种种因素的制约，个税改革一直局限在分类税制的框架下，“综合与分类相结合”的改革始终未有实质性进展。如何在“十三五”时期突破分类税制框架，切实推进个税的综合制改革，是摆在我们面前的一项重大任务。个税改革不是一蹴而就的，其功能发挥要随着税制的不断完善才能逐渐显现出来。而税制设计又受到征管条件的约束，征管条件始终与经济发展阶段，甚至与文明发展阶段相适应。所以，个税改革要适应于经济发展阶段的不断递进，基本思路是从高收入阶层入手实施增量调节，“渐进式”推进个税改革，树立短期、中期、长期的功能定位和目标。

短期（1～2年）：综合与分类相结合的个税税制1～2年内实现成功“落地”。这个阶段的改革目标设定为“高收入群体税”，旨在平衡不同收入群体之间的税收负担。这一阶段的改革内容，主要是通过引入综合制因素，逐渐提高“高收入群体”的个税负担，特别是提高收入来源多元化的高收入群体的税负。

中期（3～5年）：在巩固短期改革成果的基础上，随着经济发展阶段的递进，适度合并所得类型，不断扩大纳入综合所得自行申报的范围，显著提高个税收入在全部税收收入中的比重，促进税制结构的调整，形成直接税与间接税的均衡布局，缓解乃至扭转整体税制的累退性，显著发挥个税税制在调节收入分配、筹集财政收入方面的功能作用。

长期（5～10年）：从长期看，以个税税制及征管体系为基础，与国民经济统计系统、公安机关人口数据系统、金融机构资金运行系统等其他社会管理功能相互融合，实现各个社会管理部门交换信息和接口的标准化。个税税制及征管体系实现各部门微观主体运行信息的大集中，为国家治理提供“数字化、信息化”管理的基础平台。

---

* 本文原载于《税务研究》2017年第2期。

二、个税税制及征管的现状和问题

（一）个税税制的现状和问题

1. 个税在税制体系中的地位无法与增值税、企业所得税等主体税种相比

2015 年，我国个税收入规模为 8617.27 亿元。虽然在“营改增”后，个税收入仅次于增值税、企业所得税、消费税，在 18 个税种中列第四位，但个税收入占税收总收入的比重仅为 6.90%，占 GDP 的比重仅为 1.27%。从表 1 可以看出，从 2002—2015 年的 14 年间，个税收入占税收总收入比重一直保持在 7% 左右。

表 1　　我国税收收入结构（2002—2015 年）　　单位：亿元

年度	税收总收入	货物与劳务税收入合计	货物与劳务税占比（%）	企业所得税收入	企业所得税占比（%）	个税收入（%）	个税占比（%）
2002	17636.45	11585.78	65.69	3082.79	17.48	1211.78	6.87
2003	20017.31	13536.39	67.62	2919.51	14.58	1418.04	7.08
2004	24165.68	16035.98	66.36	3957.33	16.38	1737.06	7.19
2005	28778.54	18683.07	64.92	5343.92	18.57	2094.91	7.28
2006	34804.35	21966.20	63.11	7039.60	20.23	2453.71	7.05
2007	45621.97	27366.60	59.99	8779.25	19.24	3185.58	6.98
2008	54223.79	32830.84	60.55	11175.63	20.61	3722.31	6.86
2009	59521.59	35043.71	58.88	11536.84	19.38	3949.35	6.64
2010	73210.79	45401.21	62.01	12843.54	17.54	4837.27	6.61
2011	89738.39	54575.92	60.82	16769.64	18.69	6054.11	6.75
2012	100614.28	60321.56	59.95	19654.53	19.53	5820.28	5.78
2013	110530.70	63810.69	57.73	22427.20	20.29	6531.53	5.91
2014	119175.31	67101.1	56.30	24642.19	20.68	7376.61	6.19
2015	124922.2	67077.79	53.70	27133.87	21.72	8617.27	6.90

资料来源：2002—2014 年数据来源于相关年度的《中国统计年鉴》，2015 年数据来源于财政部。

注：货物与劳务税合计是由国内增值税、国内消费税、进口环节“两税”、营业税、关税、城市维护建设税之和减出口退税得到。

2. 个税的分类课征模式，事实上形成了 11 种不同类型的个税

我国个税对不同来源所得实行不同的费用扣除标准与不同税率。这种制度安排，明显成为实行综合与分类所得税的障碍。从不同类型所得看，少数几种所得集中度较高。2014 年，11 个项目中，来源于工资薪金所得、个体工商户生产经营所得和股息、利息、红利所得的个税收入之和占个税收入的比重超过 80%，其中工资薪金所得比重超过 50%。

（二）个税征管的现状和问题

1. 代扣代缴成为基础性制度，自行申报成为辅助性制度，两者之间缺乏内在关联性

一是自行申报制度的立法层级低于代扣代缴制度的立法层级。自行申报制度的法律层级只是规范性文件，即国家税务总局印发的《个人所得税自行纳税申报办法（试行）》（国税发〔2006〕162 号），代扣代缴制度则是由《税收征收管理法》规定的。二是现行《税收征收管理法》缺少关于自然人登记制度的规定。应申报未申报、零申报以及虚假申报，要基于对纳税人基础信息的掌握和更新等基础制度。三是扣缴义务人和纳税人的信息关系体现并不充分。扣缴义务人在法律上没有义务主动、及时将扣缴税款情况告知自然人纳税人，导致纳税人自己也无从知悉到底缴纳了多少税款、按照什么标准缴纳的税款。在申报过程中，很多纳税人往往仅申报由单位代扣代缴的工资、薪金部分。

2. 代扣代缴制度和自行申报制度之间的衔接不紧密、关联性不强

从现行自行申报制度看，按照分类模式计算并缴纳的税收与综合申报模式“互不搭界”。在现行税制下，需要自行申报的纳税人按综合口径自行归集并申报的收入和纳税信息，并不作为重新核定税款并实行汇算清缴的依据，应纳税额仍然按照分类所得税分类计税的规定缴纳，申报的结果不会对实际缴税数额有任何影响，也就无法充分调动纳税人自主申报的积极性。

3. 税源监控模式无法全面准确掌握纳税人的各类所得信息

一是个人获取收入的范围扩大至全国甚至全球，收入渠道多元化，与属地税收管理模式之间存在不适应。在纳税人不主动进行纳税申报的情况下，同一纳税人在不同单位、不同地区、不同时间内取得的各项收入，处于涉税信息劣势的税务机关难以充分掌握，也就难以及时足额征税。二是涉税信息系统亟待完善。从制度运行看，工资、薪金所得由于有着扣缴环节，信息获取较为彻底。而有些所得，由于缺乏扣缴环节，信息获取不充分。此外，涉税信息采集方面，甚至税务机关内部的信息都无法充分整合，缺乏联动管理。关于与第三方的信息交换和比对工作，目前尚处于起步阶段，与股权、房产信息登记管理部门的信息共享仍不充分，银行、海关、工商、税务等部门虽然实现了一定程度的信息联网，但出于部门利益的考虑，各部门索取其他部门的信息积极而提供本部门的信息却消极，信息共享的效率不高。三是税务机关与自然人纳税人的日常联系少，对纳税人申报资料缺乏动态跟踪调查。税务机关对自然人纳税人基本资料是否完整准确无法进行核实，在数据采集环节缺乏相应的审核、校验、监督等质量控制，很少结合实地调查资料对纳税人申报纳税的真实性、合理性进行综合分析。四是一些群体存在收入费用化的问题，也让税务机关无法充分掌握其实际收入。

4. 现行税收法律体系与自然人征管模式不适应、不匹配

如果纳税人不实施自行申报，其违法成本和违法收益之比相差十分悬殊，对纳税人和扣缴义务人不能起到有力的威慑作用。现行《税收征收管理法》缺乏针对自然人纳税人的相关征管配套法律措施。由于行政协助的法律制度不健全，第三方涉税信息报告制度的相关法律缺失，税务部门了解个人流量和存量财产信息的法律手段较为匮乏。

5. 组织结构和内部管理体制需要进一步扁平化

个税税源在全国各区域乃至世界范围的流动

性，与当前税务机关基本依托行政区划管理税收之间的矛盾日益突出。

6. 社会环境亟待优化

在我国，百姓有喜好现金交易的习惯，增加了个税的征管难度。此外，个人依法纳税情况与个人信用体系的融合度不够，不利于加强公民的诚信意识。

简言之，应明确个税税制及征管问题的方位，精心设计个税税制及征管改革的路径和方案，顺应时代发展，立足于短期，着眼于中长期，按照推进国家治理现代化的要求来推进个税征管改革。

三、个税税制及其征管改革的总体方向和基本原则

（一）建立与理想功能定位和目标相适应的个税税制及征管体系

第一，个税税制改革要求以自然人为基础归集个人收入信息。我国由农业文明向工业文明甚至向知识信息文明升级的过程中，必须加快转变社会治理模式，建立起直接面向自然人的社会治理机制。这是推进国家治理现代化的重要内容，是社会管理方式的重大变革。

第二，个税税制改革须遵循渐进式改革路径，按“先落地、后扩展”的原则逐步推进。综合与分类相结合个税改革的深入推进，会直接影响各个阶层的利益分配，并直接推动税收负担显性化，可能由此引发更剧烈的社会矛盾，甚至会引发社会风险。为了顺利推进这项改革，宜采取渐进式改革策略。

第三，个税税制设计应有助于促进自然人的税收遵从，摒弃传统刚性、对抗式的征管关系。应不断淡化传统税收教材中提到税收三性之一的“无偿性”，逐渐让纳税人树立“税收是公共服务对价”的理念。在个税征管中，要构建相关参与主体的收益分享结构，让相关主体有足够动力去揭示与之相关自然人的收入信息。

第四，虽然个税的税基存在于收入环节，仍需要从商品或服务价值流转环节中去寻找自然人的收入信息。在征管中，要树立多税联动、信息比对的理念，意味着也要让法人纳税人有动力去显示与之有利益关联自然人的收入信息。

（二）短、中、长期个税税制设计的总体思路和实现路径

短期：在现行分类所得税制的基本框架保持基本稳定的情况下，以现行自行申报制度为基础，仅对年所得超过 12 万元或者收入来源多元化收入群体的部分所得项目年终适用累进税率进行综合计征，引入汇算清缴制度和差别化费用扣除标准，建立针对高收入阶层的个税综合制。

中期：保持年所得 12 万元及以上或者收入来源多元化的纳税人实施综合计征的标准，适度扩大纳入综合计征范围的所得类型。适时引入差别扣除项目，条件成熟时允许以家庭为单位申报纳税。对现行 11 类所得进行合并，并适时调整分类计征所得项目与综合计征所得项目的税率结构，使两者更好地衔接，并使税负分布更为公平。

长期：建立各个社会管理部门之间的信息自动汇总的机制，一旦达到某个标准，自然人相关收入信息就自动汇总到税务机关。税务机关随后用大数据来计算每一位自行申报纳税人的应缴税款和已缴税款，从而精确计算出其应补税款或者应退税款。此外，还要打通自然人税收和法人税收之间的链条，建立个税与相关税种之间的数据比对机制，最终目标是让税务机关能够脱离审批环节来自动获取信息。这是突破传统征管模式的关键问题。

（三）个税征管体系改革的总体思路和实现路径

第一，以自然人为基本纳税单位。以自然人为基础，集中全国甚至全球范围内的所得信息，建立相关信息系统，设定单一税务代码，建立与之关联的税务账户，每个自然人凭借税务代码和关联账户与相关经济主体进行交易。如果实现差别化费用扣除，则信息系统还应该包括相关领域的自然人特征信息。

第二，源泉扣缴与自行申报相结合。在推进综合制改革过程中，自行申报将逐渐成为征管主要方式，但源泉扣缴制度仍然要在获取信息方面发挥重要作用。要建立源泉扣缴和自行申报之间的关联关系，引入汇算清缴制度。

第三，选案稽查与严厉处罚为保障。不断完善随机选案稽查程序，合理确定抽样比例，如果发现纳税人有申报不实行为，对其进行严厉处罚，并纳入社会信用系统。如果纳税人经过稽查程序的催促纳税后，仍未履行纳税义务，则进入税款强制执行程序。

第四，纳税服务和税收中介为辅助。建立直接面向自然人的纳税服务体系，不断推动税收中介机构的健康发展。健全相关配套措施，如自然人纳税登记制度、税收保全申诉、社会信用体系、大额现金管理等机制，并对《税收征收管理法》进行修订，不断完善直接面向自然人的征管条款。

四、税收征管条件的评价及与之适应的短期税制设计思路

从目前税收征管条件看，鉴于居民整体纳税意识较为薄弱，并考虑到现行社会协同治理状况，为了避免个税改革引发过多社会矛盾和争议，应该采取渐进式改革策略，并根据现行信息条件来确定纳入综合征收的所得范围。各级税务机关已经在税制改革中担负较大工作量，一旦将过多的纳税人纳入综合制，采取自行申报模式，工作量还会剧增，甚至现有办税服务厅和网上申报条件无法满足申报人群，带来巨大税务风险。

从短期税制设计思路看，着眼于综合制“落地”，主要内容应包括：

第一，在选择纳入综合计征所得类型时采取“小综合”方案。本文按照最小范围的综合所得、纳税单位设定为个人来展开征管条件研究，保持现行分类税制框架下各分类所得项目的费用扣除、适用税率等基本不变，围绕征管流程的各个环节来设计制度体系，即将工资薪金所得、劳务报酬和稿酬所得综合。

第二，根据代扣代缴信息的现实条件，以现行自行申报制度为基础，仅对年所得超过 12 万元或者收入来源多元化收入群体的工资薪金和劳务报酬项目年终适用累进税率进行综合计征。引入汇算清缴制度，建立针对高收入阶层个人所得税的综合计征体系。同时，调整工资薪金所得的费用扣除标准、税率级次级距，不断完善工资薪金所得税负的分布，进一步调减工资薪金所得适用的税率级次、降低最高边际税率，将工资薪金所得与经营所得适用税率表合并。

针对适用自行申报人群，对于未纳入综合计征范围的所得项目，也需进行纳税申报，所得获取或支付环节已经按规定代扣代缴或申报纳税的，视为这部分所得纳税义务的完结。未代扣代缴税款或代扣代缴税款不足的要补缴税款，并承担相应法律责任。针对纳入综合计征范围的所得项目，则需要按照综合累进税率表和综合费用扣除标准对应纳税额进行重新核算，分类计征环节已缴纳的税款视为预缴税款，实行汇算清缴，多退少补。鼓励没有达到综合申报标准的人群

选择综合申报，允许这个人群既可以沿用分类课征方式，也可以选择自行申报并适用综合计征方式。

引入综合制后，需要设定综合计征费用扣除项目。在综合计征环节，未纳入综合范围的所得项目分类计征阶段已实施的费用扣除不需调整，而纳入综合范围的所得项目在汇总计算年所得额后，进行综合费用扣除项目的基础上，计算年度综合计征应纳税所得额，适用综合累计税率。为了鼓励纳税人积极申报，综合费用扣除标准宜略高于工资薪金所得年度费用扣除标准，使大量自行申报纳税人可以申报退税。

第三，现阶段个税纳税单位仍以“个人”为宜。与很多国家相比，我国的家庭结构要复杂得多。在当前信息条件下，对单一纳税人都难以确定相关信息，更何况家庭。根据目前税收征管条件，应维持以个人为基本计税单位。

第四，现行分类计征税率和综合税率之间的衔接与协调。使综合累进税率表与工资薪金所得的累进税率表保持一致。按照这个设计，在年所得超过12万元的纳税人中，有大量纳税人纳入综合计征范围的所得项目仅有工资薪金所得一项，那么这部分纳税人综合计征的最终税负与代扣代缴的预扣税款基本一致，不需要退补税款，从而大大降低短期征管成本。

第五，现阶段费用扣除项目的选择。从征管成本看，应优先考虑征管成本较低的抚养扣除，主要原因是在现行户籍制度和高等教育招生制度下，相关管理成本较低。

五、现阶段与税制相适应的税收征管模式：设计思路和主要内容

为了实现个税综合与分类相结合“先落地、后扩展”的改革目标，本文在最小范围综合所得、纳税单位设定为个人的短期改革方案基础之上，围绕征管流程各环节的征管条件，来设计征管制度体系。具体内容包括以下方面：

第一，自然人身份（登记）制度。通过纳税人的身份证号码、手机号码、指定银行账户的相互验证来确保实现自然人（身份）纳税登记的唯一性。纳税登记不需要以某个地点作为登记地，只需要以某项应税行为的发生地作为依据。身份（纳税）登记要涵盖纳税人、扣缴义务人，要建立纳税人和扣缴义务人之间对应的关系。在从事社会经济交易活动时，单一纳税识别号与身份证号一样成为保障交易信用的重要基础。对拥有中国国籍和永久居留权的人群、短期来华人员、外交人员等，要按不同的入境目的分类标识。

第二，建立全国统一、互联的自然人大数据平台。建立以省级行政单位为基础、统一、互通互联的大数据平台，将自然人全国范围内的消费信息、资产变动信息、家庭成员信息、个人相关信息全部归集到纳税识别号下。税务机关要对内部信息进行整合、比对，不断将相关信息加入大数据平台，建立个人所得税和相关税种之间的关联性评估和比对机制；要对自然人的第三方信息进行收集，与纳税识别号相关联的全国范围内的金融机构、工商行政管理、投资、社会保障、户籍管理、房产管理、民政、卫生、教育等系统信息实时交换。

第三，建立扣缴义务人、纳税人和税务机关之间的双向申报制度，明确自行申报程序的功能定位。扣缴义务人有责任将纳税人相关完税情况以书面形式及时送达纳税人和税务机关。设计相关的标准化表格，其中应该包括取得收入的时间、地点、缴税适用的法律依据、已缴纳税款，用以作为明确扣缴义务人的依据。自行申报程序

不仅是发挥信息功能，更是作为税务机关、扣缴义务人和自然人进行纳税责任判定的依据。在完善扣缴义务人和纳税人之间的信息传递制度后，自行申报的相关法律责任主要由纳税人和扣缴义务人承担，税务机关只负责对自行申报过程和结果进行程序性审核。

第四，以现行源泉扣缴为基础引入预填申报制。全员都按照“源泉扣缴”的征管模式扣缴税款，税务机关利用各种渠道获取自然人收入信息，对适用综合计征的纳税人由数据库系统自动生成预填申报单，包括纳税人取得的所得、已缴纳税款和应补（退）税款等信息。预填申报表送达纳税人后，由纳税人补充确认完成自行申报。

第五，自行申报的相关程序。一是类似于现行自行申报制度，应该设定一个数量界限和收入多元化特征标准。具体包括：年收入在 12 万元及以上；纳税人除了获得工资薪金所得、劳务报酬所得之外，还有其他类型的所得，就其取得工薪、劳务报酬收入履行自行申报手续。为了普及自行申报制度，鼓励年收入在 12 万元以下或仅取得工资薪金所得、劳务报酬所得的人群适用自行申报，纳入综合制课征。在完善扣缴义务人、纳税人和税务机关之间双向申报制度的基础上，纳税人需要自行评定自己的收入水平，决定是否适用自行申报，如果适用，按照预填申报制的程序，完成自行申报。如果纳税人已经达到自行申报标准，而未申报，那么相应的法律责任由纳税人自行承担。二是自行申报的主要环节分为分项申报和年度综合申报。引入个税汇算清缴制度，实行扣缴义务人按季（或月）预扣预缴，年终纳税人自行申报（汇算清缴）的课征方式。在纳税人获得工资薪金和劳务报酬的相关扣缴信息之后，需要履行分项申报义务，将获得的每一笔收入，按照传统分类模式分项申报。纳入综合范围的所得项目已分项申报的税款视为预缴税款，经过汇算清缴后“多退少补”。三是申报地点的选择。分项申报地点应维持现行分类税制下与代扣代缴地相一致的规定；给予纳税人充分的选择权，便于根据他自己的便利，在户籍所在地、长期主要居住地、主要收入来源地之间自行选择综合申报地。四是退税或者补税的相关规定。为了激励地税部门加强对纳税人的征管，可以考虑汇算清缴的退税部分由中央承担或者由中央与地方政府按照一定比例分担，而补税部分全部归地方财政。

第六，差别化费用扣除的征管设计。差别化费用扣除按照“谁主张、谁举证”的原则，在年度综合申报后的汇算清缴环节，由纳税人向主管税务机关提交相关抚养扣除的证据，经税务机关审核之后，会同综合费用扣除一块，在汇算清缴中予以考虑，完成费用扣除的征管程序。

第七，建立针对自然人的交叉比对纳税评估机制，实施不同层级的税务风险管理。纳税评估程序主要是依据大数据平台获取和归集的一整套信息，旨在实现纳税申报结果和税务机关处理信息结果的多层次比对，有效实现征管目标。应改变现行按照行政层级属地管理方式，建立针对自然人交叉比对的纳税评估机制，实施不同层级的税务风险管理。

第八，数字经济下的征管模式创新。基于互联网平台环境，完成纳税登记、数据信息分析和加工、实时对接纳税申报接口、实现自然人特征的辨识、开展纳税评估和税务稽查，充分挖掘自然人的收入信息，已经非常迫切。对此，我们需要探讨将数字经济条件下互联网平台在个税征管中的法律地位问题。随着淘宝、滴滴、微商等平台经济、分享经济的发展，自由职业和兼职获取收入的自然人的数量会迅速增加，对这部分自然人的经营行为和个人所得征税是下一步个税征管需要高度关注的问题。应考虑赋予平台运营商代扣代缴个税的能力和法定义务，并对税务机关从平台运营商获取涉税信息的数量、规模和相关法律依据等问题进行明确。

（指 导 专 家：高培勇
课 题 组 组 长：杨志强
课题组副组长：王　炜　石　坚
张　斌
课 题 组 成 员：王　珊　毛　江
王秉明　施　宏
姜立洋　田敬文
付晓彬　姚　元
丁淑芬　崔　玮
马　珺　蒋　震
郭丹旻　付晨光
禹珊瑚
执　笔　人：蒋　震）

推动“绿色税制”建设的国际借鉴研究*

杨志强

党的十九大报告指出，要推进绿色发展，着力解决突出环境问题，加大生态系统保护力度。与此相适应，建立我国的“绿色税制”体系，对提升国家治理能力、建立美丽中国、实现绿色增长①具有重要意义。

“绿色税制”亦称税制体系的绿化，即关于绿色税收的各项制度。从绿色税收的内容来看，存在着具体范围的差异。最狭义的“绿色税收”仅指环境污染税，主要对排污行为或者污染产品征收；中义的“绿色税收”概念则将其他具有环境保护与资源节约功能的税收也纳入范围；广义的“绿色税收”更将所有出于改善资源与环境的税费政策工具纳入范围，不仅包括对污染行为的控制和惩罚，也包括对污染防治的优惠激励。为了便于国际比较，本文主要采取“绿色税收”中义口径的内容。

一、我国“绿色税制”建设的现状与问题

OECD将绿色税收总体划分为能源税收、机动车辆及交通工具税收、资源类税收和环境治理类税收四大类别。目前，我国的“绿色税制”体系正在初步形成：开征环境保护税，完善资源税，消费税、增值税、车船税、企业所得税等税种均规定了有利于环保的优惠措施。但与发达国家的税制绿化程度相比，仍存在一定差距。

（一）税制设计层面存在的问题

一是起核心支撑作用的环境保护税基本是由原排污费平移而来，长期以来我国征收的排污费收费项目由于收费标准、征收效率等问题，还无法真正达到节约资源、保护环境以及资金筹集的目的。二是与环境保护密切相关的税种作用尚未完全发挥其环保作用。虽然资源税、消费税和车船税等税种的环境保护职能在逐步强化，但受税种自身主体功能定位、制度设计不完善等因素影响，作用有限。例如，资源税税率设计没有充分考虑生态治理与恢复的外部成本；一些易对环境造成危害的消费品未纳入消费税征税范围。三是税制要素设计还不够能做到对“绿色”的精确反映。例如，挪威依据燃油效率、每公里二氧化碳排放量、发动机功率与整车重量等三个指标综合确定汽车的税负水平，相比之下，我国对于车辆的征税，在税率设计方面过于简单。

（二）税收政策制定存在的问题

近年来，虽然财政税务部门相继出台了一系列促进环境保护和节约资源的税收政策措施，但总体而言仍是在原有税制基础上“打补丁”。同

---

* 本文原载于《国际税收》2018年第1期。

① 2005年联合国亚太经社会第五届亚洲及太平洋环境与发展问题部长级会议上通过的《环境可持续的经济增长（绿色增长）首尔倡议》中将“绿色增长”定义为环境可持续的经济增长。

时，税收政策“政出多门”容易出现政策离心力。目前，各类绿色税种的税收政策繁杂，既不利于纳税人对绿色优惠政策的掌握，也会造成彼此之间的抵消作用，尤其是有些税收优惠政策客观上反而对环境保护不利，如对农膜、农药（尤其是不可降解农膜、剧毒农药）免征增值税的税收政策就不利于土壤和水资源的保护。

（三）税收征管能力存在的问题

一方面，地方政府对绿色税收的干预仍然存在。容易受到地方政府地区或部门利益的影响地方“逐底竞争”的问题频发，预算软约束更给征管“松紧带”成为可能；另一方面，绿色税收的征管信息处理能力需要加强。由于对排污信息掌握的要求，拟征收的环境保护税在税率选择方面制定赋予了地方政府极大的自主权，这意味着对地方政府排污量监测的精确程度、制定税率的科学程度、税收征管的有效程度提出了较高的要求。

二、OECD国家“绿色税制”建设的经验借鉴

（一）部分OECD国家税制“绿化”程度

如果用环境税相关收入占总税收的比重来衡量一个国家的税收“绿化”程度，经过测算，① OECD大部分国家的税收绿化程度在6%～7%浮动，丹麦、荷兰等北欧国家和土耳其绿化程度较高；美国低于平均水平，保持在3%左右，这说明OECD成员国之间“绿色税制”改革进度不一。此外，大部分国家的税收绿色化程度呈现小幅下降趋势，只有英国和澳大利亚有明显的上涨。从各国平均数据看，2005—2008年绿色化程度呈下降趋势，2009年之后绿色化程度有所回升，这说明自2008年金融危机之后绿色税收被作为筹集财政收入与发挥“双重红利”作用的重要税收调节工具。

（二）OECD国家“绿色税制”建设的经验借鉴

1. 税种具有多样性和独立性

在绿色税发展的几十年里，发达国家产生了各式各样的环境税相关税种。而正是因为这些特定的绿色税收具有各自的独立性，可以积极利用税收补偿外部成本，改善环境质量，形成良性循环。并且发达国家的绿色税种仍在不断地丰富、发展和完善，“绿色税制”的完善是一个动态、长期的过程。

2. 税收激励方式灵活多样

完善“绿色税制”仅仅依靠增加新税种是远远不够的，配套的执行和激励措施也非常重要。近年各国高度重视绿色税收，旨在通过激励性或惩罚性绿色税收措施来引导企业实现环境保护目标。

3. 在理论指导下坚持税收法定原则

发达国家在推行环境税收政策期间，关于环境税收理论的研究也在蓬勃发展。基于外部性理论和公共品理论，学者们对环境税收制度的实施提供了坚实的经济学理论基础；同时，法学专家们则基于公共信托理论和环境权的思想，对政府就环境治理事务动用征税权给予了充分的法理学支撑。OECD成员国推进“绿色税制”改革通常是以绿色税收理论为基础，立法先行，不断完善立法与创新新法，构建了较为完善的环境法律体系。

4. 充分调动中央和地方的积极性

美国各州虽然都开征了汽油税，但各州的税率相差很大。对无铅汽油和有铅汽油、普通柴油

① 数据来源：http：//stats.oecd.org/Index.aspx#，2017-07-23。

和轻质柴油、煤、电、天然气等燃料的能源税中充分运用差别税率的导向功能，使税率具有较大的灵活性。从 OECD 国家的经验来看，由于环境问题有全国性、区域性和地区性之分，因此在环境保护问题上，中央政府、地方政府应各负其责。

5. 科学使用绿色税收收入

绿色税收收入的使用中不仅要考虑到用于环境改善，还要考虑到新的绿色税对整体税负、不同收入群体的税负及对收入分配的影响。在使用绿色税收入时通常有三种选择：专款专用于环境保护项目（如垃圾处理、水资源保护、降噪设施等）、抵减其他税收（财产税、所得税等）、增加某些公共项目的开支（如公路建设）。在税收中性的“绿色税制”改革中，许多国家将绿色税收的收入用于抵减对劳动和资本的税收，或用来减少其他税收。

三、推动“绿色税制”体系建设的对策建议

（一）推动“绿色税制”体系建设的目标

从长远目标考虑，建立我国“绿色税制”的核心环节应形成以资源税、消费税、环境保护税为重点，企业所得税等相关税种综合配套的“绿色税制”体系，全环节、全行业地控制环境污染。同时，清理相关税种中的重复征税，取消一些不合时宜的税收，以确保绿色税收之间相互配合，共同完善我国“绿色税制”体系。

（二）推动“绿色税制”建设的具体思路

1. 实现“绿色税制”结构的合理化

首先，我国能源税在绿色税收中比重较低，能源税在我国主要体现为成品油消费税与原油、天然气和煤炭的资源税。OECD 测算报告显示，中国能源税收占 GDP 比仅为 0.56%，低于多数国家水平，排名 49 位，远低于 OECD 国家 1.09% 的总体水平。中国能源税收占税收收入的比重也仅为 2.99%，低于 OECD 国家 3.55% 的整体水平和大多数国家的水平。因此，应进一步提升能源税收入在我国税收收入的比重。

其次，我国机动车辆及交通工具税收占比高于多数国家。根据 2014 年 OECD 测算数据显示，虽然大多数国家机动车辆及交通工具税收占 GDP 的比重都较低，但是中国该项税收占 GDP 比重达到 0.54%，高于 OECD 国家 0.43% 的整体水平，并高于多数国家。我国机动车辆及交通相关税种有小汽车、摩托车消费税，车船税和车辆购置税，以上数据显示我国的该类绿色税收规模较大，但是却未能起到明显的促进绿色出行、公共出行的作用。

2. 完善“绿色税制”体系的具体税制

（1）环境保护税制的完善

第一，“费改税”的平移与理想中的环境保护税还存在一定的差异。一方面，税率水平还需要提高。现行的环保税税率设定偏低，未充分反映环境污染排放带来的外部社会成本；另一方面，征税范围还有待扩展。

第二，税收优惠条款有待完善与细化，环境保护税收入的使用有待规范。OECD 成员国的环境保护税收入具有专款专用的特点，且建立比较完备基金制度，可以借鉴 OECD 国家的成功经验，提高资金的使用效率，并形成对地方政府的激励与约束。在税收优惠的设定上还可以增加引导废弃物回收利用、绿色生产技术与设备研发等激励性条款。

（2）消费税制的完善

第一，将更多对环境有污染的消费品纳入消费税征收范围，效仿许多 OECD 国家将一次性塑料包装物和其他化学有害物品纳入绿色税收的征收范围。除此之外，还可以将部分高档休闲娱乐

业纳入课征范围，将类似高尔夫消费行为纳入征收范围，有助于进一步加大环境保护、资源节约的力度。

第二，在严格审慎考察税负与对经济行为影响的基础上，适当提高污染产品的消费税税率，不妨实行价外税，提高税收信息透明度，强化消费对消费行为的影响。

第三，改革完善我国机动车辆消费税。我国目前小汽车消费税主要按照气缸容量来区分税率档次，而OECD成员国对机动车绿色税收的征收标准主要按照三种方式：按燃料类型、按重量，以及是否安装了颗粒过滤器等环保装置来区分税基与税率。我国小汽车消费税可以考虑更多更灵活的税率设计方式。

（3）资源税制的完善

第一，以水资源扩围为契机，进一步扩大资源税的征收范围。将森林资源、草场资源、渔业和动物资源纳入征税范围，并根据不同资源的特点科学制定计税依据。

第二，提高资源税法律层次，加快资源税立法工作。随着资源税改革不断推进，全面优化税制要素，以将改革成果上升为法律。

第三，规范引导资源税收入的使用方向，用资源税收入为生态环境治理、绿色产业发展提供资金支持，强化突出资源税的生态补偿与代际补偿的功能。

（4）其他税种制度的完善

第一，整合土地类税收。我国目前涉及土地的税种有土地使用税、耕地占用税和土地增值税，这些税种分散且不能形成合力，影响税收对土地资源的保护效应，需要进一步的完善。

第二，绿化车辆购置税和车船使用税。这两个税种不仅有敛财功能，而且与环境保护也十分相关。应考虑车船的装置来制定不同的税收优惠或税率。例如，以车船是否安装了净化装置、车船汽缸的容量等标准设置不同档次的税率，目的是加大使用低能耗、低污染的交通工具，逐步淘汰高污染、高能耗的交通工具。

3. 增强现行税收政策的绿色激励效应

“绿色税制”既应当在对污染物和污染行为征税上发挥作用，也要通过税收优惠政策的引导作用，激发全社会环境保护的积极性、自觉性和主动性。一方面，对地方政府的激励，除了将环境保护税收收入作为地方政府收入，以提升地方政府环境保护意识之外，还应该结合生态转移支付、绿色GDP绩效考核制度可以对地方政府发挥更大的激励作用。另一方面，重视对企业和消费者的激励。例如，对使用风能、太阳能等可再生能源加大税收优惠力度，对安装污染物处理设备，或者研发改进生产技术加大税收优惠力度。

4. 推动“绿色税制”征管协作体系建设

首先，必须在法律层面理顺各部门的监管权责。在此基础上明确绿色税收的征管主体为税务主管机关，并加强其他职能部门协调配合。其次，环境税征收管理技术要求高，程序复杂，需要着力提升内部与外部数据信息的质量，构建内部一体化的信息平台。

5. 深化“绿色税制”财税体制改革

一方面，在未来的绿色税收制度改革中，相关税收立法权仍划归中央，以规避地方政府间的恶性税收竞争。将税收征管权和收益权主要归地方政府，地方可以在法律规定的税率幅度范围确定本地方的具体税率。另一方面，合理划分各级政府的责任与事权支出范围，尤其是在环境保护方面的职责划分，避免政府管理职能的“缺位”或“越位”。

税收服务新形势下首都供给侧结构性改革的思考及建议*

杨志强

一、首都供给侧结构性改革相关税收分析

（一）制造业税收呈下降趋势，低端产业税收占比较小

2014—2016 年，全市制造业税收分别完成 1033.7 亿元、1131.2 亿元和 1146.7 亿元，同比增长 7.7%、9.4% 和 1.4%，占全市税收收入的比重分别为 9.4%、9.6% 和 9.2%。其中，食品制造业、石油加工、炼焦和核燃料加工业、纺织业税收同比下降 77.6%、26.4%、23%、21.3%（见图 1），反映出低端制造业和高耗能制造业退出效果明显。

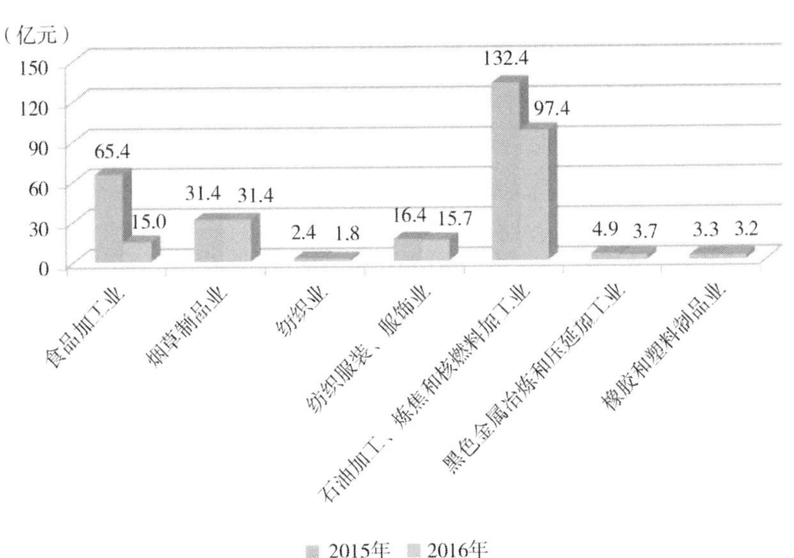

图 1 北京市制造业税收完成情况（2015—2016 年）

作为“疏解整治促提升”行动的重点对象，有形市场、“七小业态”、个体工商户等虽然户数较多，但对全市地方税收收入的贡献度相对较低。2016 年，全市 587 家有形市场共缴纳地方税

---

* 本文原载于《北京调研》2018 年第 1 期。

收1.2亿元，仅占全市地方税收的0.04%；全市个体工商户37.6万户，占全部地税登记户的22.4%，共缴纳地方税收4.4亿元，仅占全市地方税收的0.13%。由于其占全市地方税收收入的比重很低，其疏解迁移不会对地方税收产生实质性影响。

（二）“高精尖”经济结构初步构建，相关工作力度仍需加强

2012—2016年，全市金融业税收规模由3468.3亿元增长至5405.1亿元，年均增长12.3%，占全市税收收入的比重由40.7%提高至40.9%。中关村科技园区税收规模由784.2亿元增长至1360.5亿元，年均增长14.8%，占全市税收收入的比重由9.2%提高至10.3%。文化创意产业税收规模由704.6亿元至1023.5亿元，年均增长9.8%，占全市税收收入的比重由8.3%降低至7.8%。租赁和商务服务业税源户由13.2万户增加到26.6万户，年均增速为19.1%，占全市税收收入的比重由6.9%降低至6.7%。这反映出全市“高精尖”经济结构构建已取得初步进展，相关行业税收收入总体上呈稳步增长态势（见图2）。

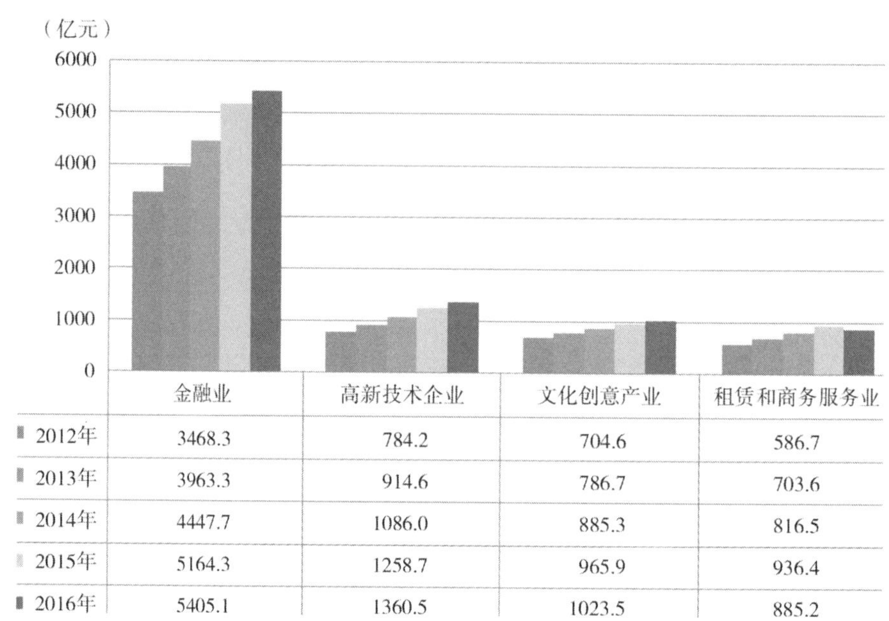

	金融业	高新技术企业	文化创意产业	租赁和商务服务业
2012年	3468.3	784.2	704.6	586.7
2013年	3963.3	914.6	786.7	703.6
2014年	4447.7	1086.0	885.3	816.5
2015年	5164.3	1258.7	965.9	936.4
2016年	5405.1	1360.5	1023.5	885.2

图2 北京市高新技术企业、文化创意产业、金融业、租赁和商务服务业税收完成情况（2012—2016年）

全市地税新增税源户中，制造业和建筑业、批发和零售业、住宿和餐饮业、其他一般服务业新增地税登记户占48.4%，高于科学研究和技术服务业21.7个百分点（见图3），反映出北京市构建高精尖经济结构的力度仍需加强。

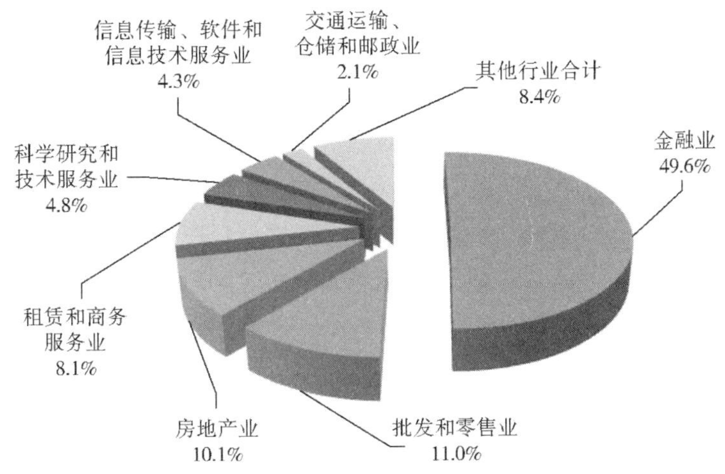

图 3 北京市第三产业行业税收占比情况（2016 年）

（三）科技创新产业税收稳步增长，创新实力有待增强

从科技创新产业税收情况看，2014—2016 年，全市科学研究和技术服务业分别完成税收 366 亿元、422.2 亿元和 523.1 亿元，增长 20.9%、15.3% 和 23.9%，年均增速达 20%，高于全市税收年均增速 12 个百分点，居各行业首位；占全市税收收入的比重分别为 3.3%、3.6% 和 4.2%，呈逐年稳步上升趋势。

2016 年，北京市科技创新企业中，纳税 1 亿元以上的企业 48 家，占全部科技创新企业的 0.02%，税收贡献度为 19.4%；纳税 1000 万元以上的企业 785 家，户数占比 0.27%，税收贡献度为 50.9%。反映出我市科技创新类企业绝大部分仍处于成长期。在跨国研究机构科睿唯安①公布的“2016 年全球百强创新机构”中，全国只有华为 1 家企业上榜；在福布斯根据“创新溢价指数”发布的“全球 50 大最具创新力公司”中，北京只有百度 1 家企业上榜，也说明全市科技创新企业的竞争力和影响力需要进一步提升。

（四）城市副中心建设带动地方税收收入持续增长，通州区税源建设任务依然艰巨

2014—2016 年，在北京城市副中心建设的带动下，通州区税源户数量与税收规模呈稳步增长态势。全区税源户由 8.6 万户增长到 11.1 万户，年均增长 14.53%；全区税收收入由 211.69 亿元增至 275 亿元，年均增长 14.95%。

尽管近年来通州区税收收入增长较快，但地方财政收入却出现了一定幅度的下降。2015—2016 年，通州区地方财政收入分别为 169.85 亿元、122.07 亿元，同比分别下降 59.96%、28.13%，主要是由于受严控土地供应的影响，土地出让金分别同比下降 79.16%、52.74%。在城市副中心加快建设背景下，通州区财政支出需求总体呈上升趋势，短期内区地方财政收支缺口较大的现状难以改变，需要从市级层面统筹考虑财政支持和税源建设的关系，在保障城市副中心建设所必需的财政资金的同时，进一步增强通州区自身的财政造血功能。

---

① “全球百强创新机构”由汤森路透集团 2011 年开始发布，2016 年首次开始由科睿唯安发布。2014 年度榜单中中国华为公司首次上榜，当年上榜的日本企业 39 家，美国企业 35 家。

二、税收服务全市供给侧结构性改革面临的主要问题

近年来，北京市地税局认真贯彻中央精神和市委市政府决策部署，多措并举服务首都供给侧结构性改革。一是依法组织收入，实现税收收入稳定增长；二是落实税收优惠政策，助力大众创业万众创新，促进科技创新和文化创意产业、小微企业、民生事业发展；三是开展京津冀协同发展税收问题研究，推动区域税收协作；四是联合市国税局制定疏解非首都功能产业税收支持政策，出台支持北京疏解非首都功能、构建“高精尖”经济结构的20项工作措施；五是制定税收服务北京城市副中心建设实施意见，出台14项50条工作措施。尽管取得一些成效，但仍面临着一些难点问题。

（一）推进供给侧结构性改革的部门协作机制有待建立健全

北京市推进供给侧结构性改革的部门协作机制还不够健全，覆盖相关部门的数据交互共享平台尚未建立，“信息孤岛”现象依然存在，特别是在联合执法、便民服务等方面的工作合力有待增强。

（二）现行的地方税费体系不利于为供给侧结构性改革提供长期稳定的财力支持

从1994年国地税分设至2015年，营业税一直是北京市地方税收的第一大税种，占地方税收的比重远高于全国平均水平。“营改增”后，服务业企业全部转缴增值税，对我市地方税收影响较大。

（三）现行的产业疏解税收分享办法门槛较高

财政部《京津冀协同发展产业转移对接企业税收收入分享办法》规定，纳入地区间分享的企业需同时符合“由迁出地区政府主导”“符合迁入地区产业布局条件”“迁出前三年内年均缴纳增值税、企业所得税、营业税三税地方分成部分大于或等于2000万元”三个条件。目前我市适用该《办法》的企业较少，政策效果尚不明显。

（四）对全国科技创新中心建设缺乏税收政策支持

中关村国家自主创新示范区试点税收政策已推广至全国，北京在科技创新方面已失去政策优势，不利于吸引人才、技术、资本等要素向科技创新产业汇集。

（五）现行税收优惠政策不利于基础科学领域人才在京发展

与科技创新企业的高管和研发人员相比，从事国家重大基础科学研究人员收入较低，但北京的生活成本较高。同时，要在相关领域取得突破，需长期的艰辛付出。而目前对此类高端人才尚缺乏税收政策支持。

（六）现行的鼓励企业研发的税收政策需要完善

现行研发加计扣除政策没有体现对持续研发投入的激励导向，不利于促进企业开展投入周期长、持续投入大的高端产品研发项目。对农业高新技术企业开展研发的支持力度不足，农业高新技术企业研发投入仍面临较大风险和成本。

（七）缺乏鼓励企业疏解迁移的税收优惠政策

在疏解非首都功能方面尚缺乏鼓励企业和人员外迁的税收优惠政策。同时，一些不符合首都城市战略定位的企业目前仍在享受普惠类税收优惠政策。此外，按照《国家税务总局关于发布企业政策性搬迁所得税管理办法的公告》规定，企业重建或恢复生产过程中购置的各类资产支出不能作为搬迁支出扣除，也不利于企业外迁。

（八）养老产业税收优惠政策有待完善

现行养老产业税收优惠政策主要针对养老机构，未涵盖家庭、社区养老服务。部分养老服务业的税收优惠政策以非营利性为前提，在融资贷款、利润分配等方面受到诸多限制，影响了民间资本进入养老服务业的积极性。同时，尚缺乏鼓励私营养老产业发展的税收政策上还存在空白。

（九）鼓励棚户区改造税收优惠政策标准设定过高

棚户区改造税收优惠政策主要为城镇土地使用税、契税等方面的优惠，且具有严格的限定条件。对于企业所得税的优惠，则仅适用于国有工矿、林区、垦区企业，政策指向性过于狭窄，标准设定过高，影响了政策效应的发挥。

（十）对非首都功能疏解相关领域的税收征管需要加强

全市不符合首都功能定位的低端业态、有形市场和无照经营户依然较多，存在征管难度较大、征管力量不足、纳税定额较低、部分征管对象难以查找、个人住宅改为商业用房的税收征管力度有所不足等问题。

（十一）对企业跨省迁移的税收征管协同有待加强

对于京津冀区域跨省迁移企业的税源动态还未实现实时的信息共享，在高新技术企业、服务外包企业、动漫企业资格互认方面还没有建立有效的工作机制，不利于迁移企业办理相关涉税事宜。

（十二）纳税服务水平有待提升

全市纳税服务平台建设有待加强，办税服务厅标准化、规范化建设有待改进。涉税业务全市通办范围亟待拓展。纳税咨询的精准性、及时性还存在不足。对新办企业的涉税辅导需要加强。

三、相关政策建议

（一）建立服务供给侧结构性改革部门协作机制

健全完善服务我市供给侧结构性改革的部门协作机制，打造统一的信息交互共享平台，通过联席会议、联合执法等途径，整合服务资源，统筹工作安排，形成服务首都供给侧结构性改革的工作合力。

（二）完善我市地方税费体系

北京市地税局负责征收残疾人就业保障金、工会经费等10种基金或收费。为更好地发挥税务部门统征效率高的优势，建议市政府按照十九大报告关于“深化税收制度改革，健全地方税体系”的要求和中央《关于深化国税、地税征管体制改革方案》部署，研究将社保费和部分政府性基金、收费转由地税部门征收。

（三）加强非首都功能疏解相关领域的税收征管

建议市政府加大税收协同共治的统筹协调力度，组织政府相关部门强化对低端业态、有形市场和无照经营户的税收征管，从严调整和确定纳税定额，对无照经营户限期办理临时税务登记，依法征收各项税费。围绕疏解整治促提升，加强对个人住宅用房改为商业用房的税收征管，强化个人出租房屋和城乡结合部农民出租房屋税收征管，建立税收协查工作机制，与街道、乡镇政府等有关部门联合开展情况调查，加强税源管控。

（四）提升我市纳税服务便利化水平

建议市政府对提升税收便利化提供指导和支持，拓展网上办税、自助办税、移动办税的功能，开发手机APP，完善微信和支付宝城市服务涉税功能，扩大免填单服务范围，推行二手房网络预审和限时办理服务，最大限度提升办税效率。整合区域办税服务平台，加快推进涉税业务全市通办，积极探索京津冀区域通办。推进全市办税服务厅规范化管理。加快推进通州区国税、地税联合办税服务厅升级改造，实现北京城市副中心行政办公区纳税服务集约化管理。

（五）进一步加强通州区地方税源建设

建议市政府统筹考虑在京央企总部和北京市市属国企总部向雄安新区和北京城市副中心疏解迁移的制度安排，促进河北省和北京市财政收入的稳定均衡增长。鼓励通州区发展科技创新、文化创意产业以及金融业、旅游业等现代服务业，推动地方财政收入的内生式增长，逐步减轻中央和市级的财政转移支付压力。

（六）完善企业跨省市迁移的税收分享机制

建议由市政府组织研究完善《京津冀协同发展产业转移对接企业税收收入分享办法》的相关政策，并协商财政部、税务总局取消《办法》中“政府主导”的限制条件，鼓励相关企业自主迁移，发挥市场在资源配置中的决定性作用。取消《办法》对迁出企业已纳税款数额的限制规定，对全部疏解企业缴纳的主体税种的税款全额实施税收分享。

（七）出台支持全国科技创新中心建设的税收支持政策

建议由市政府提请税务总局研究出台支持北京建设全国科技创新中心的试点税收政策，对新一代信息技术、智能机器人、先进轨道交通装备、生物医药及高性能医疗器械等行业，普遍适用加速折旧政策。对我市企业购置纳入首台（套）推广目录的设备，按投资额10%抵免企业所得税。放宽弥补企业亏损只能后转5年的规定，对我市创新企业的亏损准予10～15年的弥补限期。对我市新兴产业企业利用利润扩大再生产或再投资于高新技术项目的，实施再投资退税的优惠政策，对已缴纳的企业所得税按照投资额的大小按比例抵扣应纳企业所得税额。

（八）通过一定的税收优惠政策吸引人才

建议由市政府提请税务总局研究，对北京市获得中组部、教育部颁布的人才称号、从事国家重大科研项目等方面的人才减免征收个人所得税，对其在京购买首套住房时免征契税。参照深圳前海的个人所得税优惠政策，对于优惠类产业方向的境外人才，其缴纳的工资薪金所得个人所得税已纳税额超过工资薪金应纳税额的15%部分，由地方政府给予财政补贴。

（九）推进跨省迁移企业税收征管协同

建议市政府协调三地政府会同税务总局完善京津冀区域跨省迁移企业的涉税信息共享平台，实现北京企业向天津、河北迁移相关税收数据的实时更新。统一京津冀三地税收咨询回复口径。建立三地税务部门对高新技术企业、服务外包企业、动漫企业资格的互认机制。简化纳税人临时跨区域生产经营活动的办税流程，统一京津冀区域相关政策，降低临时跨区域经营成本。

（十）完善企业研发税收优惠政策

建议税务总局研究对从事新一代信息技术、生物医药、新能源汽车、数字化制造等项目研发的科技创新企业持续投入研发的，连续投入5年以上的研发费用按100%的比例加计扣除。允许农业高科技企业按双倍余额递减法计提固定资产折旧。

（十一）出台支持北京疏解非首都功能的税收政策

建议税务总局研究对企业因搬迁取得的资产转让或拆迁补偿收入免征增值税、企业所得税。企业在重建或恢复生产过程中购置的各类资产可作为搬迁支出，从搬迁收入中扣除。对于因企业搬迁的原有职工进行再就业和创业的，给予个人所得税优惠。对从北京整体迁移到雄安新区或在雄安新区设立分公司的企业，自获利的第一个纳税年度起，第一年至第五年免征企业所得税、房产税、土地使用税，第六年至第十年减半征收企业所得税、房产税、土地使用税。

（十二）完善养老产业税收优惠政策

建议税务总局研究对企业、个人以及各类民间资本给养老机构的捐赠可以在企业所得税、个人所得税税前扣除；购买土地、房产用于建设养老机构免征契税；房地产项目中配建的养老机构资产划转时不作视同销售处理，免征增值税、土地增值税、企业所得税。对民政部门认定的非营利养老机构给予非营利组织企业所得税免税资格。对北京养老机构在张承生态涵养区设立分支机构的，给予税收优惠。对社区养老机构，在增值税、企业所得税、房产税、土地增值税等方面给予税收优惠。

（十三）完善棚户区改造税收优惠政策

建议税务总局研究将现行仅适用于工矿、林区棚户区改造、垦区危房改造的所得税优惠政策扩大到包括城市危房改造、城市棚户区改造等项目，降低享受政策的限制条件。对于由总公司统筹安排对棚户区改造进行立项建设的，其运行成本可在发生实际支出的子公司税前分摊扣除。对于企业参与政府统一组织的棚户区改造，并同时满足一定条件的棚户区改造资金补助支出，准予在企业所得税前扣除。对个人购买安置住房的印花税予以免征，个人取得的拆迁补偿款及因拆迁重新购置安置住房，给予个人所得税和契税的减免。

现代税收征管中的纳税评估国际比较与借鉴研究*

北京市地方税务局　中国国际税收研究会联合课题组

一、我国纳税评估现状与面临的问题分析

始于20世纪90年代末的我国纳税评估，至今已走过了近20年的发展历程。2005年总局出台《纳税评估管理办法（试行）》后，我国纳税评估的实践探索逐渐步入规范化发展轨道。2014年，总局发布《关于加强税收风险管理工作的意见》和《大企业税收服务和管理规程（试行）》，将纳税评估确定为税收风险管理中风险应对的重要手段。在推进纳税评估工作开展探索过程中，目前各地做法不一。从地税系统来看，主要有以下三种模式：一是单独设立负责组织实施纳税评估的专门机构，如大连、广州地税分别设纳税评估处、纳税评估管理局；二是按照专业化管理需要，将各税种纳税评估分别由相关税源（税政）管理部门负责，如上海、湖北地税等；三是由其他征管部门集中负责纳税评估等相关工作，如青岛、宁波地税分别设有税收风险管理局、风险监控处，厦门地税设立税收风险管理控制中心。随着国地税征管体制改革进一步深入推进，大数据管税平台的建立，国地税联合纳税评估的探索已在部分地区开始实施。

我国探索纳税评估以来，在加强税源监控，引导税收遵从，防范税收风险，优化纳税服务等方面起到了积极作用。一是强化税源监控，提高纳税遵从度。2004年以来，北京市地税局统一部署开展了保险业、房地产业、建筑业、住宿业、仓储业、物业管理、餐饮业、房地产中介机构二手房交易和广告业等行业评估，已完成八个行业纳税评估模型。在强化税源监控和促进依法遵从纳税方面产生了积极影响。二是利用核心征管系统数据、第三方数据、财务数据等综合分析指标，建立评估预警指标体系，为实施税收风险管理积累了经验。三是融洽了征纳关系，优化了纳税服务。纳税评估定位为税源管理手段，采取柔和而非强制方法，近似于“商税”的做法，通过约谈或质询等方式让对方说明、解释，让纳税人在心悦诚服的状态下补缴税款。2004—2014年，北京市地税局累计评估入库税款、滞纳金、罚款共计约129亿元。四是部门间横向联动协作机制初步建立，提高了征管质量效率。在开展纳税评估工作中，北京地税统一部署各相关部门工作协作、信息数据采集协作，各部门横向互动，发挥税务机关税源管理的整体合力。2004—2014年，北京地税累计评估885610户次，发现有问

* 本文原载于《国际税收》2017年第3期。

题363293户次，占41%；转稽查32699户，约占有问题户数的9%。

在税收征管改革进程加快推进的新形势下，如何更好地发挥纳税评估在现代税收征管中的作用，在理论和实践中遇到了一些新的困惑和难题。应该看到，我国纳税评估在理论上的分歧并未随着实践探索而消弭，一些累积较长时间深层次的矛盾并未得到根本性化解。目前纳税评估仍然带有很强的过渡色彩，与西方发达国家仍有较大差距。推进纳税评估工作面临四大难点问题：一是纳税评估定位不清晰，存在片面认识。从纳税人角度看，大多企业并未把纳税评估看作是一次自查整改的机会。从税务部门看，少数税务干部思想认识不到位，认为纳税评估是变相的税务稽查，甚至有少数人认为有日常税务管理和稽查，纳税评估可有可无。也有些地区在实践中把纳税评估作为税务稽查的前置程序，实践中成为“第二稽查”。二是纳税评估的地位始终未得到法律确认。现行《税收征收管理法》没有“纳税评估”的字眼，在实际工作依据的是法律级次较低的《纳税评估管理办法（试行)》。在2015年《税收征收管理法修订草案（征求意见稿)》中增加了税额确定一章内容。是否要用“税额确认”代替实践中的“纳税评估”？如何具体操作，尚不得而知。在理论和实践中认识尚未统一，并且存在较大分歧。三是涉税信息特别是第三方信息获取具有一定局限性，导致评估质量和水平难以提高，深度与广度难以拓展。四是现行纳税评估指标多侧重与财务指标的单独匹配对比，缺乏与非财务指标的对比分析；特别是在涉税信息采集渠道窄、共享程度低的条件下，单凭评估指标测算和评价很难合理认定申报的合法性和真实性，因而存在较大局限性。五是评估机构和职能设置不统一。相关部门职责交叉、分工不明、责任不清，难以形成税源监控合力；对评估工作缺乏有效的监督和考评，导致纳税评估工作质量和效果不尽如人意。六是评估人力资源不足、人员素质不适应。不少人员工作定位模糊，责任意识不强，业务素质较低，一定程度上制约了工作的有效开展。

二、纳税评估管理的国际比较

（一）典型发达国家纳税评估概况

1. 澳大利亚

澳大利亚的纳税评估是一种风险评估制度。澳大利亚税务机关（ATO）把纳税人分为不同风险等级，根据纳税遵从管理的“金字塔”模型，对不同风险等级的纳税人采取差异化的税收征管应对方法。

澳大利亚纳税评估分为年度申报评估、全面评估和应对处理发现的问题三个阶段。年度申报评估是所得税纳税人申报后、入库前和GST纳税人在年度退税申报后、获退税前的必经程序。在申报纳税或退税后2～3年内，评估部门对纳税人进行开展全面评估。在全面评估阶段，评估部门将采集的内、外部信息输入由专家设定的标准模型，与风险特征库、指标体系进行比对，自动生成评估报告，形成公平、合理、权威的结论。在应对处理阶段，把纳税人（企业）按风险大小分级，实行区别管理。对纳税遵从度高、风险低的纳税人采取自我管理、自行评估策略；对纳税遵从度低、风险高的纳税人，通常采用纳税审计和移送法办的措施。在评估结果确定后，税务机关会以面谈、电话或信函方式给纳税人解释申辩的机会。如果纳税人解释不清或解释不能让评估人员满意，则进入实地审计程序，并将纳税评估结果作为今后税务处理的依据。

2. 新加坡

新加坡是推行纳税评估（简称为“评税”）

制度较为规范的国家。新加坡评税人员依托评税情报库、申报信息库中提供的海量信息，采取核对法和财务分析法，利用计算机系统找出偏离标准值的纳税人进行评税。新加坡“评税”机构健全，分部门制定纳税评估规程。评税规程如下：税务处理部主要职责是每年1月向纳税人发放和收回评税表，然后将其录入、扫描或下载到计算机系统；按照个人和法人分类传递至纳税人服务部或公司服务部。纳税人服务部或公司服务部的主要职责是组织实施纳税评估，通过计算机系统将评税表分派给各评税小组，评税小组将纳税人在系统数据库中的相关情报资料与其评税表中信息进行核对，形成评税工作底稿，逐级上报，最终转至税务处理部。税务处理部的主要职责是将税务局评税表、纳税单邮寄给纳税人。若纳税人对评税结果存有异议的，可先行缴税再申诉，举证责任在纳税人。纳税人举证后，评税机构拒绝修正评估结论的，纳税人可上诉，由法院进行最后裁决。

（二）纳税评估的国际比较

1. 纳税评估概念国际比较

不同国家或地区对纳税评估的称谓不尽相同，在美国称为税收评定，在新加坡和我国香港地区则称为评税，我国台湾地区称核课。目前，关于纳税评估概念无论是在国外还是国内并未形成公认的一致的定义。一般认为，纳税评估是税务机关采取现代化的技术手段依据所获得的涉税信息对纳税申报合法性与真实性进行审核、估算与评定的程序，也是税务机关的主要工作职责和法定程序。我国纳税评估概念是从国外 Tax assessment、Tax audit 转译借鉴而来，是国外纳税评估概念的复合体。

中外纳税评估概念相同点：一是纳税评估一般是对纳税人履行纳税义务申报的合法性与真实性进行的审核、估算与评定。评估主体是税务机关；评估对象是纳税人；评估内容是纳税人申报缴纳税款情况。其本质是一种提高税法遵从的管理策略行为。二是纳税评估一般在税务机关的工作场所进行，是一种案头评估行为，不直接面对纳税人。三是纳税评估是税务机关为纳税人提供纳税服务的一条重要途径。

中外纳税评估概念不同点：国际上的税收评定是税收法定的大概念，是税收管理的基本职能与必经程序，也是确认征纳双方权责义务的基础和前提。税收评定凭借着较为完善、强力的涉税信息法定支撑条件，即涉税信息提交法定。其法理将税收评定行为定义为“不完全的确定行为”。大多发达国家或地区的税收评定有明确法律授权；主要基于所得税和财产类等直接税为主的税制结构；对纳税人的申报进行“确认”是“事前的”而非“事后”行为。与国际上税收评定不同的是，我国纳税评估是一种依法行政行为的泛指，而不是特定的法定责任或必经程序。我国的主体税种是货物与劳务税；我国现行税法或相关法律缺乏涉税信息提交法定的明确规定。

2. 纳税评估在税收征管中定位的国际比较

在实现税收征管现代中的西方国家或地区，纳税评估是税务机关的核心工作，也是预申报到正式申报入库之前的法定征管程序，目的是帮助纳税人准确地履行纳税申报义务，提高税收遵从度。采取的处理方式主要是提请纳税人自我纠正。我国现行纳税评估是在纳税人履行申报缴纳税款义务之后进行的，也不是法定的必经征管程序，基于我国现行税收征管模式，将其定位于“征管查”中“管”的环节。

3. 纳税评估（评定）制度的比较

在西方发达国家（地区）一般都设置专门纳税评估（评定）机构，纳税评估（评定）主体是税务机关，在评估对象与范围方面境外各国或地区存在一定差异。澳大利亚的纳税评估主要一种风险评估制度；新加坡和我国香港地区均实行“评税”制度。

4. 信息获取及在纳税评估中应用的比较

西方发达国家（地区）纳税评估情报数据丰富、来源广泛。如美国税务机关除了利用法定的第三方信息报告制度获取税源信息外，还与有关政府部门实施信息共享。新加坡评税时主要依托两个电子信息库。澳大利亚纳税评估信息来源于内部税务当局数据信息库和银行、海关、移民局、证券市场信息，以及外部商用数据库。

5. 评估指标体系及方法、评估流程的比较

目前很多发达国家和地区的纳税评估（评定）一般都是采取先机评后人评的方式，自动化程度较高。“机评”靠信息，“人评”靠技能。如美国用于纳税评估方面的判别函数系统（DIF）是由包括纳税申报表信息的复杂计算机程序组成的。

6. 评估机构设置与人力资源配置的比较

发达国家和地区的纳税评估（评定）机构设置较为健全，部门职责明确。如新加坡税务局设有5个部门，按部门设置评估规程，各部门职能界限明确，各司其职。

三、完善我国纳税评估管理制度的对策与建议

（一）必须遵循“六项原则”

作为一种现代税收管理方法，纳税评估在实现税收管理现代化的许多西方发达国家和地区的税源管理中发挥着重要作用。经过近二十年的实践探索，我国纳税评估工作虽取得一定成效，在实现税收征管现代化进程中，完善我国纳税评估制度必须借鉴发达国家（地区）纳税评估管理的成功经验，遵循以下六项原则：一是结合国情，洋为中用；二是抓紧立法，明确定位；三是风险管控，促进遵从；四是分类分级，注重实效；五是专业管理，提高效率；六是人机结合，综合应用。

（二）正确处理“三大关系”

我国近二十年纳税评估的实践探索，既有成功的经验，也曾走过一段弯路，主要是未理顺纳税评估与其他税收管理行为的关系。在税收征管现代化进程中，做好纳税评估工作必须正确处理好以下三方面的关系：一是处理好纳税申报审核与纳税评估的关系；二是处理好日常税务管理与纳税评估的关系；三是处理好税务稽查（税务审计）与纳税评估税的关系。

（三）加强和改进纳税评估管理的对策建议

1. 在《税收征收管理法》修订中明确纳税评估定位

《税收征收管理法》征求意见稿的税额确定在我国当前税制结构和征管环境条件下不具可行性。考虑到我国已对纳税评估进行了长期的理论研究和实践探索，在总结成功经验基础上，可以从税收征管程序角度对纳税评估进行重新定义和定位。在《税收征收管理法》中对纳税评估的概念、评定的范围、内容、岗位职责、执法方式、工作规程等予以明确，纳税评估不仅仅是税务部门内部的风险分析管理行为，是衔接纳税申报和税务稽查之间的必经法定程序。

2. 通过法规、规章等法律形式，提高各部门间涉税信息互联互通

增加获取第三方信息的法律保障措施，拓宽涉税信息来源渠道，增加对纳税人非结构化数据的采集，提高信息质量。建立和完善纳税评估信息提供机制，制定纳税人必须提供的信息项目和具体要求，确保信息准确全面。对不同行业及不

同规模以及不同的营运方式分门别类地进行调查，掌握相关数据，并进行动态管理。以内、外部涉税信息为基础建立税收风险特征库。

3. 健全评估机构，明确各级机构职责和纳税评估工作岗、责体系

省（市）级评估机构主要负责制定纳税评估工作业务规程；建立评估指标体系及其预警值、风险特征库；组织指导协调基层纳税评估部门开展纳税评估工作。根据简化、实用和基于流程各个环节相互衔接、彼此促进、权力制衡的控制原则，进一步明确基层评估机构评定工作岗、责体系。基层评估机构的主要职责是运用各种评估分析方法进行深入分析并作出定性和定量的判断；对评估分析中发现的问题采取风险提醒应对服务、税务审计、移交稽查部门进行处理。

4. 有效配置纳税评估人力资源，试行评估人员能级制管理

在基层评估部门增加评估人员编制，配备一支专业的纳税评估队伍。为激发评估人员学习业务，提高能力的积极性，可借鉴新加坡和我国香港地区做法，把评估员划分为高级评估员、中级评估员和初级评估员。

5. 积极探索开展国地税联合纳税评估

国地税合作政策的出台、大数据管税平台的建立、金税三期在全国推广，为开展国地税联合纳税评估提供了机制和技术的支撑。国地税联合开展纳税评估工作，有利于降低税收执法风险；提高纳税评估效率和准确性。

（课题负责人：王　力　郝昭成
杨志强
课题组成员：司京民　王　磊
王秉明　王　珊
李任斌　李龙江
执　笔　人：王春雷　苑新丽）

税收撤销权研究*

北京市地方税务局课题组

税收撤销权制度作为税收保全的重要制度之一，虽然通过我国《中华人民共和国税收征管法》（以下简称《税收征管法》）予以确立，但因其本身存在的制度缺陷、适用限制等因素，使其在税务实践中的实施效果并不理想，未能充分发挥其保障市场经济的健康发展和国家税款的足额入库，防止税款流失的重要职能作用。本文就税收撤销权相关问题进行粗浅探讨，以期对税收实践有所裨益。

一、税收撤销权概述

（一）概念界定

税收撤销权是指税务机关对于欠税的纳税人（债务人）所为的危害税收债权的行为，可以请求人民法院予以撤销的权利。

（二）税收撤销权的性质

税收撤销权来源于民法中的撤销权理论，但又结合了公法中税收法律关系的相关理论，因此税收撤销权与民法中的撤销权既有联系又有区别，税收撤销权是一种兼具公法与私法理论的权利。

1. 与民法撤销权的联系

税收撤销权制度是对民法撤销权制度的借鉴和移用，税收之债是债的一种特殊形式。按照我国《税收征管法》的规定，税收撤销权的行使依照合同法的相关规定。这些都表明，税收之债具有一般债的性质。因此，目的均在于保全债权的税收撤销权和民法撤销权在性质上是类似的。

2. 与民法撤销权的区别

税收法律关系具有“公法之债”的属性，其与一般民法撤销权的不同之处即是税收撤销权的行使主体是代表国家公权力的税务机关，而一般民法撤销权维护的是私法领域平等主体之间的债权债务关系。

综上所述，笔者认为税收撤销权是区别于传统实体权利和程序权利的复合型权利，是一种以诉讼为途径、以实现税收债权为目的的形成诉权。

（三）税收撤销权的现实意义

一方面，税收撤销权对于保证国家税收收入，防止欠缴税款纳税人规避纳税义务，具有十分重要的意义。传统税务机关对于欠缴税款纳税人的措施限于扣缴银行存款，或者扣押、查封、拍卖、变卖欠缴税款纳税人财产，而所有这些措施，都限于欠税人现有财产。如果欠税人为了规避纳税义务，而滥用其财产处分权，进而危害到税款的征收，则税务机关的方法无能为力。税收

---

* 本文原载于《税收研究资料》2017 年第 4 期。

撤销权制度的确立，使得税收之债的效力得以扩展到第三人，从而有效保障税收债权。

另一方面，税收撤销权实际上是现代公法私法化的一种表现。随着现代社会的发展，社会关系日趋复杂，传统公法的作用已经无法完全满足经济发展的需要。将税收作为一种特殊的债，使之具备民事之债的某些功能，对于保证税收的实现具有重要意义。

二、税收撤销权的行使现状

（一）现行法律规定

《税收征管法》第 50 条第 1 款规定："欠缴税款的债务人因怠于行使到期债权，或者放弃到期债权，或者无偿转让财产，或者以明显不合理的低价转让财产而受让人知道该情形，对国家税收造成损害的，税务机关可以依照合同法第七十三条、第七十四条的规定行使代位权、撤销权。"

《税收征管法》第 50 条第 2 款规定："税务机关依照前款规定行使代位权、撤销权的，不免除欠缴税款的债务人尚未履行的纳税义务和应承担的法律责任。"

《中华人民共和国合同法》（以下简称《合同法》）第 74 条第 1 款规定了撤销权："因债务人放弃其到期债权或者无偿转让财产，对债权人造成损害的，债权人可以请求人民法院撤销债务人的行为。债务人以明显不合理的低价转让财产，对债权人造成损害，并且受让人知道该情形的，债权人也可以请求人民法院撤销债务人的行为。"第 2 款规定："撤销权的行使范围以债权人的债权为限。债权人行使撤销权的必要费用，由债务人负担。"

（二）税收撤销权的行使要件

依据《税收征管法》第 50 条的规定，税收撤销权的行使要件包括以下几个方面：

1. 有欠缴税款事实的存在

作为债的担保方式之一的撤销权，在税收领域发挥着担保国家税收债权实现的功能。主债务履行不完备，担保方始发生效力，在国家税收债权债务关系中，债务人在纳税期间内未履行纳税义务，构成欠税的，是为对国家税款的占用，侵害了国家税收债权，作为国家税收债权的担保的税收撤销权才可以发挥其实质作用，其目的在于通过撤销债务人的特定行为，保障国家税收债权的存在。因此，债务人欠缴税款事实的存在，是税收撤销权行使的基本前提。

2. 债务人的三种行为损害了国家税收债权

第一，债务人放弃到期债权，即主动放弃到期债权；第二，债务人无偿转让财产，即将财产无偿赠予他人；第三，债务人以明显不合理的低价转让财产而受让人知道该情形。第三种情况要求债务人具有主观恶意，即债务人知晓自己的行为会侵害国家税收债权而故意为之，除此之外，受让人也具有主观故意，知晓债务人有欠税事实的存在。

3. 债务人行为的后果危害了国家税收债权

撤销权目的即在于保护税收债权，若债务人处分财产的行为没有侵害税收债权，则应尊重债务人意思自治，尊重其处分财产的行为。只有其处分财产的行为危害了税收债权，才可以突破债的相对性原则，运用税收撤销权对国家税收债权进行保障。

（三）税收撤销权的行使程序

1. 当事人的确定

依据《最高人民法院关于适用〈中华人民共和国合同法〉若干问题的解释（一）》第 24 条的规定："债权人依照合同法第七十四条的规定提起撤销权诉讼时只以债务人为被告，未将受益人或者受让人列为第三人的，人民法院可以追加该受益人或者受让人为第三人。”在撤销权之诉中，原告为税务机关，被告为债务人，受益人或者受让人为第三人。

2. 行使时效

依据《合同法》第 75 条的规定：“撤销权自债权人知道或者应当知道撤销事由之日起一年内行使。自债务人的行为发生之日起五年内没有行使撤销权的，该撤销权消灭。”该时效为除斥期间，没有中止中断的情形。《税收征管法》只在第 50 条中规定了税务机关有权行使撤销权，并未明确规定行使这一权力的期限，但是，由于这项规定是移用了民法中的相关制度，因此，在法律没有特别规定的情况下，通常把这五年的期限视为除斥期间。

3. 举证责任的分配

税收撤销权之诉为民事之诉，适用民事诉讼中“谁主张，谁举证”的规定，即税务机关证明债务人有欠税事实的存在、怠于行使到期债权、放弃到期债权、无偿转让财产以及以不合理低价转让且债务人及受让人存在主观故意。

4. 撤销权行使的效力

根据《中华人民共和国民法通则》（以下简称《民法通则》）及《合同法》的相关规定[①]，法院撤销债务人的行为后，被处分的财产重新归属于债务人，第三人需要返还已受让的财产，由债务人向税务机关清偿所欠税款。同时，税务机关享有税收优先权，就债务人的财产可以优先受偿。若债务人对第三人返还财产不予接受，消极减少其财产增加的，税务机关可以行使代位权，直接面对第三人，由第三人将财产交于税务机关[②]。

三、税收撤销权在实际应用中存在的问题

（一）税收撤销权行使范围限定问题

根据《税收征管法》的相关规定，税收撤销权的行使有三种不同情形，即放弃到期债权、无偿转让财产和以明显不合理的低价转让财产，前两种情形属于无偿的行为，第三种情形属于有偿的行为。其实债法之中，处分财产的无偿行为和有偿行为还有许多，例如主动承担债权债务、主动为他人提供担保、提前清偿未到期的债务，这些情况同样有可能导致欠缴税款的纳税人责任财产的减少，从而使欠缴的税款难以实现，损害国家税收权。根据税收法定主义，这些未被《税收征管法》规定的情形均不属于税务机关行使税收撤销权的范围。因此，这一规定就显得税收撤销权的适用范围过于狭小，不符合复杂的现实情况，也无法满足现实的需要。

同时，《税收征管法》第 45 条规定了税收机关征税时是享有优先受偿权的，然而这种优先还是落后于物权担保的债权。随着社会主义市场经济的进步与发展，以担保物权排挤特种债权的现象将会十分普遍，而债务人也会恶意在其财产上设立担保债权从而达到避税、逃税的目的。这种恶意担保对国家税收的危害程度并不低于税收撤销权规定的三种法定情形，但税收撤销权却并没有将其纳入适用的范围之中。

虽然税收撤销权的适用范围需要一定程度的扩大，但是有两个问题值得我们引起注意。第一，《合同法》第 74 条规定债权人撤销权的行使范围是在债权人所享有的合法债权的范围之内。民法学界则通常认为：“行使撤销权的范围，原

① 《民法通则》第 61 条规定：“民事行为被确认为无效或者被撤销后，当事人因该行为取得的财产，应当返还给受损失的一方。《合同法》第 58 条规定：合同无效或者被撤销后，因该合同取得的财产，应当予以返还；不能返还或者没有必要返还的，应当折价补偿。”

② 苏东娟，《论税收撤销权》，郑州大学硕士学位论文，2013 年。

则上以该撤销权人自己的债权额为标准，纵另有其他债权人存在，亦不得超过自己的债权额。”[①]根据《税收征管法》的规定，税务机关行使撤销权可以依照《合同法》第74条的规定，因此，税务机关行使撤销权的范围应当以纳税人所欠税款为限。另外，由于撤销权的撤销效果是溯及既往的，纳税人与第三人之间的法律行为视为自始无效，因此可能出现税收撤销权行使后纳税人财产有所增加的情况，但是这些增加的财产并不是欠缴纳税人的责任财产，因此税收机关不可以对其享有优先受偿权。

第二，欠缴税款纳税人的某些行为虽然以财产为标的并且会导致其财产的减少，但如涉及身份关系或人身自由等而与人身密切相关，则并不可撤销。如继承权的放弃等涉及身份关系的行为，虽然也可能导致纳税人潜在财产减少，但是不能因此而撤销。再如劳动契约的解除，虽然劳动契约的履行也会增加纳税人的财产，但是这种契约又与人身自由密切相关，文明社会不可能以牺牲债务人或纳税人的人身自由而满足债权的需要，因此，这种行为也不能撤销。在合同法中，根据公序良的俗原则和合同法的一般原理，我们可以得出身份行为不能行使撤销权的结论。但是遵循税收法定主义原则的税收撤销权制度是否适用，这也需要法律进一步加以明确规定。

（二）税收撤销权中第三人利益保护问题

1. 第三人在税收撤销权中地位被动

税收撤销权中的当事人包括税务机关、纳税人和第三人。关于税收法律关系的性质，无论是西方主流税务学者观点，还是我国税法实践和立法上的共识，均承认税法为公法之债。[②] 税收作为公法上的债权，以国家利益为支撑，与民法中的债权相比，公益特征显而易见，并由国家公权力机关代表行使，因此行使过程中比民法债权更具优势。因此，税务机关和第三人同为纳税人的债权人，但作为撤销权人，税务机关依靠税收权力比第三人更多能够掌握纳税人的信息，比如纳税人是否存在欠税行为、欠税金额等。通过对纳税人具体的欠税数额以及纳税人与第三人的交易情况进行比较，税务机关可以衡量其对税收债权的损害程度，以决定是否行使撤销权，对撤销权的行使范围还可以有所选择，因此与作为普通债权人的第三人相比，其地位较为主动。[③] 对于第三人而言，就纳税人相关欠税信息而言，除非纳税人主动告知，否则很难像拥有税收行政权力的税务机关一样，获得较为全面的信息。因此，对于税务机关是否行使撤销权、撤销范围、以及何时行使不可预知。一旦税务机关行使税收撤销权，第三人的预期利益很难实现。

2.《税收征管法》对善意第三人合法权益保护不足

公权力的介入使原本已经形成的民事法律关系受到破坏，纳税人以及其他债权人的利益也将面临巨大的威胁，由此，便导致了税收撤销权与民法保护的私权之间的分歧与冲突。[④] 与税务机关和纳税人相比，第三人在税收撤销权中处于不利地位。因此，税法在考虑保护纳税人利益的同时，更应该尊重第三人的合理预期，尽可能地保护第三人的权益以及市场交易的稳定性和持续性。

在民法中，撤销权的行使需满足受益人或受让人为恶意。为了正确行使税收撤销权，税务机

---

① 刘军．关于新《税收征管法》的几点思考［J］．税务研究，2002.

② 张瑞琰．公法视角下的税收撤销权制度结构［J］．税务研究，2007（5）．

③ 熊伟，王华．论税收撤销权中的第三人利益保护［J］．法学评论，2005（1）．

④ 苏东娟．论税收撤销权［D］．郑州：郑州大学，2013.

关在行使撤销权的过程中，首先应该判定该第三人属于善意第三人还是恶意第三人，从而充分考虑到善意第三人在其中可能受到的财产损失。毕竟，第三人与纳税人所形成的是民法上的法律关系，一旦合同成立，第三人都有理由相信，其已拥有在该财产上的相应权利，可期待利益应受保护。因此，税收机关在行使撤销权的过程中，要充分尊重纳税人与善意第三人所形成的法律关系。在我国现行《税收征管法》的规定中欠缺对第三人的程序保护，在撤销权行使过程中，第三人没有充分地参与进来，使得其抗辩的积极性大大削减，不利于税务机关判定是否为善意第三人。因此，应尽可能地完善第三人抗辩权利履行的程序，判定是否为善意第三人，对税收撤销权行使的后果进行区分，从而维护善意第三人的合法权益。

（三）税收撤销权诉讼机制不健全

税收撤销权作为一种诉权，其性质决定了它的行使只能由税务机关通过向法院提起诉讼的方式实现，如果税收撤销权的诉讼机制不够健全，任由税务机关滥用行政征税权，不仅不利于保护纳税人和第三人的合法财产权益，造成市场秩序的混乱，也使税务机关无视税收撤销权诉讼程序而将税收撤销权以一般行政权力对待，税收撤销权制度就形同虚设，违背税收法定原则，也不利于程序正义的实现。

我国目前没有独立的税务诉讼制度，《税收征管法》也没有一个完整的税收撤销权诉讼机制方面的规定，具体诉讼制度如税收撤销权诉讼适用的诉讼类型、管辖法院、证据认定等问题都没有立法规定作为依据，这导致该权利在具体操作上困难。税收撤销权诉讼机制健全是税收撤销权在程序上规范行使和在诉讼中合理生效的依据和前提，因而完善税收撤销权的诉讼机制对税务机关正确行使该权利至关重要。

四、改进实践中税收撤销权运行的建议

（一）完善税收撤销权的法律依据

按照合法性原则，税收撤销权的行使必须存在明确的法律依据。针对税收撤销权现有规定过于简单、原则化，且在实务中可操作性不强的问题，首先，应健全与其实体部分相关的立法规定，主要包括完善税收撤销权的构成要件、适用范围等方面的规定。例如，在《税收征管法》中规定了税收撤销权可以行使的三种情形，但在实践过程中，债务人往往采取法律规定情形范围之外的财产处分行为，因此，谨慎恰当地对撤销权的范围进行扩张适用，才是符合债权撤销权的立法目的和精神的，即将实质上符合减少财产或增加债务负担的其他行为包括在内，使其都归入税收撤销权的适用范围，以达到税收撤销权制度可以有效应用，也更好地维护了债权人的合法权益。其次，应完善税收撤销权在具体实施过程中程序部分的立法规定。具体包括税收撤销权的诉讼机制、除斥期间等方面的规定，并应通过《中华人民共和国税收征管法实施细则》及其他规范性文件等对行使税收撤销权的具体流程作更为详细的规定，使税务机关在执法过程中真正摆脱因不知在何环节使用，如何出具相关文书，如何界定责任等问题，而放弃使用税收撤销权这一有效措施的尴尬局面。

（二）构建第三人权益保护机制

1. 基于公开原则的欠税信息监控机制

《税收征管法》现有的关于欠税公告及欠税人处分大额财产报告义务的规定，因缺少合法行使程序，欠税纳税人又多缺乏自觉性，致使从制度层面并不能极大保护第三人（即受让人）的知情权。笔者建议，一方面，要在立法上建立健

全欠税信息的监控制度，完善欠税公告的行使程序，明确规定欠税人不履行大额财产报告义务应承担的法律责任。另一方面，要尽快建立多部门信息共享，并丰富信息公开渠道，可以使第三人在与纳税人建立民事法律关系时，能够提前掌握对方是否拖欠国家税款的信息，从而准确判断纳税人是否拥有对财产的合法处分权。

2. 基于公平原则的第三人抗辩机制

相对税务机关和纳税人而言，第三人在税收撤销权中的地位最为被动，利益最难得到保障。而在实践中，由于难以掌握足够充分的信息，税务机关对第三人主观恶性的评判往往带有主观性。因此，在具体的程序中，只有让第三人积极地参与到税收撤销权行使的质证过程之中，才能切实维护其合法权益。实际上，第三人作为税收撤销权的最大受害者，其抗辩往往比纳税人更为积极。只要在程序中充分尊重这种积极性，不仅可以有效保护第三人权益，也可以督促税务机关依法行使职权。

3. 基于诚实信用原则的实质损害判定

诚实信用原则讲求当事人在市场活动中诚实不欺，在追求自己利益的同时不损害他人和社会利益，而撤销权的行使也是为了防止债务人对债权人实施欺诈行为。因而在诚信原则的范围内探讨第三人利益的保护，凸显了社会的公益价值。

首先，税务机关不得随意干预纳税人与第三人之间的行为，税收撤销权的行使要严格遵循适用情形、行使程序、行使条件、行使时间、行使的法律后果等规定，保障税收撤销权制度的权威性和稳定性。其次，作为国家公权力的代表者，税务机关应按照实质损害标准确定撤销权的使用，当纳税人与第三人的行为，只是部分损及税收债权时，撤销权的行使也应根据该行为对税收债权的损害程度进行选择。最后，考虑到维护纳税人乃至第三人的私权，即便税务机关的撤销理由成立，也可通过提示纳税人及时补足税款、提供纳税担保等形式，消除税务机关的申请撤销权的事由，从而阻止税收撤销权的行使，这在一定程度上也可降低税务机关适用该权力的随意性。

（三）健全税收撤销权的诉讼机制

由于税收立法的相对滞后，税法层次较低等原因，实际诉讼审查中，引用了许多私法上的制度和规则，由此导致税务诉讼并不是单纯的行政诉讼。从税务案件的特殊性出发，建立税务诉讼制度就显得尤为重要。一是设立专门的税务法庭。“他山之石，可以攻玉。”税收建设比较完善的国家都设有专门处理税务案件的司法机构，其成功经验可供借鉴。由于税务具有较强的专业性和技术性，法院一般办案人员如果没有系统的税务知识及案件处理经验，对于这类案件很难胜任。此外，结合实际情况，目前我国受理的税务案件数量总体较少，先行在人民法院内部设立专门处理税收案件的税务法庭，从而逐步构建起一个完整的税务诉讼处理机制，更具有现实意义。二是明确税收撤销权案件的诉讼类型、诉讼管辖及证据认定等规则。鉴于税收撤销权的设立始于《合同法》规定的合同之债的撤销权，因此，借鉴、采用民事诉讼程序更为合理，也能更有效地保障国家税款的征收；税务诉讼中的被告人（纳税人）或第三人所在地多不固定，明确税收撤销权诉讼案件由原告所在地（提起诉讼的税务机关）法院管辖，更为科学有效；证据认定方面，诉讼双方所签庭前协议，在税收撤销权诉讼中也应被承认证明力，可当作一般民事协议看待，从而提高税收撤销权诉讼的效率。

（四）营造税收撤销权有效运行的良好环境

1. 强化税收法治观念

“法令行则国治。法令弛则国乱”，法治观

念的强弱将会直接关系到法律运行的效果。一方面，树立法律至上的观念。法律在整个社会规范体系中具有至高无上的地位，是实现法治的核心要素。也只有树立法律至上的观念，才能严格公正执法，使税收执法的主体和客体都能够自觉接受法律制度的约束，并承担相应的责任，从而为税收撤销权的行使创造良好的条件。另一方面，强化依法行政的理念。税收撤销权是税务机关行使税收管理权的方式，它既不同于私权利，也不同于公权力，其特殊性要求行政机关作为提起税收撤销权诉讼的主体更要特别重视依法行政，将依法行政的理念贯穿到税收撤销权行使的全部过程中。

2. 全面提升执法人员法律素养

正如前文所述，税收撤销权的相关规定并不具体明确，税务干部只有充分掌握税收业务知识，同时又能对与税法相关的民法、合同法等法律熟知和运用，才能正确使用税收撤销权，同时又能规避自身执法风险。

3. 改善税收撤销权运行外部环境

一是建设以公平、正义、效率为核心，坚持司法独立、合理分工制衡、程序优先、以人为本、注重权利保护的法律文化体系，为税收撤销权的运行创造良好的外部条件。二是提高税收撤销权行使效率。如人民法院对于税务部门提起的税收撤销权诉讼应积极受理，税务部门对于符合税收撤销权行使要件规定的案件应及时提起诉讼，不得人为阻滞税收撤销权的行使。三是健全完善执行过程中的责任追究机制。对于不能履行，或者人为不适当履行的单位和个人追究其相应的责任。从根本上保证税收撤销权执行过程中的规定到位、责任到位、追究到位、执行到位。

（课题组组长：王　炜
课题组成员：王　婧　史蓓蓓
张　颖　刘博璇
陆　植　李　莉
邓慧敏　王　昕）

集体经营性建设用地入市税费问题研究*

北京市地方税务局课题组

农村土地制度历经多次改革，需要不断发展、完善。北京市大兴区作为国家15个试点县（区）之一，实行集体经营性建设用地入市改革，完善农村土地制度，探索配套财税政策，开展税费问题的相关研究，不仅对大兴区集体经营性建设用地改革有重要的理论价值和现实意义，对北京市其他区乃至全国破解入市试点中的理论和实践的难题都具有一定借鉴。

一、大兴区集体经营性建设用地入市现状

（一）入市基本情况

大兴区以西红门镇先行先试，按照区级协调、镇级统筹、联营公司运作的体制机制，探索城乡结合部农村集体建设用地入市试点新模式。（见图1）

1. 西红门镇试点基本情况

西红门镇地处大兴区最北端，于2011年6月启动城乡结合部改造试点。目前全镇腾退近10平方千米工业大院的土地，8平方千米土地用于还原城市绿地，2平方千米土地用于发展产业，推进农村集体经营性建设用地上市交易。现在上市的西红门镇2号地小B（2－004）地块，总用地面积约40亩（26700平方米），土地使用权已变更登记至集体联营公司，出让底价为4.54亿元。2016年1月，该地块作为入市试点改革首例上市地块，通过挂牌拍卖的形式成功上市。该地块使用权由北京赞比西房地产开发有限公司竞拍取得，总价8.05亿元。

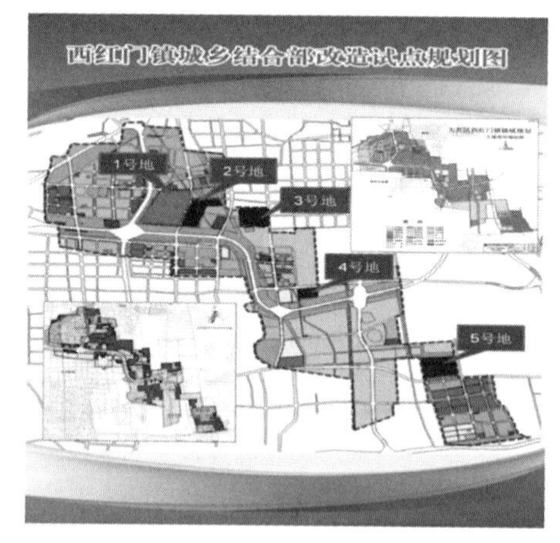

图1　大兴区集体建设用地入市试点规划图

* 本文原载于《北京调研》2017年第5期。

2. 黄村镇试点基本情况

黄村镇位于大兴新城核心区，属于城乡结合部。2015 年 3 月，黄村镇正式启动入市试点工作，规划总面积为 651 公顷，计划拆除 444 公顷的工业大院，按照“拆五建一”，即按照集体经营性建设用地与还绿比例 1∶4 进行规划。

（二）入市主体及方式

实行集体土地使用权作价入股至镇级集体联营公司的形式，西红门镇成立北京盛世宏祥资产管理有限公司（以下简称盛世宏祥公司），黄村镇成立北京兴业利民置业有限公司，作为实施主体，履行土地所有权人的相应权利和义务，开展相关工作。当前均采用直接入市、异地调整入市两种入市方式，暂不涉及城中村改造后入市这一途径。（见表 1）

表 1　　入市主体和方式

试点	入市主体	入市方式
大兴区	镇级集体联营公司	直接入市和异地调整入市

（三）土地收益征收主体及比例

按照政府收益占成交价款比重进行衡量，确定农村集体经营性建设用地首次入市土地增值收益金的征收比率为 12%，由区财政局统一征收管理。（见表 2）

表 2　　土地增值收益调节金征收主体及比例

土地增值收益调节金				征收主体
出让（租赁、作价入股）		转　让		
工矿仓储	商服用途	工矿仓储	商服用途	
土地出让收入的 12%		暂不涉及	暂不涉及	区财政局

二、大兴区集体经营性建设用地入市税费现状

目前大兴区集体经营性建设用地入市涉及的税种主要有增值税及附加税费、土地增值税、企业所得税、契税以及印花税。增值税（原营业税）方面，规定通过合法程序将集体经营性建设用地一定年限的使用权出让与土地使用者的行为，不属于增值税征税范围，不征收增值税和附加税费。企业所得税方面，盛世宏祥公司出让需确认收入性质。其他经营行为应分开核算，出让收入若确认为企业所得税不征税，出让收入所对应的成本费用不得税前扣除，其他经营收入按规定计入企业所得税应税收入总额。土地增值税、契税方面，根据现行政策规定，由于集体土地出让不在土地增值税、契税征收范围内，对此次出让行为不征收土地增值税、契税。印花税方面，现行印花税对土地使用权出让合同贴花的政策规定，是基于国有土地使用权实施招拍挂制度的背景下出台的，在财政部、国家税务总局未明确集体经营性建设用地入市相关税收政策之前，对此次出让行为不征收印花税。

三、国内集体经营性建设用地入市试点情况对比分析

根据国土资源部改革试点意见要求，全国15个试点县（区）都开展了相关的前期探索与研究，本文从中选取包括湖州德清试点、佛山南海试点、成都郫县试点以及辽宁海城4个试点地区，结合北京大兴的改革实践，进行梳理分析，为深入研究提供事实依据。

（一）入市基本情况

湖州德清县、成都郫县与佛山南海区都具有经济力量较强的农村集体经济组织，在农村零星建设用地整治异地入市方面进行了较多的创新。南海结合广东省“三旧”改造城市更新，将零散、低效的集体土地集中整治规模入市，为当地产业发展拓宽了用地渠道。而海城市作为东北地区经济发展水平较低，集体经济实力较弱，政府在入市过程中起到重要推动作用的试点经验可对其他农村集体经济实力薄弱的地区起到借鉴作用。

北京大兴区，针对城乡结合部特点，进行大规模工业大院的拆除腾退，在保证一定量集体经营性建设用地的基础上，其余用地进行还绿，具有规划的特色性。

（二）入市主体

各试点在入市主体方面存在一些差异。德清、南海及郫县的入市主体一般为新型集体经济组织，海城暂由村委会作为入市主体。而大兴将集体土地使用权作价入股至镇级集体联营公司，通过各相关农村集体经济组织的授权，作为集体经营性建设用地入市的实施主体（见表3）。

（三）入市方式

在入市方式方面，除直接入市方式之外，各试点结合不同的区域特征制定较为特色的入市办法。德清、南海、大兴等试点采用异地调整入市，成都郫县在此基础上推进城中村改造后入市途径。（见表3）

表3　**各试点入市主体及方式**

试点	入市主体	入市方式
大兴区	镇级集体联营公司	直接入市和异地调整入市
湖州市德清县	集体经济组织的村干部以及企业	直接入市和异地调整入市
佛山市南海区	集体经济组织的村干部以及企业、银行	直接入市和异地调整入市
成都市郫县	集体资产管理有限公司、农村股份经济合作社	直接入市、零星用地调整入市和城中村改造后入市
海城市	土地归村集体所有的，暂由村委会作为入市主体；对于村民小组所有的，由村民小组委托村委会作为入市主体；对于镇集体所有的，在入市先行地区成立镇级农业开发公司，作为入市主体	

（四）土地收益征收比例

湖州德清将集体经营性建设用地入市土地增值收益调节金，分为使用权出让、租赁、作价入股和转让两种类型，采取差异化征收。佛山南海和成都郫县把集体经营性建设用地入市土地增值收益调节金分为协议、转计两种方式，实施差异化征收设计，设立相应调节金征收比例及税种。大兴区确定集体经营性建设用地首次入市土地增值收益金的征收比率为12%。（见表4）

（五）土地收益征收主体

各试点县（区）的土地增值收益调节金征收主体也存在不同。成都郫县由县国土局代收代缴至县财政局，德州湖清、和北京大兴由县（区）财政局对土地增值收益调节金进行统一征收管理，而佛山南海除入市涉及的相关税费由税务部门征收外，采用出让调节金由国土部门征收，转让调节金由税务部门代征的做法，并提出借助金税三期工程优势，建议由省政府（或省试点办领导小组）和省地税局确定其代征调节金权限和征收渠道问题。（见表 4）

表 4　　各试点土地增值收益调节金征收主体及比例

试点	土地增值收益调节金				征收主体	
	出让（租赁、作价入股）		转让		出让（租赁、作价入股）	转让
	工矿仓储	商服用途	工矿仓储	商服用途		
大兴区	土地出让收入的 12%		暂不涉及	暂不涉及	区财政局	暂不涉及
湖州市德清县	县城规划区地块 24%；乡镇规划区地块 20%；其他地块 16%	县城规划区地块 48%；乡镇规划区地块 40%；其他地块 32%	转让收入 2%	转让收入 3%	县财政局	县财政局
佛山市南海区	按出让收入：“三旧改造”5%；其他地块 10%	按出让收入：“三旧改造或土地综合整治片区”5%；其他地块 10%	转让收入 2.5%（地）；1.5%（房地产）	转让收入 3.5%（地）；3%（房地产）	区国土部门	区税务部门代征
成都市郫县	招拍挂：基准地价一级按成交价 30%，二级 24%，三级 15%； 协议：一级 40%，二级 33%，三级 25%		转让、出租：按收入 3% 缴纳。包括：土地收益资金 1%，基础设施建设资金 1%，耕地保护资金 1%		由县国土局代收代缴至县财政局	

四、存在的主要问题

当前，我国对集体经营性建设用地入市进行了大胆探索，现已取得许多创新做法，但在税费方面还存在一些问题：一是部分税费的征收缺乏明确的政策支持，存在一定的随意性；二是各试点地区相关税费的征收主体、征收方式有差异，存在征收效率不高的问题；三是土地增值收益分配缺乏统一政策支撑，存在根据本地需求确定分配比例的现象。

五、集体经营性建设用地入市税费政策建议

（一）在征收方向上，建议建立城乡建设用地“同权同价同税收”标准体系

建议在“与国有建设用地‘同地同权同价’”基础上，建立城乡建设用地“同权同价同税收”的标准体系，规范集体经营性建设用地土地增值收益相关税费征收标准，缩小城乡发展差距，最终建立城乡一体化背景下的统一不动产税费征收标准体系。

（二）在缴纳主体上，建议分环节、分税种明确农村集体经营性建设用地的非课税主体界定

在入市准备环节，建议对镇级土地联营公司土地权利转移不征增值税、契税。在土地入市环节，建议农村集体经营性建设用地入市所取得的收益，除需上缴土地增值收益金外，剩余部分应作为各集体经济组织的入股红利分配，分红部分不缴纳增值税及企业所得税。未分配部分，除预留相当比例进行后续土地出让的资金周转外，参

与营利性部分的金额应按照现有的企业所得税及增值税相关条款规定进行税款征收。

（三）在土地增值收益分配比例上，建议实施差异化征收，适度向集体与农户倾斜

综合国内各试点地区的情况，北京大兴按照成交价12%收取土地增值调节金，比例偏低。立足长远，建议以土地成交价扣除土地取得成本和土地开发支出后的净收益为基准，兼顾国家、集体、农户三者利益原则，参照国有建设用地出让金标准，与国有建设用地土地出让金分享比例保持一致，制定适度向农村集体经济组织和农户倾斜的土地调节金收取比例，让农民有更多获得感。土地增值收益调节金30%留作县（区）财政统筹使用，剩余70%留在镇财政专项用于农村基础设施建设和集体经营性建设用地入市准备。并以此作为分配比例的参考，可根据土地规划等级（如市规划区、乡镇规划区）以及土地用途（商服用地、工矿用地），在国家授权的范围内以有限裁量权对农村集体经营性建设用地入市土地增值收益调节金实施差异化征收设计，避免征收比例“一刀切”带来的消极影响。

（四）在征收方式上，建议由地税部门作为征收主体，提升征管与服务质效

农村集体经营性建设用地入市土地增值收益调节金，是非税收入的重要组成部分。建议发挥地税部门统征高效的优势，由地税部门开展土地增值收益调节金及相关税费的代征工作，实现对集体建设用地流转税收的统一征收、统一管理、统一服务，提升税费征管与服务效能。

（五）在征收保障上，建议完善相关配套法律法规、制度机制

集体经营性建设用地税费征收在法律法规上主要涉及其入市征收主体的界定，建议制定集体建设用地使用权流转税费征收管理相关法规，进一步明确集体经营性土地使用权的法律属性、登记制度、处分权限和征收比率等内容。建立协调联动、信息共享等相关制度机制，确保集体经营性建设用地入市税费征收有序开展。

（课题组组长：唐学军
课题组副组长：王　珊　韩　松
刘文龙　宗立元
丁锦宁
课题组成员：姜立洋　孟　刚
佟云飞　王　强
安　娣　王少丰
课题牵头单位：北京市大兴区地方税务局
课题合作单位：中国人民大学
课题参与单位：北京市地方税务局开发区分局
课题指导处室：研究室
非税收入管理处
财产和行为税管理处
执　笔　人：翁筱玲　周大勇）

关于纳税人需求的几点认识*

唐学军

近年来，在深化经济体制改革、实现税收现代化和加快转换政府职能的多重挑战下，税务机关的管理发生了巨大的改变，广大税务工作者尽职尽责地为纳税人提供多种服务，取得了显著成绩。但从2016年全国纳税人的满意度调查结果来看①，纳税人的需求远没有被满足。因此，如何认真关注纳税人需求、正确理解纳税人需求、充分满足纳税人需求就成为了税务工作者尤其是税收管理层应予以认真思考的问题。

一、什么是纳税人需求

（一）人的需求

纳税人既是一个特定群体，也是普通社会人。因此，清晰地知晓人的需求是研究纳税人需求的第一步。按照马斯洛需求层次理论，人的需求分为生理需求、安全需求、情感需求、尊重需求和自我实现需求，依次由低向高排列。五类需求中的前三层：生理需求、安全需求和情感需求都属于基本需求，可以通过外部条件获得满足；尊重需求和自我实现需求则是高级需求，需要结合内外部因素才能满足，而且这类高级需求是无止境的。

（二）纳税人的特性

纳税人作为社会人群的特定部分，具有一些特殊性。一是他们身上表现出的经济特性。征纳关系是国家与社会成员之间的利益分配关系，是以经济利益为纽带的，当我们称一部分人为纳税人时，强调的正是其在征纳关系中这种角色的经济特性，而这时讨论他们的需求，主要是要关照这部分人在这种关系中的需求，一般说来，除人的生理需求之外的其余四层需求都会清晰地呈现出来。二是其社会特性。在国家既定的税制框架下，征税对象多数时候是比较庞大的群体，因此，当我们提及“纳税人”时，更多地指的是这一群人，他们作为个体时是与同一社会群体利益一致并相互影响的，在面对同一问题和管理制度时会有同样的需求，同时，与不同利益团体（不同税种的对象）有不同利益诉求，也会表现出不同的需求。

（三）纳税人的需求

从税务管理的角度，纳税人的需求可以归纳为政策公平需求、执法公正需求、服务文明规范需求、法律救助救济和其他需求等，不同的纳税人在不同的涉税事项上也会表现出不同的需求，但当我们把纳税人作为一个群体来认识，放在既定的征纳关系中审视，参阅马斯洛需求层次理论，我们可以将纳税人的需求归纳为以下三个方面。

一是要全面知晓其权利义务的需求。在既定的税收框架下，纳税人要遵从税法，首先需要全

* 本文原载于《税务研究》2017年第2期。

① 国家税务总局2016年全国纳税人满意度调查显示：办税服务厅服务、税务系统信息化建设滞后、办税效率不高、热线接通率和准确率不够、政策落实不到位和征管措施不便捷是影响纳税人满意度提高的5大因素。

面知晓其权利义务。知情权是纳税人权利的重要部分，也是一种征纳关系得以实现的前提。纳税人需要知晓自己在纳税方面享有的权利义务，以及完成纳税义务需要了解的一切信息，既包括税种税率税额计算等一些完成义务必知的基本问题，也包括享受税法规定的减税、免税、优惠等关涉权利的重大问题；在生产、经营发生重大困难时，依法享有申请分期、延期缴纳税款或申请减税、免税的权利；对税务机关不正确的决定有申诉权等，这些都是准备完成纳税义务的纳税人的基础需求，是需要税务机关通过宣传辅导等手段使之广泛被知晓，并让纳税人内化于心外化于行的，是人的基本安全需求在税收征纳关系中的体现，也是在征纳关系中实现其归属需求、尊重需求、价值实现需求的基础。

二是要能够顺利完成纳税义务的需求。这是纳税人在征纳关系中对税务机关的核心需求。给纳税人完成纳税义务提供基本的政策保障和必要的措施安排，包括信息服务、办税场所、必要设施以及其他实现手段等，纳税人借此可以顺利完成从登记到申报、纳税的全部过程，是税务管理机关按照国家法律法规应该给纳税人提供的基础条件。在此基础上，如果税务管理部门能简化办税程序，利用现代化信息技术手段，使该过程变得越来越快捷方便，不断改善纳税人的办税体验，使纳税人感受到税务机关对纳税人多元化需求的尊重，就会极大地满足纳税人的心理需求，提升纳税人对税收管理的认可度和满意度。

三是纳税人需求的最高层次是纳税人在征纳关系中可以充分体会到自身价值之所在。如果纳税人能够平等参与税收管理全过程，对服务渠道和服务方式的选择权得到尊重，可以在愉悦的环境中不断挖掘潜力，不受干扰地独立完成涉税事务；在税收政策许可的范围内，通过合理合法途径，享受税收优惠政策，提高企业整体经济效益，切实体现自身价值；更为重要的是，纳税人在自觉接受税务管理的同时，能对税收政策的制定修改发表自己的意见，对税收的来源去向及其使用效果了解透彻，可以明确地知道自己对国家税收的贡献及其对社会进步和个人发展的作用，感受到通过自己的税收遵从行为使自身的价值得到实现，就可以极大地提升纳税人在征纳关系中的税收成就感，有效地提高全体纳税人的获得感和全社会税法遵从度。

二、什么在影响纳税人需求

影响纳税人需求的因素有很多，但其主要可以归纳为以下三方面：

一是纳税人在征纳关系中的定位。历史文化传统在社会人群中形成的税收遵从理念，国家的税收管理对人们遵从行为的影响，包括税制设计及其执行是否公正，税收负担是否公平，税收的来源及其去向是否合理透明，这些因素都会影响纳税人在征纳关系中的需求及其表达。

二是税务机关相关信息传递的效果。税务机关的各种式样的宣传辅导工作和服务手段的实施，会有效地影响纳税人对税务机关管理效率和服务水平的心理预期，同时，与税务机关接触的纳税人会把自己的感受通过某些途径，用自己的理解方式表达给其他潜在的纳税人，潜在的纳税人同时还可以通过税务机关的形象宣传，对税务机关的服务产生一定的预期。

三是纳税人的亲身感受。纳税人在办税过程中的各种体验，包括：税务机关是否尊重了自己作为纳税人的权利，自己是否享受到了应有的税收权益，办税过程是否顺利便捷，会极大地影响纳税人对税务机关各方面的评价，表现为满意或者不满意，在与税务机关的接触过程中，纳税人会不断调整其心理预期，并在下一步的涉税事务办理过程中表现出来。

三、如何满足纳税人需求

纳税人需求是随着纳税义务产生而产生的，作为代表国家征税的税务机关有责任、有义务帮助纳税人了解其纳税义务，满足纳税人合理合法的需求，帮助其完成纳税义务。了解并理解纳税人需求，就可以更好地提高纳税服务供给的针对性、实效性，提高征管资源的利用效率，最大限度地提高服务质效和纳税人满意度。因此，如何抓住纳税人的需求，及时响应并做出满足需求的举措，是提升税收管理及服务水平的关键，也是提高税法遵从度的核心。

纳税人需求涉及纳税人对税务机关政策落实、征管执法、服务规范、法律救济、信息化建设、人员素质等多方面的要求，覆盖了税收管理的全过程。从一定意义上说，满足纳税人需求的过程就是税收管理的全过程，只有把纳税人的需求管理与税收征收管理一并考虑，真正把征管与服务融合起来，才能做好税收工作。一般说来，纳税人需求的满足可以分为以下五步：

第一步：知晓需求

首先，要有关注需求的意识。税务机关工作人员要彻底改变从管理者角度出发思考问题设计措施安排工作的惯性思维模式，要学会换位思考，建立关注纳税人需求的意识，要时刻注意了解并理解纳税人的需求，在设计税制、安排制度、制定措施、配置资源的各环节都要以纳税人为关注焦点，学会从纳税人的角度思考问题，提高管理与服务的有效性。

其次，要充分利用各种渠道关注纳税人需求。要在纳税人与税务机关的所有接触点上，去关注搜集了解纳税人的需求，以找到工作的着力点和方向。利用办税服务厅与纳税人面对面接触的机会，了解纳税人在办税过程中的困惑；依托网站、电话等方式征集纳税人意见，搜集纳税人理解税收管理的难点；通过走访企业、举办培训、召开税企座谈会，向纳税人询问意见建议；要在与纳税人接触中，发现不同纳税人的不同需求，寻找到各项税收服务与纳税人接触的最佳点。

最后，要对各类信息进行分析归纳。同一纳税人在不同纳税环节有着不同的需求，不同行业、不同规模、不同企业性质的纳税人更具有不同的需求，纳税人的需求复杂多样，需要定期对通过各种方式和渠道收集来的各类需求数据进行疏理、分类、研究，找出重点的、共性的需求，及时加以满足，对个性、特殊的需求逐步予以满足，而对一时难以满足的特殊需求，则需要适时采取相当的应对措施，予以适度关注，分析其中潜在的管理风险，提前应对。

第二步：配置资源

依据纳税人需求，统筹兼顾税务管理的要求，配置征管服务资源，并不断改进优化。纳税人需求多种多样，且不断变化，而我们可用的服务资源是有限的，要优化配置资源，用最少的成本最大限度地完成管理要求，不断解决各种服务问题，围绕税法宣传、咨询辅导、办税服务、权益维护各环节统一规范操作，在完成为国聚财为民收税的任务的同时，尽量降低征纳双方成本。

第三步：满足需求

满足纳税人需求与完成国家赋予的税收征管任务是税务机关神圣使命的两个不可分割的方面，征管与服务是税务机关的核心业务，满足纳税人需求的过程实际上就是税收征管的过程，两者的高度融合是税务工作的最高境界。在满足需求过程中，一是注意“把握重点、处理全面”的原则，应清晰地认识和区分在服务事项中占主导地位的

“核心服务”和起着保证和烘托作用的“辅助服务”的关系，恰当处理好两者关系，围绕重点进行改进和突破，及时发现问题，及时总结归纳，进行管理策略的调整，针对不同纳税人的不同需求，提供相应的重点服务，以节省资源。二是避免提供过界服务。澳大利亚税务局的遵从管理指导原则指出，“对于主动遵从税法的纳税人，除非他们需要帮助，希望他们不要注意到我们的存在；但对于选择不遵从税法的纳税人来说，我们则无处不在”。要为纳税人服务中要做到“在与不在”的完美结合，厘清征纳双方在法律上的界限，该服务时服务，该管理时管理。三是把握服务方式创新原则，要在增强涉税事项的确定性、使用非接触方式、满足纳税人的个性化需求三方面下功夫。通过各种手段，在保障纳税人的知情权和增加税收事务确定性上下功夫，将税收政策和服务方式准确无误地传递给纳税人，使其有预期、可遵循，给纳税人安全舒适办税体验；通过非接触的服务方式减少成本、降低费用、提高行政效率，减少可能会出现的正面冲突，缓解纳税人办税时的约束感和抵触情绪，使其体会到对其个体的充分尊重；在资源容许的基础上，尽量尊重个性化需求，快速响应，及时提供服务，引导和帮助纳税人提高自我管理能力，最终满足其自我实现的需求。

第四步：检测效果

从税务管理角度出发，可以通过纳税人的申报率、税款入库率，乃至稽查入库率等来测量纳税人的税法遵从度，从而验证纳税人需求的满足程度，而纳税人满意度是更为直接的衡量需求满意程度的指标。但在应用这一指标来检测效果时应该注意，一是纳税人满意度是纳税人对其要求已被满足程度的感受，是一种心理预期被满足的程度，而心理预期会被很多因素影响，同时是可以被干预被管理的，税务机关可以通过对纳税人心理期望值的管理来弥补管理资源的不足；二是不同纳税人对税务机关提供的同一种服务的满意度可能会完全不同，因此要达到检测效果就需要调查足够多的样本来全面了解纳税人需求被满足的真实状况；三是抱怨是一种满意程度低的最常见的表达方式，但没有抱怨并不一定表明纳税人很满意①，即使规定的要求符合纳税人的愿望并得到满足，也不一定确保纳税人满意②。因此，在测量纳税人的需求是否被满足的时候，既要充分重视纳税人的投诉及其处理，也要注意辩证分析纳税人满意度调查的结果。

第五步：改进管理

在进入这一阶段时，要关注的纳税人投诉所涉及的问题、需求管理数据分析和新的管理要求三个方面。投诉是衡量服务质量和管理效果的重要信息来源之一，通过对投诉案例的分析，可以发现制度设计的漏洞、管理措施的缺失，也可以发现资源分配的问题，有利于采取积极的、必要的、长期的纠正和改进措施，以完善制度，提高管理和服务水平。

以上五步，在实际工作中是循环进行螺旋上升的，通过知晓需求、配置资源、满足需求、检测效果到改进管理的不断循环，不断总结，不断提高，从纳税人的需求出发，对纳税人需求进行管理，妥善解决纳税服务需求快速增长与服务供给相对稀缺的矛盾，提高服务的针对性、实效性，缩短从关注需求到满足需求的漫长距离，可以融洽征纳关系，建立平等、互信、合作的关系，有效促进纳税人满意度和全社会税法遵从度的提升。

---

① 该句借鉴了《质量管理体系基础和术语》（GB/T 19000—2008）3.1.4 中对“顾客满意”的描述注 1。

② 该句借鉴了《质量管理体系基础和术语》（GB/T 19000—2008）3.1.4 中对“顾客满意”的描述注 2。

我国地方部门预算绩效管理问题探讨*

杨文俊

"十三五"规划明确提出要全面推进预算绩效管理。党的十九大报告中提出"建立全面规范透明、标准科学、约束有力的预算制度，全面实施绩效管理。"部门预算是政府预算的重要组成部分，在进一步落实政府预算绩效管理的过程中，做好部门预算绩效管理也就越发重要。

一、我国部门预算绩效管理的沿革及其成效

分税制改革以来，我国政府预算改革一直与社会主义市场经济体制和公共财政制度相适应，部门预算绩效管理也随之得到了细化和落实。从2000年试点部分中央部门编制预算，明确中央部门财政支出绩效管理开始，到2013年界定了预算绩效管理的范围，再到2015年，新修订的《预算法》对预算管理工作提出了更高的要求，为预算绩效管理奠定了法律基础，2017年，进一步将绩效管理覆盖范围扩大到政府性基金预算和国有资本经营预算。可以看出我国中央部门预算绩效管理已经取得了长足的进步，管理理念和管理方式不断完善，相较而言，地方部门的预算绩效管理工作虽然也得到了各地区的响应，但落实情况却不尽如人意。

当前中国特色社会主义进入了新时代，社会主要矛盾发生了一些变化。这就要求政府及时调整经济社会的发展需要，转变职能定位，积极适应新时代的要求。财政作为国家治理的基础和重要支柱，也就必然需要随着政府职能的转变而做出相应的调整。对部门预算绩效实行全过程管理，从横向来看，要在中央部门取得已有改革经验的基础上，扩大预算绩效的管理范围，对地方部门财政支出的使用效率加强考核。从纵向来看，部门预算绩效管理应该是一个长期的、动态的过程，既要坚持实行绩效管理，保证有限的财政资金不会在任何一段时期、任何一个环节出现浪费，又要及时按照社会发展和公民满意的需要，动态调整预算绩效目标。

二、我国地方部门预算绩效管理存在的问题

由于部门预算绩效管理涉及范围非常宽泛，基于管理机制尚不健全、管理能力尚显不足等原因，在地方政府层面的部门预算绩效管理实际工作中，还是遇到了不少困难与阻力，与实现全过程预算绩效管理的目标尚存在一定差距。

（一）部门预算绩效管理的制度体系不够健全

1. 预算绩效的法律法规约束效力有待增强

由于"全过程预算绩效管理"并未在《预算法》中明确，而我国财政部门出台的一系列预

* 本文原载于《财政监督》2017年第24期。

算绩效改革制度，属于部门规章制度，尚未上升到法律法规层面，因此，预算绩效目标管理、绩效监控和绩效评价体系难以建立在有效的法律基础之上。

2. 预算绩效考核尚未建立与战略规划的联系

《预算法》中明确规定了各级政府、各部门、各单位应当对预算支出情况开展绩效评价。但是并未把预算绩效与跨年度平衡机制联系起来，而是仅限定于对一个预算年度设定绩效目标，报告绩效情况。一方面，政府支出对经济影响具有一定的滞后性，当年并不一定能够有所产出，因此依据一年的时间评定预算支出的绩效，并不公允。另一方面，政府预算如果考虑到中期影响，与国家宏观调控政策相衔接，就能提高预算预测的准确性，提高预算编制的科学性。

（二）地方部门预算绩效管理运行机制并不完善

1. 部门预算绩效管理难以落地

我国法律体系中，社会监督机制尚未完善，针对政府预算行为只赋予了公民监督权，并不能对政府预算行为提出行政诉讼。因此，我国当前部门预算绩效改革过程中，由于缺乏切实的监督和奖罚机制，常常出现中央大力号召，省市级积极鼓励，但到基层部门预算单位则消极应付的情况，导致部门预算绩效实施效果不尽如人意，最终使得地方层面预算绩效改革进程出现“雷声大、雨点小”的现象。

2. 预算绩效管理权限界定还需要明确

尽管近年来我国积极推进第三方评价机构等社会组织参与到部门绩效评价过程中，但在绩效目标和绩效标准的设定过程中，第三方机构只有建议的权力，而最终落实的绩效考核目标还是由部门确定，因此这就会存在“既当裁判员，又当运动员”的现象，即预算部门拿自身设定的标准考核自己，难以起到真正提高社会服务水平的作用。

（三）地方部门预算绩效管理质量水平有待提高

1. 绩效评价指标体系有待完善

目前财政部颁布的绩效目标指向不明，缺乏定量衡量指标，因此指标维度需要根据各个部门实际工作进行细化。例如，地税部门的绩效目标并不能以征缴的税收越多越好进行衡量。在加大降税清费力度、切实减轻企业负担的宏观背景下，在“应收尽收”的基础上，如果过于注重收入目标，则反而会加重企业的税负。我国税务部门一直以来与纳税人保持管理者与被管理者的关系，难以调动社会力量共同协税护税，不利于地方税收保障体系的建立。因此，在考核税务部门的绩效目标时，应重视企业的满意度指标。而满意度指标方面不仅需要包括国有企业满意度，还应囊括民营企业满意度和个人满意度等。

2. 绩效评价结果应用程度需要加强

一方面，现阶段部门预算绩效管理工作在目标管理、绩效运行监控和绩效评价等环节的质量不高，使得评价结果不能被有效应用。另一方面，每年预算绩效评价工作相较于决算，会延后很长一段时间，虽然能对来年预算编制工作提供一定的依据，但不利于当年预算执行过程中项目支出的绩效改进。

3. 绩效管理技术力量需要加快培养

从事预算绩效管理的人员既要熟悉预算流程，又要了解部门职能、财务、绩效评价等方面的知识。长期以来，由于地方政府各部门预算限制，导致对预算绩效管理工作的重视程度不够，资金投入保障不够，因而难以培养具有丰富绩效管理经验的技术人员。

三、加强地方部门推进全过程预算绩效管理的政策建议

针对当前我国地方政府部门预算绩效管理过程中存在的实际问题，应该从健全相关政策制度，完善全过程预算管理体系以及推进第三方评价机构参与三个方面改善我国地方政府部门预算绩效管理水平。

（一）建立健全部门预算绩效管理的法律法规

1. 加强部门预算绩效管理制度建设

目前，我国还未出台规范的预算绩效管理法律法规，仅限于规章制度层面。为提高预算绩效管理的权威性和规范性，不仅要继续完善《预算法》中有关章节和条款，还要从财政透明度方面入手，加强相关法律法规对部门预算绩效管理的指导作用。

首先，在《预算法》中进一步完善预算执行环节相关规定，限制地方部门的预算调整行为。要明确规定预算部门所需要承担的职责，改善预算法中对预算执行部门权责不等的局面，要在《预算法》的基础上，逐渐制定和完善财税法律体系，不断规范和优化部门预算执行流程，突出预算绩效的关键作用。

其次，应该把部门预算绩效管理的理念、原则、程序等一系列有关问题明确写入《预算法实施条例》，使部门预算绩效管理有法可依。进一步完善部门预算公开制度，尽快出台《预算监督法》，以法律形式明确预算监督主体以及各监督主体的权责，完善和建立社会参与、监督政府预算的体制机制，积极推动公民参与到政府预算过程中。

2. 提高对地方部门预算绩效管理的认识

一是注重外部宣传。多层次、全方位地宣传部门预算绩效管理的理念、意义和内容。依托新媒体等途径普及部门预算绩效管理的概念，既能使部门内部绩效意识得到有效的提高，同时也能增强社会公众参与到绩效监督的工作中来。二是加强领导支持力度，健全预算绩效约束机制。相关部门应当就本部门的社会职能和提供的公共服务内容出台差异化的绩效管理办法以及问责制度，建立统一的预算绩效管理办公室，由部门领导作为办公室工作的负责人，把绩效评价考核结果作为年度考核的重要指标之一，不断加大绩效考核力度，使得绩效评价体系更加贴近当前社会发展的需求，适应部门职能的转变。同时能够对部门的预算执行行为产生约束，确保项目资金的科学化管理，使预算绩效管理工作能够有效落地。

（二）抓好全过程部门预算绩效管理的各个操作环节

传统的预算绩效评价是指仅对支出达到的效果、效益进行事后绩效评价，偏重于对支出财务指标的评价。这是一种狭隘的预算绩效评价，不能对支出的绩效进行全面的分析和评价，更难以用此种绩效评价结果对今后的预算编制、执行和监督起到一定的参考作用。而全过程预算绩效管理强调对预算资金事前、事中、事后绩效评价以及结果应用，考虑预算资金“给谁用、怎么用、用的好坏”。

1. 事前：建立部门项目预算绩效目标

预算部门年初申报预算时，应当按照部门的总体要求将绩效目标编入年度预算，绩效目标应该具有可操作性，能够在一定时间内反映部门的职能，增强部门提高预算资金使用效率的意识。同时，当前我国地方政府部门的预算绩效目标，应该着眼于当地的社会需求以及政府财政能力。另一方面，如果上级政府盲目地满足社会需求，不考虑政府财政能力，这也有违财政可持续性的

要求。因此，合适的部门项目预算绩效目标理应平衡社会的当前需求和长期的可持续发展要求。在制定绩效目标的过程中，则应严格按照跨年度平衡预算的制定流程和“十三五”规划、十九大报告要求进行编制。

具体制定部门预算绩效目标的流程包括三个环节：首先，由预算单位的各个部门上报项目支出的绩效目标后，预算绩效管理部门按照本单位绩效评价管理制度及工作规范，根据部门的单位职能、年度工作计划和中长期发展规划审核预算单位上报的绩效目标是否符合要求，由预算处（科）批复预算绩效目标。其次，绩效目标需要进一步细化，部门预算绩效才能够量化和衡量。将绩效考核指标体系分为预算投入、内部流程、项目效益和可持续成长四个维度，对部门每项项目支出进行打分，通过不同的权重赋值得到不同项目的加权得分，然后根据各个项目预算资金占部门预算的比重得到部门项目支出的总分。同理，分析得到部门基本支出绩效评分，同样按照基本支出预算资金的占比和项目支出得分加总得到部门整体绩效得分。最后，学界和实务部门对不同政府部门的绩效目标进行了研究和分析，认为并不存在能被一致接受、适用于各个部门的统一标准。既然哪些绩效目标必须纳入绩效考核体系难以定论，则可以采用建立“负面清单”的方式。

2. 事中：建立预算绩效跟踪制度

预算绩效管理的最终目的不是寻找部门在资金使用效率方面存在的问题，而是解决问题，提升部门预算绩效。因此加强事中管理，建立预算绩效跟踪制度有助于分析预算执行与绩效目标出现偏差的原因，并对症下药及时纠正。绩效跟踪包括项目绩效日常跟踪和项目预算绩效半年总结分析。日常跟踪是指在年度预算执行过程中，不定期对项目支出情况进行抽查，及时发现项目预算执行中的问题，根据绩效目标以及往年预算执行的经验，及时调整、纠正。半年总结分析是指按照阶段的绩效目标，每半年对部门整体财政支出情况实施总结分析，并对重点项目进行全面分析，是否满足半年目标。同时也要对其他支出进行抽检，防止政策出现死角。

3. 事后：加强绩效结果应用并建立绩效缺失督导问责制度

对部门预算绩效进行事后管理，是进一步提升部门财政资金使用效率的关键，只有认真发现问题、总结问题，最终解决问题，才是事后管理的目的。开展事后绩效评价工作，包括撰写绩效评价报告、建立绩效评价档案两方面。预算资金使用单位应当在绩效评价工作完成后一个月内，将绩效评价结果和报告报部门备案。第三方评价机构也要按照委托方的要求，按时提交评价报告并报部门备案。

（三）推进地方部门预算绩效管理的社会参与

建立全过程预算绩效评价体系，积极将民间组织、社会团体等第三方机构纳入进来，明确可以参与的范围，提高政府支出绩效管理的有效性。

1. 建立地方部门预算绩效评价第三方机构库

地方财政部门应该按照相应的资格认定，建立预算绩效管理第三方机构库。其他各级预算部门通过公开招标等方式，确定入选本部门预算绩效管理第三方机构。第三方机构对预算部门确定的重点项目进行预算绩效跟踪管理，按照相关评价程序和现场抽查、随机调查、文献查阅等方式，检查项目所涉及的财务账簿、会计凭证、相关文件等资料，对项目支出进行绩效考核。

2. 加强与第三方合作，培养预算管理技术人才

委托第三方机构对地方政府部门进行预算绩效管理培训。除进行宏观经济、财政政策、税收理论学习外，特别需要有针对性地增加绩效管理、项目管理等方面的培训内容。一方面，创新思维创新方法加强对各层级员工进行培训，强化绩效理念，提升预算绩效管理人员能力素质；另一方面，边培训边转化运用抓好实践，做好第三方机构与本部门的协调工作，加强信息的互换共享，及时发现预算执行过程中出现的问题，并共同解决。

3. 逐步扩大部门预算绩效评价范围

从横向来看，要将预算绩效划分为基本支出绩效和项目支出绩效，将预算资金超过一定金额以上的支出纳入绩效评价范围，具体金额标准需要地方各部门根据实际情况加以确定；从纵向来看，要逐年增加进行绩效评价的项目数量，努力实现地方部门预算绩效评价全覆盖，并由资金使用部门按规范格式撰写绩效评价报告。

关于减免税核算工作的实践与思考*

王宝明 陈 涛

减免税政策是国家稳增长、调结构、促改革、惠民生的重要手段之一，真实、准确的减免税数据需要科学的统计口径和精准的核算方法给予支撑。自2013年以来，总局相继下发了系列关于减免税核算工作的通知，规范了减免税核算的范围和科目设置，统一了减免税申报格式，有效提高了减免税数据的精准性和实用性。但是，部分减免税政策的不严谨和减免税计税依据的不确定仍为减免税精细化核算带来诸多困难，需要进一步完善。

一、减免税核算成效显著

2015年北京市地方税务局所辖36.7万户企业申报了386万条减免税记录，减免各项税费509.4亿元，其中减免税收收入500.1亿元，包括征前减免479.9亿元和退库减免20.2亿元。与2014年127.6亿元相比，提高了近3倍之多。减免税数据的倍增一方面反映了首都在经济下滑和结构性减税背景下依法治税，落实税收优惠政策的决心和力度；另一方面，则受益于总局对于减免税核算工作的重视与规范，包括核算口径的扩围和申报格式的统一都有效促进了减免税数据的全面性、准确性和可用性。

（一）规范了减免税核算口径，统一了申报格式

《国家税务总局关于规范税收会计减免税核算有关事项的通知》（税总函〔2013〕593号）首次明确了“减免性质”明细科目，将“减免性质”基本类别设置为十大类，业务司也明确了各税种减免税申报格式。2015年，北京市地方税务局在支持金融资本市场、改善民生和鼓励高新技术方面减免税款最多，累计416.4亿元，占比83.3%。具体如下：金融资本市场减免税比重最高，累计减免税206.9亿元，占比41.4%，其中，金融市场（不含小微企业）减免税154.8亿元，占比31%，资本市场减免税52.1亿元，占比10.4%；改善民生共减免税150.4亿元，占比30.1%，其中住房类减免税134.7亿元，占比26.9%；鼓励高新技术减免税59.1亿元，占比11.8%，反映了税收优惠在稳定金融市场、促进企业技术创新、扶持民生发展方面发挥了积极作用。

（二）梳理了减免税优惠要素，明确了核算方式

在当前减免税申报内容中，按照优惠要素分为税基式减免、税率式减免和税额式减免三种基本减免方式，同时结合政策具体规定，还有多种

* 本文原载于《国际税收》2017年第4期，文中数据全部来源于北京市地方税务局核心征管系统。

减免税方式同时存在的情况。例如："符合条件的小型微利企业减按20%的税率征收企业所得税（减半征收）"同时符合税基式减免与税率式减免。按照减免税代码对北京市地方税务局2015年减免税款进行梳理，发现"减免方式"以税基式减免为主，占全部减免税款的43%，其次是税额式减免占比37.7%，税额式、税率式、税基式混合减免占比9.5%。同时，考虑到征管等实际问题，减免税核算方式又分为核算、不核算和不明细核算等内容。

（三）扩大了减免税申报范围，简化了备案程序

为了进一步全面掌握减免税政策落实和税收收入减免情况，总局实行减免税代码管理，将每一个减免税政策对应唯一的减免税代码，实现减免税政策与数据的一一对应，同时，为了简政放权，减轻纳税人负担，总局出台了《税收减免管理办法》，简化了备案程序，有效提高了减免税核算效率，保障了减免税数据的应核尽核。2015年北京市地方税务局企业所得税、营业税、土地增值税减免税款最多，累计448.1亿元，占全部减免税款的89.6%。

二、减免税核算中的难点

北京市地方税务局2015年以风险管理为导向，按照风险排序，筛选并核实了64万条风险较高的减免税记录。通过对减免税数据的深入分析，发现政策本身、核算要求，以及申报环节都是影响减免税数据质量的重要因素。

（一）政策层面

减免税政策作为税法的重要内容之一，整体立法层级较低，规范性文件较多，实体法和程序法都存在不严谨现象，导致执行效果不及预期，影响了减免税数据的统计基础。

1. 政策规定不严谨，影响统计基础

一是政策出台时间滞后。部分优惠政策的出台时间即为执行时间，甚至有些文件规定的执行时间在出台之前，例如："将5年以上非独占许可使用权转让纳入技术转让所得税优惠政策试点"政策（财税〔2013〕72号）于2013年9月29日出台，执行时间却自2013年1月1日起，导致减免税统计时间与所属时期存在差异。二是政策规定不严谨。有些政策内容接近，但是由于措辞不同形成了低税率和税率优惠的差异。

2. 备案措施不到位，缺少法律支撑

国家税务总局2015年发布《税收减免管理办法》（简称《办法》），规定减免税分为核准类减免税和备案类减免税，但是相关条例中还有批准类要求，例如《个人所得税》实施条例第六条关于在中国境内无住所，但是居住一年以上五年以下的个人，其来源于中国境外的所得，经主管税务机关批准，可享受有关优惠政策，造成《办法》与上位法要求不一致。同时，《办法》还规定备案类减免税的实施可以按照减轻纳税人负担、方便税收征管的原则，要求纳税人在首次享受减免税的申报阶段在纳税申报表中附列，也可以在申报征期后的其他规定期限内进行备案。该内容大大方便了纳税人享受税收优惠政策，但是同样导致部分纳税人怠于备案，或者不备案。

（二）核算层面

减免税核算口径直接影响减免税规模，事关预算收入大局和后续相关措施的调整。同时，影响优惠政策的出台、延续与终结，与纳税人利益休戚相关。

1. 减免税核算范围和口径有待精细化

减免税核算受政策影响存在所属期不一致、核算范围不准确的问题。例如，企业所得税汇算清缴事项存在所属期和减免期不一致的问题。

2015 年北京市地方税务局企业所得税减免 255.5 亿元，主要是 2014 年汇算清缴减免数据，而 2015 年所属期的减免税款要在 2016 年汇算清缴后才能体现。另外，企业所得税中“符合条件的居民企业之间的股息、红利等权益性投资收益”减免税最多，达到 119.9 亿元，占企业所得税的 46.9%，这种权益性投资收益作为税后利润分配旨在避免重复征税，却被统计到减免税数据中，扩大了核算范围。同时，减免税不明细核算或不核算又造成减免税数据偏小的事实，例如：事业单位房产税的减免由于无法确定房产原值而无法核算。

2. 减免税管理缺乏宏观预算控制

现阶段的减免税没有实行预算管理，对减免税的规模、结构和区域差异缺乏深入分析，对减免税与地方一般公共预算收入之间，特别是上级政府对本级政府的税收返还和转移支付之间的关系没有深入研究，也无法对减免税进行有效控制，影响财政收入整体预算的稳定性、准确性和可控性。2015 年各省、市、自治区减免税规模、结构、税种，以及与入库税款之比差异较大，可能存在减免税政策落实上有折扣，或者减免税核算、申报方面数据不实等影响因素，原因较为复杂，但是与减免税管理缺乏宏观预算控制有着密切关系。

（三）申报层面

2015 年 7 月北京市地方税务局减免税申报系统全面上线，通过减免税申报情况专项核查，发现了减免税申报中存在的一些问题。

1. 申报系统不完善影响内容准确性

减免税申报系统 2015 年首次上线，在便民高效、错误提示、逻辑校验方面功能不够完善。一是减免税政策依据较多，纳税人自行识别，困难较大。因此，部分纳税人直接选择位于首行的地震减免、外省市减免等与我市无关的减免税政策依据。二是系统缺乏自动校验，部分数据填写错误。包括计量单位写错，计税金额填写为减免税额，不征税收入填写为免税收入，在不应填报的行次填报数据，造成申报数据不实。三是逻辑关系错误，缺乏有效钩稽。包括季度申报中本期累计金额与上期累计金额不一致，表间逻辑关系存在错误，减免税申报与第三方信息不一致等。

2. 政策理解有误造成数据不实

核查中发现很多纳税人对减免税政策和申报系统理解不到位。部分纳税人不具备享受减免税的条件，经核实也没有实际享受减免，但是仍然申报减免税，导致很多垃圾数据。例如：部分纳税人当期没有营业收入，应进行营业税零申报，但错误地进行了减免税申报。还有一些纳税人对于减免税政策有争议，核准或备案手续不齐全，不符合减免税要求，却自行申报享受了减免税，虽然责令纳税人补正，或转交稽查部门，但是都影响了当期减免税数据的准确性。

三、意见和建议

为进一步提高减免税数据质量，更加全面、真实地反映政策出台的有效性、核算方法的科学性和申报数据的准确性，需要从政策、核算和申报三个方面进行完善。

（一）政策方面

1. 严格执行相关法律法规，完善现有优惠政策

一是严格落实《税收规范性文件制定管理办法》。税收优惠政策的出台必须具备实质合理性和程序合法性。即优惠的内容必须进行事前论证，符合企业需求，程序则必须满足相关规定。二是完善政策细节。例如：在实体法上，要规范税收要素的表达方式，避免出现歧义；在程序

上，税收规范性文件应当自公布之日起30日后施行，确保基层税务机关与纳税人在执行和遵从时能有足够的预期。三是建立税收优惠政策执行的保障机制。由于大量优惠政策由审批改为备案，建议上位法对纳税人备案要求进行规范，特别是怠于履行和不履行的法律责任。

2. 科学评价税收优惠政策，维护纳税人合法权益

一是对于现有政策进行科学评价。通过减免税明细数据，发现减免税政策执行中的问题，对于脱离实际、无人享受的优惠政策及时清理，对于程序瑕疵、操作性差的政策及时完善，对于落实到位、反映给力的政策研提续存。二是对于政策中法定要素不健全、前后不连续、规定不一致等情形，建议从维护纳税人权益角度出发，多做利于纳税人的解释。三是加快政策盲区研究。及时推出利于经济转型，促进新兴业态发展等内容的税收优惠政策，切实发挥税收优惠在优结构、促改革、惠民生工作中的重要作用。

（二）核算方面

1. 增加减免税核算维度，健全减免税核算体系

一是提高减免税核算语言的社会共识。各部门由于业务不同对减免税的划分标准也不一样。但是，法定减免和政策性减免已经被普遍接受，而征前减免和退库减免的核算口径还没有被广泛认可，需要提高减免税核算体系的权威性，达成核算数据与减免税理论研究的共识。二是完善现有核算指标。对现有减免税代码进行修改、完善，保持统计口径与政策口径的一致性。三是健全减免税核算体系。按照重点核算和普遍核算进行分类，对于当前减免税计税依据和申报确有困难事项进行梳理，例如房产税的法定减免事项，很多事业单位、行政机关房产原值难以确定，只能对有房产原值的企业类纳税人进行重点核算；其他内容则进行普遍核算，争取早日实现减免税全面核算管理目标。

2. 加强减免税预算管理，强化减免税专题分析

一是加强减免税预算管理。以近几年减免税数据为基础，采用科学计量方法，预测税式支出合理范围、结构和分布，为完善预算管理体系，准确掌握税收收入规模提供支撑。二是开展减免税数据分析。通过研究省、市、自治区之间减免税规模、结构等存有差异的原因，找出合理区间，提高减免税数据质量，规避极值风险。三是加强减免税政策效应分析。研判减免税与其他经济社会数据之间的影响规律，提高减免税决策的有效性，实现减免税分析对优结构、促改革和惠民生等重大工作的精准服务。

（三）申报方面

1. 优化减免税申报系统，增加校验提醒严格录入

一是优化减免税申报表，申报时由选择减免税的文件依据统一改为选择减免税事项，减少纳税人端出现文件依据选择错误的现象。二是将适用频率最多的政策选项，在“减免税项目及代码”列表中置顶，加入减免税代码查询和索引功能，方便纳税人点击查阅和确认。三是研究核准、备案类减免税事项纸质资料的电子转换，用于减免税申报系统的后台校验与核对，即纳税人在录入减免税申报时，系统自动勾集，对未办理核准、备案的减免税申报发出提示信息。对审批类事项在申报时，必须输入减免税批复号及编码，比对成功后方可录入。

2. 统一减免税申报口径，多措并举提高数据质量

一是统一各税种减免的申报口径。核算部门

和税政部门对于申报口径进行规范，避免造成不同部门、不同地区对减免税数据掌握不一致的现象。二是加强对纳税人的宣传辅导力度，详细解读减免税政策，普及正确的申报方式。召开享受税收优惠企业专题辅导座谈，以互动形式宣传优惠政策，现场答疑解惑。三是明确办税服务厅、税源管理所和业务处室、科室、稽查部门在减免税管理工作中的职责分工，将减免税前台受理和后续管理有效衔接起来，并在金税三期上线后将各项逻辑校验功能进行系统内置，提高减免税申报质量。

统计资料

北京市地方税务局各项税费收入情况

各项税费收入分税种完成情况（2017 年）

单位：亿元

项 目	本期	比上年增减（%）	收入进度（%）
各项税费收入	3683.14	12.9	100.4
一、一般公共预算收入	2278.02	11.7	100.4
（一）税收收入	3364.34	14.5	100.3
1. 增值税	41.48	-7.0	100.7
2. 企业所得税	555.86	15.9	100.2
3. 个人所得税	1607.98	12.6	100.6
4. 资源税	1.08	44.7	103.0
5. 城市维护建设税	226.85	2.7	100.8
6. 房产税	273.11	37.8	100.4
7. 印花税	90.00	11.8	102.3
8. 城镇土地使用税	19.92	3.8	100.6
9. 土地增值税	288.99	63.0	100.0
10. 车船税	31.04	2.2	100.5
11. 耕地占用税	2.72	-18.7	98.9
12. 契税	197.46	-22.3	96.8
（二）非税收入	251.53	-7.0	102.1
1. 教育费附加收入	104.88	3.8	101.0
2. 地方教育附加	69.90	3.8	101.0
3. 外商投资企业土地使用费	0.81	-17.0	97.6
4. 税务部门罚没收入	0.73	103.9	112.3
5. 残疾人就业保障金	74.23	-26.3	104.8
6. 无线电频率占用费	0.07		69.4
7. 防空地下室易地建设费	0.85		94.3
8. 其他收入	0.01		
二、政府性基金预算收入	7.54		94.2
1. 彩票公益金	5.46		91.1
2. 彩票业务费	1.72		114.7
3. 国家电影事业发展专项资金	0.35		70.9
三、其他收入	59.73	10.8	99.5
1. 工会经费	59.73	10.8	99.5
附：营业税	27.85	-95.7	99.5
文化事业建设费	0.06	-48.2	292.1

各项税费收入分税种分单位统计（2017 年）

单位：万元

项目	各项税费收入					一般公共预算收入		税收收入	
	本期	上年同期	比上年增减（%）	比重（%）	排名	本期	比上年增减（%）	本期	比上年增减（%）
合计	36831403	32616640	12.9	100.0	—	22780225	11.7	33643412	14.5
东城	3510852	2914667	20.5	9.5	4	2341580	20.7	3288318	24.2
西城	5024531	4501749	11.6	13.6	3	2958195	11.0	4547778	13.1
朝阳	8173152	7660356	6.7	22.2	1	4991470	6.6	7520040	7.9
海淀	7875030	6807908	15.7	21.4	2	4365508	14.3	7295429	18.4
丰台	1747063	1461384	19.5	4.7	5	1139712	18.9	1606495	22.3
石景山	984496	857970	14.7	2.7	11	551597	8.6	901492	16.3
门头沟	410896	336427	22.1	1.1	14	247448	12.4	378257	24.8
燕山	149639	132055	13.3	0.4	18	132689	12.3	97907	14.6
昌平	1265259	1139847	11.0	3.4	9	828538	9.1	1157527	11.7
通州	1341378	970224	38.3	3.6	8	927931	31.7	1239432	44.6
顺义	1536274	1433306	7.2	4.2	7	1056086	6.7	1348936	7.6
大兴	1106401	1021163	8.3	3.0	10	758112	8.4	1011134	9.4
房山	627757	623917	0.6	1.7	12	413960	1.5	574771	1.0
怀柔	475811	459246	3.6	1.3	13	289196	-1.2	428281	3.3
密云	375703	285868	31.4	1.0	15	252014	29.2	340064	34.8
平谷	346587	315381	9.9	0.9	16	235293	9.4	317203	11.9
延庆	222005	133998	65.7	0.6	17	118551	36.0	208642	71.5
开发区	1574013	1410875	11.6	4.3	6	1163177	10.0	1381716	11.5
市局	84566			0.2	—	9178			

注：1.“比重%”为各项目数据占“合计”的百分比。

2. 各项税费收入、一般公共预算收入本期数含营业税和文化事业建设费，税收收入本期含营业税，非税收入本期含文化事业建设费。

3. 各项税费收入增减% =（本期数 - 同期数（不含营业税和文化事业建设费））/同期数（不含营业税和文化事业建设费）。

4. 本表更新频率为按月更新。

各项税费收入分税种分单位统计（2017 年） 续 1

单位：万元

项目	企业所得税		个人所得税		资源税		城市维护建设税		房产税	
	本期	比上年增减（%）	本期	比上年增减（%）	本期	比上年增减（%）	本期	比上年增减（%）	本期	比上年增减（%）
合计	5558586	15.9	16079845	12.6	10812	44.7	2268513	2.7	2731072	37.8
东城	233728	23.3	1586123	20.5	382	36.1	140226	-9.6	260900	28.8
西城	688115	4.4	2528313	12.4	11	43.0	353022	-1.4	407814	26.1
朝阳	777615	1.7	4072039	6.6	778	56.6	436924	0.5	885398	53.5
海淀	1056529	9.1	4490643	18.2	447	14.6	465869	7.7	425954	40.9
丰台	398964	29.0	533647	12.9	237	23.9	112637	4.6	146033	63.0
石景山	274599	50.4	396304	6.8	16	94.6	64849	12.0	40179	38.2
门头沟	167903	47.1	86964	32.2	2152	14.1	25476	1.3	10262	18.9
燕山	2450	55.9	19483	22.3			65209	12.8	3403	2.6
昌平	282244	33.9	379840	4.2	1480	106.5	62349	6.2	97343	44.1
通州	399648	91.0	229605	15.8	166	91.1	68983	-2.3	58611	33.9
顺义	222509	7.5	512401	8.3	75	-0.8	113007	-15.4	138032	16.5
大兴	269396	-5.3	255073	28.4	18	-57.3	49089	-4.4	70740	34.2
房山	211662	-7.9	121693	16.0	1257	-1.2	34577	3.7	24322	1.8
怀柔	134562	4.6	157150	19.6	112	-10.5	28798	15.8	22628	11.7
密云	91193	40.4	97015	30.4	3656	94.1	22143	11.4	25130	20.6
平谷	79264	-4.6	89103	20.2	8	593.4	17391	-9.7	9632	-24.1
延庆	120072	203.1	46096	37.7	18	92.9	8540	31.8	6723	-11.4
开发区	148133	-0.9	478353	24.7			199424	26.4	97969	25.4
市局										

各项税费收入分税种分单位统计（2017 年） 续 2

单位：万元

项目	印花税		城镇土地使用税		土地增值税		车船税	
	本期	比上年增减（%）	本期	比上年增减（%）	本期	比上年增减（%）	本期	比上年增减（%）
合计	899990	11.8	199185	3.8	2889857	63.0	310418	2.2
东城	76177	11.5	14725	-16.0	447465	935.6	16663	8090.0
西城	217684	35.5	18264	-26.1	120826	33.1	15635	11316.9
朝阳	161200	18.5	51870	18.5	576509	23.8	3669	1151.6
海淀	177811	8.1	29723	7.9	323003	182.6	966	672.4
丰台	37456	-1.7	16256	34.1	196698	106.1	259	-14.7
石景山	19109	34.6	6084	-15.8	50817	-15.0	221	183.8
门头沟	5815	-5.5	1300	-25.3	46524	-28.0	137	559.0
燕山	1212	19.5	3918	-2.4	7		17	5.8
昌平	33228	-16.0	9728	26.5	113888	34.3	97	15.3
通州	20105	1.8	7575	7.2	299062	75.0	223	-21.2
顺义	41454	4.7	11036	-1.0	187518	25.9	368	76.7
大兴	18508	10.1	6695	8.4	183070	36.6	151	8.5
房山	9319	0.5	4649	10.6	88108	26.7	60	-34.4
怀柔	11940	42.5	3155	9.5	55296	-24.5	23	-39.3
密云	8098	12.1	4077	2.6	59239	64.5	29	8.9
平谷	6613	-2.8	2106	-11.2	87931	29.0	259	-31.3
延庆	7173	-70.8	1538	5.8	6980	206.6	390	1823.3
开发区	47089	18.3	6485	5.3	46918	-9.0	271261	-10.0
市局								

各项税费收入分税种分单位统计（2017 年） 续3

单位：万元

项目	耕地占用税		契税		增值税		营业税	
	本期	比上年增减（%）	本期	比上年增减（%）	本期	比上年增减（%）	本期	比上年增减（%）
合计	27197	-18.7	1974634	-22.3	414813	-7.0	278491	-95.7
东城			487261	-23.2	19928	-2.7	4741	-99.0
西城			105614	-16.9	27168	-6.0	65312	-95.8
朝阳	311	-90.3	357170	-36.9	142465	-9.0	54091	-95.6
海淀	1906	-53.2	154062	-43.3	69772	-9.6	98746	-88.1
丰台	2570	208.3	116340	-28.3	26294	4.4	19104	-95.8
石景山	313	84.7	35487	-25.8	7258	43.1	6259	-97.3
门头沟	2325	1601.1	24951	91.5	1990	6.7	2459	-97.5
燕山			1733	5.9	475	231.3	0	-100.0
昌平	1010	-31.2	136846	-14.3	34798	-13.7	4675	-98.0
通州	1635	-66.5	126084	5.8	21072	61.2	6664	-97.5
顺义	1776	-45.1	100701	3.7	15590	-25.6	4468	-98.7
大兴	6379	60.1	130250	-13.5	20111	-20.3	1653	-99.3
房山	3682	23.7	68314	-12.5	9074	-22.6	-1946	-101.4
怀柔	672	-87.4	11271	-36.5	1763	-2.3	912	-98.6
密云	684	49.3	19981	6.9	7201	87.7	1619	-97.9
平谷	482	-54.4	15067	10.5	2456	35.2	6893	-92.1
延庆	3453	113.6	4882	23.4	530	-11.1	2247	-88.0
开发区			78622	29.8	6866	-37.8	596	-99.4
市局								

各项税费收入分税种分单位统计（2017 年） 续4

单位：万元

项目	其他税收		非税收入		政府性基金预算收入		其他收入	
	本期	比上年增减（%）	本期	比上年增减（%）	本期	比上年增减（%）	本期	比上年增减（%）
合计		-100.0	2515329	-7.0	75388		597274	10.8
东城			158771	-23.2			63763	6.1
西城			391679	-4.3			85074	19.4
朝阳			489957	-9.7			163159	8.0
海淀			493688	-12.8			85913	10.0
丰台			117019	-7.8			23550	11.9
石景山			66662	-1.8			16341	8.9
门头沟			25434	-5.2			7205	12.2
燕山			48179	11.3			3553	8.3
昌平			90232	2.4			17501	12.5
通州			84104	-14.2			17842	17.6
顺义			158513	2.8			28825	11.0
大兴			73226	-5.9			22042	13.4
房山			43418	-4.5			9568	2.0
怀柔			38087	5.7			9443	11.7
密云		-100.0	30108	4.6			5531	13.6
平谷			24074	-11.2			5310	9.3
延庆			10944	8.5			2418	8.3
开发区			162061	12.1			30236	12.6
市局			9178		75388			

北京市地方税务局税务登记情况

税务登记户分单位统计（2017年）

项目	税务登记		税务登记户状态		
	户数	本年新登记户	正常户	非正常户	停业户
合计	1799248	207269	1778296	20952	
东城	85096	5270	83213	1883	
西城	95546	5283	95238	308	
朝阳	380536	54325	378506	2030	
海淀	292977	32828	284540	8437	
丰台	193766	17113	191389	2377	
石景山	51371	4120	51258	113	
门头沟	31468	3388	30661	807	
燕山	5442	736	5406	36	
昌平	126376	12407	125303	1073	
通州	121370	12595	120473	897	
顺义	67206	8388	67027	179	
大兴	75376	10067	74642	734	
房山	62347	10977	61865	482	
怀柔	69791	10702	69551	240	
密云	52282	7035	52048	234	
平谷	46023	4779	45712	311	
延庆	24938	3654	24819	119	
开发区	17336	3602	16644	692	

税务登记户分行业统计（2017年）

项目	税务登记		税务登记户状态		
	户数	本年新登记户	正常户	非正常户	停业户
合　计	1799248	207269	1778296	20952	
一、第一产业	31209	1144	31091	118	
二、第二产业	104871	11052	103996	875	
（一）采矿业	412	9	410	2	
（二）制造业	42611	649	42313	298	
（三）电力、热力、燃气及水的生产和供应业	1356	207	1353	3	
（四）建筑业	60492	10187	59920	572	
三、第三产业	1663168	195073	1643209	19959	
（一）批发和零售业	658520	50282	648200	10320	
（二）交通运输、仓储和邮政业	36251	2681	36115	136	
（三）住宿和餐饮业	64069	7161	63666	403	
（四）信息传输、软件和信息技术服务业	27363	3301	27057	306	
（五）金融业	13816	748	13755	61	
（六）房地产业	32045	4181	31856	189	
（七）租赁和商务服务业	272283	31505	269433	2850	
（八）科学研究和技术服务业	312838	65599	308728	4110	
（九）水利、环境和公共设施管理业	5844	929	5815	29	
（十）居民服务、修理和其他服务业	112541	4208	111883	658	
（十一）教育	8395	496	8360	35	
（十二）卫生和社会工作	7033	987	6997	36	
（十三）文化、体育和娱乐业	101770	22590	100976	794	
（十四）公共管理、社会保障和社会组织	10168	393	10136	32	
（十五）国际组织	232	12	232		

税务登记户分注册类型统计（2017 年）

项目	税务登记		税务登记户状态		
	户数	本年新登记户	正常户	非正常户	停业户
合计	1799248	207269	1778296	20952	
一、内资企业	1766348	204973	1745600	20748	
（一）国有企业	9898	125	9863	35	
（二）集体企业	11845	287	11762	83	
（三）股份合作企业	22435	491	22257	178	
（四）联营企业	271	2	268	3	
1. 国有联营企业	59		58	1	
2. 集体联营企业	56	1	54	2	
3. 国有与集体联营企业	95		95		
4. 其他联营企业	61	1	61		
（五）股份公司	624260	100854	618538	5722	
1. 有限责任公司	615353	100297	609678	5675	
（1）国有独资公司	410	50	409	1	
（2）其他有限责任公司	614943	100247	609269	5674	
2. 股份有限公司	8907	557	8860	47	
（六）私营企业	617684	86319	606900	10784	
1. 私营独资企业	36128	3899	35626	502	
2. 私营合伙企业	19658	2999	19379	279	
3. 私营有限责任公司	558459	78695	548478	9981	
4. 私营股份责任公司	3439	726	3417	22	
（七）其他企业	11850	1157	11796	54	
（八）个体经营	446585	14362	442746	3839	
1. 个体工商户	446378	14350	442541	3837	
2. 个人合伙	207	12	205	2	
（九）其他	21520	1376	21470	50	
1. 事业单位	13701	136	13677	24	

续表

项 目	税务登记		税务登记户状态		
	户数	本年新登记户	正常户	非正常户	停业户
2. 国家机关	1661	59	1657	4	
3. 政党机关	168	6	168		
4. 社会团体	4037	399	4021	16	
5. 基层群众自治组织	624	37	623	1	
6. 境外非政府机构	1329	739	1324	5	
7. 其他组织	32900	2296	32696	204	
二、外资企业	11437	861	11403	34	
(一) 港、澳、台商投资企业	1631	143	1624	7	
1. 合资经营企业(港或澳、台资)	224	15	224		
2. 合作经营企业(港或澳、台资)	9476	693	9449	27	
3. 港、澳、台商独资经营企业	106	10	106		
4. 港、澳、台商投资股份有限公司	17155	1188	17103	52	
(二) 外商投资企业	4073	292	4058	15	
1. 中外合资经营企业	275	8	275		
2. 中外合作经营企业	12596	877	12559	37	
3. 外资(独资)企业	211	11	211		
4. 外商投资股份有限公司	4308	247	4190	118	
(三) 外国企业	610	16	574	36	
1. 港、澳、台常驻代表机构	8		8		
2. 港、澳、台承包工程及提供劳务(承包商)					
3. 港、澳、台运输企业					
4. 港、澳、台银行北京分行	173	43	173		
5. 其他港、澳、台企业	2726	85	2646	80	
6. 外国企业常驻代表机构	37		37		
7. 外国承包工程及提供劳务(承包商)	1		1		
8. 外国运输企业	3		3		
9. 外国银行北京分行	750	103	748	2	
10. 其他外国企业					

机构人员

北京市地方税务局领导名单

党组副书记、局长　杨志强
党组书记、副局长　刘江平（2016 年 12 月免党组书记、2017 年 1 月免副局长）
党组成员、副局长　刘　健
党组成员、副局长　吕兴渭
党组成员、纪检监察组组长　张靖明（2017 年 4 月任驻局纪检监察组组长，纪检组组长职务自然免去）
党组成员、副局长　王　炜
党组成员、副局长　唐学军（女）
党组成员、总经济师　沈永奇
副巡视员　杨文俊
副巡视员　郭筑明
副巡视员　周上序

（叶小柱）

各区（分）局，市局各处室、直属单位，社会团体、群众团体主要负责人名单

市局各处室

办公室主任	常海龙（2017年4月任）
	郭顺民（女）（2017年4月免）
政策法规处处长	李志刚（2017年8月任，法制处处长职务自然免除）
研究室主任	王　珊（女）
税收管理一处处长	毛　江（2017年3月任，个人所得税管理处处长职务自然免除）
税收管理二处处长	刘文龙（2017年3月任，财产和行为税管理处处长职务自然免除）
税收管理三处处长	陆　坤（2017年3月任，营业税管理处处长职务自然免除）
企业所得税管理处处长	王京秋
非税收入管理处处长	饶梦阳（女）（2017年4月任）
	韩　松（2017年4月免）
征管和科技发展处处长	李龙江
收入规划核算处处长	王宝明
稽查处（税务违法案件举报中心）处长	马　强
大企业税收管理处处长	王　磊
纳税服务处处长	李宗定
档案处处长	高文雄（2017年7月任）
资产管理处处长	张之乐
计划财务处处长	武立煌

宣传教育处处长	冯　强
基层工作处处长	张　卉（女）
人事处处长	董雪涛
督查内审处处长	赵俊杰（2017年7月任）
工会经费管理处处长	刘振声
国际税务管理处处长	王秉明
保卫处处长	张　毅
数据管理处处长	蒋　宁
党建工作处处长	胡建荣（女）（2017年9月任，机关党委办公室主任职务自然免除）
离退休干部处处长	李　宏（女）（2017年12月任，2017年4月主持工作）
	王立水（2017年4月免）

中共北京市纪律检查委员会、北京市监察委员会驻北京市地方税务局纪检监察组副组长

路金启（2017年9月任）

直属事业单位

风险管理事务中心主任	王海鹏（2017年12月任，2017年3月主持工作）
	孙长海（2017年3月票证管理中心主任职务自然免除）
纳税服务中心主任	邵　凌（女）
信息中心主任	邹　彭
数据处理中心副主任	廉　清（女）（主持工作）
机关后勤服务中心主任	王劲松
老干部活动中心主任	门　杰

《北京市地方税务公报》编辑部（北京市地税局宣传中心）调研员

朱兴有（2017年12月免，不再主持工作）

税务档案资料管理中心（北京税务博物馆）主任（馆长）

邓荣华（2017年12月任，2017年4月主持工作）

饶梦阳（女）（2017年4月免）

各区局、分局

东城区地方税务局党组书记、局长	赵增科
西城区地方税务局局长	施　宏
西城区地方税务局党组书记、副局长	张亚平
朝阳区地方税务局党组书记、局长	张　翅
海淀区地方税务局党组书记、局长	郭文武
丰台区地方税务局党组书记、局长	金志雄
石景山区地方税务局党组书记、局长	李　娜（女）
门头沟区地方税务局党组书记、局长	江聚祥
通州区地方税务局党组书记、局长	杨玉杰
顺义区地方税务局党组书记、局长	郑　鹏
怀柔区地方税务局党组书记、局长	樊京虎
平谷区地方税务局党组书记、局长	李　强
房山区地方税务局党组书记、局长	钱丽换
昌平区地方税务局党组成员、副局长	华　方（2017 年 12 月任，2017 年 4 月主持工作）
	常海龙（2017 年 4 月免）
大兴区地方税务局党组书记、局长	宗立元
密云区地方税务局党组书记、局长	姜学东
延庆区地方税务局党组书记、局长	王　竺（女）
北京市地方税务局燕山分局（第六稽查局）党组书记、局长	乔　游
北京市地方税务局开发区分局党组书记、局长	丁锦宁
北京市地方税务局第一直属税务分局（第五稽查局）党组书记、局长	史小军
北京市地方税务局第二直属税务分局（西站分局）党组书记、局长	于欣杰
北京市地方税务局第一稽查局党组书记、局长	郭海福
北京市地方税务局第二稽查局党组书记、局长	薛　礼
北京市地方税务局第三稽查局党组书记、局长	庄祁玮
北京市地方税务局第四稽查局党组书记、局长	范力军

社会团体

北京市国际税收研究会会长	刘宝忠（兼）
北京市地方税务学会会长	王勇生（兼）
北京税收法制建设研究会会长	沈永奇（2017 年 7 月兼）
	杨志强（2017 年 7 月不再兼任）
	王京华（女）（常务副会长）

群众团体

北京市地方税务局直属机关工会主席	唐学军（女）
北京市地方税务局直属机关工会专职副主席	牛　杰（女）

（叶小柱）

北京市地方税务局机构、人员统计情况

北京市地方税务系统机构统计（2017 年）

单位：个

项目＼类别	合计	北京市地方税务局					
		市局机关处室	区局	直属分局	事业单位	税务所	稽查局
机构	327	28	16	8	9	255	11
说明	1. 市局机关处室包括：24 个内设机构及机关党委（党建工作处）、直属机关工会、离退休干部处、驻局纪检组（监察处）。 2. 直属分局包括：燕山分局（第六稽查局）、开发区分局、第一直属分局（第五稽查局）、第二直属分局（西站分局）、第一稽查局、第二稽查局、第三稽查局、第四稽查局。 3. 事业单位包括：风险管理事务中心、信息中心、数据处理中心、信息系统运营维护中心、纳税服务中心、机关后勤服务中心、税务公报编辑部（宣传中心）、老干部活动中心、税务档案资料管理中心（税务博物馆）。						

注：①本表各项统计数截止到 2017 年 12 月 31 日。

②社会团体：北京市国际税收研究会、北京市地方税务学会、北京税收法制建设研究会。

北京市地方税务系统人员基本情况统计（2017 年）

单位：人

类别＼项目	实有人数合计	性别		民族		文化程度						学位		政治面貌				年龄结构					
		男	女	汉族	其他	研究生	大学本科	大学专科	中专	高中技校职高	初中以下	博士	硕士	共产党员	共青团员	民主党派	无党派或群众	30 岁以下	31 至 35 岁	36 至 45 岁	46 至 54 岁	55 至 59 岁	60 岁以上
合计	7354	3944	3410	6941	413	842	5400	863	58	157	34	11	807	5459	239	65	1591	748	727	2527	2683	667	2
干部	6968	3584	3384	6567	401	842	5323	748	34	19	2	11	807	5346	237	64	1321	747	724	2428	2511	556	2
工人	386	360	26	374	12		77	115	24	138	32			113	2	1	270	1	3	99	172	111	

北京市地方税务局区县局、分局机构设置情况统计（2017 年）

单位：个

单　位	机关科室	税务所	稽查局	稽查局下设科	事业单位	合计
合　计	332	255	11	62	22	682
东城区地税局	20	22	1	13	2	58
西城区地税局	20	21	1	9	2	53
朝阳区地税局	16	17	1	6	2	42
海淀区地税局	16	19	1	5	2	43
丰台区地税局	14	13	1	5	2	35
石景山区地税局	14	12			2	28
门头沟区地税局	13	11	1	4	1	30
通州区地税局	14	14	1	4	1	34
顺义区地税局	14	17	1	5	1	38
怀柔区地税局	13	13			1	27
平谷区地税局	13	12	1	4	1	31
房山区地税局	14	12	1	4	1	32
昌平区地税局	13	19			1	33
大兴区地税局	13	18			1	32
密云区地税局	13	12	1	3	1	30
延庆区地税局	13	14			1	28
燕山分局（第六稽查局）	14	2				16
开发区分局	8	7				15
第一直属分局（第五稽查局）	11					11
第二直属分局（西站分局）	10					10
第一稽查局	16					16
第二稽查局	16					16
第三稽查局	11					11
第四稽查局	13					13

（张当眉　高　婉）

北京市地方税务系统立功受奖人员名单（2017 年度）

荣立三等功人员（511 人）

赵增科　北京市东城区地方税务局党组书记、局长

高　源　北京市东城区地方税务局党组成员、副局长

赵　雪　北京市东城区地方税务局副调研员

由立新　北京市东城区地方税务局纳税服务科科长

张伟琦　北京市东城区地方税务局稽查局综合科（税务违法案件举报中心）科长

陈　力　北京市东城区地方税务局交道口税务所所长

姜日云　北京市东城区地方税务局龙潭税务所所长

胡　源　北京市东城区地方税务局档案科副科长

于晓蕾　北京市东城区地方税务局人事科（保卫科）副科长

唐洪涛　北京市东城区地方税务局监察科副科长

龙海文　北京市东城区地方税务局档案科主任科员

吉希琴　北京市东城区地方税务局稽查局检查五科主任科员

倪运政　北京市东城区地方税务局第六税务所主任科员

王素花　北京市东城区地方税务局景山税务所主任科员

贾长起　北京市东城区地方税务局天坛税务所主任科员

魏彦芬　北京市东城区地方税务局体育馆路税务所主任科员

孙莹莹　北京市东城区地方税务局建国门税务所副主任科员

董　超　北京市东城区地方税务局办公室科员

高　明　北京市东城区地方税务局法制科科员

孙　玺　北京市东城区地方税务局税政管理二科科员

王　晶　北京市东城区地方税务局征收管理科科员

张　睿　北京市东城区地方税务局收入核算科科员

高智勇　北京市东城区地方税务局数据管理科科员

赵一侠　北京市东城区地方税务局纳税服务科科员

纪冬云　北京市东城区地方税务局档案科科员

徐　楠　北京市东城区地方税务局督察内审科科员

蒋安妲　北京市东城区地方税务局人事科（保卫科）科员

于晓雷　北京市东城区地方税务局稽查局检查三科科员

李　论　北京市东城区地方税务局第一税务所科员

任莉莉　北京市东城区地方税务局第二税务所科员
王　琳　北京市东城区地方税务局第三税务所科员
韩　越　北京市东城区地方税务局第四税务所科员
范　蕾　北京市东城区地方税务局第五税务所科员
崔　晨　北京市东城区地方税务局第七税务所科员
余佳庆　北京市东城区地方税务局东方广场税务所科员
吴京勇　北京市东城区地方税务局交通商务区税务所科员
魏　晨　北京市东城区地方税务局雍和园税务所科员
段文新　北京市东城区地方税务局雍和园税务所科员
庄　燕　北京市东城区地方税务局交道口税务所科员
祝胜利　北京市东城区地方税务局朝阳门税务所科员
段海仝　北京市东城区地方税务局和平里税务所科员
周　卉　北京市东城区地方税务局前门税务所科员
卫东亚　北京市东城区地方税务局龙潭税务所科员
王瑞颖　北京市东城区地方税务局永外税务所科员
王　烁　北京市东城区地方税务局永外税务所科员
李　忠　北京市东城区地方税务局机关后勤服务中心工人
付晓彬　北京市西城区地方税务局党组成员、副局长
冯建义　北京市西城区地方税务局副调研员
胡敬超　北京市西城区地方税务局办公室主任
陈建华　北京市西城区地方税务局国际税务管理科科长
张敬力　北京市西城区地方税务局纳税服务科科长
李竹娜　北京市西城区地方税务局档案科科长
孙　冈　北京市西城区地方税务局机关党委（党建工作科）科长
沈宗文　北京市西城区地方税务局稽查局副局长（正科职）
许建民　北京市西城区地方税务局第四税务所所长
郭淑菊　北京市西城区地方税务局第七税务所所长
陈　楠　北京市西城区地方税务局第九税务所所长
孙秀杰　北京市西城区地方税务局展览路税务所所长
邵　贺　北京市西城区地方税务局金融街税务所所长
李　霖　北京市西城区地方税务局德胜税务所所长
赵红程　北京市西城区地方税务局工会副主席
吴　京　北京市西城区地方税务局非税收入管理科主任科员
王春芝　北京市西城区地方税务局稽查局检查二科主任科员
刘　挺　北京市西城区地方税务局征收管理科副科长
刘　威　北京市西城区地方税务局收入核算科副科长（主持工作）

余　皓　北京市西城区地方税务局数据管理科副科长

解　桐　北京市西城区地方税务局基层工作科副科长

李聪颖　北京市西城区地方税务局人事科（保卫科）副科长

李　艳　北京市西城区地方税务局督查内审科副科长

赵国庆　北京市西城区地方税务局机关后勤服务中心副主任

司卫党　北京市西城区地方税务局第二税务所副所长

关　圆　北京市西城区地方税务局办公室副主任科员

褚　彤　北京市西城区地方税务局数据管理科副主任科员

侯　雯　北京市西城区地方税务局非税收入管理科副主任科员

杨晋芳　北京市西城区地方税务局基层工作科副主任科员

高秋玲　北京市西城区地方税务局稽查局综合科（税务违法案件举报中心）副主任科员

郭艾成　北京市西城区地方税务局第六税务所副主任科员

安卫华　北京市西城区地方税务局金融街税务所副主任科员

霍艳丽　北京市西城区地方税务局广安门税务所副主任科员

何启丰　北京市西城区地方税务局征收管理科科员

唐　捷　北京市西城区地方税务局收入核算科科员

潘小佳　北京市西城区地方税务局机关党委（党建工作科）科员

张慧兰　北京市西城区地方税务局计划财务科科员

王　慧　北京市西城区地方税务局监察科科员

贾秀琴　北京市西城区地方税务局稽查局检查四科科员

吕　红　北京市西城区地方税务局第一税务所科员

田丰琰　北京市西城区地方税务局第三税务所科员

金云墨　北京市西城区地方税务局第四税务所科员

宋丽芹　北京市西城区地方税务局第四税务所科员

董　佳　北京市西城区地方税务局第五税务所科员

付学军　北京市西城区地方税务局第六税务所科员

陈　媛　北京市西城区地方税务局第九税务所科员

王　萍　北京市西城区地方税务局第九税务所科员

安　悦　北京市西城区地方税务局什刹海税务所科员

杨慧格　北京市西城区地方税务局西长安街税务所科员

靳　颖　北京市西城区地方税务局大栅栏税务所科员

张　鸣　北京市西城区地方税务局天桥税务所科员

朱晓峰　北京市西城区地方税务局牛街税务所科员

尹亚静　北京市西城区地方税务局广安门内税务所科员

彭建爽　北京市西城区地方税务局工会科员

李培光 北京市朝阳区地方税务局党组成员、纪检组长

毕军强 北京市朝阳区地方税务局税政管理一科科长

周庆原 北京市朝阳区地方税务局酒仙桥税务所所长

陈 琳 北京市朝阳区地方税务局稽查局综合科（税务违法案件举报中心）主任科员

王 红 北京市朝阳区地方税务局稽查局检查二科主任科员

牛海滨 北京市朝阳区地方税务局双井税务所主任科员

夏光富 北京市朝阳区地方税务局呼家楼税务所主任科员

刘印红 北京市朝阳区地方税务局十里堡税务所主任科员

高宗琼 北京市朝阳区地方税务局小关税务所主任科员

马占安 北京市朝阳区地方税务局劲松税务所主任科员

李 晔 北京市朝阳区地方税务局征收管理科副科长

王 巍 北京市朝阳区地方税务局计划财务科副科长

宋 达 北京市朝阳区地方税务局监察科副科长

杜学光 北京市朝阳区地方税务局稽查局检查一科副科长

王 颖 北京市朝阳区地方税务局稽查局检查三科副科长

姚利军 北京市朝阳区地方税务局第八税务所副所长

史雨红 北京市朝阳区地方税务局呼家楼税务所副所长

周文政 北京市朝阳区地方税务局小关税务所副所长

刘亚军 北京市朝阳区地方税务局机关后勤服务中心副主任

张 颖 北京市朝阳区地方税务局基层工作科（工会）副主任科员

林 洁 北京市朝阳区地方税务局稽查局检查一科副主任科员

韩望春 北京市朝阳区地方税务局稽查局检查三科副主任科员

乔俊玲 北京市朝阳区地方税务局稽查局检查三科副主任科员

黄晓红 北京市朝阳区地方税务局稽查局检查四科副主任科员

李连成 北京市朝阳区地方税务局稽查局检查四科副主任科员

孟学燕 北京市朝阳区地方税务局第二税务所副主任科员

刘双双 北京市朝阳区地方税务局第三税务所副主任科员

许昌平 北京市朝阳区地方税务局第四税务所副主任科员

郭 蕊 北京市朝阳区地方税务局第五税务所副主任科员

赵 婧 北京市朝阳区地方税务局第七税务所副主任科员

张 宏 北京市朝阳区地方税务局第八税务所副主任科员

毛桂兰 北京市朝阳区地方税务局酒仙桥税务所副主任科员

王亦文 北京市朝阳区地方税务局商务中心区税务所副主任科员

杨 超 北京市朝阳区地方税务局办公室科员

刘 平 北京市朝阳区地方税务局税政管理二科科员

杜彩丽 北京市朝阳区地方税务局征收管理科科员

马　佳 北京市朝阳区地方税务局纳税服务科科员

孙光东 北京市朝阳区地方税务局人事教育科（保卫科）科员

马瑞娜 北京市朝阳区地方税务局督察内审科科员

谷渊斌 北京市朝阳区地方税务局监察科科员

厉明超 北京市朝阳区地方税务局第一税务所科员

李伟博 北京市朝阳区地方税务局第二税务所科员

薛红艳 北京市朝阳区地方税务局第五税务所科员

姜　皓 北京市朝阳区地方税务局第九税务所科员

杨权才 北京市朝阳区地方税务局双井税务所科员

董　莹 北京市朝阳区地方税务局酒仙桥税务所科员

郭淑丽 北京市朝阳区地方税务局小关税务所科员

谷继玲 北京市朝阳区地方税务局商务中心区税务所科员

黄晓菲 北京市朝阳区地方税务局劲松税务所科员

关宇航 北京市海淀区地方税务局党组副书记、副局长、调研员

孔　军 北京市海淀区地方税务局调研员

金江文 北京市海淀区地方税务局副调研员

胡映月 北京市海淀区地方税务局督查内审科科长

孙　旭 北京市海淀区地方税务局稽查局副局长

王小霞 北京市海淀区地方税务局法制科主任科员

李志敏 北京市海淀区地方税务局稽查局检查一科主任科员

张　杰 北京市海淀区地方税务局四季青税务所主任科员

段玉勤 北京市海淀区地方税务局四季青税务所主任科员

赵　莹 北京市海淀区地方税务局学院路税务所主任科员

陈　樟 北京市海淀区地方税务局学稽查局综合科副科长

刘　婧 北京市海淀区地方税务局第四税务所副所长

王　轲 北京市海淀区地方税务局第六税务所副所长

郝　鹏 北京市海淀区地方税务局清河税务所副所长

刘志杰 北京市海淀区地方税务局税政管理二科副主任科员

张晓松 北京市海淀区地方税务局稽查局综合科副主任科员

李　力 北京市海淀区地方税务局稽查局检查三科副主任科员

孙亚菲 北京市海淀区地方税务局第一税务所副主任科员

李　垚 北京市海淀区地方税务局第二税务所副主任科员

苟晓曼 北京市海淀区地方税务局第六税务所副主任科员

范明立 北京市海淀区地方税务局科技园税务所副主任科员

陈　琛 北京市海淀区地方税务局科技园上地税务所副主任科员

梁　意　北京市海淀区地方税务局科技园上地税务所副主任科员

许　若　北京市海淀区地方税务局中关村税务所副主任科员

冯健勃　北京市海淀区地方税务局办公室科员

仪　筱　北京市海淀区地方税务局基层工作科科员

洪　蕊　北京市海淀区地方税务局国际税务管理科科员

张海华　北京市海淀区地方税务局税政管理一科科员

万晓雷　北京市海淀区地方税务局督察内审科科员

王　宏　北京市海淀区地方税务局稽查局检查二科科员

马晓梅　北京市海淀区地方税务局稽查局检查四科科员

陈莉萍　北京市海淀区地方税务局第三税务所科员

杨　楚　北京市海淀区地方税务局第四税务所科员

何世红　北京市海淀区地方税务局第五税务所科员

郑晓静　北京市海淀区地方税务局北下关税务所科员

赵　雯　北京市海淀区地方税务局翠微路税务所科员

张　舒　北京市海淀区地方税务局翠微路税务所科员

陈霄君　北京市海淀区地方税务局青龙桥税务所科员

任　瑞　北京市海淀区地方税务局学院路税务所科员

李爱玲　北京市海淀区地方税务局温泉税务所科员

于　梅　北京市海淀区地方税务局羊坊店税务所科员

牛春丽　北京市海淀区地方税务局中关村税务所科员

杜新立　北京市丰台区地方税务局党组成员、副局长

孔雪梅　北京市丰台区地方税务局办公室主任

蒙广林　北京市丰台区地方税务局法制科（国际税务管理科）科长

王润泽　北京市丰台区地方税务局税政管理一科科长

刘占京　北京市丰台区地方税务局征收管理科科长

陈敬东　北京市丰台区地方税务局党建工作科科长

高　虹　北京市丰台区地方税务局基层工作科（工会）科长

史锦春　北京市丰台区地方税务局副调研员兼监察科科长

关美荣　北京市丰台区地方税务局稽查局检查二科科长

李昌喜　北京市丰台区地方税务局第一税务所所长

宋继忠　北京市丰台区地方税务局卢沟桥税务所所长

李　猛　北京市丰台区地方税务局长辛店税务所所长

张　平　北京市丰台区地方税务局计划财务科主任科员

于新春　北京市丰台区地方税务局第五税务所主任科员

苏跃明　北京市丰台区地方税务局丰台税务所主任科员

陈　雷　北京市丰台区地方税务局南苑税务所主任科员

武西民　北京市丰台区地方税务局花乡税务所主任科员

戴建兵　北京市丰台区地方税务局机关后勤服务中心主任科员

柳　涛　北京市丰台区地方税务局征收管理科副科长

缴　洋　北京市丰台区地方税务局丰台税务所副所长

符晓婧　北京市丰台区地方税务局第二税务所副主任科员

郭海燕　北京市丰台区地方税务局丰台税务所副主任科员

于丽颖　北京市丰台区地方税务局基层工作科（工会）科员

张　鑫　北京市丰台区地方税务局人事教育科（保卫科）科员

侯艳明　北京市丰台区地方税务局稽查局综合科科员

姚天尧　北京市丰台区地方税务局第一税务所科员

赵　丽　北京市丰台区地方税务局科技园区税务所科员

房　臻　北京市丰台区地方税务局铁营税务所科员

吕海燕　北京市丰台区地方税务局长辛店税务所工人

安宝华　北京市石景山区地方税务局调研员

王庆祥　北京市石景山区地方税务局办公室主任

杨　坡　北京市石景山区地方税务局税政管理一科科长

赵玉钢　北京市石景山区地方税务局机关后勤服务中心主任

董　威　北京市石景山区地方税务局第一税务所所长

赵　明　北京市石景山区地方税务局第四税务所所长

李京海　北京市石景山区地方税务局苹果园税务所主任科员

赵　博　北京市石景山区地方税务局税政管理二科副科长

杨雪松　北京市石景山区地方税务局征收管理科副科长

李　元　北京市石景山区地方税务局纳税服务科副科长

董会刚　北京市石景山区地方税务局第一税务所副所长

唐　颖　北京市石景山区地方税务局第二税务所副所长

李　亮　北京市石景山区地方税务局八角税务所副所长

李玉芬　北京市石景山区地方税务局税政管理一科副主任科员

朱建红　北京市石景山区地方税务局计划财务科副主任科员

夏尔安　北京市石景山区地方税务局人事教育科副主任科员

韩文红　北京市石景山区地方税务局第一税务所副主任科员

王　青　北京市石景山区地方税务局第二税务所副主任科员

王跃东　北京市石景山区地方税务局第三税务所副主任科员

臧　洁　北京市石景山区地方税务局八宝山税务所副主任科员

王维然　北京市石景山区地方税务局八大处园区税务所副主任科员

李新文 北京市石景山区地方税务局办公室科员
张雨新 北京市门头沟区地方税务局机关党委（党建工作科）科长
刘振国 北京市门头沟区地方税务局稽查局综合科（税务违法案件举报中心）科长
孙树才 北京市门头沟区地方税务局第四税务所所长
胡星月 北京市门头沟区地方税务局第一税务所副所长
苗燕茹 北京市门头沟区地方税务局永定税务所副所长
陈学明 北京市门头沟区地方税务局督察内审科主任科员
李茂果 北京市门头沟区地方税务局第四税务所主任科员
王朝祥 北京市门头沟区地方税务局大峪税务所主任科员
朱胜魁 北京市门头沟区地方税务局潭柘寺税务所主任科员
钟智钢 北京市门头沟区地方税务局办公室副主任科员
李　莉 北京市门头沟区地方税务局纳税服务科副土任科员
薛晓捷 北京市门头沟区地方税务局税政管理一科科员
覃　珊 北京市门头沟区地方税务局机关党委（党建工作科）科员
朱小漫 北京市门头沟区地方税务局稽查局综合科（税务违法案件举报中心）科员
郝　蕊 北京市门头沟区地方税务局第一税务所科员
苗宗宪 北京市门头沟区地方税务局石龙税务所科员
杨朝霞 北京市门头沟区地方税务局机关后勤服务中心科员
杨春岩 北京市门头沟区地方税务局机关后勤服务中心工人
毕文余 北京市通州区地方税务局副调研员
李　彬 北京市通州区地方税务局税政管理二科科长
曲国庆 北京市通州区地方税务局人事教育科（保卫科）主任科员
高金锋 北京市通州区地方税务局稽查局检查一科主任科员
李晓东 北京市通州区地方税务局第四税务所主任科员
郑云鹤 北京市通州区地方税务局办公室副主任
田静娜 北京市通州区地方税务局计划财务科副科长
白　杨 北京市通州区地方税务局第一税务所副所长
王　磊 北京市通州区地方税务局第一税务所副所长
宋　雪 北京市通州区地方税务局第三税务所副所长
李　彬 北京市通州区地方税务局张家湾税务所副所长
王　烨 北京市通州区地方税务局办公室副主任科员
朱意俊 北京市通州区地方税务局第一税务所副主任科员
富莹莹 北京市通州区地方税务局征收管理科副主任科员
陈国梁 北京市通州区地方税务局玉桥税务所副主任科员
孙　群 北京市通州区地方税务局永乐店税务所副主任科员
王丽丽 北京市通州区地方税务局征收管理科

科员

王亚男 北京市通州区地方税务局税政管理一科科员

王欣欣 北京市通州区地方税务局税政管理二科科员

尚存灿 北京市通州区地方税务局监察科科员

马　奎 北京市通州区地方税务局第二税务所科员

朱玉凯 北京市通州区地方税务局第二税务所科员

张　瑜 北京市通州区地方税务局永顺税务所科员

杜春强 北京市通州区地方税务局宋庄税务所科员

邵建立 北京市通州区地方税务局马驹桥税务所科员

周海龙 北京市顺义区地方税务局征收管理科科长

韩剑锋 北京市顺义区地方税务局第二税务所所长

李又一 北京市顺义区地方税务局第六税务所所长

欧阳建军 北京市顺义区地方税务局党建工作科主任科员

吴桂芹 北京市顺义区地方税务局监察科主任科员

杨大军 北京市顺义区地方税务局高丽营税务所主任科员

闫会伍 北京市顺义区地方税务局牛山税务所副所长

魏红涛 北京市顺义区地方税务局李桥税务所副所长

饶凯莹 北京市顺义区地方税务局办公室副主任科员

胡登明 北京市顺义区地方税务局第七税务所副主任科员

梁　艳 北京市顺义区地方税务局征收管理科科员

郑　岩 北京市顺义区地方税务局收入核算科科员

高雪成 北京市顺义区地方税务局人事教育科（保卫科）科员

陈　功 北京市顺义区地方税务局稽查局综合科科员

崔芳芳 北京市顺义区地方税务局第一税务所科员

赵　宇 北京市顺义区地方税务局第四税务所科员

张　辉 北京市顺义区地方税务局城关税务所科员

董亚雪 北京市顺义区地方税务局南彩税务所科员

楚家骥 北京市顺义区地方税务局木林税务所科员

王　娟 北京市顺义区地方税务局机场分局机场第一税务所科员

黄　健 北京市怀柔区地方税务局党组副书记、副局长、调研员

于春伶 北京市怀柔区地方税务局党组成员、副局长

刘书方 北京市怀柔区地方税务局税政管理二科主任科员

任德勇 北京市怀柔区地方税务局机关党委（党建工作科）主任科员

刘　佳 北京市怀柔区地方税务局第一税务所副所长

曹淑梅 北京市怀柔区地方税务局第五税务所副所长

李文杰 北京市怀柔区地方税务局收入核算科副主任科员

薛华锋 北京市怀柔区地方税务局监察科副主任科员

张军红 北京市怀柔区地方税务局第三税务所副主任科员

陈克亮 北京市怀柔区地方税务局北房税务所副主任科员

罗贤忠 北京市怀柔区地方税务局雁栖税务所副主任科员

朱乐萌 北京市怀柔区地方税务局办公室科员

宋文珠 北京市怀柔区地方税务局税政管理一科科员

张宝磊 北京市怀柔区地方税务局纳税服务科科员

杨　超 北京市怀柔区地方税务局基层工作科（工会）科员

杨雪松 北京市怀柔区地方税务局桥梓税务所科员

陈　雷 北京市平谷区地方税务局机关党委（党建工作科）科长

刘　峰 北京市平谷区地方税务局峪口税务所所长

刘晓松 北京市平谷区地方税务局稽查局综合科、检查三科科长

邢佳伟 北京市平谷区地方税务局税政管理二科副科长

康福军 北京市平谷区地方税务局督察内审科副科长

张金海 北京市平谷区地方税务局监察科副科长

杨保国 北京市平谷区地方税务局金海湖税务所副所长

张　勇 北京市平谷区地方税务局人事教育科（保卫科）主任科员

徐占合 北京市平谷区地方税务局第一税务所主任科员

王海清 北京市平谷区地方税务局收入核算科副主任科员

王海军 北京市平谷区地方税务局开发区税务所副主任科员

张满国 北京市平谷区地方税务局新平税务所副主任科员

张夏楠 北京市平谷区地方税务局第一税务所副主任科员

韩春燕 北京市平谷区地方税务局办公室科员

赵秋成 北京市平谷区地方税务局第三税务所科员

杨红印 北京市平谷区地方税务局城关税务所科员

王成龙 北京市平谷区地方税务局滨河税务所科员

姜　山 北京市平谷区地方税务局马坊税务所科员

黄明辉 北京市平谷区地方税务局峪口税务所科员

王立娟 北京市平谷区地方税务局稽查局综合科科员

雒　轶 北京市房山区地方税务局党组成员、副局长

张亚琴 北京市房山区地方税务局收入核算科科长

李小峰 北京市房山区地方税务局稽查局检查三科科长

方海涛 北京市房山区地方税务局第一税务所所长

张　硕 北京市房山区地方税务局第四税务所所长

熊大文 北京市房山区地方税务局业务管理一科

副科长

陈宏涛　北京市房山区地方税务局基层工作科（工会）副科长

邱祥永　北京市房山区地方税务局长阳税务所副所长

王世军　北京市房山区地方税务局机关后勤服务中心副主任兼主任科员

杨燕华　北京市房山区地方税务局基层工作科（工会）主任科员

张　彦　北京市房山区地方税务局稽查局检查三科主任科员

吕钰晶　北京市房山区地方税务局办公室副主任科员

耿本兴　北京市房山区地方税务局党建工作科副主任科员

史春梅　北京市房山区地方税务局人事教育科（保卫科）副主任科员

李德仁　北京市房山区地方税务局开发区税务所副主任科员

闫　睿　北京市房山区地方税务局征收管理科科员

叶国德　北京市房山区地方税务局纳税服务科科员

李　莹　北京市房山区地方税务局数据管理科科员

辛东云　北京市房山区地方税务局第二税务所科员

陈　军　北京市昌平区地方税务局收入核算科科长

杨　义　北京市昌平区地方税务局回龙观税务所所长

司安文　北京市昌平区地方税务局第八税务所主任科员

刘文志　北京市昌平区地方税务局昌平税务所主任科员

陈宗岳　北京市昌平区地方税务局征收管理科副科长

赵英哲　北京市昌平区地方税务局人事教育科（保卫科）副科长

南　静　北京市昌平区地方税务局第四税务所副所长

赵慧娟　北京市昌平区地方税务局法制科（国际税务管理科）副主任科员

盖闹良　北京市昌平区地方税务局税政管理二科副主任科员

王文娟　北京市昌平区地方税务局计划财务科副主任科员

孙桂明　北京市昌平区地方税务局监察科副主任科员

邢万明　北京市昌平区地方税务局十三陵税务所副主任科员

崔晓姣　北京市昌平区地方税务局东小口税务所副主任科员

吕慧敏　北京市昌平区地方税务局机关党委（党建工作科）科员

赵鹏飞　北京市昌平区地方税务局基层工作科（工会）科员

肖艳丽　北京市昌平区地方税务局南口税务所科员

王翠丽　北京市昌平区地方税务局人事教育科（保卫科）科员

王　键　北京市昌平区地方税务局第一税务所科员

李梦竹　北京市昌平区地方税务局第二税务所科员

谷秋颖　北京市昌平区地方税务局第四税务所科员

袁　伟　北京市昌平区地方税务局昌平税务所

科员
张　利　北京市昌平区地方税务局回龙观税务所科员
刘　船　北京市昌平区地方税务局小汤山税务所科员
黄媛媛　北京市昌平区地方税务局园区税务所科员
曹　军　北京市昌平区地方税务局机关后勤服务中心科员
刘宏伟　北京市大兴区地方税务局税政管理二科科长
王少丰　北京市大兴区地方税务局榆垡税务所所长
谷　建　北京市大兴区地方税务局征收管理科副科长
杨　林　北京市大兴区地方税务局榆垡税务所副所长
赵金兵　北京市大兴区地方税务局西红门税务所副所长
张　兴　北京市大兴区地方税务局旧宫税务所副所长
张雪宾　北京市大兴区地方税务局机关党委（党建工作科）副主任科员
关鹭鸶　北京市大兴区地方税务局第二税务所副主任科员
孙连国　北京市大兴区地方税务局第五税务所副主任科员
郭均平　北京市大兴区地方税务局安定税务所副主任科员
李元凤　北京市大兴区地方税务局办公室科员
张　丹　北京市大兴区地方税务局税政管理一科科员
刘　静　北京市大兴区地方税务局税政管理二科科员
吴　迪　北京市大兴区地方税务局纳税服务科科员
张天斗　北京市大兴区地方税务局基层工作科（工会）科员
谷红岩　北京市大兴区地方税务局人事教育科（保卫科）科员
齐　洋　北京市大兴区地方税务局第一税务所科员
冯　杰　北京市大兴区地方税务局第三税务所科员
王伟宇　北京市大兴区地方税务局开发区税务所科员
李建军　北京市大兴区地方税务局魏善庄税务所科员
祝天文　北京市密云区地方税务局党组成员、副局长
高亚忠　北京市密云区地方税务局人事教育科（保卫科）科长
张晓芬　北京市密云区地方税务局第六税务所所长
刘　颖　北京市密云区地方税务局办公室副主任
程海春　北京市密云区地方税务局征收管理科副科长
赵福清　北京市密云区地方税务局第三税务所副主任科员
高　娜　北京市密云区地方税务局税政管理二科科员
柴玛娜　北京市密云区地方税务局稽查局综合科（税务违法案件举报中心）科员
吴　婧　北京市密云区地方税务局第一税务所科员
张　雅　北京市密云区地方税务局第四税务所科员
蔡江华　北京市密云区地方税务局第六税务所

科员

陈　山　北京市密云区地方税务局开发区税务所科员

高可鑫　北京市密云区地方税务局太师屯税务所科员

吴军波　北京市密云区地方税务局鼓楼税务所科员

李建军　北京市密云区地方税务局十里堡税务所科员

吴永茂　北京市延庆区地方税务局党组成员、副局长

武耀煜　北京市延庆区地方税务局第五税务所所长

韩老四　北京市延庆区地方税务局税政管理一科副科长

沈文涛　北京市延庆区地方税务局永宁税务所副所长

聂彦东　北京市延庆区地方税务局旧县税务所主任科员

陈文志　北京市延庆区地方税务局永宁税务所主任科员

周宏华　北京市延庆区地方税务局税政管理二科副主任科员

王星志　北京市延庆区地方税务局第二税务所副主任科员

胡　琴　北京市延庆区地方税务局办公室科员

李　朦　北京市延庆区地方税务局人事教育科科员

陈　萌　北京市延庆区地方税务局第一税务所科员

胡顺全　北京市延庆区地方税务局延庆税务所科员

涂阁阁　北京市延庆区地方税务局张山营税务所科员

田贵远　北京市地方税务局燕山分局（第六稽查局）党组副书记、副局长、调研员

孙宝辉　北京市地方税务局燕山分局（第六稽查局）检查五科科长

赵　展　北京市地方税务局燕山分局（第六稽查局）办公室主任科员

赵亚凤　北京市地方税务局燕山分局（第六稽查局）人事政工科主任科员

陈　昕　北京市地方税务局燕山分局（第六稽查局）业务一科主任科员

闫国良　北京市地方税务局开发区分局税政管理科科长

马　达　北京市地方税务局开发区分局第一税务所所长

武兰萍　北京市地方税务局开发区分局第二税务所所长

王灵玲　北京市地方税务局开发区分局第五税务所副所长、主任科员

李　源　北京市地方税务局第一直属税务分局（第五稽查局）办公室主任

兰　京　北京市地方税务局第一直属税务分局（第五稽查局）检查七科科长

侯维微　北京市地方税务局第一直属税务分局（第五稽查局）办公室主任科员

吴燕德　北京市地方税务局第一直属税务分局（第五稽查局）人事政工科主任科员

王俐美　北京市地方税务局第一直属税务分局（第五稽查局）检查一科主任科员

谌冠锋　北京市地方税务局第一直属税务分局（第五稽查局）检查三科副主任科员

付　予　北京市地方税务局第二直属税务分局综合业务科科长

李　勇　北京市地方税务局第二直属税务分局风险应对一科科长

张生堰 北京市地方税务局第二直属税务分局办公室主任科员

李淑卿 北京市地方税务局第二直属税务分局风险应对二科主任科员

王大庆 北京市地方税务局第一稽查局党组成员、副局长

董永生 北京市地方税务局第一稽查局人事政工科副主任科员

金　维 北京市地方税务局第一稽查局审理科副科长、主任科员

郭　洁 北京市地方税务局第一稽查局检查二科主任科员

郑　丽 北京市地方税务局第一稽查局检查四科主任科员

田立军 北京市地方税务局第一稽查局检查九科主任科员

王雅楠 北京市地方税务局第一稽查局检查一科副科长、主任科员

温媛媛 北京市地方税务局第一稽查局检查五科副科长、主任科员

黄斌生 北京市地方税务局第一稽查局检查七科副科长、主任科员

吴　华 北京市地方税务局第二稽查局检查十一科科长

席丽丽 北京市地方税务局第二稽查局检查二科主任科员、副科长

贾鸿志 北京市地方税务局第二稽查局检查三科主任科员、副科长

王　婧 北京市地方税务局第二稽查局检查十科主任科员、副科长

黄　坤 北京市地方税务局第二稽查局业务科主任科员

杨　洋 北京市地方税务局第二稽查局人事政工科副主任科员

庄祁玮 北京市地方税务局第三稽查局党组书记、局长

王　峥 北京市地方税务局第三稽查局审理科科长

韩　璐 北京市地方税务局第三稽查局办公室副主任、主任科员

崔　薇 北京市地方税务局第三稽查局人事政工科副科长、主任科员

周　晶 北京市地方税务局第三稽查局检查三科副科长、主任科员

徐新天 北京市地方税务局第四稽查局检查六科科长

汪中立 北京市地方税务局第四稽查局检查一科副科长、主任科员

王建军 北京市地方税务局第四稽查局办公室主任科员

冯　辉 北京市地方税务局第四稽查局检查四科主任科员

丁　琳 北京市地方税务局税收管理二处主任科员

石剑虹 北京市地方税务局税收管理一处主任科员

付贵全 北京市地方税务局计划财务处副处长、调研员

吕建光 北京市地方税务局直属工会副调研员

朱志刚 北京市地方税务局纳税服务中心副主任

刘寄洲 北京市地方税务局纳税服务中心主任科员

闫小荣 北京市地方税务局资产管理处主任科员

苏　佳 北京市地方税务局政策法规处副处长

李任斌 北京市地方税务局大企业税收管理处副处长

李宗定 北京市地方税务局纳税服务处处长

杨建宁 北京市地方税务局纳税服务中心主任

科员

杨　涛　北京市地方税务局收入规划核算处主任科员

吴　澄　北京市地方税务局非税收入管理二处主任科员

冷文娟　北京市地方税务局宣传中心副主任

宋　迎　北京市地方税务局征管和科技发展处主任科员

宋学鹏　北京市地方税务局数据管理处主任科员

宋　航　北京市地方税务局党建工作处主任科员

张　卉　北京市地方税务局基层工作处处长

张　辉　北京市地方税务局机关后勤服务中心主任科员

武立煌　北京市地方税务局计划财务处处长

林丽丽　北京市地方税务局保卫处主任科员

林　娜　北京市地方税务局纳税服务处主任科员

郑　颖　北京市地方税务局税收管理二处副处长

孟　刚　北京市地方税务局非税收入管理一处副处长

赵　欣　北京市地方税务局机关后勤服务中心工人

秦　一　北京市地方税务局国际税务管理处主任科员

晋春辉　北京市地方税务局督察内审处主任科员

殷　佳　北京市地方税务局人事处主任科员

高丽英　北京市地方税务局离退休干部处调研员

高　婧　北京市地方税务局纳税服务中心主任科员

郭仕成　北京市地方税务局资产管理处主任科员

黄建达　北京市地方税务局研究室主任科员

梁　磊　北京市地方税务局基层工作处副主任科员

解　民　北京市地方税务局办公室主任科员

蔡　莹　北京市地方税务局税收管理三处主任科员

嘉奖人员（1762 人）

北京市东城区地方税务局（152 人）

冯悦军　刘顺林　周　敏　杨　光　王强生
岳冬至　刘鸿雁　王振松　马　特　闫　宏
李京燕　鄢为公　邓燕霞　孙　鹰　潘　勇
杨爱军　汤月霞　赵长忠　张　娜　李　杰
潘　欣　丛莉莉　赵去非　曹惠峰　王明阳
娄　峰　李献民　郭朝晖　何　颖　孙　伟
胡庆捷　许志江　袁眣昕　白　虹　徐　戎
王秋利　张　矢　王晓强　何永平　吴丽华
马军利　侯　悦　高振生　周　平　丁和平
张　健　左　东　马　全　隗和宝　许春雷
张　杰　谢利新　侯继军　李晓芳　张　旗
王　悦　李　颖　王小红　张　鲁　胡修榕
周秀淳　滕宇峥　赵文萍　战　钧　李　敏
王雨农　哈英霞　周朝晖　郑　妍　沙　煜
黄洪波　王　巍　赵红云　赵　华　林　奕
刘晓宇　马清宇　李　娟　王　娜　朱悦扬
马　姣　戴利民　吴　榕　陈　希　高瑞清
卫　军　郝卫红　宋朝亭　李军华　刘立志
汪　月　刘　京　刘　巍　王　鹏　郭　爽
罗　俊　崔竞丹　张信军　岑　明　罗　春
王　琤　魏长军　刘雪娟　张晓刚　周　涓
尹娟娟　黄训文　李燕梅　郭　翀　刘　臣
张苑飞　孟妍依　任　飞　邢　伟　安　婧
安　萌　张兰迪　李爱军　李　佳　付春林
张释元　王红岩　李艳征　张连波　韩利强
邢　军　温希阳　朱晓帆　宋笑暘　王　春
林嘉音　陈　硕　李彦泽　冯明华　徐怀伟
王　勇　牛　龙　张俪秋　殷　琦　张　猛
张　颖　张海明　刘　静　付梅芳　陈　芳
刘燕红　张　倩　龚　战　马丰宝　李志强

刘劲松　李洪刚

北京市西城区地方税务局（161 人）

王敬丰　李冬梅　王勇超　王献波　王淑华
何全荣　宁永东　王卫平　吴薇薇　杜　敏
崔高军　贾海涛　王丽曼　王德志　刘清龙
陈　涛　蔡志兵　王宝新　佟　农　周凤斌
周　峰　刘　玢　初树东　姚志红　孙丽华
李海健　姚玉兰　张向阳　石　红　王春禄
石瑞娟　张剑峰　柳兴涛　曹　荣　王经伟
薛淑芬　杨辉林　刘　怀　汝桂华　杨宏友
曹艳红　覃　怡　刘　夏　张朝晖　姜　超
张京燕　刘　煜　任　静　齐玉荣　商　迪
顾海云　桂　丹　牛晓峰　杨　璐　宋　晶
王小宇　史鲁萍　张　涛　王维茂　袁　泽
吕　娜　胡越智　刘　宁　湛　江　郑乐津
张　鹏　周永香　冯　宁　陈康义　王宗业
杨连洁　罗晓煜　房元亮　蔡　军　冯　玮
李晓琳　刘秀兰　卜晓春　刘德健　蒋　剑
孙红玉　田　娇　赵香婷　刘一瑶　徐　姣
孙玉婷　赵　滟　张　晓　仇建华　马荣华
张　炜　王宝英　张　妮　丁秀丽　曹耀英
菓春雷　肖　萍　李凤英　刘炳惠　陈　丽
张燕洁　李　晶　苏　建　史　彩　王　群
徐　冉　于文涛　刘玉芹　张　迪　穆丽萍
马　鹏　石文正　高昕予　胡晓东　任少涛
田　斐　朱　烨　杨秀坤　李红梅　吴　彬
赵文凤　王　东　王婉菁　吴剑华　黎　阳
黄鹏远　谢　冰　李　华　王　雷　刘　昊
张　燕　曹艳红　郑　茜　朱颖微　韩　鹏
张书军　耿　菲　郝治国　任媛媛　李红艳
刘培伟　殷比学　沈　莉　郑家国　赵小琴
王　卉　冯　燕　龚春梅　王龙欣　任　芳
孔少一　姜　琳　贾蝶君　高　欣　潘　宏
薛　平　李春娜　刘莉娟　许　芳　刘兆东
魏延凯

北京市朝阳区地方税务局（155 人）

王星辰　郑　志　单　亮　白　晓　张草原
施洪根　张方红　王卫红　张满武　刘一平
谷玉森　常兴梅　王一博　郭文玲　安春茹
周　震　蔡敬华　党国荣　康素平　王建国
陈　蕾　孙　青　孟京红　崔永合　佟华羽
李宝新　宋建华　余雪辉　张　丽　田　蔓
秦亚峰　王　静　王　祎　柴晨杰　张　培
李　鹏　刘京朋　史蓓蓓　张一坤　刘京铃
詹　烜　刘　鹏　杜则煊　张艳鹏　杨囡娃
孙浩然　李生河　王　轩　马莉莉　刘晓晖
殷　燚　李　方　颜洪立　魏　欣　俞　立
刘　静　赵　超　何芸芸　徐　燕　王立志
王艺璇　卢妍妍　杜　林　高淑霞　孙国升
张文军　朱海燕　于　洋　张贺钰　玄玉凤
梁　策　游江南　秦晓丹　王秋辰　李　丹
张　靖　王　健　夏　乐　苏子芸　张宁亭
云　姣　许树青　胡建新　王　伟　赵海洲
祖　拓　苏　立　封致海　宋利英　兰　岚
贾晓静　徐　镠　蒋秋萍　贾雪飞　郝维龙
徐思祁　沈　崟　张　云　杨洪瑞　张榕华
王　洋　邵长胜　季学辉　赵敏君　刘　峰
郭雪静　刘兆洋　刘立群　肖　燕　杜建忠
杨莉洁　魏连芹　安江涛　刘　姝　陈　旭
陈　青　许　楚　孟丽娜　刘　欣　马　冬
葛　岩　赵群立　宋　辉　王　铮　柳世琦
芦金灵　魏永亮　陈建新　马　萍　李　蓓
杨柏林　梁　玮　黄潇楼　冯小磊　丁乐婵
赵赛花　王大江　于莉梅　魏朝辉　李晓宇
李世芳　丁继锋　王一玎　井宏宇　孔　方
程宏娟　鲁芳菲　何亚军　兰巨海　郎菁炜

刘卫东 赵 培 王学师 陈延军 王京生

北京市海淀区地方税务局（159 人）

魏 平 周 杰 冯大灏 赵 庆 喻 才
刘 海 单荣艳 汪 焰 王 超 卢中军
郭淑红 张 力 包 威 金晓喆 严 海
王 永 祖建国 宋沈燕 魏 琪 于海涛
李 芳 陈宋军 张铜海 白小刚 徐冬柏
娄苏湘 张甫荣 魏秋霞 黄晓晖 刘小贤
李 前 许梅珍 田 力 刘霭丽 张国深
鲁海波 黄 莺 陆林峰 陈群英 武励谦
齐秋麟 高振安 吕义平 丰 梅 段雪梅
姜爱民 孙凤鹏 毛 婧 刘 聪 叶大鹏
马希敏 刘红艳 栾 海 王志稳 张 莹
邢 堃 樊 涛 周 夏 张玉友 鞠 丽
张 宁 刘 阳 杨志力 王鹏慧 周铭松
聂 刚 姚一宁 于雪雁 李 昆 赵 震
孙 静 张 策 石 晶 于 晴 王 坚
陈 曦 匡红梅 刘风雷 刘沛杰 杨林宏
赵亦婷 张 愚 邵丽梅 高冬洁 赵东升
田 佳 刘 静（女）郝志斌 李 瑶
李静伟 孟 欣 陈 明 范本军 郝 爽
蔡 玢 刘洁璇 刘世杰 刘思捷 申 辉
杨金然 姚 乐 万代玉 王丽华 史晓莉
赵健文 张晶晶 赵 磊 王 征 李 彬
吴志英 赵 薇 刘玉学 侯晓宇 张力立
金 洁 朱 雯 王菁菁 焦 阳 张唯唯
边占英 李宝刚 宁 娜 王云芝 李德金
张晶晶 徐佩雯 赵春晖 张菁月 贾耀东
汪 冲 吴光权 李闻江 王 瑜 路 岩
王顺田 郭 婷 李 莉 王柏松 付建政
张海荣 宋文霞 刘建团 鲁秀丽 郭红亮
张 莉 刘 静（男） 张 男 罗丽梅
高希帼 仝 欣 张 宏 孙玉梅 邵春红
张 硕 王红宇 邓力威 杨晓光 郭孟良
文正喜

北京市丰台区地方税务局（101 人）

何汉杰 李枕戈 何英杰 高 立 迟 兵
闫发华 王朝辉 赵士平 谢 超 孙汝林
任 崴 高恩顺 王维民 李秀芝 朱翔宇
张勇芬 于圣睿 蒋 涛 李凤霞 叶国三
段仁宗 王意晶 张晓辉 胡秀芳 杜为东
梁鄂荣 曲继春 张建仁 于常义 王保忠
马德莉 高 婧 张 勇（税政二科）
魏 昕 魏雅娟 朱 瑾 王秋菊 赵晨然
杨 璨 李 颖 尹佳奇 李兴宇 张 素
曲仕佳 郝奎英 董胜凯 张丽莉 张 华
于秋萍 李佳琦 朱海军 王婷蕊 王静思
常福阳 郭 祎 潘久来 汪国庆 刘宗京
朱大强 谢 平 韩建新 潘通华 丁天华
赵 嘉 陈晋培 李 征 张 焓 王 鹏
于晓云 闫 薇 吴俊荣 孟炳煜 李峥奋
文 靖 穆 聪 郭春龙 刘 敏 朱云飞
祁彩云 郭宏伟 于泓旭 权太清 吴 思
王超恒 朱广涛 张 震 张 烨 段建超
栗桂芬 王建军 郭长山 张 洁 张 然
郭晓刚 杨耀辉 牛文静 李庆来 李尊刚
刘泉林 李晓闯 刘国平

北京市石景山区地方税务局（67 人）

李 娜 杨建中 程万春 杜 鹃 赵京生
刘亚军 刘景勤 吕朋元 马建军 肖 进
姜连合 张伟东 张进伟 郭德生 高庆华
韩 巍 高文玲 魏凯东 杨知凝 高 杰
李卫锋 展 宇 杨 娜 李世兰 郭 玲
韩旭阳 胡 薇 王洪杰 申凤平 阚晓芳
胡淑华 许 敬 吴 鹏 吴 娟 杨 洋

刘　军　蒋晓霞　段立娜　苏　婧　董明霞
杨　凤　李长有　修　明　李居罡　吴金华
刘璧瞳　张俊良　贾小雪　袁建生　何艺岚
赵东雯　石存军　靳雅莉　唐元彬　王志洲
陈飞飞　刘　滢　毕祥林　陈万东　赵　辉
游爱斌　何　虹　张建青　杨思源　王光跃
吕晓娟　张立新

史小晨　沈　岩　袁　伟　计　渊　刘先伟
徐建红　王　岩　刘　琳　王一莎　王　莹
于　彬　李明杰　张宝桂　马京玲　肖　瑶
韩　兵　张　军　李伟中　赵　媛　吴　萌
杜　鹏　马兴军　赵　伟　刘　莹　王　琛
杨　扬　穆宇明　周　心　曹安民　车绍家
李荣伟　魏　鹏　张剑勇

北京市门头沟区地方税务局（57 人）

史瑞阳　范文书　李文夏　齐　振　刘宇辉
王晓娟　谭　炜　连维芝　尹立志　刘洪杰
张　强　刘震平　林志平　王宝辉　李　萌
李彩虹　刘博璇　周忠华　吴　雁　韩晓璐
贾永红　岳思彤　刘红楚　刘怡潇　黄文娟
顾广明　刘　静　黄小航　周晓东　岳洪生
高艳红　王　时　闫宏江　李欣然　郭忠旗
林　莽　程　燕　杜　涛　杜　彪　杜　明
田金刚　刘惠敏　马清刚　韩生学　王生玉
曹玉倩　李　平　宗晓菲　张　瑰　李全力
王关忠　王　晶　李　娟　孟祥杰　李天下
赵立刚　李全来

北京市通州区地方税务局（88 人）

马　岚　蒋凤德　薛贵林　张福连　杨传良
吴少华　何　龙　高　颖　李　京　苏　剑
张朝晖　孙士伟　郑　杰　高红建　刘保先
王建全　李艳玲　阮晓华　安立波　郑士明
张秀英　张　艳　周佩芸　郎景新　韩宗禹
张文彬　赵　珍　贾玉婷　孟旭凤　居秀楠
李　柏　李芯蕊　居敬谊　毛京源　张宝亮
吴大鹏　骆　慧　张　江　周小东　裴艳春
翁　磊　陈永博　谭　红　房　蕊　牛　艳
颜松筠　李莉森　舒　畅　王春华　王雪梅
陈　帅　闫枝青　蔺晓敏　魏　玮　肖翔宇

北京市顺义区地方税务局（84 人）

刘佩书　赵学武　马亚峰　杨录平　张福泉
汤友军　杨文柱　牛连富　焦立华　王　娟
付铁成　曲艳军　蒙学飞　胡总营　高俊平
单桂华　康海潮　李广海　何先颖　卢俊忠
孟云祥　张春艳　王　静　赵月平　丁　健
李德勇　孟昭辉　岳志国　张文胜　王晓瑜
刘晓东　张　上　蔡爱玲　吴继录　李向雨
张金辉　王维谦　崔　远　孙绍海　田　甜
张彩艳　李继学　刘海忠　杜文华　蔡永旺
王　昕　崔　艳　沈媛媛　刘春香　邢玉坤
王　然　闻　雪　彭颂梅　宋立国　史洪春
李　欣　李国孝　谢广星　梁永红　邢　超
路　佳　李　淼　蔡冬青　王丽倩　姚美琪
王　涛　李正永　杨凤岐　王春耕　柯静源
金鸿蕊　李伟昊　于家刚　岳行早　王瑞康
李　祎　王永乐　王　凯　于洪妍　洪　伟
刘合欢　张孝昆　宣亮华　韩凤臣

北京市怀柔区地方税务局（61 人）

张艳东　王晓东　蒋学颖　崔贤良　胡东新
高满强　李东明　陈铁勇　刘文红　曾轩鸿
高希东　邢利萍　万向明　张军伟　李　冰
张凤连　张媛凤　袁德新　葛　妍　王艳红
石振波　齐立红　王国政　马　穆　陈国栋
杜少春　马桂英　刘长江　萧海涛　彭晓红

李成春 张海丽 付中喜 王 伟 张翠竹
贾雄华 郝 鑫 张丽娜 穆 森 金 峰
刘 娜 张 腾 王 丽 郑志强 赵 明
袁建民 李保所 李 宏 郭瀛海 董建侠
袁海剑 李洪生 王翠敏 胡克军 穆玉东
张学强 王伯华 于庆旺 张 健 刘凤武
邴 飞

北京市平谷区地方税务局（61 人）

李 强 牛广荣 闫国旺 冯振亮 王海旺
胡海军 马睿智 王宇锋 许方亮 张立元
张静涛 秦亚栋 陶小军 付 满 董金石
林艳海 唐兴晔 霍志杰 黄 超 张斐然
隋巨兵 张海波 刘金成 卢春启 齐自华
王 宾 于东升 王洁明 王晓洁 马志权
杨 爽 张志霞 刘 璐 张冬云 张晓东
王永波 于存卫 陈小晶 陈 晨 陈来成
郭 杰 方 华 任国龙 袁素慧 贾广德
赵丽萍 赵晓玉 张桂明 李 蒙 李秀君
张桂云 刘海燕 徐 静 马九立 耿德宝
陈革红 冯德强 刘劲利 赵永胜 齐自胜
赵 成

北京市房山区地方税务局（64 人）

张月红 邵玉贤 张 征 张文勋 罗克伦
李 玮 张振领 王艳荣 刘建光 陈凯朋
刘德辉 王 赞 刘劲松 马铁柱 蔡子龙
方玉杰 朱 磊 马洪珊 杨 声 陈顺起
穆希星 田 野 王晶晶 敬瑞兰 刘建强
朱文杰 高国兵 靳敬邦 穆希革 石怀记
毛亚东 解俊霞 韩 笑 康静岚 张宏丹
崔 海 杨文景 李惠荣 张华武 徐晓君
徐 中 齐安忠 温 明 李 伟 王天祎
刘 伟 刘婷婷 顾 靖 沙 健 杨则凤
缴文雯 张 斌 董婷婷 隗功勤 刘 研
陈彦君 王正林 刘志刚 高志勇 袁雄清
梁甫忠 范立新 张建东 隗少勇

北京市昌平区地方税务局（79 人）

华 方 董立彤 张 健 尚红卫 宋云飞
李冬翠 邹玉涛 邱 瑞 冯浩宇 苏 军
王 征 赵宁宁 张秋菊 黄 勇 周光利
房永飞 杨照辉 谭泽栋 张 杰 秦利山
曹英杰 雷坐平 王柯方 张海祥 李 静
李爱红 李永峰 张友刚 李 悦 刘 伟
毛海明 冀小春 陈 都 李 欣 苑晓伟
李 妍 刘玲玲 宋林玉 王 刚 杜晓颖
李永红 蒋风中 林尚佳 王 榕 陈 跃
付振宽 刘文丽 陈新国 王昌俊 沙 宁
于 辉 郅媛媛 马继文 张 璐 王 静
刘兴中 高文静 李 虹 巩 颖 李 旻
马金龙 高 朋 刘 佳 刘国军 魏 凯
李春芳 王雅楠 凌艳伟 谭 华 冯玉梅
郑 林 莫晓东 韩 莉 张 勇 赵 斌
安 莉 陈保生 李全武 李士文

北京市大兴区地方税务局（80 人）

范思永 常永健 张龙增 方细军 李 强
金意庆 张晓健 多葛廷 戚卫东 赵建文
刘 宏 刘 鑫 马立广 单达成 李 强
黄 焱 周大勇 钱桂法 周海波 王 钢
周精华 张志刚 崔海燕 苏莎莎 王 凯
宋学茹 于雪荣 周玲玲 商琳楠 张珏华
李永生 陈雅珍 李晗珺 雷丰荧 邢友军
高维波 杨晓丽 刘英姿 肖 涛 陈 洋
李会祥 赵 健 陈萌萌 李婕颖 张建军
王长春 张卫彬 王 龙 郑建华 张 垚
康立艳 张 斌 张 娜 王 爽 陈玉娟

刘光伟 郭文琪 谷 月 李若晨 李 阳
白云峰 张 彬 余 宏 郭卫东 常树华
陈 颖 马国春 曲丽嘉 崔 剑 骆 宇
王 艳 郭武军 杨 磊 赵洪伟 罗方兵
王玥琦 王占国 张 静 杜志勇 王凌明

北京市密云区地方税务局（64 人）

姜学东 关红革 祝自佳 李春明 王 丹
高宪东 刘中伟 郝占武 孙桂春 于永生
王小兵 闫莛骁 郭 红 冯元文 赵玉良
温知新 王海源 武学军 王铎桦 嵇利萍
吴喜欧 王万红 毕迎宾 王一行 刘 杰
冯 靖 康小梅 晁怀义 李雪生 郭翠琴
曹新颖 李东华 曹 哲 沈卫明 王小利
孔 莉 张贺文 王 冲 李晓明 张文华
娄金禄 张宝华 王纪伟 马丽娜 李亚松
付华振 李 忠 王媛媛 王 鹏 于 泓
王 茹 蔡建华 于立新 吴志强 付玉宝
付宗林 刘春国 陈书平 王惠云 张志文
夏仕新 赵晓军 单树林 刁连宝

北京市延庆区地方税务局（51 人）

王 竺 訾秀伶 李峥艳 刘文慧 张 森
崔 祥 李爱祥 林杜娟 李海涛 郎峻峰
郭建刚 张育才 张 涛 吕九苓 席建国
程学明 李红星 刘佳音 朱文苑 张 祥
陈春义 王自虎 熊兴明 闫民利 于 洋
胡 蕊 袁 芳 赵维薇 苗 青 徐丽娜
刘文军 吴晓静 郭 慧 马秋荣 耿 玮
要 鑫 卢菲菲 李素东 杨 岭 马 俊
周吉明 杨春峰 李 娜 闫金有 曹文杰
崔纪书 常 巍 席维利 刘永军 聂永政
陈建军

北京市地方税务局燕山分局
（第六稽查局）（19 人）

高大为 马志林 贾生元 石海峰 王 益
王金辉 张会英 姬志伟 李 杰 刘雪梅
廖 岩 史利英 苏海燕 周玉冰 郭守桢
张凤洁 孙 健 林 虎 屈 铠

北京市地方税务局开发区分局（24 人）

刘凤彬 杨卫利 高 峥 庞振生 段 刚
安 娣 许石权 丛 林 野亦田 李 洋
李春澍 陈 晔 王京川 陈凡祎 陈 旭
赵 晨 杨云先 王建瑞 刘宏超 张 莹
左 皓 肖红亮 司丽娜 姚双全

北京市地方税务局第一直属税务分局
（第五稽查局）（19 人）

但启明 朴绍哲 朱炜立 赵 瑾 韩 敬
王新颖 刘明辉 王志卉 陈松岭 吴国红
彭智颖 王宏涛 曹艳娟 李 超 朱 伟
张兆星 刘 冰 刘靖冰 逄 博

北京市地方税务局第二直属税务分局
（西站分局）（16 人）

李广生 王 旋 杨 宁 裴立雪 苑仲凯
肖 健 王宗惠 崔 颖 郑莉莉 姚晓群
赵红欣 张伟莉 严 璐 李 洋 黄 冠
刘 薇

北京市地方税务局第一稽查局（25 人）

张 争 姬利新 车 毅 易守权 邵秋英
张继颖 毕 岩（大） 何 倩 蔡 坤
李南南 李 超 佟万军 毕 岩（小）
王春海 张朝晖 郭永斌 徐 民 高 洁
王云芳 于 薇 颜 岩 刘 森 姚 凯

孙华斌　张　鹏

北京市地方税务局第二稽查局（26 人）

左春锋　王国红　靳　辉　王红岩　尤鹏南
靳　杨　张　玮　王长余　陈文红　徐　珊
杨　帆　王乐乐　严铁蒙　刘　骁　甄亚利
陈　悦　谢　薇　王　鹏　陈　明　李成飞
胡柏群　赵景莲　彭　娜　乔　蕾　王继清
刘学忠

北京市地方税务局第三稽查局（20 人）

葛海清　马荣军　张　皓　刘维兵　刘　函
刘　悦　刘　丹　边建铃　隆　静　申　勇
王　苏　胡春华　崔　密　丁　红　魏　薇
张　璇　廖绪林　胡爱民　许　超　张　庆

北京市地方税务局第四稽查局（19 人）

苏　雷　李　猛　贾彦桢　陈星云　毛耀丽
李　嘉　杜霄霄　王妍彦　聂　欣　高　欣
彭　勃　赵卫江　曹心怡　李钰瑾　张　谧
庄　恒　张大伟　宋卓晨　吴广东

市局机关（110 人）

于银涛　于锡陵　马　强　王　扬　王旭刚
王　冲　王庆安　王利平　王宝明　王　珊
王艳红　王晓玲　王　萌　王晨曦　文德生
邓　晖　龙周青　叶　明　付　思　付晨光
邢志红　朱海波　刘　畅　刘　洪　刘振声
刘　超　刘　雄　齐全伟　关　芯　许亮亮
孙丽莉　李卫勇　李文芳　李　冰　李志刚
李思峰　李　科　李　勇　李晓玲　李雪琦
李铭怡　李章会　杨会来　杨振忠　杨　海
杨　硕　豆　辉　肖　凝　吴海婷　沈　媛
张力伟　张文沂　张永利　张　红　张连勇
张林英　张佳会　张俊豪　张　彬　张　博
张　雄　张皓晨　张　婷　张　雷　张　攀
邵　凌　周晓梅　周晨功　周惠平　周　聪
郑光义　郑薇薇　单梓恒　屈轶坤　赵　康
胡建荣　姜立洋　姜惠丽　秦思洋　袁子明
莫　飞　贾　悦　徐以超　高　峰　郭天明
郭军霞　郭　玢　海　宏　涂　珍　黄震良
梅　方　曹艳群　常　征　崔国臣　崔建民
崔　萌　康　宁　康红勋　葛　玮　蒋　宁
蒋　蓓　程艳琳　傅京芳　靳　蕾　蔡春坡
裴　旸　廖　敏　鞠　婷　魏　欣　魏　峥

（按机构顺序、职务层次排序）

（殷　佳）

2017 年度北京市地税系统政务信息工作考评通报表扬名单

一、信息工作优秀单位（24 个）

北京市地方税务局收入规划核算处
北京市地方税务局征管和科技发展处
北京市地方税务局税收管理二处
北京市地方税务局稽查处
北京市海淀区地方税务局
北京市通州区地方税务局
北京市西城区地方税务局
北京市房山区地方税务局
北京市朝阳区地方税务局
北京市顺义区地方税务局
北京市丰台区地方税务局
北京市东城区地方税务局
北京市大兴区地方税务局
北京市密云区地方税务局
北京市昌平区地方税务局
北京市石景山区地方税务局
北京市怀柔区地方税务局
北京市平谷区地方税务局
北京市延庆区地方税务局
北京市门头沟区地方税务局
北京市地方税务局开发区分局
北京市地方税务局第一直属分局
北京市地方税务局第二直属分局
北京市地方税务局第四稽查局

二、优秀信息工作者（35 名）

北京市地方税务局收入规划核算处 林　虎　王轶群
北京市地方税务局征管和科技发展处 崔　宏　崔　萌
北京市地方税务局税收管理二处 杨　頔
北京市地方税务局稽查处 葛　玮
北京市海淀区地方税务局 冯健勃
北京市通州区地方税务局 王　烨　郭　奇
北京市西城区地方税务局 王宗业　于　莉
北京市房山区地方税务局 晋凯丽　王天祎
北京市朝阳区地方税务局 王思檬
北京市顺义区地方税务局 张　上
北京市丰台区地方税务局 刘紫晨　石冬冬
北京市东城区地方税务局 孙　岩
北京市大兴区地方税务局 李元凤
北京市密云区地方税务局 陈　乾　赵志威
北京市昌平区地方税务局 高　翔　韩晓君
北京市石景山区地方税务局 许　敬
北京市怀柔区地方税务局 葛　妍　张　腾
北京市平谷区地方税务局 战香名　李冬莲
北京市延庆区地方税务局 王　超
北京市门头沟区地方税务局 王梓璇
北京市地方税务局开发区分局 李春澍　郑德霞
北京市地方税务局第一直属分局 李　静
北京市地方税务局第二直属分局 李　洋
北京市地方税务局第四稽查局 黄　斐

大事记

北京市地方税务局大事记（2017年）

1月

3日

北京市地方税务局局长杨志强一行到西城区地税局检查党风廉政建设责任制落实情况。

4日

北京市地方税务局局长杨志强一行到石景山区地税局检查党风廉政建设责任制落实情况。

5日

北京市地方税务局党组书记刘江平主持召开2017年第1次党组会议，会议原则同意推荐杨志强作为北京市出席党的十九大代表候选人提名人选，基层工作处提出的2016年度北京市地方税务局领导班子成员个人绩效考评工作建议和《2015—2016年度北京市青年文明号候选单位》名单；会议同意人事处提出的对43名符合晋升处级非领导职务资格的人员进行民主推荐和考察的工作建议；会议还讨论了巡视整改工作情况。

6日

北京市地方税务局召开残疾人就业保障金2016年收入情况和催报催缴办法专题会议，会议听取非税收入管理处关于2016年保障金收入情况分析的报告，并围绕保障金催报催缴暂行办法展开讨论研究，局长杨志强、副局长唐学军参加会议。

北京市地方税务局举行税收文物捐赠仪式，收藏家李明龙先生向北京税务博物馆捐赠200余张清代以来的各种发票，副局长吕兴渭为李明龙先生颁发税务博物馆专家委员会顾问聘书，局长杨志强出席捐赠仪式。

9日

北京市地方税务局举行税收文物捐赠仪式，中国嘉德国际拍卖有限公司向北京税务博物馆捐赠一批珍贵文物，包括元代银锭、解放区钞票及税票、执照及凭证等共计165件，局长杨志强、副局长吕兴渭出席捐赠仪式。

10日

北京市地方税务局党组书记刘江平主持召开2017年第2次党组会议，学习中共北京市委组织部关于认真贯彻落实《党委（党组）讨论决定干部任免事项守则》的通知精神，传达贯彻全国税务系统大企业税收管理工作会议精神并作相关工作部署；会议原则同意法制处提出的推进总法律顾问试点工作建议、《北京市地方税务局进一步推行总法律顾问制度工作方案》和《北京市地方税务局总法律顾问工作规程（试行）》，机关党委办公室提出的《2016年北京市地方税务局基层党建工作述职评议实施方案》，机关后勤服务中心提出的《北京市地方税务局公务车辆使用管理暂行办法》；会议还讨论了巡察工作和处级领导干部到基层蹲点调研工作。

北京市地方税务局召开2017年第1次重大税务案件审理会，会议审理了第一稽查局、第四稽查局、平谷区稽查局查办的5个案件，并对下一步工作提出要求，局长杨志强主持会议。

11日

北京市委副秘书长、市委办公厅常务副主任余卫国带领检查组到北京市地方税务局进行2016年度北京市党风廉政建设责任制检查考核，杨志强代表北京市地方税务局党组汇报落实党风廉政建设责任制情况，检查组就北京市地方税务局领导班子、主要负责人及其他班子成员在学习教育、约谈提醒、监督检查、抓早抓小、“三重一大”“四种形态”、创新性工作等方面的落实情况进行深入了解，并与北京市地方税务局领导班子部分成员和处室主要负责人进行个别谈话。

12日

公安部经济犯罪侦查局一行到北京市地方税务局就税警联合工作开展调研。

12日—14日

北京市地方税务局局长杨志强参加全国税务工作会议暨党风廉政建设工作会议。

13日

北京市地方税务局局长杨志强、副局长王炜、总经济师沈永奇参加市人大代表、政协委员询问咨询活动。

北京市地方税务局纪检组长张靖明参加全国税务系统党风廉政建设工作会议。

税务总局向北京市地方税务局下达2017年收入目标为3280亿元，比上年增长11.7%。其中，中央级1311亿元，增长12.2%；地方级1969亿元，增长11.3%。

14日—16日

北京市政协召开十二届五次会议，北京市地方税务局党组书记、副局长刘江平当选为北京市政协十二届委员会常务委员，被任命为民族和宗教委员会主任。

16日

大连市地方税务局总会计师高立中一行到北京市地方税务局调研，副局长唐学军出席调研座谈会议。

17日

北京市地方税务局局长杨志强就加强基层党建、税源管理和金税三期工程运行等方面工作到房山区地税局阎村税务所进行调研。

18日

北京市地方税务局局长杨志强、副局长唐学军到第二直属税务分局走访慰问。

北京市地方税务局与市无线电管理局正式签订委托代收协议，自2017年2月1日起，北京市地方税务局代收全市无线电频率占用费，收费标准和收缴期保持不变。北京市地方税务局副局长唐学军、市无线电管理局副局长李建军代表双方单位签订委托代收协议，北京市地方税务局局长杨志强、市无线电管理局局长陆恭超出席签约仪式并致辞。

19日

北京市地方税务局机关2017年离退休老干部新春团拜会在国谊宾馆迎宾楼举行，局长杨志强，副局长吕兴渭，纪检组长张靖明，副局长王炜、唐学军，总经济师沈永奇，副巡视员杨文俊、郭筑明、周上序出席团拜会，李加里、张富珍、孙振刚、吴鼎、王京华、杨春萍、王勇生等老领导、老同志参加团拜会。

北京市地方税务局局长杨志强走访慰问老干部张富珍。

国家税务总局下发2016年度绩效考评结果通报，北京市地方税务局在2016年度全国省级地税局绩效考评中，总成绩排名第1。

20日

北京市地方税务局局长杨志强主持召开北京

税收法制建设研究会一届六次会长会议。

21 日—22 日

北京市地方税务局纪检组长张靖明参加北京市纪委十一届六次全会。

22 日

北京市地方税务局机关举办 2017 年春节联欢会，局长杨志强，副局长吕兴渭、王炜、唐学军，总经济师沈永奇，副巡视员杨文俊、郭筑明、周上序参加联欢会。

北京市国家税务局、北京市地方税务局联合召开 2017 年重点税源监控工作部署培训视频会。

23 日

北京市地方税务局召开 2016 年度领导班子民主生活会，市委第 4 督导组组长、市直机关纪工委书记金涛，市纪委第二监察室副主任杨艳华，北京市地方税务局全体领导班子成员参加会议。

24 日

北京市地方税务局、国家税务局召开领导班子新春座谈会，北京市地方税务局局长杨志强、北京市国家税务局局长李亚民从国地税合作的角度，分别总结 2016 年合作成果，共同研究深化国地税征管体制改革、北京财税博物馆筹建等重点工作。

北京市地方税务局副局长吕兴渭带队到北京金隅集团有限责任公司就支持地税部门集中销毁 282 吨库存发票工作表示感谢，并送去感谢信。

北京市地方税务局荣获“2016 年度市级交通安全先进单位”称号。

26 日

北京市地方税务局在市政府系统 2016 年度政务信息工作考评中获得第 1 名的好成绩。

1 月

北京市地方税务局累计完成各项税费收入 546.5 亿元，同比增收 83.4 亿元，增长 18%；完成一般公共预算收入 314.2 亿元，同比增收 43.6 亿元，增长 16.1%；完成税收收入 500.8 亿元，同比增收 78.4 亿元，增长 18.6%，完成收入目标的 15.3%。

2 月

6 日

北京市地方税务局局长杨志强主持召开 2017 年第 1 次局长办公会议，传达中央纪委和市纪委全会及国家税务总局党风廉政建设工作会议精神；研究《2016 年“岗位大练兵　业务大比武”活动工作总结》，2016 年深化国税、地税征管体制改革工作，绩效管理工作 2016 年完成情况及 2017 年工作安排；还研究了《北京市地方税务局税收信息对外提供实施办法（试行）》《存量房交易涉税违法案件税款追征实施办法（试行）》及印花税管理问题。

7 日

北京市地方税务局召开《北京市地方税务局税收案例集》结题会，中国政法大学翟继光副教授代表课题组作结题汇报，副局长王炜出席会议。

8 日

北京市地方税务局局长杨志强、总经济师沈永奇参加丰台区地税局 2016 年度领导班子民主生活会。

9 日

北京市地方税务局组织召开 2017 年北京地税优秀中青年干部培训班训前部署会。

10 日—11 日

北京市地方税务局局长杨志强参加 2016 年度北京市级行政机关和区政府绩效考评会议，代表北京市地方税务局就依法履职和廉政建设情况进行述职。

10 日

北京市地方税务局副局长吕兴渭与市文物局副局长于平就文物征集、文物鉴定及文物市场基本情况等工作进行座谈。

13 日

北京市地方税务局在北京行政学院二分院举行 2016 年新录用公务员初任专业知识培训班（第一期）开班仪式。

14 日—15 日

北京市地方税务局副局长王炜带队赴河南省地税局调研数字人事改革试点工作。

15 日

北京市地方税务局印发《北京市地方税务局关于全面加强组织收入确保 2017 年 1 季度收入平稳增长的通知》。通报 1 月全市收入完成情况，安排部署 1 季度组收工作，以确保全系统 1 季度各项税费收入平稳增长。

16 日

北京市地方税务局副局长唐学军就 2017 年残疾人就业保障金征缴相关问题与市残联副理事长唐海蛟、李树华进行交流座谈。

17 日

北京市地方税务局组织召开 2016 年度全系统绩效管理工作视频培训会，副巡视员周上序参加会议。

北京市地方税务局获得“2016 年度国家安全人民防线建设工作先进集体”称号。

20 日

国家税务总局财产行为税司司长蔡自力就强化税种管理、提升征管效能等方面到北京市地方税务局调研，北京市地方税务局总经济师沈永奇参加调研并作相关工作情况汇报。

北京市地方税务局以“外籍人员个人所得税政策”为主题在“映客直播”平台开展税收宣传直播活动。

21 日

北京市地方税务局召开党组中心组学习扩大会议，传达贯彻习近平总书记在省部级主要领导干部专题研讨班开班式上的重要讲话精神，局长杨志强，副局长王炜、唐学军，总经济师沈永奇，副巡视员周上序参加会议。

北京市地方税务局纪检组长张靖明向税务总局纪检组汇报北京地税系统纪检监察工作情况。

北京市地方税务局副局长唐学军就非物质文化遗产项目在税收方面的问题到北京华方投资有限公司调研。

22 日

北京市地方税务局局长杨志强主持召开 2017 年第 2 次局长办公会议，会议传达学习市长蔡奇在 2016 年度市级行政机关和区政府绩效考评述职述廉会议上的讲话，北京市市级党政机关事业单位会议费管理办法；通报了市政府绩效办 2017 年度市级行政机关和区政府绩效任务编制工作培训部署会会议精神，发放社会治安综合治理一次性奖金的相关情况；研究了“两会”期间安保应急管理工作，《北京市地方税务局 2017 年“便民办税春风行动”实施方案》，外网维护管理工作，《北京市地方税务局股权转让所得个人所得税管理工作规程（试行）》，2017 年预算公开工作。

23 日

北京市地方税务局、国家税务局联合举办在京企业界全国人大代表、政协委员座谈会，北京市地方税务局副局长王炜主持会议。北京市地方税务局副局长唐学军、市国税局副局长郑怀远分别介绍两局工作情况，北京市地方税务局局长杨志强、市国税局局长李亚民参加座谈。

24 日

北京市地方税务局局长杨志强、总经济师沈永奇到北京地税“中关村软件园”数据中心进行调研。

北京市国家税务局局长李亚民，北京市地方税务局副局长唐学军一行走访北京义利面包食品有限公司，与全国政协委员、北京义利面包食品有限公司总经理、北京义利食品公司经理李奇座谈，帮助企业解决在生产经营、税收优惠政策落实、税收征管等方面的问题。

中国社科院专家组就社保费征收体制改革工作到北京市地方税务局调研座谈，北京市地方税务局副局长唐学军参加座谈。

26 日

北京市地方税务局党组副书记、局长杨志强主持召开 2017 年第 3 次党组会议，传达学习习近平总书记再次视察北京的重要讲话精神，全市组织部长会议精神，《中共中央办公厅　国务院办公厅关于印发〈领导干部报告个人有关事项规定〉和〈领导干部个人有关事项报告查核结果处理办法〉的通知》；会议通报了系统首期中青班的培训情况；会议研究了 2017 年系统工作会议方案和会议材料，2017 年系统党风廉政建设工作会议安排和会议材料，《2017 年中共北京市地方税务局党组党风廉政建设主体责任任务分工表》，《中共北京市地方税务局党组中心组 2017 年理论学习计划》；研究了贯彻落实国家税务总局信访工作会议精神，部署市地税局“两会”期间信访工作安排；研究了推荐北京地方志工作先进集体和先进个人人选；研究了对丰台区地税局和第四稽查局开展巡察工作情况，对浪潮集团 2013—2014 年度缩减 IBM 原厂服务范围的整改工作，延庆区地税局经济责任审计整改工作，行政处罚职责调整工作；研究了《北京市地方税务局关于加强办税服务厅规范化建设的指导意见》，税务档案馆库房增配密集架的事项，《中共北京市地方税务局党组关于 2016 年度干部选拔任用工作情况的报告》，税务博物馆、数据处理中心公开招考事业编制工作人员的事项；研究了朝阳区地税局给予苏泽生、徐晓开除处分的事项，向市委组织部报送到中央金融单位、中央企业挂职干部人选，2016 年度军转干部首次定职工作，人事任免相关工作。

27 日

北京市地方税务局巡察工作领导小组听取第一轮巡察整改工作进展情况汇报，局长杨志强、纪检组长张靖明、副局长王炜出席会议。

北京市地方税务局局长杨志强，副局长吕兴渭、王炜，总经济师沈永奇，副巡视员杨文俊参观北京地税外事工作 20 周年成果展。

北京市地方税务局在北京行政学院二分院举行 2016 年新录用公务员初任专业知识培训班（第二期）开班仪式。

28 日

北京市地方税务局召开北京市地方税务系统工作会议，局长杨志强作题为《全面增强“四个意识”持续深化改革创新推动首都地税事业实现新发展》的工作报告，总经济师沈永奇部署 2017 年组织收入工作。北京市地方税务局领导班子成员，各处室、直属单位、各区（分）局主要负责人，北京市税收法制建设研究会、北京市国际税收研究会、北京市地方税务学会秘书长在主会场参加会议，各处室、直属单位副处级领导干部、各区（分）局党组副书记、群众代表通过视频会议系统在分会场参加会议。

北京市地方税务局召开 2017 年北京市地方税务系统党风廉政建设工作会议，副局长吕兴渭主持会议，总经济师沈永奇传达中纪委七次全会、市纪委十一届六次全会和国家税务总局党风廉政建设工作会议精神，局长杨志强作党风廉政建设工作报告，纪检组长张靖明作党风廉政建设监督责任工作报告。北京市地方税务局领导班子成员，北京市税收法制建设研究会、北京市国际税收研究会、北京市地方税务学会秘书长，北京市地方税务局各处室、直属单位副处级以上领导干部，各区（分）局正科级以上领导干部、监察科和党办全体人员，北京市地方税务局特约监察员和各处室廉政监督员参加会议。

北京市地方税务局召开2017年收入规划核算专业工作会议，总经济师沈永奇出席会议并提出工作要求。

北京市地方税务局发布《税务所标识元素规范》，对税务所使用的相关标识进行全面规范。

北京市政务服务中心地税服务窗口为北京北控雁栖湖国际会展有限公司办理2017年度新申请设置使用无线电台（站）单位缴纳无线电频率占用费手续，成功开具全市首张地税代收无线电频率占用费缴款书。

1—2月

北京市地方税务局累计完成各项税费收入835.1亿元，同比增收167.9亿元，增长25.2%，完成收入任务的22.4%。完成一般公共预算收入465.7亿元，同比增收74.2亿元，增长19%，完成收入任务的20%。完成税收收入774.7亿元，同比增收161.3亿元，增长26.3%，完成收入任务的22.9%，其中完成中央级税收收入354.4亿元，同比增收92.7亿元，增长35.4%，完成收入任务的26.4%。

3月

1日

北京市地方税务局在2016年全国税务系统绩效考评中获得省级地税部门第1名。中共中央政治局委员、北京市委书记郭金龙在市地税局报送的信息专报上批示：向国税、地税两局在全国税务系统绩效考评中取得的成绩表示祝贺，望认真贯彻习近平总书记视察北京重要讲话精神，再接再厉，为首都经济社会平稳健康发展做出更大贡献。

北京市地方税务局副局长吕兴渭主持召开全系统税收执法大督察工作动员会，局长杨志强出席会议。

北京市地方税务局印发《北京市地方税务局2017年“便民办税春风行动”实施方案》，共确定25项工作任务，推出50条便民措施。

2日

北京市地方税务局党组副书记、局长杨志强主持召开2017年第4次党组会议，会议研究了北京市第十二次党代会代表推荐人选事项；研究了《北京市地方税务局领导班子2016年度民主生活会整改方案》《2016年度北京地税系统党员干部思想和工作状况的调查报告》《2017年北京市地方税务局党组会会前学法计划安排》《2017年北京北京市地方税务局第一党支部工作计划》；研究北京市地方税务局咨询服务平台项目经费及启动采购招标程序的事项，北京地税系统稽查体制改革工作。

北京市地方税务局局长杨志强、副局长吕兴渭到顺义区地税局干部任村第一书记的大孙各庄镇西辛庄村走访调研。

北京市地方税务局与北京国家会计学院签署《战略合作框架协议》《2017年合作事项备忘录》，北京市地方税务局副局长吕兴渭、北京国家会计学院副院长王守军签订协议，北京市地方税务局局长杨志强、北京国家会计学院院长秦荣生出席签约仪式并致辞。

3日

北京市地方税务局召开全系统督察内审工作会议，副局长吕兴渭到会并讲话。

7日

北京市地方税务局副局长唐学军就发挥税收职能作用、服务企业发展到中国民航信息集团公司走访调研。

8日

北京市地方税务局局长杨志强、副局长王炜就基层党建工作到海淀区地税局调研，海淀区区委常委、区委办主任高念东、海淀区直机关工委书记汤新秀参加调研。

北京市地方税务局局长杨志强、副巡视员郭筑明到第五稽查局调研，听取整体工作情况及基层党支部建设情况汇报。

9日

中国人民大学劳动人事学院教授赵忠率专家组到北京市地方税务局调研社保费征收体制改革工作，北京市地方税务局副局长唐学军参加调研。

10日

北京市地方税务局召开第一党支部党员大会暨党建工作述职评议会议，第一党支部全体成员，机关党委、纪委委员，各分局党总支书记参加会议。会上，局长杨志强传达习近平总书记再次视察北京重要讲话精神；纪检组长张靖明传达中央第十一巡视组对北京市开展巡视“回头看”的反馈意见，并对北京市地方税务局巡察工作中发现的普遍和突出问题进行集体廉政提醒；副局长吕兴渭传达郭金龙书记在中央第十一巡视组对北京市巡视“回头看”情况反馈会议上的表态发言。

北京市地方税务局召开《社会保险费征收体制研究》课题研讨会，副局长王炜主持，中国社科院财经战略研究院税收研究室主任、研究员张斌教授汇报课题开展情况，局长杨志强出席。

北京市地方税务局召开全系统税务稽查工作视频会议，副巡视员郭筑明到会并讲话。

北京市地方税务局收到市委《关于刘江平同志职务变动的通知》：2016年12月28日，市委决定，免去刘江平中共北京市地方税务局党组书记职务，调北京市政协工作。北京市地方税务局收到市政府《关于刘江平同志免职的通知》：市政府2017年1月4日第139次常务会议决定，免去刘江平的北京市地方税务局副局长职务。

13日

北京市地方税务局召开全系统纳税服务工作视频会议，副局长唐学军到会并讲话。

14日

北京市地方税务局召开全系统非税收入工作视频会议，副局长唐学军到会并讲话。

15日

北京市地方税务局党组副书记、局长杨志强主持召开2017年第5次党组会议，传达北京市老干部局（处）长会议精神并听取老干部活动中心两年来的工作开展情况报告；传达2017年北京市公务员管理工作会议精神和全市人力资源和社会保障工作会议精神；通报了调整相关北京市地方税务局内设机构的事项；研究了《2017年北京市地方税收调研课题计划》《北京市地方税务局机关公务接待管理办法（试行）》，绩效考评结果运用激励措施；研究了全国优秀共青团员、全国优秀共青团干部、全国五四红旗团支部和北京市五四青年奖章推荐人选，系统2016年度考核奖励工作，人事任免事项。

16日

北京市地方税务局召开全系统征管科技业务综合工作视频会议，副局长吕兴渭主持，副局长王炜出席。

北京市地方税务局副局长唐学军就环保税开

征前建立沟通机制和涉税信息共享平台等工作到市环保局调研，市环保局副巡视员王瑞贤参加调研。

17 日

北京市地方税务局召开全系统数据管理部门工作视频会议，副局长王炜到会并讲话。

20 日

北京市地方税务局党组副书记、局长杨志强主持召开 2017 年第 6 次党组会议，传达学习中共北京市第十一届委员会第十三次全会精神；研究了《北京市地方税务局促进有序疏解　构建“高精尖”产业结构　加强服务保障 20 项措施》《关于积极发挥税收职能作用服务北京城市副中心建设的实施意见》，研究了北京市地方税务局党组党建工作领导小组和党风廉政建设领导小组合署办公的事项，研究了《北京市地方税务局结对帮扶贫困村计划》，研究了风险管理事务中心职能配置的事项，研究了北京市地方税务局部分内设机构调整的事项，研究了人事任免事项。

北京市地方税务局与首都经济贸易大学签署《战略合作框架协议》《2017 年合作事项备忘录》，局长杨志强，副局长吕兴渭、王炜，首都经济贸易大学党委书记冯培、校长付志峰、副校长丁立宏出席签约仪式。

21 日

北京市地方税务局副巡视员周上序主持召开北京市地方税务局税收服务城市副中心建设领导小组第一次会议。

国家税务总局、财政部、国土资源部、住房和城乡建设部、国务院法制办、全国人大预工委联合到北京市地方税务局就契税立法工作开展调研。

市政府印发 2016 年度市级行政机关和区政府绩效考评结果通报，北京市地方税务局在市级行政机关中排名第 1。

22 日

北京市地方税务局局长杨志强、副局长吕兴渭就基层党建工作到石景山区地税局调研，石景山区直机关工委书记李景利参加调研。

北京市地方税务局副局长唐学军就推广使用自助缴税机及开发手机缴税 APP 相关工作到中国工商银行北京市分行调研。

北京市地方税务局召开全系统安全保卫工作视频会议，副巡视员郭筑明到会并讲话。

23 日

北京市地方税务局召开全系统税务所规范化建设推进会暨 2017 年基层工作会议，副巡视员周上序出席会议。

24 日

北京地税微信公众号关注人数达 208650 人，突破 20 万大关，年所得 12 万元以上个人自行申报功能促使粉丝数迅速增长。

27 日

国家税务总局局长王军对北京市地方税务局绩效工作进行批示：“请陆进同志阅示。北京北京市地方税务局绩效管理同时取得条和块两个第一名，既难能可贵，又实至名归，意义多重且重要！请绩效办好好总结和推介。抄志强同志。”

北京市人力资源和社会保障局、财政局就稽查体制改革、经费垂直管理、职务职级制度调整等工作到北京市地方税务局座谈交流，市人力社保局局长徐熙、副局长陈蓓，市财政局副局长韩杰，北京市地方税务局局长杨志强、副局长王炜、副巡视员杨文俊参加座谈。

北京市地方税务局召开全系统宣传工作视频会议，副巡视员周上序到会并讲话。

28 日

北京市地方税务局副巡视员周上序主持召开

2016 年度市政府绩效整改工作专题会。

29 日

北京市地方税务局副局长唐学军就“互联网 +”、大数据应用等问题到百度公司走访调研。

全市首张地税代收无线电频率占用费缴款书由税务博物馆收藏。

30 日

2017 年北京地税优秀中青年干部培训班毕业典礼在国家税务总局党校举行，北京市地方税务局局长杨志强、副局长王炜，税务总局党校纪委书记朱诗柱出席典礼。

清华大学公共管理学院教授杨燕绥率专家组到北京市地方税务局调研社保费征收体制改革工作，副局长唐学军出席座谈会。

市网信办副主任邢建毅就“网红”群体管理工作到北京市地方税务局调研，副巡视员周上序参加调研。

31 日

北京市地方税务局召开全系统财务资产工作视频会议，副巡视员杨文俊到会并讲话。

1—3 月

北京市地方税务局累计完成各项税费收入 1088.8 亿元，增收 205.2 亿元，同比增长 23.2%，完成收入任务的 29.2%。完成一般公共预算收入 632.4 亿元，同比增收 121 亿元，增长 23.7%，完成收入任务的 27.1%。完成税收收入 1016.1 亿元，同比增收 195 亿元，增长 23.7%，完成收入任务的 30.1%，其中完成中央级税收收入 441.3 亿元，同比增收 83.1 亿元，增长 23.2%，完成收入任务的 32.8%。

4 月

1 日

北京市地方税务局直属机关工会召开第四届会员代表大会第二次全体会议暨 2017 年系统工会工作视频会议，副局长、工会主席唐学军到会并讲话。

国家税务总局税收普法示范基地考察组一行到北京税务博物馆调研，查阅税务博物馆申报全国税收普法教育示范基地的相关材料。

6 日

北京市地方税务局召开全系统共青团“学习总书记讲话 做合格共青团员”教育实践动员部署视频会议，共青团北京市委副书记（主持工作）熊卓、北京市地方税务局副局长吕兴渭出席会议并讲话。

北京市总工会副主席韩世春、北京市直属机关工会主席时代新到北京市地方税务局马甸办公区调研，为新建职工书屋和心理健康中心揭牌，北京市地方税务局副局长唐学军参加揭牌仪式。

国家税务总局纳税服务司副司长孙玉山、于耀财到 12366 北京中心调研并慰问北京市地方税务局、市国税局一线话务人员，北京市地方税务局副局长唐学军参加调研。

根据北京市机构编制委员会办公室《关于调整北京市地方税务局内设机构等有关事项的函》《关于同意调整北京市地方税务局票证管理中心有关机构编制事项的函》，北京市地方税务局正式制发《关于北京市地方税务局部分内设机构及直属单位调整的通知》，对部分内设机构及直属单位进行调整，个人所得税管理处更名为税收管理一处，财产和行为税管理处更名为税收管理二处，营业税管理处更名为税收管理三处，票证管理中心更名为风险管理事务中心。

7 日

北京市纪委驻市规划国土委纪检组副组长路金启调任市纪委驻北京市地方税务局纪检组副组长。

10日

北京市地方税务局局长杨志强、副巡视员周上序到通州区地税局调研税收服务城市副中心建设相关工作。

13日

北京市纪委市监委到北京市地方税务局就信息数据共享工作交流座谈，市纪委常委、市监察委委员韩索华，北京市地方税务局局长杨志强、纪检组长张靖明到会并讲话。

北京市地方税务局党组副书记、局长杨志强主持召开2017年第7次党组会议，传达学习《关于推进“两学一做”学习教育常态化制度化的意见》；会议通报了2016年度北京市地方税务局领导班子考核测评结果；研究了2017年北京市地方税务局本级内部预算及“三代”手续费预算安排，2016年督查工作完成情况及2017年市政府重点工作和北京市地方税务局折子工程，防空地下室易地建设费接收工作，2017年处级领导干部下基层蹲点工作，《关于建立北京市地方税务局领导班子成员党建工作基层联系点制度的通知》，征集湖南郴州收藏家段志清财税文物藏品的事项，成立北京市地方税务局风险管理事务中心筹备组的事项，还研究了人事任免事项。

17日

北京市地方税务局召开全系统巡察工作培训会，纪检组长张靖明作题为《坚持问题导向　严格政治体检　推动巡察工作深入开展》的开班动员报告。

北京市地方税务局与市国家税务局联合举办“支持企业‘走出去’风险防控伴你行”税收服务座谈会，国家税务总局国际司司长廖体忠，北京市地税局副局长王炜、市国税局总经济师刘浩出席会议。

北京市地方税务局召开全系统财产行为税工作视频会议，副局长唐学军、总经济师沈永奇到会并讲话。

北京市地方税务局召开第二批试点单位稽查体制改革推进会，郭筑明副巡视员到会并讲话。

19日

北京市地方税务局党组副书记、局长杨志强主持召开2017年第8次党组会议，研究了《北京市地方税务局党组关于进一步加强和改进领导班子建设的措施》《2016年全市党风廉政建设责任制检查考核反馈意见的整改措施》《北京市地方税务局党组第三轮专项巡察工作实施方案》《北京地税系统2017年“岗位大练兵业务大比武”活动实施方案》；研究了2017年人大建议、政协提案办理工作安排，范力军经济责任审计情况，2017年市局考试录用93名公务员的事项，还研究了人事任免事项。

北京市地方税务局、东城区地税局和东城区教委以“税收知识润童心，成就未来纳税人”为主题联合举办“税法进校园”宣传活动，北京市地方税务局副局长唐学军、东城区副区长刘俊彩出席宣传活动。

20日

北京市地方税务局联合市政府新闻办举办提升纳税服务20项措施新闻发布会，局长杨志强出席发布会并介绍20项工作措施整体情况，副局长王炜、唐学军回答记者提问。

北京市地方税务局举办全系统第六届“友谊杯”棋牌赛，副局长吕兴渭代表局机关队参加桥牌比赛。

北京市地方税务局与国家税务总局通过办税服务厅、官方网站同步对外发布2016年度纳税信用A级企业名单。

21日

北京市地方税务局召开总法律顾问试点工作

总结会，市政府法制办主任刘振刚，国家税务总局法规司副司长靳万军，市政府法制办高级法律专务魏力，北京市地方税务局局长杨志强，副局长吕兴渭、王炜、唐学军，总经济师沈永奇，副巡视员杨文俊、郭筑明出席会议。

北京市地方税务局召开全系统虚开个人所得税完税证明专题视频会议，纪检组组长张靖明出席会议并提出具体工作要求。

北京市地方税务局召开 2017 年一季度税收收入形势分析会，总经济师沈永奇到会并讲话。

北京市地方税务局收到中国出版协会颁发的获奖通知文件和证书，《北京地税年鉴》（2015 卷）荣获 2015—2016 年度年鉴编校质量检查评比一等奖。

23 日

国家税务总局督查组到北京市地方税务局开展 2017 年第二次系统督查。

25 日

北京市地方税务局党组副书记、局长杨志强主持召开 2017 年第 9 次党组会议，传达学习《中共北京市委实施〈中国共产党问责条例〉办法》；会议研究了 2017 年一季度绩效考评事项，研究了《北京市地方税务局关于积极发挥税收职能作用服务北京城市副中心建设的工作措施》《北京市地方税务局评选表彰宣传综治先进集体先进工作者工作方案》，还研究了人事任免事项。

市地税局与市国税局共同举办“联合惩戒助推诚信首都建设”新闻发布会，市国税局总审计师雷彤主持会议，市地税局副巡视员郭筑明介绍了北京市税务部门 2016 年联合惩戒工作开展情况。

26 日

国家税务总局副局长孙瑞标就《促进有序疏解构建“高精尖”产业结构　加强服务保障 20 项措施》有关工作开展情况到北京市地方税务局进行调研，局长杨志强、总经济师沈永奇参加调研。

北京市地方税务局召开 2017 年办公室研究室系统专业工作会议，副局长王炜到会并讲话。

国家税务总局收入规划核算司司长杨元伟一行到北京税务博物馆参观调研，重点了解税收票据的发展历史，北京市地方税务局总经济师沈永奇陪同调研。

北京市地方税务局收到北京市地方志编纂委员会办公室和北京市人力资源和社会保障局联合颁发的获奖通知文件和证书，北京市地方税务局办公室荣获北京市地方志工作先进集体，宋勇军荣获北京市地方志工作先进个人称号。

27 日

北京市地方税务局纪检组长张靖明一行廉政回访戴姆勒（中国）投资有限公司。

1—4 月

北京市地方税务局累计完成各项税费收入 1541 亿元，增收 274.6 亿元，同比增长 21.7%，完成收入任务的 41.3%。完成一般公共预算收入 951.6 亿元，增收 173.2 亿元，同比增长 22.2%，完成收入任务的 40.8%。完成税收收入 1436.4 亿元，增收 262.4 亿元，同比增长 22.4%，完成收入任务的 42.5%，其中完成中央级税收收入 558.8 亿元，增收 98.6 亿元，同比增长 21.4%，完成收入任务的 41.5%。

5 月

2 日

北京市地方税务局顺利开具全市首张代收防空地下室易地建设费缴款书。

3 日

北京市地方税务局团委召开全系统优秀青年代表座谈会，局长杨志强到会并讲话。

3 日—12 日

派驻北京市地方税务局纪检组组长张靖明在中国纪检监察学院参加税务系统省局纪检组长培训班。

4 日

北京市地方税务局党组理论学习中心组全体成员到华为北京代表处、中电兴发科技有限公司调研。

5 日

北京市地方税务局局长杨志强到天秀城亿客隆服装商品市场走访调研，并与市场企业有关人员交流座谈。

北京市地方税务局副巡视员周上序主持召开北京地税系统信息专报专题会，副局长王炜到会并讲话。

北京市地方税务局召开全系统后勤工作视频会议，副巡视员周上序到会并讲话。

北京市地方税务局收到市政府《关于唐学军同志任职的通知》：2016 年 9 月 5 日，经市人民政府同意，唐学军结束试用期，任北京市地方税务局副局长，任职时间从 2015 年 6 月 25 日起计算。

8 日

市非紧急救助服务中心主任王传颂到北京市地方税务局咨询服务平台走访调研，副局长唐学军陪同调研。

9 日

北京市地方税务局在北京税务博物馆举行首都税收宣传员聘任暨赠书仪式，副局长唐学军出席仪式并讲话。

10 日

北京市地方税务局副巡视员周上序到《前线》杂志社交流座谈，《前线》杂志社总编辑李明圣参加座谈。

北京市一般公共预算收入突破千亿元，累计实现 1003 亿元，同比增长 23%，完成市政府下达全年收入任务的 43%。

11 日

北京市地方税务局副局长唐学军到燕化公司调研，了解燕化公司排污费缴纳情况以及环境治理措施和成果。

北京市地方税务局副局长唐学军到市环保局环境监察总队调研，了解排污申报收费系统使用情况，就排污费征收系统、流程、缴费人核定等工作进行座谈。

12 日

北京市地方税务局局长杨志强到首都经济贸易大学，以“我市经济社会发展及税收征管法实施情况”为题，为财政税务学院 70 余名研究生作专题讲座。

15 日

全国人大财经委副主任郝如玉到北京市地税局、市国税局调研指导工作，市地方税务局局长杨志强、副局长唐学军参加调研。

“一带一路”国际合作高峰论坛期间，来自哈萨克斯坦、俄罗斯、巴西、OECD 的部分与会税务代表到北京税务博物馆参观，国家税务总局国际司副巡视员俞书春、北京市地方税务局副局长王炜陪同参观。

17 日—19 日

派驻北京市地方税务局纪检组组长张靖明及派驻纪检组全体干部参加市纪委市监委组织的全市派驻机构干部集中培训班。

17 日

北京市地方税务局、市国家税务局首次开展特别纳税调整案件联合约谈。

18 日

北京市地方税务局党组副书记、局长杨志强主持召开 2017 年第 10 次党组会议，传达学习市

委十一届十四次全会精神、王军在纪检组长培训班上的讲话精神；研究了《关于积极发挥垂直管理和属地管理优势不断增强北京地税系统基层党建工作合力的指导意见》，研究了北京地税系统基层党组织换届选举工作，《北京市地方税务局贯彻落实环境保护税法工作方案》，综合治理先进集体先进工作者名单，调整系统党建工作机构设置的事项，向国家税务总局推荐“营改增”试点工作中成绩突出的集体和个人的事项，民主推荐系统正处级领导干部人选，部分区（分）局配备党组副书记的事项，公开遴选 48 人到位工作的事项，2017 年补充录用公务员计划的事项，丰台区地税局给予王晓靖开除处分的事项，还研究了人事任免事项。

北京市地方税务局局长杨志强主持召开 2017 年第 3 次局长办公会议，学习《中华人民共和国网络安全法》，传达《中共北京市纪委办公厅关于十起问责典型问题的通报》；研究了进一步加强教育培训管理工作的事项，稽查制度修订工作，《个人存量房交易业务征收工作规范》，《北京市地方税务局工作人员考勤管理办法》；审议了《北京市地方税务局开展 2017 年日常税收执法督察工作方案》。

《前线》杂志社编辑二部主任魏晔玲到北京市地方税务局交流座谈，北京市地方税务局副巡视员周上序参加座谈。

19 日

北京市地方税务局局长杨志强到西城区地税局第四税务所调研党建工作。

北京市地方税务局召开 2017 年度重点调研课题《税收服务北京城市副中心建设研究》开题会，首都经济贸易大学财政税务学院教授刘颖汇报前期准备工作，市发展改革委研究室主任林恩全、中国人民大学财政金融学院副院长岳树民、《税务研究》编辑部副主任陈双专作为专家分别提出指导意见，北京市地方税务局局长杨志强出席开题会。

22 日

北京市地方税务局累计实现税收收入 1651. 3 亿元，同比增长 21. 9%，完成国家税务总局下达全年税收收入任务 3280 亿元的 50. 3%，提前 39 天实现税收收入任务过半。

23 日

北京市地方税务局党组第三巡察组在怀柔区地税局召开巡察工作动员会，派驻纪检组组长张靖明出席会议并提出工作要求。

24 日

北京市地方税务局局长杨志强、副局长王炜到北京电视台与台长李春良、总编辑王珏、副台长秦华就税收宣传工作进行座谈。

北京市地方税务局举办“行政机关移送案件办法的理解与适用”专题讲座，邀请北京天驰君泰律师事务所高级合伙人王家本律师作专题辅导，副局长王炜、唐学军出席讲座。

25 日

北京市地方税务局局长杨志强主持的 2017 年度重点课题《社会保险费征收体制改革研究》圆满完成结题评审工作。

派驻市交通委纪检组和派驻北京市地方税务局纪检组就深入落实“两个责任”、推进垂直系统纪检体制机制改革工作召开研讨会，派驻北京市地方税务局纪检组组长张靖明、派驻市交通委纪检组组长边伟芳出席研讨会。

北京市地方税务局与北京华为联合召开“自助办税服务终端进驻华为揭幕仪式”新闻发布会，副局长唐学军出席发布会。

26 日—27 日

北京市地方税务局乒乓球队参加市直机关工

会组织的北京市直机关第十一届“和谐杯”乒乓球比赛，荣获团体比赛第3名。

1—5月

北京市地方税务局累计完成各项税费收入1846.9亿元，增收335.9亿元，同比增长22.2%，完成收入任务的49.5%。完成一般公共预算收入1128.7亿元，增收204.5亿元，同比增长22.1%，完成收入任务的48.4%。完成税收收入1730.2亿元，增收325.7亿元，同比增长23.2%，完成收入任务的51.2%，其中完成中央级税收收入687.2亿元，增收128.2亿元，同比增长22.9%，完成收入任务的51.1%。

6月

2日

北京市地方税务局党组副书记、局长杨志强主持召开2017年第11次党组会议，会前传达了全市领导干部会议、区委书记会议和市政府第七次全体会议精神；会议研究了发生二手房交易涉税腐败案件的朝阳区地税局等4个区局针对党建工作存在问题进行反思的事项，风险管理事务中心筹建工作方案，系统经费垂直管理工作，确定北京市地方税务局督察内审处等4个部门正处级领导干部考察对象的事项，确定房山区地税局等3个区（分）局党组副书记、调研员考察对象的事项，从严做好清理规范领导干部兼职工作的事项，苏俊茹兼任东城区地方税务学会副秘书长、牛远兼任副监事长的事项，还研究了人事任免事项。

北京市地方税务局与市财政局召开非税收入接收工作推进会，北京市地方税务局局长杨志强、副局长唐学军，市财政局副巡视员张宏宇参加会议。

5日

北京市地方税务局与首旅集团召开“优化纳税服务　助力企业发展”座谈会，局长杨志强，副局长王炜、唐学军，总经济师沈永奇出席会议。

7日

北京市地方税务局召开2017年第2次重大税务案件审理会，局长杨志强主持，副局长吕兴渭、王炜、唐学军，总经济师沈永奇，副巡视员郭筑明参加会议。

澳大利亚税务局副局长蒂姆斯·戴斯一行到北京税务博物馆参观，国家税务总局国际司副巡视员俞书春、北京市地方税务局副局长王炜陪同参观。

北京市地方税务局与市国家税务局联合召开贯彻落实国务院6项减税政策媒体吹风会，就提高科技型中小企业研究开发费用税前加计扣除比例政策、简并增值税税率有关政策、创业投资企业和天使投资个人有关税收试点政策、推广实施商业健康保险个人所得税政策以及物流企业大宗商品仓储设施用地城镇土地使用税优惠政策进行详细解读，并回答记者提问。

8日

北京市地方税务局党组副书记、局长杨志强主持召开2017年第12次党组会议，会前学习传达了中共中央《关于加强新形势下党的督促检查工作的意见》精神，学习传达了《市纪委办公厅市监委办公厅关于近期查处违反中央八项规定精神问题典型案例的通报》和相关文件；会议研究了关于开展违规办理和持有因私出国（境）证件专项治理工作，北京地税系统纪念建党96周年的工作安排，2016年部门决算（草案）及公开工作，为2017年系统新进人员制发税务服装的事项，2017—2018年度体检经费及对体检单位进行政府采购的事项，怀柔区地税局给予丁玉林开除处分的事项。

国家税务总局财产和行为税司副司长郑钢到北京市地方税务局调研环保税工作，副局长唐学军参加会议并介绍北京市地方税务局开展环保税的工作情况。

10日

北京市地方税务局机关工会举办北京市地方税务局第五届“健康杯”乒乓球比赛，共23个代表队200余人参赛，副局长吕兴渭参加开幕式。

13日

北京市纪委派驻北京市地方税务局纪检组举办第四区域协作组内部廉政监督员培训班，派驻北京市地方税务局纪检组组长张靖明参加开班仪式并讲话。

14日

北京市地方税务局副局长王炜一行到市编办就征管体制改革后地税工作量变化情况进行座谈。

14日—16日

北京市地方税务局与市国家税务局首次联合开展2017年税收调查数据汇审工作。

15日

北京市地方税务局组织召开驻京各国（地区）商会座谈会，介绍北京市地方税务局近年来在国际税收纳税服务方面的工作情况，通报国际税收主要涉税风险，副局长王炜参加会议并致辞。

16日

北京市地方税务局局长杨志强主持召开转变税收征管方式提高税收征管效能专题会议，副局长吕兴渭、唐学军，总经济师沈永奇参加会议。

19日—23日

中国共产党北京市第十二次代表大会召开，北京市地方税务局杨志强、崔宏作为党代表参加会议。

20日

北京市地方税务局与中国工商银行北京市分行在昌平区未来科学城联合举办“税银合作　指尖缴税”手机银行自助缴税启动仪式，副局长唐学军出席启动仪式。

21日

国家税务总局财产和行为税司司长蔡自力一行到朝阳区地税局调研，北京市地方税务局副局长吕兴渭、唐学军陪同调研。

北京市司法局副局长王群到北京市地方税务局就推进北京市地方税务局公职律师工作及加强律师行业监管协作问题开展座谈，副局长王炜出席会议。

22日

北京市地方税务局召开全系统绩效管理师资培训班，国家税务总局办公厅绩效管理处处长王跃伟到会并作“税务绩效管理实践”专题讲座，副局长王炜到会并讲话。

23日

派驻北京市地方税务局纪检组组长张靖明参加北京市第十二次党代会闭幕式，并当选为新一届市纪委委员。

北京市地方税务局创新工作方式，就“奥运村”项目土地增值税长期无法清算的历史遗留问题首次采取由稽查部门进行数据采集，第三方中介机构出具土地增值税清算报告的方式进行清算核定，最终确认“奥运村”项目土地增值税核定征收率为13%，应缴纳土地增值税清算税款12.94亿元，已全部缴纳入库。

26日

北京市地方税务局首期税收情报培训班开班，总经济师沈永奇、首都经济贸易大学财税学院院长姚东旭出席开班仪式。

27日

国家税务总局联合共青团中央在12366北京纳税服务中心举行全国税务系统青年文明号开放周示范活动，共青团中央书记处书记、全国青联副主席汪鸿雁，税务总局总经济师任荣发，共青团北京市委书记熊卓，北京市地方税务局局长杨志强、副巡视员周上序参加开放周示范活动。

北京市地方税务局举办“地税大讲堂——《中华人民共和国网络安全法》”专题讲座，邀请中国社科院文化法制研究中心研究员、北京大学法学博士周辉讲解网络安全法，总经济师沈永奇参加讲座。

28日

北京市地方税务局召开第一党支部党员大会，党组副书记、局长杨志强就全面从严治党新形势下如何加强领导班子建设专题讲党课。

29日

北京市地方税务局党组副书记、局长杨志强主持召开2017年第13次党组会议，会议研究了第一届北京地税系统“十大优秀青年”拟表彰人选，清理规范市管领导干部兼职工作的事项，市编办对市地税局部分机构调整的建议，对部分干部档案审核认定结果进行确认的事项，还研究了人事任免事项。

1—6月

北京市地方税务局累计完成各项税费收入2155亿元，增收380.8亿元，同比增长21.5%，完成收入任务的57.7%。完成一般公共预算收入1302.9亿元，增收240.3亿元，同比增长22.6%，完成收入任务的55.9%。完成税收收入2026.8亿元，增收369.1亿元，同比增长22.3%，完成收入任务的60%，其中完成中央级税收收入821.1亿元，增收139.9亿元，同比增长20.5%，完成收入任务的61%。

7月

3日

北京地税系统2017年科级领导干部任职培训班在北京市委党校二分校正式开班，副局长王炜出席开班仪式并讲话。

5日

北京市地方税务局与北京市国家税务局共同组织召开互派挂职干部座谈会，地税局副局长王炜主持会议，国税局副局长韩春对挂职工作进行总结，部分挂职干部作交流发言。

6日

北京市地方税务局总经济师沈永奇向市人大财政经济委员会汇报上半年收入完成情况及下半年税收形势预测情况。

7日

北京市地方税务局局长杨志强主持召开北京地方税收信用体系建设专题会议，副局长唐学军、总经济师沈永奇、副巡视员郭筑明参加会议。

根据北京市机构编制委员会办公室《关于同意北京市地方税务局法制处更名有关事项的函》，北京市地方税务局正式制发《关于法制处更名为政策法规处的通知》，法制处更名为政策法规处，并将企业所得税管理处原承担的“拟订完善多税种管理制度，组织协调相关处室贯彻落实多税种政策”职责划出，交由政策法规处负责。

10日

北京市地方税务局召开巡察工作领导小组专题会议，派驻北京市地方税务局纪检监察组组长张靖明主持会议，会议听取了第三轮巡察工作情况汇报，局长杨志强，副局长王炜，总经济师沈永奇，副巡视员周上序出席会议。

北京市地方税务局举办“地税大讲堂——

《环境保护税法》解读”专题讲座，由副局长唐学军主讲，副巡视员周上序结合讲座内容提出工作要求。

12 日

北京市地方税务局党组副书记、局长杨志强主持召开 2017 年第 14 次党组会议，会前传达学习了中纪委、市纪委扶贫领域监督执纪问责工作电视电话会议精神，传达学习了税务总局王军局长关于“放管服”工作讲话精神；会议研究了 2017 年北京地税网站升级改造项目立项的事项，在基层税务所开展争创“共产党员先锋岗”活动的事项，2017 年接收安置军转干部工作，还研究了人事任免事项。

14 日

北京市纪委常委杨玉香到派驻北京市地方税务局纪检监察组就做好执纪监督工作进行调研，并与北京市地方税务局局长杨志强、派驻北京市地方税务局纪检监察组组长张靖明交流座谈。

18 日

北京市地方税务局组织召开 2017 年残疾人就业保障金征缴业务培训会。

19 日

北京市地方税务局召开全系统 2017 年上半年收入形势分析会，总经济师沈永奇主持会议，局长杨志强作总结讲话，派驻北京市地方税务局纪检监察组组长张靖明，副巡视员杨文俊、郭筑明、周上序出席会议。

19 日

北京市地方税务局召开全系统 2017 年税收风险管理半年工作会，总经济师沈永奇到会并讲话。

20 日

北京市地方税务局全体局领导参加由市保密办组织的保密知识培训。

北京市地方税务局组织召开全系统税收情报与数据质量管理半年工作会，副局长吕兴渭到会并讲话。

北京市地方税务局副局长唐学军到市民政局就地税部门代收福利彩票公益金和福利彩票业务费具体工作进行座谈。

市政府绩效办委托第三方机构到北京市地方税务局开展绩效任务中期察访核验，北京市地方税务局副巡视员周上序参加会议。

24 日

北京地税系统局处级领导干部十八届六中全会精神学习与更新知识培训班开班，全体局领导、全系统处级领导干部共 164 人参训。

25 日

重庆市地方税务局副局长徐德中一行到北京市地方税务局考察交流稽查工作，副巡视员郭筑明参加座谈会。

27 日

北京市地方税务局党组副书记、局长杨志强主持召开 2017 年第 15 次党组会议，会前传达学习了《中国共产党巡视工作条例》，王岐山在《人民日报》发表的署名文章，税务总局王军在《中国税务报》发表的署名文章，市委巡视巡察工作会议精神；会议听取了市地税系统局处级培训班分组讨论情况的汇报；研究了《北京市地方税务局配合市委第五巡视组专项巡视工作方案》，落实第八次全国信访工作会议精神和北京市、税务总局信访工作部署。

北京市地方税务局与市财政局联合召开推进财税工作座谈会，市财政局局长李颖津主持会议，会议研究了 2017 年残疾人就业保障金征收、地税部门接收非税收入等工作，北京市地方税务局局长杨志强、副局长唐学军，市财政局副局长韩杰参加座谈。

28 日

北京市地方税务局召开北京地税系统局处级领导干部十八届六中全会精神学习与更新知识培训班结业式暨工作部署会，副局长吕兴渭主持会议，局长杨志强作总结讲话，全体局领导参加会议。

北京市地方税务局局长杨志强主持召开北京市地方税务局绩效管理工作领导小组（扩大）会议暨2017 年上半年绩效讲评会议，全体局领导参加会议。

北京市地方税务局在丰台区地税局召开第二轮巡察整改通报会，派驻北京市地方税务局纪检监察组组长张靖明，总经济师沈永奇到会并讲话。

29 日

北京市地方税务局党组副书记、局长杨志强主持召开 2017 年第 16 次党组会议，会议研究了《中共北京市地方税务局党组工作情况汇报》《派驻北京市地方税务局纪检监察组履行监督责任工作情况汇报》《北京市地方税务局干部选拔任用工作情况汇报》《北京市地方税务局信访工作情况汇报》和《北京市地方税务局财务审计工作情况汇报》；会议还对接受市委巡视工作提出要求。

31 日

北京地税系统社保费征收业务小教员培训班开班，总经济师沈永奇出席开班仪式并讲话。

1—7 月

北京市地方税务局累计完成各项税费收入 2481.7 亿元，增收 392.8 亿元，同比增长 18.8%，完成收入任务的 66.5%。完成一般公共预算收入 1487.1 亿元，增收 241.7 亿元，同比增长 19.4%，完成收入任务的 63.8%。完成税收收入 2322.1 亿元，增收 377.7 亿元，同比增长 19.4%，完成收入任务的 68.7%，其中完成中央级税收收入 949.7 亿元，增收 146.2 亿元，同比增长 18.2%，完成收入任务的 70.6%。

8 月

3 日

北京市地方税务局召开市委第五巡视组专项巡视北京市地方税务局党组工作动员会，党组副书记、局长杨志强主持会议，市委第五巡视组组长赵佳琛作巡视讲话，杨志强代表北京市地方税务局党组表态。市委巡视组、巡视办领导，北京市地方税务局领导班子成员，各区（分）局主要负责人和主持工作的副职，北京市地方税务局各处室、直属单位副处级以上领导干部、党代表、政协委员在主会场参加会议，各区（分）局、直属单位副科级以上领导干部和调研员、副调研员在分会场参加会议。

北京市地方税务局印发《北京市地方税务局税收收入应急保障预案》，为做好全系统组织收入工作，特别是收入形势严峻时期的保增长工作提供保障。

4 日

北京市地方税务局党组副书记、局长杨志强主持召开 2017 年第 17 次党组会议，会议听取了党的十八大以来北京地税系统违纪违法案件情况分析的报告；会议研究了第三轮巡察工作的事项，市地税局 2017 年补充录用公务员的事项，对符合晋升科级非领导职务人员进行考察的事项，还研究了人事任免事项。

11 日—16 日

北京市地方税务局组织东城区、丰台区、朝阳区地税局在映客直播平台开展“双创”税收优惠政策指引直播活动，3 场直播活动累计收看人数达 17.6 万人。

14 日

北京市地方税务局局长杨志强主持召开转变税收征管方式提高税收征管效能专题会议，副局长王炜、唐学军，总经济师沈永奇参加会议。

北京市地方税务局局长杨志强、总经济师沈永奇调研走访西城区天意批发市场（天意批发市场目前正处于疏解整治的关键时期，计划于9月16日闭市），杨志强在调研中强调：全市地税系统要全面践行“两贯彻一落实”要求，发挥好税收职能作用，在“放管服”改革、优化营商环境、疏解整治促提升、深化征管改革等重大任务面前加强调查研究，积极担当，主动作为，努力以优异成绩迎接党的十九大胜利召开。

15 日

北京市地方税务局党组副书记、局长杨志强主持召开2017年第18次党组会议，听取了北京版印花税票册收缴销毁工作完成情况的报告；会议研究了彩票公益金、彩票业务费、城市基础设施建设费、国家电影事业发展专项资金接收工作，《北京市地方税务局优化营商环境提升纳税便利度实施方案》，进一步推进公职律师工作的事项，确定国春华等3名同志为处级非领导干部意向人选的事项，还研究了人事任免事项。

17 日

北京市地方税务局召开全系统纪检监察体制机制改革工作推进会，北京市地方税务局领导班子成员，各处室、直属单位、各区（分）局主要负责人，内部廉政监督员，特约监察员代表参加会议。

根据北京市机构编制委员会办公室《关于同意调整设置市地税系统党建工作机构的函》和《关于同意为部分区地税局增设离退休干部科的函》，北京市地方税务局正式制发《北京市地方税务局关于调整北京市地方税务局和区地税局内设机构设置的通知》。北京市地方税务局机关党委加挂党建工作处牌子。东城区、西城区地税局内设的残保金管理科和工会经费管理科的机构职责整合，设立非税收入管理科；撤销其余14个区地税局内设的科技信息科，将其职责划入征收管理科。为16个区地税局分别设立机关党委（党建工作科），基层工作科不再加挂机关党委牌子。东城区、西城区、朝阳区、海淀区地税局分别增设离退休干部科，人事教育科（保卫科）不再承担离退休人员的管理与服务工作。

21 日

北京市地方税务局局长杨志强就《涉税专业服务监管办法（试行）》主持召开专题会议，副局长唐学军、总经济师沈永奇参加会议。

派驻北京市地方税务局纪检监察组组长张靖明参加中共北京市第十二届纪律检查委员会第二次全体会议。

22 日

国家税务总局电税管理中心主任姚琴到北京税务博物馆参观，并捐赠了“互联网＋税务”行动计划、税务系统网络安全总体应急预案等信息化文档资料，北京市地方税务局副局长吕兴渭陪同参观。

24 日

北京市地方税务局局长杨志强、副巡视员周上序到办税服务监控指挥中心调研。

25 日

国家税务总局教育中心王兰主任一行到昌平区地税局就数字人事两测工作进行调研座谈，北京市地方税务局总经济师沈永奇参加座谈。

北京市地方税务局举办“地税大讲堂——环保税法及应税污染物解读”，邀请北京化工大学化学工程学院邹德勋教授作专题讲座。

28 日

北京市地方税务局就《涉税专业服务监管办法（试行）》召开座谈研讨会，邀请普华永道、安永、金诚同达律师事务所，中汇盛胜税务师事务所等10家会计师事务所、税务师事务所、律师事务所和税务咨询代理公司参加座谈，北京市地方税务局局长杨志强、副局长唐学军出席座谈会。

北京市地方税务局与中央财经大学联合举办的2017年北京北京市地方税务局纳税服务岗位培训班正式开班，副局长唐学军出席开班仪式。

31 日

派驻市规划国土委纪检监察组组长何凤英一行就如何开展巡察工作到北京市地方税务局交流座谈，派驻北京市地方税务局纪检监察组组长张靖明参加座谈。

北京市地方税务局组织召开推进转变税收征管方式工作部署会，总经济师沈永奇到会并讲话。

北京市地方税务局与市国家税务局联合召开2017年第一次稽查工作联席会，北京市地税局副巡视员郭筑明、市国税局总会计师田建出席会议。

8 月

完成彩票公益金、彩票业务费、城市基础设施建设费、国家电影事业发展专项资金非税收入使用票据接收工作。完成51家商业银行财税库银横向联网系统二代测试工作。

1—8 月

北京市地方税务局累计完成各项税费收入2663.1亿元，增收394.6亿元，同比增长17.4%，完成收入任务的71.3%。完成一般公共预算收入1593.7亿元，增收238.7亿元，同比增长17.6%，完成收入任务的68.4%。完成税收收入2492.3亿元，增收391.5亿元，同比增长18.6%，完成收入任务的73.7%，其中完成中央级税收收入1024.3亿元，增收151.3亿元，同比增长17.3%，完成收入任务的76.2%。

9 月

1 日

中央精神文明建设指导委员会办公室、国家税务总局联合举办全国道德模范与身边好人（中国好税官）现场交流活动，西城区地税局赵红程作为“中国好税官”代表参加活动并进行了事迹分享。

北京市地方税务局组织召开北京市地税系统法规部门工作会议，总经济师沈永奇到会并讲话。

4 日

国家税务总局稽查局副局长于海春一行到北京市国家税务局、北京市地方税务局对稽查重点工作进行督导，北京市地方税务局副巡视员郭筑明参加会议。

6 日

第一批全国税收普法教育示范基地授牌仪式在北京税务博物馆举行，国家税务总局办公厅副主任付树林、税收宣传中心副主任杨德才，司法部法制宣传司副司长刘汉银共同为北京税务博物馆等9个全国税收普法教育示范基地授牌，北京市地方税务局副局长吕兴渭参加授牌仪式。

12 日

派驻市水务局纪检监察组组长胡文顺、市交通委巡察组组长钟志敏到北京市地方税务局交流巡察工作，派驻北京市地方税务局纪检监察组组长张靖明参加交流活动。

13 日

中国税务杂志社王立斌副社长一行到密云区

地税局调研指导工作，北京市地方税务局副局长唐学军参加调研。

北京市地方税务局在市妇联举办的“巾帼心向党　喜迎十九大”主题演讲比赛中荣获最佳组织奖。

14 日

北京市委常委、政法委书记、首都综治委主任张延昆，市委副秘书长、市委政法委常务副书记于长辉，市委政法委副书记、首都综治委副主任、首都综治办主任闫满成及首都综治办、市维稳办、市公安局、石景山区委、区政府相关领导到北京市地方税务局调研综治工作，实地察看了石景山区地税局八角税务所综治工作开展情况，局长杨志强陪同调研并汇报了市地税系统落实综治领导责任制的工作情况，副巡视员郭筑明参加调研。

北京市地方税务局局长杨志强到中国财政科学研究院与院长刘尚希座谈，就培训工作、课题研究、人才交流等方面合作进行意向沟通。

全国税务系统 12366“共筑税务梦　青春勇担当”主题宣讲交流活动在北京举行，国家税务总局纳税服务司副司长于耀财，北京市国家税务局副局长郑怀远，北京市地方税务局副局长唐学军出席活动并讲话。

北京市“职工技协杯”职业技能竞赛“税务信息技术师”比武复赛在北京市地方税务局举行，北京市地方税务局总经济师、职业技能竞赛领导小组组长沈永奇到场巡考。

北京市地方税务局召开绩效管理工作推进会，通报近期绩效管理和信息专报工作情况，副巡视员周上序主持会议并讲话。

15 日

北京市地方税务局召开北京财税博物馆建设筹备会议，局长杨志强主持会议，副局长吕兴渭，市国税局总经济师刘浩，市财政局、中央财经大学财政税务学院相关负责人参加会议。

国家税务总局纳税服务司副司长于耀财一行到海淀区地税局就涉税专业服务风险管理进行调研，北京市地方税务局副局长唐学军参加调研。

北京市地方税务局组织全系统 2017 年纳税服务类业务大比武复赛，副局长唐学军到场巡考。

18 日

北京市地方税务局召开全系统国庆节和十九大期间安全工作部署视频会议，副巡视员周上序主持会议，副巡视员郭筑明到会并提具体工作要求。

在第十一届首都职工文化艺术节“舞动梦想”职工舞蹈比赛决赛中，北京市地方税务局代表市直机关参赛的民族民间舞《金色的汤瓶》荣获二等奖。

19 日

北京市地方税务局、市环保局就北京市环境保护税有关工作事项联合召开专题会议，北京市地方税务局副局长唐学军、市环保局副局长王瑞贤到会并讲话。

北京市地方税务局副局长唐学军到党建工作基层联系点大兴区地税局黄村税务所就如何做专业而有温度的合格共产党员讲党课。

北京市地方税务局举办“地税大讲堂——国家安全知识专题讲座”，邀请市国家安全局六局副局长浦义富介绍当前国家安全形势、《中华人民共和国国家安全法》的主要内容、单位和公民应当履行的维护国家安全义务以及机关单位开展国家安全工作的方法和要求。

21 日

北京市地方税务局召开 2017 年度重点调研课题《税收服务北京城市副中心建设与发展问题

研究》研讨推进会，副巡视员周上序就课题报告初稿提出相关修改意见，局长杨志强就课题报告修改工作提出工作要求。

第十一届首都职工文化艺术节“劳动者之歌”职工音乐比赛决赛在北京举行，北京市地方税务局干部郑晶晶代表市直机关参赛，并荣获三等奖。

21 日—22 日

北京市地方税务局举办全系统档案业务知识培训班，副局长吕兴渭参加培训结业式并讲话。

22 日

北京市地方税务局在燕山分局举办环境保护税开征倒计时 100 天启动仪式，副局长唐学军，房山区人民政府燕山办事处副主任黄文胜，北京燕山石化公司副总经理焦阳参加启动仪式并讲话。

25 日

北京市地方税务局、市环保局联合召开环境保护税开征准备工作部署电视电话会，就近期两局联合开展的档案资料交接等工作进行部署，北京市地方税务局副局长唐学军到会并讲话。

26 日

北京市政府新闻办、市发展改革委会同北京市地方税务局、市商务委、市编办、市工商局等部门举办《关于率先行动改革优化营商环境实施方案》新闻发布会，北京市地方税务局副局长唐学军出席发布会并回答记者提问。

27 日

北京市地方税务局召开全系统党建暨基层工作会议，会议宣布北京市地方税务局、区局两级党建工作机构成立，对《全面从严治党新形势下进一步加强系统党建工作的实施办法》和《北京地税系统共青团“1＋4”改革方案》进行解释说明，对 2017 年底前党建工作和基层工作进行部署，北京市地方税务局全体领导班子成员参加会议。

北京市保密局局长吴钢华带领专项检查组对市地税局保密工作进行全面检查，依据保密自查自评现场督查工作要求，逐项打分，最终北京市地方税务局被评为保密自查自评工作优秀等次，局长杨志强、总经济师沈永奇参加检查工作。

北京华为数字技术有限公司财务总监李霞到北京市地方税务局赠送写有“创优良营商环境　春风服务暖人心”的锦旗，并与局长杨志强进行会谈交流。

北京市地方税务局组织召开全系统优化税收营商环境试点工作视频会，副局长唐学军出席会议并讲话。

29 日

北京市地方税务局召开公务用车专项治理工作动员部署会，会议由派驻北京市地方税务局纪检监察组组长张靖明主持，副局长吕兴渭到会并讲话。

北京市地方税务局召开全系统 2017 年 3 季度收入形势分析会，总经济师沈永奇到会并讲话。

30 日

北京市地方税务局召开局长碰头会，全体局领导参加会议。

北京市地方税务局局长杨志强、副局长吕兴渭、总经济师沈永奇、副巡视员郭筑明到机关机房、办税服务监控指挥中心、机关工会职工之家等区域进行安全检查。

9 月

北京市地方税务局完成一般公共预算收入 127.4 亿元，圆满完成市政府下达的单月 126.4 亿元一般公共预算专项收入任务。

1—9 月

北京市地方税务局累计完成各项税费收入 2858.7 亿元，增收 352.7 亿元，同比增长 14.1%，完成收入任务的 76.6%。完成一般公共预算收入 1721.1 亿元，增收 196.4 亿元，同比增长 12.9%，完成收入任务的 73.9%。完成税收收入 2675.3 亿元，增收 414.2 亿元，同比增长 18.3%，完成收入任务的 79.2%，其中完成中央级税收收入 1092.3 亿元，增收 151.7 亿元，同比增长 16.1%，完成收入任务的 81.2%。

10 月

9 日

2017 年北京地税系统调研骨干培训班在中央财经大学开班，北京市地方税务局副局长王炜，中央财经大学财政税务学院院长白彦锋、副院长何杨出席开班仪式。

10 日

北京市委书记蔡奇就《北京国地税专报》第 6 期“市国地税统筹施策　积极作为　助力‘疏解整治促提升’专项行动”批示：“市国地税局提升站位，主动作为，发挥职能作用服务非首都功能疏解取得实效。要紧密围绕‘四个中心’首都城市战略定位，进一步优化服务，严格执法，引导市场主体规范经营行为，加强收入形势研判，全方位服务京津冀协同发展，以“四个意识”推动北京城市总体规划实施，为建设国际一流的和谐宜居之都贡献力量!”

北京市委副书记、代市长陈吉宁就《北京国地税专报》第 7 期“市国地税积极发挥职能作用　服务构建‘高精尖’经济结构”批示：“市国地税局有效落实税收优惠政策，创新服务举措，支持首都产业转型升级取得积极成效。望立足首都城市战略定位，进一步落实‘放管服’改革要求，充分发挥税收职能作用，持续优化首都营商环境，加快构建‘高精尖’产业结构，为服务首都经济平稳健康发展、社会和谐稳定做出更大贡献!”

北京市地方税务局“心聆听　新服务”品牌系列活动（处级干部听民意解民忧接线工作）在北京地税咨询服务平台正式启动，市信访办副主任、市非紧急救助服务中心主任王传颂，平谷区区长汪明浩，国家税务总局纳税服务司副司长乐文红，北京市地方税务局局长杨志强、副局长唐学军，中国联通北京分公司副总经理杨力凡出席活动。

北京市地方税务局组织系统干部参加首都第十一届艺术节的各类展赛，其中文德生荣获书法类一等奖，王一博、孙庆斌、黄炎荣获书法类三等奖，程蓉、时凤雪、郑惠青荣获绘画类三等奖，张传宏荣获摄影类二等奖，刘涛、战香名荣获摄影类三等奖，第二稽查局创作的微电影《用忠诚谱写老兵新传》荣获微电影类三等奖，海淀区地税局创作的小故事《办税服务厅中的女子突击队》荣获“创先进”小故事二等奖。

12 日

北京市地方税务局组织召开全系统组织收入工作部署会，会议传达了全市 3 季度经济形势分析会议精神，总结了全系统 1—3 季度组织收入工作，并对年底前的税收工作作了总体安排，全体局领导、各业务处室、各区（分）局主要负责人参加会议。

18 日

北京地税系统组织党员干部集中收看党的十九大开幕会，学习习近平总书记代表十八届中央委员会向大会所做的工作报告，全体局领导在北京市地方税务局三层会议室集中学习。

北京市委巡视办巡视专员仉海涛到北京市地

方税务局对巡察工作进行检查指导，派驻北京市地方税务局纪检监察组组长张靖明介绍了北京市地方税务局党组开展巡察工作的基本情况和阶段性成果。

19日

北京市地方税务局召开2017年第3次重大税务案件审理会，会议由局长、重审会主任杨志强主持，对第四稽查局、第六稽查局、西城区地税局查办的4个案件进行了审理，副局长、重审会副主任吕兴渭、王炜，总经济师、重审会副主任沈永奇，副巡视员、重审会副主任郭筑明参加会议。

23日

北京市地方税务局党组理论学习中心组举行2017年第15次集体学习，专题学习党的十九大精神。

北京市地方税务局党组副书记、局长杨志强主持召开2017年第23次党组会议，会议研究了《北京市地方税务局工作报告》《税收天地》电视栏目周播改版及2018年制作经费的事项、2018年信息化项目升级改造规划备案工作、2017年度北京互联网地税局移动征管服务项目经费调整的事项、北京地税系统禁酒工作、北京市就业创业工作先进集体推荐对象、民主推荐系统正处级领导干部人选、规范干部兼职工作。

全国人大财经委副主任委员郝如玉一行就建立税务法庭的课题情况到北京市地方税务局调研，局长杨志强介绍了调研课题背景情况、副局长王炜汇报了调研课题工作情况及主要内容，全国人大财经委委员徐如俊、国家法官学院院长黄永维、国家税务总局政策法规司司长罗天舒、所得税司副司长叶霖儿、市国税局副局长郑怀远参加调研。

国家税务总局财产行为税司长蔡自力、副司长郑刚，纳税服务司副司长于耀财，东城区委副书记、区长李先忠，区委常委、副区长陈之常，市国税局局长李亚民，市国税局副局长韩春、郑怀远，北京市地方税务局副巡视员杨文俊到东城区国地税联合办税服务厅调研。

24日

北京市地方税务局局长杨志强与毕马威亚太区税务服务合伙人何坤明先生就深化合作等事项进行交流座谈，副局长王炜参加座谈。

25日

北京市地方税务局组织召开税收服务北京城市总体规划交流研讨会，副局长王炜主持会议，北京城市规划设计研究院副院长石晓东就《北京城市总体规划（2016—2035年）》作专题讲座，北京市规划和国土资源管理委员会研究室主任刘俊兰就《总体规划》相关问题进行解答。

北京市地方税务局副巡视员杨文俊到纳税服务类业务骨干培训班慰问备战国家税务总局大比武学员。

27日

北京市地方税务局召开党组理论学习中心组学习（扩大）会，邀请北京城市规划设计研究院副院长石晓东为地税系统全体党员干部作《北京城市总体规划》专题辅导。

北京市地方税务局在北京市直机关首届气排球比赛中获得亚军。

30日

北京市地方税务局党组副书记、局长杨志强主持召开2017年第24次党组会议，会议研究了北京市地方税务局局级领导“察实情办实事”税情调研工作和《北京市地方税务局教育培训工作管理办法》，研究了机关党委书记人选、推荐彭勃等69人进行市遴选人才库的事项、2016年度领导干部个人有关事项报告随机抽查核实结果及处理意见、处级非领导干部意向人选、人事任免相关工作，会议还听取了2017年度系统先进职工疗休养工作汇报。

10月

北京市地方税务局在全系统组织开展以“关爱老年人　欢庆十九大”为主题的敬老月活动。

1—10月

北京市地方税务局累计完成各项税费收入3283.5亿元，增收360.4亿元，同比增长12.3%，完成收入任务的88.1%。完成一般公共预算收入2014.5亿元，增收189.6亿元，同比增长10.4%，完成收入任务的86.5%。完成税收收入3062.6亿元，增收436亿元，同比增长16.6%，完成收入任务的90.1%，其中完成中央级税收收入1206.3亿元，增收160.8亿元，同比增长15.4%，完成收入任务的90.3%。

11月

1日

北京市地方税务局副局长刘健，派驻北京市地方税务局纪检监察组组长张靖明，副局长王炜、唐学军，副巡视员杨文俊、郭筑明、周上序参观北京市地方税务局廉政教育基地警示教育展。

北京市地方税务局举行重阳节集中慰问活动，副局长王炜代表局党组向离退休老同志致以节日的问候，副局长刘健，派驻北京市地方税务局纪检监察组组长张靖明，副局长王炜、唐学军，副巡视员杨文俊、郭筑明、周上序出席重阳节慰问活动。

1日、9日、17日

北京市地方税务局分别组织召开收入工作专班第1次、第2次、第3次专题会，沈永奇总经济师出席会议，并就做好年底前组织收入工作和编制2018年收入计划工作提出要求。

2日

北京市地方税务局沈永奇总经济师就税企双方进一步加强沟通、依法充分运用税收优惠政策到首钢集团调研。

3日

北京市地方税务局举行北京市“职工技协杯”职业技能竞赛“税务信息技术师”比武决赛，国家税务总局电子税务管理中心主任姚琴、教育中心副主任刘艳霞，北京市总工会副主席蒋文云、市直机关工会主席时代新，北京市地方税务局全体班子成员到场观看比赛。

北京市地方税务局股权清分系统优化版正式上线。

6日

北京市地方税务局组织召开2017年全系统稽查骨干业务培训班，副巡视员周上序、中央财经大学继续教育学院副院长陈士平出席开班仪式。

10日

北京市地方税务局举办学习宣传贯彻党的十九大精神专题报告会，邀请党的十九大代表、市审计局局长马兰霞作学习宣传贯彻党的十九大精神专题报告，报告会由局长杨志强主持，局领导班子全体成员、机关全体党员干部、各区（分）局副科级以上领导干部近2000人通过现场和视频的方式参加报告会。

11日

北京市地方税务局党组副书记、局长杨志强主持召开2017年第26次党组会议，会议传达学习了王军在2017年全国税务系统司局级主要领导干部专题研讨班上的讲话精神和《中共国家税务总局党组关于认真学习宣传贯彻党的十九大精神的通知》《市直机关工委关于在市直机关迅速掀起学习贯彻党的十九大精神热潮的通知》；研究了巡视整改工作、2017年三季度绩效考评工作、全系统公务用车专项治理工作，研究了干部选拔任用工作巡视监督专题报告。

13日

北京市地方税务局召开北京地税系统三季度绩效管理形势通报视频会，副巡视员周上序主持会议，副局长王炜就抓好年底前绩效管理工作提出具体要求。

北京地税系统2017年第二期社保费征收业务培训班在中央财经大学开班，北京市地方税务局副局长唐学军、中央财经大学继续教育学院副院长陈士平出席开班仪式。

14日

北京市地方税务局收到市直机关工委《关于王炜、朱元广同志职务任免的批复》：2017年11月1日经市直机关工委同意，王炜任机关党委书记，免去朱元广机关党委书记职务。

15日

美国夏威夷州议员、税务部门官员及加拿大房地产评估专家一行参观北京税务博物馆，北京市地方税务局总经济师沈永奇出席交流活动。美、加两国客人对博物馆及中国的税收历史文化给予高度评价，同时就中美加房地产税税制、税收管理和技术发展等方面进行了深入交流。

16日

北京市地方税务局举办了学习宣传贯彻党的十九大精神专题报告会暨北京市地方税务局党组理论学习中心组学习（扩大）会，邀请中国财政科学研究院党委书记、院长刘尚希作“人民美好生活与现代税收制度”的专题报告，报告会由副局长王炜主持，局领导班子全体成员、机关全体党员干部、各区（分）局副科级以上领导干部近2000人通过现场和视频的方式参加报告会。

18日

北京市地方税务局党组副书记、局长杨志强主持召开2017年第27次党组会议，会议传达学习了蔡奇在北京市领导干部学习贯彻党的十九大精神专题研讨班开班式上的讲话精神，传达学习了蔡奇在全市领导干部警示教育大会上的讲话精神；研究了《北京市地方税务局党组贯彻落实蔡奇在全市领导干部警示教育大会上讲话精神的实施方案》《北京市地方税务局党组关于市委第五巡视组巡视反馈情况集中整改方案》，北京地税系统巡视整改动员部署会议工作方案，《关于在全系统开展创建党建工作示范点活动的通知》，调整北京市地方税务局局领导分工方案，2017年度首都绿化美化先进集体和先进个人评选表彰工作的事项，《北京市地方税务局党组关于市委第五巡视组反馈干部选拔任用工作存在问题的整改措施》，还研究了人事任免相关事项。

2017年京台税收法治建设论坛在北京台湾会馆召开，北京税收法制建设研究会会长沈永奇出席会议。

20日

北京市地方税务局在国家会计学院举办北京地税系统纪检监察干部培训班，派驻纪检监察组组长张靖明出席开班仪式并提出工作要求。

北京市地方税务局副局长唐学军、西城区常务副区长孙硕就市区两级协作和税收助力区域经济发展等事项到西城区地税局调研指导工作。

21日

北京市地方税务局召开巡视整改工作动员部署会，党组成员、副局长王炜宣读了《北京市地方税务局党组关于市委第五巡视组巡视反馈意见集中整改方案》，党组副书记、局长杨志强代表北京市地方税务局党组提出整改要求，北京市地方税务局领导班子全体成员，市“两代表一委员”，各区（分）局党组书记，北京市地方税务局机关副处级以上领导干部在主会场参加会议，各区（分）局副科级以上领导干部在各视频分会场参加会议。

23 日

北京市地方税务局举办学习宣传贯彻党的十九大精神专题报告会，邀请中共中央党史研究室原副主任、全国政协委员李忠杰作“学习领会十九大党章”的专题报告，报告会由局长杨志强主持，局领导班子全体成员、机关全体党员干部、各区（分）局副科级以上领导干部近 2000 人通过现场和视频的方式参加报告会。

北京市地方税务局局长杨志强主持召开 2017 年第 4 次局长办公会议，会前观看了保密工作视频，传达了《关于“葛宇路”道路名牌事件调查处理情况及其教训的通报》；会议研究了 2017 年北京市地方税务局督查工作进展情况，《北京市地方税务局涉税证明管理办法》，《北京市地方税务局非税收入档案管理办法（试行）》，调整行政处罚权力清单的事项。

24 日

北京市地方税务局和中国国际税收研究会联合开展的调研课题《推动“绿色税制”建设的国际借鉴研究》顺利结题，中国国际税收研究会会长王力、副会长张志勇、伊兵，北京市地方税务局局长杨志强、副局长唐学军出席会议。

27 日

北京市人大常委会副主任闫傲霜带领财经委和预算工委一行到北京市地方税务局进行预算初审会前工作沟通，局长杨志强、总经济师沈永奇参加会议。

30 日

北京市地方税务局举办学习宣传贯彻党的十九大精神专题报告会，邀请国家行政学院法学部教授、博士生导师任进作《以十九大精神为指导坚定不移全面从严治党》专题辅导报告，报告会由副局长王炜主持，局领导班子全体成员、机关全体党员干部、各区（分）局副科级以上领导干部近 2000 人通过现场和视频的方式参加报告会。

11 月

北京市地方税务局完成全国版印花税票上缴国家税务总局工作，将全系统库存 1829 箱，总计 1913 万枚，金额总计 4.3 亿元印花税票上缴税务总局。

1—11 月

北京市地方税务局累计完成各项税费收入 3498.7 亿元，增收 397.3 亿元，同比增长 12.8%，完成收入任务的 95.3%。完成一般公共预算收入 2156.8 亿元，增收 219.7 亿元，同比增长 11.3%，完成收入任务的 95%。完成税收收入 3221.9 亿元，增收 430.4 亿元，同比增长 15.4%，完成收入任务的 96%，其中完成中央级税收收入 1276.9 亿元，增收 165.8 亿元，同比增长 14.9%，完成收入任务的 95.9%。

12 月

1 日

北京市地方税务局总经济师沈永奇就北京基金小镇总体规划、发展历程、运营模式等情况到北京基金小镇调研。

北京市地方税务局与首都经济贸易大学合作开展的《税收服务北京城市副中心建设与发展问题研究》课题圆满结题。

5 日

北京市地方税务局党组第二巡察组在通州区地税局召开整改通报会，副局长刘健、派驻北京市地方税务局纪检监察组组长张靖明出席会议。

5 日—6 日

北京市地方税务局召开北京市地方税务系统 2017 年度企业所得税汇算清缴培训会。

6 日

北京市水务局副局长刘斌就水资源税改革试点工作到北京市地方税务局调研座谈，副局长唐学军参加座谈。

7 日

北京市地方税务局党组第一巡察组在东城区地税局召开整改通报会，派驻北京市地方税务局纪检监察组组长张靖明、副局长王炜出席会议。

北京市地方税务局召开全系统公务员平时考核实施和数字人事推广工作部署动员视频会，副局长王炜主持会议并讲话。

8 日

北京市地方税务局党组第三巡察组在怀柔区地税局召开整改通报会，派驻北京市地方税务局纪检监察组组长张靖明、总经济师沈永奇出席会议。

北京市地方税务局举办全系统 2017 年税收专业英语培训结业考试，副局长王炜到场巡考。

10 日

北京市地方税务局召开全系统稽查巡视整改工作推进会，副巡视员郭筑明到会并讲话。

11 日

北京市地方税务局举办北京地税系统处级领导干部学习贯彻党的十九大精神培训班，副局长王炜传达了中央和市委文件精神，局长杨志强对学习贯彻落实好中央和市委文件精神，进一步纠正“四风”、加强作风建设提出具体工作要求。

12 日—14 日

北京市地方税务局副局长王炜参加市人大财政经济委员会第四十三次（扩大）会议并代表北京市地方税务局向大会作工作汇报。

16 日

2017 年“白兰杯”全国公益广告作品征集评选活动落下帷幕，北京市地方税务局与市国家税务局联合制作的《说学逗唱“营改增”》节目荣获广播组二等奖、《喜庆十九大税徽放光华》荣获影视组三等奖。

18 日

北京市地方税务局党组副书记、局长杨志强主持召开 2017 年第 31 次党组会议，会议听取了环保税开征准备工作报告，听取了 2017 年国地税合作工作报告；会议研究了巡视反馈意见中 6 项整改措施，丰台区地税局给予贾立鹏、傅先忠开除处分的事项，给予大兴区地税局焦志刚开除处分的事项；会议还对力戒形式主义、狠抓工作落实提出要求。

北京市地方税务局提前 13 天完成市政府下达的全年一般公共预算收入任务。全市地税系统累计完成各项税费收入 3675.5 亿元，同比增长 13.1%；累计完成一般公共预算收入 2270.5 亿元，同比增长 11.9%。

19 日

北京市地方税务局党组副书记、局长杨志强主持召开 2017 年第 32 次党组会议，会议研究了进一步精简规范基层报送北京市地方税务局材料工作，研究了巡视反馈意见中 14 项整改措施和人事任免事项。

20 日

北京市委副书记、代市长陈吉宁就《北京地税专报》第 53 期“凝心聚力　真抓实干　北京地税提前 13 天完成全年收入任务”批示：“我市地税系统紧紧围绕首都城市战略定位，真抓实干，积极应对多重考验，提前完成全年收入任务，来之不易，予以肯定。望继续努力，为首都改革发展做出新的贡献。”

北京市地方税务局召开《税收征管制度国际发展趋势和比较研究》调研课题结题评审会，局长杨志强、副局长王炜出席会议，中国政法大学教授施正文代表课题组作结题报告。

北京市地方税务局举办党政干部和涉密人员保密知识专题讲座，邀请北京市国家保密局宣传法规处处长周鸿庆就保密工作形势、泄密风险和保密综合防范进行讲解，副局长王炜主持讲座并讲话，副局长刘健、总经济师沈永奇参加讲座。

21 日

北京市地方税务局与市公安局召开税警联合工作座谈会，北京市地方税务局总经济师沈永奇、副巡视员郭筑明，市公安局副局长李耀光参加会议。

22 日—23 日

派驻北京市地方税务局纪检监察组组长张靖明参加市委十二届四次全会。

22 日

北京市地税系统团委举办“一带一路”地缘背景与总体布局专题讲座，邀请对外经济贸易大学全球化与中国现代化问题研究所所长王志民教授进行讲解，北京团市委副书记毛晓刚参加讲座。

25 日

北京市地方税务局召开全系统公务用车专项治理情况通报会，副局长吕兴渭通报了专项治理情况，局长杨志强、派驻北京市地方税务局纪检监察组组长张靖明提工作要求，局领导班子全体成员参加会议。

26 日

北京市地方税务局党组副书记、局长杨志强主持召开 2017 年第 34 次党组会议，会议研究了巡视反馈意见中 15 项整改措施，《贯彻落实蔡奇同志在全市领导干部警示教育大会上讲话精神整改情况的报告》，《全面从严治党突出问题专项整治自查自纠整改报告》，唐学军兼任北京市税务学会副会长的事项，还研究了人事任免事项。

北京市地方税务局与市水务局联合召开水资源税开征工作部署会，北京市地方税务局副局长唐学军，市水务局副局长刘斌到会并讲话。

北京市政府办公厅办公用房管理中心就领导干部办公用房到北京市地方税务局进行检查，副巡视员周上序陪同检查。

2017 年度“CRIR 中国媒介欣赏指数”发布，北京市地方税务局与北京电视台财经频道合作的《税收天地》特别节目“一带一路话税收”入围“中国电视欣赏指数最具欣赏价值电视节目”。

27 日

北京市委常委、常务副市长张工带领市党风廉政建设责任制检查考核第四督查组到北京市地方税务局进行 2017 年度党风廉政建设责任制检查考核，会议由市纪委副书记、市监委副主任吴素芳主持，北京市地方税务局党组副书记、局长杨志强代表局党组汇报了落实党风廉政建设主体责任的情况，北京市地方税务局党组成员、副局长、机关党委书记王炜和北京市地方税务局党组成员、总经济师沈永奇分别汇报了个人落实党风廉政建设主体责任的情况，市纪委常委、市监委委员王向明，市纪委市监委党风政风监督室副主任赵博文，市纪委市监委第四纪检监察室副主任查世辉，市纪委市监委第四纪检监察室刘健，市纪委市监委党风政风监督室郑伟峰，北京市地方税务局领导班子全体成员参加会议。

延庆区地方税务局第一税务所干部马秋荣荣获“2017 北京榜样”提名奖。

28 日

北京市地方税务局局长杨志强就进一步加强

合作到德勤（北京）有限公司开展交流座谈，德勤（北京）有限公司向北京税务博物馆捐赠了澳大利亚、新西兰、德国、法国、英国等国的税收制度文献资料，德勤中国首席执行官曾顺福、德勤中国副主席张宝云、德勤中国华北区主管合伙人施能自，副局长王炜参加座谈。

29 日

国家税务总局党组书记、局长王军到朝阳区国税局、地税局联合办税服务大厅调研座谈，市国税局局长李亚民、市地税局副局长王炜分别汇报 2017 年重点工作情况，王军对北京市税收工作给予充分肯定，并强调：税务部门要不断深化“放管服”改革，深挖潜力，充分发扬“钉钉子”精神，俯下身子解决问题，切实把党的十九大精神及中央经济工作会议精神落到实处，有力有序做好经济工作。国家税务总局总会计师王陆进、办公厅主任程俊峰、征管和科技发展司司长饶立新、纳税服务司副司长孙玉山参加调研。

1—12 月

北京市地方税务局累计完成各项税费收入 3683. 1 亿元，增收 421. 4 亿元，同比增长 12. 9%，完成收入任务的 100. 4%。完成一般公共预算收入 2278 亿元，增收 239 亿元，同比增长 11. 7%，完成收入任务的 100. 4%。完成税收收入 3364. 3 亿元，增收 426. 9 亿元，同比增长 14. 5%，完成收入任务的 100. 3%，其中完成中央级税收收入 1337. 8 亿元，增收 168. 9 亿元，同比增长 14. 5%，完成收入任务的 100. 4%。

（李　楠）